中华传世藏书

【图文珍藏版】

国学智慧全书

马肇基⊙主编

线装书局

目　录

兵学智慧

第一篇　《孙子兵法》智慧通解

第二篇 《三十六计》智慧通解

国學智慧全書

目录

2

名著智慧

第一篇 《红楼梦》智慧通解

國學智慧全書

目录

3

第二篇 《西游记》智慧通解

第三篇　《水浒传》智慧通解

第四篇 《三国演义》智慧通解

國學智慧全書

目录

国学智慧全书

兵学智慧

马肇基◎主编

导　语

人类竞争的最高语言是战争，而中国又是世界各国中经历战争最多的国家，据不完全统计，从远古到清末，有记载的战争就达到 3700 余次，约占世界同期战争总数的四分之一。频繁多样、规模巨大、空间广阔、形式多样的战争实践是兵家智慧发展的主要动力，从这些战争中涌现出无数的军事谋略家，名将辈出。兵家智慧的突出特点就是以胜利为唯一的最高原则，只要能够打败对方，就是成功者胜利者，此外没有任何的评判原则。

兵家公认的鼻祖为辅助武王战胜殷纣的姜太公，他是第一个较为系统的军事谋略论述家，被誉为"兵家之祖"。在春秋战国时期，由于战争频繁，规模扩大，兵家智慧获得了空前的发展，出现了孙武、吴起、孙膑等世界一流的军事谋略家，他们不仅创造了许多著名战例，而且留下了精深的谋略理论，在国内外都产生了深远的影响。秦汉以后，在空间复杂激烈和波澜壮阔的战争中，继承兵家的名将也精英辈出，他们的谋略运兵也更加变化莫测，出神入化。

与其他各家对于谋略遮遮掩掩，大都带有阴谋色彩不同，兵家智慧是实实在在的谋略。兵家为了打败敌人，常常运用诡道，如示形、造势、用俘、用间、攻心等办法欺敌误敌，这是由于战争双方的极端敌对性质所决定的，兵家谋略使用反常思维方法，对于活跃和开阔人们的思路，尤其是对于打破陈旧、呆滞的思维定式，无疑是有为有益的。在当今世界风云变幻、智战激烈、经济竞争更加复杂的形势下，从兵家智慧中学习可供借的本领，是大有好处的。

还必须看到的是，兵家的智慧，并不仅仅用于兵家，对整个中华民族的影响也是十分巨大的，深至中国文化精神，浅至百姓的言谈举止，上至帝王将相的你争我夺，下至普通老百姓的人伦日用，可以说都有或深或浅的兵家智慧的印痕。可以说，兵家奇诡的智慧已然沉淀到传统文化中，成为中国智谋型文化不可或缺的组成部分。

本篇内容适应当代领导的需要，深入挖掘兵家战略思想、思维方法、科学精神，并将之运用到经济、外交、管理、经营活动中。因为当今社会，哪个行业里没有矛盾、没有冲突、没有对抗、不存在竞争？我们的生活中何处无矛盾、无冲突、无对抗？人生如战场；在当今社会，作为一个领导者没有能力是行不通的；当今社会，只有有智慧的人才能在生活中游刃有余。

第一篇 《孙子兵法》智慧通解

导读

　　《孙子兵法》是我国璀璨的军事文化遗产中的瑰宝,在世界上的地位也是极其重要的,享有"世界古代第一兵书""兵经""兵学圣典"的美誉。

　　有人会说,《孙子兵法》是一部兵书,与除了军事以外的人不搭界,此言差矣。所谓的战争,就是人类矛盾和对抗的最高形式。当今社会,哪个行业里没有矛盾、没有冲突、没有对抗、不存在竞争? 我们的生活中何处无矛盾、无冲突、无对抗? 人生如战场:在当今社会,作为一个管理者没有能力是行不通的;当今社会,只有有智慧的人才能在生活中游刃有余。

　　《孙子兵法》是智慧的结晶,它的社会功能早已突破了军事的界限,备受世界各国的政治家、外交家、经济学家、企业家以及科学界和体育界的青睐。让战争智慧走出战争,把战争智慧变为社会智慧,把历史智慧变为现实智慧,正是本篇的主要目的之所在。

第一章　心静者胜——心静如水,大将风范

★静幽正治——性格情操修养的高标准

将军之事,静以幽,正以治。

——《孙子兵法·九地篇》

《孙子兵法》中这样说道:"将军之事,静以幽,正以治。"这句话的意思是:主持军事行动,要做到思维沉着冷静而幽深莫测,治理军队严明而有条不紊。"静幽正治",包含着相当丰富的内容。静,意为沉着镇定;幽,意为深谋远虑;正,意为公正无私;治,意为条理井然。在军队中一个将帅应如此,在我们的现实生活中,"静幽正治"又何常不是一个人性格情操修养的高标准。

1945年"五四"那一天,云南大学在操场上举行纪念大会。

到会的人很多,大家情绪都很热烈。

大会刚开始时,天公偏不作美,下起雨来。许多人争相避雨,秩序开始乱起来。

主持会议的人连声嚷道:

"不要动,大家站好,就要开会了!……"

效果还是不大。

此时闻一多正好在讲台上,主持人就请他出面鼓鼓士气。

闻一多站起来向正在朝四面移动的人群讲道:

"同学们! 我给你们大家讲一个故事。两千多年以前,周武王决定起义,去打倒暴君纣王。就在出兵的那一天,像我们现在一样,忽然下起雨来了。许多人都觉得很不吉利,建议武王改期。这时候管占卜的,就说是当参谋的人吧,出来啦,他说这不是坏事,这是'天洗兵',是老天爷帮我们忙,把兵器上的灰尘,都洗得干干净净的,打敌人更有力啦!

"我们今天也碰上了这样的机会,这就是天洗兵! 不怯懦的人回来! 勇敢的人站过来!……"

闻一多先生的话打动了人心，大家都不再走动，会议顺利地开始了。

闻一多先生在突然下雨的情况下，巧借武王伐纣出师"天洗兵"的典故，使人们深受鼓舞，从而抑制了避雨的举动，人们冒雨听讲，秩序井然。

闻一多先生应变有术。根据突如其来的情况借题发挥，表现了高度的智慧和才能。静幽正治，应变有术，以突发事件为话题，能够有效地吸引对方的注意力，保证活动正常进行。

心理学以为，突然的事件、刺激，是引起人们注意的重要原因，在这些突然刺激出现时，人都会被吸引而忽视正在进行的活动，因此一味劝说人们不去注意突然刺激，效果并不理想。

闻一多先生未像会议主持人那样焦躁地大喊，而是以"雨"为题，大谈"天洗兵"典故，这就适应了听众的注意特点，加之他又引申出"不要怯懦，勇敢地接受'天洗兵'，像武王伐纣那样同黑暗势力斗争"的含义，巧妙地扣住大会主题。因此，闻一多先生的演讲就牢牢地吸引了大众的注意力，控制了会场局面。

英国前首相威尔逊在竞选时，演讲刚讲到一半，有个不同政见者高声打断了他："狗屎！垃圾！"很显然，这个人的意思是说威尔逊在那里胡说八道。谁遇上这种情况都会尴尬至极。可是，威尔逊并不理会他的本意，只见他对这位不速之客报以宽容的一笑，幽默地说："这位先生，不要着急，我马上就要谈到你提出的脏乱问题了。"那位不同政见者万万没有想到威尔逊会如此"静幽正治"，顿时语塞。

举世瞩目的第十四届世界杯足球赛分组抽签仪式于1989年12月9日在意大利罗马EUR体育馆举行。当电影明星索菲娅·罗兰身穿漂亮的连衣裙走向前台时，场内立刻响起了一片掌声和呼声。她回答了节目主持人的问题还预测了比赛结果。接下来，当她抽完签，在主持人的陪同下走回座位时，她的高跟鞋突然掉了。这个突如其来的尴尬出现在了众目睽睽之下，可是这丝毫没有影响到索菲娅·罗兰的风采。只见她不慌不忙地走回来，拾起高跟鞋，也不再穿上，而是顺手把鞋举起来，挥动着向观众致意。凝固的尴尬场面在一瞬之间戏剧般地变成了一则"即兴小品"，全场的掌声和欢呼之声更加热烈了。可以说，是索菲娅·罗兰的"静幽正治"的情操化解了这次尴尬。

某剧团来到一个小镇，当主角表演跳河时，负责音响的人应该在水缸里制造出水的声音以便配合。一天晚上的演出，这个负责人忘了制造跳水的声音，主角在舞台上跌了个倒栽葱，却没有水的声音配合。当时，全场肃静，场面颇为尴尬。这时只见主角爬在舞台上随机应变地说道："老天爷，河水已经完全结冰了！"当他缓缓地爬起来的时候，全场大笑。这个小意外也考验了主角的"静幽正治"的功底。

"静幽正治"，对于人生的情操修养有着非常宽广的指导意义。讲诚信、有自信、以身作则等等都在这个范围之内。日常生活中，我们会遇到很多突如其来的困事窘况，如果没有"静幽正治"的情操修养，则可能慌乱、失误，最终铸成败局，所以，我们要不断培养自己的情操，提高自己处世的能力。

★ 谨小慎微——成就大事的基础

辅周则国必强，辅隙则必弱。

——《孙子兵法·谋攻篇》

我们在生活中，总是忽视了一些小事。不管是一个人，还是一个集体，成功与失败有时就在于这些小事。黑格尔说过"上帝看重细节"，三国的刘备也说过"勿以善小而不为，勿以恶小而为之"。很多时候因为我们忽视了小事，从而在别人心目中的印象大打折扣。

我们每天都在做一些小事。芸芸众生能做大事的实在太少，多数人的多数情况只能做一些具体的事、琐碎的事、单调的事，也许过于平淡，也许鸡毛蒜皮，但这就是工作，是生活，是成就大事的不可缺少的基础。"泰山不拒细壤，故能成其高；江海不择细流，故能就其深。"所以，大礼不辞小让，谨小慎微对我们是没有坏处的。

在现如今的社会里，几乎所有的年轻人都胸怀大志，满腔抱负，但是成功往往都是从点滴开始的，甚至是细小至微的地方。如果不遵守从小事做起、谨小慎微的原则，必将一事无成。

谨小慎微，同样也体现在与人交往中的细心方面。细心需要的是亲切感、人情味。所以，即便是与对方第一次见面，也要尽量注意细节上的问题，比如见面时说一声"您好"等等，这些都是细节上的小事，却往往会给人一种亲切感，这也是与陌生人交往成功的前提之一。

初次见面的人，如果你能把大部分的注意力从自身转移到对方的身上，或是对方的兴趣上，那么和他交往就容易多了。

赫利是一家公司的地区销售经理。他们公司一直在争取一位叫梅诺斯基的大零售商，以前有好几个推销员都找过他，但是都没有结果，回来都说这个人不好说话。可是公司的上层领导觉得这样一个大客户是很有必要争取过来的，于是就委派了赫利再去洽谈一次。

赫利接到通知后，所做的第一件事就是向公司里走访过这个大零售商的推销员了解一些情况，可是每个人都告诉他几乎同样的话：梅诺斯基先生特别注意自己名字的发音和拼写。因此，赫利到附近的图书馆去查找了梅诺斯基一名的民族起源，然后才去拜访了他。第二天早上，赫利在梅诺斯基的办公室见到了他："我很早就想见到您，梅诺斯基先生，您知道我一直对姓名的民族起源很感兴趣，这是我的一种爱好。我知道您的名字源于斯洛伐克语，但是我没有查到它的意思是什么。我知道您的首字'彼得'是可靠、可

信赖的意思,但字典上却查不到您的姓是什么意思。您能告诉我吗?"

梅诺斯基盯着赫利说:"你是怎么知道我是斯洛伐克人的?你怎么知道我不是波兰人?所有的推销员几乎都认为我是波兰人!"

"那可能是因为您的名字。"

"你真聪明。"梅诺斯基说:"我想我愿意和你做生意。"

之后,他又跟赫利谈到了以前的事,赫利一直是谨小慎微、专心、细心地听着。然后,赫利带着很大批发量的订单离开了。从那以后,梅诺斯基先生成了赫利公司最大最稳定的客户。

让人痛惜的是这样一种人,他们平时勤勤恳恳地工作,并且卓有成效,成功已经指日可待。可是因为一时的疏忽大意而与唾手可得的成功失之交臂。"千里之堤,溃于蚁穴",一次失误便可使从前所做的种种努力都付之东流。这里有这样一个故事:一位勇者发誓要排除万难,攀登一座高峰。在众人期待的目光中,他出发了。然而,他最终却以失败告终,出人意料的是,迫他放弃的原因只是鞋中的一粒沙子。在长途跋涉中,恶劣的气候没有使他退缩,陡峭的山势没能阻碍他前行,难耐的孤寂没有动摇他坚定的信念,疲惫与饥寒没有使他畏惧。不知何时在他的鞋里落入一粒沙子,起初他并没在意,他完全有时间和机会把那粒沙子从鞋里倒出来的,可是在我们的这个勇士眼中,它实在是太微不足道了。的确,比起勇士所遇到的其他的困难来讲,那粒沙子的存在简直可以忽略不计。然而越走下去那粒沙越是磨脚,最后每走一步都伴随着锥心刺骨的疼痛,他终于意识到这粒沙的危害。他停下脚步,准备清除沙粒,但是却惊异地发现,脚已经被磨出了血泡。沙被清除出去了,可是伤口却因感染而化脓,连走路都是一件困难的事了。最后,除了放弃,他别无选择。

听完这个故事我们总会惋惜,然而就在我们惋惜的同时,我们更应该警醒自己不要重蹈覆辙。要谨小慎微地对待你身边的事,即便是再简单不过的工作,也要把它做到尽善尽美,别让一粒沙子成为你成功的障碍。

凡事勿急功近利,先要历练自己的心境,沉淀自己的情绪。相信每个人的都会得到令自己满意的结果。

谨小慎微,不等于唯唯诺诺,不等于循规蹈矩,与犹豫不决更是两个不同的概念。在处世有胆有识、有棱有角、有开拓精神的同时,谨小慎微、注意细节也有着不可小看的作用,它们之间是不矛盾的。

谨小慎微,会让你在为人处世中避免很多不必要的麻烦,让自己的生活更有意义。

孙子兵法

★以静待哗——稳定心理的有效方法

以治待乱,以静待哗,此治心者也。

——《孙子兵法·军事篇》

《孙子兵法》中说:"以治待乱,以静待哗,此治心者也。"这句话的意思是:用自己的严整对付敌人的混乱,用自己的镇静对付敌人的轻躁,这是掌握军队心理的方法。这句话是关于"治心"的论述。

"静"与"哗"本身就是一对矛盾,我们在这里可以把它们看作是处世中两种相反的态度。在生活中,"以静待哗"策略的运用不只是冷眼旁观、有待事情的进一步发展再做定夺的态度,我们要将其理解为更为广泛的"不迎刃而上,根据对方的心理,从相反的方面做出相应的对策"的意思。

春兰集团总经理陶建幸在 1987 年新年伊始,制定了春兰从 1987 年到 1990 年的第一个四年计划(之所以是四年计划,是因为他的第一个任期目标到 1990 年结束),第一个四年计划的主要内容有三条:一是搞好企业产品定位,形成规模批量,降低成本,提高劳动生产率和产品的市场占有率;二是规定具体要达到的经济指标,简称"351",即在 1986 年产值 1900 多万元的基础上,从 1987 年到 1990 年,产值的增长按照 3000 万元、5000 万元、1 亿元的指标逐级而上;三是推进技术进步。

通过市场调研和果断的调整产品结构,春兰一下子砍掉了 30 多个产品,实施"让开大道,占领两厢"的战略,避开当时生产 3000 大卡空调器厂家强手如林的不利环境,集中全力开发 7000 大卡以上柜式空调和 3000 大卡以下的家用空调,迅速占领了市场,使企业有了进一步发展的"根据地"。这一着"先棋",为春兰独领中国空调市场风骚打下了坚实的基础。1987 年当年研制的 7000 大卡 7DS 新型立柜式空调器,一经投放市场,立即出现供不应求的局面,仅这一项当年即实现利润 117 万元。现在,春兰的 7000 大卡以上的柜式空调,占全国市场份额 70%以上,即使进口柜式空调也要退避三舍。之后,春兰每年都有 2—3 种新品问世,新品产值率平均 70%,春兰牌空调在市场上所占份额逐年上升,到 1989 年,春兰空调的产品数量跃居全国空调厂家之首。

春兰的产品战略调整,集中体现了春兰集团总经理陶建幸的经营哲学。在他的经营哲学中,有一条很重要的思维方式,就是逆向思维。他认为,一个产品或一个项目在别人都看好都说能干的时候,你千万不要去干,这是因为,一是在时机上已经落后,二是大家都去干必然形成激烈的竞争态势,你在时机落后的情况下参与竞争,必然要失败,最好的

办法就是回避竞争。因此，必须善于分析市场，在别人想不到或看不到的项目和产品上，你先行一步，就必然会取胜，春兰在产品和技术定位上总结出自己独特的经验：要看市场的需求余量，在某个特定阶段市场的产品容量，产品技术定位后可能获得的市场占有率。

用心中清静来镇住纷乱的局面。

陶建幸做春兰空调，针对纷乱的市场局面，果断地砍掉了30多个产品，求精不求多，这样就一下子从内部静了下来，上下有序，各自做自己该做的那一部分事。

春兰并制定了"351"计划使企业持续发展，向着看得见的脊标迈进。

人也好，企业也好，做事清静才能做好。春兰之崛起并无高招，只以常识制胜。

计划也好，做产品也好，别人都能做，为什么偏他们做得好？

原因就在于他们心静。做的虽是平常事，但做出了感觉，做出了趣味，因此能把一件平常事做出不凡业绩。

心静就能把事做成。

木匠刨木头，如果心静，每下都刨得平展均匀，那么很快就可以刨好一个木方，反之则会把木头刨成梯形。老木匠经常这样教训学徒：眼睛放平！手推直！心莫乱！

铁匠打铁，如果心静，就可以像捏泥巴一样把热铁团一锤一锤地打成他心中想要的东西，或者犁，或者锄，无不中规中矩。如果心乱，就会打成一个四不像的怪东西。老铁匠经常这样教训小铁匠：手使劲！脚站稳！心头有定准！

石匠打石头，如果心静，就可以把石头从山崖上卸下来，或巨或细，或长或方，各取所需。如果心乱，就会卸不动，或者砸到人。所有有经验的老石匠会告诫刚入行的小徒弟：不要歇！不要软！心静好使力！

一句"心静好使力"，老石匠的话朴素地道出了一个真理。

《孙子兵法》揭示的"动静之道"的第一条原理就是：让狂躁的心慢慢冷却，一下一下跟节奏走。

有经验的老石匠打石头都是不慌不忙的，一下一下又一下，状态相当安静，所以能把巨石卸下来。如果你走在路上听见有节奏的打石声，就知道那块石头差不多就要打下来了。如果打石声零乱，则说明这是一个坏脾气的石匠；硬石头一定会让他吃尽苦头。

我们做事要学石匠的静、铁匠的稳、木匠的准，把心调静，从从容容干事情。

人在失眠时数绵羊是没用的，只会把绵羊越数越多，最后羊圈里到处都是羊，让人更乱。有经验的医生会建议失眠患者听听的轻音乐，这样心跳与脉跳会慢慢跟上音乐节奏，有心静的效果，可以渐渐入睡。使人心静的绝招有两条，一是任其自然，二是以不变应万变。

以政治为例，如果一国元首在面临政变时自乱阵脚，将会不可收拾。

以军事为例，如果一方将帅在面临兵变时自乱阵脚，将会马上被无情消灭。

情况越紧急越要不慌不忙，局势越乱越要心静下来。

大山之所以静，在于它的沉稳。我们远眺群山巍峨，可见巨人无数默默镇守天边。

它们以沉稳的姿态告诉我们：自然之道虽动犹静，天地裂变后能定下来的石头才能组成大山。

要想静，先要定。那么怎样才能定呢？佛家的"入定"之术可以借鉴参考。

所谓入定者，乃是以必朽之身入寂灭，以寂灭之道成涅槃，以涅槃之心为金刚，以金刚之身不惧一切成、住、坏、空。

说具体点，可以是"眼观鼻，鼻观心"，将意念层层回归，唤醒内在的先天精神。方丈之室，一盏清灯，无不是绝妙之物，观之有味。

儒家的"格物"之道也可以帮我们安静下来。

所谓"格物"，就是把某物"格"出来，让它单独地浮现眼前，然后与该物对话。如朱熹当年格竹子，就是走到一片山中去，满眼都是花花草草各种树木，他却只看到一株竹子。朱子把竹子格出来，就天天与竹子对话。终于有一天朱熹听见竹子说："我是竹子，你是朱熹。"朱熹一听竹子开口说话，一下子跳起来大叫："我明白了！"他明白什么？原来他明白了"物我各是各，两者不相干"的简单道理。这个道理虽简单，但有了这次格物，朱子终身受益，因为他据此达到了"物我两忘"与"物我各是各"的境界，从此治学也好，做事也好，自然有一番不同。

这就是"定"的好处，它能让我们看清物我两面。世界当然是运动的，但那又怎么样？我们既然看见了它动，同时也就看出了它在前动与后动之间的那一瞬相对静止。这就是事情的关键。

有个有趣的禅宗公案也能说明我们可以通过"物我不相干"的认知来入静的道理。

某大和尚说：

十年前，老僧看山是山。

九年前，老僧看山不是山。

如今闭关八年再出关，看山还是山。

这个老和尚已修炼到"心静无物"的地步，所以看山就是山，这个山就是他的本体、本性与本相。

"格物"就是把眼前某物定格，静止下来，然后展开对话。朱熹每天与竹子对话，先是物我两交，再是物我两忘，最后是物我不相干，经历了三种境界，最后返璞归真，得自然之趣。

《孙子兵法》揭示的"动静之道"的第二条原理就是"物我不相干"，外物是外物，我是我，将两者严格区分开，这样就能从纷乱的物我世界中理清头绪，静者归静，动者归动，动静之间，任由我变。

《孙子兵法》说"治心"是什么意思？自治还是交给别人治理？

应该是自治，自己管理自己的事务。当然，自治的同时也是自由的，民主的，共和的，这样才能把心放到一个更广阔的空间。

治心不是为了"心大"，而是"心好"。

國學智慧全書——兵学智慧

湖水之所以比海水安静,并不是它比海大,而是因为湖水能利用湖岸卸力,再大的风浪也能收回。海太大,海岸太宽,没有卸力的地方,所以它暴躁无常,不如湖水清澈。当然海有海之道,湖有湖之道。要讲力,海比湖大;要讲静,湖比海大。

两军相交,武力对决,从"动静之道"看,胜负取决于以下情况:

如果一方行动是动(快捷灵活)的,心是静(清静)的,胜。

如果一方行动是静(缓慢)的,心是动(狂躁)的,败。

所以《孙子兵法》说:"以治待敌,以静治哗,此治心者也。"

有的人打电话只知道哇哇哇,结果只能制造噪音,什么也听不清,什么也办不成。

有的人打电话娓娓动听,吐字清楚,自己说一点,又让别人说一点,来回互动。当然可以把话说得清楚些,把事办成。

心静的好处多多,大到打仗,小到打电话,无不如此。

★乱中取静——心静如水,才能千刀不乱

纷纷纭纭,斗乱而不可乱也。

——《孙子兵法·势篇》

《孙子兵法》中的"治乱之道",讲述的是在混乱中作战,"不可乱"指自身冷静,情况越乱越冷静。能战胜混乱的人才能理出个头绪来进行操作,才可能成功。华源集团之所以能从纷乱的国内外环境中脱颖而出,即在于它思路清晰,从装饰类和产业类两大块中发展纺织业,所以能做大。

中国华源集团有限公司是由原纺织工业部为了参与上海浦东开发,联合外经贸部和交通银行总行共同倡议,由14家企业在1982年共同出资1.4亿元在上海注册的综合性集团公司。华源集团创建后,正值中国1993~1996年实施宏观政策紧缩,在此期间,中国的不少企业陷入困境,华源集团在这种情况下成立,无论是外部环境还是内部环境,都有不利于公司发展的因素存在。

但华源集团公司却异军突起实现了超常规、跳跃式的发展。许多业内人士一致认为,华源之所以能实现跳跃式发展,是他们在发展过程中成功地解决了国有企业普遍面临的两个突出问题:结构调整和体制创新。

改革开放以来,特别是进入上世纪80年代,中国的纺工业持续发展,已成为世界上最大的纺织品服装生产国和出口国,纺织品出口额占全球纺织品服装贸易额的13%,占全国出口创汇额的25%。与此同时,纺织行业"大而全""小而全"和盲目重复建设问题

严重,总量过剩,结构失衡,企业经济规模不合理,集约化程度很低,技术装备落后,售价低,企业效益差。一方面初级产品的加工能力远远大于市场需求,竞争过度导致行业整体效益恶化;另一方面,中低档产品多,高技术含量、高附加值产品生产能力相对不足,纤维创汇比世界平均值低30%,缺乏竞争力,出口业绩连年下降,因此,加大结构调整、推进国有资产存量的战略性重组很关键,也是解决纺织行业突出矛盾的当务之急。

可华源集团的决策者们却看到另一面,他们认为纺织行业并非人们印象中的老大难行业,它具有广泛的发展空间,从总量上看,中国按人均计算的纺织数量还相当少,远远低于世界平均水平,更不用说和发达国家相比了。从行业结构上看,纺织品的消费领域按国际分类可分为衣着用、装饰用和产业用三个方面,从纤维消费量比例看,目前三类的格局是,中国:75%、15%、10%;日本:31.2%、32.49%、36.4%;美国:38.7%、39.5%、21.8%;西欧平均为51.2%、33.7%、15.1%,由此可见,中国纺织业在装饰类和产业类方面大有作为。在这两个大类中,国内市场也成长很快,潜力很大。抓住这两类产品,就抓住了纺织业调整结构的关键,就可以带动纺织工业的再振兴,并实现企业本身的奇迹。

华源集团成立时,内外环境有两乱:

一是国际环境混乱。纺织业在欧洲、中东与中国之间争夺异常激烈。

二是国内环境混乱。华源集团创建伊始,正值中国1993~1996实施宏观经济紧缩,很多中国企业因此陷入困境,关门大吉。华源集团本是由14家企业组成的,很明显带有联合求生存的性质。

华源集团面对混乱局面自己先稳住了阵脚,然后从产品与定向两方面控局,所以能自己不乱,取得应有的成绩。

2003年春夏之间流行非典传染病,很多人因此陷入恐慌混乱,经济收入锐减。但另有一些人面对非典丝毫不乱,该干什么干什么,在别人都歇着的时候他们依然在努力工作,并且干得更有劲,成功当然属于他们。这就是"不乱"的好处。

又比如切菜,心一乱就不能切好。同样的一块土豆,在大厨师手中能切出又细又薄的土豆丝,而在粗心的人手中就只能切出又粗又厚的土豆条。

大厨师为什么能切出又细又匀的土豆丝来?因为他刀功好,更主要的是他心不乱,不慌不忙反而快捷,刀刀轻,刀刀准,刀刀有节奏,所以能切出满意的效果来。

《孙子兵法》揭示的"治乱之道"的第一条原理很简单,那就是:要想治乱,自己不乱。

"自己不乱"是一个基础与法宝,任何时候都不可以自乱阵脚。

在治好内之后,就开始治外。其中有两个办法:

一、以乱治乱。即趁火打劫、趁热打铁、顺水推舟、顺手牵羊等。

二、以定治乱。即你乱我不乱,快刀斩乱麻。

"以乱治乱"是顺势,"以定治乱"是造势,二者都须有强大定力。如江中巨石,海中巨山,任风吹浪打,岿然不动。

只有心不乱才能切好土豆丝。要想把土豆丝切得又细又薄,而不是又粗又厚,就必

须心不乱，并长期磨炼刀法。连切土豆都要心不乱，何况其他。

《孙子兵法》揭示的"治乱之道"的第二条原理就是：将整个乱局看成一个整体，就像一块土豆，先切片（划成大块），然后再切丝（深入细部）。刀刀轻，刀刀准，刀刀有节奏，就可以把乱局治理得井井有条。

治乱要用定力，才能将外力卸掉，借势而起，直冲九霄。就像海中石峰，不会被风浪冲倒。

第二章　上下同欲者胜——
万众一心,其力锻金

★三个臭皮匠顶个诸葛亮

上下同欲者胜。

——《孙子兵法·谋攻篇》

　　欲望一致才会思想一致,思想一致才会步调一致。只有团结一致,再小的势力也能发挥强大的力量。古语有云:"三个臭皮匠,顶个诸葛亮。"

　　这也是孙子提出的分析决定战争胜负的一个最根本的条件。那么,怎样才会使上下同欲呢? 孙子在《计篇》中指出:"道者,令民与上同意也,故可以与之死,可以与之生,而不畏危也。"就是说,有道的君王,可以使民众与他的意愿相一致,这样,民众在战争中,就可以为国君出生入死而不怕危险。

　　在这里,孙子提出的"道"是使上下同欲的最根本、最重要的因素。孙子在同篇中讲到:"经之以五事"——指从道、天(自然时机和社会时机)、地(地理形势和交通运输之利害)、将(选择将帅)、法(军队的组织体制、编制和国家的法制)五个方面分析研究战争胜负的可能性,即把"道"列于首位。由此可见,"道"在治国、治民、治军和治业中的重要,也说明有作为的统帅者和领导者重"道"的意义所在。在作战前夕,要搞清楚这些情况,进行分析比较,哪些有利,哪些有害,然后决定战争的打法。

　　古往今来,凡兴国安邦之君王都认识到,政治的成功或失败,统治的稳固或崩溃,并不取决于天命,而在于统治者对于民众的态度和随之而来的民心向背。首先是以"道"治国。孙子强调发动战争、进行作战必须争取民心,使上下和谐,同心同德,即"令民与上同意""上下同欲""与众相得",采取的手段就是"修道而保法""唯民是保"。这些精彩的命题和论述,成为治理国家的重要依据。古往今来,统治阶级都把争取人心向背,以"道"安民,求得清明政治作为追求的目标。

　　在我国古代历史上,凡是有作为的皇帝,如唐太宗李世民,清圣祖康熙,在治国中都

很重视这个问题，这里面就受到了孙子"道"的很大影响。

在现代中国，自辛亥革命以来，各地军阀混战，一直使国内局势动荡不安，民不聊生。在第一次国内革命战争失败后，中国共产党开始组建自己的军事武装——中国工农红军。红军纪律严明，秋毫无犯，打土豪分田地，得到了广大人民的衷心拥护。红军的军事力量遂由最初的千百人，在与国民党军队进行的一次次"围剿"与反"围剿"的斗争中发展壮大为30万，并建立了大小十几个根据地。在根据地内，人们改变以往"好铁不打钉、好男不当兵"的看法，纷纷送自己的亲人参加红军，保卫胜利的果实。后来由于"左"倾机会主义的错误，使红军力量在第五次反"围剿"中受到极大损失，建立的根据地也几乎丧失殆尽。红军被迫进行战略转移，开始了空前绝后的二万五千里长征，最后在陕北建立了根据地。

抗日战争爆发后，共产党及时提出应以国家民族前途为重，愿摒弃前嫌，联合一切可能的力量，组成全国的抗日联合阵线。西安事变后，开始了中国革命史上的国共第二次合作。红军改编为八路军、新四军，他们深入华北、华中敌占区，依靠广大人民，进行艰苦卓绝的抗日活动。历经八年的抗日，中国共产党的力量得到了长足发展，建立了数十个根据地，军队120万人，民兵220多万，解放区人口1亿3000万。革命的力量空前壮大。

抗日战争结束后，国民党反动派依仗有强大的军事力量及外援，悍然发动内战。经过三年的解放战争，共产党领导的人民解放军消灭了国民党军队800万，最终将国民党赶出大陆，于1949年10月1日建立了中华人民共和国。

在中国革命进程中，在共产党控制的区域内，只要有任何敌对势力进入后，广大民众就自觉地组织起来，坚壁清野，使敌人既得不到物资补充，也得不到任何有关共产党军队的消息，致使信息不灵，陷入盲目之中，处处被动挨打。相反，共产党的军队则得到人民的支持，从物资到人力，甚至敌人的行动信息。每一战斗的进行，支援前线的人民往往多于作战的军队，他们运输粮食、弹药，护理伤病员。以致有人说：不仅战争的胜利是人民用小车推胜的，就连中华人民共和国的建立也是人民用小车推出来的。

从中国共产党及其领导的军队看，中国共产党由于采取了一系列得到广大人民群众拥护的政策，如：分土地、爱护百姓、军民一致、官兵一致、在行动上维护人民的切身利益等等，遂得到了人民的衷心拥护和爱戴。在一次次战斗中，都因为有人民的支持和援助而取得连续的胜利，并最终建立了新中国。孙子所谓"道者，令民与上同意者也"的要求，在现代中国共产党的成功历程中得到了近乎完美的说明。

从当今社会看来，强人与能人的区别，就在于强人知"道"，并能行"道"，使民众、士卒，齐心协力，英勇作战。企业经营者要使事业获得成功，也要发挥群体力量，而这是能人所不能的。行"道"者要孚众望；要有组织能力。

孙武没有告诉我们如何行"道"。因为行"道"没有一定的成规，强人之所以胜于能人，就在于他们的智慧能根据实际，开拓自己的道路。

但目前中国的一些企业高层领导者虽知道依靠群众，但不知如何依靠群众，不重视

企业文化，只会空口讲"道"；只仰求于物质刺激；提倡为大众服务，谁也不知道为谁服务。企业家和经营者如要做大企业，就得解放思想，把脑筋开动起来。

"建立共识是人与人之间的互动过程，从而产生行动方案。它是各方经过坦诚讨论之后的产物，各方会视为自己的决定而贯彻执行。建立共识的过程包括有人负责执行所做出的决策，这个人会把决策当作自己的决策来执行。"

★万众一心其力锻金

道者，令民与上同意也，故可以与之死，可以与之生，而不畏危也。

——《孙子兵法·计篇》

认为天时气候好不如地理条件优越，地理条件优越不如人心团结，圣人所珍视的，无非是人的作用。对于将帅来说，把握有利的天时、地理条件固然重要，但最根本的则是部队上下团结一致，万众一心，这是克敌制胜的根本保证。

孙武也认为有道的君王，可以使民众与他的意愿相一致，这样，民众在战争中，就可以为国君出生入死而不怕危险。万众一心，才是克敌的根本。在这里，孙子提出的"道"是使上下同欲的最根本、最重要的因素。

孙子所讲的"道"指的是政治。他特别强调"民与上同意"，即指国家实行的得人心、顺民意的政治——政策、法令、法制等。在现代经营管理中的"道"，有着广泛的内涵，但就根本而言，是指企业发展的经营思想、经营理念和经营战略等。

在这些根本因素中经营思想是贯穿企业一切经营活动中的根本指导思想和基本纲领，由一系列的指导企业发展的新型经营理念构成。经营战略则是从企业现实条件出发，充分开发利用企业发展的一切可能性所确定的经营目标的具体途径和战略经营决策。

经营战略集中规划企业发展的长远方向。因此，一个企业的经营思想、经营理念和经营战略对企业的发展具有全局性、方向性和决定性作用，关系到组织事业的前途和命运。一个企业倘若在经营思想、经营理论上发生了偏误，即使有再科学的管理方法，再强大的技术实力，也将难以奏效，必然使企业陷入败局。

由此可见，企业领导者能善于为企业制定正确的经营思想、经营方针、经营理念和经营战略，就是最大地关心和体现了员工的根本利益，他就能够从根本方面调动被管理者的积极性，赢得员工的支持和信赖，做到"令民与上同意"，"上下同欲"。

也正是因为如此，国外的高层管理者都把主要精力和智慧用于筹谋制定企业的经营

思想、经营理念和经营战略，并始终把战略决策置于企业经营的首位上，以此保证企业不断走向兴旺和发达，以此去焕发全体员工忠于本职、与企业肝胆相照、休戚与共的献身精神和创业热忱。这正是我们今天的企业领导者学习借鉴孙子令民与上同意、上下同欲者胜的本质思想所在。

现代企业管理，主要是对人的管理，《孙子兵法》提出的"道"——"令民与上同意"，就是对人事管理的目标。一个领导者如果能做到上下一致，齐心协力，为一个目标共同奋斗，这个企业是没有不成功的。

"贵在人和"本是中国的传统文化，但在有些中国人办的企业中，倒反而不能很好体现。在这些企业里，人际关系紧张，内耗严重，人的精力大量虚耗在无谓的纷争中，企业的效益自然也就可想而知。如果不能及时改变，长此以往，唯一的归宿就是被淘汰。

相反，西方文化原以个人为本位，强调个人奋斗与冒险精神，但在激烈的市场竞争中，越来越多的企业开始认识到企业内部员工团结一致的重要性，合力大于各个单个力量之和。因此，他们在企业文化中不断注入"团队精神"，追求"群体效应"，这与中国传统文化的"贵在人和"，可谓不谋而合。

华为技术有限公司成立于1988年，是一个由员工持股的高科技民营企业，主要从事的业务是通信网络技术与产品的研究、开发、生产与销售，是中国电信市场的主要供应商之一，现在已经成功进入了全球电信市场。2002年，华为的销售额为220亿元，目前有员工22000多人，85%是大学以上学历。

华为二十多年以来的迅速发展，其独特的企业文化功不可没。华为领导人深深懂得：道改为先，统一团队战线的作用之大。"华为基本法"就是华为公司于1996年初起草制定的。在"华为基本法"中明确介绍了企业的核心价值观、基本目标、公司的成长和价值的分配。

华为的追求：在电子信息领域实现顾客的梦想，并依靠锲而不舍的追求，使华为成为世界级领先企业。

华为的员工：认真负责和管理有效的员工是华为最大的财富。尊重知识、集体奋斗和不居功自傲的员工，是华为事业可持续成长的内在要求。

华为的技术：广泛吸收世界电子信息领域的最新研究成果，虚心向国内外的优秀企业学习，并在独立自主的基础上，开放合作地发展领先的核心技术体系。

华为的精神：爱祖国、爱人民、爱事业和爱生活是华为凝聚力的源泉。责任意识、创新精神、敬业精神和团结合作精神是华为企业文化的精髓。实事求是是华为的行为准则。

华为的利益：华为主张在顾客、员工与合作者之间结成利益共同体。努力探索按生产要素分配的内部动力机制。奉献者定当得到合理的回报。

华为的文化：文化是生生不息的。一切的工业产品都是人类智慧创造的。华为没有可以依存的自然资源，但是它拥有人力资源，精神是可以转化成为物质的，物质文明有利于巩固精神文明,华为坚持以精神文明促进物质文明的方针。

华为的社会责任:华为以产业报国和科教兴国为己任,以公司的发展来为所在的社区做出贡献。为祖国的繁荣昌盛,为中华民族的振兴,也为自己和家人的幸福而不懈地努力。

华为的质量:要以优异的产品、可靠的质量、优越的终生效能费用比和有效的服务,满足顾客日益增长的需要。

华为的人力资本:强调人力资本不断增值的目标优先于财务资本增值的目标。

华为的核心技术:核心技术是发展拥有自主知识产权的世界领先的电子和信息技术支撑体系。

华为的利润:将按照事业的可持续成长的要求,设立每个时期的合理的利润率和利润目标,而不是单纯地追求利润的最大化。

华为的成长领域:华为进入了新的成长领域,就应当有利于提升公司的核心技术水平,有利于发挥公司资源的综合优势,有利于带动公司的整体扩张。顺应技术发展的大趋势,顺应市场变化的大趋势,顺应社会发展的大趋势。

华为的成长管理:华为不单纯地追求规模上的扩展,而是要使自己变得更优秀。高层管理者必须对企业的成长进行有效的管理,在使公司迅速成为一个大规模企业同时,必须以更大的努力,使公司更加灵活和更为有效。

华为的知识资本化:华为实行员工持股制度。一方面,结成公司与员工的利益与命运共同体。另一方面,将不断地使最有责任心与有才能的人进入公司的中坚层。

华为的价值分配合理性:华为遵循价值规律,坚持实事求是,要公司内部引入外部市场压力和公平竞争机制,使价值分配制度基本合理。衡量价值分配合理性的最终标准,是公司的竞争力和成就,以及全体员工的士气和对公司的归属意识。

教道,可以增强团队的凝聚力。因为团队中的人员来自五湖四海,不同的生活习惯,不同的目的愿望,不同的工作态度都会导致成员之间的摩擦、排斥、对立乃至冲突,这往往不利于团队实现目标。教道为先,为成员寻找观念共同点,不断强化成员之间的合作、信任和团结,使之产生亲近感、信任感和归属感,实现文化的认同和融合,在达成共识的基础上,使团队具的一种巨大的向心力和凝聚力,这种才有利于团队成员采取共同行动,去努力完成共同的目标。没有这个前提,哪里来的团队,一盘散沙罢了。无怪乎《孙子兵法》中提到的"五事"中把"道"放在了第一位。

★以利导之——治人如治水

凡治众如治寡,分数是也。

——《孙子兵法·势篇》

用治少的方法来治多,分开来做,各自派上用场,这样就不会乱。

《孙子兵法》讲的"治众之道"就是用治少数人的方法来治理多数人,整体加以控制,形成核心,增强大家的凝聚力。并用治水的道理,用领导者与众人不同的身份来领导大局。

在美国东海岸的一个港湾,有一家极有名气的皮尔斯毛皮公司。公司的工作人员中有三人是亲兄弟。一天,他们的父亲要求见总经理,问为什么三兄弟的薪水不一样?总经理说:"问题很简单,我给他们安排一件相同的事,但业绩不一样,你只要看看就明白了。"

总经理先把其中一个找来,让他去调查停泊在港口的一条船,对船上皮毛的数量、价格和品质都要详细地记录,并且要尽他最快的时间。这个人领了任务离开5分钟便回到了办公室,原来他并没有去现场,而是通过查记录获得相关数据。这是一个记录调查员。

第二个人在领到任务以后,1个小时后就回来了,尽管他是到了现场,但也只记其大概。这是一个观察员。

剩下的那个人在弄明白任务以后,3小时后回到办公室。

他首先向总经理重复汇报了第二个人的报告内容,然后说他已将船上所有值钱的有价值的商品记录了下来,并且为了方便总经理与货主订契约,还邀请货主明天来订货。同时,在返回的途中,他又向其他两家毛皮商公司询问了货的品质与价值,并经过与该买卖有关的公司负责人洽谈,请对方11点到公司来商谈业务。这是一个高级的业务员。

暗察了三兄弟的工作表现后,父亲很高兴地对经理说:"你这种做法是正确的,我的三个儿你都派上了用场。"

由此可见,人多各办事,并各有统属,就不会乱。

如果事业有序发展,将不受人数多少的影响。人越多力量越大,人越少越好管理,人多人少都是利。

古往今来影响力最大的一种文化是中国文化。中国文化影响着当今世界,作用于人类一半左右的人数,即20多亿人(中国大陆及港澳台、全球华人、东南亚、日韩朝)等地区,他们的生活、工作与思维方式都有一种惊人的相似。一种文化有如此巨大的影响力

孙子兵法

19

与凝聚力,是很罕见的,从历史看,是个巅峰,是人类思想之核之一。

为什么中国文化有如此大的影响力,能作用于20多亿人?这说明它有一种高屋建瓴的思维,能统一纲而提万目,就像网一样,撒开无数大,收拢一条绳,除非鱼死网破,否则决不会乱。

《孙子兵法》揭示的"治众之道"的第一条原理就是:治众如治寡,分其数而控之。

无数个小"1"合成一个大"1",整体还是"1",丝毫不乱。这个大"1"可以生出无数个小"1",功能随数量增大而增大。

无数个"寡"合成"众",整体上有分有合,体现一种民主而统一的制度,有自由、有法度。《孙子兵法》讲的"分数是也"就是说分治而统一。寡加寡,寡加众,众加众,共同产生巨大能量。

这种高屋建瓴的思维就是《孙子兵法》揭示的宝贵真理。

世上人再多都可以分类,如有知识者、无知识者、半开化者;富人、穷人、中产阶级等。只要能分类,就可以管理。

落后地区的垃圾常常到处乱扔,什么都臭在一起;发达城市的垃圾则分类管理,不但不污染,还能变废为宝。

连垃圾都可以分类管理,何况人!

当然,人生下来就是平等的,正如《联合国人权公约》所讲:无论一个人身处什么国家、民族、信仰什么宗教、经济状况、政治地位如何,都是平等的(大意)。我们在此处讲的"分类管理"指的显然不是把人分为三六九等,而是按实际情况作不同的管理与服务,以期带动全体。

《孙子兵法》此处讲的"治众如治寡"也是《老子》讲的"治大国如烹小鲜"之意。

整体是个体的核心与神经中枢,如果中枢涣散,将不攻自破。

《孙子兵法》揭示的"治众之道"告诫我们:如果形不成事情的核心,将会人心涣散,力量软弱,数量再多也是一盘散沙,堆不成高楼大厦。

所以,一开始力量并不重要,重要的是形成凝聚力,为大多数人找到共同目标。

当天下大乱时,大多数人一崩溃,就会形成乱流与暗流,就会冲垮一切,并引发集体混乱。

高明如大禹者,知道用"疏导"的方法治水,用一条大流引出无数小流,这样就会有序发展,不会乱流一地。

大禹治水的关键在于疏导。在这时,大禹集团本身的数值为0,他并不是众流之母,而是一个纯粹的外力帮大流分出小流,从而有序发展。这个O相当重要,大禹治水,他就不能是水,必须是水之外的力量。如果大禹是水也会被水冲走。

因为水是无法疏导水的,只有用工具才能把水引走泄开。

《孙子兵法》"治众之道"即如治水的道理,也就是用疏导者本身不与大家相同来统领大局。

汉字"众"也体现了这个意思:

《孙子兵法》揭示的"众"不仅是三个人,也不仅是人上有人,而是三方同时作用。这种三方作用共同加强凝聚力,从而下传上达,上传下达,合力而为"众",万众一心,不离共同目标。

《孙子兵法》讲的"治众"也是一个自己治理自己的过程,如"内圣外王"。"外王"就是治众,"内圣"就是自己治理自己,自己修炼自己。

儒家"内圣"之道为修、齐、治、平,即《礼记·大学》里讲的:修身、齐家、治国、平天下。修、齐、治、平都是修,都是齐,都是治,都是平。先平自己的天下,才能平身外的天下。一个人就是一个世界,一个人就是一个天下,如果连自己搞不好自己,连自己摆不平自己,焉论其他?

道家讲"内圣"之道为无为。通过清静无为达到天人合一境界,借天道为人道,以天道行人事,故常成功。

佛家讲"内圣"之道为涅槃。通过一种寂灭状态脱胎换骨,变坑灰为碧波,以意为舟,横渡沧海,便可以达到彼岸,一切自如,做事情自然会成功。

菩提树下,释迦牟尼固定入悟。我们要学佛陀,时刻反观自身,就能获取应有的成功。

★ 占有道义,赢得人心

善用兵者,修道而保法,故能为胜败之政。

——《孙子兵法·形篇》

孙子曰:"善用兵者,修道而保法,故能为胜败之政。"

"道义"是战争的政治基础,直接关系于民心的向背。占有道义,就赢得了民心。善于用兵的人,修明政治(以亲和其民)而为不可胜之道,确保法令能得到贯彻执行,只有这样才能掌握战争胜负的决定权。

西汉王朝在战乱中崛起,为恢复统治秩序,发展生产,巩固新生的中央政权,汉高祖刘邦实行了"与民休息"无为而治的统治策略:组织军队复员,赐军吏以爵位,释放奴婢,招抚流亡;从中央到地方,重建各级统治机构;在中央设立南、北军为常备军,在地方设立预备军,建立了较之秦朝更加完备的武装力量。又命萧何根据秦朝法律制定《汉律》,健全了封建法制。此后的50余年中,文帝、景帝继续倡导以农为本、轻徭薄赋的政策。汉朝社会稳定,经济持续发展。到汉武帝时期,已经发展到全盛时代。

能做到一心一意为员工着想，员工就会拿出百倍的诚意回报公司，回报老板。其实，在外国，有很多有远见的企业家都是在长期的劳资矛盾中悟出了"爱员工，企业才会被员工所爱"的道理，因而采取软管理的办法，对员工进行感情投资。如美国的沃尔顿有"和善"经营的理念，日本的吉田忠雄有"善的循环"理论，美国西南航空公司有"爱心文化"。可以认为，他们都是"仁道"的思想的体现。让我们记住法国企业界的这一句名言

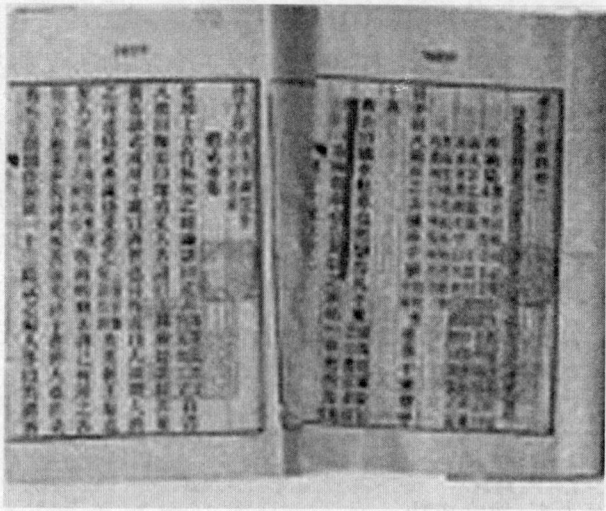

《孙子兵法》书影

吧，它是这样说的：爱你的员工吧，他会百倍爱你的企业。

美国著名的电脑企业——惠普公司的创立人惠利特说："惠普公司的传统是设身处地为员工着想，尊重员工。"

惠普对员工的上班时间实行弹性管理，员工可以选择早晨7点钟上班，下午4点钟下班；或早晨8点钟上班，下午5点钟下班。如果员工有私事，一般可以优先处理。例如员工家中暖气试水，那么员工就可以晚到半天，甚至一天不上班。员工如果因为加班，可以打的回家，费用由公司报销，而且可以享用免费晚餐。特别值得一提的是，在公司高层的支持下，惠普中国分公司还成立了专门的工会组织，工会经常组织各种有利于员工身心发展的文体活动，比如歌咏比赛、运动会、足球赛、篮球赛等等，平衡员工的工作和生活。企业本着这种理念发展，经济效益逐年递增。

★ 上下同欲者胜

上下同欲者胜。

——《孙子兵法·谋攻篇》

在现代商战中，如果能很好地处理好人际关系，那就更具备获胜的条件。俗话说：人心齐，泰山移。

《孙子兵法·谋攻篇》中说："上下同欲者胜"。意思是说，全国上下和全军上下同心同德的可以取得胜利。这就告诉了我们在商战中必须讲究人际关系的处理方法，做到上下同欲。

台湾知名企业家管理实务专家毛仲强说："现代企业管理的重大责任，应在于谋求企业目标与个人目标两者的一致。两者愈一致，管理效果愈好，反之，两者愈不一致，管理效果就愈差。"

商场如战场，经济竞争犹如军事竞争，企业全体员工只有荣辱与共，才能无往不胜。高明的经营者，无不想方设法，使企业内部同心同德，有"一荣俱荣，一辱俱辱"之感。否则就很难有企业的振兴和繁荣。

《孙子兵法》中"上下同欲"的原理，其荣辱与共的关键在于企业上下有共同的目标。而共同目标的确定，在于企业上下有一致的利益，如果缺乏一致的利益就不能形成一股巨大的统合力量。

同样要注意的问题，讲究上下同欲的时候要防止发生同样的差错。

记"工分"是五六十年代的事，可如今壮镇满族自治县沟邦子村的石棉水泥制品厂，仍实行着这种似乎过了时的分配方式。

这个村办厂专门生产小波纹石棉瓦。每生产一片瓦需十几道工序，为方便工效挂钩，这个厂采用了"工分制"的分配方式。以班组为单位，确定最高分和最低分，坚持每天进行一次考核，月底根据劳动强度、技术水平等综合打分。

★齐勇若一——步调一致，齐头并进

齐勇若一，政之道也。

——《孙子兵法·九地篇》

只有齐心协力的队伍才能称之为团队。

无论军事抑或管理，组织的作用在于形成整体合力，使勇者不得独进，怯者不得独退。因此，军在治而不在多，有治之军，兵非唯多，足以并力料敌，而无治之军，军虽多而不整，官有道而不通，吏治不严，教道不明，虽多而无用。

美国当代著名的管理学者哈罗德·孔茨在给管理所下的定义中这样说："管理就是设计一种良好的环境，使人在群体里高效率地完成既定目标。"另一位美国管理学家小詹姆斯·唐纳利则说："管理就是由一个或更多的人来协调他人的活动，以便收到个人单独活动所不能收到的效果而进行的活动。"若干管理名家都认为管理的根本作用就在于协调人类的活动使之取得一致性,从而最大限度地提高效率,完成既定目标。这一点,和孙子的观点是完全一致的。

优秀团队是一个多元文化的利益共同体,在共同愿望的指引下,团队运用现有的所有资源(含人力资源),给团队成员足够的空间引导他们做正确的事情,将员工的奋斗及个人的成功有机地融入团队的成功中去,通过资源系统最优匹配与系统整合实现绩效的最大化。中国象棋中各个子力相互依托、相互倚重,通过系统整合构筑整体优势,实际上就是这种系统整合的思想体现。

《孙子兵法》中这样提到过:齐勇若一,政之道也;刚柔皆得,地之理也。讲的就是最好的用人方法,简单说就是:兵之所以能善战善勇,是因为管理和用兵方法正确,所谓的正确用兵方法,就是刚柔并用,方法正确。

IBM 是全世界的电脑领导者。IBM 推动杰出的人事管理制度,使得全体员工均乐于为 IBM 奉献。它的人事管理原则大致可分为以下十条:

一、任用有才干的人,激发其潜能,安排适当的职位。

二、重视教育训练,培育自己及后继者。

三、充分授权部属,使其得以完成任务与目标。

四、适当奖惩员工,激发其工作动机。

五、机会均等,不分种族、性别、年龄。

六、同等重视经营责任与社会责任。

七、重视双向沟通。

八、注意作业安全。

九、保守公司机密,维护公司财产。

十、开发自己的潜力。

IBM 公司的这种人事管理使员工齐勇若一,携手若是一人;再加上其"创新"的企业精神和杰出的"企业文化",使 IBM 不断成长壮大、历久不衰,成为世界各国企业学习的榜样。人没有十全十美,但每个人都有其特长的一面,最重要的是用其所长,将每个人的潜力充分发掘出来。这才是团队建设的最好方法。

有这样一句俗语说:"没有一只鸟会升得太高,如果它只用自己的翅膀飞升。"微软现任 CEO 史蒂夫·鲍尔默也说过类似的话:"一个人只是单翼天使,两个人抱在一起才能展翅高飞。"无论是自然界的鸟儿,还是我们人类,想要飞得高,想要有所成就,都离不开他人给你的推升之力。如果人与人之间都能相互借力、彼此提携,那么,大家前进的步伐会整体加快,成功指数也会比单打独斗、孤军奋战高得多。同样,倘若企业每个成员都能互信团结,齐勇若一,都具有分享与协作的意识,并有为集体奉献的精神,那么,企业的竞争力则会大大提高,获胜也就是一件必然的事了。

微软所倡导的"释放信息"的管理方式,实际上就是一种相互借力的做法。该公司非常注重团队合作,要求各部门之间、各员工之间形成紧密的合作体,并不断向员工渗透这

样的理念:我帮你就是希望你变得更伟大。其实在你让别人变得伟大的同时,别人也在让你变得伟大,这是个互动双向的行为。在微软公司里,不论你是哪个部门或哪个项目小组的成员,也不论你是上级还是下级,都要尽可能将自己的目前工作状况、实施计划、项目思路、工作中遇到的问题等信息公之于众。这样做的目的,一是可以让每个人了解其他人的工作情况,从中找到与自己兴趣或能力相符的项目,以便参与进去,发挥自己应有的作用;二是可以参考他人的好经验、好方法,或从他人的教训中汲取经验,以便提高自己的业务能力和水平;三是还能把自己的经验和方法传授给他人,相互交流,以帮助他人解决工作中的难道。

毫无疑问,在这种"释放信息"的做法背后,微软创造的是一种齐勇若一,相互信任、相互协作、团结向上、高效率的工作氛围,培养了员工"个人成功服从公司成功","任何人的工作都是为了公司发展"的企业文化。

一个没有集体主义观念,没有齐勇若一,没有协作与奉献精神的人,是无法与企业风雨同舟,共渡难关的。企业自然不会对他们姑息养奸,允许这种行为继续存在下去。其实,通过改革奖励制度,将"齐勇若一"作为一项重要的考核指标纳入奖励体系中,不失为一个达成"个人与企业双赢"的好办法。

一位美国足球教练在新接手一支大学球队后发现,尽管该队每个队员的个人技术水平都不错,但在比赛时,队员之间却很少有协作配合。某个队员抢到球后很少传给其他队友,而其他队员似乎也不愿成全他人的这种"英雄壮举",根本就不去协助他进攻。结果各自为政、各行其道,就像一群没有凝聚力的乌合之众。

为了调教好这支涣散的球队,这位教练改革了球队以前专注于个人目标实现的奖励制度,从而更多地强调团结协作、相互配合、集体获胜。譬如,在比赛时,进球得分的队员得一分;协助他人进球的队员就会得到两分;把球传给助攻队员的队员则会得到三分。如此一来,每个队员都不再是游离于球队之外的个体,而是像一只严丝合缝、紧固牢靠木桶上的一块块木板,他们发挥出了强大的团队协作力量,最终从积分榜上的倒数第一名,一跃升至全美大学足球联赛冠军之位。

正如比尔·盖茨所言:"虽然每个人的步伐会有快、有慢,作为个体行为这无可厚非,但在一个团队中必须保持步调一致。你的步子不能走得太快,走得太快反倒没用,你走得太慢也不行,我们需要团队一致。"

俗话说:"步调一致,才能得胜利。"团队中每个成员只有在自己合适的位置,以合适的速率和方式行进,前看与回望,时时用两面镜子照一照自己,才不致成为团队中一辆掉队或偏离了跑道的车,与团队成员协同作战,齐勇若一,使团队在市场竞争中大获全胜。

★扭成一股绳,力量才会大

勇者不得独进,怯者不得独退,此用众之法也。

——《孙子兵法·军争篇》

勇敢者不会单独前进,怯懦者不会单独离开。这是大家的力量。

《孙子兵法》中"用众之道"讲述的就是,用不畏风险来减小风险。

在一个团队中总有勇敢者与怯弱者,如果任勇敢者目无纪律一味争先,或让弱者想跑就跑,那么这个团队容易散伙、败掉。只有约束了这两种极端行为,团队才能团结作战。日本企业家和田一夫为将事业发展到巴西,说服了手下员工不冒进、不打退堂鼓,得以一起进发。

上个世纪 60 年代中期,日本的百货超级市场进入了一个全面改革的新时期,纷纷合并调整、划分区域,形成了一批向全国扩张的实力雄厚的联营集团,和田一夫也采取了应急措施,吸收了许多附近地区的同行,形成了静冈县一个巨大的百货超市企业集团"八佰伴"。但面临那些如大兵压境的全国性集团,"八佰伴"可谓岌岌可危,许多朋友都劝和田一夫加入大集团,否则死路一条。

"向国外发展!"困顿中的和田一夫心中突然闪出这样一个念头,他立刻抓住了它!他坚信:进军海外,既可避免被吞并的命运,又会成为"八佰伴"走向世界的一个最佳契机。

"好吧,就去巴西发展!"随即,和田一夫把一面"八佰伴"的小旗插在巴西地图上。1969 年 5 月,和田一夫抵达圣保罗,巴西迅速发展的景象使他兴奋,他参观了当地一个由法国人开的最大的百货商店,亲身感受到那种劣质的服务,这一切都给他一种信念:"八佰伴"在巴西大有可为。

但是,"八佰伴"进军海外的计划公之于众后,却引起一场激烈的争论:"社长,你得保证成功才好开始吧!""社长,你不是想抛弃我们吧!"

和田一夫决定:要好好跟他们讨论,把职员们的干劲拧成一股绳,他召开全体职员大会,把"八佰伴"开展海外战略的意图、形势及长远目标向职工和盘托出,然后,又把全体职工分成 30 个组,每组派几名代表汇总小组意见后来面见和田一夫,与社长共同探讨,和田一夫认真倾听,认真宣传他的发展战略,前后用了半个多月时间,30 个小组都逐个谈过了,没过多久,30 个小组委派了代表来到和田一夫办公室,用坚决的口吻说:"社长,我们讨论后认为社长的见解有道理,请社长安心开拓巴西市场!"

有这几句话就足够了！几个月来食不甘味、寝不安席的和田一夫热泪盈眶。

和田一夫用心良苦，将问题解决在发生前。在他的团队中，大部分人对海外发展都心存疑虑，有点退缩不前的味道。和田一夫对手下晓之以理，从而避免了一场混战，也避免了夭折。

我们做事往往面临的问题就是大伙心不齐，自己给自己添乱，根本发挥不出优势，一阵拉拉扯扯后人们跑的跑，升的升，留下大多数人不知所措地待在原地。

究其原因，"心不齐"往往发生在首尾环节，即发生在喜欢冒进与退缩的两种人身上。解决了这两种人，公共事业才能壮大、获利。

冒进者看似勇敢，但多半都只是逞一己之快，属匹夫之勇，历来成不了大事。并且，冒进者做事往往是为了自己而不是为了团队，一旦他得手，就会先下手摘取丰富果实，势必损害大多数人利益。

退缩者的害处就更大了，一件事还没开做他就说："不行啦，我实在完不成。"边看情况边溜，灭自己志气、长他人威风，让人痛恨。做都没做你怎么知道不行？退缩者往往不是缺乏能力，而是缺乏信心。如果任由他们自溜，将出现一匹害群之马带坏一群好马的不良局面。

对付退缩者的手段极简单，那就是清除出去，越快越好，绝不能手软。个别情况可以教育留用。

对付冒进者的手段一般有三种：

一是让他冒进，看谁冒进先整谁。有的人注定要冒那么一下他才高兴，你让他不冒进他很难受，说不定还要给团队添乱。管理者如果实在不能制止，就不妨让他跳出来，这样就会把问题摆在明处，较好解决。当然，不能任由他冒进，准确说是在他"冒而未进"的时候收拾他。

二是化冒进为计划内进攻。不管怎么说，除了极个别别有用心的人外，冒进者往往也是为大家，他的冒进具有献身精神与先锋精神。这时我们就应该理解这种冒进，不能凭空打击。冒进者往往能把发展计划提前一步走，如果引导得好，可以变坏事为好事。我们要变冒进为正常进攻，约束冒进者在纪律内大胆进攻对方，这样就不会打乱计划，反而可能提前实现任务。这种办法的难点在于约束冒进者(要理解也要管理)，在于化冒进为正常进攻(及时调整进攻策略)。

三是大家冒进。这种做法实际上是肯定了冒进的做法，风险较大，但如果把握机会，也可以趁人多势众形成强烈进攻，占主动、占先机，胜算也极大。

比如一群狮子一齐冒进，冒险攻击一头暴躁的野牛。

无数次实战表明，单打独斗狮子是打不过野牛的，野牛尖锐的长角与灵活的弹腿可以让狮子根本无法得手，往往死得很难看。但一群狮子就不同了，它们一起进攻，有的咬尾巴，有的缠住头部撕咬，有的跳上牛头抱住牛角，有的爬上牛背抓住牛颈，有的抱住牛腿直啃。野牛怒火冲天，往往能把较弱的狮子踩成肉饼或用角戳死，但野牛也毕竟不敌群

27

狮进攻,不多久一只庞然大物就这么被掀翻了。群狮斗野牛的案例说明"大家冒进"是有用的,是可以吃到肉的。缺点是风险大、牺牲大,优点是报酬丰厚。

这种做法可以为决心要当激进者的人,或决心要带领苦无出路的团队杀出条生路的人选用。

一个人的冒进往往劳而无功,整个团队的冒进则会形成强大力量,当然方向要找准,与对方实力不能差距太大,否则人再多也是找死。

《孙子兵法》揭示的"用众之道"就是赞成"大家冒进",而不是让少部分人独进。打仗不冒险是不可能的,只有敢于冒进的团队才有赢的希望。当然要把握火候,决策者要知道什么时候冒进,冒到什么程度,往哪里进攻。冒进不是盲进,而是一种通过不畏风险来减小风险的高明办法,已经无数次实战证明是有效的。

为什么不怕风险可以减小风险,甚至可以消除风险呢?

这是因为风险是处于运动中的,如果不敢与风险斗,就会助长风险的气焰,势必风险越来越大。

如果我们敢与风险斗,就会打击风险的嚣张气焰,彼退我进,自然可以减小风险,甚至消除风险。

这并不是一个拟人化的说法,世上一切事物都像人一样有生老病死,莫不受自然规律控制。

"风险"是事态发展的必然产物,它是一种现象。既然是现象,它就受现象规律的支配。

经验告诉我们,走在沙漠中越渴的人越容易看见碧波荡漾的海市蜃楼。这是因为:人与任何生物一样身上都有两套生存系统,当常态的系统不能供给生存的必须物时,另一套异态的系统就会把这个必需物的影像提供给大脑,供其望梅止渴。

风险首先是一种警示,同时它也是一种预言与机遇。"风险即机遇",这是因为风险中包括一个变异因子,我们把它叫作"事态轴链"。只要我们深入风险内部,就会发现里面非常安全,就像龙卷风的内部比边缘安全一样。抓牢这个"事态轴链",就可以改变局势。

我们向风险进发,我们深入风险的内部,抓到了事态发展的核心,当然会既安全又顺利,把事办成。

敢与风险斗,风险就会变小。

《孙子兵法》讲的"进发",即包括通过与风险斗争,从而抑制住风险,使之变小乃至消失。

怕风险,风险会更大。

不怕风险,风险会变小变无。

世上一切事物都是欺软怕硬的。小时候人们怕黑,渐渐长大也就敢在黑夜中走路了。因为原本没有真正的黑,月光、星光、夜光、灯火与路面的白影都可以为我们指路,光线无所不在,微弱的光线只要适应就会越来越亮,何况我们手中还有手电或蜡烛。

连黑暗都欺软怕硬,何况其他!

有什么可以难倒我们呢?"贫穷"也是欺软怕硬的,只要敢与贫穷斗争,任何人都可以致富。

"落后"也是欺软怕硬的,只要敢与落后斗争,任何人都可以成功。

龙卷风看起来浑身都是风,其实在龙卷风的内部是静止的,没有风。科学家因此能把测风仪器放到龙卷风的内部观测数据,随龙卷风一路天马行空而基本无损。既然龙卷风的内部没有风,那么有的科学家也推测太阳的中心可能甚至没有火,完全可以假想在某天运送卫星到达日心进行观测。

《孙子兵法》揭示了"风险之道":世上之事负阴抱阳,表面的背后往往是另一种相反的状态。只有勇敢地深入风险内部,才能战胜风险。

第三章　善用人者胜——用好人，用对人

★得将才者事业兴

兵者，国之大事，生死之地，存亡之道，不可不察也。故经之以五事，校之以计，而索其情。一曰道、二曰天、三曰地、四曰将、五曰法。

——《孙子兵法·始计篇》

孙子曰："兵者，国之大事，生死之地，存亡之道，不可不察也。故经之以五事，校之以计，而索其情。一曰道、二曰天、三曰地、四曰将、五曰法。"

这就是说：战争是国家的大事，战争的胜败，关系到一个国家的存亡。因此，策划战争前，要进行敌我条件的对比，看是否有利于我。敌我对比要抓住"道、天、地、将、法"这五个方面。

从商战来讲也是如此，一个企业寻求生存和发展，必须制定相应的发展战略，精心谋划每一个步骤，要审时度势，运筹帷幄。特别是在策划重大投资时，首先要认识到这是关系企业成败的大事，一定要慎重，要进行充分的考察论证。包括产业政策、市场需求情况、测算同类企业和产品产量、地理环境、经济效益等等。进行可行性分析之后，再有计划地投资，以减少失误。在研究企业发展战略时，必须坚持以利为准，走投入少，产出多，见效快，高起点，高科技，高效益的发展之路。

孙子所说的"道者，令民与上同意"，也同样适用于企业。上下同意者胜。企业的"道"就是从企业的管理经营者到全体员工，都有一致的理念，有共同的目标，齐心协力，为企业的发展而努力，把企业的兴败与个人的利益捆在一起，与企业荣辱与共，同心同德，共同奋斗。如果企业遇到暂时困难，员工也能发挥"同舟共济"的精神，力挽狂澜，使企业走出困境，重新振兴。团结是强业之精，进取为富业之髓。

天者，即天象也；地者，即地理环境也。就企业来讲，同样也要讲气象、天候、地理环境、各种资源、通信、交通等诸条件。天时、地利、人和是企业发展最基本的必备条件。

将者，智、信、仁、勇、严也，这是良将武德的条件。"智"是有运筹帷幄之谋；"信"是以诚信带兵；"仁"是爱护士卒与百姓；"勇"是沉着应战，果断不畏惧；"严"是带兵态度严谨，守纪律赏罚分明。当一个企业家也必须具备这五种要素，才能使企业走向成功之路，"智"是具有经营管理的谋略，及时掌握市场信息与动向，有远见，有宏观指导、决策的能力，这是一个企业家必备的基本素质；"信"是对员工、对消费者、对社会、对有关部门，有崇高的信誉；"仁"是关心员工、诚恳待人，视顾客为上帝，优质服务，遵守商业道德；"勇"是勇于改革创新，勇于开拓市场，不断推出新技术、新产品，保证企业的生机；"严"则是对企业的管理要严格，一切按法律、按规章制度办事，赏罚分明。对产品质量要突出一个优字，以质取胜。"千军易得，好将难求"，企业要搞好，必须选五德之将。

法者，曲制、官道、主用也。凡此五者，将莫不闻，知之者胜，不知者不胜。

一个企业，不管大小都要组织分明、权责清楚，各项财务、采购、物料乃至废品管理，都要妥善处置，才能发挥营运成效。

孙子曰：故校之以计，而索其情。主孰有道，将孰有能，天地孰得，法人孰行，兵众孰强，士座孰练，赏罚孰明，吾以此知胜负矣。

善于用兵者必会用计。同样，善经营者，其计亦奇。商战中用计，要因人、因时、因地、因事而谋。竞争对手、消费对象有智、有愚，有大人、有小孩，有富、有贫，有城市、有农村等差异，企业的经营者必须细心研究他们的特点，有针对性地制定行销策略、产品开发策略和经营策略。企业家必须具备"识"的能力，即识人才、识行情、识时机、识竞争对手，才能在市场竞争中立于不败之地。

企业在市场竞争中，与其对手之间，或合作伙伴选择中应以六个条件做对比，方知其优劣：

1. 企业的经营者，谁有"道"，谁知"道"，谁行"道"，谁能得到员工的拥护；

2. 企业的管理者和员工，谁的素质高（包括：品德素质、知识素质、业务素质、心理素质、哲学素质、身体素质和修养）；

3. 天时、地利谁占优势；

4. 企业组织、资金、经销制度、运行机制谁能更适应社会市场的要求；

5. 企业的生产力、行销能力谁好；

6. 企业的激励机制谁好。

孙子曰：将听吾计，用之必胜，留之；将不听吾计，用之必败，去之。

一个企业，如果下属能按企业的主要负责人——董事长、总经理决策和意图去办，同心同德，并发挥主观能动性，积极进取，为企业依法创效益的干部，就是企业的好干部，应当重用。如果离心离德，你说你的，我干我的，我行我素，拨弄是非，在商战中一定会失败，这样的干部就不能重用。当然，不是要干部唯唯诺诺，从现代企业管理来说，要实行民主科学管理，让干部充分发表意见，提合理化建议，但在综合集中正确意见之后，一旦决策,就要口径一致,不折不扣地去实现决策。

现代经济学家认为:企业的资本概括起来分为两大类:一是物资资本;二是人力资本。在人类经济发展过程中,随着经济和技术的发展,人力资本占的比重越来越大。物资资本在使用过程中,由于折旧等因素,效益是逐步递减的;而人力资本则在边使用边积累的过程中,产生的效益是递增的。从某种意义上说,经济的增长以人力资本为根本动力。

人才是企业兴衰之根本,得人才者企业兴。对企业来说,选人用人就至关重要。人才是社会最宝贵的财富,有了人才就有技术,就有产品,就有市场。企业之兴亡在于人才,在于经营决策者选才、用才、爱才。用好一个人,可调动一大帮人的积极性,用错一个人可挫伤一大批人的积极性,这也是关系着领导者的威望问题。所以,英明的经营领导者,一定要任贤用能,以德才为标准,以求辅佐,不能任人唯亲,拉帮结伙,或论资排辈。要破除门第观,敢于用强人。日本松下电器公司的创始人松下幸之助先生,慧眼识人才,经过实践考察,他认为山下俊彦才华过人,是松下家族中根本找不到的杰出人才,是公司最优秀的"将才",于是松下幸之助不计门户出身,力排众议,破格把山下俊彦提拔为总经理。由于选用人准确,使企业很快出现了生机。意大利的菲亚特汽车公司1979年前的10年里,是一个面临倒闭的企业,连年亏损。在这种情况下,该公司的老板下决心调整企业的经营管理者,大胆起用了经营头脑敏捷、管理才华出众、工作不屈不挠、吃苦耐劳、脚踏实地、作风谦虚、团结奋斗的维托雷·吉德拉为总经理,该公司很快摆脱困境,大大提高了劳动生产率,到1984年汽车销售超过100万辆,跃为欧洲第一,成为欧洲汽车市场的"霸主"。所以说,人才是企业的活力与生命。选才之后,要善于用才,知人善任,给予实权、信赖和优厚待遇,使其忠于事业。这是经营领导者和企业素质的体现,也是企业形象所在。在配备企业领导班子时,应把不同智慧、不同类型的人搭配好,其中有全局观念和战略观念、决策和应变能力很强的人;有善于行动、坚毅顽强、迅速果敢执行能力很强的人;有善于处理人事关系、沟通协调、创造良好企业文化的人;有人际关系良好、亲和力较强的人。这样的企业领导群体才是发挥集体领导作用、有战斗力、能产生效益的班子。现代企业管理,首先要组织好五个方阵:一是帅才方阵,即选配好领导班子;二是谋才方阵,设置配套的辅助支持系统;三是将才方阵,建立起政令畅通的执行系统;四是干才方阵,造就优势人才骨干力量;五是团队方阵,形成企业有士气的员工队伍。这是企业发展的活力所在。

选用什么样的帅才?帅才一定要具有高尚的道德品质和知识渊博,高瞻远瞩,具有战略眼光和决策能力;有善于运筹谋划、管全局、抓大事、头脑敏捷、抓时机的本领;有勇于创新的实干精神,严密的科学态度,良好的民主作风,强烈的事业心和责任感;能坚持原则,廉洁奉公,公道正派,谦虚谨慎,大度宽容,能团结各方面的人一道工作;有魄力,有意志,守信用,能给人一种力量。再者就是要爱护干部,精诚团结共事。古人言:"群臣辑

國學智慧全書

兵学智慧

睦,甲兵益多","和为贵",一个集团、一个企业的进取精神,竞争力和向心力的统一,是兴旺发达的基本条件。相反,集团分裂,企业失去向心力,就失去了竞争力,就会导致企业的垮台。一个企业家,必须把"和"字时刻放在脑海里。"和"就是团结、有凝聚力,团结才能调动一切积极因素,团结才能出战斗力、出经济效益。"和",成为企业文化的重要内容。

孙子曰:计利而听,乃为之势,以佐其外。势者,因利而制权也。

在商战上最广泛运用造声势者,一是广告,新产品推出时,广泛利用各种媒体和渠道进行宣传,争取顾客;二是利用各种管理部门取得信誉支持。

孙子曰:兵者,诡道也,故能而示之不能。用而示之不用,近而示之远,远而示之近。利而诱之,乱而取之,实而备之,强而避之,怒而扰之,卑而骄之,佚而劳之,亲而离之。攻其无备,出其不意。此兵家之胜,不可先传也。

商战和军事作战一样,是诡计多端,斗智手段千变万化的行为。商战中在国家法律允许和遵守商业道德的前提下,可采用正当的虚实结合的"伪装策略",严守本企业的商业秘密,以维护本企业的利益。

用兵是一种诡诈的行为,兵不厌诈,古今常理。在互相用诈的商战中,既要会用"疑兵之计",也要能够及时识破对手的诡诈计谋。在激烈的市场竞争中,制造假象、识别假象同样需要经营者的睿智慧眼。为了避免上当受骗,对诸多情况要多想多问几个为什么。这是因为当今市场经济时代,到处充斥着一些虚假与欺骗的违法行为,产品有假冒,广告有谎言,合同有骗局,这些违反商业原则的行为,是要负法律责任的,也无疑对企业经营者敲了警惕之钟。要十分注意的是商家设置疑阵,运用"疑兵之计"时,不能违反商业原则,更不能与国家法律相悖。在设疑阵实施过程中,虽有欺骗成分,但它不是直接的、赤裸裸的商业欺骗,而是通过一系列公开活动或故意暴露秘密,有意识地引导对方的思维向自己希望的方向发展,从而使自己掌握主动权。企业经营者用"疑兵之计"即使是在欺骗对手,但却没有违反公平竞争的商业原则,虽然对手的失误是我方有意造成,但都是对方"咎由自取",我方并不负法律责任。

企业经营者在商战中运用"疑兵之计",应当清醒认识到,现代社会高科技的迅猛发展,信息手段十分发达,商业间谍活动频繁,企业能保守的机密少得可怜。因此,用此计的难度越来越大,经营者只有选择保密度相当高的项目,才能使对手误入歧途,"上当受骗",造成失误,从而使自己走向成功。

★以道教人，先亲后罚

卒未亲附而罚之，则不服，不服则难用也，卒已亲附而罚不行，则不可用也。

——《孙子兵法·行军篇》

领导者必须想办法获得手下员工的信任、拥护、认同和接受，要为管理奠定好心理基础。

如今社会，作为一个领导人，所面对的问题和社会历史环境不同于古代战争，但孙子"以道教人"的思想仍可广泛借鉴。就团队而言，"以道教人"实际就是一个团队文化的建设和宣传推广的问题。相关的内容包括以下几个方面：

其一，对团队的宗旨和目标的宣传。通过对它的宣传，团队不仅可以强化员工的归属感和凝聚力，而且也可以经常地提高员工的精神境界，使他们乐意为某种较高的精神旨趣努力工作，奉献热忱。

其二，团队的价值观的宣传。宣传和推广合理的、先进的和有针对性的价值观，就可以在较深层次上塑造员工的行为方式，长久地指导和影响员工的第一项具体的活动。

其三，对团队历史的宣传，包括对团队领导人的宣传。这种宣传和教育旨在加深员工对于团队宗旨、目标和文化和理解，培养员工的荣誉感、自豪感、归属意识和责任心，从而在较深的层次上使员工易于接受指挥和领导，保证行动的协调一致。

孙子指出了一个很重要的指挥艺术问题，即先亲后罚的问题，这一问题包含以下三层意思：

第一，领导者必须想办法获得手下员工的信任、拥护、认同和接受，缩小同员工在感情上的距离感，从而为有效的管理做好心理基础工作。

领导者消除与手下员工的距离感，培养与员工亲近感的基本方法有四个：

一是言行亲近，即领导者身上有好的民主作风，举止言行使员工感到亲切或亲近。

二是恩赏亲近。广施恩惠，不吝赏赐，有时候是全范围中，如汉将霍去病，将汉武帝赏赐的美酒倾入清泉，令全军将士饮以分沾皇恩。有时候则是有针对性地对那些做出特殊贡献、拥有特殊身份、肩负特殊使命的关键性人物的。这种恩赏不但会消除领导者与员工之间的距离感、对立感，而且会使员工产生更积极向上的工作热情。

三是关爱亲近，即将领从内心深处关爱士卒导致的亲近。

四是目标亲近。领导者如果能够设身处地地替手下员工着想，便会体察他们的希望与目标，领导者如果能在合理的范围内使员工的目标与希望获得满足，则员工们就会对

领导者产生亲近心理，相对于上文的恩赏亲近，这种目标亲近是更深刻更高层次的，能持久地起作用。

第二，领导者在培养亲近感的同时，必须始终把握亲近感同领导者的职责，团队的任务之间的关系及相关分寸。

第三，亲与罚必须相结合。

从团队管理的角度说，领导用人艺术的一项重要内容是处理好亲与罚的关系。同军队的领导活动一样，团队领导首先必须以多种方式使员工接受自己，这样，他才能树立起领导权威。西方管理学家普遍认为，领导是职权同个人权威相结合的一门艺术，即领导不仅要拥有职权，而且还要获得下属的认可，社会系统学派的创立者巴纳德曾明确地说，"权威由作为下级的个人来决定"，即领导的权威主要不是来自组织的等级系列，而是来自下级的认可和接受。孙子所说的"亲"，实际上就是要解决下级的认可和接受问题，领导者当体察其中之深义。

乔治·史密斯·巴顿是第二次世界大战中美军的杰出将领、陆军四星上将。

巴顿治军甚严，但他同时又十分体恤和关怀自己的下属。巴顿了解官兵对家属信件的关心，为此，部队专设了一辆邮递专车，总是把邮件及时地送到每一名官兵手中。巴顿对于部队的伙食、换季服装、健康状况总要亲自过问。他甚至还给全军将士写过一封私信，内容是谈如何预防和治疗一种叫作"堑壕足"的疾病。巴顿总是喜欢在白天上前线视察，他说："应该让士兵们经常看到指挥官奔赴前线，与他们同在，而不要让他们看见他总是在安全的地方。"

1944年9月，美军统帅部命令巴顿所率领的第3集团军向法兰克福挺进，但德国人已在他前面布下了63个师，其中有15个装甲师和装甲步兵师，而且利用法国人遗留下来的边境要塞和马其诺防线作为自己的防御战线，想要进攻是十分艰难的。

9月5日，第3集团军的进攻严重受挫。3天后，德军突然发起反攻，激战半天多，才被遏制住。双方如此的拉锯战打了半个多月。9月30日，希耶河以东的第12军第35师在德军一个军兵力的攻击下，阵地防守危在旦夕，师长请求将部队撤到希耶河西。巴顿大发雷霆，坐上轻型飞机冒着枪林弹雨飞抵第12军司令部，宣布取消撤退命令："不能后退半步，第35师必须与阵地共存亡！"下达完命令，巴顿又急速赶到第6装甲司令部，亲自组织部队发起反攻。结果，第35师不仅保住了阵地，还向前推进了5英里。

进入10月份，天气一天比一天冷，由于美军的兵力有限，加上德军火力猛烈，美军官兵只好在凄风苦雨中坚守阵地。部队中，非战斗性减员大增，厌战、思乡的情绪到处都是，全军士气不振，这种低落的气氛如瘟疫一般在各部队中蔓延。但是，巴顿的第3集团军却是个例外——10月下旬，巴顿的外甥因公事来到第3集团军，他所遇到的每一个人都保持着一种"标准的军人状态"：胡子刮得净光，头戴钢盔，系领带，打绑腿，皮靴擦得亮铮铮的。

11月份后，天空连降暴雨，面对美军的进攻，德军利用他们坚固的工事和暴雨造成的有利形势顽强抵抗，但巴顿仍以不屈不挠的精神指挥第3集团军攻克德军最坚固的要塞——梅斯。在军事史上，1301年以来，梅斯要塞是首次被人以强攻手段从对方手中占领过来的。此后，巴顿战胜了恶劣的气候和复杂的地形，迫使德军从摩泽尔河、萨尔河的防御阵地后撤。

11月25日，巴顿将军在梅斯城检阅了攻占梅斯城的英雄部队。一个多月的时间，巴顿的第3集团军解放了873座城镇，打死打伤德军8.8万人，俘敌3万多人，而第3集团军自身只伤亡2.3万人。

巴顿将军是二战中的一位传奇人物，作为一个优秀的统帅，他深谙用人之道。他关心体贴下属是出名的，而且为了从思想上统一部队，巴顿的足迹跑遍了整个军营，"为人类进步事业而献身"的演说深入人心。当然，他的"高压"政策也闻名于世，他的"着装命令"连士兵上厕所时都未放过。巴顿领导的美国军团无坚不摧。他把"以道教人，先亲后罚"的用人策略用得非常成功。

团队的领导人必须把握好同员工的亲与罚之间的关系，必须清醒地意识到，亲是罚的基础和保证，罚是亲的必要补充和修正，无论是亲或罚，都必须以组织目标的实现为目的，都必须从属并服务于组织目标的实现，单纯的亲和单纯的罚，都会导致决策和行为偏离组织目标，因此，也就不会有好的效果。

作为一种指挥和领导用人艺术，恩威并用，亲罚结合，在团队用人的学问中是很实用的，团队领导者也应当像军队领导人一样，体会和把握亲罚结合的三层要点，善加妙用。

★用人不疑，善于授权

将能而君不御者胜。

——《孙子兵法·谋攻篇》

建立合理顺畅的指挥关系视作军队作战取胜的必要条件。

《孙子兵法》中所说的"将能而君不御"，所谓"不御"，不是不管不问，而是要知人善任，用而不疑，善于放权，放手发挥他们的才能，不去束缚他们的手脚。

喜欢御将者的一个心理原因，就是只相信自己，不相信别人，甚至把自己看作是救世主。大桥武夫在《兵法经营要点》中说："一个有'没有我企业就要倒闭'想法的企业经理，恰恰'正是由于我才使企业倒闭'。"这话讲得很深刻。无数事实证明，有这种思想的领导者，往往不能调动本团队人员的积极性，更重要的是，由于他平时事必躬亲，以致他

所培养的部下往往都比较低能懦弱；由于他平时事必躬亲，御下过度，一旦他不在了，就会无人做主，就会出现严重危机，甚至会导致事业失败。

将能而御，还会在市场竞争中失掉良机。当一个业务经理在外进行产品推销时，如果事无巨细，一切都要向公司有关方面请示报告，这就是很难适应当今市场"时间就是金钱"的激烈竞争形势的。在许多商品同台竞争时，由于业务经理无权调整商品价格，只得不断打电话向公司请示，而等到批准之时，生意早已被别人抢走了。

在这里我们需要注意的是，孙子讲的是"将能"而不御，将"不能"就不要去用；不用，也就无须去"御"。所以，这里首要的是知人善任，有了这个前提，就应用而不疑，如此，则可拱手而治。

人才是最宝贵的，美国有一家大公司，想获得一家小公司的一位工程师，但这位工程师却很依恋他的小公司，不肯被这家大公司高薪聘走。于是，这家大公司就花巨额资金买下了这家小公司，其目的就是为了得到这个人才。在我国，北京市印染厂在 1984 年以前，生产经营很不景气。这一年，起用了一位很有才干的新厂长许孝纯，新的厂长又起用了厂里的一批能人，这个企业很快就红火起来。也能由此可见择人是很必要也是很重要的。

美国的钢铁大王卡内基说："将我所有的工厂、设备、市场、资金全部夺去，但只要保留我的组织人员，四年之后，我仍将会成为一个钢铁大王。"卡内基死后，人们在他的墓碑上写这样写道："这里躺着一个善于使用比自己更能干的人来为他服务的人。"卡内基的墓志铭如实地记下了他一生的发迹结论。他白手起家，成为世界钢铁大王，在钢铁行业乃至其他行业中，实属是一个奇迹。

自己能经营赚钱的企业家，说明他有经营本领。不用自己经营，请别人为他赚钱的企业家，更体现出他的经营才华，因为他经营的是人才。实践表明，后者往往比前者能获得更大的成功。

卡内基从没受过高等教育，更没学习过钢铁知识，怎么能够经营好年产几千万吨钢铁的钢铁厂呢？他最主要一条秘诀是：请别人为他管理，也就是他所说的，善于访求比他更有管理钢铁业才能的人为他服务。他在 1912 年时，以年薪 100 万美元聘请查理·斯韦伯为其钢铁公司的总裁，当时不但震惊美国，全世界的人也为之咋舌。要知道，当时的100 万美元相当于现在的 1 亿美元，这不失为空前绝后之举。

为什么卡内基敢如此慷慨地聘请斯韦伯呢？因为他深知斯韦伯超凡的企业管理才能。给他高薪，把权力完全下放给他，自己不加任何干预，这样才可以充分发挥他的才能。相信由他来管理钢铁公司要比自己来管理强得多，而所赚取的利润远远多于给他的工薪。事实不出卡内基所料，斯韦伯上任第一天，通过应用行为学的激励技巧：将当班的日产量用粗笔写在地上，激起了下一班来接班的工人的竞争意识，使其钢铁公司每班产量提高 15%，即从每班产 6 吨升为 7 吨，1 个月后，产量成倍增加。现在这一事例已成为

孙子兵法

管理界最成功的案例之一。在同等的设备和人力、物力投入的情况下,产量的增加,说明其成本降低了,盈利增大了。卡内基的钢铁公司自从斯韦伯任总裁后,迅速扭亏为盈,并促使了卡内基成为钢铁大王,卡内基所赚到的钱比斯韦伯所得的工薪多成千上万倍。

请别人为自己赚钱更能体现出一个企业家的领导才能。卡内基充分运用了"尽人之智为己用""用人不疑,善于授权"的古今中外的经营之道。

★择人任势,如转木石

择人而任势。任势者,其战人也,如转木石。

——《孙子兵法·势篇》

要造就团队有利的势态就要择好人。

《孙子兵法》中说,善于作战的人,要依靠有利的态势取胜,而不苟求于部属,他就能选到适当的人才。利用和创造有利的态势,就好像善于利用木头和石头的特性而转动木石一样,木石的特性是:放在平坦的地方就平稳,放在陡斜处就滚动,方形木石比较稳定,圆形木石容易滚动。高明的将帅指挥作战,就要尽可能创造并运用有利态势,就好像将圆形木石从千仞之山滚下一样不可阻挡,依靠山势,发挥圆形木石滚动作用达到期待的效果。

长处和短处都是相对而言的,在环境条件发生变化时,二者又是会相互转化的。比如在举重、拔河等比赛时,胖子显然有优势,可是在跳高赛跑等比赛中,胖子却又明显处于劣势。所以说,指挥者不能顽固或机械地认定某人有何长处或有何短处,不能绝对化。要针对不同的情况,发现并利用人的不同优点和长处。

2200多年前,中国秦末刘邦项羽起伏的演义,可谓典范。当初,秦失其政,陈涉首难,豪杰蜂起,相与并争,不可胜数。项羽将五诸侯灭秦,而封王侯,政由己出,号为"霸王",最后却上演了一幕千古绝唱的"霸王别姬"。霸王至死不明白:"吾起兵至今八岁矣,身七十余战,所当者破,所击者服,未尚败北,遂霸有天下。然今卒困于此,此天之亡我,非战之罪也。"

项羽因战起家,异常骁勇,却不善战。刘邦上马不能征战,下马不能抚民,却最终取天下,皆因其有独门法宝。这其中的缘由刘邦最为清楚:

"夫运筹帷幄之中,决胜于千里之外,吾不如子房;镇国家,抚百姓,给馈饷,吾不如萧何;连百万之军,战必胜,攻必取,吾不如韩信。此三杰,皆人杰也,能用之,皆吾所以取天下也。项羽有一范增而不能用,此其所以为我擒也。"

项羽所能驾驭的,也就是一己的勇猛,不善于充分调动广泛的资源为我所用。刘邦清醒,知道自己之所短,他人之所长,故能善于充分调动所有资源为己所用,于是建立千秋帝业。此正是善于择人任势者之所为。

在战争中,指挥员处于全局性、关键性位置,指挥者的决策决定了军队的各项行动。因此,指挥员的地位和作用对战争胜负具有举足轻重的决定性作用。

体育竞赛也是斗智斗勇的活动,高明的教练员可以通过自己的调教,改变一支队伍的精神面貌和战术水平,可以使一支平庸的队伍获得惊人的战绩。比如我们所熟知的中国足球队教练米卢蒂诺维奇就是这样的一个例子。中国足球队在征战世界杯外围赛的历程中已经历了40多年的磨难,在屡次失败的情况下,中国队于2000年初聘请了南斯拉夫人米卢蒂诺维奇担任中国国家足球队主教练。米卢先生带有南斯拉夫人的体育天赋和执着。他曾于1986年率领墨西哥队首次打入世界杯赛8强;1990年他任哥斯达黎加国家队主帅,奇迹般地把这支由业余球员组成的弱旅首次带进世界杯决赛圈,并一举打入16强;1994年他又率领美国队首次打入世界杯赛16强;1998年又将尼日利亚队带进世界杯16强。执教中国队后,他针对中国队背负40多年的心理重压,开始了与中国足球的碰撞,从球员、媒体、球迷到足协官员,在碰撞中充分展示了他非常倔强的一面。他以其新的快乐足球理念注入中国足球队队员的心中,逐渐树立了中国足球的信心。他还具有独特的队伍整合能力,先后确定了中国队17次集训名单,全国14支甲A球队主力的半数入过米卢的"法眼"。米卢还用尽心机对每个位置都安排多名球员竞争,为赛事漫长的征战储备随时能征调并来之即能完全领会其战术意图的球员。他带领中国国家队球员演练多种战术打法,从进攻套路、防守阵形到定位球战术。2002年世界杯外围赛小组赛中,中国队杨晨、黎兵等锋将意外受伤,李金羽、李毅等立即被火线征调入队投入比赛并发挥了很好的作用。十强赛中,郝海东、杨展、江津、吴承瑛、李明等主力球员因伤或红牌等因素造成队伍减员,他将事先准备好的新人杨璞、安琦、李霄鹏、曲波等推出,他们在场上都做出了出色的表现,为中国队发现并培养了一批新人。米卢先生还善于转变球员的情绪,他的法则就是"态度决定一切"。郝海东和孙继海这两名实力出众的球员,一度对米卢意见很大,米卢先生并不计较,他采用恩威并重的手法,使他们既能服从米卢先生的指挥,又化解了他们之间的矛盾,没有出现"亲者痛、仇者快"的事情。正是在米卢先生精心调教与指挥下,这支曾不被人报以信心的球队昂首迈进了世界杯决赛圈的大门。

中国足球队此次杀入世界杯决赛圈,除了其他因素外,正确聘用米卢先生可说是关键性的用人选择。正可谓是"择人任势"。否则,我们也许现在还在决赛圈外徘徊游荡。中国队的成功也充分证明孙子的"择人而任势"思想确是指挥作战应遵循的重要原则。

经营大师熟谙"择人任势"之道。巴菲特和韦尔奇等大师,善于选择恰当的人上场挥棒,而同时其敏锐的神经,经由专一的"深潜"和广博的视野,更能把握团队运作的情势,把棒球交给最优秀的棒球手。因而就更能成为团队卓越发展所必需。

研究当今大师卓越之所在,便于领会孙子"择人任势"的要义。每个人所受教育、经历、心路历程各不相同,因而就会形成不同的风格。择人任势,是一种独特的感觉,一种内在的评价,而不是一种理论,更不是一套体系。如果硬要建立体系,就本末倒置了。

　　择人任势,不靠思辨去阐释,而只能在实践中去体悟。

第四章 善拍板者胜——
胸怀大局，善于决策

★运筹帷幄，决胜千里

夫未战而庙算胜者，得算多也，未战而庙算不胜者，得算少也，多算胜，少算不胜，而况于无算乎。吾以此观之，胜负见矣。

——《孙子兵法·计篇》

孙子用兵讲究谋划在先。他在谋划之时，首先考虑的是敌我双方的条件，所用之法更是从道、天、地、将、法"五事"和敌我双方条件的优劣进行计算估量。

孙子之所以能够在军事上取得巨大的成就，和这些谋划是分不开的。事实上，谋划和胜算是相辅相成的，只有谋划得当，胜算才会提高。因此，孙子在其兵法中总结道："多算胜，少算不胜，而况于无算乎。"

在工作中，适当的"庙算"也是十分必要的，可以了解本身的优势和劣势，依次做出最完善的职场规划，从而达到"运筹于帷幄之中，决胜于千里之外"的境界。

有一年，美国但维尔地区经济萧条，不少工厂和商店纷纷倒闭，被迫贱价抛售自己堆积如山的存货，价钱低到 1 美元可以买到 100 双袜子。

那时，约翰·甘布士还是一家织制厂的小技师。他马上把自己的积蓄用于收购低价货物，人们见到他这股傻劲儿，都公然嘲笑他是个蠢材。

约翰·甘布士对别人的嘲笑漠然置之，依旧收购各工厂和商店抛售的货物，并租了很大的货仓来贮货。

他妻子劝他说，不要购入这些别人廉价抛售的东西，因为他们历年积蓄下来的钱数量有限，而且是准备用作子女教养费的。如果此举血本无归，后果便不堪设想。

对于妻子忧心忡忡的劝告，甘布士笑过后又安慰她道："3 个月以后，我们就可以靠这些廉价货物发大财了。"

过了 10 多天后，那些工厂即使贱价抛售也找不到买主了，他们便把所有存货用车运走烧掉,以此稳定市场上的物价。

甘布士的妻子看到别人已经在焚烧货物,不由得焦急万分,便抱怨他。对于妻子的抱怨,甘布士一言不发。

终于,美国政府采取了紧急行动,稳定了但维尔地区的物价,并且大力支持那里的厂商复业。

这时,但维尔地区因焚烧的货物过多,存货欠缺,物价一天天飞涨。约翰·甘布士马上把自己库存的大量货物抛售出去,一来赚了一大笔钱,二来使市场物价得以稳定,不致暴涨不断。

在他决定抛售货物时,他妻子又劝告他暂时不忙把货物出售,因为物价还在一天一天飞涨。他平静地说:"是抛售的时候了,再拖延一段时间,就会后悔莫及。"

果然,甘布士的存货刚刚售完,物价便跌了下来。他的妻子对他的远见钦佩不已。甘布士用赚来的钱,开设了5家百货商店,生意十分兴隆。

后来,甘布士成为全美举足轻重的商业巨子。

古人云:"谋深,虑远,成之因也。"做人做事,只有深刻认识到谋与虑在成功中的重要地位和作用,谋得深,虑得远,才能拥有一个成功的人生。

对于想成事,想有一番作为的领导者来说,要有谋略,有远见,不要只顾一时的得失,深谋远虑者才能占尽优势。无论是生活中还是在工作中,我们要把自己的眼光放长远一点,才能获得长远的利益。成功永远属于那些有远见的人;想要有所成就的领导者,必须学会思考,从长远考虑,才会获得更大的成就和更长远的利益。

★ 去伪存真,正确决策

明君贤将,所以动而胜人,成功出于众者,先知也。不可取于鬼神,不可像于事,不可验于度,必取于人,知敌之情者也。

——《孙子兵法·用间篇》

用间就是使用间谍,是透过间谍去掌握情报信息和对方机密的特殊方法。孙子曰:"明君贤将,所以动而胜人,成功出于众者,先知也。不可取于鬼神,不可像于事,不可验于度,必取于人,知敌之情者也。"这明明白白地指出,明君贤将,所以能战胜敌人,成功出众是因为事先掌握了敌人情况。但先知不可乞灵鬼神,不可简单类比,不可凭夜间星辰运行度数去验证。一定要依靠人,依靠知敌情的人,而知敌之情者就是间。在当今,特别是在国际经济交往活动中,在公司之间激烈竞争中,为了压倒对手,各公司一方面以最大

的技术力量和巨额投资建立研究机构和信息咨询中心,从而获得大量信息,以最快的速度更新技术装备,不断开发新产品,加强市场竞争能力。一方面在各地建立庞大的经济情报机构,窃取、探听对方机密,寻找对方弱点,发挥自己优势,力图击败对手。

目前世界经济情报网错综复杂,一些国家的企业"用间"花样之多,手段之奇,猎取范围之广,情报之准确、迅速,可与军事情报媲美,有的比政府和新闻界还准确迅速。但其方法,却基本上没有摆脱孙子在两千年前归纳的几个方面。孙子曰:"用间有五:因间、内间、反间、死间、生间"。只是现代科学技术和手段更隐蔽。

因间,孙子曰:"因间者,因其乡人而用之。"就是在哪里作战,就利用哪里的人为间。用"因间"的办法,借助知内情的"乡人"为间,就可取得满意的成果。例如:要想了解掌握某个地区的情况,就在那个地区聘用有关人员,如企业职工、销售人员、住地居民或记者、中间商、代理人、经纪人等,香港康力集团公司的联华电子厂有限公司,在日本设立一个开发部,雇用了十几个日本技术人员,其任务就是及时掌握和传递日本市场电子工业的新技术、新产品的情况、样品。香港的一些电子产品模仿、创新之快,和企业在海外设立开发情报机构有关。

内间,孙子曰:"内间者,因其官人而用之。"就是收买敌方官吏为间。主要有七种官人可以收买利用,一是有才能但已不在位的人;二是有过失而遭惩处的人;三是虽正得宠受到信任但很贪财的人;四是因职务低下而感到委屈的人;五是得不到信任的人;六是因声誉受到损害而又希望显露自己才能的人;七是没有固定立场,朝三暮四的人。

反间,就是诱使对方间谍为我所用。孙子曰:"反间者,因其敌间而用之。"反间的方法有两种:一是买通敌方间谍,让其为我服务;二是对敌间"佯为不觉,示以伪情而纵之"。使敌人之间为我所用。也有利用现代网络技术施放假信息,有的用电子干扰破坏,你来摸我的底让你摸不着,我要摸你的底,让你不知不觉,这叫巧用反间,守中用攻,顺手牵羊,居室而取。

死间,为了达到一定的目的,有时派出间谍专给敌方散布假情况,敌方受骗后,使间一方的间谍往往被敌方处死,这种负责讹传情况,诱敌上当,事后难免一死的间谍就是死间。正如孙子所说的:"死间者,为之诳事于外。令吾间知之,而传于敌间也。"这也有两种:一是不自觉的,决策者给他假情况,而他信以为真,并按正常方式与敌接触,使敌人上当受骗,尔后必定被敌所杀。二是自觉的,是经过深思熟虑,把生死置之度外的死间。这种死间成为某种信仰、忠诚的殉难者,或是因某种原因以死相报。

生间,孙子曰:"生间者,反报也。"是指来去方便既能窥敌之情况,又能亲自返回报告敌情的人。使用生间,可采取企业派员外出参观、访问、培训、实习、学术讨论、技术交流、旅游等等,从中收集经济情报和信息。比如,日本某个首饰制造厂,想要仿造我国的景泰蓝,始终没有成功,最后收买了一名华侨,赋予他到中国去偷景泰蓝制作手艺和工序的任务。那个华侨到中国后,以"代理商"身份,要求参观景泰蓝制作过程。接待部门替他作了安排,厂方除了殷勤接待这位归国华侨"代理商"外,并让他参观了工厂,而且让他对工艺制作过程,从头到尾拍了照片。这个华侨把照片带回,向日本主子交了差。那个日本工厂,不久就造出了日本的景泰蓝在国际市场和中国竞争。这个被日本收买利用的华侨,就是个以归国"参观","生而返报"的生间。

随着国际经济竞争的变化,公司之间,决策每走错一步,技术发展落后一时,就可能被对手击败,导致企业的垮台。所以若干有条件使用非常手段的公司企业,为其发展和生存,不但广用因间(乡间),收买内间,巧施反间,而且不惜代价地培植、派遣和使用死间。

用"间"时要注意:一要选好信息人员,选有综合才能的人去担任之方面的工作,"能以上智为间者,必有大功"。二要重视"反间",但不能单打一。孙子曰:"五间之事,主必先知,知之必在反间,故反间不可不厚也。"三要加强防间。为保护国家和企业的利益,一定要加强保密工作,教育员工对保密工作的认识,要透过识间去防间,以防泄密、失密。四要充分利用现代科学技术,研究防伪识别纠错技术,防止黑客在网上破坏我们的信息系统。五要在窃取情况信息方面要舍得花钱,这是企业决策的重要参考依据,他能为企业的发展提供正确的咨询意见。

"信息"作为一个新的产业正迅速崛起,经济学家已把信息产业列为第四产业,信息为经济建设和企业的发展将起关键作用。一个优秀的信息员胜于10个推销员,信息产业和信息人才,已成为当今企业发展的重要支柱和成功的诀窍。作为企业的决策人,在经营谋略上,必须把获取信息放在首要位置。要千方百计去调查研究市场发展,科技动态,顾客需求,以及竞争对手的情况。根据调查研究、正确分析的情况,去伪存真,评价出所获信息的可靠性、准确性、时效性。一条好的信息,往往会导致一大笔巨大的利润。

一个谋略的成功,依赖于很好的保密,军事行动上最重要的事情,莫过于严守机密,商战中也是如此。让一个人做的事情,不能让第二个人知道;明天的行动,就不能今天泄露出去,行动前不能露出任何声色,要使竞争对手成为聋子、瞎子。保守企业的商业秘密非常重要,因为企业的商业秘密是现代企业重要无形资产,它内涵极高的市场价值和潜在利润,维持着企业的竞争优势,其失密往往又会使企业在商战中遭受巨大损失、丧失优势,使企业垮台。

★虑败之道——先考虑可能招致失败的因素

不尽知用兵之害者,则不能尽知用兵之利。

——《孙子兵法·作战篇》

领导者要考虑到如此行动可能带来的最坏的结果。

虑败,就是先考虑可能招致失败的因素和原因。这些因素和原因有些是主观的处置不当,有些是客观的基本条件欠缺,有些是一般的共性的,有些是特殊的个性的。孙子的虑败之道与管理学上的企业虑败可谓有异曲同工之妙。根据《孙子兵法》的内容,我们可以列出以下几点:

1.道败

"道败"即因"道"的缺失而导致的失败,这是最常见、也是最根本的致败之因。仔细分析一下,"道败"的表现有两种基本形式:

第一、无道。军队没有先进的政治观念和政治理想,缺乏明确的发展方向,因此,不能合理有效地聚集必要的人力资源并加以运用,其结果只能是众叛亲离,分崩离析。

第二、失道。"失道"即原有的"道"流失了,或僵死了,没有生命力了。许多政治家和军事家在某一个阶段很有作为,充满生机,但这一阶段的任务完成、目标实现后,他们便因循守旧,抱残守缺,不能及时更新和充实这个已经不符合现实情况的"道",仍旧停留于旧有的"道"上。因此,行为上表现得举措失当而众叛亲离。孙子提出的"修道保法"就蕴含着不断翻新、发掘和充实的意思,只有这样,军队才能长盛不衰。孙子后来的隐退,一个基本原因也是由于看到了吴王的失道。纵观中国古代的农民起义,早期之所以轰轰烈烈,主要原因之一就是他们代表或体现着"道",而晚期无一例外地走向失败,主要原因之一也是由于他们没有能力保持"道"的先进性,保持"道"的与时俱进,太平天国就是一个典型的例子。

与军队的"道败"一样,"道"的有无与得失也是限制团队生长发展的一个基本因素,不过团队中的"道",主要指的是管理理念的先进性与合理性。

其一,无道。团队没有先进的合理的经营理念,单凭管理者的个人智慧、勇气、直觉、经验决断大事,这样的团队,可能在市场环境不成熟和团队创业阶段有一定的成长性,但总体说来,它没有方向感、目标感,内部管理无章可循,必然会导致失败。

其二,失道。经营环境、规模、任务发生变化以后,团队不能及时调整思路,更新观念,而仍然因循守旧,抱残守缺,必然造成经营观念和经营现实之间的矛盾而招致失败。

2.谋败

军队的行动受谋略所支配,有谋略可胜无谋略,智谋深可胜智谋浅。从这个角度上来说,无谋略和谋略浅者便属于谋败。

第一、无识之败。"无识"即没有相应的知识、经验以及相应的识别判断能力,所以导致决策失当或举动违背常规,由此招致的失败就是"无识之败"。

在这里需要指出的是,孙子所说的"识",乃是指能够同具体作战实际相结合的真知卓识,而不是如赵括纸上谈兵一样的仅仅停留于表层的"识"。

第二、无谋之败。"无谋"就是说军队在行动前不做谋划或谋划的粗略不周。由此而招致的失败就是"无谋之败"。

第三、无备之败。"无备"即行动前不做准备,这种准备包括团队训练和物资准备等多方面的含义。

与军队一样,团队领导者无谋无识,也是限制团队发展建设的重要因素之一。

其一,无识。即团队的领导者和管理者不具备基本的管理知识和技能,不能正确处理团队管理中的常规问题,或者沉溺于事物之中,多端寡要;或者在一些常规问题上不能建立有效规程;或者不能正确理解判断管理中新问题的性质意义而举措失当,导致很高的管理成本和较低的管理效率。

其二,无谋。无谋即不能正确地谋划团队的未来发展方向。对于一个团队来说,每一个短期目标总是要和较长远的目标相联系,长远目标设置不合理,就会使短期目标失去方向感。造成这种无谋局面的原因,一是对市场了解不足,二是对竞争对手了解不足,三是对自己团队的内在潜力认识不正确。

其三,无备。无备主要是团队在资源方面没有足够的准备,有时导致原料供应不足,有时会缺乏资金,有时会缺少人才。这些,不仅会影响团队的发展,而且使团队没有能力应对突变情况,抵御风险能力差。

3.法败

"法败"即军队的组织管理不当而招致的失败。

第一、无法。"无法"即军队的组织结构随意而设,杂乱无章,上下关系不顺,分工不明,职责不清。

第二、不治。"不治"有多种表现,其一是有法不依,号令虚设。其二是赏罚失当,处置不明。其三是军队的将领缺乏治众的技能。

"法败"也是影响团队建设的重要元素之一。

其一,无法。团队是处于人治状态,过分依赖领导者的个人权威,而组织机构不健全,职权职责不明确。决策依赖经验、直觉,很随意。这种团队的存在状况是与现代市场发展的势量是相背离的。

其二,不治。团队里虽然建立了必要的组织,有一定的分工并制定了许多管理规章和制度,但是法规不仅停留于表面,不能真正被贯彻,有功不赏,有过不罚,或者赏不当赏,罚不当罚,或者数赏数罚,漫无章法。

4.将败

"将败"即将领因为缺乏某些必需的素养和品质以及行使职权的必要条件而招致的失败。

第一、君縻将。君主干涉将领,越权指挥,并干预日常管理和人事,必然导致政令不一,三军疑惑,孙子称军队所出现的这种状况为"乱军引胜"。

第二、不知兵。将领缺乏必要的军事理论和知识,不识权谋,不懂兵法,盲目蛮干,不知彼,不知己,不知虚实,进退失所,攻守无据。孙子特别指出,"不知战地,不知战日,则左不能救右,右不能救左,前不能救后,后不能救前"。将领的素养是多方面的,但在具体

作战指挥时,又往往集中体现在某一点上,例如此处的"知战地""知战日"。总而言之,知兵者胜,不知兵者败。

第三、将有五危。《孙子兵法》的《九变篇》中提到了作为将领的五大致命品格缺陷:"必死,可杀也",即有勇无谋,一味死拼,就有可能被敌人诱而杀之;"必生,可虏也",临阵畏怯,贪生怕死,就有可能被敌人俘虏;"忿速,可侮也",急躁易怒,一触即发,就无法应付敌人的侮慢而失去理智,轻举妄动;"廉洁,可辱也",过分考虑自己的声名,就容易在敌人有意识有目的的侮辱面前心气难平,做出举措失当的事来;"爱民,可烦也",以仁爱自喜,妇人之仁,就可因势利导,让其背上沉重的包袱。《孙子兵法》中说,"凡此五者,将之过也,用兵之灾也。覆军杀将,必以五危,不可不察也"。作为领导者拥有其中的任何一个品格缺陷,都会招致失败。

团队中的"将败"可分析如下:

其一,团队的高层管理者缺乏必要的管理素养,决策失误,举措不当,必然招致团队的损失和失败。

其二,是高层领导不善授权,在同中基层管理者的权责划分上没有清晰的概念,常常越级指挥,造成管理混乱,增大管理成本。

其三,是中基层管理者的管理素质欠缺,不能正确理解上级管理者分派的任务,不能认真有效地执行管理决策,从而造成团队运转不灵。

"傻子瓜子"是20世纪80年代中国改革开放初期在安徽芜湖涌现出的一个著名的私营品牌。经营者以瓜子产品的风味独特、价格便宜迅速占据了中国南方炒货市场一半以上的份额。公司鼎盛时员工多达一百人以上,瓜子日产量在上万斤左右,年收入达几十万元,风靡一时。但是,公司的经营者不懂得科学管理方法,一直沿用小作坊式的传统落后的管理方法,导致产品质量和生产效率滑坡。同时,经营者也缺乏法律常识,经营中与客户发生合同纠纷,被迫赔偿损失八十多万元。公司为了扩大市场,战胜竞争对手,轻率地采用了巨额有奖销售活动,占用了大量企业资金。由于奖金额度过大,公司迟迟无法开奖,致使公司陷入了信任危机,从此一蹶不振,淡出市场。

"傻子瓜子"的管理者没有掌握管理知识和技能,"无识",不能正确处理管理中的常规问题,这就是其被淡出市场的主要原因之一。

可以说,先知害,后知利,先虑败,后虑胜,是贯穿孙子兵法的一个基本思维方法。这种对立思维法也是中国古代贤哲们常用的方法,例如,孔子就曾对弟子讲:"未知生,焉知死?"作为领导者,作为拍板决策者,一定要做到把对立的两端联系起来加以思考,只有这样才能取得可喜的成果。

★迁直之计——胸怀大局定决策

军争之难者,以迂为直,以患为利。故迂其途而诱之以利,后人发,先人至,此知迂直之计者也。

——《孙子兵法·军事篇》

从根本上说,"迂直之计"的旨趣在于胸怀大局,并从大局出发,选择适合的行动路线和方法手段。

"迂直之计"是《孙子兵法》中提出的重要而有效地决策思维方法。迂和直从直接的意义上看是指路途的迂远和直近,其意是说,有些路途,对于到达目的地来说是曲折迂远的,但这种迂远曲折只是表面的,实际上它可能恰恰就是到达目的地的最短、最有效的途径。有些路途,表面上看离目的地最近,但选择这条路,可能始终都到达不了目的地。因此,有智慧的领导者自然会选择那些看似迂远实则近直的路途,而摒弃那些看似近直实则迂远的路途。

"以迂为直",其一,领导者在认识上要能够明白表面和实际的不同,能够区分表面的"迂直"和实际的"迂直",要看到"迂"中所藏着的"直"。

其二,领导者在决策时要善于在复杂的局面中,正确地进行选择,将那些似迂实直的路径挑选出来,有时甚至有意识地利用迂中之直达到出其不意的战略效果。

其三,"迂"与"直"不是绝对对立的,而是可以在一定条件下互相转化的,这就要求作为领导者要善于把握分寸,即"迂直之度",要善于根据客观环境及时进行策略调整,始终保持最佳决策,尤其是要在"迂"中找到"直",使"迂"转化为"直",而不要因循守旧,如果不能及时调整,正确应对,就会使原先的"直"转化为当下的"迂"。

其四,"迂直之计"的实现是依赖于灵活的战略战术的运用。

懂得和运用"迂直之计",必须要有良好的心理素质——成熟、冷静、处变不惊。无论军事领导人,抑或企业管理者,都应当有相当的经验积累和阅历,对战场和市场的复杂多变能冷静处之,面对变化要有章法,有条理,善于区分事情的轻重主次,这样才能高屋建瓴,将"迂直之计"运用自如。

1812年6月22日,拿破仑征募了60余万军队,发动了对俄国的战争。

拿破仑的战略计划是:首先兵分三路,在正面向前推进,力争通过一两次总决战消灭俄军,占领莫斯科,迫使俄沙皇投降。拿破仑还预计,战争可以在一个月内就结束,大军的军用物资也是按照这个计划准备的。俄军三个集团军共20余万人,在巴克莱的指挥

下进行护卫祖国的抵抗。

战争初期，俄军在兵力上处于明显劣势，所以不得不向腹地撤退。两个月内，俄军撤退了800多公里，可以说是丢掉了半壁江山。俄军的做法引起了举国上下的一致不满，8月20日，沙皇撤换了巴克莱，任用库图佐夫为总司令，指挥这次对法作战。可是，库图佐夫上任后，在撤退的道路上比巴克莱撤得还远。但这并不是盲目而行的，他冷静地分析了敌我双方的战略态势，认为法军仍然占有兵力上的优势，因而俄军必须保存实力，避免与法军过早进行决战。据此，库图佐夫制定了收缩战线，诱敌深入，在迂回运动中消耗敌人的供给，等待敌我力量发生变化之时再组织反攻，一举把法军赶出俄国的战略计划。在库图佐夫的指挥下，俄军边打边撤，坚壁清野，同时还组织小股力量不间断地去袭扰法军，消耗、疲惫、迟滞敌人，积蓄力量，等待时机，寻找机会消灭敌人的有生力量。

库图佐夫的策略使法军陷入了越来越严重的困境之中。一方面，疾病和开小差使得部队少了近一半的人；另一方面，拿破仑不得不分兵保护所占地长达六百多公里的交通线并保护侧翼。这样，法军已经基本上失去了在兵力上的优势。同时，俄国人的袭扰和坚壁清野政策也使得法军疲惫不堪，后勤补给极度困难。

9月6日，俄军与法军在莫斯科附近的博罗季诺村展开了一场正面接触的大会战。这次会战，一方面是出于政治考虑，即向举国上下展示俄军的顽强抵抗，借以鼓舞士气，凝聚人心；另一方面，库图佐夫也要借此会战考察一下法军此时的作战能力，以便制定俄军今后的行动方针。会战持续了一整天，双方各损失四五万人。通过这场会战，库图佐夫认为俄军转入反攻的条件尚不具备，于是下令部队有计划地向莫斯科撤退，法军尾随追击，逼近莫斯科。

9月13日，库图佐夫召开军事会议，宣布了一项痛苦而重大的决定：撤离莫斯科。他解释说，放弃莫斯科是为了保住俄罗斯。我们目前首要的任务是保全一支有战斗力的军队，军队保住了，俄罗斯就会最终赢得战争，而如果为了荣誉而感情用事，与兵力仍然占有优势的法军硬拼，结果只能是丧失整个俄军，进而断送俄罗斯。在库图佐夫的指挥下，俄军撤离了莫斯科，向莫斯科东南方向退去，10月23日，进驻塔鲁基诺。法军兵不血刃，顺利地占领了莫斯科。

俄军在塔鲁基诺休整期间，一方面大量补充兵力，由原先的8万多人发展到12万多人；另一方面，针对法军因驻守莫斯科等大城市，兵力分散，无力进一步展开战略进攻的态势，库图佐夫制定了以袭扰为主，也就是中国所谓的"游击战争"，积小胜为大胜的战略方针，逐步消耗法军，加剧法军的困境，等待反攻时机。

与俄军的休整不同，法军占领莫斯科，守着空城，在战略上事实上已经由进攻转入了防守。由于战线拉得太长，法军的兵力已经严重不足，再也无力扩展成果，展开进一步的战略进攻。又加上俄国人不断地袭扰，法军已经疲惫不堪，兵力损失不断加剧。在占领莫斯科的一个月内，法军就已经损失了3万多人。库图佐夫在法军后方组织的军事行动，已经基本上将法军的交通线切断，这使得法军在总体上已经处于俄军的包围之中。

拿破仑此时才深感形势不妙,便迫不及待地诱使俄方签订和约,想尽快结束战争。库图佐夫说:"结束战争?我们才刚刚开始战争呢!"10月19日,走投无路的拿破仑只好下令从莫斯科撤军。库图佐夫借此机会立即制定计划开始组织反攻。他指挥俄军在拿破仑的侧翼实行多路平行追击。经过休整的俄军行动迅猛,士气高昂。相反,法军节节败退,加之补给困难,冻饿交加,疲惫不堪的法军顿时溃不成军。拿破仑弃军而逃,法军残部约2万余人撤退出俄境。60多万大军几乎全军覆灭。

纵观这次战争,正是库图佐夫利用俄国辽阔的国土,以高超的军事智慧,坚定的信心,绝大的忍耐力和从容不迫的精神,卓越地实施了"迂直之计"这一策略,在迂回和忍耐中一步步将法军拖入了困境,才使得俄军取得了最后的胜利。如果库图佐夫呈血气之勇,直道而行,在战争初期即与法军展开会战,或者孤军困守莫斯科,那么,俄国的历史就不是现在这个样子了。

运用"迂直之计",绝非是某种一劳永逸的事,即在事先制定好计划,选择好手段、途径,然后顺其自然,等待结果如愿而至。事情绝非这样,迂直之计的运用,伴随着漫长的过程和复杂的变化,在这个过程中,必须要善于根据灵活性原理和改变航道原理及时恰当地调整计划和方法,恰当应对变化,方可使迂直之计贯彻始终而功德圆满。

★杂于利害——两利相权从其重

是故智者之虑,必杂于利害。

——《孙子兵法·九变篇》

决策者在决策时要"杂于利害",兼顾到利和弊两个方面。

"杂于利害",在有利的情况下考虑到不利的方面,事情就可以顺利进行,在不利的情况下考虑到有利的方面,祸患就可以解除。它是一种辩证的决策思维方式,其基本的立足点就是不要将利害两种状态和条件绝对化。

第一、杂于利。处于有利的地位和条件时要同时考虑到不利的因素和条件,这样,所要做的事就会顺利进展。

第二、杂于害。孙子说,"杂于害而患可解",即在不利的劣势和条件下,能同时看到隐蔽于其中的有利的一面,就会保持自己的信心,化解患难。

"杂于利害",既是良好成熟的决策思维方法,也是良好成熟的做事风格,其宗旨在于决策者思维的全面性、发展性以及相应的行为的坚定性。

单纯地看到害或单纯地看到利,都是对事物认识不深入、不全面的表现。因为从根

本上说,绝对的"利"和绝对的"害"都是不存在的,透过表面现象,振动思维之理性,我们就会明白,"利"和"害"都是特定条件下的某种主导的趋势和状态。这话有两层意思:第一,主导的状态与趋势是与非主导状态相互依赖而共存的,如果只有主导状态,那就不叫主导状态而是绝对状态了;第二,主导与非主导的共存性决定了它们的暂时性,即向对方转化的可能性。

因此,《孙子兵法》中所说的"杂于利""杂于害"就是要求人们不要把主导状态绝对化,而要看主导状态与非主导状态的共生性。只有这样,人们的认识才能拨开表象而深入本质,对事情有全面而准确的认识把握。

"两利相权从其重,两害相衡趋其轻。"指陈祸福,权衡利弊,就是作为决策者的重大使命。因为这在实质上是保证了决策的最优效益。决策包含了三个层面的内涵:一是寻找决策的机会,二是发现可行性方案,三是选择最优的方案。选优是最大限度地趋利避害。决策者们要以其深邃的见解,远虑的目光,从利害的两极比较出发,根据趋利原则行动,保证决策的正确性。

官渡之战前夕,曹操面对力量比自己强大近十倍的袁绍军队,一时下不了作战的决心,准备引兵退守许昌。谋士荀彧、郭嘉劝阻他不要退守。另外,郭嘉还杂于利害,为曹操分析了双方统帅的优劣,认为袁绍有十败,曹操有十胜:

第一,袁绍重视繁文缛节,而曹操能够体认自然,这是道胜;

第二,袁绍拥兵自重,曹操挟天子令诸侯,这是义胜;

第三,汉末政失于宽,袁绍以宽济宽,曹操纠之以猛,此为治胜;

第四,袁绍内宽外忌,任人唯亲,不相信外人,曹操简易机敏,用人不疑,此为度胜;

第五,袁绍多谋少决,曹操应变无穷,此为谋胜;

第六,袁绍重视虚名,收揽的大多是高谈阔论而无实之士。曹操不为虚美,奖励有功,故归附的都是忠正远见之士,此为德胜;

第七,袁绍妇人之仁,曹操心存四海,此为仁胜;

第八,袁绍部下明争暗斗,内部不合,曹操御下有方,此为明胜;

第九,袁绍是非不明,曹操是非分明,此为文胜;

第十,袁绍不知兵要,曹操用兵如神,此为武胜。

曹操听了自己所具备的"十胜"之后,下定了决战的决心,并最终取得了官渡之战的胜利。

杂于利害在军队中是非常重要的,多算胜,少算不胜反对仓促盲目的无谋做法。曹操的战前谋划,对战争的胜利起到了很关键的作用。

在韩国有一个著名的企业家,他的名字叫金宇中,其被公认为韩国企业界的"出口大王"。他所领导的大宇集团是享誉世界的知名企业,大宇生产的各种产品也随着大宇集团的声名远播而遍布世界各地。

自20世纪70年代以来,美国与亚洲新兴的工业化国家之间的贸易摩擦越来越剧烈,

美国从维护本国的利益上出发,逐渐倾向于采取贸易保护主义政策。

当时金宇中开拓美国纺织品市场的努力才刚刚有了些起色。他先与生产缫丝的日本三菱会社签订了独家销售合约,把三菱会社生产的丝料运回韩国后再加工成布料,并委托釜山制衣厂把布料做成衬衣,最后全部运往美国市场销售,由于这种极细的缫丝箔制成的衬衣质地柔和,触感很好,因此这种衬衣在美国一上市便受到广大顾客的欢迎,很快风行全美。3 年之内,大宇集团仅此一项业务就获利润 1 800 万美元。

1974 年,韩国企业界盛传美国要对纺织品的进口实行配额限制。在此种形势下,绝大多数的纺织品出口商都开始压缩纺织品输美规模,转而将焦点放在开拓新的国际市场上。可是,金宇中并没有像其他纺织品出口商那样亦步亦趋地压缩输美规模,相反,他还采取了一个果敢大胆的行动,实行公司总动员,充分利用年底余下不多的时间,全力扩大公司纺织品的输出数量。

此举获得成功。1974 年大宇集团纺织品输入美国的规模一跃而居于韩国、日本、香港等东亚地区的企业榜首。金宇中也因此被誉为美国配额制度造就的唯一胜利者。

金宇中的超人胆识,来自他超人的眼力,他很清楚地知道,美国对外国公司进出口配额制度的制定,必须参考前一年的输美业绩,如果前一年的进口数量大,那么后一年给的配额数量就多,所以在其他出口商纷纷压缩出口规模的情况下,大宇集团生产的纺织品还能在美国市场上独占鳌头。

“好风凭借力”,金宇中趁着大宇集团生产的衬衣风行美国的有利时机,说服了在美国拥有 900 家连锁店的施伯公司接受大宇集团的试销计划,把公司生产的全部产品纳入了施伯公司的销售网,从而成功开创了韩国出口公司直接与美国大公司开展业务的先例,也打破了长期以来韩国出口商必须通过日本大商社的中介并由美国 B 级以下进口商销售的惯例。

从此以后,大宇集团的事业蓬勃发展,至 1981 年,大宇集团的外汇贸易额超过 15 亿美元。这在韩国的企业界中也是独一无二的。

美方限制进口配额,这对于每一个出口至美的销售商都是一次挑战,面对众多同行纷纷压缩出口的现状,大宇集团果断做出决定,化弊为利,独具慧眼,及时扩大了自己的出口规模,终于获得了成功。

作为拍板决策者,应具备较为渊博的知识,足智才可能多谋,多谋才能善断,善断才能取胜。美国管理大师泰勒说得好:“具有丰富知识的人,就比只有一种知识和经验的人更容易产生新的和独立的见解。”拍板决策者应掌握通九变之知,应掌握杂于利害之知,学会辩证地全面地分析问题的本领。在考虑问题时要权衡利弊,只有这样,“胜”才可信,“患”才可解。

在现代的社会中,机遇与挑战同在,风险与利润并存。只有具备冷静的头脑、敏锐的目光的人,分析出机遇带来的利与弊,分辨出对自己有利与不利的因素,才能够把握机遇,不让它与自己擦肩而过。

第五章　有备者胜——
不打无准备之仗

★ 凡事预则立,不预则废

故用兵之法,十则围之,物则攻之,倍则分之,敌则能战之,少则能逃之,不若则能避之。

——《孙子兵法·谋攻篇》

用兵的原则是,拥有十倍于敌人的兵力就包围敌人;拥有五倍于敌人的兵力就进攻敌人;拥有两倍于敌人的兵力就设法使敌人分散;兵力与敌人相等就要努力抗击敌人;兵力少于敌人就要撤退;兵力弱于敌人就要避免正面决战。

这段话不仅讲述了作为一个将领应该具有政治责任,也从另一个侧面说明了一个道理:不打没有把握的仗。也就是说,"凡事预则立,不预则废"。因此,不管做任何事,事先必须要有所准备,否则很难获得成功。

第二次世界大战期间,诺曼底登陆是非常成功的。美英联军在登陆之前做了充分的准备。他们演练了很多次,不断演练登陆的方向、地点、时间以及一切登陆需要做的事情。最后真正登陆的时候,已经胜算在握,登陆的时间与计划的时间只相差很短的时间。这就是准备的力量。

当你的能力超出常人十倍、百倍的时候,须清醒地回答自己,天赋几分,机会几何?对有些人来说,神奇的背后,完全是冷静运筹的结果。"有预则立,无预则废",对所有想得到成功的人,几乎都是"天经地义"。

提到可口可乐,人们自然就会想到它那设计独特的瓶子,看着优美,拿着舒服,那么这种瓶子是谁发明的呢?

这种瓶子是一位叫鲁特的美国年轻人设计发明的。鲁特当时只是一名普通的工厂制瓶工人,他常常和自己心爱的女友约会。

一次他与女友约会时,发现她穿着裙子十分漂亮,因为裙子膝盖部分较窄,腰部就显

得更有吸引力了,他看呆了。他想,如果能把玻璃瓶设计成女友裙子那样,一定会大受欢迎。

鲁特并不只是想想罢了,他开始动手设计制作这样的瓶子。于是,他经过反复试验和改进,终于制成了一种造型独特的瓶子:握在瓶颈上时,没有滑落的感觉;瓶子里面装满液体时,看起来比实际的分量多,而且外观别致优美。

鲁特相信这样的瓶子会很有市场,于是申请了设计专利。果然,可口可乐公司看中他设计出来的瓶子,以600万美元买下了瓶子的专利。鲁特也因此从一个穷工人摇身一变成了一位百万富翁。

鲁特并不是设计专家,他只是一位普通工人,要想成功,他必须做好抓住机会的准备。或许他可以只是随便想想女友的美妙身材,而不去设计和制作那种瓶子,他也就没有机会被可口可乐公司看中。鲁特细心观察之后马上付诸行动,发明了新型瓶子,正是他有了这种专利的瓶子,才有机会让可口可乐看中。

只有做好准备才能成功创业。没有准备的行动只能使一切陷入无序,最终面临失败的局面。一个缺乏准备的领导者一定是一个差错不断的人,有时候,纵然具有超强的能力,有千载难逢的机会,也不能保证获得成功。

★ 有备无患——不打无准备之仗

> 用兵之法,无恃其不来,恃吾有以待也;无恃其不攻,恃吾有所不可攻也。
>
> ——《孙子兵法·九变篇》

做事之前,只要有充分的准备,必胜的谋略,做到有备无患,无懈可击,就不会惧怕环境的变化,不会惧怕对手的竞争。

孙子有备无患的军事思想,早已成为现代商战和一些竞争领域的指导原则之一。有备与无备,是一对矛盾,在孙子兵法中,反复强调对待敌人要攻其无备,出其不意;要诡诈藏形,令敌人失备。与此相反,对待自己则要处处有备,时时戒备,"无恃其不来,恃吾有以待也"。只有这样,才能使敌人无机可乘、无懈可击;只有这样,才能使自己在竞争中立于不败之地。

我国台湾是世界市场上最大的芦笋出产地,而在台湾的芦笋行业中,被称为"芦笋王"的是一个叫王顺天的人,他通过经营芦笋罐头业务,由贫穷的农家子弟成了资产千万的巨富。他的创业史是一段引人注目的发展史。

在20世纪50年代末,王顺天为了确保开发芦笋市场的成功,做了大量的准备工作。

通过长时间的调查研究,发现芦笋这种低热量的高级营养蔬菜,越来越适合现代社会中人们的饮食心理。现代人随着经济生活的好转,逐渐形成了一种惧怕肥胖的恐肥症。芦笋营养既好,热量又低,而且美味可口,发展前景是很诱人的。王顺天通过查阅有关资料得知,台湾的气候环境和土壤条件都适合栽培芦笋,而台湾当时的劳动力价格相当低廉,种植芦笋然后加工成罐头出口一定可以赚钱,所以,王顺天就在高雄县路竹乡设立了东昌食品公司。

在当时他的这种想法遭到了许多人的嘲笑,人们担心种出来以后没有销路,认定他从事芦笋生产要赔钱。而王顺天自己心里清楚,自己已经做好了充分的准备,只要能够韧劲十足地坚持下去,就一定能成功。为了安定农民,确保工厂所需的原料,王顺天采取了契约方式与农民签订芦笋原料供应合同。

在第一年的生产经营中,由于外销市场未打开,王顺天遇到很大困难,但有远见的他并不灰心气馁,依然把与农民签订的合同兑现,使农民稳住了继续种植芦笋的信心。而他收购来的芦笋加工成罐头后,主要靠在台湾当地内销。这样,在开始的第一二年根本就没有赚钱。

第三年,正好是世界芦笋主产区——美国歉收;这给东昌公司的发展带来了契机,许多海外客户转向同东昌公司订货。东昌公司的外销渠道打开了,与此同时,芦笋罐头的价格也从每箱13美元涨至18美元。这一年台湾共出口60万箱,王顺天获得了非常可观的利润。

王顺天出口芦笋罐头刚开始在台湾获得成功,就引发了全台湾经营芦笋罐头的热潮,很快就发展到上百家生产芦笋的罐头厂,农民种植芦笋的面积也大幅度增加。

这时,王顺天预感到危机就要来临了。经过分析研究他认为,如果这样盲目地发展生产,市场必然承受不了,必将会导致同业间相互竞争的混乱局面。那么同行业必定要打一场价格战,为了赢得这场势必发生的"战役",他再次发扬"不打无准备"之仗的作风,在这种局面未到来之前,预先抛售大量的期货,价格非常低廉。半年后,果然不出所料,芦笋罐头供过于求了,竞相杀价求售的现象普遍存在。每箱由原来的18美元跌至12美元。很多厂商蒙受了巨大的经济损失,而东昌公司在这次危机中由于早有准备却稳坐钓鱼台,继续取得较大盈利。

企业在经营过程当中首先要能够发现商机;当市场发生变化时,要能够洞悉变化并及时发现危机,而当危机要来临时,就要有充分的准备,有备无患才能充分应对危机。这就是《孙子兵法》所说的"无恃其不来,恃吾有以待"。

商战中竞争的胜利者,不一定就是新产品和新技术的研究者和发明者,而是那些能将产品迅速投入市场并占领市场的人。许多新技术的开发研创单位并不能获得丰厚的利益,反而是由那些有准备的、行动快的、综合应用能力强的人占得先机。

1953年,日本索尼商社取得了贝尔实验室发明的半导体技术。以后,以收音机、录音机、录像机、洗衣机等多种家用电器问世,并成功地打入了世界各地。从此,各个国家的钱就像水一样流进了日本企业。

日本用半导体制成的电子表打败了瑞士;制成的"傻瓜"照相机打败了德国;机械工业和汽车工业又先后占领了美国市场。今天,世界上众多的高科技项目,都离不开日本的半导体元件。

1968年,日本川崎重工商社购买了美国的机器人技术,1978年日本机器人返销美国,占领了美国机器人市场的60%。美国的机器人工业还没站起来便被欺负得趴下了。

传真机、录像机、复印机都是美国的发明专利,但至今垄断世界市场80%以上的却不是美国产品,而是地道的日本货。荷兰人发明了激光唱盘,但世界各地几乎都是日本的激光唱机在唱歌。

人类自身的科技进步伴随着激烈的商业竞争,这是许多科学家早已预料到,但却不愿接受的事实。在商战中,无论风云如何变幻,日本始终都是主动进攻者,而发明者却在被动应战。最后几个回合下来,双方市场的优劣便完全发生了改变,胜利者常常是日本人。

很显然,与欧美先进国家相比,日本的技术创新能力明显落后,可是日本的新技术应用能力和技术综合能力却明显地高于欧美各国的竞争对手,这是世界上都公认的。日本人也深知自己的这些特点,所以目光时刻紧盯世界上的先进技术,一旦发现,马上拿来就用。就像一个全副武装的猎人在等待猎物出现一样,正如《孙子兵法》所说:"无恃其不来,恃吾有以待"。不怕你有什么新技术新产品领先市场,我有所"恃"。而日本企业所"恃"的,就是他们的技术应用能力和技术综合能力,使本来看似应该在竞争中落后的日本企业,却处处占得先机,处处领先于竞争对手一步。

由此可见,商业竞争中的强者和弱者不是绝对的,谁准备得充分,谁就掌握了主动权,谁就能成为强者。

1993年6月13日,金·坎贝尔以52.7%的高票当选加拿大总理。当她谈到为何能成功当选时说:我为此准备了9年,信奉中国的一句古话叫"不打无准备之仗"。

1985年,金·坎贝尔步入加拿大政界,当时的总理马尔罗尼慧眼识才,将其提升为司法部长兼总检察长。坎贝尔刚一上任就夸下海口:她作为司法部长的所作所为将让全国人民永远铭记。人们还没有来得及对坎贝尔的大话做出评论,坎贝尔就连续实施了三项重大决定:一、保证公民和政府之间的关系公平合理;二、采取各种措施加强社会保护;三、吸取各种新的思想。在坎贝尔的积极主张和推动下,政府先后通过了严厉的反强奸法和枪支管理法,严肃处理了许多桩棘手的案件。坎贝尔的作风从此令人刮目相看。

坎贝尔的雷厉风行及强硬作风深得总理马尔罗尼赞赏。1993年1月,坎贝尔被任命为国防部长——由一位与军队素无渊源、连一点军事常识也不懂的女人统帅三军,这在加拿大历史上以及整个北约组织之中是从未出现过的事。

坎贝尔以自己的行动消除了人们对她的怀疑。她重新研究削减防务预算计划;还购买了50架英意合作生产的直升机以加强加拿大空军力量。

坎贝尔的名声与日俱增。正在这时,在任已达9年之久的总理马尔罗尼宣布要辞去总理一职,由一位新人来领导加拿大。坎贝尔觉得时机到了,于是她公开向世人宣布:"我已经成熟,具备干练、冷静、圆滑的个性,完全能够胜任总理这一职务。"

坎贝尔在充分利用了自己几年来的光辉政绩的同时,还大力渲染了对自己有利的诸方因素。例如:在以往的24年中,出任加拿大总理的都是魁北克省人,许多加拿大人希望能有一位非魁北克人出任总理一职,坎贝尔正是这样的人选。又如:美国新任总统克林顿上台后大刮"变革"之风,大部分加拿大人也希望国内会发生一次"变革",坎贝尔一直被视为新一代的代表,她的身上充分体现了"新形象、新时代,以至新性别"。

尽管有如此多的优势,坎贝尔仍丝毫不敢懈怠,她说:"对于竞选,占有再多的优势也绝不能头脑发热,这一点很重要。许多人都栽在这上面。"

1993年6月13日,坎贝尔最终以52.7%的选票入主总理府,这一现象令西方政坛和整个世界为之一惊。

坎贝尔雷厉风行的作风与魄力使加拿大人对她至今难忘。她从1985年开始步入政界,1993年入主总理府,短短9年时间,她的所作所为让人惊叹。在这9年里,坎贝尔一直在为她的"入主"做准备。政绩斐然,公众支持,冷静干练的做派,这一切都成了她日后竞争胜出的资本,这位加拿大"铁娘子"的成功正是源于她的"有备无患"。

"有备无患",原意是指以良好的准备来迎战敌人。如果应用到现在的竞争中,则是选择与机遇的契合,因为机遇是留给那些准备好了的人的。

★知己知彼——做胸有成竹之决策

知己知彼,百战不殆。

——《孙子兵法·谋攻篇》

竞争中,必须全面了解双方的情况,才能把握主动。

"知己知彼,百战不殆"是强调在作战前对敌我双方的情况进行全面对比衡量的重要性,孙子认为,作为一个卓越的军事将领,不仅要对自己军队有全面的了解,而且对敌人的军队也要有全面的了解。"知己知彼"要求竞争者对"己"和"彼"都要有比较深入的研究、分析,做到心中有数,然后才能运筹帷幄、决胜千里。

了解竞争态势,应该从两方面的情况入手,在竞争中,"己"即自身情况,而"彼"的对象要广泛得多:除了竞争对手,市场环境情况更不可忽视。对这些你必须进行深入分析,必须将调查所获得的信息综合起来,清楚自己的实力状况,清楚市场运作方向,知道对手

能够做什么,知道它将要做什么。只有这样,你才能制定出自己下一步的战略决策,懂得如何做对自己有利,如何做能战胜对手。

美国的肯德基公司,是非常成功的开拓中国市场的美国公司之一。究其成功经验,很重要的一条就是在它准备进入中国时,进行了科学深入的市场调研,充分了解了中国的市场,成功地运用了《孙子兵法》中"知己知彼"的经营准则。

起初,该公司派了一名执行董事来北京考察中国市场,这位先生来到北京的街头,看到川流不息的车辆和熙熙攘攘的人群,就非常兴奋地向总部汇报说:中国市场的发展潜力很大。当总部向他询问具体的数据资料时,他没有走马观花,而是实实在在地做了几件事情,精心地进行了深入的市场调研。首先,这位执行董事先生亲自在北京几个主要街道上,用秒表测了行人流量,大致估算出了每日每条不同街道上的客流量。他还利用暑期,临时招聘了一些经济类的大学生做职员;派这些临时职员,在北京设置品尝点,让不同年龄、不同职业的人免费品尝肯德基炸鸡;尤其是在北海公园这座皇家园林,利用风景秀丽、游人众多的特点,来广泛征求各种意见。

他们邀请一些行人或顾客免费到餐厅里就餐;提供他们那套有独特标准的服务:摆在每个人面前的是白毛巾、苏打饼干、白开水,继而是炸鸡块;品尝后,便有一女士开始询问,各个事项问得非常细致。她的态度很和气,让人有种亲切感;短短的 20 分钟时间内,便收集到了客人们所能提供的各种信息。临行前,那位男士又很客气地给每个被访者送上一袋炸鸡,纸袋上醒目地印有"肯德基 KFC"字样,并礼貌地说道:"带给您的家人品尝,谢谢您的帮助。"

肯德基公司经过辛勤地工作、细致地调查,掌握了详细的第一手资料,使"肯德基"落户北京有了可靠的前提条件。

1987 年,美国肯德基炸鸡公司在北京前门大街正式开业,他们靠着鲜嫩香酥的炸鸡,纤尘不染的餐具,纯朴洁雅的美国乡村风格的店容,加上悦耳动听的钢琴曲,还有一流的服务,赢得了来往客人的声声赞许。虽然肯德基的价格在当时讲还是比较贵的,但每天吃饭的时间,尤其是在周末时,门口就会排起长队等餐。前门肯德基炸鸡店开张不到 300 天,赢利就高达 250 万元,成为当年全球年盈利最大的商家,原计划 5 年才能收回的投资,不到两年就收回了。

这一切的得来,在很大程度上靠的是肯德基最初的经营策略——设置品尝点、征询众人意见,深入进行市场调研,真正做到了"知己知彼",顺利地进入了中国市场。

我们要想获得在竞争中的绝对优势,必然会面临众多强劲对手的挑战,这种情况是无法回避。因此,要真正做到"知己知彼",就必须对自己和竞争对手有一个全面的了解,对他们的优势以及策略等进行深入的调查研究,使自己对"彼"的情况了然于胸。在全面、系统地分析对手或环境的情况之后,能够比较客观地从双方的对比中找到差距,才能不至于盲目的行动,做到有的放矢,进而在竞争中胜出。

★经营有道——轻松自如去应对

故经之以五事，校之以计，而索其情，一曰道，二曰天，三曰地，四曰将，五曰法。

——《孙子兵法·计篇》

在竞争中必须把握好这五个关键因素：注重竞争策略，把握关键时机，利用客观环境，提高领导能力，完善管理方法。

在竞争中要胜过对手，压倒对手，就应在"经营策略、启动时机、经营环境、领导能力、管理方法"五个方面（"五事"）占有主动，把这五个方面综合起来，也就是所谓的"经营有道"。

孙子指出："凡此五者，将莫不闻，知之者胜，不知者不胜。"竞争者对双方的实力评估与胜负判别，离不开道、天、地、将、法这五项基本竞争力要素的考察。也就是说，竞争者要想在竞争中占有一定的优势，必须要经营有道。

竞争者要生存、要发展，离不开正确的策略，管理者的英明果断，规章制度严明，外界环境条件的适宜，所处时机有利，等等。所以，竞争者必须要高度重视这些因素，不遗余力地创造和利用这些条件，真正做到经营有道，使自己拥有强大的实力去面对激烈的竞争。

日本的本田公司，是世界上最大的摩托车生产企业。在日本汽车制造业的三足鼎立中有它的一方，且行销量有后来居上的趋势。

本田公司的全名叫"本田技研工业公司"，业界内称它为"本田王国"，它的领导者是"令人生畏的本田宗一郎"。

涉足汽车业远比制造摩托难。宗一郎虽在1963年暗中起步，但因列强称霸的格局使他施展艰难。其后，日本汽车制造业的老大"丰田"、老二"日产"都把本田看得死死的，而美国的福特虽然用主要精力对付丰田和日产，但也在提防着本田。

针对这种情况，勤于思索的宗一郎采取了《孙子兵法》中"经营有道"的应对谋略：你们研究"矛"，我就研究"盾"；你有所长，我就专攻你的所短。

他针对丰田以轿车和普通车为优势，福特依靠大型车称雄，便把价廉、省油、低公害的轻型轿车作为自己的经营特点，这是非常正确的经营之道。

1970年美国修订《净化空气法案》，规定从1975年开始实行严格的汽车排废规定。宗一郎加紧了研究步伐。不久，美国派出了用户监察员抵日本考察，丰田公司不当一回事，本田却认真对待，而且还诚心求教。1972年本田的耗油低、污染小的发动机研制成功。1973年世界石油危机降临，这对本田来说是个很好的机遇，本田的小汽车立刻成为

孙子兵法

日本市场的抢手货，一举攻入丰田、日产的轿车市场，成为日本汽车制造业的老三。本田充分把握住了这个关键的发展时机，还乘势攻入美国市场，夺取了福特的部分市场份额。

面对这种情况，福特的第一反应不是改进自己的产品来适应市场的需要，而是要求美国政府限制日本货进口，意在困住本田车。宗一郎这次直截了当，干脆就在俄亥俄州本地广设汽车装配厂，享用美国的本土政策，充分利用客观环境，这一手不仅抵挡住了福特的堵截，而且还使紧紧追赶的丰田腹背受敌。虽然丰田后来也生产出新型车，但日本市场已被本田夺去，而销往美国又受到严格的进口限制。此后宗一郎在美国建立了很多汽车制造厂，大批生产本田车，使福特转产的小型节油车在市场上"慢了一拍"。他的成功受到美国机械工程学会的嘉奖，颁给"亨利奖章"，美国人因此叫他"日本的福特"。

本田宗一郎经营有道，把握好了企业经营中的几个关键因素，采取了正确的经营策略，把握住了关键的发展时机，找到了适应的客观环境，再加上宗一郎本人出色的经管能力，使本田顺利地从摩托车进入汽车生产领域，为建立"本田王国"打下了良好的基础。

★兵贵神速——抢先一步占优势

兵之情主速，乘人之不及，由不虞之道，攻其所不戒也。

——《孙子兵法·九地篇》

在竞争中，争取到时间就等于接触到了胜利。

"兵之情主速，乘人之不及，由不虞之道，攻其所不戒也"，这就是俗话所说的"兵贵神速"。在战争中快速突袭，走敌人意想不到的道路，乘敌人还没有进行防备，就发起攻击，打他个措手不及，往往能克敌制胜，取得重大的战果。

在竞争领域里，竞争的真正本质就是"变化"，而且变化的步伐日益加快，这就体现出了速度的关键。速度可以代替资源，也可以使你的竞争对手受到冲击和震惊，此外，它还对利用劣势和机遇具有决定性作用。

竞争中的快速动作，往往能够使自己独占优势。

现实生活中的强者，都是热情洋溢、快速行动的成功人士，他们正是凭借着一股拼命地敬业精神和快速的行动创造了成功的奇迹。著名的香港商人李嘉诚先生一贯以稳健著称，但在必要的时候，他也是快速决断的能手。

上世纪50年代，李嘉诚先人一步，设计印制精美的产品广告画册，通过港府有关机构和民间商会了解北美各贸易公司地址，然后分寄出去。

没过多久，就有了反馈。北美最大的贸易商之一——S生活用品贸易公司收到李嘉

60

诚寄去的画册后,对长江公司的塑胶花彩样品及报价颇感兴趣,决定派采购部经理来香港,以便"选择样品,考察工厂,洽谈进货"。

李嘉诚收到来函,立即通过人工转接的越洋电话与美方取得联系,表示"欢迎贵公司派员来港参观、洽谈、选购"。交谈中,对方还简单询问了香港塑胶业的几个大厂家,并提出要求:希望李先生陪同他们的人走访其他几个厂家。

李嘉诚了解到这家公司是当时北美最大的生活用品贸易公司,销售网遍及美国、加拿大。对方肯来参观、洽谈,这可是个千载难逢的好机会。可是对方的意思已很明显,他将会考察香港整个塑胶行业,从中选一家作为长期合作伙伴,当然也有可能同时与几家合作。

针对这个机会,李嘉诚势在必得,这是一次输不起的竞争,放过这次机会就等于替别人修了要走的路,李嘉诚的目标是使长江成为北美S公司在港的独家供应商。他自信产品质量是全港一流的,但论资金实力、生产规模,却不敢在全港同业中称老大。

香港有数家实力雄厚的大型塑胶公司,单看工厂的外貌就令人肃然起敬。可是当时长江公司的工厂格局,还未摆脱小作坊式的模样,不论生产规模还是工厂的外貌都会给来自先进工业国家的外商一个不好的印象。

李嘉诚有深刻的教训,在以往与欧美批发商做交易的经历中,有限的生产规模、资金缺乏,经常使李嘉诚的许多业务希望落空。

时间给予李嘉诚只有短暂的一周,李嘉诚召开公司高层会议,宣布了令人惊愕的计划:必须在一周之内,将塑胶花生产规模扩大到令外商满意的程度。

这一年,李嘉诚正在北角筹建一座工业大厦,原本计划建成后,留两套标准厂房自用。可是现在,他必须另租别人的厂房应急。为了抢时间,他委托房地产经纪商代租厂房,李嘉诚看过位于北角最繁盛的工业大厦后,当即拍板租下一套标准厂房,占地约1万平方英尺。迁厂扩充规模所需要的资金,除小部分自筹外,大部分是他以筹建工业大厦的地产作抵押从银行贷的款。

这是李嘉诚一生中最大、最仓促的一次冒险,他孤注一掷,等于是拿多年营建的事业来赌博。李嘉诚一生作风稳健,可这一次,他别无选择,要么彻底放弃,要么全力以赴。有过企业经营经历的人可以想象出,一周之内形成一个全新规模的企业难度有多大。旧厂房的退租,可用设备的搬迁,购置新设备,新厂房的承租改建,设备安装调试,新聘工人的培训及上岗,工厂进入正常运行……这一切都得在一周内完成,哪一道环节出问题,都有可能使整个计划前功尽弃。

但是,此刻的李嘉诚,不但具有冒险的勇气,更具有充沛的热情和快速的行动。

李嘉诚和全体员工一起奋斗了7个昼夜,每天只有三四个小时的睡眠。李嘉诚紧张而不慌乱,哪组人该干什么,哪些工作由安装公司做,以及每一天的工作进度,全在日程安排表中标得清清楚楚。就这一点,可见李嘉诚的冒险并非为了速度草率行事。

S公司购货部的经理到达那天,设备刚刚调试完毕,他把全员上岗生产的事交给副手

孙子兵法

61

负责,亲自驾车到启德机场接客人。

港岛与九龙,隔着一道称之为维多利亚港的海峡。那时还没有海底隧道,港岛与九龙两地的汽车一般不流通。李嘉诚为了表示诚意,驱车乘轮渡过海去启德机场接人。

在回程的路上,李嘉诚问外商:"是先住下休息,还是先去参观工厂?"

外商是一个高效率的人,他不假思索地答道:"当然是先参观工厂。"

李嘉诚不得不调转车头,朝北角方向驶去。他心中忐忑不安,全员上岗生产会不会出问题? 汽车驶近工业大厦,李嘉诚停下车为美商开门,听到熟悉的机器声响以及闻到遍布的塑胶气味,李嘉诚心里才踏实下来。

外商在李嘉诚的带领下,参观了全部生产过程和样品陈列室,由衷称赞道:"李先生,我在动身前认真看了你的宣传画册,知道你有一家不小的厂和较先进的设备,但我没想到规模会这么大,这么现代化,生产管理是这么井然有序。我并不是恭维你,你的工厂完全可以与欧美的同类企业相媲美!"

李嘉诚说道:"感谢你对本工厂的赞誉。我可以向你保证我们的产品质量和交货期限。你已经看过我们的报价单,如果长期购货且购货批量大的话,价格上我们还可以再谈。总之,产品的质量和交货期问题,请你们绝对放心。"

"好,我们现在就可以签合同。"美国人性情直爽,合同就这样签下了。速度与机会紧密相连,"兵贵神速"才能赢得商机。

当年,根据天文学家的推测,哈雷彗星将于1986年三四月期间"回归"。这个天体运动现象,吸引着许多天文学家去观测研究,也吸引着许多企业家去寻找借机开拓的机会。许多的企业家把这看作是一次千载难逢的良机,摩拳擦掌,养精蓄锐,都想到时大显身手,狠赚一笔。

可是,谁也没有料想到,巴西的前南美网球冠军卢伊斯和广告专家马塞罗两人,早已于1984年,捷足先登抢先两年注册了"哈雷"牌商标的专有使用权,从而取得了主动。由于他们两人想得更远,动手更早,行动更快,先登上了"制高点",居高临下,把握了这次竞争的主动权。

在哈雷彗星回归的那段时间,他们生产的哈雷背心、哈雷大象玩具、哈雷图像笔记本、哈雷太阳镜、哈雷休闲用品等琳琅满目的商品,得以独步国际市场,因为他们有专有使用权,谁如果想用"哈雷"商标生产或销售任何产品,就必须先向他们付费。卢伊斯和马塞罗两人在1986年风风光光的大赚了一笔,这令很多人都羡慕不已。

做生意最重要的诀窍就是要兵贵神速,先发制人,抢先一步,捷足先登。互联网刚开始热的时候,许多有远见的人在网上抢先注册了大量的知名品牌的域名,而这些域名就是财富,许多著名品牌、百年老店因为没有这个意识,没有先发制人,现在不得不花大价钱往回购买。

正如一位企业家所说的一样:"我一向坚持着'兵贵神速'的经营信念,所以事业能够迅速地发展。我想我成功的主要因素,是能够及早地捕捉到大众和时代趋势的灵感,快

走一步,把它付诸于行动。"

★ 先为不可胜——让对手无懈可击

昔之善战者,先为不可胜,以待敌之可胜。

——《孙子兵法·形篇》

先保持一个良好、稳健不败的经营方式,才能待机寻求更大的发展。

所谓"先为不可胜",就是要求战争指挥者,先组织、训练好强大的精锐的军队,准备好先进的武器和充足的粮食物资,构筑好巩固的防御工事,有英明的决策指挥系统和敏锐的反应能力,使自己成为"不可胜"的强者,在敌人的猛烈攻击下能保持"不败"。这样,就可在战争中保持常胜。

这种战略应用于许多领域的竞争:企业间的竞争,要千方百计提高自己产品质量,如采用先进的技术、设备和工艺,挑选和培养具有高素质的人才,建立严格的质量管理和检验制度,使产品精致、新颖、精确、牢固,功能便捷,使用方便,在同类产品中处于领先地位,这样就做到了"先为不可胜",再经过用户与其他企业的产品比较使用,自然就显出优势,赢得顾客的赞誉,经济效益迅速上升,企业也因之欣欣向荣;体育竞赛,这是一种实力间的对抗,要想取得对抗的胜利也需要做到首先不被对手所战胜,再寻找取胜破敌的机会;……

据美国某家公司对世界近万名消费者的抽样调查,"奔驰"牌汽车位列"世界十大名牌"之首。仔细分析,它经营的诀窍就是"先为不可胜"。

"奔驰"牌汽车质量、款式保你满意。奔驰公司在广告中声明说:"如果有人发现奔驰车发生故障,中途抛锚,我们将赠送 1 万美元。"该公司有 3700 种型号能满足各类人群的需要。根据奔驰公司负责人的介绍,实现高质量要有两个基础:一是要有一支技术熟练的职工队伍;二是要有对产品和部件严格的技师检制度。

无处不在的售后服务。奔驰公司在原西德本土设有 1 700 多个维修站,有 5.6 万保养和修理工作人员。如果车辆在途中发生意外故障,只要向就近的维修站打个电话,维修站就会派人来修理或把车拉到附近的维修站修理。

安全、节能在同行业中处于领先地位。1953 年该公司装配车辆使用了既美观又安全的承载式焊接结构,接着又研制出"安全客舱",可以保证载客的内舱在发生交通事故时不会被挤瘪。在每一部奔驰小轿车上,从车身到驾驶室,有 136 个零部件是为了车上人的安全服务的。

可靠的质量，完善的服务，安全的性能，使奔驰牌汽车处于"先为不可胜"的地位，在世界上保持着旺盛的销势。

"先为不可胜"，这是一个十分精明的策略。它要求战争指挥者预先做好各种准备工作，使敌人无法攻入。在外交活动中，同样也要做到"先为不可胜"，要不断增强自己的经济、政治和军事实力，一个"不可胜"的强国，在外交上会受到别国的尊重，处理国际事务时常处于有利的地位。当然别的国家也都争着和自己结交，因为这样可以在经济上有利、政治上有靠、军事上有助。

当今强国之争，主要表现在对高科技优势的争夺和以科技、经济、军事为中心的综合国力的较量。自20世纪80年代中期至90年代，一些发展中国家和地区，如中国、印度及亚洲"四小龙"等，利用本国、本地区的资源和人力优势，加快发展其经济、科技。许多国家也都在加紧研究和开发高科技产品，如中国的火箭发射空间技术、韩国的半导体工业，现已成为美日欧强有力的竞争对手。各国都设法把大量人力、物力、财力投入到最有经济价值和应用前途的热门高科技领域中去，并选择关键性的高科技项目作为战略突破口，以此带动科技和国民经济的全面发展，努力使自己成为"不可胜"的强国，从而保持在外交方面的有利态势。

近年来，美国经济增长势头良好，仍然是西方国家中的一枝独秀。从20世纪80年代开始，美国就进行了经济结构转型，信息技术和高新技术的发展提高了生产率、降低了生产成本，从而提高了商品出口的竞争能力。1990~1996年期间，美国大宗商品出口每年递增9%。在出口商品中，40%以上是电子计算机、通讯设备等具有高附加值的高科技商品。

90年代以来美国放弃和缩减某些超大规模科研计划，停止了正在实施的"星球大战计划"及相关的基础项目研究，开始大量发展与市场紧密结合的应用项目，并在军转民产业上下了大量的功夫，使美国世界第一科技强国的地位进一步巩固和加强。

克林顿政府对经济的宏观调控，尤其在削减政府财政赤字方面所采取的一系列措施，降低了"通涨"的压力，为经济的持续增长创造了有利的条件。

1998年，美国GDP再创历史新高，达到近八万亿美元。强大的经济实力使美国"先为不可胜"，得以长期保持在各种国际组织中的"老大"地位，通过操纵国际组织，制定了一系列有利于己的"游戏规则"来控制和左右国际社会。

"先为不可胜"强调的是，竞争应先要做到将自己立于不败之地，然后再寻找机会战胜对手，这是争取胜利的基本原则。

第六章 有谋兵胜——谋划在先万事成

★因敌制胜——根据对象定决策

水因地而制流,兵因敌而制胜。

——《孙子兵法·虚实篇》

在竞争中,要善于根据对手和客观环境的发展变化,运用不同的竞争策略,掌握主动,最后取得成功。

"因敌制胜"反映了战争指导的一般规律,其中心意思是说,用兵作战要善于根据敌情的发展变化,运用不同的作战策略,才能掌握主动,夺取胜利。要达到这一点,必须要"知敌",即要了解敌人的各方面情况;同时也要对我方的情况高度保密,不被敌人发觉。这样才能使自己的决策得到预期目的。在现代战争条件下,这一谋略思想,对于人们如何正确地选择作战目标、作战方向和指导军队的作战行动,仍具有重要价值。在现实生活中,根据对象的实际情况来决定自己的工作方法,也有重要的启迪意义。

"敌"不仅仅指的是竞争对手,它包括的内容很多,主要有以下几方面:

(1)自然条件,如气候、地理、水文、资源等,这为决策提供重要的依据。

(2)政治动态,如国家形势,政府政策法令对企业经营等有哪些限制和要求等。

(3)社会风尚,如消费者的文化教育水平、宗教信仰风俗习惯、审美观、价值观等。

(4)经济状况,如国家的经济制度、经济发展趋势、消费者的收入水平和消费方式等。

(5)科技信息,如世界科技现状和发展动态、企业生产所需技术设备、如何引进先进技术等。

(6)市场需求,如目前何种产品短缺、何种产品过剩,消费者的购买力和需求状况等。

(7)竞争对手,主要对手、潜在对手的实力如数量、分布、生产规模、资金、技术、发展动向、新产品开发、销售渠道等,都应清楚地了解。

因敌制胜战略的启示主要在于:

第一,必须尽可能详细而准确地了解竞争对手的有关静态和动态的一切信息,因为

65

这是制定正确的战略、做出正确的决策的前提和依据。

第二，必须根据竞争对手和环境的变化及动态及时修改并调整自己的计划与决策，以使其更有针对性。因为只有有针对性的决策和战略才会具有效率性。

美国"橡胶姑娘公司"的老板沃尔夫岗·施密特在经营自己的公司时，创立了一种独特的"团队战术"——施密特把目光紧紧盯在市场上，每当市场需要某种新产品时，他就临时组建一个新的"团队"，研制这种新产品，并把它推向市场；当这种产品不再适应市场时，该产品就被淘汰，该"团队"也就被随之撤销，这也是《孙子兵法》中"因敌制胜"谋略的运用。施密特用一个比喻来解释自己的这种做法，他说："植物失去自身的一小部分并不会导致整株植物的死亡，而是把能量转移给它的其余部分。"

施密特的企业每年大约要创建 400 多个"团队"，也就是说，每年要开发 400 多种新产品。

施密特经常派他的雇员到世界各地的贸易和艺术展览会上去参观、学习，以寻求适应新的潮流、适应各阶层人们需要的新产品的创意。一次，施密特和他的几位经理去参观一个电子产品博览会。会上，众人发现本公司生产的喂鸟器和一种无线电玩具很受欢迎。几个人聚在一起议论了一番，其中一位经理说："如果在喂鸟器中放一个集成电路唱片，播放鸟的鸣叫，顾客会怎么样？""他们会感到很新奇！""会有一种回归大自然的感觉！""不错，特别是对于那些不能随意到户外去的老人，无疑是一种最有趣味的享受。"就这样，又一个新"团体"诞生了，又一种新产品——播放鸟鸣叫的喂鸟器诞生了，这种鸟鸣器一投放市场就受到了广大顾客们的喜爱。

施密特这种"因敌制胜"的"团队"战术使该公司能高度适应快节奏、多变化的现代社会，使公司的年销售额高达 20 亿美元。

运用"因敌制胜"的策略，首先要做到的就是对对象的情况了如指掌。大庆油田是我国在 20 世纪 60 年代自主勘探、开发的第一个大气油田，在当时的情况下，绝大多数我们中国人都不知道大庆油田在哪，但是日本人却对大庆油田的情况了如指掌。

大庆油田产油后，《中国画报》配彩图刊登了大庆油田钻井队队长"铁人"王进喜的先进事迹。日本人就是从这张《中国画报》刊登的王进喜的大幅相片上，推断出大庆油田在东北三省偏北处，因为相片上的王进喜身上穿着大棉袄，背景是遍地积雪。接着，他们又从另一幅肩扛、人推钻井设备的照片中推断出，油田应该离铁路沿线不远。后来他们从《人民日报》刊登的一篇报道中看到这样一段话：王进喜到了马家窑，说了一声："好大的油海啊，我们要把中国石油落后的帽子扔到太平洋里去！"据此，日本人根据一系列的"证据"判断出，大庆油田的中心就在马家窑地区。

大庆油田是从什么时候开始产油的呢？日本人判断很准确：1964 年。因为王进喜在这一年当选上了第三届全国人民代表大会代表，如果大庆没有产出油，王进喜是不会当选为人大代表的。

日本人还准确地推算出了大庆油田油井的直径大小和大庆油田的产量，依据的就是

《人民日报》一幅钻塔的照片和《人民日报》刊登的国务院政府工作报告,他们把当时公布的全国石油产量减去原来的石油产量,简单之至,就是一道简单的减法运算。日本人推算出的石油年产量为3000万吨,这个数字与大庆油田的实际年产量几乎完全一致。

有了这么多的准确情报,日本人迅速设计出针对大庆油田的地理、环境、年产量等一整套石油开采方案和设备。当我国政府向世界各国就大庆油田的开采进行招标时,日本人从众多竞争者中脱颖而出,一举中标。可以说,日本人的这招"因敌制胜"运用得恰到好处。

只有对对手的各个方面、各个环节都了如指掌,才能提高决策的自觉性,减少盲目性,制定出相应的"因敌制胜"的策略,使企业沿着正确的航道顺利前进。

★胜亦诡道——取之有道的必胜谋略

兵者,诡道也。

——《孙子兵法·计篇》

竞争中,不可完全以实相对,必须有所谋略。

和战争状况相同,在各式的竞争领域中同样存在着诡道和欺诈。我们自己或自己所在的团队在严酷的竞争活动中,常常会遇到强大的对手。有些对手是阴险诡诈,不讲信义的,如果完全以实相对,没有谋略,必然受制于人。因此,为了在竞争中取得胜利,作为决策者,要了解竞争领域的欺诈行径及其主要手段,我们不采取但可以防患未然。预先做出对策,防止上当受骗,避免无谓的损失,想要达到胜利的目的有时必须采取"诡道"的方法的策略。比如用巧妙的方法或者方式与对手展开竞争,当然竞争的目的主要是使自己立于不败之地,并能够获取最大利益,求得最大的发展。

生活中存在着各种各样的竞争,它们是十分残酷和复杂的,我们要想在这些竞争中站稳脚,就要运用好"诡道"策略,做到灵活机变,把握时机,主动进取,出奇制胜。

巴拿马运河是美国控制的一条连通太平洋和大西洋的内河航线,来往的客货船通过这条运河可以少跑几千海里的路程,时间上可以节省几个星期。美国每年要从这条运河上赚一大笔钱,而且这条运河的战略地位相当重要。前巴拿马总统诺列加就是因为不听美国指挥,表示要按时收回巴拿马运河主权而得罪了美国,被美国"宪兵"另找原因抓到美国受审判刑的。

其时,巴拿马运河最早却并不是由美国开凿的。19世纪末,有一家法国公司和哥伦比亚签订了一项合同,打算在哥伦比亚的巴拿马省内(当时巴拿马尚未独立建国)开凿一条连通大西洋和太平洋的运河。

主持这项工程的总工程师就是因开凿苏伊士运河而全世界闻名的法国人瑞斯布。凭着过去的成功经验，他认为完成这项任务不在话下。但工程一开工就遇到了一些麻烦。原来，巴拿马运河的环境和苏伊士运河有很大的不同，工程进度非常缓慢，随着时间的拖延，工程耗费越来越大，公司的资金也开始短缺，公司慢慢地陷入了困境。

美国总统罗斯福听到这个消息，决定购买运河公司，由美国来继续开凿巴拿马运河。因为，美国对开凿这条运河也早有打算，只因法国下手太早，抢先与哥伦比亚签订了合同，使美国晚了一步，现在机会终于来了。

法国也知道美国早有此意，就先下手抢到了这块肥肉。可是法国运河公司目前又面临困境，不得已，法国公司代理人布里略访问了美国，开价1亿美元要出卖运河公司。法国认为，美国一定会很高兴地买下。

尽管美国早就对运河公司垂涎三尺，得悉法国公司要出售更是欣喜若狂。但他们从表面上显得并不怎么热情。罗斯福故作姿态，指使美国海峡运河委员会提出一个调查报告，以证明在尼加拉瓜开运河省钱。在报告上煞有其事地称："在尼加拉瓜开运河的全部费用不到2亿美元。虽然在巴拿马开运河直接费用只有1亿多，可是需要另外付出一笔收购法国公司的费用。这样加起来，开凿巴拿马运河全部费用就将达到2.5亿多美元。"这个报告自然要让法国公司代理人布里略先生"过目"。

布里略"过目"之后吓了一跳。心想，如果美国不在巴拿马开运河，法国不是一分钱也收不回来了吗？于是他马上声称法国愿意降价出售运河公司，只要4000万就行了。罗斯福一听，立即点头，指示用4000万买下了运河公司。仅此一项美国就少花了6000万美元。法国人还以为挺幸运，总算收回了4000万。却不知道他们是上了罗斯福的当。

买下法国运河公司之后，罗斯福又对哥伦比亚政府故伎重演。他指使国会通过一项法案，规定如果美国能在适当的时机内和哥伦比亚政府达成协议，美国才考虑开凿巴拿马运河，不然的话，美国还将会选择开凿尼加拉瓜运河。

这么一来，哥伦比亚政府坐不住了，马上指示驻美国大使找到美国国务卿海约翰协商，签订了一项条约，同意以1000万美元的代价长期租给美国一条两岸各宽3英里的运河区，美国每年另外再付给哥伦比亚10万美元。

胜亦诡道，这个协议给美国带来的远非区区几千万的利益，罗斯福不愧是老谋深算。他欲擒故纵，用诡诈的方法获得了巴拿马运河的开发经营权，表面上是网开一面叫法国人、哥伦比亚人有"甜头"可吃，实际上却捞取了最大的便宜。

犹太商人一向以精明诡诈著称，这一点我们从莎士比亚的名著《威尼斯商人》中就可以看出端倪，现在的犹太商人比以往有过之而无不及。

犹太商人沙米尔，移民到澳洲经商。到了墨尔本，经过短期的考察，他就轻车熟路地开了一家食品店。而他的店对面，正好有另外一家意大利人安东尼的食品店。由于经营的品种类似，于是，两家食品店不可避免地展开了竞争。

安东尼看到有新的竞争对手出现,心焦气躁,惶惶不可终日,想着如何打败他,最好能把他挤走了事。绞尽脑汁,只想出削价竞争一策,于是他便在自家店门前立了一块木板,上面写道:"火腿,1磅只卖5便士。"

　　可是沙米尔也立即在自家门前立起木板,上写着:"1磅只卖4便士。"

　　安东尼赌气,即刻把价钱改写成:"火腿,1磅只卖3.5便士。"这样一来,价格已降到了与进货成本差不多了。他想看一用这种方法耗过这个外来人。

　　想不到,沙米尔更狠,又把价钱改写成:"1磅只卖3便士。"

　　几天下来,安东尼真有点撑不住了。他忘了是他自己挑起的降价竞争,气冲冲地跑到沙米尔的店里,以受害者的口气指责道:

　　"小子,有你这样做生意的吗?再这样疯狂地降价,知道会是个什么样的结果吗?咱俩都得破产!"

　　沙米尔报之一笑:"什么'咱俩'呀!我看只有你会破产吧。我的店里压根儿就不卖什么火腿呀。板子上写的3便士一磅,连我都不知道是指的什么东西哩!"

　　安东尼这才知道自己上了大当,这些天下来只是自己在和自己较劲,他不禁叫苦连天,明白了自己不是沙米尔的对手。

　　商业对手之间的竞争之道,正如孙子所说:虚虚实实,胜亦诡道。有时无须真刀真枪,拼尽全力,如果脑筋够使,只需稍一变通,就足以克敌制胜。

第七章 懂虚实者胜——
以己之长，攻敌之短

★扬长避短——发挥自己之优势

夫兵形像水，水之形，避高而趋下。

——《孙子兵法·虚实篇》

竞争中要运用好扬己之长避己之短的策略。

水是流动的，在前进过程中，它会选择自己能通过的地方来做渠道，对于那些"高"的自己根本就无法到达的地方就采取"避之"的策略。在竞争中也是同样道理，为了胜利和成功，要学会审视，要避我之短扬我之长，要善于在竞争中利用自己的长处，当然这里的"避我之短"不是要逃避开不去管它，而是要在今后的工作中去注意和克服它。

美国前总统里根在竞连任时，他的年龄是人们最关心的话题。他的竞争对手攻击他说里根已经很老了，已经没有足够的精力和能力处理总统的工作。他在回答人们提出的有关年龄的问题时说"年龄不是问题，但我不会因为我的对手没有经验而去诋毁他们的。"此话得到了满堂喝彩。里根虽然年龄太大，但经验也更多，巧妙的简单一句话就将自己的缺点变成了优点，同时变成了对手的缺点。就这样，在竞选中里根获得连任。

懂得如何利用自己的优点，同时避免自己的缺点被别人利用，这就是扬长避短。

常能见到这样情景，一个产品市场颇有销路，比如电磁炉，全国上百家企业趋之若鹜，其实，其中不少企业根本没有真正审度自己的生产经营条件，没有弄清生产这种产品的长处所在与短处所在，就盲目跟着人家跑，结果，导致竞争中被生产这种产品的名牌厂家拖垮甚至拉下马来，尝到了不执行扬长避短原则的苦果。

扬长避短就能胜。安徽省当涂县黄池镇有三家商店各施自己的经营特点，避我之短扬我之长，使各自在竞争中生存了下来。一家是乡办商店，店小本小，扬自己"船小好掉头"的长处，随行就市，快进快出做生意；一家是供销社，它开业资历最老，资金雄厚，进销业务大，便尽量施展"船大吞吐大"的优势，对需求量实行大进大出政策，并使商品品种多

样化;还有一家是合作商店,它利用自己与生产大队的关系施展"船多航线长"的策略,把生意做到农村大队中去,买卖做得也很红火。

美国仅有数百名职工的里兰德电气公司与庞大的很有实力的西屋电气公司进行竞争,两家公司都是生产汽油发动机的,竞争结果,里兰德电气公司硬是把西屋电器公司挤到了市场的一角。里兰德是靠什么战胜的呢? 四个字,扬长避短。

西屋公司是生产轻型、标准型、通用型汽油发动机的厂,具有大批量生产、价格低等优点。里兰德不同西屋在这方面比高低,却另觅途径,扬自己经营灵活之长,生产西屋顾不得生产或不屑生产的,又是顾客需要的特异型汽油发动机并搞好服务,一番竞争下来,西屋就败了下来。

竞争中一定会有长有短,但只要掌握得当,把自己的长处好好发挥,避免暴露缺点,就可以在竞争中取得好成绩。扬长避短,是竞争取得成功的重要"秘诀",当你做任何事时,不忘这四个字,成功就会离你不远了!

★避实击虚——以己之长击他人之短

兵之形,避实而击虚。

——《孙子兵法·虚实篇》

竞争的规律是避开对手强盛之处,而去攻击其虚弱的地方。

在已经出现竞争方之间大比例悬殊的竞争状态时,我们就要在完全被动的竞争地位下应该调整自己原来的竞争战略,以回避自己的弱点暴露在对手强大的优势中,集中资源寻找竞争对手的弱点,针对性全力加强自身在此处的优势之处,做到用自己之"实"去击他人之"虚",躲闪自己之"虚"避免与他人之"实"作正面接触。

1999 年,全国只知道内蒙古有伊利,伊利就是内蒙古牛奶,内蒙古牛奶就是伊利。这种一个牛奶品牌占据地区品牌的特性,给蒙牛造成了巨大的压力,消费者会不会认同其他的牛奶品牌? 但是,蒙牛抓住了一道缝隙之处,因为,大家都知道伊利第一,却不知道谁第二。蒙牛决定宣称创建内蒙古牛奶第二品牌。思路一变,坏事变好事。

思路有了,仗怎么打就成了关键问题。

1999 年 2 月,在一起吃饭的时候,蒙牛董事长牛根生对现在的副总裁孙先红说:现在募集到了 300 万元,我给你 100 万作宣传费,你拿去做广告,我要一个效果——一夜之间,让呼和浩特人都知道蒙牛。

只有 100 万元广告费,还想要一夜成名,是非常困难的事情。

按照经验和人们的接受习惯，电视是最好的打开知名度的媒体，但是要一夜成名，电视也是很难做到的，因为，不是每个人都会选择看同样的频道，你在哪个频道做广告呢？再说，你在一个频道所有的时段都做，搞不好名是出了，但出的却是"臭名远扬"这种名，那就违背了初衷了。退一步说，100万元还不足以能包下一个频道的所有广告时间。

要能让人们接触到，要能让人们大量的接触到，要能在人们心里形成震撼，这是一夜成名的关键。

经过分析，孙先红选择了路牌广告。

当时呼和浩特的路牌广告，大量的资源处于闲置无人问津的状态，是一个没有被发现和挖掘的宝藏。

通过和有关部门的谈判，孙先红用成本价获得了300多块路牌广告3个月的发布权。

1999年4月1日，呼和浩特人们一觉醒来，发现城市所有主要街道两旁都是蒙牛的广告：红色的广告上大书金黄大字——"蒙牛乳业，创内蒙古乳业第二品牌"，下面还有一行小字注释："发展乳品工业，振兴内蒙古经济。"

这么大规模、这么大的气势的路牌广告，呼和浩特人还是第一次见识到；这么大的雄心壮志，呼和浩特人存在很多疑惑；而"发展乳品工业，振兴内蒙古经济"又让看到的人心存好感：不简单，一家企业能有这样为地区的情怀值得人赞赏！

疑惑带来探询，好感带来支持，孙先红的这一招"避实击虚"的策略用得恰到好处，第一次出手就实现了目标，使蒙牛一下子从无数的牛奶品牌中脱颖而出，被呼和浩特人定位成了第二品牌。

2003年，中国人民的网络生活已然多姿多彩，网上购物同样也已经不再陌生。电子商务巨头美国eBay在这个时候投资1.8亿美元，接管易趣，实现了进军中国市场的战略目标。1999年成立的易趣经历了中国网络经济的疯狂与寂静，可谓一枝独秀，占据着70%的市场份额，而且拥有良好的品牌优势和用户基础，eBay由此在中国网络卖场中占据了绝对优势。然而事隔仅两年时间，新生的淘宝凭借着"免费"与"支付宝"两颗利齿，不断蚕食易趣的份额，如今已能与易趣分庭抗礼，这期间本土智慧与美国思维交锋，是极其耐人寻味的。

2003年，eBay全面接管易趣，随后将其更名为eBay易趣（文中易趣即指eBay易趣），此时的对手屈指可数，而Yahoo，MSN还没开始他们的拍卖业务。eBay此前在日本、台湾两地败于雅虎之手，当然耿耿于怀，惠特曼这次通过资本力量取得在中国的先行优势，就是要与雅虎一决雌雄，可雅虎却迟迟不肯表态，求战心切的eBay不免心浮气躁。

由于实力悬殊，eBay的CEO惠特曼对这些"竞争对手"不屑一顾，认为易趣的攻势只要再凌厉些，就会将他们一网打尽。随即易趣动用了巨资与中国几大门户签订排他性广告协议，以封锁竞争对手的宣传通路，将其一一铲除，以便将来有足够精力对付宿敌——雅虎。

此时马云创办的淘宝刚满两个月，不仅与易趣的经营模式最为相似，而且还采用了

免费的策略,自然是此次 eBay 主要扼杀的对象。

易趣为实施封杀计划,只通过大量的广告来淹没对手声音,手法过于单一,当马云的淘宝在街头和电视领域打开局面后,易趣又不得不跟随对手,慌忙补缺,仅 2004 年的广告花费至少在 2 亿人民币以上,但换取的结果不过是逼得对手一时无法在几大门户上投放广告,如此昂贵的代价未免不值。

马云虽然在宣传方面取得了突破,但实力上仍无法与易趣相提并论,如果只是血拼广告,等于以卵击石。马云也深知商业竞争中要讲求灵活机变的市场策略与广告策略,一味地"烧钱"无异于"烧纸"。因此自己的淘宝网必须找到一个突破口,避实击虚,扭转局面,才有可能存活壮大。

与作为直接卖方的当当、卓越不同,类似易趣、淘宝的网上卖场只提供交易平台,对买卖双方并无绝对的约束力,如果货款或是商品出现了问题,风险只能由买卖双方承担。卖方为了保护自身利益,通常会采用"款到发货"模式,在这种情形下,即便有以往交易记录作为考量,买家仍要承担非常大的交易风险,这是谁都不愿意的。这也是之前几年,成交数量不少,但金额偏低的主要原因,买卖双方都处于小心试探的阶段。如果不解决支付风险问题,网上交易很难有更大的进展,市场容量也就不可能扩大,买卖双方以及整个市场都在呼唤第三方信用中介的参与,以保证交易的顺利进行,然而每个人都知道"趋利避险",谁肯出来承担起这个风险呢? 易趣没有做到,其他对手也没有做到,这无疑就是市场之虚,马云体会到,这就是淘宝的契机。

2003 年 10 月,马云抓住了支付风险这个人人回避的市场空白,试探性地发布了"支付宝"服务——买家将货款打入淘宝提供的第三方账户,确认收到货物之后再将货款支付给卖家。这无疑大大降低了买家的风险,买卖双方对此当然是举双手赞成,由此淘宝的会员注册数和成交率便节节攀升。

易趣并非不知道这个问题,只是正忙着与 eBay 全球平台进行对接,无暇顾及。而 eBay 的另一法宝——PayPal 支付系统想引入中国,政策性障碍让其举步维艰。易趣对"支付宝"的推出大感意外,但 PayPal 情结又难以割舍,前思后想仍是举棋不定。

然而,易趣的犹豫并没有挽住时间的脚步,同样也不能减缓淘宝前进的速度,时隔一年,马云借助"支付宝"之力,注册会员数打破了 300 万大关,同比增长 10 倍还多,单日成交额更升至 900 万元。眼红心热的易趣再也无法忍受远水不解近渴的状况,只好退而求其次,推出与"支付宝"相类似的"安付通",可惜新意寥寥,反响平平。

与"安付通"的处境不同,支付宝绝非淘宝的"鸡肋",而是淘宝的赖以抗争的命脉。从其诞生,一系列的策划已围绕其展开:2004 年 4 月,马云宣布与 2005 年冯小刚贺岁片《天下无贼》进行全面合作的时候,并未引起外界多少关注。而当 2004 年底《天下无贼》全国公映后,影片迅速成为舆论焦点,人们为"傻根"津津乐道的时候,淘宝迅速杀出,"用支付宝,天下真无贼"的广告遍地开花,一个"傻根",一句"无贼"将"支付宝"炒得尽人皆知。马云使自己的淘宝网在《天下无贼》中组合运用了常见的广告贴片、海报宣传、新闻发布以及道具拍卖等宣传推广手法,将这部电影的余热发挥到了淋漓尽致,而前后总投入不过1000万而已。尽管手法上并无明显的创新之处,然而热点的挑选,时机的把握都恰到好处,整体策划也极为出色,"支付宝"一炮走红,"安付通"相形见绌。

2005年2月马云以先行者的姿态承诺,只要在交易中使用支付宝,出现问题时,支付宝负责全额赔付,很快淘宝网上70%的交易支持使用"支付宝",支付宝的用户数攀升至200万。原本在易趣、淘宝都开店的卖家,尤其在经历了易趣1月的事故后,心头更为松动,开始考虑是否移师淘宝,以节约在易趣上的登录费用。于是不断有易趣会员投向淘宝的怀抱,"易趣展示,淘宝交易"的模式越发蔓延。

eBay接管后的首要任务本该是查明中国发展的症结所在,加以解决,使对手无隙可乘,让自己处于不败之地。显然eBay的高管并不懂"避实击虚"的道理,从日本到台湾,再到中国,一直顽固地抱着美国模式不放,只知道原样照搬,而不懂因时因地加以变通,错过了大好时机,直到对手抢得先机,对自身业务造成重大冲击后,才悔之晚矣。

我们一定要学会利用避实击虚的竞争战略。让自己从一个相对较弱的竞争地位转变成为市场竞争中掌控主导支配权的有利位置,使自己能够在激烈的竞争中存活和不断发展。

★ 击其劣势——见缝插一针

善用兵者,避其锐气,击其惰归,此治气者也。

——《孙子兵法·军事篇》

竞争中不要发生正面交锋,而应选准时机和部位,攻击其薄弱的环节。

在这里"击其劣势"包含两层意思:

第一、要寻求空隙,用最少的消耗去获取最大的利益,而不要一味盲动;避免与强大的竞争对手针锋相对,从而虚耗了财力物力等,竞争效果却不明显。

第二、在与之竞争行为以外对手的"劣势"方面上着手,如情绪等,通过侧敲旁击的方法,使之在与自己竞争时受到一定的影响。

现任格兰仕集团执行总裁的梁昭贤于1991年加入格兰仕集团,负责全面营销业务管理。在格兰仕内部,员工们亲切地称他"贤哥"。

格兰仕在1992年转型进入家电行业时,梁昭贤被选为格兰仕集团副董事长。当时,国外的微波炉巨型企业林立,国内则主要有合资企业蚬华一家独大。1993年,微波炉中国市场的容量仅为20多万台,而蚬华一家就独占近12万台,市场占有率近80%。所以,

对于刚进入微波炉市场的格兰仕来说,可谓是强敌在前。

但是梁昭贤经过分析,蚬华作为与外商的合资企业,在经营策略上缺乏一定的灵活性,一项普通的营销政策也要与外方进行多次协商,由于中外双方的经营思路不同,蚬华这样做就很容易贻误战机。梁昭贤就巧妙地利用了蚬华这个“弱而无主”的“劣势”,使格兰仕一举冲入市场,第二年便销售了10万台。

1995年美国惠而浦公司收购蚬华后,由于一些烦琐手续整顿工作进展得相当迟缓,一项市场推进方案,必须先传到香港分部,再传到美国总部审批,来回要拖延两三个月的时间。梁昭贤和几位主要管理者则“乘其阴乱”,继续扩大格兰仕的市场份额,并以市场占有率25.1%稳居中国第一。

1998年东南亚爆发金融危机,欧盟对韩国微波炉进行反倾销。梁昭贤又一次使格兰仕就此乘隙而入,一举打入欧盟市场,隔年在欧洲市场的占有率便达到了25%。

综观格兰仕的这几次成功,都是在对手出现混乱时,巧妙切入市场,在混战中“浑水摸鱼”,巧夺天时地利“击其劣势”取得的成果。

★另辟蹊径——抛开热点觅良机

出其所不趋,趋其所不意。

——《孙子兵法·虚实篇》

在竞争中,应避开竞争激烈的地方或对手,在别人忽略的地方着手才能把握主动。

在竞争中,应避开对手竞争激烈的地方,另辟蹊径,才能把握主动,赢得发展机会。在竞争的初期阶段,一定要以保全自身为主,在定向上要找冷门,在取得一定成果后,实力有所壮大,再扩展市场去啃硬骨头,方有取胜的资本。

做事情要有自己的想法。大家都在“抢”的热门行业,未必使大家都能获利。相反,如果改变自己的思维方式,避开“抢”的行业,当一条路走不通的时候,换个角度看问题,左顾右盼地看看热门旁边的冷门,却能获得意想不到的收获,这正是《孙子兵法》中所讲的“出其所趋,趋其所不意”。

世界饭店业大亨希尔顿出身寒微,开始经营时只有一家五个房间的小旅馆,因不景气转行开了一家小银行;由于本小利微,连维持生计都很困难,此时,他得到了一个消息:得克萨斯州发现了石油,有人开采石油一夜之间就成了百万富翁。这个消息也使他怦然心动,于是就筹集到了37000美元到得克萨斯州去冒险。当希尔顿来到得克萨斯州时,才知道这个行当竞争得十分激烈,他带的这些钱,要搞石油简直是杯水车薪,微不足道。

他要想在竞争激烈的石油开采上发财的美梦破灭了！自己该如何是好？失望之余，他来到一家旅馆住宿，旅馆生意竟出奇的好，还有许多人因为找不到房间，只好花钱睡在旅馆的桌子上，他以前开旅馆从未有过这种现象。他从一位想靠石油发财的老板那儿买下了一家叫"莫希来"旅馆，开始在这个采石油的地方重操旧业。由于他曾经经营过旅馆，经营得法，竞争对手又少，这个旅馆很快发展起来，成了他辉煌事业的基石。他后来又逐步发展成了世界著名的饭店业一大帝国，他拥有了数不清的财富。

激烈的竞争往往会出现多种机会，关键在于能否发现并把握适合自己的机会。如果你能避开激烈的竞争，看准竞争之外潜藏着的发展机会，另辟蹊径，那么你就会获得意想不到的成功。

第八章 擅借势者胜——
借势用势，事半功倍

★ 自我造势——营造于己有利的态势

乃为之势，以佐其外。

——《孙子兵法·始计篇》

竞争中，要善于灵活机动地给自己创造有利的条件。

在战争中"自我造势"的方法很多，诸如集结众多的军队、建筑坚固的防御工事、预先占领制高点和战略要地、进行各种传媒报道壮我声势、利用地形和各种自然条件乘势进攻等。

从事竞争的人，要练就一种造势的本领。眼光远一点，要站得高一点善于分析营造有利的形势。并善于利用自己的优势，因势定谋，借势成事，趋时乘机，灵活机动。特别是当没有明显的优势时，要善于利用一切资源营造于自己有利的态势。

"自我造势"，就是根据如何对己有利而采取权宜措施所造的"势"，对于计划的成功能起保障作用。

在2000年10月8日，《北京晚报》上打出这样一则消息：2000年10月10日上午，为证明我公司生产的涂料无毒无害，特在北京建筑展览馆门前开展"真猫真狗喝涂料"活动。刊登这则广告消息的是北京市一家很不知名的装饰材料公司——富亚装饰材料公司。

这时，适逢北京市民养宠物正热之际，广告一刊出，立即在北京市民中引起轩然大波。几位情绪激奋、热爱宠物的市民和动物保护协会成员发誓要阻止此事。动物保护协会的负责人知道后大为震惊，亲自给富亚公司打电话，希望取消这项活动，但建议未被采纳。

10月10日这天，北京市保护小动物协会的人也一大早赶来，他们在现场举起了"请不要虐待小动物"的标语。动物保护协会的负责人赶到活动现场，准备阻止小动物受虐待，并要求立即停止动物喝涂料的实验。据称，"猫狗喝涂料"的广告见报当日，北京市保护小动物协会接到了很多投诉电话，希望他们能制止"真猫真狗喝涂料"的行为，读者可以留意并联系后文，就很清楚这些投诉电话的来历了。

10月10日上午9时，富亚公司在北京建筑展览馆门前已经挂起了这次"动物喝涂料"活动的横幅。富亚公司还特地从公证处请来了公证员，一猫三狗四只小动物也准备就绪。展台前已经拥满了许多观众，其中还有不少跑来"抢新闻"的媒体记者。

富亚公司总经理蒋和平向围观者宣传：1998年，中国预防医学科学院就用小白鼠为富亚牌涂料做过无毒实验，结论是："实际无毒级。"开展这次活动的目的就是请大家亲眼见识一下，毕竟"耳听为虚，眼见为实"嘛。

不管富亚公司总经理蒋和平怎样解释，都不能说服中国环境科学学会的动物救助分会的会长，这位以爱护小动物为职业的北京老大妈在现场慷慨陈词："因为涂料是工业产品，就算没毒，也不应该给动物喝。涂料是一种乳胶漆，会腐蚀肠胃。"并向现场观众呼吁"不许残害动物"。

围观者越聚越多，眼见"动物喝涂料"的宣传广告就要泡汤了。蒋和平左右为难：活动不搞，广告钱就白花了，而且无法证明产品的无毒无害；而强制让猫和狗喝涂料，又会极大地破坏富亚公司的公众形象。

这时，蒋和平摆出一副豁出去的架势宣布：考虑到群众情绪，决定不让猫狗喝，改为人喝涂料，本人亲自喝。

话音刚落，场内顿时鸦雀无声。在两名公证员的监督下，蒋和平打开一桶涂料，倒了半杯，又兑了点矿泉水，举在脸前停顿了一下，在围观观众的众目睽睽之下，蒋和平咕咚咕咚喝下手中一大杯涂料；喝完后一擦嘴，面带笑容。整个过程都被摄像机完整地记录下来，这段录像后来被当做广告反复在电视上播出。

这个故事并没有以蒋和平"勇敢"地喝下自己的富亚涂料而告终。当时，新华社还播发了一篇通讯《为做无毒广告，经理竟喝涂料》。此后，北京及全国各大媒体纷纷转载、播发，"老板喝涂料"的离奇新闻开始迅速蔓延。北京市各大媒体如《北京日报》《北京晚报》《北京青年报》《北京晨报》竞相报道。最后，全国竟然有200余家媒体报道或转载了这则消息。

无论如何，事件本身的这种轰动效应之"势"是"造"出来了。北京电视台评选的10月份十大经济新闻，"老板喝涂料"赫然跻身其中，与"悉尼奥运会"等同列。

"老板喝涂料"真的是一个突发的新闻事件吗？答案当然是否定的。在街头表演的虽是富亚公司总经理蒋和平，但躲在幕后策划的却是全国十大著名策划人秦全跃。据了解，事前，富亚总经理蒋和平找到秦全跃，寻求点石成金之术。于是这才有了北京街头上演的"蒋和平喝涂料"一幕，以及紧随其后的轰炸性新闻炒作。

蒋和平这样解释策划方案的初衷："我们产品销售不错。但现在，光产品好已经不行了，还得有营销手段。我们这么好的涂料，为什么老百姓还不知道？"对于自己的产品好

而知名度低,蒋和平感到非常痛心。

在蒋和平的记忆里,对他刺激很大的一件事是:一个施工单位使用进口涂料不够了,就用了一点富亚涂料,调色时蒋和平亲自到工地去了一趟,一比较他发现,进口涂料还不如富亚呢!论质量标准,富亚产品早就通过了ISO9002质量体系国际认证了。

北京市建筑协会一位人士也证实,富亚涂料在行业圈里口碑相当不错,毛主席纪念堂、中央电视台、港澳中心、军事博物馆等建筑都使用过富亚涂料,就连"立邦漆"的生产国日本驻华使馆也用过富亚涂料。"为什么人家进口涂料卖几万元一吨,富亚才卖七八千元,而且销量还赶不上人家的一个零头?"蒋和平反思的结果是:知名度太低,自己企业做市场的能力太差。

在熟人介绍下,蒋和平前去拜访了全国十大著名策划人秦全跃,买来了"人喝涂料"的点子。在给富亚集团的策划方案出台之前,"喝涂料"的点子早就在秦全跃的心里面酝酿成熟了,很简单,尽管有许多企业标榜如何绿色,如何环保,如何无毒,但并不敢用自己的嘴做证实。

秦全跃的这一创意直指"立邦漆"的广告。用秦全跃特有感染力的话就是:在电视、路牌广告上,立邦漆的婴孩们扭动着小屁股的时候,谁还关心一个叫富亚的涂料?

立邦漆几乎抢走了中国涂料行业一半以上的市场份额,那么富亚涂料又该如何行事,应该通过什么办法向人们证实这么好的富亚涂料呢?打广告吗?中小企业的口袋里钱没那么多,即便是东拼西凑,也远远达不到这关键时候喝一口涂料的效果。

富亚的创意走了独木桥,总经理精神可嘉。"老板喝涂料"堪称是一个十分精彩的新闻策划,其最大成功之处在于:"软新闻",自我造势做得不留痕迹,插柳不让春知道。

由此精彩策划而自我造就的"势",富亚涂料的知名度在全国迅速提高,其销量也迅速增大。

第一个吃螃蟹的顶多是匹夫之勇,而第一个卖螃蟹的才是智者。在众多竞争中,有了识势、造势的本领后,自然就会形成眼中形势胸中策,缓步徐行静不哗的制胜策略了。

★巧借他势——借风使力在于巧

夫地形者,兵之助也。

——《孙子兵法·地形篇》

要充分利用好各种客观环境因素,才能有助于竞争的最后胜利。

"巧借他势",也是具有借风使力的意味,但与前面"借势成事"不同的是,它除了借势之外，还注重一个"巧"字，同是借势，竞争者要做到机灵应变，灵活巧妙地把表面上看去和自己不相干的事与自己正在进行的竞争行为结合起来，在其中得利。

1980 年，美国总统竞选的决战是在共和党候选人里根与民主党候选人卡特之间进行，由于两人当时的实力可谓旗鼓相当，因此他们俩展开了美国竞选史上一次最激烈的总统争夺战。

当时的卡特是已经当政 4 年的在职总统，但其政绩并不是突出的，而且在内政方面也不能令人满意，国内通货膨胀加剧，失业人数猛增等等。人们对这些有关国计民生的问题怨声载道，十分坊满。而这些正好成了里根手中制胜的王牌，他集中火力攻击卡特经济政策失误，并宣称他要消除"卡特刁萧条"现象。

而这时的卡特也抓住广大民众关心的战争与和平问题，指责里根增加防务开支的主张是好战之举，是爱好和平的人民所不容的。

里根与卡特就是这样唇枪舌剑，你来我往，双方一时难决胜负。

80 年代的美国，广播、电视、报纸等大众传播媒介对人们的影响非常广泛。一个人的形象，在美国民众的心中往往占有重要位置，有时甚至直接决定了选民为谁投上自己的一票。所以，总统选举，与其说是选民在选择候选人的政策纲领及其政绩，不如说是在品味候选人的性格、智慧、精力、风度。在这方面，里根相比较而言占据着得天独厚的优势。

在里根当选共和党总统候选人之后，他当年在好莱坞演过的电影，一下子火了起来，全国各地影剧院、电视台都争相放映。这股里根影视热风，无疑替里根做了一次绝好的宣传。人们从影视中看到，当年的里根英俊潇洒、精明强干，现在也仍然是生机勃勃、干劲十足，风度不减当年。这在人们的脑海中留下了一个很好的印象。

就在里根影视风兴起的同时，里根还借电视媒体极力展示自己的风采。在与卡特的电视辩论中，里根看上去能言善辩、妙语连珠，而卡特却相形见绌，反应有些迟钝，还结结巴巴。因此在投票之前关键性的一场电视辩论后，支持里根的人上升到了 67%，支持卡特的人下降为 33%。1980 年 11 月 4 日大选结果，里根以绝对优势大获全胜，当选为美国总统。

里根的"巧借他势"借的是"电视媒体与他当年在好莱坞的经历"的优势，这股"势"借得深入人心。人民怎么会拒绝这样一位风度翩翩又干劲十足的总统呢？

竞争中"巧借他势"的方法很多，只要你去想，就一定会发现能被自己所借用的"势"，即使"借"得不是那么"理所当然"，也要巧妙地运用策略将其合理地联系在一起，让自己从中得到一定的"势"的收益。

★ 借助外力脱颖而出

激水之疾，至于漂石者，势也。

——《孙子兵法·兵势篇》

湍急的流水能把巨石冲走，是因为它有势能；一个企业要壮大发展，除了自身的努力，还必须借助外力，比如国家的经济形势，政治取向等。在商战中，外力借得好可能就脱颖而出，反之，则可能被淘汰。

韩国最大的企业现代集团，不仅资产雄厚，规模庞大，雄跨韩国众财团之首，而且在世界上也赫赫有名。20世纪80年代末，现代集团已拥有关系企业37个，海外分公司47个，职工人数达到16万，经营范围从房地产到建材，从汽车到钢铁，从造船到海运，从电子到化工以及贸易，金融保险等诸多领域。这样一个高度影响韩国经济发展，甚至对世界经济也有影响力的"现代集团"，它的董事长40年前却是一个刚刚离开山村并且几经坎坷白手起家的农家子弟，他就是郑周永。

郑周永1934年离家出走，在汉城一家米行做发货员。后来又从事汽车修理工作，到40年代初有积蓄，便放起手干开了。

1941年日本发动了太平洋战争，第二天日本当局颁布了"企业整备令"，并开始在民间搜刮各类金属战备物资。1943年郑周永的工厂被迫与"日进工作所"合作，实际上是被人吞并。

郑周永一气之下，撤出股金，购买了30辆卡车，转行从事运输业，承担了宝光矿业株工会社的矿石运输业务。然而，这一业务使郑周永极不开心，他不仅经常受到矿主的刁难和训斥，而且他的车队时刻有被日本人借战争之名征用的危险。出于某种预感，郑周永终于在1945年5月15日将他的车队及承运合约一起转让他人，带着一大批现款，返回故乡。

这件事使郑周永终生难忘，他深为自己当时的决策而庆幸，因为三个月后日本战败，那间金矿也关闭了，他的几十万元资产险些付诸东流。1945年8月，日本战败投降，它对韩国长达36年的殖民统治也宣告结束。

郑周永从时势的巨变中看到了新的机会。于是他再赴汉城，准备要创办新企业。

1946年4月，郑周永从美国占领军"军政厅"出售的"敌产"中，买到一块位于汉城中区草洞106地号的土地，修建起一座汽车修配厂，并以"现代汽车工业社"为厂名。

几年来，他所从事过的各种行业，相比之下以汽车修配投资少利润大，而且具有发展

前景。因此,他又从这里开始,并且信心十足的把弟弟顺水、妹夫金永柱及另外几个有专长的朋友也拉了进来,共襄盛举。

他确实选对了汽车修配业。光复后的韩国汽车需量剧增,三年之中增加了两倍,总数达 9000 辆,而且大多行驶在汉城附近的公路上。由于得天独厚的地理位置,郑周永的修配厂很快就获得了"发迹"性的进展,职工人数由 30 人迅速发展到近百人。

修配厂正生意兴旺时,1947 年 5 月 25 日,郑周永却在"现代汽车工业社"的大旗下,突然又另挂起了"现代土建社"招牌。这一举动立即遭到了弟弟、妹夫及朋友的反对,他们认为无论是从技术还是资金上,对他们来讲,搞工程建筑的风险都太大。

然而,郑周永的心里却另有打算。他看到美军军政厅当局为鼓励实业界,实行一种倾斜式的拨款方式,一个普通的建筑公司,一次竟能得到上千万元的财政支持,而他的修配厂却只能得到几十万元。因此,挂上建筑业的招牌,目的十分清楚,争取巨额贷款,发展事业。

如果说郑周永的企图属于"旁门左道",却正是这种"马无夜草不肥"的手段把郑周永引向了一个使他成就大业的新领域。

20 世纪 40 年代末期,遭受战争创伤的世界各国都出现了百废待兴的局面,刚刚从日本殖民统治中解放出来的韩国,许多基本建设也同样都需要从头开始。而二次大战之后,美国从世界战略布局着眼,格外重视韩国的战略地位,为了在此长期保持军事势力,自然需要兴建众多的军事设施,所有这些都为韩国的建筑业事带来了发展机会。

尽管郑周永对建筑还是一个门外汉,然而刚刚挂出招牌就争取到了 1530 万元的建筑项目。这是他有生以来第一次承接到的大生意,他十分重视,特地聘请了前工业学校老师宋尚术为技术顾问,招聘了十几个有施工经验的技术工人,"现代建设"就这样开始了。

经过一年的努力,可观的利润使郑周永更加信心十足,他感到世界上没有学不会的东西,建筑业与汽车修配业一样,只要认真管理,遵守信誉,一切都会成功的。经过两年的奋斗,他不仅打开了局面,而且在建筑业牢牢地站稳了脚跟。

1950 年 1 月,郑周永把"现代汽车工业社"与"现代土建社"合并为"现代建设株式会社",拥有资产 3000 万元。1 月 10 日,郑周永向政府有关部门申请登记,成为正式法人。他认为建筑业才是他真正的起步基点,只有从这里入手,才能开创出真正的大事业。

1950 年 6 月,韩战爆发了。6 月 28 日,炮声已经在汉城市郊隆隆作呼,逃难的人群潮水般地向南涌去。正在施工的郑周永也当即决定:遣散工人,提取银行全部存款,南下釜山。十几年的创业磨炼,使郑周永变得十分果敢、稳健,他不仅能大胆地开辟新领域,而且也能及时抓住使他事业腾飞的每一个机遇。

此次携款逃难是他的聪明之举。就在郑周永刚刚落足釜山后,7 月 7 日,美国 10 万名军队在釜山登陆,一时间到处都是军人,釜山的所有公共设施,包括学校校舍在内,无论如何也容纳不下如此众多的美国兵。建筑军营及军需设施便成了当务之急。

手握巨款的郑周永立即抓住这一机会，以"现代建设"的名义与交通部、外资厅签订合约，承建外援物资仓库和代理仓库保管业务。由于郑周永重信誉，他所承建的各种军需设施品质优良，很快就取得了美军的信任，第八军所有的承建项目基本上由他垄断。而美军的价格优惠，他所承建的简易军营，成本每栋只有24万元，而实际所得却是它的5到6倍，这种军营郑周永至少承建了300栋，获利以数千万计。

　　逃难期间的郑周永，不仅在建筑上取得了重大发展，而且又开创了一个新领域。针对美国运来堆积如山的援助物资急需转运，郑周永买下了三艘小型运输船，在沿海开展运输业，并正式成立"现代商运株式会社"。

　　此时的郑周永已经拥有"现代汽车修配""现代建设"和"现代商运"三家公司，随着每个领域的开发，郑周永的雄心大志也在不断增加，他的事业已朝集团化方向发展。

第二篇 《三十六计》智慧通解

导读

　　《三十六计》各计所含内容，多属古代兵家诡谲之谋，可以说它是采集兵家之"诡道"，专讲军事谋略的一本奇书，也正因为如此，所以许多以《三十六计》为蓝本的书籍都习惯于围着"战"字做文章。本篇则不同于一般的《三十六计》书籍，没有在战术运用上多费笔墨，而是打破了人们对于《三十六计》惯常的思维定式，从每一计的外在表现和内在精华，也就是名称和内容入手，寻找新的切入点，以独特的视角提炼出深藏其中的领导智慧，掩藏了当其被运用在战争中时所表现出来的尔虞我诈、无所不用其极的特性，而旨在挖掘其中所蕴含得更加适合当今社会新风尚的思想潮流，通过一个个或惊心动魄或意义深远或出奇制胜的计谋故事，与立足当今社会所必需的领导之道巧妙联系，为读者提供了一个在和谐的社会环境下应该如何解读《三十六计》的全新平台，力图使读者在读过本书之后能够开启一种新的思维方式、展开一段新的畅想之旅，将《三十六计》中所蕴藏的深刻智慧运用到人生中的各个层面，让你成为成功路上走得最稳最快、笑得最美最久的胜利者！

第一章　三十六计之聪明处世

★ 沟通是消除隔阂的良药

乘隙插足,扼其主机,渐之进也。

——《并战计之反客为主》

乘着有漏洞就赶紧插足进去,扼住它的关键要害部分,循序渐进地达到自己的目的。

"反客为主"从字面上解释就是本来是客人的人反而表现得比主人还热情殷勤,让人都搞不清楚谁是客人、谁是主人了。虽然这样的客人有时会令主人有些难堪,不过平心而论,这样的人还真不是一般的人呢!因为他必须要为人热情,并且懂得沟通的技巧,唯有如此才能轻而易举地"反客为主"。

尽管地球上的所有人都在共同分享同一个世界,但在每个人的心目中,世界都有各不相同的面孔。就像一个烂掉一半的苹果,如果把烂掉的那一面对着别人,那么自己看到的依旧还是一个完美的苹果;而把烂掉的那一面转向自己,就会看到一个腐烂发黑的苹果。人生同样如此,当你抱怨身边的人与你有隔阂的时候,别忘了想一想这些隔阂存在的原因。当别人因为你的冷漠而纷纷躲闪时,你为什么不让他们看一看你心底的伤口有多大?当别人因为某个误会而对你不加理睬时,你为什么不向他们解释你的苦衷?当别人像一家人似的和睦相处时,你为什么不走过去说"我想加入你们"?

三国时,蜀国的大将魏延本来是魏国的将军,在关公战长沙时,是他在城中"反水",杀了守城太守、开了城门,投了蜀国,却被诸葛亮看作不忠不义之人,怕他将来不能忠诚于刘备,以魏延脑后有反骨为由极力主张杀之后快。幸亏刘备对魏延十分信任,不但保全了他的性命,还委以重任。魏延也挺争气,在与曹操争夺汉中的战役中,一箭射掉曹操两颗门牙,如果不是魏将庞德半路杀出,魏延险些就将曹操生擒活捉了。后来,在诸葛亮率兵七擒孟获、六出祁山等著名战役中,魏延都多次立下大功。

但就是这样一员猛将,诸葛亮却因为猜忌而与他产生了颇深的隔阂,不但在战役中不采纳他的建议，而且在诸葛亮三出祁山的战役中，听说张苞死了而吐血病倒不得不撤兵时，面对魏延请求留下带兵继续北伐的恳求，诸葛亮依然出于猜忌而没有答应。

至此，两人之间的隔阂越来越深，以至于到后来诸葛亮伏击司马懿，用眼神示意魏延自动领命时，魏延也是假装没看见，毫不理会。也难怪魏延心寒，换了任何一个人，都不会对一个平日里排挤、猜疑自己，而到了关键时刻却要自己出去卖命的人俯首领命的。何况，诸葛亮对魏延的态度直接影响到了其他人对魏延的看法，每个将领都对这个"脑生反骨"的魏国叛将心存戒备，这不得不说是魏延的悲哀，也是所有"弃暗投明"者的悲哀。

诸葛亮是神机妙算的智者，魏延是能征善战的勇者，但他们却都是不懂得沟通的蠢人。试想，如果他们双方都能够抛弃

《三十六计》书影

自己的成见，试着去敞开自己的心扉，说出自己的真实想法，也许三国的历史会因此而改写。但他们却从来没有一次去尝试着和对方沟通，以至于一个大业未成身先死，一个被同僚斩杀外加夷三族！

人世间种种的隔阂、误会好像多半都与沟通不畅有关，那么，如何才能成为一个善于沟通的人，让沟通真正成为消除隔阂的良药呢？

一个寂寞的年轻人有一天听到了电台里播出的关于"电话机"的广告：有了电话，朋友就来！于是，他第二天就装了一部电话，心里暗想：这下我不会寂寞了，我就要有朋友了！从此以后，他白天卖力地工作，晚上回家之后就像猛兽盯猎物似的盯着电话，心想：今天我上班的时候一定错过了不少电话。于是，在他被这个想法折磨得快要发狂时，却仍然只有寂寞和他做伴。

又有一天，他从自己的信箱里拿到了一张销售录音电话机的广告，上面用红色的大字醒目地写着：有了录音机，朋友不"漏接！"于是，他在第二天就把原来的电话换成了带录音功能的电话。不过半个月后，他又把电话换了回来，因为以前他还能够为担心漏接电话而发疯发狂，而现在，每天回家听着电话录音中的死一般的沉静，他觉得自己更加寂寞了。

人际关系的好坏，往往取决于沟通双方的态度，因为人际关系既是相互吸引的，也是相互排斥的。如果一开始就表现出不友好或者较冷淡的态度，对方也自然会以相同的态度回应你。一个人是否热情，决定了周围人是否喜欢他、接受他。

如果这个寂寞的年轻人能够了解沟通的重要性，并拿出"反客为主"的劲头向自己的

同事、同学、邻居甚至是只有一面之缘的人展示自己的热情,表达自己想要和对方进一步交往的意愿,那么可想而知,对方一定会被他的热情所感动,即便以前对他有这样或那样的看法和意见,但只要对方开始交往了,随着时间的推移、沟通的加深,必定会让对方对他有更多的了解,从而修正以前的错误看法,对他重新认识、评价。但如果你像这个年轻人一样,只是一味地把自己当作社交场上的"客人",总是被动地等待"主人"过来主动招呼自己,给自己介绍新朋友,那么你就注定只能是一个受冷遇的客人,因为社交场本来就是一个需要你主动展现自身魅力、赢取别人好感的场所,只有那些懂得"反客为主",自我推荐的人才能获得更多的朋友。

一天早晨,一个叫拉瑞的美国男子照例坐上了 20 路公共汽车去上班,车窗外面虽然阳光明媚,但冬季雪后的街景却是凄凉的:树枝光秃,残雪堆积,汽车驶过泥水飞溅。不久车上的乘客就对这些看上去令人沉闷的景色不感兴趣了,他们将身体紧紧裹在厚实的外套里,懒洋洋地瘫在座位上,汽车马达发出的单调声音和空调产生的闷热令人昏昏欲睡。

车上依然没人说话,这好像是这座城市里的乘客们一条不成文的规矩。尽管这些人天天见面,都是熟面孔,可相互之间从不打招呼,大家情愿把脸埋在人手一份的报纸后面。这场面简直令人窒息,人们紧挨着坐在一起,但薄薄一张报纸,却使他们相隔千里。终于,一个大嗓门打破了车厢内的安静:"听着,大家都听着。"被这突如其来的声音吓了一跳的乘客们纷纷放下手中的报纸,抬起了头。声音来自车头的位置:"我是司机,我在对你们说话。"

一片肃静,大家都盯着司机的后脑勺。他是个黑人,反光镜里映出的脸看起来大概不到 30 岁,微卷的头发短短的,修剪得很整齐,语气里有种果敢坚定和不容违抗的口气:"把你们手中的报纸放下,每个人都放下。"大家迟疑地将手中的报纸折好,放在各自的膝盖上。"现在,请把脸转向旁边的乘客,大家一起转。"黑人司机的这个要求听起来近乎荒诞,但奇怪的是,所有人都按他说的做了。车厢里非常安静,没有人发笑,只是呆头呆脑地跟着做。拉瑞也同样照做了,他的邻座是个老太太,她头上紧缠着一条红色围巾,拉瑞几乎每天都能见到她。而此刻,车厢里所有的"熟悉的陌生人"都四目相对,等待着司机的下一句话。

"现在,大家跟着我说……"司机以一个军事教官发布命令的口气说,"早上好,邻座!"所有人的声音都轻微又胆怯。在那天早上,他们中的大部分人还是第一次开口说这句问候语,但却是异口同声地对着身旁一个陌生人说出的。

但是奇迹出现了,所有人在说完这句问候语之后都发出会心的微笑,刚才发生的一切既不是抢劫,也不是绑架,大家松了一口气,更有一种微妙的轻松感,好像长久以来的束缚一下子解脱了,所有人都觉得打过招呼就算彼此相识了,于是有些人在重复着互道问候,有些人在相互握手,更多的人则在愉快地笑着。

司机不再说话,他确实不必再说什么了,再没有一张报纸被人重新拿起,车厢里净是

嗡嗡作响的交谈声,大家都在说话。大家都对这位了不起的司机大为赞叹,他为每天持月票往返上班的乘客们缩短了彼此之间的距离。

拉瑞听到了很多笑声,是那种充满温情、兴高采烈的笑声,那是他在 20 路公共汽车上从来没有听到过的声音,在他听来,那简直是天使的笑声。

20 路公共汽车缓缓驶进了站台,拉瑞对邻座戴红围巾的老太太说了声"再见",然后跳下汽车。他看到,同时抵达这个站台的一共有四辆公共汽车,那些乘客从每辆车上蜂拥而下,一个个就像蜡像馆里的雕塑,脸色阴沉、无动于衷。拉瑞不由自主地再一次回头,看见从 20 路公交车上下来的乘客都面带微笑、生气勃勃。拉瑞再看看那个黑人司机,他正全神贯注地在拥挤的站台旁把车从空隙间开走,他好像并不知道,正是他给 20 路车的乘客带来了这个发生在清晨的奇迹。

交往是沟通人与人之间情感的桥梁,人们在相互的交往中寻求安慰、价值和保护,而在交往中,热情和沟通的力量是不可忽视的,即便是一句简单的问候同样可以消除人与人之间的隔阂。

热情像一块磁石,能把周围的人吸引到你的身边,还能让周围的人感到精神的力量,而积极地沟通无异于增强了这块磁石的吸力,能够在人与人的交往中创造奇迹。

1842 年 11 月,22 岁的恩格斯专程赶到位于德国科隆的《莱茵报》的所在地,拜访久仰大名的马克思。只是当时的马克思对这位衣着考究、风度翩翩的商人之子并没有留下什么好印象,态度也就比较冷淡。但恩格斯并不介意,主动加入了伦敦的工人调查中,还参与了工人运动,因此取得了马克思的信任。

两年后,当他们再次在巴黎相见的时候,通过恩格斯的文章而对他有了深刻了解的马克思和恩格斯成了有着共同革命理想的知心战友。

世界文坛上的两大文豪屠格涅夫和托尔斯泰,由于文学见解和政治见解的分歧,曾多次发生过争吵。后来屠格涅夫经常住在法国,而托尔斯泰则居住在俄国,两人各奔东西,从不往来。

事隔 16 年之后,托尔斯泰主动给侨居在法国的屠格涅夫写信,希望彼此能消除这种隔阂:"我一想到你,很自然地联想到你的一切好的东西,因为对我来说,你对我的好处实在太多了。我记得,多亏你帮助我在文坛上出名,也记得,你曾经喜欢过我和我写的东西……假如我有什么不对的地方,请你原谅。"

这封信使屠格涅夫非常感动和高兴,一回到俄国,他就去拜访托尔斯泰。从此,两人尽释前嫌、和好如初了。

试想,如果恩格斯在遭受冷遇后拂袖而去,而不是以自己的热情和积极的沟通去影响马克思,那么这两位无产阶级的革命导师可能一辈子都只能是泛泛之交甚至成为仇人;而托尔斯泰如果不是写了那封言辞恳切的"和好信",恐怕他和屠格涅夫的友谊最终也会像鲁迅和林语堂这两位国学大师那样,至死也没有机会消除隔阂和误会了。

热情是成为一个优秀者所必须具备的品质，影响着一个人生活的方方面面，一个人表现得是热情还是冷漠，决定了他在社交方面是被人接受还是排斥。在关键时刻，热情往往能够成为顺利沟通的砝码。因为热情可以化解人与人之间的误会，消除无形的障碍和隔阂。

当然，在人际交往中光有足够的热情还是不够的，还需要有足够的沟通技巧，才能畅通无阻地开拓你的人际关系。

一个女人向邻居家的女主人抱怨街口那家药房的老板对她服务不周，并且生气地叮嘱她："如果你哪天去药房，别忘了告诉那个老板，我对他非常不满！"

过了几天，这个女人又去药房时，老板不仅满脸热情地欢迎她，并且立即把她需要的药品配齐了，在送她出门时，老板微笑着说："夫人，如果您有任何需要，请随时来找我，我非常乐意为您效劳！"

女人喜滋滋地跑到邻居家去跟女主人报告这个喜讯："你把我的不满转告给药房老板了？真是太见效了！"女主人却回答："哦，不是，我没有那样做，我只是告诉他，你很佩服他的敬业精神，说你觉得他的药店是你光顾过的最好的药房之一。"

如果你想得到别人的好感，那么别忘了运用沟通的技巧，当你与别人交谈时，请选择他们最感兴趣的话题，而通常来说，人们最感兴趣的话题就是他们自己，他们对于谈论自己的兴趣远胜于谈论任何话题。所以，如果你能巧妙地引导人们谈论他们自己，他们就会兴致勃勃，激情昂扬，而且会完全着迷，这样你就可以成为一名很受欢迎的谈话伙伴，他们对你的好感也就会油然而生了。当然，这样的谈话也许会令你感到枯燥乏味、难以忍受，但如果你想顺利地和别人交往，就要记住这样一个事实：你是否对谈话感兴趣并不重要，重要的是坐在你对面的那个人是否对谈话感兴趣。

为了保证你在和别人沟通时不会顺应本性地只顾谈自己，所以，你应该把"我""我的""我自己"等表达主观意愿的词汇从你的脑海中清理出去，取而代之另外一些词汇——"你""你的""你认为"……如果你能够养成这样的习惯，虽然这确实是一件很难做的事，而且需要不断的练习，但只要你付诸实践，那么你会发现你的性格、魅力、影响力、人际关系都会出现奇迹般的变化。

随着时代的发展和社会的进步，人们逐渐从拥挤的平房搬到了宽敞的高楼，眼前豁亮了，心却灰霾了，从以往的夜不闭户、串门闲聊变成了现在家家安装了厚厚的防盗门仍不放心，听见敲门声还要透过门镜冷冷地打量一番，于是，人与人之间心灵的交流电波被屏蔽，想要试图沟通的念头也被毫不留情地阻隔在门外。

有句广告词曾经在前几年风靡一时："人类失去联想，世界将会怎样？"那么，人类如果失去沟通，世界又将会怎样呢？这个问题似乎有些荒诞，即便全世界的人都变成了哑巴和聋子，照样可以用手语进行沟通，所以我们现在想象不出人类失去了沟通到底会产生什么样的结果。不过在大自然中，这个问题似乎可以找到答案。

在约旦和以色列之间一个南北走向的大裂谷的中段,被称为"地球最低点"的死海静静"躺"在这里。而它之所以被称为死海,是因为它无法与其他的水流进行"沟通",它只有入水口,所以只能不断收容其他的水流,却无法向外贡献自己的力量,因为在它四周人们居然找不到一个出水口。于是,日复一日,年复一年,死海中的水分不断蒸发,但盐分却无法排走,积蓄的盐分越来越多,以至于连水生植物和鱼类都无法生存,终于变成了今天人们看到的一潭死水。

一切生灵都需要沟通,人更是如此。沟通如同一架无形的天平,调节着人们内心的感受,抚慰着每一颗受伤的心灵;又像一杯热水泡开的雨前龙井,让人们去细细品味它的甘醇与芬芳;更似一汪氤氲缭绕的温泉,让人们感受到周身的舒畅和人间的温暖⋯⋯

沟通是一切理解和宽容的前提条件,更是获得快乐和成功的魔法水晶!学会沟通,可以使人变得乐观开朗,积极向上,拉近人们心灵的距离,消除人与人之间的隔阂;学会并尝试着去"反客为主",更可以让你在人际交往的过程中去感受主动付出热情后所产生的奇迹,因为这个奇迹,你的生活将从此变得更加温暖、和谐、绚丽多彩!

★ 别把得意挂在脸上

示之以动,利其静而有主。

——《敌战计之暗渡陈仓》

假装要出兵攻击,诱使敌方注意、集中兵力防备,我方却出其不意、攻其不备,从另一个方向予以突击。

"暗渡陈仓"一计的智慧主要体现在一个"暗"字上,当然,这并不是提倡人们挖空心思地去偷偷摸摸地做一些坏事,而是使人们明白"功夫在诗外"的寓意。特别是在面对荣誉、胜利和成功时,更不可得意忘形,如果你不懂得谦虚、低调、律己,天天把得意之色挂在脸上显露其外,那么你离失败也就不远了。

现代社会,有很多"值得"人们得意忘形的事,事办成了、挣到钱了、升职了等等,于是每个人都春风满面地任由自己一路"飘"上天,早就忘记了自己以前是怎样的落魄,拿着最低生活保障金艰苦地度日;忘记了自己为达成理想曾经如何的努力,每天加班到深夜,然后在清晨六点的闹钟声中匆匆梳洗奔向单位;忘记了自己为了得到一个更高的职位,不惜舍下颜面提着礼品低声下气赔着笑脸地在上司面前讨好卖乖⋯⋯不错,他们确实忘记了这一切,所以在愿望达成之后便恨不得敲锣打鼓地告诉别人他们的成功!

但是他们似乎都忘了,一时一事的成功并不代表永远的成功,更不代表全面的胜利,

只代表他们在这一时期、这一领域内取得了一点点成绩，如果稍不留意，这点成绩就会像被大风"清扫"过的天空一样，留不下一丝云的痕迹。况且，世事无常，谁能保证胜利和好运背后掩藏着的就一定是辉煌呢？

草地上，有两只威风凛凛的大公鸡正在为了争夺一条虫子而"怒发冲冠"。红公鸡说："这条虫子应该归我，是我发现的！"花公鸡回答："不错，是你发现的，不过它是先被我捉住的，所以应该归我。"红公鸡竖起了红红的鸡冠："你惹得起我吗？我可是常胜的鸡王啊！"花公鸡也毫不示弱，把虫子放到一边，迎头就向红公鸡啄去，将平日红公鸡引以自豪的几根漂亮羽毛啄得满天飞。

红公鸡恼羞成怒，猛地一拍翅膀，像利箭似的射向花公鸡，花公鸡还没来得及反击就被压在了下面，并且被红公鸡无情地啄伤了后背，很快就倒在了地上。红公鸡趁机对它又啄又踢，花公鸡只好认输了，在它不停地哀求下，红公鸡才停止了攻击，并恶狠狠地将它一脚踢到了草丛里。

红公鸡又一次用自己的勇猛打败了对手，心中别提多得意了，在院子里转着圈儿地连叫带跑，还觉得不过瘾，索性站在一块大石头上开始放声大唱。它的歌声被一只正在空中盘旋寻找食物的老鹰听到了，它岂肯放过这顿美味的午餐？于是用最快的速度俯冲下来，一把将红公鸡捉住带回了老窝。结果可想而知，红公鸡因为得意忘形而为自己招来了灭顶之灾，花公鸡虽然失败了，却因为躲在草丛中而避免了这场灾难。

一只小鸟正在飞往南方过冬的途中，天气实在太冷了，小鸟飞了一阵就被冻僵了，直直地从天上掉下来，摔在一大片农田里晕了过去。

正当它哀叹自己恐怕就要冻死在这个陌生的地方时，一头母牛缓缓从它身边经过，还一不小心将一泡粪便拉在了小鸟身上。热乎乎的牛粪覆盖着小鸟被冻僵的身躯，它逐渐觉得自己的身体又恢复了热量，好像已经逃脱了死神的魔爪了。它又高兴又得意，觉得自己的运气实在是太好了，从天上掉下来没有摔死，躺在冰冷的土地上没有冻死，现在居然还有了一个温暖的"被窝"！于是它开始大声地歌唱起来。

小鸟得意的歌声被一只路过的猫听到了，于是走过来刨开了牛粪，于是，刚刚逃过死神魔爪的小鸟被这只饥饿的猫一口吞进了肚子！

这些寓言中的主人公因为得意忘形而付出了生命的代价，虽然这听起来有些言过其实，但并不代表生活中没有这样的故事，有多少名人、明星都因为自己头上笼罩的光环而过分得意，忘记了自己作为一个普通公民所应该担负的责任和遵守的规则，于是吸毒、斗殴、酒后驾车等等不光彩的字眼毫不留情地和他们的名字一起并列在报纸的头版头条，甚至有人还为此丧命；有多少高官显贵因为位高权重而昏晕了脑瓜，忘记了自己作为一个人民公仆、百姓父母官所应该恪守的官德，知法犯法、贪污受贿，最终不但官位不保、前途尽毁，就连名声也臭成了过街老鼠，罪行严重的甚至被判刑、枪决。还有一些人，虽然没有付出如此巨大的代价，但也同样因为得意忘形后的昏聩举动而成了别人眼中的笑柄。

人在得意的时候难免会有些过度兴奋,但千万要控制自己不要失去分寸,否则,就算打了胜仗也可能因为丧失了警惕而被敌人反击成功;几门功课都考了满分也会因为放松了学习而蹲班留级。电视剧里曾经有一个片段:一个男孩因为买彩票中了五百万大奖,得意忘形之下跑到附近一座几十层的高楼顶上不停欢呼跳跃,结果楼顶的风吹痒了他的鼻子,一个喷嚏打出去,彩票打着旋儿飘向了远方……

一个人在得意之时的表现,最能体现出他的修养、素质和智慧。"克己复礼",时刻不忘充实自己、修正自己、提高自己,才是将辉煌妥善"保鲜"的最有效办法。

唐代名将郭子仪,身系天下安危近三十年,虽然权倾天下却不被同僚所嫉恨,虽然功盖一世却不被皇帝所猜疑,虽然富贵奢华却不被别人所议论,一般人想要做到这三条中的任何一条都是非常不易的,但郭子仪却是样样都做到了,实在堪称中国历史上的异数。究其原因,就是因为郭子仪没有在盛名之下得意忘形、妄自尊大,牢牢把握住了自己为人臣的尺度,很好地处理了与皇帝与同僚之间的关系。

唐德宗即位后,赐封郭子仪为"尚父",官拜太尉之职,后来又因平定"安史之乱"而立下大功,爵封汾阳王,官至宰相。在盛名和荣耀面前,郭子仪一直谦虚谨慎,进退有节。当时他的汾阳王府建在首都长安的亲仁里,自府第建成之日起,郭

郭子仪

子仪就下令每天都要府门大开,任凭人们进出,府中人不准干涉。此举不但使下人们摸不着头脑,就连他的儿子也觉得颇丢面子。

有一天,郭子仪帐下的一名将官要调到外地任职,特来王府向他辞行,因为没有下人的阻挡,所以他顺顺利利地一直走进了内宅,看见郭子仪正在侍奉自己的夫人和爱女梳洗打扮,两个女人一会儿要郭子仪递手巾,一会儿要他去端水,使唤王爷就好像使唤奴仆一样。这位将官当时不敢讥笑,回去便把这个情景讲给他的家人听。于是一传十、十传百,没几天,整个京城的人们把这件事当作笑话谈论。

郭子仪自然也听说了,但却微微一笑毫不在意,他的几个儿子听了却觉得父亲的面子算丢到家了,于是一齐来找父亲,要他照着其他王府的规矩,下令将府门关上,闲杂人等不得随意出入。看到父亲不为所动,几个儿子哭着跪在地上求他:"父王您功业显赫,

普天下的人都尊敬您,可是您自己却不尊敬自己,不管什么人,您都让他们随意进入内宅。孩儿认为,即使商朝的贤相伊尹、汉朝的大将霍光也无法做到您这样。"郭子仪却语重心长地说:"我敞开府门,任人进出,不是为了追求浮名虚誉,而是为了自保,为了保全我们全家人的性命啊!"

看到儿子们惊讶迷惑的表情,郭子仪叹了口气说:"你们只看到郭家如今的显赫声势,却没有看透这声势中所潜藏的危险。我爵封汾阳王,已经是一人之下、万人之上,再没有更大的富贵可求了。月盈而蚀,盛极而衰,这是古往今来的必然规律,所以,我曾经想过要急流勇退、告老还乡。可是,眼下朝廷还需要我效力,皇上怎么会让我归隐呢?再说,即使归隐,也找不到一块能容纳我郭府千余口人的隐居地呀!如今的情形可以说是上不去也下不来,如果此时我们紧闭府门,不与外面往来,只要有一个人与我郭家结下仇怨,诬陷我们对朝廷怀有二心,就必然会有专门落井下石、妒害贤能的小人从中添油加醋,制造冤案。孩子们啊,到那时候,我们郭家的九族老少都要死无葬身之地了!"

到了郭子仪晚年的时候,他赋闲在家,为了打发寂寞的日子就养了一班歌伎,每天听歌看舞,日子过得逍遥快活。一天,后来上了唐史《奸臣传》的卢杞来拜访他,当时的卢杞还只是一个人微言轻的小官。郭子仪听报来客是卢杞,立刻命令所有女眷,包括歌伎一律退到大厅的屏风后面去,一个也不准出来见客。

等到卢杞走了,家里人问他:"你平日接见客人,无论是多大的官都不避讳我们在场,照样谈谈笑笑,为什么今天接见一个小官却要这样谨慎?"郭子仪说:"你们不知道,卢杞这个人虽然很有才干,但他心胸狭窄,睚眦必报。偏偏他长相又不好看,半边脸是青的,说话还结巴,你们女人本就爱笑,没事也要笑一笑,如果看见卢杞这副样子,一定会忍不住笑出来的。到时候他就会记恨在心,一旦得志,我郭家上千口人的命就没有一个活得成了!"

不久,卢杞果然做了宰相,凡是过去轻视他、得罪过他的,一律杀头抄家。只有对郭子仪全家不同,认为郭子仪在他落魄时也非常重视他、尊敬他,所以即使郭家人稍稍做了些不合法的事情,他也会网开一面、予以保全,大有知遇感恩之意。

郭子仪有 8 个儿子、7 个女婿,都是朝廷位高权重的大官,子孙做官的有六十多人,有的甚至位至将相。他一直活到 85 岁才因病去世,唐德宗沉痛悲悼,下诏书高度评价和追念他,并下令废朝五日,全朝悼念;按律令规定,一品官的坟墓应该高 1 丈 8 尺,德宗特地下诏给郭子仪加高 10 尺,以示尊崇;君臣依次到府第吊唁,皇帝还到安福门临哭送行。可说是生前死后,哀荣始终。细数历代将相,能够得到如此厚待的人只有凤毛麟角,而能做到像郭子仪这样得意而不忘形的同样寥寥无几。

有一个词叫作"表面功夫",形容人们做事只注重表面和外在,只要面上好看了就万事大吉,这个词与"暗渡陈仓"颇有异曲同工之妙,因为说到底,"暗渡陈仓"玩儿的就是这种表面功夫,故意显露在外让人看到的其实并不是你真正想让对方所了解的,那些实质性的东

三十六计

西早已经被你藏了个严严实实，以便在最关键的时刻能够成功自保或获取更大的胜利。

同样的道理，在你志得意满、意气风发的时候，无论你心里有多么得意，也千万不要忘了做做"表面功夫"掩藏自己的真正心思，以便在人生道路上为自己谋取更大的发展空间以及获得更多的好感和帮助。

中国人受儒家传统文化的影响颇为深厚，所以随时都能调出几句格言警句来提醒自己、鞭策自己、监督自己，所以像"荣誉就像河流，轻浮和空虚浮在河面上，沉重和厚实的荣誉沉在河底里"这样的句子谁都能说出几句。的确，只有在荣誉面前保持平和，才会有更大的进步，才不至于影响到别人特别是那些失意、落魄者的感情。真正的聪明人都懂得：失意的时候不要忘形地痛苦，得意的时候更不能忘形地张扬，否则定会带来负面效果。

对于那些得意忘形的人来说，他们身上最最缺乏的品德就是谦虚，而这种缺乏来自他们自己内心深处的不平静，这种不平静又驱使着他们越发地在别人面前张扬显示自己，最终形成了恶性循环。得意时的张扬是一个危险可怕的陷阱，它就像静静漂在水中的鳄鱼一样，只要猎物出现就会毫不犹豫地张开血盆大口将其吞噬，而最可悲的是，这个陷阱恰恰是我们自己亲手挖掘的。

你在得意时越夸耀自己，别人就会越回避你，越在背后谈论你的自夸，甚至可能因此而怨恨你；而你越不去刻意地寻求赞同、炫耀自己，却往往会获得越多的赞同和欣赏。因为在日常生活中，所有人都更留心那些沉稳、谦虚，失意时不沮丧、得意时不忘形的人。

对于"谦虚"这个词汇，许多世界著名的人物都曾经用自己的语言描述过它。

无产阶级的伟大领袖毛泽东说："虚心使人进步，骄傲使人落后，我们应当永远记住这个真理。"

新中国的开国元勋陈毅说："九牛一毫莫自夸，骄傲自满必翻车。历览古今多少事，成由谦逊败由奢。"

美国科学家富兰克林说："缺少谦虚就是缺少见识。"

英国哲学家斯宾塞说："成功的第一个条件是真正的虚心，对自己的一切敝帚自珍的成见，只要看出与真理冲突，都愿意放得下。"

★不要把思路堵死

诳也,非诳也,实其所诳也。少阴,太阴,太阳。

——《敌战计之无中生有》

少阴、太阴、太阳是《易经·童蒙卦》卦名。明朝刘伯温说:"阴极变阳,刚来在内。"意思是说事物是变化的,《易经》的卦、爻辞中,再三申述宇宙的一切法则,始终不离循环往复的因果定律。

《老子》说:"故有无相生,难易相成,长短相较,高下相倾,音声相和,前后相随。"有无、难易、长短、高下、音声、前后,它们的关系都是相互对立、相互依存、相互转化的。如果不能辩证地看待它们,矛盾就不可能得到很好地解决。老子所要向世人指明的是,求"有"须向"无"中求;求"易"必须重视"难";欲"长"必先始"短";欲"高"必先为"下";欲播声于"外",必先发音于"内";欲处人之"前",必先居人之"后"。

总之,要以辩证法的观点,从所追求事物的对立面着手,让其自然而然地由量变到质变向正面转化,达到"否极泰来"。

在谋略上,"无中生有",这个"无",指的是"假",是"虚"。这个"有",指的是"真",是"实"。无中生有,就是真真假假,虚虚实实,真中有假,假中有真。虚实互变,扰乱敌人,使敌方造成判断失误,行动失误。此计可分解为三部曲:第一步,示敌以假,让敌人误以为真;第二步,让敌方识破我方之假,掉以轻心;第三步,我方变假为真,让敌方仍误以为假。这样,敌方思想已被扰乱,主动权就被我方掌握。

用假象迷惑敌人,但并非完全是假象,而是虚实并用。从无到有,从小的假象到大的假象,利用敌人产生的错觉,假象反而可以掩盖真相。

此计的关键在于真假要有变化,虚实必须结合。一假到底,易被敌人发觉,难以制敌。先假后真,先虚后实,无中必须生有。指挥者必须抓住敌人已被迷惑的有利时机,迅速攻击敌方,等敌人头脑还来不及清醒时,即被击溃。

我们先来读一篇经典故事,看古代智者是怎样"无中生有"的。"安史之乱"的时候,许多唐朝地方官吏纷纷投靠安禄山、史思明。唐将张巡忠于唐室,不肯投敌,他率领二三千人的军队镇守孤城雍丘(今河南杞县)。安禄山派降将令狐潮率4万人马围攻雍丘城。敌众我寡之下,张巡数次派兵出城突袭,都小胜敌人,无奈城中箭支越来越少,也来不及赶造。没有箭支,将很难抵挡潮水般攻城的敌人。

张巡想起诸葛亮草船借箭的故事,心生一计。他命令兵士们在城内四处搜集秸草,

扎成千余个草人，将草人披上黑衣，借
着夜色用绳子慢慢往城下吊。夜幕之
中，令狐潮望见雍丘城头人影绰绰，以
为张巡乘夜色出兵偷袭，命令兵士们拼
命射箭阻止。一时间，万箭齐发，急如
骤雨，张巡轻而易举获敌箭数十万支。
天明后，令狐潮方知中计，气恼不已，但
也无可奈何。第二天夜里，张巡又从城
上往下吊草人。贼众见状，哈哈大笑。
张巡见敌人已被麻痹，迅速吊下 500 名
勇士，在夜幕掩护下，迅速潜入敌营，打
得令狐潮措手不及，营中大乱。张巡乘
机率部冲出城来，杀得令狐潮大败而
逃，损兵折将无数。张巡巧用无中生有
之计保住了雍丘城。

诸葛亮

张巡是学诸葛亮的"无中生有"之
计，但此计不是诸葛亮的创造，从周文
王到老子，就确立了"无中生有"的谋略思想。

我们来看一则更古老的"案例"。战国末期，七雄并立。秦国兵力最强，楚国地盘最
大，齐国地势最好，其余四国都不是他们的对手。当时，齐楚结盟，秦国无法取胜。秦国
的相国张仪是个著名谋略家，他向秦王建议，离间齐楚，再分别击之。秦王觉得有理，派
张仪出使楚国。

张仪带着厚礼拜见楚怀王，说秦国愿意把商于之地 600 里（今河南淅川、内江一带）
送给楚国，条件是楚国放弃和齐国的盟约。楚怀王一听，觉得有利可图：既白白得了地
盘，还削弱了齐国，更可与强秦结盟。于是不顾大臣的反对，痛痛快快地答应了。楚怀王
派逢侯丑与张仪赴秦，签订条约。二人快到咸阳的时候，张仪假装喝醉酒，从车上掉下
来，回家养伤。逢侯丑只得在馆驿住下。过了几天，逢侯丑见不到张仪，独自上书秦王。
秦王回复说：既然有约定，寡人当然遵守。但是楚国还没和齐国断绝关系，怎么能随便割
地签约呢？

逢侯丑派人向楚怀王汇报，楚怀王哪里知道秦国早已设下圈套，立即派人到齐国，大
骂齐王，齐王愤怒至极，马上断绝了和楚国的关系，和秦国缔结了友好协定。

这时，张仪的"病"也好了，碰到逢侯丑，说："咦，你怎么还没有回国？"逢侯丑说："正
要同你一起去见秦王，谈送商于之地一事。"张仪却说："这点小事，不必劳驾秦王了。我
当时已信誓旦旦说将我的奉邑六里送给楚王，我说了就成了。"逢侯丑说："大人说的可是

商于 600 里,而非 6 里之地!"张仪故作惊讶:"哪里的话!秦国土地都是征战所得,岂能随意送人?你们听错了吧!"

逢侯丑无奈,只得回国报告楚怀王。楚怀王遭受戏弄,龙颜大怒,当即发兵攻秦。在秦、齐联军的夹攻下,楚军大败,秦军尽取汉中之地 600 里,楚怀王不得不割地求和。

"无中生有",是打开思维想问题,什么事都会发生,什么事都有可能。老师在黑板上画一个圆,问学生像什么?有的说是鸡蛋,有的说是乒乓球,有的说是饼干,等等。这就对了,"无"生于的"有",这个"有"却不是特定的某种东西,而是一种泛概念。这是一种发散思维,一种整体思维,一种立体思维,也就是说,我们的思维应该是开放性的。

1.以"可能"应对"不可能"

"无中生有"的思维,实质就是要打破旧框框的限制,提供新思路、新思想、新概念、新办法。所以,它是一种创造性思维方式。

"无中生有"的思维,是发散性的、扩散性的、求异性的,是指从不同思维视角、不同思路去想象,用各种各样的方法解决问题的思维方式,即"从同一的来源中产生各式各样为数众多的输出。"其要求是:首先确定一个问题,在一定时间内,以该问题为中心,向四面八方做辐射状的积极思考,不拘一格地探寻各种各样的答案。

说出某种物品的多种用途,这是开发个人发散思维能力最常用的方法。比如,绞尽脑汁地去想象回形针到底有多少用途,至少要想象出 50 种以上,你不妨试试看能不能办到。

在一次有许多中外学者参加的创造力开发研讨会上,日本创造力研究专家村上幸雄先生应邀出席这次研讨活动。面对这些创造思维能力很强的学者同仁,风度潇洒的村上幸雄先生捧来一把回形针,说道:"请诸位朋友,动一动脑筋,打破框框,看谁说出这些回形针的多种用途,看谁创造性思维开发得好,多而奇特!"山西、广东的代表踊跃回答:"回形针可以别相片,可以用来夹稿件、讲义。""纽扣掉了,可以用回形针临时钩起……"大家七嘴八舌,大约说了十几分钟,其中较奇特的是把回形针磨成鱼钩去钓鱼,这人的主意引来一阵笑声。

村上对大家在短时间内讲出 20 多种回形针用途,表示赞叹。大家问村上:"您能讲多少种?"村上一笑,伸出 3 个指头。"30 种?"村上摇头。"300 种?"村上点头。人们惊异,不由得佩服村上聪慧敏捷的思维。但也有人对此表示怀疑。

村上紧了紧领带,扫视了一眼台下那些透着不信任的眼睛,用幻灯片映出了回形针的用途……这时只见中国的一位以"思维魔王"著称的怪才许国泰先生向台上递了一张纸条。"对于回形针用途,我能说出三千种,三万种!"

邻座对他投来不以为然的目光:"吹牛不罚款,真狂!"第二天上午 11 点,许国泰"揭榜应战",走上讲台,他拿着一支粉笔,在黑板上写了一行字:村上幸雄回形针用途求解。原先不以为然的听众一下子被吸引过来了。"昨天,大家和村上讲的用途可用四个字概括,这就是钩、挂、别、联。要启发思路,使思维突破这种格局,最好的办法是借助于简单的形式思维工具——信息标与信息反应场。"

他把回形针的总体信息分解成重量、体积、长度、截面、弹性、直线、银白色等10多个要素。再把这些要素,用根标线连接起来,形成一根信息标。然后,再把与回形针有关的人类实践活动要素相分析,连成信息标,最后形成信息反应场。这时,现代思维之光,射入了这枚平常的回形针,马上变成了孙悟空手中神奇变幻的金箍棒。他从容地将信息反应场的坐标,不停地组切交合。

纽约里士满区有一所穷人学校,它是贝纳特牧师在经济大萧条时期创办的。1983年,一位名叫普热罗夫的捷克藉法学博士在做毕业论文时发现:50年来,该校出来的学生在纽约警察局的犯罪记录最低。

于是普热罗夫展开了漫长的调查活动。从80岁的老人到7岁的学童,凡是在该校学习和工作过的人,他就给他们寄去一份调查表,问:圣·贝纳特学院教会了你们什么? 在将近6年的时间里,他共收到3756份答卷。在这些答卷中有74%的人回答,他们知道了一支铅笔有多少种用途。

普热罗夫首先走访了纽约最大的一家皮货商店的老板,老板说:"是的,贝纳特牧师教会了我们一支铅笔有多少种用途。我们入学的第一篇作文就是这个题目。当初,我认为铅笔只有一种用途,那就是写字。谁知铅笔不仅能用来写字,必要时还能用来做尺子画线;还能作为礼品送人表示友爱;能当商品出售获得利润;铅笔的芯磨成粉后可做润滑粉;演出时也可临时用于化妆;削下的木屑可以做成装饰画;一支铅笔按相等的比例锯成若干份,可以做成一副象棋,可以当作玩具的轮子;在野外有险情时,铅笔抽掉笔芯还能被当作吸管喝石缝中的水;在遇到坏人时,削尖的铅笔还能作为自卫的武器……总之,一支铅笔有无数种用途。贝纳特牧师让我们这些穷人的孩子明白,有着眼睛、鼻子、耳朵、大脑和手脚的人更是有无数种用途,并且任何一种用途都足以使我们生存下来。我原来是个电车司机,后来失业了。现在,你看,我是一位皮货商。"

普热罗夫后来又采访了一些圣·贝纳特学院毕业的学生,发现无论贵贱,他们都能说出一支铅笔至少20种用途。

"无中生有",必须拓广思维空间,对问题进行多方位、多角度、多层次、多关系的思考,也就是突破点、线、面的限制,从立体角度来探索问题。有位心理学家要求被试者用6根等长小木棍摆出4个三角形,许多受试者无法做出,其原因是受到平面的限制,没有从立体角度考虑。如果运用发散思维,从立体角度就可以搭个正三角椎体,有4个三角形。

"无中生有"又是时间延伸思维。对问题要求时间上延伸,即从现实、过去和未来三个时态进行思索,要突破眼前的限制,从历史或未来的角度思索问题。一个问题现在无答案,那就要考虑过去或将来是否有答案。要认识一个事物,不仅要认识它的现在,还要了解它的过去,更要预测它的将来。

2.从"无"中生出新招

掌握"无中生有"这一思维的关键是,必须突破平面思维的定势,才能找到解决问题的答案。运用立体思维进行创新,关键是要善于突破点、线、面的框框限制,从垂直、侧向等多方向地拓展思维空间,让思维的视野更加开放。

如何突破平面思维呢?先看这样一个例子:

有位老师给学生出了道看似很简单的测试题:在一块土地上种植四棵树,要求每两棵树之间的距离都相等。学生们在纸上画了一个又一个图形,有正方形、梯形、菱形、平行四边形……等等,大家感到百思不得其解的是,什么四边形都不行。

这时,老师给大家点破"天机":把其中一棵树种在山顶上!因为这样一来,只要让其余三棵树与山顶上的那棵构成正四面体(等边锥体),就能够符合题意要求。

这位聪明的几何学老师,在讲解四面体即等边锥体时,巧借"种树"的道理启发学生的空间想象能力,激发他们的立体思维,使学生加深对四面体空间特征的理解。这种"无中生有"思维非常巧妙,效果也很好。

引导学生掌握这一思维的关键是,必须突破平面思维的定势,才能找到解决问题的答案。

成功的发明创造者,其思维往往善于变单向为多向,变直线思维为曲线思维,从而以迂为直,出奇制胜,创造出妙不可言的效果。

例如,英国工程师查尔斯·德莱帕设计的泰晤士河扇形防洪水闸,就是一项非常新颖奇特的创举。

在新型防洪水闸设计制造之前,涨潮的海水常常会沿泰晤士河逆流而上,形成海水倒灌之势,特别是当遇到大潮或恶劣天气时,潮水甚至会漫过防洪堤冲入伦敦市内,严重威胁着城市的安全。为了消除海潮倒灌的隐患,需要在泰晤士河下游建造一座防洪闸,这座防洪闸的设计要求很高,既要保证平时船只能够顺利通航,又要保证海水涨潮时能够抵御海潮倒灌。

按照传统设计方法,闸门必须设计得特别高大才能抵抗海潮倒灌,但其缺点是造价昂贵,而且施工困难。为解决这一难题,工程师德莱帕大胆提出一种全新的设计思想,变方为圆,即把闸门设计成扇形,其妙用是:平时这座半圆形闸门平躺水底,河上的船舶能够自由通航,不受影响;海水涨潮时,用操作装置转动半圆形闸门,旋转 90 度,让闸门立起来,闸门的高度顿时比原来的高许多,巧妙地抵抗住下游海水倒灌。

德莱帕这一新颖别致的扇形创新思维的成功设计,巧妙地解决通航、防洪两不误的难题,收到了一箭双雕的功效,不愧为创新思维的得意之作。

日本有一家观光饭店,他们在对旅游业作了一系列的市场调查之后发现,许多喜欢到郊外蓝天碧水和山野之间一游的旅客,除了希望能欣赏到大自然的秀美风光,怡情于流泉飞瀑、鸟语花香之外,还希望能痛痛快快地把身体浸泡在温泉中,以消除激烈竞争所

导致的工作疲劳,在轻松自在的温泉浴中暂时忘却竞争的纷扰和烦恼。根据这一需要,该饭店的主管充分利用饭店所在的地理位置,别出心裁设计出一套特色鲜明、与众不同的温泉浴。

他想,普通的温泉到处都有,没有什么新鲜与稀奇之处。于是,他突破常规,大胆而别致地构思了一套空中温泉浴池。这种空中温泉浴池,形如一个个装满温泉水的空中缆车,安装在该饭店旁边山峰上200米高的电缆上,上下不停地在空中来回穿梭着。面对这一空中奇景,旅客进到空中温泉浴池后,悠悠然舒舒服服地泡在其中,仿佛置身于飘然欲仙的梦境,一切烦恼都抛到九霄云外。好奇的旅客一个个跃跃欲试,非要去尝试尝试不可。空中温泉浴这一奇招引来了大批游客,人们闻讯之后纷至沓来,饭店每天要接待想洗空中温泉浴的旅客竟达上千人。每逢周末、假日,更是门庭若市,盛况空前。馆店的生意空前兴旺。空中温泉浴一鸣惊人,大大提高了该饭店的知名度。

创新竞争,"无中生有"者胜。因为具备这样的思维,善于观察和思考,善于突破传统,打破常规,才可能有一鸣惊人的创新奇迹。

空中温泉浴这一奇招启示我们,奇迹孕育于平凡,学会"无中生有",贵在勇于突破。

电视技术的发展历史虽然不长,但在创新竞争的浪潮中,先进的电视技术使得电视日新月异地向前发展着。从电子管电视机到晶体管电视机,再到集成电路电视机;从黑白电视机到彩色电视机,再到微型电视、超薄电视、数码电视、等离子电视,电视技术的发展为人们开辟出一个美不胜收的创新天地。

20世纪60年代,人们制造出激光水下电视,用来考察和检查水下工程建筑,对海港、航道、码头建筑、大坝、水闸、桥墩等进行长期检查,以代替潜水员的水下工作。这一创新思维为潜水员带来了福音。

为了突破黑夜这一禁区,在肉眼看不见的地方,人们利用红外线技术成功制造出"红外电视",使人们可以看清黑夜里的物体活动情况。在医疗、军事等许多领域,"红外电视"大显身手。如,在医学上,"红外电视"可以用来检查人们体内的病灶;在军事上,"红外电视",可以搜索夜幕下的敌情,成为黑夜里忠心耿耿地替人们值班的"哨兵",等等。

在创新思维和创新竞争的推动下,人们对电视技术新中求新、精益求精,不断"无中生有"。如手表电视:在一只手表壳里装一台微型电视机,屏幕仅2.8×1.7厘米,不久,手表电视又从黑白发展到彩色。

继"红外电视"和微型电视之后,科学家运用永无止境的创新思维,又成功发明了"炮弹电视台"。这种电视台装在炮弹里,可以发射到20公里以外的地方,当弹头到达目标上空后,弹头内的弹射火药起爆,打开弹头外壳,这时,外形如同一只箱子的小型电视台从弹壳中弹出,箱子系在降落伞上,从空中旋转下降。与此同时,电视摄像机的镜头自动打开,拍摄四周的物体活动情况。它所拍摄到的图像,通过无线电发射机传送到接收中心,并提供清晰的图像。

这种遥感电视机技术可用于危险地域的地质勘探、地震观测、火山现场及军事领域等。

上述实例启示我们，勇敢地突破各种限制、禁区和条条框框，以致"无中生有"，才能让创新思维结出更丰硕的果实。

3.从"无"中生出奇迹

世界著名物理学家赫兹，他最大的贡献是验证了电磁波的存在，为人类利用电磁波进行通讯服务开拓了广阔的前景。但赫兹在验证电磁波存在后，并没有继续进行深入的研究探索，他发现电磁波和光波一样，具有反射和折射的特性，就草率地得出一个荒唐而错误的结论，认为要实现远距离的电波服务，必须在天上悬挂一面大镜子。

1894 年，意大利物理学家马可尼想建立从欧洲到美洲跨越大西洋的无线电通讯，赫兹认为，这是不可能的。理由是，因为天上没有反射电磁波的镜子，除非做一面像大西洋一样大的镜子挂在天上，才能把欧洲发出的电波反射到美洲。

马可尼没有被赫兹的结论吓倒，他经过长达 7 年的探索和努力，终于发现了"天镜"：即包裹整个地球的大气层中的电离层，它能完成对电磁波的反射作用，根本不需要安装什么镜子。1901 年，马可尼利用大气层的电离层，成功地使无线电波跨越大西洋，并由此获得诺贝尔奖。

赫兹之所以得出要"做一面像大西洋一样大的镜子"的错误结论，是因为他的思维被一般的反射现象所捆住，思维的空间限定在地面，认为只有镜子才能反射电波，而没有对高空大气层进行更深入地探索和研究，因而不知道大自然提供了绝妙的反射镜：大气中的电离层。马可尼之所以成功，是因为他敢于突破传统思维的限制，"无中生有"，把目光伸向高空中的大气层，发现了电离层的反射作用，利用这一反射作用最终使电磁波成功地跨越大西洋，实现了电磁波的远距离传输这一划时代的创新突破。

马可尼的成功启示我们，"无中生有"可使自己的目光延伸得更远些，空间的突破，往往能带来创造发明的成功和飞跃。

提起雷达，人们都会想到地面上一个个旋转的雷达天线，向空中搜索目标。那么，能不能制造一种透视地下物体的雷达呢？

对科学家来说，"无中生有"就是思维没有"禁区"，把目光从地面扩展到地下。通过研究和探索，科学家们成功制造出地下透视雷达。其关键部件是由传感器、控制器、图像记录仪和磁带器组成，能在微电脑指挥下自动进行"观察"，工作原理与探测天上飞机的雷达十分相似。它的天线形如长柄环状仪器，能向地下深处发射一种持续时间为 1 微秒的脉冲电波，当电波碰到地下的物体时，会被反射回来，然后反射信号为天线所接收，再经放大处理，最后在雷达屏幕上直观显示出地下物体的图像。

地下透视雷达在许多领域大有用武之地，它可以找到藏在地下的石油、煤炭、矿物资源，可以用来寻找海底矿物、沉船等。英国一家打捞公司用这种地下透视雷达找到了一

艘 19 世纪沉没于泰晤士河、被沉积几十米厚的泥沙覆盖的沉船。地下透视雷达还可用于考古，查找水库大坝内部的裂缝，寻找山崩或雪崩后被埋的幸存者，了解地下管道或电缆位置走向，等等。

由此可见，学会全方位地拓展创新空间，"无中有生"是一种思维途径。

4.学会正确链接

老子说："一生二,二生三,三生万。""无中生有"，有一个重要的思维前提，就是对相互割裂的诸要素进行有机链接，从而在最佳的协调机制下达到最理想的目标。诸葛亮"草船求箭"是一出"无中生有"的妙计，但它是与整个战争环境中各种因素有链接的，而不是单一的行为。

人的思维的制约性与局限性，往往体现在只看到事物的局部，而看不到事物的整体。"无中生有"，"有"的多样性告诉我们应培养整体性思考能力，不要因单项思考能力的强化而削弱整体思维能力。

无论从哪方面而言，综合都是一种新的力量，如果说人在与动物的单项竞争中，几乎没有任何优势可言的话。在个体与群体、结构与功能、细节与整体的关系上，有一个颇具象征意义的例子：

纽约的一家美术馆展出了搜集到的 200 万活的蚂蚁，那是从中美洲借来的，以某个群落的形式展出，题为"图案与结构"。它们被陈列在沙子上，放在一个大方匣子里，四周是塑料挡板，高到足以防止爬出来，爬到曼哈顿的街上。作品的创造者根据自己的灵感和蚂蚁们的趣味，改变着各个食物来源的位置，而那些蚂蚁就自动形成一些长长的、黑乎乎的绳子一样的图，伸展开来，像一条条扭动的肢体、手、手指，爬过沙墙，排成月牙、十字和长椭圆形，从一个站点延伸到另一个站点。经过这样摆弄的蚂蚁，被一群外着冬季服装的人们充满热情地观看着。这些人排成整齐的队形，连同这些蚂蚁成了一种活动雕塑，一种行动绘画，一种实戏艺术，一个事件，一件模仿滑稽作品……

这是一个象征，人类生活事件也一样，处于生活山脚下的人们像蚁群一样被某只无形的巨手操控着，一会儿经商，一会儿炒股，……人们簇拥着，从一个方向潮涌到另一方向，根据"食物"移动的方位，不断变幻着整体的姿势，如果有一个巨人从历史的山峰上看下去，也许会像我们看 200 万蚁群的蠕动一样，那样的壮观、悲壮和滑稽。那么每日每时处于细碎生活中的人们是不是也需要偶尔站到一个较高的境界，以一种全景式的眼光关照自己的行为呢？是不是应该俯视一下被利益裹挟着的人群是怎样蠕动的？其运动的终极意义究竟是什么？

一个采矿者，带着一些基本工具：一把镐、一把铁铲，一个淘金盘，以及最重要的东西：饥饿的灵魂。他选择了从这个山谷开始勘探，因为这个山谷中有树木、水草和山坡！这可是让探矿者喜出望外的事……它是探矿者的秘密草地，同时还是疲劳的驴子很好的栖息地。真是没有比这个更好的了！

探矿者在那个山坡下面的小溪旁边挖了一铲土,开始了他的勘探之旅。他将那铲土倒在淘金盘中。之后将之半淹在溪流中,并不停地筛动它,大部分泥土都被冲走了,只剩下很细的泥土颗粒和最小的砾石块。下面要做的事情要花挺长时间,并且必须小心认真才行。探矿者不停地小心翼翼地筛动淘金盘,直到看起来里面除了水以外,别无他物为止。探矿者迅速地倾斜淘金盘,里面的水就越过淘金盘的边流到小溪里去了,他看到淘金盘底部有薄薄的一层黑色的沙粒。仔细检查之后,发现了一颗金粒。他将更多地水沥出淘金盘之外,又找到了另外一颗金粒。

他继续进行着这种费力费神的过程,每一次都仔细检查淘金盘中那层黑沙的一部分。他找到了 7 颗金粒,尽管这几颗金粒并不那么值得保存,但是这让他的心中燃起了希望。他顺着小溪往下走,重复着同样单调乏味的过程:给淘金盘中装一盘沙子,仔细地冲洗淘金盘,认真地捡出细细的金粒。随着他顺着小溪往下走,他收集到的"金粒"却一次比一次少。其中一次只找到一颗金粒,另外一次则颗粒无收。因此他回到了他开始的地方,开始往小溪的上游走。他有一次淘到了 30 颗金粒,之后每一次淘到的金粒都在不断减少,直至又到了颗粒无收的境地。他已经找到了小溪中最富有金粒的地段了,但这还并不值得在这个地段中继续努力。黄金矿可能储藏在小溪之外,也即那个山坡的表皮之下。

于是他离开最初几次勘探点,朝山坡往上走了几步,开始沿着山坡往上与第一洞平行着挖第二排洞。首先他还是将泥土倒在淘金盘中,然后来到小溪边,淘掉沙砾,清点每次收获的金粒:这样的单调乏味的过程每进行一次,就得到更多的信息。就这样他沿着山坡往上挖一排又一排的洞。从每排的中心洞中掏出的黄金颗粒都是最多的,末端那两个洞中则都没有掏出任何金粒。随着他越来越接近山顶,每排洞就越来越短,所有这些洞在一起构成了一个 V 字形。这个倒 V 字的两边就是带有金粒的地区的两个边界。

这个倒 V 字形的顶端就是这位探矿者的目标,"金矿先生"就住在那里。当探矿者来到山顶时,每次收获的金粒中含金量已经足够丰富了,已经值得保存。但是淘金工作却变得越来越困难。随着他一步步往上挖,黄金所在就越来越深了。小溪边上的黄金就在草根下面,可是山坡上的黄金颗粒开始是在 30 英寸之下,之后是在 35 英寸之下,然后是40<米>,接着又是 50 英尺。

最后,那个倒 V 字形的两边最终交汇成了一点。他挖了 60 英尺深。铁铲碰到了风化的石英层,发出摩擦声。他用铁铲往下挖了一些,每一次都使石英层发出破裂的声响。他拿起一块风化了的石英,擦掉了上面的泥土。这块岩石的一半是纯金。探矿者就这样不断努力,得到越来越多的纯金块。最后他从中采掘到了总重达 400 磅的黄金。

这是一个让所有从未淘过金的人很容易兴奋的故事,人们在淘金者"饥渴的灵魂"和几件简单的工具背后,看到了另一种远为强大的工具——系统方法。

从小溪开始,通过系统性的努力,最终追踪到黄金之源。他挖的每一个洞都是在测试一种可能性,每一种收获都是下一个收获的前提,黄金颗粒的数量在让他心跳的同时,更是作为一种理性基础在一步步冷静地引导他。

　　"无中生有"的系统思维,作为一种普遍方法,既可以帮助寻找金矿,也可以帮助我们寻找其他一切想找的东西。这正是"无中生有"的真正妙处所在,不管多少有价值的信号,单独看并没有什么特别的意义,加在一起仍然是一堆信息,而一旦从系统的角度进行整体分析时,质变就发生了。

第二章 三十六计之求人办事

★利用社会关系办事

形禁势格，利从近取，害以远隔。上火下泽。

——《混战计之远交近攻》

当地理位置受到限制，形势发展遭遇局限，进攻远处的目标风险较大，进攻近处的目标更加合适。火焰是向上窜的，河水永远向低洼处流淌，万物发展变化均是这样。

无论远近，只要存在竞争，只有永远的利益逐求，没有永远的朋友。远亲不如近邻，牢师袭远耗费物力巨大，而且风险也大，要当心后院失火，因此，先稳住远处目标，清除家门口的障碍后再放心远征。

春秋初期，周天子的地位实际上已经架空，群雄并起，逐鹿中原。郑庄公在混乱局势下，巧妙运用"远交近攻"的策略，实现了宏伟霸业。当时，郑国近邻宋国、卫国与郑国积怨很深，矛盾十分尖锐，郑国时刻都有被两国夹击的危险。郑国在外交上采取主动，接连与邾、鲁等国结盟，不久又与实力强大的齐国在石门签订盟约。

公元前 719 年，宋、卫联合陈、蔡两国共同攻打郑国，鲁国也派兵助战，将郑国东门围困了五天五夜。虽然郑国挫败了进攻，郑庄公感到与鲁国的关系存在着问题，千方百计想与鲁国重新修好，共同对付

郑庄公

宋、卫。

公元前 717 年，郑国以帮邾国雪耻为名，攻打宋国。同时，向鲁国积极发动外交攻势，主动派使臣到鲁国，商议把郑国在鲁国境内的一块地盘交归鲁国。果然，鲁国与郑国重修旧谊，没有参与郑、宋之战。遭受攻击的宋国向齐国求援，齐国出面调停郑国和宋国的关系，郑庄公大度接受了齐国建议，停止进攻，暂时与宋国修好，齐、郑两国的交情更加深厚了。

公元前 714 年，郑庄公以宋国不朝拜周天子为由，代周天子发令攻打宋国。郑、齐、鲁三国大军很快地攻占了宋国大片土地。宋、卫军队避开联军锋芒，乘虚攻入郑国。郑庄公把占领宋国的土地全部送与齐、鲁两国，迅速回兵，大败宋、卫军队。郑国大军乘胜追击，彻底击败宋国，卫国被迫求和。郑庄公在一连串的外交活动中掌握了话语权，势力日益扩张，霸主地位逐渐形成。

求人办事，先找自己的亲朋好友，再找同事熟人，由近及远，才会达到好的效果。

1. 利用亲戚邻居

在求人办事上"远交近攻"，就得重视伦理道德，重视人伦关系，重视亲戚朋友间的友谊。当置身于人伦关系之中，也许你得到了亲友的资助，与亲友们和谐共处，办起事来左右逢源；也许你与亲友们关系疏远，或者被亲友抛弃，乃至于众叛亲离！

无论你扮演着一个什么样的社会角色，无论你存在于一个什么样的人生处境，总而言之，在人生旅途中，友谊至关重要，亲友们的理解和支持至关重要。无论从精神因素而言还是从物质因素而言，概莫能外。

人们称为"台湾经营之神"的台湾首富王永庆，曾经利用姻亲关系来为自己办事。有人曾这样说，要了解王永庆在商场一帆风顺的原因，还要了解台湾三大家族的背景。这里所说的台湾三大族，就是王永庆、辜振甫、蔡万春。台湾的三大家族核心人物就是警备司令陈守山上将。陈守山的女儿嫁给蔡万春的妹妹蔡玉兰的儿子曹昌祺，而蔡万春的妹夫曹永裕也是台湾的富商。陈守山另一女儿又嫁给王永庆的弟弟王永在的儿子，而陈守山的堂兄陈守实又是台湾信托总经理辜殊松的妹夫，辜振甫亦是台湾信托等台湾大企业的经营者。

港台报刊曾这样评价："在台湾，警备司令的权力非常大，可说是拥有直接影响民生最大权力的人。台湾三大家族与警备司令有了亲戚关系，办事自然方便得多。"这一评论，道出了亲戚关系在办事中的重要作用。

另外，在人类社会发展的过程中，邻里关系有着普遍的意义，尤其是在传统人际社会中，邻居在社会生活中起着重要作用，是人们社会生活的一个重要组成部分。像"海内存知己，天涯若比邻""远亲不如近邻，近邻不如对门"这些句子都概括了邻里关系的重要性。

有一位独住高楼的作家老太太发病，无法动弹，她急中生智用手中的茶杯敲着水管，

终于惊动了楼上的一位小伙子,小伙子跑下来一看,连忙叫了救护车把老人送到医院。老人病愈后与这位小伙子结成忘年之交。两年以后,老人出版了一部著作,小伙子也在老人的影响和帮助下发表了许多文章。

正因为邻里关系不像血缘关系那样亲近,又没有社会关系那样的压力,才使人们在交往过程中感到十分自然且轻松平淡。在路上碰到邻居,就像早晨清新的空气,令人平添一份温馨。就是那些身居高位的人也是努力为自己创造这份温馨,营造一个祥和的居住环境。

只要有社会,就会有人与人的交往;只要有家,就会有家与家之间的交流;只要有邻居,就会有邻里关系。刘家和王家是住在一个院子里的邻居,刘家三代同堂,王家只住着小两口,小王时常去刘家聊天,刘家阿姨也把他当自己家人看待,有时也不让他们做饭,到刘家聚在一起吃。有一次,小王所在的公司安排小王去外地管理分公司,时间是两年,他和妻子商量时,妻子比较赞同,也支持他去,可他又认为时间太长,不忍心丢下妻子一人。他又找到刘阿姨,问自己该怎么做,刘阿姨为他能信任自己而高兴,也鼓励他做出点事业来。小王听后,认为刘阿姨说得颇有道理。最后,刘阿姨还说会帮小王把他的爱人照顾好,让他放心地去做自己该做的事。

"远交近攻","攻",不是攻打攻击,而是公关攻心,在充满和善的邻里关系中彼此携起手来,办事会更方便。

2.利用应酬机会

生活中的应酬,是一门人情练达的学问。为人处事,同事之间有许多事需要应酬:张三结婚,李四生日,王五得了贵子,马六新升了职务,这些事要躲当然也能躲开,但别人会说你不懂得人情世故。善于社交的人,常常会伸长耳朵来打听这一桩子事,帮人凑份子、送礼请客,皆大欢喜。为什么? 因为他把日常生活中的应酬,看作是"远交近攻"、人情练达的学问。

应酬是一门社交艺术,只有善用心思的人,才能达到联络感情的目的。

一位同事生日,有人提议大家去庆贺,小李也乐意前行,可是去了以后发现,这么多的人,偏偏来为同事贺岁,他们为什么不在我生日的时候也来热闹一番? 这就是问题所在,这说明小李的应酬还不到位,他的人际关系还有欠佳的地方。要扭转这种内心的失落,小李不妨积极主动一些,多找一借口,在应酬中学会应酬。

当你新领到一笔奖金,又适逢生日,你可采取积极的策略,向你所在部门的同事说:"今天是我的生日,想请大家吃顿晚饭,敬请光临,记住了,别带礼物。"在这种情形下,不管同事们过去和你的关系如何,这一次都会乐意去捧场的,你也一定会给他们留下一个比较好的印象。

重视应酬,一定要入乡随俗。如果你所在的公司中,升职者有宴请同事的习惯,你一定不要破例,你不请,就会落下一个"小气"的名声。如果人家都没有请过,而你却独开先

三十六计

例，同事们还会以为你太招摇。所以，要按约定俗成来办。这是请与不请，当请则请的问题。

重视应酬，还有一个别人邀请，你去与不去的问题。人家发出了邀请，不答应是不妥的，可是答应以后，一定要三思而后行。

对于深交的同事，有求必应，关系密切，无论何种场面，都能应酬自如。

浅交之人，去也只是应酬，礼尚往来，最好反过来再请别人，从而把关系推向深入。

能去的尽量去，不能去的就千万不能勉强。比如同事间的送旧迎新，由于工作的调动，要分离了，可以去送行；来新人了可以去欢迎。欢送老同事，数年来工作中建立了一定情缘，去一下合情合理，欢迎新同事就大可不必去凑这个热闹，来日方长，还愁没有见面的机会吗？

重视应酬，不能不送礼，同事之间的礼尚往来，是建立感情，加深关系的物质纽带。

同事在某一件事上帮了你的忙，你事后觉得盛情难却，选了一份礼品登门致谢，既还了人情，又加深了感情。同事间的婚嫁喜庆，根据平日的交情，送去一份贺礼，既添了喜庆的气氛，又加深了自己的人缘。像这种情况，送礼时要留意轻重之分，一般情况到了就行了，千万不要买过于贵重的礼品。

同事间的送礼，讲究的是礼尚往来，今天你送给我，我明天再送给你，所以，不论怎样的礼品，应来者不拒，一概收下。他来送礼，你执意不收，岂不叫人没有面子？倘若你估计到送礼者别有图谋，推辞有困难，不能硬把礼品"推"出去，可将礼品暂时收下，然后找一个适当的借口，再回送相同价值的礼品。实在不能收受的礼物，除婉言拒收外，还要有诚恳的道谢。而收受那些非常礼之中的大礼，在可能影响工作大局和令你无法坚持原则的情况下，你硬要撕破脸面不收，也比你日后落个受贿嫌疑强。这叫作"君子爱礼，收之有道。"

3.密切联系"群众"

"远交近攻"，建立自己的群众基础，求人办事就方便多了。所谓"群众"，对于职场人士来讲，就是公司内所有成员，但在这里我们特指那些普通员工。

千万不要小看这一力量，虽然普通员工不会在你的晋升上直接给你帮助，然而他们是团队内最基本的力量，他们所能形成的合力是一股谁都不容忽视的力量；对于你而言，他们的影响有可能是积极的，也可能是消极的。积极的影响是：在任何需要帮助的时候，他们都会帮助你，帮你说话；消极的影响就是在你不能得到他们的普遍认同时，他们对你的晋升可能是一个无法解决的难题。很可能他们在坏的方面的影响可能比好的方面的影响更具力量。这是你不得不谨慎关注这一群体的根本原因。

群众对你的评价会形成口碑效应。打个比方说，我们自己也常常出现这样的情况：当绝大多数人都在说某某人怎样怎样不行时，我们也往往对他产生这种看法，认为他真的不行，至少，我们也会对那个人持等待观望的态度。这种等待观望本身也是消极的，于谁都是不利的。它打击了人们主动与其交往的欲望，使其陷入孤掌难鸣的境地。

放眼古今中外,成大事者无不是能团结众人力量的人。抗日战争、解放战争时期,伟大领袖毛泽东同志坚持团结一切可以团结的力量,从而无坚不摧,这是一个我们自小就知道的事情。职场同样遵循着这样的规则。在职场中,没有人能够独立于大众之外而做出伟大的业绩。所谓"孤掌难鸣"在职场中体现得更为淋漓尽致。

另外,就职场这一特殊环境而言,一个人不能团结大众则无疑表明这个人缺乏组织能力、人际交往能力。而组织能力、人际交往能力是最起码的领导能力。倘若你连这一领导能力都不具备的话,那么你还有多大的成长空间? 而当这样的评价导致领导也这样评判你时,你还有晋升的希望吗? 答案是否定的。你将永远地失去晋升的机会,哪怕你在其他方面比别人更强,顶多你只能成为一个资深专业技术人员,而永远与"领导"等这样的职位权力无缘。

团结大众是智者的行为,它体现出了一个人最根本的人际交往能力。能够团结人,使众人追随自己,表明这个人具有号召力,有"人缘"。在这样一个讲究协作的社会里,人际资源已跃居一个人能否成功的首要因素。毫无疑问,如果你在企业中和大众中有着良好的关系,那么将会有助于你更好地发挥自己的才能,有助于你在自己的岗位上做出更大的成绩,有助于你增加在组织内部的分量。当然,对于你的升职也非常重要。

群众是帮助你做好一些基本工作的首要力量。个人的发展脱离不了群众的支持。群众是你实现晋升、晋升后做出业绩的最基本的力量。你是否能做好你的工作,从某种程度上说,群众的态度影响着最后的结果;另一方面,大众还是晋升的"把关人",他们将对你的能力、品格进行最后的检验。特别是在一个民主的组织里,他们也将决定你是否应当继续在某一位置上待着,或者是下来还是上去。

4.常联络,常沟通

人在生活中离不开群体活动,在求人办事上"远交近攻",就得把社会交际、朋友间的联络看成是人生必修课。

人际关系需要精心经营和维护,在与朋友间的交往中需要培养一种习惯:没事的时候也要记得与他们经常保持联络。如果平时连一声问候也没有,到了有事相求时才找出尘封已久的名片簿查找别人的联系方式,与别人联络,结果是可想而知的。

举一个生活中常见的例子,如果你的一位十多年前的小学同学,与你住同一城市,彼此都知道对方的联系方式。但是在逢年过节或者你遭遇不顺时,他从来就未对你问候过。突然有一天,他主动地打电话过来要你帮他一个忙,你会怎么想呢? 多少还是会有那么一点不太乐意去帮他吧。反过来,如果你与他或许有几次的联络,在你的节日或生日时间问候过你、在你患难的时候关心过你,这时他打电话过来寻找你的帮忙,你心里就乐意多了吧。

观察各种性格的人,哪种人的朋友最多呢? 为人细心、周到、热心肠的人拥有的朋友比较多。因为他们关心朋友的感受、平时愿意主动去联络朋友的感情、去关心别人,并让

朋友真正体会到自己的关心。

两颗心的撞击和交流，能在精神境界上起到激励和促进作用。

良好的友谊依赖相互的了解，人与人之间的了解依靠彼此在思想和态度上的沟通。许多人苦于自己的意见不被采纳，其实是由于自己不肯和朋友沟通意见，没有掌握"自己的意见怎样才能被人采纳的策略"的缘故。

要朋友采用你的主意不是一件容易的事，有时候还会因意见不合而闹得不愉快，因此，与对方沟通，以"推销"自己的见解也是一种才能。

有才干的人情愿牺牲个人的虚荣心而求自己的主意被采用并付诸实行，他们只是要得到一个使别人对他们的任何主意都完全信任的机会。许多人在实行一个毫无危险的计划之前，常常心中埋下所谓意见的种子，然后去互相讨论，以为这是他们自己要提出的计划，然后他再去实行。但你倘若要别人采用你的意见，那么最好的方法就是使他们以为这意见是他们自己的创见。

我们运用这个策略时要注意：诱导别人参加我们的事业时，应当先引起别人的兴趣。当我们诱导别人做一些很容易的事情时，先给他一点强烈的刺激，使他对能够做这件事有一种更强烈的欲望，这样，求胜心使他已经被一种要成功的意识所支配，于是，他就很高兴去尝试一下子。这种策略是使人合作的重要基础。但有时候，常常要克服许多困难才能运用这个策略，而有时候又很容易就实现了。

因此，要引起别人对你计划的热心，必须先诱导他来参加你的计划。倘若可能的话，不妨使他先做一点容易的事，事情办成后，他们会高兴地把这件事当成一种真正的成功。

对于朋友的观点，我们也不要忘记了去思考。比如，在一次聚会之前，是不是静心沉思过，应该说些什么话？我们是否依照对方的兴趣来表示我们的意见？是否能够迎合对方最急迫的需要？经验证明："要感动别人，就得先从他们的需要入手。你必须记住，要使一个人做成事情，唯一的方法就是使他自己主动去做。"同时还必须记住："人的需要是各不相同的。各人有各人的性格，虽然有些如食欲、性欲、名誉欲之类，是人人都有的，但也还是因人而异的。"你必须设法探求对方的真正意图是什么，尤其是与你的计划有密切关系的，然后依照他的意图去和他交往。应当设法去刺激你所熟悉的意图，倘有必要的话，你还得使那意图转移一个新的方法，你应当将你的计划去适应各人的需要，然后你的计划才有实现的希望。倘若对方不愿意承认你所猜测的他的意图，那么你不妨用间接的方法去试探他，从而使他避免公然承认自己意图的窘境。

大多数人，一旦见责任加重，就难免往后退缩，但是意志顽强的人不然，他们渴望成功的快乐，能够战胜怯懦的心理。他们不怕应付困难，勇于负责，他们愿意拥有相当的权力和地位，以维持他们的"自尊"。结果，他们成功了。

有人说，判断一个人时，可以问许多个为什么。例如，他在别人落难时能挺身而出吗？他时时处处表现出虚荣心、好夸口吗？他假装了不起、盛气凌人，喜欢与人争吵吗？他是个固执的人，还是个随和的人？对一切提议和批评，都表示欢迎吗？假使他是个很矜持的人，他心里是不是有不如人的恐惧呢？或者他是那种古怪的人，一个已成熟而放纵的人，自以为了不起，和他结交有害吗？他怕负责吗？还是喜欢负责呢？等等。为了取得最佳合作效果，最重要的就是要按着人们的德性和能力，用各种不同方法去和别人交往。

朋友之间的感情发展，就像银行业务中的零存整取，平时一点儿一点儿的储蓄，到了一年、两年后就有一笔钱了。朋友之间的关系同样需要维护和经营，平时互相不来往，相当于不存钱；有事才想到找朋友帮忙，相当于从存折中取钱，只取不存，存折迟早会空的。以这种方式对待朋友，朋友之间的情感最终会枯竭，这种情况肯定不是我们乐于见到的。平时要多与朋友联系，感谢朋友的关心和帮助，同时也要适当地拜访朋友，主动关心朋友、帮助朋友，这样可以增进了解、培养感情。交朋友有功利性目的，但并不是朋友间的每一次来往都是以利益来估价的。朋友间的大部分交往都是出于增进感情的目的，需要一点点地累积，其实也就是不断地为你的人脉关系添加润滑剂，使你的人脉关系更光亮。

如果你是企业领导人，"远交近攻"所包含的对象就更扩展了一层，在没事的时候不仅要与自己私人的朋友经常保持联络，而且要与政府、供应商、经销商等利益相关群体中的重要部门或人员联络，增进彼此的感情。尤其要重视与政府建立良好的关系，主动与政府合作，主动与政府常来常往，主动向政府汇报自己的构想、计划，企业的情况、困难，并经常向政府提供有关企业的资料，让政府了解企业的发展情况，通过长期来往可以培养企业与政府之间的感情，积极地消除或消化彼此之间的矛盾与摩擦。这对企业或自己事业的成功都非常有用。特别是当在这种公共关系交往中建立了良好的关系后，对企业与政府的沟通、企业问题的解决以及个人事业的成功都是很有帮助的。

★ 通融对方的弱点办事

两大之间，敌胁以从，我假以势。困，有言不信。

——《混战计之假途伐虢》

《易以·困卦》说："困，有言不信。"意思是说占到困卦的人，预示将遇到困难，在困穷之时，行事更应端正谨慎。因为这时候虽你说得再有理，别人也不会相信。三十六计原本是用在战争上的，此计是说，当处在敌我两个大国间的小国家受到敌人侵略时，我方应立刻出兵显示威力，施于援手。在这种关键时候，仅仅是动动口是不够的，必须拿出实际行动才能让人信服。出兵相助有多方面的好处。可以示威，无论是强国还是弱国，都不要无视我方存在；其次，趁机拉拢盟友，甚至收至名下，为长远发展做准备。

而假途伐虢之计用在求人办事上,实现目的的途径不止一种,寻找相互关联的突破口,借此及彼同样可以实现目的。这里不妨先看此计的出处。

春秋时期,晋国想吞并邻近的两个小国:虞和虢。这两个国家之间关系不错。晋如袭虞,虢会出兵救援;晋若攻虢,虞也会出兵相助。晋献公拿不定主意。大臣荀息说,要想攻占这两个国家,必须先离间他们,使他们互不支持。虞国的国君贪得无厌,我们可以投其所好。他建议晋献公拿出心爱的两件宝物,良马和玉璧,送给虞公。晋献公有些犹豫,这可是传世宝贝,哪里舍得?荀息不慌不忙道,大王放心,只不过让他暂时保管罢了,等灭了虞国,一切不都又回到您的手中了吗?晋献公依计而行,虞公得到良马美璧,高兴得嘴都合不拢。

晋国故意在晋、虢边境制造事端,寻找伐虢的借口。晋国要求虞国借道让晋国伐虢,虞公得了晋国的好处,只得答应。虞国大臣宫子奇再三劝说虞公,这件事办不得的,虞虢两国,唇齿相依,虢国一亡,唇亡齿寒,晋国是不会放过虞国的。虞公却说,交一个弱小的朋友去得罪一个强有力的朋友,那才是傻瓜哩!

晋大军通过虞国道路,攻打虢国,很快就取得了胜利。班师回国时,把劫夺的财产分了许多送给虞公,虞公更是大喜过望。晋军大将里克,这时装病,称不能带兵回国,暂时把部队驻扎在虞国京城附近。虞公毫不怀疑。几天之后,晋献公亲率大军过来,虞公出城相迎,两人相约出外打猎。不一会儿,只见京城内突然燃起冲天大火,虞公急忙往回赶,来到城外时,京城已被晋军里应外合强占了。就这样,晋国又轻而易举地灭了虞国。

此计用在求人办事上,有两个关键点,一要知道对方的兴趣,投其所好,在物质上要舍得投资,在精神上要善于笼络;二是要学会找借口。有时,你去找某人帮忙,直接开口说出自己的想法并不利,不妨找个恰当的借口,绕个弯子,使对方着手帮了忙,后悔已来不及。

送礼是在人情往来中不能少的手段。送得好,方法得当,会皆大欢喜,境界全出。送得不好,让人挡回,触了霉头,定会堵心数日。送礼者最头疼的事,莫过于对方不愿接受或严词拒绝,或婉言推却,或事后送回,都令送礼者十分尴尬,弄得钱已花,情未结,赔了夫人又折兵,真够惨的。那么,怎样才能避免这一情景呢?关键便是借口找的好不好。

如果你送土特产品,你可说是老家来人捎来的,分一些给对方尝尝鲜,东西不多,又没花钱,不是单买的,请他收下,一般来说受礼者那种因盛情无法回报的拒礼心态可望缓和,会收下你的礼物。

如果你送的是酒一类的东西,不妨假借说是别人送你两瓶酒,来和对方对饮共酌,请他准备点菜。这样喝一瓶送一瓶,礼送了,关系也近了,还不露痕迹,岂不妙。

有时你想送礼给人,而对方却又与你八竿子拉不上关系,你不妨选受礼者的生诞婚日,邀上几位熟人一同去送礼祝贺,那样一般受礼者便不好拒绝了,当事后知道这个主意是你出的时,必然改变对你的看法,借助大家的力量达到送礼联情的目的,实为上策。

老王有事要托小张去办,想送点礼物疏通一下,又怕小张拒绝驳了自己的面子。老王的爱人与小张对象很熟,老王便用起了夫人外交,让爱人带着礼物去拜访,一举成功,礼也收了,事也办了,两全其美。看来,有时直接出击不如迂回运动能收奇效。

假如你是给家庭困难者送些钱物,有时,他们自尊心很强,轻易不肯接受帮助。你若送的是物,不妨说,这东西我家搁着也是闲着,让他拿去先用,日后买了再还;如果送的是钱,可以说拿些先花,以后有了再还。受礼者会觉得你不是在施舍,日后又还,会乐于接受的。这样你送去的目的就会达到了。一位学生受老师恩惠颇多,一直想回报但苦无机会。一天,他偶然发现老师红木镜框中镶着字画竟是一幅拓片,跟屋里雅致的陈设不太协调。正好,他的叔父是全国小有名气的书法家,手头正有他赠的字画。他马上把字画拿来,主动放到镜框里。老师不但没反对,而且非常喜爱。学生送礼回报的目的终于达到了。

有时送礼不一定自己掏钱去买,然后大包小包地送去,在某种情况下人情也是一种礼物。比如,你能通过一些关系买到出厂价、批发价、优惠价的东西,当你为朋友同事买了这些东西后,他们在拿到东西的同时,已将你的那份"人情"当作礼物收下了。你未花分文,只不过搭上点人情和工夫,而收到的效果与送礼一般无二。受礼者因交了钱,收东西时心安理得,毫无顾虑;送情者无本万利,自得其乐。

1.投其所好见奇效

"假道伐虢"的聪明之处是,借了虞国的道,虞公反而感到自己受益了。在求人办事上,送也是有技巧的,往往雪中送炭比锦上添花好。

一个华人在美国西雅图开了家餐厅,为招揽顾客,每当客人餐后离去时,总要奉送一盒点心,内附精致"口彩卡"一张,上印有"吉祥如意""幸福快乐"等吉言。有一对情侣是这家餐厅的老顾客,他们俩在结婚的那一天,满怀喜悦来到这家餐厅,在他们期待良好祝愿的时刻,打开点心盒,却意外地发现没有往常的"口彩卡",顿感十分不吉利,心里老大不高兴,他们便向老板"兴师问罪",不论老板怎样赔礼道歉,他们就是觉得扫兴。看到这种情景,刚到美国探亲的老板的弟弟微笑着走上前去,说了一句美国常用谚语:"没有吉言就是最好的吉言。"听到这句话,新娘破颜一笑,新郎转怒为喜,高兴地和他握手拥抱,连连道谢。

在意外事件面前,兄弟俩的处理方式大不相同,兄长采取的是正面消极应对策略,而弟弟采取的则是侧面出击,主动地投其所好的说话策略。兄长的做法不能消除意外事件给这对新婚夫妇造成的不祥之感,越赔礼道歉越加重这种情绪。弟弟通过对意外事件(没有口彩卡)做出机智的解释,直逼要津,较好地满足了对方的心理需要,既掩盖了过失,又消除了对方的不祥之感。

投其所好的说话方法最关键的在于找到切入点,切不可盲人摸象般胡乱谈论,最终导致让人与你背道而驰。打动人心的最佳方式是:跟他谈论他最感兴趣的事物。

拿纽约一家最高级的面包公司——杜维诺父子公司的杜维诺先生来说吧。

杜维诺先生一直试着要把面包卖给纽约的某家饭店。一连四年，他每天都要打电话给该饭店的经理。他也去参加该经理的社会聚会。他甚至还在该饭店订了个房间，住在那儿，以便成交这笔生意。但是他都失败了。

杜维诺先生说："在研究过这位饭店经理为人处世之后，我决定改变策略。我决定要找出那个人最感兴趣的是什么——他所热衷的是什么。

"我发现他是一个叫作'美国旅馆招待者'的旅馆人士组织的一员。他不只是该组织的一员，由于他热忱，还被选为主席以及'国际招待者'的主席。不论会议在什么地方举行，他一定会出席，即使他必须跋涉千山万水。

因此，这次我见到他的时候，我开始谈论他的那个组织。我看到的反应真令人吃惊。多么不同的反应！他跟我谈了半个小时，都是有关他的组织的，语调充满热忱。我可以轻易地看出来，那个组织是他的兴趣所在，他的生命火焰。在我离开他的办公室之前，他'卖'了他组织的一张会员证给我。

虽然我一点也没提到面包的事，但是几天之后，他饭店的大厨师见到我的时候说，'但你真的把他说动了！'

想想看吧！我缠了那个人四年——一心想得到他的生意——如果我不是最后用心去找出他的兴趣所在，了解到他喜欢谈的是什么话，那我至今仍然只能缠着他。"

有一位学者说过这样的话："如果你能和任何人连续谈上十分钟而使对方感兴趣，那你便是一流的沟通高手。"

这句话看来简单，其实也并不容易，因为"任何人"这个概念范围是很广泛的，也许是工程师、律师、教师或艺术家。总之，无论三教九流，各种阶层人物，你能和人谈上十分钟使他们感兴趣的话，需要很高的说话涵养，要做到这一点很不容易。

不论困难或容易，我们先要渡过这个难关。常见许多人因对于对方的事业毫无认识而相对默然，这是很痛苦的。其实肯下点功夫，这种尴尬的情形就可以减少，甚至成为一流的沟通高手也并非难事。

2.求人请托巧开口

"假道伐虢"之计的成功与荀息了解虞公，善于说迎合的话有关，虞公开初听说晋兵要借道攻打虢国，十分生气，荀息急忙送上良马和美玉，虞公说："这是您国的珍宝，为什么要送给我？"荀息说："晋献公非常钦佩您是个贤明的君王，还佩服您把虞国治理得十分强盛，所以献上二宝，想与强大的国家结盟。"这句话把虞公的虚荣心调上来了，怒气消了，接着听荀息说下去。

人生活在世上，不可能不求人办事，但求人请托要想获得好的效果也不是件容易的事，所以，要使对方心甘情愿地为你帮忙，你必须练就一副铜牙铁齿。如果你没有口才，只一味地谈自己的事，并不停地对对方说"劳你大驾，请你帮忙"之类的话，只会让人感到

不耐烦。

所以，你要想把自己的请求向对方说明，就应该先做出愿意听取对方讲话的姿态来，怀有倾听别人言谈的诚意，别人也才会愿意听你说话。

有一次，相声演员姜昆到广州演出，市属几家新闻单位的记者纷纷前往采访，不料，被姜昆一一婉言谢绝，这使记者们十分失望。这时，有一位女记者却再次叩响了姜昆的房门，说："姜昆同志，我是一个相声迷，我对您的表演很欣赏，可是我想跟您谈谈您演出时的一些应特别注意的细节问题……"姜昆一听是为自己更完美的演出而来的，便十分热情地接待了她。

这位女记者利用了她和对方对相声的爱好及共同的兴趣做文章，巧妙地打开了姜昆的"话匣子"。所以求人时，说话的话题应该视对方的情形而定，再好的话题，若不符合对方的需要，就无法引起对方的兴趣，最好的办法是引出彼此共通的话题来，才能与对方聊起来，然后再设法慢慢地把话题引入自己所要谈论的范围。

谈话的材料不要总是老生常谈，惹人生厌。也不要夸夸其谈，显示自己什么都懂，毕竟你是在求人家，常言说得好"人在屋檐下，不得不低头"所以，你一定要保持谦逊的态度。

我们在平常与人交谈中，一般都是说些身边的琐事，这或许是想向对方表示亲切。但在求人办事之时希望你不要把老婆、儿女当作说话的材料。有些人习惯在讲几句正经话后，就把话扯到老婆、儿女的身上，像这种人总不免给人一种娘娘腔和不务正业的感觉。像这样尽说家务事，不能算是好的谈话内容，这种谈话无益处可言。

求人请托时，谈话可以从政治、经济等比较严肃、文雅的题目开始，然后再涉及文学、艺术、个人的兴趣方面等比较轻松的话题，总之，将自己的观点见解堂堂正正地公布出来，使得彼此都能有共同的思想，才是最好的谈话。

谈话的语言要视对方的修养而选择，做到能雅能俗，才不会让人对你有格格不入的反感。一个善于求人的人，一定很注重礼貌，用词考究，不致说出不合时宜的话，因为他知道不得体的言辞往往会伤害别人，即使事后再想弥补也来不及了。相反地，如果你的举止很稳重，态度很温和，言辞中肯动听，双方自然就能谈得投机，分别后也会彼此怀念不已。

所以，为了要使对方对你产生好感，必须言语和善，讲话前先斟酌思量，不要不动脑筋，想到什么说什么，以至引起了别人反感而自己还不知道为什么。那些心直口快的人平时要多培养一下自己的深思慎言作风，切不可像随地吐痰似的不看周围是何处就脱口而出，那样是会被人瞧不起的。

既然求人，大多是工作生活出现了困难和危机，比如家人生病、婚姻不睦、事业不顺等等，这些因素都会使人心力交瘁，丧失信心，不仅影响情绪，而且影响和周围人的交往。在处于情绪低潮时，请求别人能给予关怀，伸出援助之手。但千万记住，不要把过度沮丧

的情绪，带到别人面前。求人办事，总是一副哭丧脸，会使人感到晦气。

在求人办事之前，一般要对对方的情况做客观的了解。只有知己知彼，才能针对不同的对手，采取不同的会谈技巧。

例如：知识高深的对象，对知识性的东西抱有极大兴趣，不屑听肤浅、通俗的话，应充分显示你博学多才，多做抽象推理、致力各种问题之间的内在联系探讨。文化低浅的对象，听不懂深的理论，就多举明显的事例。

刚愎自用的对象，不宜循循善诱，而可以用激将法。

爱好夸大的对象，不能用表里如一的话使他接受，不妨用诱兵之计。

脾气急躁的对象，讨厌喋喋不休的长篇说理，用语须要直接。

性格沉默的对象，要多激发他说话，不然你将在云里雾中。

头脑顽固的对象，对他硬攻，容易形成僵局，造成顶牛之势，应看准对方最感兴趣之点，进行转化。

从语言了解对方，是取得胜利的关键。我们可以从言谈的微妙之处观察对方的性格特征和内心活动。

性格刚强自信的人，很少使用"那个……"，"嗯……"，"这个……"这类的口头禅。反之，小心谨慎、神经质的人常用这类语汇。日本一位语言心理学家认为，在谈吐中常出"果然"的人，自以为是，强调个人主张，经常使用"其实"的人希望别人注意自己，他们任性、倔强、自负；经常使用"最后怎么怎么"一类词汇的人，大多是潜在的欲求未能满足。

通过对手无意中显露出的态度及姿态，了解他的心理和性格，有时能捕捉到比语言表露更真实、更微妙的思想。

例如，对方抱着胳膊，表示在思考问题；抱着头，表明一筹莫展；低头走路、步履沉重，说明他心灰气馁；昂首挺胸，高声交谈，是自信的流露；女性一言不发，揉搓手帕，说明她心中有话，却不知从何说起；真正自信的人，反而会探身谦虚地听取别人讲话；抖动双脚常常是内心不安、苦思对策的举动，若是轻微颤动，就可能是心情悠闲的表现。

当然，对交谈对象的了解，不能停留在静观默察上，还应该主动侦察，采用一定的侦察对策，去激发对方的情绪，才能够迅速准确地把握对方的思想脉络和动态，从而顺其思路进行引导，这样的会谈才易于成功。

在一般情况下，"因人而异"来交谈还要考虑以下几个方面：

（1）性别的差异。对男性需要采取较强有力的劝说语言；对女性，则可以温和一些。

（2）年龄的差异。对年轻人，应采用煽动的语言；对中年人，应讲明利害，供他们斟酌；对老年人，应以商量的口吻，尽量表示尊重的态度。

（3）地域的差异。对于生活在不同地域的人，所采用的劝说方式也应有所差别。比如，对于我国北方人，可采用粗犷的态度；对于南方人，则应细腻一些。

（4）职业的差异。不论遇到从事何种职业的人，都要运用与对方所掌握的专业知识

国学智慧全书

兵学智慧

116

关联较密切的语言与之交谈,对方对你的信任感就会大大增强。

(5)性格的差异。若对方性格豪爽,便可以单刀直入;若对方性格迟缓,则要"慢工出细活";若对方生性多疑,切忌处处表白,应该不动声色,使其疑惑自消等等。

(6)文化程度的差异。一般来说,对文化程度低的人所采用的方法应简单明确,使用一些具体的数字和例子;对于文化程度高的人,则可以采取抽象的说理方法。

(7)兴趣爱好的差异。凡是有兴趣爱好的人,当你谈起有关他的爱好这方面的事情来,对方都会兴致盎然。同时,对你无形中也会产生好感。因此,如果你能从此入手,就会为下一步的游说打下良好的基础。

3.绕个好的弯子

"假道伐虢"在方法上是绕弯子,"两大之间,敌胁以从,我假以势。困,有言不信"。在生活中,绕几个圈子常常能在人情关系中得到最大的实惠。明代嘉庆年间,"给事官"李乐清正廉洁。有一次他发现科考舞弊,立即写奏章给皇帝,皇帝对此事不予理睬。他又面奏,结果把皇帝惹火儿了,以故意揭短罪,传旨把李乐的嘴巴贴上封条,并规定谁也不准去揭。封了嘴巴,不能进食,就等于给他定了死罪。

这时,旁边站出一个官员,走到李乐面前,不分青红皂白,大声责骂:"君前多言,罪有应得!"一边大骂,一边叭叭地打了李乐两记耳光,当即把封条打破了。由于他是帮助皇帝责骂李乐,皇帝当然不好怪罪。其实此人是李乐的学生,在这关键时刻,他"曲"意逢迎,巧妙地救下了自己的老师。如果他不顾情势,犯颜"直"谏,非但救不了老师,自己怕也难脱连累。

这个方法的使用真是巧妙至极。李乐不懂得人与人之间"润滑当先"的道理,离自己的学生还差了一大截。要知道"假道伐虢",是很讲究绕圈子的。

意大利知名女记者奥里亚娜·法拉奇,也深知此道。迂回曲折的提问方式,是她取胜的法宝之一。

在采访南越总理阮文绍时,她想获取他对外界评论他"是南越最腐败的人"的意见。若直接提问,阮文绍肯定会矢口否认。法拉奇将这个问题分解为两个有内在联系的小问题,曲折地达到了采访目的。她先问:"您出身十分贫穷,对吗?"阮文绍听后,动情地描述小时候他家庭的艰难处境。得到关于上面问题的肯定回答后,法拉奇接着问:"今天,您富裕至极,在瑞士、伦敦、巴黎和澳大利亚有银行存款和住房,对吗?"阮文绍虽然否认了,但为了洗清这一"传言",他不得不详细地道出他的"少许家产"。阮文绍是如人所言那般富裕、腐败,还是如他所言并不奢华,已昭然若揭,读者自然也会从他所罗列的财产"清单"中得出自己的判断。

她在采访我国领导人邓小平时,提出一个问题:"天安门上保留下来的毛主席像,是否要永远保留下去?"看上去平常、微不足道,但实际上包含着丰富深刻的含义,目的在于想知道邓小平对毛泽东、毛泽东思想的评价、认识及其今后在中国的地位。

阿里·布托是巴基斯坦总统，西方评论界认为他专横、残暴。法拉奇在采访中，不是直接问他："总统先生，据说您是个法西斯分子。"而是将这个问题转化为："总统先生，据说您是有关墨索里尼、希特勒和拿破仑的书籍的忠实读者。"从实质上讲，这个问题同"您是个法西斯分子"所包含的意思是一样的，转化了角度和说法的提问，往往会使采访对象放松警惕，说出心中真实的想法。它看上去无足轻重，但却尖锐、深刻。

★激发对方同情心办事

人不自害，受害必真；假真真假，间以得行。童蒙之吉，顺以巽也。

——《败战计之苦肉计》

通常情况下人不会自己伤害自己，自己伤害自己一定让人深信不疑。此计的要点是"自害"是真，"他害"是假，以假乱真，使对方完全相信。就像《周易·蒙卦》里所讲的"童蒙吉卦，万事顺利。"顺着幼童的特性逗引他，就可以让他乖巧顺服。要打入敌人内部，使敌人消除疑虑，必须拿出令人信服的凭证，自我相残，闻所未闻的极端手段当然容易打动人心，让人防不胜防。

此计就好比演双簧，明白者一唱一和，竭力扮出煞有其事状。被蒙骗者目瞪口呆沾沾自喜，还以为占了大便宜，殊不知已钻入口袋。例如周瑜打黄盖，明明是二人商量好了，自家人打自家人，却偏偏装成一个主战，一个主降，主战的统帅周瑜打了主降的大将黄盖，骗过了老谋深算的曹操，使黄盖诈降成功，取得了赤壁之战的胜利。

求人办事上用苦肉计，不一定非得把自己打个鼻青脸肿，那就不是活学活用三十六计了，而应回到第一章，先加强思维训练，把自己的脑筋搞灵活一些。自我作践，降低身份，嘲笑自己等等都可视作"苦肉计"。例如，司马相如以自我作践的方式施行苦肉计，不仅报复了嫌贫爱富的老岳父，还逼迫其认可俩人的婚姻，获得资助。

西汉时期，司马相如是当时最为有名的青年才子，写下过许多脍炙人口的文章，是无数少女仰慕的对象。一天，他到大富翁卓王孙家做客，见到一位姑娘，不仅人长得漂亮，娇柔乖巧，而且能抚琴作画，吟诗作赋。司马相如一见钟情，打听后才知道原来是卓王孙的女儿卓文君。两个年轻人有相见恨晚之感，其实卓文君一直敬佩司马相如的才华，早已芳心暗许。

但是他们的爱情遭到卓王孙的反对，司马相如固然才比天高，不过是一介贫弱书生，既没好的家庭背景，也没一官半职，光凭几篇美文怎么能混饭吃呢？司马相如曾经是梁王刘武的门客，因为刘武死了，所以才回到老家。按今天的话说，就是失业下岗，何谈爱

情？俩人爱得死去活来，一气之下，卓文君拉着爱君离家私奔，他们回到司马相如的家乡成都。

窘迫的生活令这对年轻人一筹莫展，不得不求助于富翁岳父。卓王孙余怒未消，根本不肯接济他们，司马相如吃了个闭门羹，有苦难言，心情十分郁闷。后来想，既然卓财主不念情谊，自己也得想点法子治治这老顽固。

他和卓文君卖掉了所有值钱的物件，车、马、琴、剑一件不留，卓文君还变卖了自己的首饰。俩人在离卓府不远的地方开了家小酒馆。司马相如穿着粗布衣服，肩上搭着抹布在店里擦桌洗椅，下厨上菜，忙得不亦乐乎。卓文君则一身平民装束，在店门口热情招呼客人。司马相如是远近闻名的大才子，他和卓文君的爱情更是惊世骇俗，许多人慕名而来一瞻芳容，小酒馆每天人来人往，生意居然出奇地好。夫妻俩既解决了生计问题，也达到了目的——让卓财主遭人非议、丢人现眼。

果然没过多久，四乡八里的人都传论开了，人们都同情小夫妻俩的艰难处境，对卓财主的吝啬十分不满。卓财主走到街上，许多人对其指指点点，如刺在背。经过这么些日子，卓财主心里也有些悔意，当他看见自己的千金小姐居然站在酒馆门口招徕客人，更是无地自容懊恼不已。后来，卓财主亲自将女儿女婿叫回府上，资助了他们 100 个奴仆，100 万贯钱。司马相如和卓文君回到成都，过上了赋诗作画的飘逸生活。司马相如刻苦攻读，谱写华章若干篇，终于为皇帝赏识，做了大官。

司马相如

1.狠狠地向自己开涮

"苦肉计"千变万化，不拘一格，虽为军事谋略，但在求人办事上可以变通使用。自嘲往往也是一种苦肉计。

林肯总统取笑过自己，尤其是他自己的外表。有一次他以这样一则小故事来打开他与别人的沟通："有时候我觉得自己好像一个丑陋的人。一天我在森林里漫步时遇见一位老妇。老妇说：'你是我所见过的最丑的一个人。''我是身不由己。'这丑人答道。'不，我不以为然！'老妇说，'至少你可以待在家里不出门啊！'"

笑自己的长相或笑自己做得不甚漂亮的事情，会使你变得较有人性。如果你碰巧长

得英俊或美丽,试试自嘲你的其他缺点。如果你真的没有什么缺点就虚构一个,缺点通常不难找到。一位大学足球队的教练,有人向他问起某位明星球员,这位教练说:"他是大四学生,很不错的球员。但是有一个缺点,就是他已经大四了。"

如果你的特点、能力或成就可能引起他人的妒忌甚至畏惧,那么,试着去改变这些不好的看法。例如,你可以说一句妙语:"世界上没有一个人是完美的,我就是最好的例子。"你以取笑自己来和他人一起笑,会帮助他人喜欢你,尊敬你,甚至敬佩你,因为你的幽默力量证明你也有人性。

"我喜欢你"导致"我了解你",进而"我相信你"。于是,你最后达到的目标便是信任。当别人信任你时,你便能影响他们,使他们鞭策自己去发展他们的潜能。这也正是每一个人在与人沟通时、积极向上时的最终目标。

在新的环境中利用自嘲这种"苦肉计"可化解距离及敌意。

贝利在一家大企业公司的运输部门负责文书工作。当这个公司被另一个大公司合并以后,贝利就在人事变动的波流中沉浮不定。新来的同事似乎对他不大友善,直到有一天贝利运用了自嘲。"他们可不敢把我革职。"他解释说,"什么事我都远远落在人后。"

贝利以取笑自己,使他的新同事和他一起笑,并帮助他建立友善合作的共事关系。如果贝利这一句妙语真的显示他确有将今天的工作拖延到明天的恶习,这也提醒他,使他更能自我了解。他以自我讽刺来客观检讨自己的毛病——爱拖延,并改进自己的表现,因而成功。

自嘲这种"苦肉计"可以帮助你从凶险的冲突中解救出来。尽管即使你不可能改变你的攻击性,但自嘲极可能帮助你钝化攻击锋芒;或者说,由于恰如其分地钝化攻击的锋芒,你游刃有余地以更有效的方式来表达你的意向,并避免弄僵人际关系。

几乎每一个面对冲突的人都面临着对他的智慧的严峻考验,而只有很少的人能够经得起考验。因为用"苦肉计"需要较好的心理素质和一定的"牺牲精神",而把自己看得过高的人,往往很难在他人面前嘲笑自己。

2.有意地说出自己的缺点

敢于露出自己的"真面目""丑面目",也是一种"苦肉计"。让对方知道自己的缺点,不仅不会削弱对方对自己的信赖感,反而会增强对自己的信任。

唐朝时,对官员的选任有很严格的程序,就是科举得中,还要经过吏部考选。李林甫钻营当上了吏部侍郎,掌握选考官吏的大权。不久,他就干出了一件巴结权贵,捞取政治资本,表面装得正直不阿,暗地里作奸的事来。

吏部每年考选官吏,放榜公布。一次,在放榜前,玄宗的弟弟宁王,暗地里拿给李林甫一个10人的名单,要他以优等列榜首放官。在选官中走后门,当时也是严禁的。

李林甫看到勾结宁王的机会来了。他接过名单,心里高兴,脸上装作为难的样子,说:"王爷一定知道这事不好办,何况一下子开出10个人来!"不等宁王有什么表示,李林

甫马上说:"王爷把这件事交给我,说明王爷信任我,抬举我。王爷是皇家,为皇家办事。还能怕担责任?"这一番话,当然让宁王高兴,在他那尊贵的脸上,对李林甫面前显出抚慰的神色。李林甫又从这种神色中盘算出另一个主意。

"王爷,就这样吧! 为了维护朝廷的法纪,也压压别人借机行私,请你允许我从这10人中任挑出一人,当众驳回,留到下次列为榜首,举荐个好住所。"李林甫把内心的奸诈全隐藏起来,表现出的是一副忠诚、恭顺、干练的模样。宁王心里自然高兴了,真把李林甫看成是忠心为朝廷办事,又能干的人,便大加赞赏。

出榜那天,李林甫当众说:"某人托宁王说情,这是败坏朝廷选育,不能容忍! 此人不能选。"话一落音,人人吐舌,相互传说:"李交部,连宁王情面都敢驳回,真是清明。"更有人说:"他这官当得真硬,一定深受皇上宠幸,不然,能有这胆子?"这事传到玄宗耳中,龙颜大悦,心里说:"朝中有这样的大臣,一定要重用。"

李林甫利有了人们的思维定性——金无足赤,人无完人。他故意露丑,精心设计"苦肉计",得以使朝野上下都误以为他是个很忠的人。我们在做人上当然不可学习李林甫,但在不伤害对方的原则下,故意利用自己缺点来取信于对方,也无不可。

有人甚至在广告中使用"苦肉计",故意露丑,以获得成功。一天,美国亨利食品加工工业公司总经理亨利·霍金斯先生从产品化验鉴定报告单上发现,他们生产的产品在食品配方中起保鲜作用的添加剂有毒。虽然毒性不大,但长期服用对身体有害。他知道,其他食品公司也使用这种有毒的添加剂。他想,如果从维护公众利益的角度,把此事公布于众,一定会引起同行们的强烈反对,他们也一定会联合起来整治地,他的业务肯定会受到很大损失。但在与这些同行的斗争中,他的知名度肯定会大大提高,同时也会得到公众的支持,从而有利于公司的发展和长远利益。

于是,在一次新闻发布会上,他毅然向社会宣布:防腐剂有毒,对身体有害。公众为之震动,赞誉他的诚实。可是,这一举动得罪了从事食品加工的老板们。他们联合起来,用一切手段对亨利进行攻击,指责他别有用心,想破坏别人的生意。他们共同抵制亨利公司的产品,使亨利公司的经营到了濒临倒闭的边缘。就在他近于倾家荡产之时,名声却家喻户晓,并得到了政府和社会的支持,他的公司的产品一下成了人们用着放心的热门货,供不应求。濒临倒闭的亨利,在很短时间就恢复了元气,经营规模比以前最兴旺时还扩大了两倍。在这个基础上继续发展,后来他的公司一度成为美国食品加工业中最大的公司。

3.软磨硬泡最有效

"苦肉计"表现一种韧性和耐力,要不怕吃苦,敢于软磨硬泡。如越王勾践的"苦肉计"的成功就体现在这一点他,他好汉打断牙和血往肚里吞,在吴王夫差手下"磨"了三年时间,得以实现自己的目的。

"磨"在求人办事中有着神奇的魔力。有时候,对方因种种原因不同意办理此事,而此事又是合情合理的,这种情况下只能"磨"了。那么,怎样才能"磨"到点子上?

第一,要发挥"笑脸"的威力,要彬彬有礼,摆事实讲道理,要笑容满面,要经常出现在能让对方看到的场合,例如,他的办公室、家里等等。而且每次都要准时无误,让对方感到好像是在上班一样,一到点就赶来了。这样对方总能看到你,也就总能想到你的事情了。

第二,要有策略,要运用煽情的手法,引起对方的注意,能感动人,要积极主动地向对方解释,与对方沟通,不间断地软化对方的意志。因此,必须是全身心投入,必须有百折不挠的精神。

第三,"磨"不是要无赖,而是一种静静的礼貌地等待,等待对方尽快给予答复。不要让对方感到你是故意找麻烦,故意影响他们工作和休息,要尽量通情达理,尽量减少对对方的干扰,这样,才能磨成功。磨可以不露锋芒,不提要办的事,只是不间断地接近对方,使双方关系渐近,让对方更多地了解你,同情你,从而产生帮助你的愿意。也就是说,你想办法与对方接近或与对方家人接近,并通过各种办法与他们搞好关系,从感情上贴近。这种感情上的磨,对方是难以拒绝的。

有些领导喜欢让人磨,不愿轻易同意任何事情。你磨他,使他从精神上得到一种满足,即权力欲得到满足。在这种情况下必须去磨,怕苦怕麻烦,存有虚荣心反会被对方见笑,他会说:"本来他再来一次我就同意了,可是他没来。"

香港华人首富李嘉诚就是一位懂得"好事多磨",并善于运用"磨"来求人办事的智者。

李嘉诚兴建大型屋村独树一帜,使其在香港房地产界开始站稳脚跟。但这里有一个问题,也是最关键的困难,就是获得整幅的大面积地皮。

为此,李嘉诚胸怀全局,动了不少脑筋。

1985 年,李嘉诚收购港灯公司。港灯的一家发电厂位于港岛南岸,与之毗邻的是蚬壳石油公司油库。蚬壳另有一座油库在新界观塘茶果岭。李嘉诚于是煞费苦心地开始了一连串复杂的迁址换地计划。

1986 年底,和黄与太古各占一半股权的联合船坞公司,与蚬壳公司达成协议;将青衣岛的一处庞大油库地皮,与蚬壳在茶果岭和鸭洲的两个油库地皮交换。同时,港灯的这个电厂迁往南丫岛。

这样,李嘉诚就腾出两幅整块地可供发展大型屋村的地皮。

1988 年 1 月,李嘉诚全系长实、和黄、港灯、嘉宏 4 公司,向联合船坞公司购入茶果岭、鸭洲油库,即宣布兴建两座大型屋村,并以 8 亿港元收购太古在该项计划中所占的权益。这样,两大屋村地皮归长实系全资拥有。

茶果岭屋村定名为丽港城,鸭洲屋村定名为海怡半岛。两大屋村盈利 100 多亿港元。两大屋村的构想萌动于 1978 年李嘉诚着手收购和黄之时。之后,经历了长达 10 年

的耐心等待、精心筹划，其间 1985 年收购港灯，使其构想迈了一大步，1988 年才推出计划。

李嘉诚是名副其实的"十年磨一剑"。因为，李嘉诚深知，成大事者，不可操之过急，而应有足够的耐心等待机会和创造机会。一旦选定了目标，同样又无法很快达到，这时就不能心急，应像"熬"中药一样，文火慢攻，一点一点地把中药里的精华熬出来。用"苦肉计"，怕吃苦怎么行呢？

李嘉诚推出嘉湖山庄计划，同样整整历经了 10 年。

嘉湖山庄原名天水围屋村。1978 年，长实与会德丰洋行联合购得天水围的土地。1979 年下半年，中资华润集团等购得其大部分股权，共组巍城公司开发天水围。华润占 51%的公司股权，长实只占 12.5%。华润雄心勃勃，计划在 15 年内建成一座可容 50 万人口的新城市。李嘉诚当时正忙于收购和黄，未参与天水围策划。整个开发计划，由华润主持。华润缺乏地产发展经验，亦不懂香港游戏规则。港府介入使华润的庞大计划胎死腹中。华润骑虎难下，其他股东纷纷欲打退堂鼓。

李嘉诚则看好天水围的前景。他稳坐钓鱼台，不慌不忙逐年以低价从其他股东手上接过他们亟待抛出的"垃圾"股票。经过 10 年马拉松式的吸股，到 1988 年，李嘉诚控得除华润外的 49%股权，成为与华润并列的仅有两家的股东之一。有人估计，李嘉诚与华润事先达成默契，故丧失信心的华润没有抛股。1988 年 12 月，长实与华润签订协议，长实保证在天水围发展中，华润可获纯利 7.52 亿港元，并即付其中的 5.64 亿港元给华润。

如将来楼宇售价超过协议范围，其超额盈利由长实与华润共享，华润占 51%。今后天水围发展计划及销售工作均由长实负责，费用由长实支付，在收入中扣回。

风险全部由长实负担，华润坐收渔利。当然，风险大，盈利也大。全部工程分 7 期到 1995 年完成，至今仍是香港最大的私人屋村。仅仅第一期售楼，华润就已经赢得协议范围中的 7.52 亿港元利润。以后 6 期，华润等于"额外"所得，而长实的利润，远在华润之上，更是不可斗量。

由此足见"磨"这种"苦肉计"不失为求人的妙法。

4.替领导"背黑锅"

在工作中，很可能会出现这样的情况，某件事情明明是上级耽误了或处理不当，可在追究责任时，上级却指责你没有及时汇报，或汇报不准确。这时候，你就有必要使用"苦肉计"——替领导背背黑锅。

例如，在某机关中就出现过这样的事，部里下达了一个关于质量检查的通知，要求各省、地区的有关部门届时提供必要的材料，准备汇报，并安排必要的检查。某市轻工局收到这份通知后，照旧是先经过局办公室主任的手，再送交有关局长处理。这位局办公室主任看到此事比较急，当日便把通知送往主管的某局长办公室。

当时，这位局长正在接电话，看见主任进来后，只是用眼睛示意一下，让他把通知放

在桌上即可。于是，主任照办了。然而，就在检查小组即将到来的前一天，部里来电话告知到达日期，请安排住宿时，这位主管局长才记起此事。他气冲冲地把办公室主任叫来，一顿呵斥，批评他耽误了事。

在这种情况下，这位主任深知自己并没有耽误事，真正耽误事情的正是这位主管局长自己，可他并没有反驳，而是老老实实地接受批评。事过之后，他又立即到局长办公室找出那份通知，连夜加班、打电话、催数字，很快把需要的材料准备齐整了。这样，局长也愈发看重这位忍辱负重的主任了。

为什么他明明知道这件事不是他的责任，而又闷着头承担这个罪名呢？很重要的一点就在于，这位主任知道，必要的时候必须甘心为上级背黑锅。这样，尽管眼下自己会受到一点损失，挨几句批评，但到头来，自己仍然会有相当大的好处，事实证明他的想法和做法是正确的。

那么，是不是在领导错怪了自己之后，都不要去申辩呢？

当然不能简单地下这样的结论。如果我们仔细地分析上述例子，便可以发现，局长之所以如此责怪主任，主任之所以不能申辩，是因为事关局长自己本身。假如事情不是这样，那就另当别论了。这里，至少有以下几种情况：

首先，如果事情与领导本人的工作没有直接联系，而只是涉及一般工作，特别是与自己的责任直接相联系的话，则可以大胆地进行申辩。

其次，如果是一些十分严重的恶性事故，是某种造成较大的经济损失或政治影响的事故，则不管怎么样，都应该为自己据理申辩。这里已经不存在情面和技巧的问题。如果你仍然为顾全领导的面子而把苦果往自己肚子里吞，其后果是不堪设想的。

再次，在涉及触犯国家法律的事情时，也应该毫不客气地、实事求是地进行有力的申辩。在这种情况下，如果你还要为领导或某人掩饰，就只能是害了自己。而且，在法律面前，谁也不可能徇情保护你，也不要寄希望于那些虚假的承诺。

最后，如果是某些其他人为了推卸责任而往你身上栽赃，或者是有人对你有意见而故意向领导打小报告，陷害你，那么，你完全可以进行申辩，以有力的事实向领导说明真实的情况，并揭露那些心术不正的人的种种诡计。否则，你只能吃哑巴亏。

在这里还应该特别注意的是，在一些小事情上，特别是没有太大关系的事情上，给领导错怪了，就采用"忍"这一"苦肉计"的策略为佳，大可不必去申辩。因为，领导总是希望大事化小，小事化了，希望不出大乱子，希望大家都听他的。如果你为了一点小事便不厌其烦地为自己申辩，以至于给领导造成过多的麻烦，那么尽管你的申辩是正确的，有力的，其客观效果也并不好，反而会使领导讨厌你，认为你心胸狭窄，斤斤计较。

如果你觉得有必要予以申辩，使用的语言和态度如何是十分重要的。对此，除了考虑到当时领导的心情以及领导的性格特点与工作方式以外，非常重要的是，你切不可表现出一种蒙受冤枉的委屈状，而应该表现出一种非常豁达的态度，首先肯定对方也许是

无意中错怪了自己,这样,便给对方一个很好的台阶,以便于改变自己的观点。另外一点是,在申辩过程中,最好是多用事实讲话,用事实证明自己没错,而不要直接地用语言表示自己没有责任。最好是避免在语言中出现"不是我的错""我没有责任"等话,以免直接地刺激对方,使对方产生强烈的抵触情绪。

★利用自身的优越性办事

> 兵强者,攻其将;将智者,伐其情。将弱兵颓,其势自萎。利用御寇,顺相保也。
>
> ——《败战计之美人计》

当敌人兵力强大时,应该设法制服领头的将领;当遇上足智多谋的将领,应设法打击挫败他的意志。领头将领意志薄弱、兵士士气低落,敌人的战斗力将会自行瓦解。利用敌人的弱点施展谋略,可以保存自己,打败敌人。

势力强大,将帅明智,这样的敌人不能与它正面交锋,可以暂时向他屈服。讨好敌人的办法有多种,下策如进献土地和奉送金钱珠宝,反而增强了敌人的力量。如用美人计,既可消磨敌军将帅的意志,削弱他的体质,也可挑动内部矛盾。

春秋时期,吴越两国争夺霸权,越国战败,越国国君勾践夫妇不得不屈尊到吴王夫差手下服劳役。勾践忍辱负重,对吴王百般逢迎,终于骗取了夫差的信任,被释放回国。

勾践回国后卧薪尝胆,誓雪亡国之耻。但是夫差时刻提防着他,吴国国力比越国强盛得多,复国之路似乎遥遥无期。大夫文种深知国君的忧虑,建议说:"高飞之鸟,死于美食,深泉之鱼,死于芳饵,要想复国雪耻,应投其所好,衰其斗志,这样,可置夫差于死地。"

勾践接受了他的计谋,在越国进行选美,挑选出绝世美人西施、郑旦奉送给夫差。同时每年向吴国进献大量珠宝,装扮出十分臣服的样子,吴国渐渐放松了警惕,勾践趁机大力发展经济,训练军队,积极进行军事准备。

夫差得到西施后,无心主理朝政,一个心思扑在美人身上,每天和西施饮酒厮混。伍子胥忧虑万分,多次劝谏,夫差不予理会,根本没把他的话当回事,反而觉得他太多虑,逼迫伍子胥自尽身亡。吴国失去中流砥柱,勾践看在眼里,乐在心里。公元前482年,勾践趁夫差离开吴国参加诸侯盟会的机会,突然出兵消灭了吴国,多年宿怨得以了却。

汉朝时期,王允利用"美人计"诛杀奸臣董卓,也是个典型例子。当时汉献帝年仅9岁,朝政大权由董卓把持。董卓为人阴险,滥施杀戮,有谋朝篡位的野心,满朝文武大臣对其敢怒不敢言。

司徒王允忧心忡忡,想清除这个奸贼。但董卓势力强大,正面攻击,无人斗得过他。

因为董卓身旁有一义子,名叫吕布,骁勇异常,忠心保护着他。王允观察这"父子"二人,狼狈为奸,不可一世,但有一个共同的弱点:皆是好色之徒。何不用"美人计",让他们互相残杀,以除奸贼?

王允府中有一歌女,名叫貂蝉。这个歌女,不但色艺俱佳,而且深明大义。王允向貂蝉提出用美人计诛杀董卓的计划。貂蝉为感激王允对自己的恩德,决心牺牲自己,为民除害。

在一次私人宴会上,王允主动提出将自己的"女儿"貂蝉许配给吕布。吕布见到绝色美人,喜不自胜,十分感激王允。二人商定选择吉日完婚。第二天,王允又请董卓到家里来喝酒,要貂蝉献舞。董卓一见貂蝉,两眼放光,馋涎欲滴。王允便讨好说:"太师如果喜欢,我就把这个歌女奉送给太师。"董卓假意推让一番,高兴地把貂蝉带回府中。

吕布知道后大怒,当面斥责王允。王允一面连连道歉,一面无奈地说:"太师说要看看自己的儿媳妇,我怎敢违命!太师说今天是良辰吉日,要亲自带回府与将军成亲。"吕布信以为真,等待董卓给他办喜事。过了几天没有动静,原来董卓已把貂蝉据为己有。吕布气恼万分,却不敢向养父讨要。

一日董卓上朝,忽然不见身后的吕布,心生疑虑,马上赶回府中。在后花园凤仪亭内,吕布与貂蝉抱在

貂蝉

一起,正在卿卿我我。貂蝉委屈地说:"公子是当今大英雄,奴婢有心相许,但是如今……"说着泪流满面。吕布心如刀割,但是面对的是收养自己的恩人,一时也没了主意。这时董卓怒气冲冲闯过来,顺手拿戟朝吕布刺去。吕布用手一挡,躲闪开来,慌慌张张逃出太师府。

王允见时机成熟,邀吕布到密室商议。王允大骂董贼强占了女儿,夺去了将军的妻子,实在可恨。吕布咬牙切齿地说:"不是看我们是父子情分,我真想宰了他。"王允忙说:"将军错了,你姓吕,他姓董,算什么父子?再说,他抢占你的妻子,用戟刺杀你,哪里还有什么父子之情?"吕布幡然醒悟,说道:"感谢司徒的提醒,不杀老贼誓不为人!"

王允便和吕布约定了行刺事宜。他假传圣旨,召董卓上朝受禅。董卓耀武扬威地走进朝殿,吕布突然窜出来,执戟猛刺董卓,直穿老贼咽喉,董卓当即倒地身亡。奸贼被除,朝廷内外,人人拍手称快。

在非军事谋略上,"美人计"也屡见不鲜,即使在今天也仍有它广泛的市场,但是,这

里我们得回避赤裸裸的"权色交易"诸如此类的丑恶行为,以不造成社会负面影响为原则。我们不用"美人计"害人,反过来,我们得谨防被异性施展的"美人计"拖下水。

1.美色面前心不动

这里讲的是反"美人计"。好色是人的本能,但人是理性的动物,感情是可以控制的,尤其对于手头掌握权力的人,更应该控制自己的感情,要知道美色常常是一种诱惑,亲近自己的异性,不管其有没有怀有什么目的,但人的感情防线一溃,行为就会改变,没等对方开口,就可能利用职权讨好或回报对方。何况有不少人是非常精通"美人计"的,你不慎就会掉进温柔的陷阱。

冷战时期,东西方两大阵营间谍报往来频繁。为了获取情报,各国情报人员费尽心思,拉拢收买敌国人员。20世纪50年代,法国新任了一位驻苏大使莫里斯·德让。此君曾是戴高乐将军的助手,在第二次世界大战中是著名的"自由法兰西"运动的领导人之一。莫里斯熟知法国主要政府机构和高官,掌握着大量重要情报,对于这样一个重要人物,苏联克格勃当然不会轻易放过。在莫里斯到任前,克格勃已经摸清了他的所有个人信息,包括性格特征。

莫里斯上任后不久,苏联最高领导人就接见了他。在神秘的克里姆林宫,莫里斯的虚荣心得到了极大满足。因为苏联领导人高度评价了他在二战中的表现,称他为反法西斯英雄,许诺莫里斯可以享受其他外交官不能享受到的特殊待遇。

莫里斯志得意满,希望为自己的人生书写光辉的篇章。苏联人没有失信,他们似乎格外尊重莫里斯。在很短时间内,莫里斯得以会见许多有影响的官员和社会名流,经常应邀参加各种盛大的庆祝宴会、舞会。每次参加活动,苏联人总会安排漂亮的侍应陪伴在周围,这对生性风流的莫里斯来说,无疑充满了诱惑力。

在一次和社会名流的见面会后,莫里斯借着酒兴,搂抱亲吻了陪伴在他身边的漂亮姑娘。令他惊喜的是,热情开朗的俄罗斯女孩并没有拒绝,这让莫里斯兴奋不已。过了几天,他将手伸进了这位美丽少女的胸前。

莫里斯的表现也让苏联情报官员兴奋不已,事实进一步验证了他们的判断,莫里斯是个好色之徒。克格勃决定在他身上执行代号为M6的行动计划。

不久,苏联芭蕾舞团在莫斯科大剧院举行汇报演出,莫里斯应邀观看表演。演员精湛的演出折服了观众,低回婉转的音乐扣动着每个人的心。但最令莫里斯满意的是他结识了一位漂亮非凡的女士。幕间休息时,陪同的外交部官员和一位走过的女人打招呼,莫里斯马上被她迷住了:高挑的身材、丰满迷人的胸部、纤细的腰肢,配上披肩的金发、深蓝眼珠下高高的鼻梁,简直是绝世美人。女士来到他们身边,外交官介绍道,这是芭柳霞夫人,莫斯科上流社会有名的大美人。芭柳霞含情脉脉地望着莫里斯说,非常荣幸能认识您这样的英雄大使。莫里斯紧紧握着她的手,好久也舍不得松开。演出开始后,两人老熟人般挽着手步入剧场。

自此以后,只要有宴会等活动,芭柳霞总会陪伴在莫里斯身边。他们共同赴宴,在悠扬的乐曲中翩翩起舞,俨然是真正的一对。因为芭柳霞,莫里斯感到莫斯科的生活不再沉闷寂寞,他好像又回到了战争年代,热情四射,活力充沛。他们在夕阳中散步,他们在汽车里相拥,一切似乎在向着最美好的方向发展,莫里斯唯独忘记了自己是一名身份特殊的外交官。

终于有一天,在酒店的高级客房里,莫里斯和芭柳霞缠绵在一起。莫里斯疯狂地亲吻着芭柳霞光洁的身体,欲火在心底熊熊燃烧,根本顾不上身份、使命……突然,房门被"砰"的一声撞开了,一个大胡子男人旋风般冲了进来,一把从床上拎起芭柳霞,狠狠扇着她的耳光骂道:臭婊子! 莫里斯惊魂未定,男人扑过来,劈头盖脸一通暴打,恶声叫骂,你这混蛋,居然敢勾引我老婆,你是什么人?

莫里斯抱头躲避,哀求说,我是法国人,请您放过我吧。衣衫不整的芭柳霞也跪在他身边哀求,别打了,他是法国大使。男人又狠狠踢了莫里斯一脚,从口袋里掏出一个照相机,"咔嚓"一声将脚下的男人和女人拍摄下来。

做完这一切,两个苏联外交官气喘吁吁赶到了,他们放走了男子和芭柳霞,单单让莫里斯留下来。他们威胁莫里斯,既然丑闻已经发生,关键是不要让其他人知道,更不可以传回法国国内。莫里斯惊恐地睁大了眼睛,不得不同意了交换条件,为苏联提供情报。但是法国情报部门很快获悉这一情况,马上将莫里斯调回国内,避免了更大损失。

莫里斯因色而落入圈套,不得不充当卖国贼。世界上没有免费的午餐,在美色面前,须多长个心眼,莫蹈这位大使覆辙。

2.无恶意地利用"好色"心理

利用美色吸引眼球是当今商业领域惯用的伎俩,玛莉女士的成功之处在于从神秘的空姐入手,创造了全新的航空服务体验,因而大获成功。美女招人喜爱,但要精明的消费者掏钱包并不是一件容易事。

布兰尼佛航空公司是美国的一家航空运输企业,主要飞行美国中南部城市、墨西哥和南美洲地区。上世纪60年代,航空业竞争激烈,由于经营手段落后,布兰尼佛公司陷入困境。董事会在万般无奈之中,请著名广告人、WRG广告公司创办人玛莉·维尔丝为公司出谋划策。

经过充分的市场调查,玛莉女士发现,几乎所有的航空公司都是采用同一类型的飞机,在硬件设备上很难有大的改变。而在服务方面,许多公司都不太重视,包括布兰尼佛公司,大家的共同目标就是安全将乘客送抵目的地。

虽然这没有错,但是乘客们并不一定满意,在回收的调查问卷中,许多人表示旅途非常沉闷,特别是飞行时间超过3小时,大多数人会感到枯燥无味,一些经常搭乘飞机旅行者因此产生厌飞症,而对首次搭乘飞机的旅客,这无疑会降低他们对空中飞行的期望和乐趣。

没过多久，布兰尼佛航空公司突然名声大噪，人们纷纷选择他们的飞机，因为在布兰尼佛的飞机上竟然可以观赏"脱衣舞"，而且是年轻美貌的空中小姐表演。其实，这是玛莉·维尔丝的营销高招。"脱衣舞"是大多数成年男士热衷的，刺激而富有神秘感，如果在飞机上表演，那该是多么令人激动啊。

受此启发，她设计了不脱光衣服的"脱衣舞"，利用空姐的美好形象在旅途中表演时装秀。航空公司专门为空姐设计了多种款式的时装，充分展示她们的热情活力和美妙身材。当旅客登机时，她们身着统一制服；在飞行途中，他们会当众脱下制服，换上五颜六色不同款式的服饰，华丽的晚装、曼妙的休闲服、婀娜多姿的裙装……

空姐们轻盈起舞，让人们忘了漫长的旅途，仿佛在参加悠扬的舞会。漂亮的时装配上漂亮的空姐，乘客们大饱眼福，更让男士们想入非非，渴望着下一次旅行早日开始。

玛莉·维尔丝施展"美人计"，让布兰尼佛航空公司在短期内摆脱了困境，成为同业里的领头羊，旅客人数和营业额成倍增长。

3.美人泪的魅力

拿破仑的妻子约瑟芬是前博阿尔内子爵夫人，一向水性杨花，生活放荡。当拿破仑在意大利和埃及战场浴血搏斗时，新婚不久的她却与一个叫夏尔的中尉偷情私通，对拿破仑毫无忠贞可言。她原以为拿破仑会战死在沙漠中，已经不再等待他回来，而要像没有拿破仑一样安排后事。

1799 年 10 月，拿破仑从埃及回到法国并受到人们热烈欢迎的消息传到巴黎后，约瑟芬惊呆了。拿破仑成了欧洲最知名的人物，法国的救星，前程无量。她欺骗了拿破仑，并想抛弃他，这时又后悔了。于是她不辞辛苦，坐着马车，长途跋涉，去法国南部的里昂迎接拿破仑。她想在拿破仑与家人见面前见到他，并趁着他的兴奋蒙骗住他，不使自己的丑事暴露。

她好不容易到达里昂，可是拿破仑已从另一条路走了，并与家人会合。拿破仑对妻子的不贞早有耳闻，只是不怎么相信，当他确信约瑟芬对他不忠时，他暴跳如雷，下定决心与其离婚。

约瑟芬知道大事不好，日夜兼程赶回巴黎。

拿破仑吩咐仆人不让她走进家门。她勉强进了门，静下神来，决定壮着胆子去见丈夫。她来到拿破仑的卧室门前，轻轻敲门，没有回答。转动门把，无济于事。她再次敲门，并温柔而哀婉地呼唤，拿破仑没有理睬。

她失声大哭，短促呻吟，拿破仑无动于衷。她哭着，用双手捶打着门，请求他原谅，承认自己因一时的轻率、幼稚而犯下了错误，并提起他们以前的海誓山盟……如果他不能宽恕，她就只有一死。仍然打不动拿破仑。

约瑟芬哭到深夜，不再哭了，她忽然想起孩子们，眼睛一亮，燃起了希望之光。她知道，拿破仑爱她的两个孩子奥当丝和欧仁，尤其喜欢欧仁，这是打动拿破仑心肠的好办

法。倘若孩子们求他,他可能会改变主意的。孩子们来了,天真而笨拙地哀求着。

人心都是肉长的,约瑟芬这一招终于成功。拿破仑虽然怀疑约瑟分已背叛了他,然而她的哭声在他的脑海里泛起他们相爱的美好回忆。奥当丝和欧仁的哀求声冲破他心中设下的防线,他已热泪盈眶。于是,房门打开了,拿破仑与约瑟芬重归于好了。后来拿破仑登基时,约瑟芬成了皇后,荣耀之至。

在美色柔情之中添加些眼泪,可以有效地软化对方,让你的苦苦哀求更为动人,达到加速感化对方的效果。伸手不打笑脸人,打"哭成一个泪人"的恳求者更很少人会做。

"美人计"并不一定局限于哭鼻子,凡装成一副可怜样的办法,都属于这种技巧。

4.做个善解人意的女下属

女性在处世中有自己的优势,但是,要想把自己的优势发挥得恰到好处,就要对自己特别的性格(是女性特有的,如撒娇等)进行合理运用。这是善待别人,同时也是善待自己。对于男上司,女性当然不可以为"自己是女的",就可太"随便"。女性想得到特殊照顾的心理,往往反映在工作上怕挑重担,依赖别人,事情办坏了,还觉得委屈,其实这也是对人的不尊重。

我们知道男人是最要面子的,你的男上司也不例外。当面顶撞,那可是最危险的,别以为你是女人他就可以原谅你。其实你有很多方法可以让他接受自己的意见,比如你的温言细语是很管用的。

同时女同志比较习惯随意把自己的看法说出来,爱好议论自己的上司,这是极不好的,有些话传到了上司耳里,你辛苦工作的成绩,极有可能会因为那几句牢骚话给抵消掉。

女下属需要维护自己的利益,但不要喋喋不休地向上司提出太多太大或太烦琐的物质利益要求,不能让上司觉得你是特别爱计较的人。过分要求,他会觉得压抑、烦躁。还有你要是要求太多了,会让同事们觉得你和上司太过接近。女性要是和上司的关系太过密切,可能变成公司里的流言,这是最忌讳的。

不能在你的上司面前固执。固执往往不受人欢迎,尤其是发号施令的上司。他希望你合作,希望可以支配你的行动,你的固执只能让上司觉得你不可沟通、没有合作意识、甚至不可一世。

做一个有心人,从上司的言谈、习惯等各个方面观察他的性格。尔后顺着他的习惯做事,让他觉得跟你合作愉快舒服,那么你就成功了一半了。

即使上司不经意说的话,也要记在心里,抽时间为他做些他没有或没工夫去做的事。比如上司说最近有本什么书出版了就是没时间去买来,那么你就可以抽空到书店辛苦一趟了。虽然上司说话并不期盼别人来做,甚至是没有渴望的语气,可是下属若对上司的话都认真地遵守奉行,是很讨人喜欢的。

上司未必就了解公司里的全部情况,或者是行业的最新动态,如果你能够即时地给你的上司准备一些新的信息（如公司里的新情况，行业里的新动态），让他在工作、会议时有新的材料，感觉得心应手，这也是不错的表现。

上司也需要从别人的评价中了解自己的成就和他自己在别人心目中的分量。你可以在公司其他部门，在上司不在场时，闲聊中真诚地称赞他确实具有的优点，这些赞美可能就会有一天传到上司耳中。尤其是在上司的上司面前，适度地表达对他的尊敬和赞美，抑或帮他澄清一些误解，这些努力迟早会有厚报。

重要的事必须请示他。时常向他请教，你的上进和尊重会赢得他的赞许，他给你的意见也可使你少走很多弯路。

接到工作要及时动手，迅速准确按时完成，反应敏捷给人的印象是什么都买不到的。在承诺的时间内完成工作任务，勿使整个流程因你而延误。对于力不能及的工作，应在事前提出，绝不可做到一半时打退堂鼓。

人和人之间的好多东西都是相互的，你怎样对待别人，别人也会怎样对待你，女下属一定要尊重上司并让上司对你有好感，依此你可以和上司建立良好的互动关系。这样，你的"美人计"莫不事半功倍。

第三章　三十六计之巧舌如簧

★掌握说话的分寸与技巧

大凌小者,警以诱之。刚中而应,行险而顺。

——《并战计之指桑骂槐》

"则中而应,行险而顺"出自《易经·师卦》,这是吉卦,一个人行事时刚柔相济,就可逢险化顺。指桑骂槐是指强者慑服弱者,要用警告的手段来诱迫它,手段强硬,就会让人折服,行为果断,可以使人敬服。

春秋时期,有人向吴王阖闾推荐孙武,吴王将信将疑,担心孙武只有纸上谈兵的功夫,没有带兵实操的经验,于是对孙武说:"你的兵法确实不错,不知实际效果如何,能否当众演练一下呢?"孙武明白吴王是想考验他,微微一笑说:"这有什么难的,请大王给我一些人,我马上操练给你看。"于是吴王吩咐人将后宫的美女叫过来,交给孙武统率,现场演练兵法。吴王想,这些姑娘们从来未曾接触过军事,难道可以在短时间内将其训练成一支队伍吗?其实他想难为孙武。

一百多名后宫女子来到演兵场,只见鼓乐喧天,彩旗飘扬,煞是热闹。她们还以为是参加什么庆祝活动,心里乐开了花,叽叽喳喳,吵闹不休,根本没有一点军纪威严。孙武走上高处,猛击三下战鼓,人群才安静下来。孙武将宫女们编成两个方队,分别由吴王最为宠爱的两个爱姬作队长,下令开始布阵演练。

孙武首先向宫女们讲述了操练要领,然后命令宪兵在现场摆下刑具,严肃地说:"国

孙武

有国法,军有军规。军事操练非常重要,可不是儿戏,希望大家遵照要求,听从指挥,严格执行动作要领。如有抗令不从、不认真对待者,一律军法论处。"宫女们你望望我,我望望你,谁也没把孙武的话当回事,这个陌生人是谁呀,我们都是吴王的女人,你敢得罪吗?

孙武站在高台上,挥动着旗帜,指挥队伍进行阵型演练。他高声命令队伍一齐向右转,宫女们嘻嘻哈哈,一个也没动。吴王说:"将军没把动作要领交代清楚,这是你的错。"孙武重新给大家讲述了一遍操作要领,问:"听明白了吗?"宫女们娇滴滴地回答:"听明白了。"于是孙武擂动战鼓,重新发令。但是宫女们仍然一动不动,嬉闹声反而更大。吴王在远处看着这一幕,觉得十分有趣,看来孙武也是个纸上谈兵的家伙,连一群宫女也对付不了。

孙武见大家如此轻视自己的命令,黑着脸说:"动作要领没有交代清楚,那是将军的过错;交代清楚以后,士兵不服从,那是士兵的过错。依照军法,违抗军令者当斩,队长带兵不力,首先应该接受处罚。"孙武命令将那两名吴王的爱姬斩首示众。

吴王知道了,慌了神,派人告诉孙武:"将军确实有一套,纪律严明,执罚如山,吴王都看在眼里了,不过还请放过那两个宫女,她们都是吴王最为宠爱的女人。"孙武拒绝道:"将在外,君命有所不受,吴王既然要我演练兵法,我一定要按照军法规定执行。"两名吴王爱姬当场被斩首,其他宫女吓得魂飞魄散,再也不敢有半点马虎,认认真真操练起来。

吴王见到队伍面貌焕然一新,阵型井然有序,威武壮观,不禁对孙武的治军才能暗暗称奇。没过多久,他拜孙武为将,吴国很快成为军事强国。

指桑骂槐之计,常常被人运用得出神入化,变化多端。在说话与谈判上,这种计策屡见不鲜。

1.进攻是最好的防御

"指桑骂槐"计说:"大凌小者,警以诱之。"在与对手论辩中,运用事实和理由证明自己观点的过程中,适当地运用反诘可以强化自己的观点。反诘是一种将答案隐含在问题中的一种论辩技巧,它简洁明快,内蕴深刻,坚定有力,是震慑论敌的利器。

台奥多尔·冯达诺是 19 世纪德国著名作家。他在柏林当编辑时,一次收到一个青年作者寄来的几首没有标点的诗,随信说:"我对标点向来是不在乎的,如用,请您自己填上。"冯达诺很快将稿件退回,并附信说:"我对诗向来是不在乎的,下次请您只寄些标点来,诗由我填写可以吧?"

这个青年立即意识到了自己的错误。

俄国著名的丑角演员杜罗夫,在一次演出幕间休息的时候,一个很傲慢的观众走到他身边,讥讽地问道:"丑角先生,观众对你非常欢迎吧? 要想在马戏班中受到欢迎,丑角是不是就必须具有一张愚蠢而又丑怪的脸蛋呢?"

"确实如此!"杜罗夫回答说,"如果我能生一张像先生您那样的脸蛋的话,我会不会拿到双薪呢?"

总之，你在与人相处时，不但是敢于应辩，更要敢于论辩，巧于论辩，不断提高自身的论辩水平。

1946年5月，远东国际军事法庭审判以东条英机为首的28名日军甲级战犯，10个参与国的法官们曾因排定法庭座次，展开一场激烈的争论。中俄法官理应排在庭长左边的第二把交椅，可是由于当时中国国力不强，因此被各强权国所否定。在这种情况下，唯一出庭的中国法官梅先生，便面对列强展开了一场机智的舌战。他首先从正面阐明，排座次应按日本投降时各受降国的签字顺序排列，这是唯一正确的原则立场。

接着他微微一笑说："当然，如果各位不赞成这个办法，我们不妨找个体重计来，然后依体重排座，体重重者居中，体重轻者居旁。"

各国法官听了全都忍俊不禁。庭长笑着说："你的建议很好，但它只适用于拳击比赛。"

梅法官接着回答说："若不以受降国签字次序排座，就依体重排座。这样纵使我被排在末位也心安理得，可以对我的国家有所交代，一旦他们认为我不该坐在角落边上，可以另派一名比我胖的人来换我呀。"

这回答引得法官们大笑起来。在举世瞩目的国际法庭上，法官的座次按体重来排定，这岂不是天大的笑话！梅先生这样的笑话，嘲讽帝国主义者依恃强权，践踏国际公理的丑恶嘴脸，达到了轻松说服别人，以争取自己合法权益的目的。

当然，当遇到自己想法、意见与他人相左时，自己言行遭人非议欲奋起辩驳时，先应考虑以下三点：

第一，如自己在争辩中或获胜，或失败或保持沉默，会分别产生什么效果。

第二，自己想辩驳的欲望是出于理智还是感情（如虚荣心、表现或赌气）。若是后者，就没有必要辩驳。

第三，对方是否充满敌意，是否抱有成见。如是，就不要在对方感情冲动时火上浇油，增加隔阂和误解。要避免无益的争辩，有策略地进行必要的争辩。

有时，你必须"先发制人"，因为舌战与兵战有相通之处，例如：

某食品厂是上缴利润大户，因而被评为先进企业。但消费者反映该厂的产品质量有问题，市卫生防疫部门委派老王处理此事。老王进行了广泛的调查研究，取得了大量的第一手资料，然后拜访了该厂的贾厂长，当老王把话挑明后，贾厂长矢口否认产品质量有问题，并说他们为国家做的贡献大，别人眼红，故意造谣。

老王严肃地说："的确，贵厂是提前完成了生产任务，利润也有了显著增长。可是，请问，市物价检查团来了，您为什么急于将一篓炒焦的菜籽藏起来？因为那是准备碾成粉末，装进精美的包装里，充作咖啡去供应市场的！市卫生检查团来了，您为什么不让他们进烤房？因为那里正将数十斤发霉的肉松经过烘烤再送到门市部卖给大家吃！您看，这是从市面调查的您厂产品的检查报告。难道这就是您为国家所做的贡献吗？不，这是坑

害群众,危害社会!您身为厂长,是企业的法人代表,您知道该负什么责任吗?"

老王在掌握情况的基础上,指桑骂槐,"刚中而应",直捣要害,要势十分凌厉,犹如排炮齐发,使对方措手不及,没有任何喘息的余地,只好低头认错。

2.批评的尺度

"指桑骂槐",不是不讲分寸,而是恰到好处。美国某公司有一位高级负责人,曾由于工作严重失误造成了500万美元的巨额损失。为了此事,他心里十分紧张。许多人向董事长提出应把他革职查办,但董事长却认为一时的失败是企业家精神的"副产品",如果能继续给他工作的机会,他的进取心和才智有可能超过未受过挫折的常人。因为挫折对有进取心的人是最好的激励剂。

第二天,董事长把这位高级负责人叫到办公室,通知他调任同等重要的新职。这位负责人十分吃惊:"为什么没有把我开除或降职?""若是那样做,岂不是在你身上白花了500万美元的学费?"后来,这位负责人用坚强的毅力和智慧为公司做出了卓越的贡献。

下属犯错误时,不少领导人对此的反应常常是凶狠的训斥甚至责骂。这样做并无助于问题的解决。既然错误已经犯了,就只能在如何减少错误的损害和避免重犯上下功夫,使错误成为通向成功之路的铺路石。"指桑骂槐"的批评法是一门艺术,如何有效地利用它呢?

一是注意场合。批评时考虑时间、场合和机会。假设一位管理者带着部下到顾客那里去访问,当管理者发现部下在言谈举止上存在问题时,就不能当着顾客的面提出批评。这时候,最重要的还是要用高明的谈话方法,把部下的缺点掩饰过去。当没有旁人的时候,在车上或回程的路上对部下提出批评,是绝妙的时机。

二是对事不对人。有人批评人时总是说:"从你做的这件事就能看出你这个人怎样?"这是批评之大忌。批评时,只能针对事情,而不能针对个人的人格、品性,拿事来说人。

比如可以这样说:"小姜,根据往常的经验我知道,你不至于犯这种错误,是否有什么原因使你这次没有做好充分准备……"这种气氛有助于使对方认识到领导不是在攻击他的自我,不是批评他这个人,而是批评他的某项工作或某件事情。领导把批评指向员工的活动,就无损于员工的整个自我形象,这样就把批评建立在友好的气氛中,使对方感到无拘无束,欣然接受批评。用这种方法,在指出他人错误的同时实际上夸奖了他,使他得以重新树立自我形象,因为领导的意思给员工的感觉是"领导的话说明我这个人还是不错的"。这样,员工心里就很清楚领导是信任他的,并期望他做得更好,这本身对于他不辜负领导的信任和期望就是一种强有力的激励。

三是先赞扬,后忠告。批评的最终目的不是要把对方压垮,不是整人,而是为了帮助他成长;不是去伤害他的感情,而是帮他把工作做得更好。

有的领导之所以善于运用批评,就是他们能采取"指桑骂槐"的方式,比如:"小张,你的调查报告写得不错,你肯定下了不少功夫。同时,还有一个重要的问题你要注意……"

"小李，自从你调到这个单位来之后，你表现不错，对你取得的成绩，我非常赞赏。就是有一点我觉得可以做得更好，我也相信你一定愿意改正的……"如果对方需要得到忠告批评，要从赞扬其优点开始。这种方式就好像外科医生手术前用麻醉药一样，病人虽然有不舒服的感觉，但麻醉药却能消除痛苦。

从赞扬开始，以忠告结束批评，问题也解决了，感情也没伤害到，真是奇妙的方法。

四是缩小批评的范围。人们犯错时，受不了的是大家对他群起而攻之，因为这伤害了他的自尊，他也许会承认错误，但无法接受这种批评方式，这将使他对领导、对同事充满敌意，一旦有机会，将以牙还牙。

如果我们希望自己的批评取得效果，就决不能使别人反对自己。我们的目标是取得一些好的效果——或者使对方回到正确的航向上来，而不是去贬低他的人格。即使你的动机是最高尚的，是真心诚意的，也要记住，对方的感觉也在起作用。当其他人在场时，哪怕是最温和的方式也可能引起被批评者的怨恨，不论是否辩解，他已感到自己在同事或朋友面前丢了面子。对于一些过失，只要他认识到错了，就没有必要当着全科室的人要求他做出公开检讨，而只要在你的办公室里，一个人面对面跟他谈，就足以使他反省了。任何具有上进心的人都不愿犯错误，从他个人角度来说也是如此，何况我们的目的只是为了让他改进工作，而不是贬低他的人格。

五是不要新账旧账一起算。话说三遍淡如水。要想对一个已知的过错引起注意，一次提醒就足够了，批评两次完全没有必要，而三次就成了纠缠。如果你被引发提起过去不愉快的事，或改头换面地重谈过去已犯的错误——揭人疮疤，令人不舒服。除非他又重犯类似的错误，否则，无缘无故地挑刺儿，他就会认为老板对他抱有成见，或者别有用心。要记住批评目标：使这方面的工作得以改进，顺利地完成任务。一旦这种错误得到纠正和解决，就忘掉它。一次批评，一次提高。当对方接受批评、取得了一定的进步时，他已经在新的起跑线上。

批评不是存款，时间越久，利息越多。总是翻阅别人的老账，唠叨个没完，于做事没有丝毫的帮助。批评别人时，宜"就事论事"，不要旧账新账一起算。在交谈结束时，说几句："我相信你会从中吸取经验教训。"诸如此类勉励的话，就会让人觉得这不是有意打击，而是变失败为成功之母，不失为一次有益的经验。这样想过之后，他会鼓起精神，更加踏实地投入工作。

3.公平处理矛盾冲突

"指桑骂槐"之计可以用在处理下属之间的矛盾上，如何处理矛盾，是能显领导者的说话水平的。处理得好，化干戈为玉帛，共同进步；处理不当，矛盾终会导致"白热化"。到此程度，领导也就很棘手。以下是妥善处理矛盾的几个方法。

一是冷处理。当两名下属出现摩擦，你首先要保持镇静，不要因此风风火火，甚至火冒三丈，这样你的情绪对矛盾双方无异于火上浇油。不妨也来个冷处理，不紧不慢之中，

会给人以此事不在话下之感，人们会更相信你能公正处理。假如你自己先"一跳三尺"，处理起来会显然不太合适，效果也不好。

当双方因公事而发生"龃龉"时，"官司"打到你的眼前，这时你不能同时向两人问话，因为此时双方矛盾正处于顶峰。此时问话，双方定会在你跟前又大吵一顿，让你也卷入这场"战争"，双方可能由于谁最先说一句话，而争论不休。到底是先有鸡后有蛋，还是先有蛋后有鸡，此时是争论不出个一二三的。这种细节问题，也委实难以证明谁是谁非。不妨倒上两杯茶，请他们坐下喝完茶让他们先回去，然后分别约见。单独约见时，请他平心静气地把事情的始末讲述一遍，此时你最好不要插话，更不能妄加批评，要着重在淡化事情上下功夫。

事情往往是"公说公有理，婆说婆有理"，两人所讲的当然会有出入，且都有道理，你在一些细节问题上也不必去证明谁说得对。但是非还是要由你断定的。当你心中有数了，此时尽管黑白已明，也不要公开说谁是谁非，以免进一步影响两人的感情和形象。假如你公开站在甲方这边，显然甲方觉得有了支持气焰大涨，而乙方则会觉得你褊袒甲方。你不妨这么说："事情我已经清楚了，双方完全没有必要吵得这么凶，事情过去了就不要再提了。关键是你们要从大局出发，以后不计前嫌，精诚合作。"相信经过几天的冷静，双方都有所收敛。你这么一说，双方有了台阶下，互相认个错，也就一了百了。

二是模糊处理。如果你的公司是新旧合并的，而你作为新公司的领导，切忌不要有嫡系观念。即使你不如此，也很容易出现新旧两派之争。这种矛盾较之两个人之间的矛盾，影响更大，危害也更大。因为双方势力都很强，都有自己的固定成员，双方容易形成对峙状态，使公司利益受损。

作为领导的你处在这种关系中要善于迎合双方心理，做到不维护任何一方，更不能有嫡系观念。要在公司成立的第一天就讲明："现在我们是一家人，愿双方通力合作，为新公司的发展做贡献。"要时刻注意加强他们的公司意识，作为新公司的一个成员，而不是先前公司的职员。

如果双方出现了矛盾，则定要圆满解决。可分别向两方了解情况，采取"非官方"的态度，跟双方"谈心"，此时决不能像处理两个人的矛盾那样过于正式。交谈中旁敲侧击地了解双方的矛盾所在，要善于听别人发牢骚，找出双方争议的关键所在，然后才进一步实行改善行动。不妨把过失揽到自己身上："这些问题都怪我事先没考虑清楚，以至于造成今天的局面，今后一定注意。另外希望双方破除'门户之见'，以后互相体谅，为公司大业共同献计献策。"这样说一些无关大局的话，把错揽在自己身上，双方也就没有什么怨言了，此乃模糊处理。

三是回避矛盾。实在不能"指桑骂槐"，不如回避。因为有时公平的确很难做到，有人说世间没有绝对公平，说来也对，人们不可能不受主观的影响。当你实在不能端平，或不可能端平时，不妨退一步。也许"退一步海阔天空。"

法律上有一种制度叫作"回避"。指执法人员由于某种原因不便参与该案的审判时，主动或经人申请退出这种案件的审理、调查工作。我们不妨借用一下，实在不行了，就回避。回避不意味着退缩，它本身就是一种公平。从某种意义上说，你回避了更能显示你的公平。

谁是谁非，你不去过问，而由别人处理。这并不是要领导者们学会推卸责任，而是对一些不可解决的问题进行处理的一种不得已之计。如果你的一位非常得力的下属与你有近亲关系的下属发生争执，你不妨把这件事交给副手去处理，自己不要去过问。这样做对公私双方都不无裨益，对公，有利于保护你的得力手下，对单位当然有好处，同时也树立了自己的威信，从而赢得了下属信任；于私则有利于你们的微妙关系。此可谓一石双鸟，何乐而不为呢？

4.如何指责上司

如果上司犯了错误，千万不要大惊小怪，四处议论，人非圣贤，孰能无过？如果指出的方法不对，让上司感到难堪，必然得不偿失。所以，实在要指出上司的错误，"指桑骂槐"是一种可以运用的方法。

春秋战国时期，齐景公喜欢狩猎，特别爱喂养能捉野兔的鹰。一次，奴婢烛邹不小心让一只猎鹰远走高飞。齐景公大发雷霆，命令左右将烛邹拉出去斩首。贤臣晏子站出来阻止，他说："烛邹有三大罪状，怎么能这样轻易杀头呢，待臣公布完其罪状再行刑吧。"齐景公点头同意，晏子便在众人面前数落道："烛邹，你为大王养鹰，却让鹰跑了，这是第一条罪状；你使大王因为一只猎鹰而杀人，这是第二条罪状；把你杀了，让天下诸侯都知道大王重鸟轻士，这是第三条罪状。"齐景公听了晏子的劝谏，脸都红了，他惭愧地说："我明白你的意思了，不用杀头了。"

晏子"指桑骂槐"，巧妙地批评了齐景公重鸟轻人的危害，挽救了烛邹的性命，制止了一个领导者的糊涂举动。

在交往实践中，经常需要向上司发表反对意见，说"不"更需要巧妙表达。喜剧大师卓别林曾说：学会说"不"，生活将会美好得多。因为往往不好意思明确表示拒绝，态度暧昧而让人产生误解，甚至取得适得其反的效果。因此，需要拒绝时态度要明确，有时可以直截了当，有时需要委婉表达，完全因人因事而定。

德国有一家电子公司，开发设计了一种新产品，准备在世界各地进行推广。在公司会议上，总经理拿出他设计的新产品商标征求大家的意见。总经理向大家解释说："新商标的主题是旭日，这个标识很像日本的国徽，日本人民见了一定乐于购买这种产品。"

参会的经理们纷纷恭维总经理的创意，只有营销经理表示了反对意见，面对其他人惊讶的目光，年轻的营销经理说："我担心这个标识太完美。"总经理感到纳闷，微笑着问："愿闻其详。"

营销经理没有直接指责总经理，而是分析道："这个设计与日本国徽很相似，日本人

可能十分喜欢,然而我们的产品将面向世界市场,我们另一个重要市场中国的人民,也会想到这是日本国徽,他们就不会引起好感,从而在心理上抵制这种产品,这和公司希望积极扩展对华贸易业务的计划相抵触,显然是顾此失彼。"

营销经理的分析令在场的人点头称是,总经理也拍着手说:"你的分析非常有道理,看来确实有问题。"如果营销经理直接指出领导的错误,提出反对意见,势必与他发生冲突,对方不一定能顺利被接受,但是他采用先扬后抑、设置悬念的"指桑骂槐"办法,巧妙指出总经理的设计可能带来负面影响,从而达到了说服的意图,充分展现了说话的艺术。

★让自己处于上风的位置

假之以便,唆之使前,断其援应,陷之死地。遇毒,位不当也。

——《并战计之上屋抽梯》

上屋抽梯的意思是,故意向对手露出破绽,引诱对手前进,然后截断其前应后援,使其陷入灭亡的境地。敌人之所以上当受骗,因为贪求了不该得到的利益。

通俗地说,欲使对手上屋,首先要架设好梯子,其次要诱使对手主动跟进,逐步落入圈套,因此,要了解对手所贪所求,才能有的放矢,不白费工夫,赔了夫人又折兵。一旦上屋,后路已绝,置之死地而后生的境遇往往也能激发巨大的反搏能量,因此,准备需充分,不给对手喘气之机,趁机歼之,速战速决,以绝后患。

《孙子兵法·地篇》写道:"帅与之期,如登高而去其梯。"意思是说,作为一个将帅,给予军队的任务,要像登高而抽去梯子那样,只有听从命令,没有后退的余地。

秦朝末年,项梁、项羽叔侄俩起兵反秦,一路攻城略地,百姓纷纷拥护,影响非常大。秦朝派大将章邯阻击起义军,杀死了项梁,获得胜利,然后转军向赵国发动进攻。赵王歇和张耳从邯郸逃至巨鹿,章邯派部将王离围困巨鹿城,围而不攻,不断消耗赵军力量;自己带领主力部队北渡黄河,开挖甬道,一直通到巨鹿,以保证王离军粮供应,长期围困。

巨鹿城内粮草逐渐耗尽,兵沸民怨,形势对赵军极为不利,不得不向其他诸侯国求援。楚怀王派宋义、项羽二将率兵7万,解救巨鹿之围。宋义比较胆小,害怕打不过秦军,一直拖拖拉拉延误行程。到了黄河边上,安营扎寨,准备隔岸观火。项羽建议迅速渡河,和赵军内外夹攻,一定可以大破秦军,宋义不允。时值霜寒季节,气候十分寒冷,兵士们饥寒交迫,士气低落。项羽一怒之下杀死了宋义,然后亲自到士兵营帐内巡视安抚,鼓励大家痛击秦军。

一切准备停当,项羽派英布等为先锋,率军两万人先行渡河。英布过河后,并不急于向王离挑战,而是先铲除了秦军甬道,断绝秦军补给线,使王离围军遭受缺粮之困。然后项羽亲率大军渡过漳水,直奔巨鹿。楚军过河后,项羽命令凿沉渡船、捣毁锅灶、焚烧营帐,只留下三天备用粮草,以告诫士卒已无退路,唯有死战求生。

置之死地的楚军果然士气高昂,如猛虎下山般扑向秦军。秦军由于围困日久,兵士有些懈怠,加上粮草不济,很快溃败,章邯带着残兵败将逃向棘原。楚军一鼓作气,包围了巨鹿城外的秦军,王离见大势已去,束手就擒,赵国得救。

项羽的破釜沉舟,其实用的就是"上屋抽梯"之计,既激发了自己的斗志,又鞭策了士兵。

1.使对方在无望中重获希望

人们往往对辛苦得来的东西总是倍感珍惜,所以善于谈判的人开始"咬紧牙关"毫不松口,犹如"上屋抽梯"一样,不让对方上屋,但到了谈判濒临破裂时,放下梯子,这使对方感到了一种重见希望的幸福。

此计,是两种策略的综合体,在谈判初期,锱铢必较,丝毫不让,有如小气财神;而在谈判最后阶段,方案将近敲定时,却又突然大发慈悲,普度众生,让步不少。

在谈判中先用苛刻的虚假条件使对方产生疑虑、压抑、无望等心态,然后逐步优惠或让步,使对方满意地签订合同,你从中获得较大利益。

比如,买方想卖方在价格上多打些折扣,但同时也估计到如果自己不增加购买数量,卖方很难接受这个要求。于是,买方在价格、质量、包装、运输条件、交货期限、支付方式一系列条款上都提出了十分苛刻的要求,此所谓先给卖方点"苦"。

讨价还价的过程中,买方尽量让卖方感到在绝大多数交易项目上,买方都"忍痛"做了重大让步。这时,卖方鉴于买方的慷慨表现,在比较满意的情况下往往会同意买方在价格上多打些折扣的要求。之所以如此,重要的一条,就是卖方觉得在价格上做减让之前,已经从买方那里占了不少便宜。

在谈判中,不论遇到或采取哪种战术,首先要挑明的就是"合则两利,分则两害"的观点,谈判中以双方利益为着眼点,切入谈判,如此,才有助于双方都赢,大家欢乐。所以运用"上屋抽梯"之计时,应注意条件不要过于苛刻,若分寸失当,会使对方因觉得你缺乏诚意而使谈判中断。

2.点击对方的穴位

"上屋抽梯"之计说:"断其援应,陷之死地。"任何一个寻求合作的谈判者,不仅应该清醒地意识到在谈判中自己究竟要得到什么,而且还要明确自己究竟能够给对方什么。因为谈判是彼此利益、需要的交换。自己的要求自己最清楚,而对方的要求则难以把握。因此,就一场谈判来讲,最重要的或许就是发现对手的需要,有的时候甚至是要以有意识的行动创造对手的需要。否则,你把梯子抽上屋,又有什么作用呢?

有一个讨债专业户,一次受雇去追讨一家企业所欠的贷款,他从那家工厂门卫口中

知道了该厂厂长另有新欢。他就到厂长家中与其妻子闲聊，掌握了该厂长偷税、行贿等不法私情。然后，他再去找厂长，以此要挟对方，他如愿地追缴到了欠款，也拿到了事先约定的佣金。他的前任没有成功，因为他们只有自身的需要而没有满足对方的需要。简单地说，对手不怕他。这个讨债专业户则以其狡诈的手段（这属于谈判谋略的范畴）发现或者说创造了对手的需要，于是形成了交换的可能和必要。这就是谈判中的"上屋抽梯"的秘密。

在谈判中要能随机应变，抓住对方的弱点给予打击，那么会有气功中点穴手段的奇妙效果。有些弱点是事先已经被我方掌握的，而有些弱点则是在对招之中对方暴露出来的，我方要随时发现把柄。两雄争辩，是双方理与气的较量，理是气的内核，气是理的锋芒，理直就气壮，理曲则气馁；但在一定条件下，气盛也能使理壮三分。出色的谈判家常常着意寻找对手的有关弱点，狠狠一击，使对方的锐气顷刻消释，束手就范。所谓有关的弱点，是指对手论点上的错误、论据上的缺失、论证上的偏颇或其本身性格、行为、感情上的各种局限。诸葛亮舌战群儒的故事，是很值得欲施把柄的谈判人员研习的。

诸葛亮初到江东，作为弱国的使者，而且独自一人，看上去势单力孤。江东的那些怕硬欺软的谋士们，倚仗着坐在家中，人多势众，一个个盛气凌人。诸葛亮决心先打掉他们的气焰，所以出手凌厉，制人要害，像张昭这样的江东首席谋士，凭他的嚣张气焰，也不过勉强与诸葛亮周旋了三个回合。他突出的弱点是主张降曹，投降是既无能又无耻的表现。诸葛亮瞅准这一点，在历数刘备一方怎样仁义爱民、艰苦抗击曹操之后，话锋一转，梯子一抽："盖国家大计，社稷安危，是有主谋。非比夸辩之徒，应誉欺人；坐议交谈，无人可及，临机应变，百无一能。——诚为天下笑耳！"这样就一下子点到了张昭的痛处，使他再也不能开口。

张昭以下的虞翻、步鹰、萍踪、陆绩、严峻、程德枢之流，都是上来一个回合就翻身落马的。如薛练与陆绩出于贬低刘备，抬高了曹操的身份，这就犯了当时士大夫阶层中的舆论大忌。诸葛亮一把抓住这点，斥责他们一个是"无父无君"，一个是"小儿之见"，说得两个人"满面羞愧"，先后"语塞"。严峻与程德枢完全是迂腐儒生，一个问诸葛亮"适为儒者所笑"，诸葛亮尖锐地指出："寻章摘句，世之腐儒也，何能兴邦立事""小人之德……笔下虽有千言，胸中实无一策。"甚至屈身变节，更为可悲。准确有力地击中对方的弱点，使对方垂头丧气，理屈词穷。

3.为拒绝找个借口

你上了屋，对方也要上屋，你把梯子抽上去了，对方上不去，也就是说你拒绝了对方，但是，你还下来不下来呢？所以用"上屋抽梯"之计，还得找个拒绝对方的好借口。

主动采取拒绝行为的人是站在有利的立场上的，但如果拒绝未采用合适的方法和相应的技巧，就容易造成对对方的伤害，引发怨恨和不满，从而导致人际关系的破裂，甚至引起各种难解的纠纷，让自己陷入非常被动的麻烦境地。即使不至于闹到很严重的地

步，因拒绝而引起的疙瘩也将使对方不愉快而长时间耿耿于怀。不管怎么说，满怀希望去求别人，却遭受无情的拒绝，的确会令人十分难堪；自信十足地去说服别人，却遭到严厉的拒绝，更令人无法承受，而造成心理上无法治愈的伤痕。

"这件事恕我难以照办"，"我实在没有钱借给你，否则，我就不必如此地卖命了"，"我们每天都做一样的工作，凭什么要我帮你的忙"……在遭受这样的拒绝后，你会有怎样的反应，会很高兴很客气地说"既然如此，那我就不打扰你了，对不起"吗？恐怕不会吧。你一定会恼羞成怒，用犀利的言辞回击对方："你这个人讲话怎么如此无礼呀！难道你一辈子就没求过人吗？"然后拂袖而去，对这一个屈辱记恨于心，伺机报复。

有时，对方与我们反目成仇，并非完全是由于我们拒绝了他，而更多的是我们拒绝的语言和方式伤害了他。人活一世，说不定什么时候就需要别人施以援手，所以，多一个敌人绝对不是什么好事。我们避免不了拒绝的发生，却可以在拒绝时采取适当的方法，从而最大程度地避免因为拒绝而树敌。

一是以"制度"为借口。制度挂在墙上，人们司空见惯以至于漠然，可有时以制度为借口拒绝别人的要求，恰是一副很好的灵丹妙药。

某公司的一位普通职员鼓着勇气走进经理办公室说："对不起，我想该给我加薪了……"

经理回答道："你确实应该加薪了，但是……"经理指着玻璃板下的一张印刷卡不慌不忙地说，"根据本公司职务工资制度，你的工资已经是你这一档中最高的了。"

职员泄气了："哎，我忘记我的工资级别了！"

他退了出来。几条打印出的制度使他放弃自己本应得到的东西。他也许在想："我怎么能够推翻那张压在玻璃板下的印刷表格呢？"这也许正是经理希望他讲的话。

二是以"他人"为借口。以他人为借口，这个"他人"是否说过你想借用的话不要紧，只要将眼前难办的事推脱掉而又不丢别人的面子，就达到了目的。

小王在电器商场工作。一天，他的一位朋友来买彩电。看遍了店里陈列的样品，他还没有找到令自己十分满意的那种。最后，他要求小王领他到仓库里去看看。小王面对朋友，"不"字出不了口。于是，他笑着说："前几天我们经理刚宣布过，不准任何顾客进仓库。"尽管小王的朋友心中不悦，但毕竟比直接听到"不行"的回答要好多了。

三是以对方的"言语"为借口。碰到不合理的要求，找到"要求人"话语的漏洞，顺水推舟，婉转拒之。

吴佩孚的势力日渐强大，成为权倾一方的实力人物。一天，他的一位同乡前来投靠他，想在他那儿谋个差事儿做。吴佩孚知道那位同乡才能平平，便碍于情面，还是给他安排了一个上校副官的闲职。不久那位同乡便嫌弃官微职小，又请求调任旅长，并在申请书上说："我愿率一旅之师，讨平两广，将来凯旋，一定解甲归田，以种树自娱。"看到同乡这样没有自知之明，吴佩孚真是又好气又好笑，于是提笔批了"先种好树再说"六个大字。

四是以"外交辞令"为借口。外交官们在遇到他们不想回答或不愿回答的问题时,总是用一句话来搪塞:"无可奉告。"生活中,当我们暂时无法说"是与不是"时,也可用这句话。另外,你还可以用"天知道""事实会告诉你的""这个嘛……难说"等搪塞过去,这莫不是"上屋抽梯"的好方法。

4.把尴尬留在"屋"下

"上屋抽梯",一种是断自己的后路,一种是断对方的进路,此计用在说话上,可以解除交际中的尴尬。无论任何人都免不了发生触犯对方忌讳的情况,这或多或少会给人际交往带来负面的影响。为了使自己的失误能够及时得以补救,最要紧的是掌握必要的纠错与伪装方法,"上屋抽梯"计指出,当自己面对不利的情况时,可以"假之以便,唆之使前"。如果进行诠释,抽梯之法有四:

吴佩孚

一是及时掩饰而言他。为自己打圆场最主要的是不刻意回避掩饰。如果是细枝末节的问题,不妨用转移目标或话题的办法,岔开别人的注意力。如果别人已有所觉察而问题并不严重,稍做解释一下即可。如果性质较严重而且已引起了别人的不快甚至反感,就要立刻当场予以解决。拖得越久,后果越不好。

在清朝乾隆年间,文字狱是非常恐怖的。杭州南屏山净慈寺有个和尚叫诋慧,经常议论国家大事,且嬉笑怒骂,讽刺朝野。乾隆也早有所闻,为了找个借口惩治诋慧和尚,便微服来到净慈寺。见到满院的青竹,乾隆就拾起一块毛竹片,指着篾青问诋慧:"老师傅,这个叫什么呀?"乾隆的意思是,如果诋慧和尚回答成"篾青",篾青谐音"灭清",可以以此为借口处罚诋慧,但诋慧灵机一动,回答说:"这是竹皮。"乾隆一听,很不甘心,又把竹片翻过来,指着篾黄问:"老师傅,这又是什么呢?""篾黄"谐音"灭皇",如诋慧回答成"篾黄",仍然可以惩治他。但是,这次诋慧和尚仍没有中计,而巧妙地回答:"这个叫竹肉。"诋慧和尚再次逃过了文字狱的陷害。

诋慧和尚用伪装掩饰而说出多变的代言词的方法,不失为"上屋抽梯"的有效手段。

只是,这里需要的是发现及时、改口巧妙的语言技巧,否则要想化解难堪的确也是困难的。

二是以错类比巧转移。有这样一位数学老师，他走上讲台时同学们忽然大笑起来。他莫名其妙，这时坐在前排的一位女生小声说："老师，您的扣子扣错了！"

他低头一看，可不，衣服的第四个扣子扣在第五个扣眼里。批评学生吧？不该。马上改过来好吗？也许可以，不过总有些尴尬。

他灵机一动，微笑着说："老师想心事了，匆匆忙忙赶着来与你们相会。不过，这也没什么好笑的，我想起你们有的同学做作业时，运用算术公式不也这样张冠李戴吗？好吧，下次我们共同注意吧！"

这位教师用自嘲的语言既为自己解了围，还转移了学生对他衣服的注意，起到了相似教育的作用。

把自己失败的经历告诉对方，并不等于自我贬损，相反会使对方戒心大减，在不知不觉中对这个人产生好感，换取心与心的坦诚交往。

三是把道歉之言寄出去。有一次，我和妻子吵架了，闹得很僵，她一气之下搬到朋友家去住。事情已到了这种地步，我束手无策。恰好来了位朋友，见此情景，忙献计献策，要我给"嫂夫人"去书请罪。我依计而行，写了一封信给妻子，向她解释自己近来公务繁忙，不能多分担家事，全靠她一个人操劳，并表示感谢她的支持；接着又说自己这几天心情烦躁，说话有点儿"冲"，伤害了她的感情，诚恳地请求原谅；最后向她表达了我不变的爱，并希望她能早点儿回来，我和孩子都离不开她。妻子接到信后，当天就高高兴兴地回来了。

后来每想到此事，我都很庆幸自己采纳了朋友的建议。也许，我们都会碰到这种情况，有些话难以启齿，当面说更不便，于是借助书信语言，给对方一个缓冲的余地。这种方法不仅能让你毫无顾忌地袒露内心的看法和情感，而且有利于事情的解决。

四是一杆到底扎入位。梯子抽上了屋，还扎下竹竿子，多有威力啊。在不经意间，错话说出口，有时不利及时更正，不如有意在错的地方大做文章，使听者随之进入新的情境中去，使自己顺利摆脱难堪的场面。

老王的同学到家里来聊天，两人在客厅里天南地北地聊着，不知不觉已经到了用晚餐的时间了。老王五岁的小儿子跑了进来，趴在老王的肩膀上咬耳朵。老王聊得正高兴，很不耐烦地训斥儿子："没礼貌！当着客人的面咬什么耳朵？有话快说！"

小儿子顺从地大声说："妈妈叫我告诉你，家里没有菜，不要留客人吃饭。"一时之间两个大人都愣住了，多尴尬！怎么解释啊！

老王脑筋一转，伸出手来，在儿子的小脑袋上轻轻打了一下，然后说："小笨蛋！我不是告诉过你了？只有在喜欢赌钱、吹牛皮的小叔来的时候，才要跑出来说这句话吗？你怎么弄错了？"

尴尬局面的出现，往往是刹那间的事情，如果缺乏镇静，大惊失色，那只能是手足无措、乱上添乱。所以，遇到这样的场合，首先要做的就是保持镇静，冷静地观察局势，然后随机应变，"上屋抽梯"，应付尴尬。

★不要吝啬自己的恭维

信而安之，阴以图之；备而后动，勿使有变。刚中柔外也。

——《敌战计之笑里藏刀》

笑里藏刀，原意是指那种口蜜腹剑，两面三刀，"嘴里甜蜜蜜，背后动刀子"的做法。在军事上，是运用政治外交上的伪装手段，欺骗麻痹对方，来掩盖己方的军事行动。历代兵书提醒为战者：切不可轻信对方的甜言蜜语、空头支票，要谨防他们暗中隐藏的杀机，可见遭遇此计的失败者并不少见。

想方设法使敌人相信我方充满善意，从而放松警惕。背地里我方积极进行策划谋略，进行充分准备后再发动攻击，但是一定不能让敌人有所察觉而发生变故。这是一种暗藏杀机，表面柔和的计谋。

三国时期，荆州地处巴楚中心，自古以来就是兵家必争之地。三国时期，蜀、吴两国为了这块地盘费尽心机。

公元217年，鲁肃病死，孙、刘两军联合抗曹的蜜月期终结，关系渐趋冷淡。孙权对荆州向往已久，伺机收归己有。当时关羽镇守荆州，防守严密，孙权一直没有机会下手。突然得到情报，关羽奉命发兵进攻曹操控制的樊城，临行前特意在公安、南郡两地布置了兵马，保卫荆州。孙权手下大将吕蒙认为夺取荆州的时机已到，因为自己重病在身，建议孙权派当时毫无名气的青年将领陆逊接替他的位置，驻守边防口。

陆逊上任后，并没急着策动战争，反而给关羽写了封信，极力夸耀关羽，称关羽功高威重，可与晋文公、韩信齐名；自称一介书生，年纪太轻，难担大任，要关羽多加指教。关羽这个人本来十分骄傲自负，目中无人，读罢陆逊的信，仰天大笑，说道："无虑江东矣。"马上从防守荆州的驻军中调出大部人马，一心一意攻打樊城。陆逊密切留意着关羽的动向，暗地派人向曹操通风报信，约定双方一起行动，夹击关羽。

当关羽在樊城激战正酣之际，孙权派吕蒙为先锋，火速杀奔荆州。吕蒙将精锐部队埋伏在改装成商船的战舰内，日夜兼程，突然发动进攻，很快突破蜀军防线。关羽得讯，急忙回师，但为时已晚，孙权大军已占领荆州，关羽只得败走麦城。

生活中活用此计，不能把"刀"理解为真刀，那样会伤人自伤的，"笑"是一种手段，例如恭维、赞扬等一样，而意图是说服对方、笼络对方等等，而非像"刀"一样杀人。但反过来，我们也要清醒地意识到，不要以为冲你微笑的人就是好人，给你好处的人便是菩萨心肠。在利益社会，还是小心"笑里藏刀"为好。

1.说恭维话,让人产生满足感

会说恭维话的人在这个社会上,肯定比较吃香,在各种场合能游刃有余,因为我们身边几乎任何人都爱好虚荣,都爱听恭维的话。当他听到别人恭维的话时,心里总是非常高兴,满脸堆笑,口中连说:"哪里,哪里,我没你说的那样好!""你真是很会说话!"即使事后冷静地回想,明知对方所讲的是恭维话,也还是没法抹去心中的那份喜悦。由此看来,爱听恭维话是人的天性,虚荣心是人性的弱点。当你听到对方的吹捧和赞扬时,心中会产生一种莫大的优越感和满足感,自然也就会高高兴兴地听取对方的意见了。

相信你会有这样的体验:当你到私人商摊处买衣服,在你试衣时,店老板肯定就来话了:

"啊!真漂亮!穿起来非常合身,大方,有风度,就像量着你的身材定做的一样。你比以前年轻多了。"

本来你是不想买那件衣服的,却因老板的恭维,买了回来。

第二天,你神气起来,可是穿了不到两个小时,某条缝线断了,裂开一个大洞。此时,你才骂他是个"骗子"。然而,又有何用呢?

也难怪吉斯菲尔伯爵说:"各人有各人优越的地方,至少也有他们自以为优越的地方。在其自觉优越的地方,他们固然喜爱得到他人公正的评价。但在那些希望出人头地而不敢自信的地方,他们尤喜欢得到别人的恭维。"

有一位非常精明强干的人叫沃普尔,吉斯菲尔对他评价道:"他的才干是不容别人恭维的,因为对于这一点,他自己知道得很清楚。但他有常常爱好而且经常与人交谈的话题。由此可以证明,这是他的弱点所在。"

吉斯菲尔进一步指出:"你若想轻易地发现他人身上最普遍的弱点,只要你观察他们最爱谈的话题即可。因为言为心声,他们心中最希望的,也是他们嘴里谈得最多的,但就在这些地方去搔他,一定能搔到他的痒处。"

凯雷的经验告诉我们,几句恰到好处的恭维,之所以起到金石为开的作用,皆因他能找到各种不同的典型人物所喜爱的虚荣。

菲德尔费电气公司的约瑟夫·韦普先生就用恭维的办法,使一个拒他于千里之外的老太太十分乐意地与他达成了一笔大生意,顺利地完成了推销用电的任务。

那天韦普走到一家看来很富有的整洁的农舍前去叫门。当时户主布朗肯·布拉德老太太只将门打开一条小缝。当她得知是电气公司的推销员之后,便猛然把门关闭了。韦普再次敲门,敲了很久,大门尽管又勉勉强强裂了一条小缝,但未及开口,老太太却已毫不客气地破口大骂了。

经过一番调查,韦普又上门了,等门开了一条缝时,他赶紧声明:"布拉德太太,很对不起,打扰您了,我的访问并非为电气公司,只是要向您买一点鸡蛋。"老太太的态度温和了许多,门也开得大多了。韦普接着说:"您家的鸡长得真好,看它们的羽毛长得多漂亮。

这些鸡大概是某名种吧！能不能卖一些鸡蛋呢！"

门开得更大了，并反问："您怎么知道是某名种的鸡呢?"

韦普知道，恭维之计已初见成效了，于是更加诚恳而恭敬地说："我家也养了这种鸡，可像您所养的这么好的鸡，我还从来没见过呢！而且，我家的鸡，只会生白蛋。附近大家也都只有您家的鸡蛋最好。夫人，您知道，做蛋糕得用好蛋。我太太今天要做蛋糕，我只能跑到您这里来。……"老太太顿时眉开眼笑，高兴起来，由屋里跑到门廊来。

韦普利用这短暂的时间瞄了一下四周的环境，发现这里有整套的奶酪设备，断定男主人定是养牛的，于是继续说："夫人，我敢赌，您养鸡的钱一定比您先生养牛的钱赚得还多。"老太太心花怒放，乐得几乎要跳起来，因为她丈夫长期不肯承认这件事，而她则总想把"真相"告诉大家，可是没人感兴趣。

布拉德太太马上把韦普当作知己，不厌其烦地带他参观鸡舍。韦普知道，他那恭维的话已渐入佳境了。但他在参观时，还不失时机地发出由衷的赞美。

赞美声中，老太太毫不保留地传授了养鸡方面的经验，韦普先生极其虔诚地当学生。他们变得很亲近，几乎无话不谈。赞美声中，老太太也向韦普请教了用电的好处。韦普详细地予以说明，老太太也听得很虔诚。

两星期后，韦普在公司收到了老太太的用电申请。不久，老太太所在地申请用电者源源不断。老太太已成为韦普先生的热心帮手。

由此可见，一句恭维的话，犹如一泓清泉，透彻、晶莹，沁人心脾。流经之处充满了温馨与滋润。它不仅在人与人之间吹散了冷漠的雾霭，而且让友谊得以加深，让工作一帆风顺，让交际更得人缘。

与人交谈，适当掺入一些恭维的话，双方的感情和友谊会在不知不觉中得到增进，而且会调动交往合作双方的积极性。

有位年轻导演，在重拍镜头时，总先称赞所有的工作人员："嗯，好极了，现在我们来个稍微夸张的演出。"经他这么一说，没有人会表示反对，自然地就接受了导演的指示。因此，温柔地褒奖他人会让对方产生接纳的态度。恭维是博取好感和维系好感最有效的方法，它还是促进人继续努力的最强烈的兴奋剂，这是由人性的本能所决定的。

2.先出示刀，再微笑

"笑里藏刀"之计，也可以颠倒顺序来用，即先以不友好的脸对人，接着以笑脸对人，前者是明处使"刀"，后者是暗中使"刀"，目的还是实现真正的谈判意图。

美国富翁霍华·休斯有一次为了大量采购飞机，与飞机制造商的代表进行谈判。休斯要求在条约上写明他所提出的 34 项要求，其中三项要求是没有退让余地的，但这对谈判对手是保密的。对方不同意，双方各不相让，谈判中冲突激烈，硝烟四起，竟发展到把休斯赶出了谈判会场。

后来，休斯派了他的私人代表出来继续同对方谈判。他告诉代理人说，只要争取到

34项中的那11项没有退让余地的条款就心满意足了。这位代理人经过了一番谈判之后，争取到其中包括休斯所说的那非得不可的11项在内的几项。

休斯惊奇地问这位代理人，怎样取得如此辉煌的胜利时，代理人回答说："那简单得很，每当我同对方谈不到一块儿时，我就问对方：'你到底是希望同我解决这个问题，还是要留着这个问题等待霍华·休斯同你解决？'结果，对方每次都接受了我的要求。"

显然，休斯的面孔及其私人代表的面孔分别看来并无奇异之处，合二为一则产生了奇特的妙用，这便是唱红白脸的奥妙所在。这种策略的做法是，先由白脸出场，他采取咄咄逼人的攻势，提出过分的要求，傲慢无礼，立场僵硬，让对方看了心烦，产生反感。然后，红脸出场，他以温文尔雅的态度、诚恳的表情、合情合理的谈吐对待对方，并巧妙地暗示，如果他不能与对方达成协议而使谈判陷入僵局，那么白脸先生还会再次出场。这番话会给对方心理上造成一种压力。在这种情况下，对方一方面会由于不愿与白脸继续打交道，另一方面会由于红脸的可亲态度而同红脸达成协议。

先是虚张声势："如果不接受此种条件，一切免谈。"先来个下马威，而如果此招不成，就开始以"退出谈判"要挟，最后伎俩难以得逞，就转为甜言蜜语，嬉皮笑脸，先硬后软。

例如，为某项目支付条件的谈判：

买方代表先开谈的是总裁助手，他说："一个月必须把款打到我们的账户上，否则我们只有另找他人了。"

卖方："嘿嘿，你逼人也太急了。我们也不是第一回合作，打一半款不行吗？要信得过我们，不就是分批付款吧。何况也不是下次不做生意了，你们怕什么？"

买方："不行，这次可是让你们大有赚头的生意，我们让利得太多，许多公司没跟我们谈就先把款打过来了。"

卖方："袁先生，你让一让吧。"

僵持了一会儿，这时买方总裁说："款得一个月打给我们，老袁，就让一让吧，少了80%，如果这种方案达不成协议，我们不必继续谈判。"

卖方立刻答应："好的好的就按田总说的，我们打80%的款，剩下的下个月付清。走，吃饭去，陪你们好好地喝一下。"

买方主谈先让其助手与卖方交锋，出的支付条件苛刻。在双方苦战多时后，买方主谈才开口谈话，以比较"体谅"的态度看问题，从"中间人的角度"，建议"他们二者"都做必要的让步，并提出自己的方案，声明："如果这种方案达不成协议，我们不必继续谈判。"

卖方正在苦恼之时，有些"松动"的态度，自是欣喜。这样，只做了小的修改，即达成协议，而买方所得的条件也比原来预想的好许多。

在此例中，买方主谈的话里软中带硬，红白脸相兼，好像"若达不成协议，你们不必继续谈判"的样子，因为他的助手唱的是"白脸"鹰派人物，他是"红脸"鸽派人物，即"笑里藏刀"如果在这儿不能解决问题，在他的助手那儿，就更有好瞧的了。这样迫使对方在此

國學智慧全書

兵學智慧

了结谈判。

扮"鹰派"的人既要"凶",态度强硬,寸步难让,但又应处处讲理,绝不可蛮横。而外表上也不是高门大嗓,唾沫横飞,这属"俗相"。"鹰派"也不一定老是虎着脸,也可以有笑容,只是"立场"要硬、"条件"要狠。

扮"鸽派"的红脸为主谈或负责人,应该善于把握火候,让"白脸"能够下台,及时逼迫对方就范。

如果是一个人同时扮演"红白脸"的角色,一定要机动灵活,发起强攻,声色俱厉的时间不宜过长,同时说出的"硬话"要给自己留有余地,不然反倒会把自己弄得很被动。万一冲动之下,过了头而陷入被动,此时最好的解决办法是"休会"。

3.摆出一副无知者的样子

"笑里藏刀",这"笑"可以是傻笑、痴笑。反正笑是借用的一种假象,只要能蒙住对方就行。谈判桌上往往看似愚笨的一方占到便宜;言语笨拙的一方往往胜过口齿伶俐的一方。

所以,有必要试着去说:"嘿嘿,我不知道""嘿嘿,我不懂""嘿嘿,帮帮我""嘿嘿,我不清楚你的意思"等等,不妨将这些词句适当插入你的需求中。试着回想以往谈生意时你与反应迟钝的人是如何交涉的。你那灵活的比喻生效吗? 面对低能儿,天花乱坠的数据对他都等于零。显然你的才干在这种情况下完全失效。

每次向聋哑人回答问题时,人们总是提高音量,又比又划的。为什么这样? 这大概是急于替他们解决问题吧。

"傻笑"的弱者往往在交涉中达到目的。通知客户超过了分期付款的期限,贷款者答道:"接到你的电话真好,我的财务正好有大麻烦,事实上,除了你能降低利息并且延后一年再付的话,破产是唯一的途径了。"

另一种方法是在谈判中用弱智儿童的声音说:"我们不懂。"尤其当你与不同文化背景的人交涉,语言成为障碍时,特别强调这点原因,是因为多年以前有三位日本绅士代表日本航空公司,用这种策略对付大批的美国公司代表。

美国公司代表以压倒性准备资料淹没了日方代表。会议从早上八点开始,进行了两个半小时。用了图表解说、电脑计算、屏幕显示,以各式的数据资料来询问日方的价钱。在会议室里,迪斯尼乐园也没有这么热闹。

在整个游园会式的过程中,三位日本代表只是静静地坐在一旁,一句话也没说。终于,美方的负责人关掉了机器,重新扭亮了灯光,转向日方代表:"意下如何?"

一位日方代表斯文有礼,面带微笑地说:"我们看不懂。"

美方代表的脸色忽地变得惨白,说:"你说看不懂是什么意思? 什么地方不懂?"

另一位日本代表也斯文有礼,面带微笑地说:"都不懂。"

这时,美方发言人带着心脏病随时会发作的样子问道:"从哪里开始不懂?"

第三位日本代表以同样方式慢慢答道：“当你将会议室的灯关上了之后。”

美方代表解开了领带，斜倚在墙边，喘着气问：“你们希望怎么做？”

日方代表同声回答：“请你再重复一遍！”

这时谁是鱼饵？是谁在愚弄谁？谁会将秩序混乱而又长达两个小时的介绍重新来过？美国公司终于不惜代价，只求达成协议。

国际间的谈判也是一样。在印度获得独立之前，它对英国采取的策略是反暴力、不抵抗。印度人在放弃自尊、承担懦夫的名义时，同时也强迫英国背负着欺压弱小的名声。英国的压力愈严厉、愈冷酷，印度人愈是和蔼平静地承受，不反抗终究达到了它的目标。

人们为了虚荣和自尊的需要，往往对弱者表现出异乎寻常的大方，殊不知对方竟是一只笑面虎。

★学会表达和理解多层意思

备周则意怠，常见则不疑。阴在阳之内，不在阳之对。太阳，太阴。

——《胜战计之瞒天过海》

军事防备十分严密时，往往容易麻痹大意、松懈轻敌；平日里看惯了的事物，我们就不会去怀疑它。然而秘密往往隐藏于公开的事物中，司空见惯的现象中也许掩藏着最隐秘的计谋。瞒天过海，关键在于一个“瞒”字，瞒敌、瞒友、瞒亲人、瞒上司、瞒下属……阴毒也好、善意也罢，目的还在于“过海”。善瞒者，谋略成竹于胸，而不露丝毫破绽，功成计毕。

运用瞒天过海之计，行动要快，以免识破。春秋时期，晋公子重耳流落到齐国，由于娶了齐国公主齐姜做老婆，衣食无忧，渐渐忘弃了复国的重任。跟随重耳逃亡的九个晋国臣子个个怀有安邦定国之志，时刻盼望着祖国的复兴，“主子”的言行令这些臣子寝食不安，忧心忡忡。

这天，九人来到郊外，希望避开眼线，商量一个唤醒重耳斗志的办法。大家围坐在东门外一片桑树林下，七嘴八舌议论开了。思来想去也没啥好法子，后来有个大臣提议，假意邀重耳到郊外打猎，只要一出城门，便劫他上路回晋国，到那时，他想不走都不行。虽然如此行事有欺君之嫌，但大家都是一片忠心，也顾不得那么多了。

计议完毕几个人便分头行动，不巧的是，大家围坐密谋时，树上有十几个采桑女偷听到了，她们是重耳夫人齐姜的侍婢，自然回去后一五一十报告给齐姜。

齐姜将九臣的言论一字不漏报告给重耳，说：“你的臣子们希望挟持你离开齐国，今天已经在桑树林开过会了,正好被我的奴婢偷听到,我害怕她们口风不紧传出去惹麻烦,已将这些人全部杀死,公子还是和臣子一块去吧!"

重耳心里不高兴,叹息道:"过去的事就让它过去吧,现如今生活平静,衣食无忧,又有夫人相伴,不想再过颠沛流离冒风险的日子!"

齐姜虽然是一介女流,却是个知书识礼、看重气节的人,她也希望丈夫不负众望,重振晋国,建立自己的功业,重耳的话如凉水浇心,齐姜感到失望和无奈。

次日一大早,几个大臣依计来朝见重耳,请他出去打猎,重耳尚未起床,便佯称身体不适,将这班人打发走了。这时齐姜主动将几个大臣叫进来,一聊就知道有共同的心愿,齐姜诚恳地说:"诸君为了公子,抛妻别子四处流浪,目的无非为了晋国复兴,今晚我设法灌醉公子,你们连夜载他出城吧!"众人十分感动,连连作揖道谢。

当晚,齐姜与重耳对饮,故作凄楚状:"我知道公子将要远行,特给你饯行啊!"

重耳气愤道:"夫人不要听那些臣子们胡说八道!人生在世,不外乎几十年光景,得过且过吧,何必放

重耳

着安逸日子不好好享受呢?"重耳爱怜地将齐姜揽到怀里,深情地说:"我怎么舍得下夫人呢!"

齐姜嫣然一笑,一双玉臂环着重耳,撒起娇来:"奴婢是故意试探你,我也舍不得郎君,如果你真打算走,这席酒,就算饯别;不走呢,就算预祝我俩永世相亲相爱!"

夫妻俩举杯畅饮,不久重耳酩酊大醉,不省人事。齐姜派人叫来九臣,将重耳用毛毯裹好,抬上马车,连夜直奔城外。马车渐行渐远,齐姜心头一酸,眼泪洒落衣襟……

谈判中不乏"瞒天过海"之计,或阳奉阴违、虚情假意、或暗示转移视线,等等。

1.向对方表达模糊的意见

与人谈话,有时会遇到这样的情况:对方的问题,不好回答又不得不回答。一旦失

言,就会把问题弄得糟糕而不可收场。对此可以运用"瞒天过海"之计来为自己摆脱尴尬。此计的要点是,说模棱两可的模糊话。所谓模糊话,就是不让对方精确地把握答语的含义,增强语言在谈话中的适应性、灵活性和生动性。

有一艘豪华客轮满载游客,即将到达旅游胜地的时候,客轮突然慢慢地停了下来。原来好事多磨,谁也没料到,客轮出了问题。团队成员见客轮迟迟不能启航,急于想到达旅游区的游客心情开始浮躁起来,围着他们的领队,追问客轮何时能够启航,何时能够顺利地到达,有的则进行责问,更有甚者开始"骂娘",情绪激动可见一斑。这时候,他们的领队则镇定自若,面带微笑,不停地向大家打招呼:"请大家别急。客轮只是出了点小问题,不费事的,技术员们正在做检查,一会儿就好,客轮马上就可以启航,马上就可以启航! 为了大家的人身安全,请大家再耐心等待一会儿,再耐心等待一会儿!"她不断地进行重复,游客们的情绪终于慢慢平静下来。

在这里,他们的领队,针对游客的既急于到达旅游区又要一路平安的心理,面对游客的盘问与责备,没有急躁,也没有给出确切的答复,却用一连串的"一会儿""马上"等并没有确指的词语给予承诺,然而正是这一模糊语言的运用,使游客们中途平静地滞留了近一个小时。试想,如果他们的领队在没有把握下,给出明确的时间答复,或者说时间短一些,如"10分钟之后,就可启航。"但是,如果10分钟之后,客轮仍然不能启航,就把自己推向了矛盾的境地,到时再作解释,游客们也不能相信,到那时,怨声再起,更难平复。或者说时间长一些,也只会增加游客们的怨气,于事无补。当然,更不能面对游客的盘问,不给任何的解释。

巧妙使用"瞒天过海"之计,以大智若愚和含糊其词的方法回避对方锋锐。

谈判中,问题的随意性很强,内容无所不包,尤其是在一些质询性的谈判中,经常会碰到一些不能直接回答但又不能不回答,或一时无法回答,但又必须回答的问题。

这时候,谈判者可以巧妙地使用模糊语言进行答对,以摆脱困境。

周恩来总理有一次在印度总统府举行记者招待会。会上有位女记者问总理:"你已是62岁的人了,看上去气色异常的好,你如何注意自己的身体健康? 是否经常运动,或者有特别饮食?"周总理回答说:"谢谢你,我是东方人,我是按东方人的生活方式生活的。"

显然,周总理必须回答这个记者的提问,但又不可能也没有必要将自己的饮食起居规律告诉对方,于是用模糊语言进行了回答,收到了令人叫绝的效果。

谈判中运用"瞒天过海"之计,一定要注意语言环境。在不该用的地方,用了模糊语言,就会影响效果。尤其在与外商谈判中,要慎用某些传递重要信息的模糊语言。

当然,无论什么计策,具体的实施,能否取得最佳谈判效果,这就要谈判者根据不同的情况而定。"运用之妙,存乎一心"。不管运用什么"计",都不能脱离具体情况。

2.运用拖延战术

瞒天过海，是为了更好地拖延时间，以达到谈判的目的。世上事情往往是想得到什么，与其立即表态，不如给自己降降温；把需要说成随便，拖得对方乱了方寸，非急得跳墙不可；对方害怕失去利益，就其声切切地求你了。

"瞒天过海"中的拖延战术，形式多样，目的也不尽相同。由于它具有以静制动、少留破绽的特点，因此成为谈判中常用的一种战术手段。拖延战术按目的分，大致可分以下四种：

一是清除障碍。这是较常见的一种目的。当双方"谈不拢"而造成僵局时，有必要把洽谈节奏放慢，看看到底阻碍在什么地方，以便想办法解决。

当然，有的谈判中的阻碍是"隐性"的，往往隐蔽在种种堂而皇之地借口之下，不易被人一下子看破，这就更需要你先拖一拖，缓一缓，从容处理这种局面。

美国一家公司著名谈判专家 D·柯尔比，曾讲过这样一个案例：柯尔比与 S 公司的谈判已接近尾声。然而此时对方的态度却突然强硬起来，对已谈好的协议横加挑剔，提出种种不合理的要求。柯尔比感到非常困惑，因为对方代表并非那种蛮不讲理的人，而协议对双方肯定是都有利的，在这种情况下，S 公司为什么还要阻挠签约呢？柯尔比理智地建议谈判延期。之后从各方面收集信息，终于知道了关键所在：对方认为柯尔比的公司占的便宜比他们公司多多了！价格虽能接受，但心理上不公平的感觉却很难接受，导致了协议的搁浅。

重开谈判后，柯尔比耐心地向对方进行一番比价算价，使对方知道了双方利润大致相同，消除了心理的不平衡，这样，一个小时后双方就愉快地签订了合同。

在实际洽谈中，这种隐性阻碍还有很多，对付它们，拖延战术是颇为有效的。不过，必须指出的是，这种"拖"绝不是消极被动的，而是通过"拖"——利用时间收集情报、分析问题、打开局面、变消极为积极等，否则消极等待的结果只能是失败。

二是消磨意志。人的意志就好似一块钢板，在一定的重压下，一开始可能还会保持原状，但一段时间以后，就会慢慢弯曲下来。拖延战术就是对谈判者意志施压的一种最常用的办法。突然的中止，没有答复（或是含糊不清的答复）往往比破口大骂、暴跳如雷令人不能忍受要好得多。

20 世纪 80 年代末，硅谷某家电子公司研制出一种新型集成电路，其先进性尚不能被公众理解，而此时，公司又负债累累，即将破产，这种集成电路能否被赏识可以说是公司最后的希望。幸运的是，欧洲一家公司慧眼识珠，派三名代表飞了几千英里来洽谈转让事宜。诚意看起来不小，一张口起价却只有研制费的 2/3。

电子公司的代表站起来说："先生们，今天先到这儿吧！"从开始到结束，这次洽谈只持续了 3 分钟。岂料下午欧洲人就要求重开谈判，态度明显"合作"了不少，于是电路专利以一个较高的价格进行了转让。

硅谷公司的代表为什么敢腰斩谈判呢？因为他知道，施压有两个要点：一是压力要

强到让对方知道你的决心不可动摇;二是压力不要强过对方的承受能力。他估计到欧洲人飞了几千英里来谈判,决不会只因为这3分钟就打道回府。这3分钟的会谈,看似打破常规,在当时当地,却是让对方丢掉幻想的最佳方法。

此外,拖延战术作为一种基本手段,在具体实施中是可以有许多变化的,例如一些日本公司就常采取这个办法:以一个职权较低的谈判者为先锋,在细节问题上和对方反复纠缠,或许可以让一两次步,但每一次让步都要让对方付出巨大精力。到最后双方把协议已勾画出了大体轮廓,但总有一两个关键点上谈不拢,这个过程往往要拖到对方精疲力竭为止。这时本公司的权威人物出场,说一些"再拖下去太不值得,我们再让一点,就这么成交吧!"此时对方身心均已透支,这个方案只要在可接受范围内,往往就会一口答应。

三是等待时机。"瞒天过海"还有一种恶意的运用,即通过拖延时间,静待法规、行情、汇率等情况的变动,掌握主动,要挟对方做出让步。一般来说,可分为两种方式:

一是拖延谈判时间,稳住对方。例如,香港一个客户与东北某省外贸公司洽谈毛皮生意,条件优惠却久拖不决。转眼过去了两个多月,原来一直兴旺的国际毛皮市场货满为患,价格暴跌,这时港商再以很低的价格收购,使东北某省外贸公司吃了大亏。

二是在谈判议程中留下漏洞,拖延交货(款)时间。早在1920年,武昌某一纱厂建厂时,向英国安利洋行订购纱机2万锭,价值20万英镑。当时英镑与白银的兑换比例为1:2.5,20万英镑仅值白银50万两,英商见银贵金贱,就借故拖延不交货。到1921年底,世界金融市场行情骤变,英镑与白银兑换比例暴涨1:7,这时英商就趁机催纱厂结汇收货,50万两白银的行价,一下子成了140万两,使纱厂蒙受了巨大的损失。

总的来说,防止恶意拖延,要做好以下几点工作:

要充分了解对方信誉、实力,乃至实施谈判者的惯用手法和以往事迹;要充分掌握有关法规、市场、金融情况的现状和动向;要预留一手,作为反要挟的手段。如要求金本位制结汇,要求信誉担保,要求预付定金等。

四是赢得好感。谈判是一种论争,是一个双方都想让对方按自己意图行事的过程,有很强的对抗性。但大家既然坐到了一起,想为共同关心的事达成一个协议,说服合作还是基础的东西。因此凡是优秀的谈判者,无不重视赢得对方的好感和信任。

有两家公司的谈判代表刚落座不久,寒暄已毕,还没谈到主题,其中一方是个"谈判专家",他客客气气地说:"今天先休息休息,不谈了吧,我们这儿的风景名胜很多的哩。"当谈判相持不下,势成僵局,他忽然又客客气气地说:"不谈了,不谈了,今天的卡拉OK我请。"于是莺歌燕舞之际,觥筹交错之间,心情舒畅,感情融洽了,僵局打破了,一些场外交易也达成了。这位谈判高手奉行一套,极为有效,许多次谈不下的业务,经他利用拖延战术,最后都获得了成功。

平心而论,场外沟通作为拖延战术的一种特殊形式,有着相当重要的作用。心理学

家认为,人类的思维总是随着交谈对象的身份、交谈场合与环境的变化而改变,你在谈判桌上的心理和在夜光杯前的心理肯定不一样,作为对手要针锋相对,作为朋友促膝交谈,则肯定是另一番心情。当双方把这种融洽的关系带回到谈判场上,自然会消除很多误解,免去很多曲折。

3.领会对方话语中的真实含义

谈判也要防备对方使用"瞒天过海"之计,小心落入陷阱。有些谈判者有话不明说,掩饰其真实的含义,或者故意发出错误的信息,让人产生歧义。这在谈判中十分常见。高明的谈判者会透过字句找出其真实的含义,而不是从字句本身找含义,再做出判断。谈判人员必须意识到,许多时候对方反复讲某些话,每次都大同小异,通常都是想伪装同一个想法。

久经考验的谈判人员也许听过这样的说法:"我们的立场是坚定的,我们信守自己的目标。"其实,这句话通常的意思是:无论怎么让步,要做起来也不是那么容易的。这类话通常出现在谈判的开始,尤其常见于某一方代表公众发表时。

"这个问题带感情色彩,我们希望双方都能注意其他同样重要的问题。"这句话可理解为:我们希望你方表现更大的责任感。

"考虑到我们双方有较长期的联系和共同的利益,我们想提出这一提议,我们认为这一提议是公正合理的。"这句话的言下之意可能是:我们很熟悉你们,知道你们很可能不会接受,不过我们还是要试一试。说这类话的还有这样一些对手,他们试图利用与对方有过的联系,希望以此赢得其他方式得不到的让步。使用"公正合理"这种字眼,显然是想使对方难以拒绝。这当然是一种咄咄逼人的战术,旨在使对方的拒绝显得不公正、不合理。但这种暗示的弊病便是因迫使对方接受而引起对方的反感。"可被接受的"是一个更好的字眼,可用来取代"公正合理"。

"我们知道,你们对我们这一提议很有好感……"这和上面一条大同小异。意为:且让我们瞧瞧,看你们是否接受些什么。在你拒绝了对方第一个提议之后,他们会很快做出下一个提议。然而,你别把对方的这种做法误以为是在让步。通常这是一种有计划的战术,所以你应当提防。

"虽然我们已经解决了重要问题,但还有一些细小的分歧。"对这句话的理解应该是:这一轮谈判似乎接近尾声,但我们还是希望你方有所让步。所谓"细小"的分歧,肯定是不可不解决的问题,貌似细小却关系重要。真正的细小问题是登不上谈判桌的。可以确信,除非那些"细小分歧"得到解决,否则你不可能与对方达成协议。

每个成功的商人都有一套探测对方话意的功夫。在商务谈判中,对方的底价、时限、权限及最基本的交易条件等内容,均属机密。谁掌握了对方的这些底牌,谁就会赢得谈判的主动。

通过交谈获得信息是毋庸置疑的,在谈判初期,双方都会围绕底价、时限、权限及最

基本的交易条件等内容施展各自的探测技巧,下面就有关技巧做一些介绍。

第一种探测技巧:火力侦察法

先主动抛出一些带有挑衅性的话题,刺激对方表态,然后,再根据对方的反应,判断其虚实。

比如,甲买乙卖,甲向乙提出了几种不同的交易品种,并询问这些品种各自的价格。乙一时搞不清楚对方的真实意图,甲这样问,既像是打听行情,又像是在谈交易条件;既像是个大买主,又不敢肯定。

面对甲的期待,乙心里很矛盾,如果据实回答,万一对方果真是来摸自己的底,那自己岂不被动?但是自己如果敷衍应付,有可能会错过一笔好的买卖,说不定对方还可能是位可以长期合作的伙伴呢。

在情急之中,乙想:我何不探探对方的虚实呢?于是,他急中生智地说:"我是货真价实,就怕你一味贪图便宜。"

我们知道,商界中奉行着这样的准则:"一分钱一分货""便宜无好货"。乙的回答,暗含着对甲的挑衅意味。除此而外,这个回答的妙处还在于,只要甲一接话,乙就会很容易地把握甲的实力情况,如果甲在乎货的质量,就不怕出高价,回答时的口气也就大;如果甲在乎货源的紧俏,就急于成交,口气也就显得较为迫切。在此基础上,乙就会很容易确定出自己的方案和策略了。

第二种探测技巧:迂回询问法

通过迂回,使对方松懈,然后乘其不备,巧妙探得对方的底牌。在主客场谈判中,东道主往往利用自己在主场的优势,实施这种技巧。东道主为了探得对方的时限,就极力表现出自己的热情好客,除了将对方的生活做周到的安排外,还盛情地邀请客人参观本地的山水风光,领略风土人情、民俗文化,往往会在客人感到十分惬意之时,就会有人提出帮你订购返程机票或车船票。这时客方往往会随口就将自己的返程日期告诉对方,在不知不觉中落入了对方的圈套里。至于对方的时限,他却一无所知,这样,在正式的谈判中,自己受制于他人也就不足为怪了。

第三种探测技巧:聚焦深入法

先是就某方面的问题做扫描的提问,在探知对方的隐情所在之后,然后再进行深入,从而把握问题的症结所在。例如,一笔交易(甲卖乙买)双方谈得都比较满意,但乙还是迟迟不肯签约,甲感到不解,于是他就采用这种方法达到了目的。首先,甲证实了乙的购买意图。在此基础上,甲分别就对方对自己的信誉、对甲本人、对甲的产品质量、包装装潢、交货期、适销期等逐项进行探问,乙的回答表明,上述方面都不存在问题。最后,甲又问到货款的支付方面,乙表示目前的贷款利率较高。甲得知对方这一症结所在之后,随即又进行深入,他从当前市场的销势分析,指出乙照目前的进价成本,在市场上销售,即使扣除贷款利率,也还有较大的利润。这一分析得到了乙的肯定,但是乙又担心销售期

太长,利息负担可能过重,这将会影响最终的利润。针对乙的这点隐忧,甲又从风险的大小方面进行分析,指出即使那样,风险依然很小,最终促成了签约。

第四种探测技巧:示错印证法

探测方有意通过犯一些错误,比如念错字、用错词语,或把价格报错等种种示错的方法,诱导对方表态,然后探测方利用探测到的信息借题发挥,最后达到目的。

例如,在某时装区,当某一位顾客在摊前驻足,并对某件商品多看上几眼时,早已将这一切看在眼里的摊主就会前来搭话说:"看得出你是诚心来买的,这件衣服很合你的意,是不是?"察觉到顾客无任何反对意见时,他又会继续说:"这衣服标价150元,对你优惠,120元,要不要?"如果对方没有表态,他可能又说:"你今天身上带的钱可能不多,我也想开个张,按本卖给你,100元,怎么样?"

顾客此时会有些犹豫,摊主又会接着说:"好啦,你不要对别人说,我就以120元卖给你。"

早已留心的顾客往往会迫不及待地说:"你刚才不是说卖100元吗?怎么又涨了?"

此时,摊主通常会煞有介事地说:"是吗?我刚才说了这个价吗?啊,这个价我可没什么赚啦。"稍做停顿,又说:"好吧,就算是我错了,那我也讲个信用,除了你以外,不会再有这个价了,你也不要告诉别人,100元,你拿去好了!"

话说到此,绝大多数顾客都会成交。这里,摊主假装口误,将价涨了上去,诱使顾客做出反应,巧妙地探测并验证了顾客的购买需求,收到引蛇出洞的效果。在此之后,摊主再将涨上来的价让出去,就会很容易地促成交易。

第四章　三十六计之经营管理

★理性化的管人方法

宁伪作不知不为,不伪作假知妄为。静不露机,云雷屯也。

——《并战计之假痴不癫》

假痴,指装聋作哑;不癫,指不要张牙舞爪,不要轻狂;云雷屯,出自《易经·屯卦》,指迅猛而激烈的雷云,入冬后屯聚、隐藏了。"假痴不癫"的意思是宁愿假装糊涂也不要贸然行事,切不可假装聪明轻举妄动。静待时机,不要表露计谋,就像冬天的雷电蓄势待发。

清朝名士郑板桥有一句名言——"难得糊涂",流传很广。初看起来,此话说得有悖常理、荒诞不经。当然了,人人都想聪明而怕糊涂,板桥却道"难得糊涂","糊涂"既"难得",就成了珍稀品,成了一种追求的对象。"糊涂"非本意,"糊涂"是一种智慧;"糊涂"的背后是对时局清醒地判断,表面不露声色,实则明明白白,只是时机未到,不如以退为进,争取更大的利益,是为大智若愚者,这是"假痴不癫"的巧妙运用。

海瑞是历史上有名的清官,一生

郑板桥

刚正不阿，不愿趋炎附势，但有一回他也装糊涂，巧治了胡衙内，既伸张了正义，并避开了上司的直接报复和冲撞。为了表达意愿，扮傻未尝不是个办法，无知者无罪，而且不直接点破，留足情面和机会，聪明的对手一看就明，说不准还心存感激呢。

某年秋天，浙江总督胡宗宪的儿子胡衙内带着几个随从，沿富春江游山玩水。胡宗宪是当朝宰相严嵩的党羽，非常有权势。胡衙内所到之处，各级地方官员无不巴结逢迎，争相攀结这棵高枝。胡衙内四处受到吹捧，愈发恣意骄横，作威作福。

这天，胡衙内一行来到淳安县，只见一路冷冷清清，居然没有任何人前来迎接。在馆驿住下后，也不见地方官员过来问候一声。胡衙内觉得受到轻视，勃然大怒，当即命令随从将馆驿吏员捆绑起来，拿起马鞭边打边骂："小爷我从杭州城里出来，一路上哪个不巴结？就连知府大人还为我牵马呢，只有你们淳安这个小小的知县至今未打照面，等我回去后告诉我老爸，定叫你们一个个脑袋搬家。"

胡衙内边打边骂，驿吏被打得皮开肉绽，苦苦求饶，胡衙内根本不住手。就在驿吏奄奄一息时，海瑞带人赶过来，厉声呵斥："谁在本县境内撒野，速速给我拿下。"左右一拥而上，将胡衙内按倒在地，五花大绑捆将起来。胡衙内大声叫道："我是堂堂浙江总督的儿子，赶快给我松绑，否则没有好果子吃！"海瑞故意端详了他一阵，冷笑说："胡总督是国家一品大臣，爱民如子，体察民情，他的公子也一定儒雅文秀，知书识礼，怎么会是你这样胡作非为的恶棍呢？来人呐，将这个冒牌货押下去，好好教训教训。"左右早已憋了一肚子气，狠狠将胡衙内打了一顿。

海瑞又吩咐道："检查这厮的行李，看看有没有违禁物品。"捕班打开一大堆行李箱，一件件银器礼品赫然在目。海瑞喝问道："这些赃物从何而来啊？"胡衙内捂着血淋淋的鼻子，有气没力地回答："都是沿途官员赠送。"

海瑞一拍桌子，冷笑道："大胆狂徒，还

海瑞

敢撒谎狡辩，这样看来你一定是假冒总督公子了。若是胡公子出游，每到一处只是参观名胜古迹，考察民生风情，不会像你这样接受银两馈赠。你骗得了其他知县，却骗不过本官，冒充朝廷大员的公子胡作非为，败坏当朝重臣声名，罪该万死！"胡衙内早已没了嚣张气焰，他吓得浑身发抖，一个劲儿求海瑞手下留情。

海瑞见已达到了惩治效果，故意说："这样吧，既然你冒充胡公子招摇撞骗，索性将你押送到杭州，交由总督大人审理，为总督大人洗刷冤名。"然后他修书一封，说是近日本县

查获一起冒充总督公子四处鱼肉百姓索取钱财的案件，本官深知真正的总督公子勤学不辍，不可能干此营生，幸亏本官及时侦破，现将所骗钱物悉数充公，将骗子押送府上，听任总督大人责罚。

胡宗宪见到鼻青脸肿的宝贝儿子，又读了海瑞的附信，气得一句话也说不出，后来只得将儿子教训了一顿，打掉牙往肚里咽。

经营管理需要清醒的头脑，但是许多时候形势不明，个人准备不充分，装糊涂，以静制动也是一种策略，借此麻痹对手，积蓄力量，保护自己，关键在于敏锐的判断，不妄为，也不妄伪。

1.应对别人的谴责

想做管理工作就不免会出错，除非什么事也不做。一定要正确地去对待自己犯下的错，对方谴责时，虚心接受——这是"假痴不癫"之计的活用。

"不伪作假知妄为"。管理者遇到别人的谴责，不要躲躲闪闪。躲躲闪闪不是处理过失的好手段，开门见山说出事情的真相通常是最好的策略。既然失误已经发生了，领导迟早都会知道，隐蔽一时，或是搪塞将责任推开等，都不是好方法。有种人，出现差错后的第一个反应是逃避，想方设法兜圈子，不想涉及问题，弄巧成拙后让自己反而下不了台。"纸始终是包不住火的"，因此，我们没有必要不坦诚，我们坦白了，反而觉得心里没有压力感和负疚感，这时，我们会发现，问题并不见得如我们预想的那么糟糕和严重。因而开门见山地说出我们的失误和失误的原因，与上司与大家共同讨论是比较好的办法。

鼓起勇气面对现实。管理者需要一点勇气来坦白自己的过错。也许你没有勇气，或者原本也并不想错，错了，已经超出自己的想象，所以不愿检讨自己。多数人在做事之前，想到的是积极的一面，极少会去想"错"。当事情真的出错了，却无法积极面对。

我们需要一些勇气，我们的目的是处理事情，而不能把事情搞大，能这样想的话，就会有勇气。支支吾吾地，会让人感到我们是在"编故事"。而坦白了效果会更佳。详细说明事发背景，我们必须说出引发此事件的背景情况，表达得越仔细越好，包括我们介入此事的时间、心态和认识角度，以及我们当时的计划，以让大家看清真实的一面。千万不要含糊其词，简单地陈述事发背景。

"静不露机"，即不找借口为自己辩护。失败了，还有什么不好张口的呀！我们也不必担心说出真相来，别人会瞧不起我们自己，开诚布公地说出一切，领导会感到我们更有专业道德，我们有承担责任的勇气和精神。

我们不妨提出自己现在的处理意见，并积极听取领导的建议和意见。如果我们是做完了以上步骤，却没有提出方案，领导常常会觉得我们的价值也就那么一点。说不定领导看问题的角度，与我们有很大的分歧。领导在某些方面才是真正的专家。关键是我们能否与他们产生排解问题的共识，不听他们的意见，我们又怎能让他顺心，怎能将工作做好呢？

国學智慧全書

兵学智慧

事后要善于总结。事情做了才会错，不做是绝对没有错的，但在过失中要善于思考，找出其中的教训，并告诉领导，通过说出受到的启示，以让自己的想法和领导的想法保持一致，减少领导对我们的成见。错误也不见得就是坏事。

告诉对方，这件过错是自己的不对，但这件过错中，也有正面的因素，将正面的东西放大出来，让对方真正看清这次过错中，也确实带来了一些好处，让他心理平衡。

在经营管理中做了错事，出现纰漏，给他人造成损失时，为了能够再次获得对方的信任和赏识，我们必须如实反映，恭恭敬敬地对待对方的谴责，并采取相应处理办法、补救措施。以后我们还是可以将功补过的。

2.每个人都比自己"聪明"

管理者真正做到"假痴不癫"，就要贯彻以人为本的方针，在自己眼里没有一个傻瓜，全心全意地去尊重他们。如果眼中无人，自己最聪明，那么遇事就不可能巧妙运用"假痴不癫"之计。

日本索尼公司前总裁盛田昭夫在他的《日本造》一书中曾这样讲过："所有成功的日本公司的成功之道和它秘不传人的法宝，既不是什么理论，也不是什么计划和政策，而靠的是人，确切地说是'爱人'。只有'爱人'才能使你的企业走向成功。日本经理最重要的工作就是发展与员工之间的那种微妙的关系，和员工建立一种情感，把公司建成一个充满感情充满爱的大家庭。"以人为本，对于任何一个企业管理者来说，都是成功的关键所在。

管理者和下属如同一辆车上的两个轮子，其重要性及所肩负的责任是相同的。对于企业来说，最重要和最宝贵的财富就是人才，有了人才，就等于有了新技术、新产品、有了企业的创造力和革新精神，有了企业的生存竞争能力和经济效益。谁拥有最多最好的人才，谁就会在竞争的道路上跑得最快。"人才是企业最重要的资本"，是现代企业管理者的价值观念。

美国麦肯塞公司驻东京办事处前主任鲍罗恩曾经这样说："日本人用了最简单的方法管理着最复杂的机构。日本企业的成功在于：第一，他们把人看作是组织的成员而不是雇员；第二，他们采用分工价值，而不使用严格的程序和控制来指导工作；第三，他们把'远大思想'观点置于企业策略之中；第四，他们乐于听取所有人意见。"

如果将鲍罗恩以上四点再做进一步概括，就是在经营和生产中贯彻以人为本的精神，使企业中的每个员工都把自己当成企业的主人。

成功的企业家都十分懂得关心职工、爱护职工、鼓励职工的创造精神。他们清楚地意识到，企业的经营者只在赢得全体职工的敬仰，才能带领职工勇往直前，扫除企业潜在的障碍。

松下幸之助的经营哲学是爱护职工、关心职工，心里时刻想着职工。他认为"人是事业的根本"这句话，是管理的经典。任何经营，在有了能够尽职尽责的人以后，成功就成为举手可得的事了。他这样写道："组织和手段在经营中固然重要，但这所有的一切都是靠人来实现的。不管有多么完善的组织,有多么先进的技术,如果没有使之发生效力的人,就不能完成其企业使命。说到底一个企业要想对社会做出贡献,让自己昌盛地发展下去,其关键在于爱护你企业中的每一个人。"一个自以为最聪明的人,如何去爱别人,容纳别人? 所以在员工面前,痴一点好,傻一点好。

松下幸之助经常对人这么说,在与对手谈判时,也有想放弃的时候;但当他的心里想到满身油污,努力工作着的年轻员工们的时候,他的心里有一个声音在喊:"我要对他们负责!"有一次,遇上了一个非常能讨价还价的对手,当他想在不亏本的情况下成交时,脑海里立刻浮现出满身油和汗的职工,他想:"我这一点头,怎么能对得起这些拼命工作的职工。"于是,他便将自己的这一想法告诉了对方,对方注视着他,好像是从他的脸上读懂了一种情感,微笑着说:"坚持你出的价格的理由有很多,但你讲的这个理由把我说服了。就按你说的价格,我成交了。"松下幸之助一点也不傻!

3.多检查自己的过失

假痴不癫,是一种主动退让的方式,从而达到息事宁人的目的。做到"假痴不癫",需要用理智战胜冲动。

管理者与人造成冲突和矛盾,要弄清楚是不是一场误会,如果是被别人误会了,要"假痴不癫";如果误会是自己造成的,要主动与人和解。如果用谩骂的方式处理别人对自己的误解,招来的麻烦更大。

拿破仑·希尔幽默地讲述过一件他个人在容忍方面的经历,事情是这样的:

有一天,拿破仑和办公室大楼的管理员发生了一次误会。这场误会导致他们两人之间彼此憎恨,甚至演变成一种激烈的敌对情形。这位管理员为了显示他对拿破仑的不悦,当他知道整栋大楼里只有拿破仑一个人在办公室中工作时,他立刻把大楼的电灯全部关掉。这种情形一连发生了几次,最后,拿破仑决定进行"反击"。某个星期天,机会来了,拿破仑到书房准备一篇预备在第二天晚上发表的演讲稿。拿破仑刚刚在书桌前坐好,电灯熄灭了。

拿破仑立刻跳了起来,奔向大楼地下室,拿破仑知道可以在哪儿找到这位管理员。当拿破仑到达那儿时,发现管理员正忙得很,管理员把煤炭一铲一铲地送进锅炉内,同时一面吹着口哨,仿佛什么事都未发生似的。

拿破仑立刻对管理员破口大骂,长达 5 分钟之久。最后,拿破仑实在想不出什么骂人的词句,只好放慢了速度。这时候,管理员站直了身体,转过头来,脸上露出开朗的微笑,并以一种充满镇静及自制的柔和声调说道:"呀,你今天早上有点激动吧,不是吗?"

管理员的这句话就像一把锐利的短剑,一下子刺进拿破仑的体内。

想想看,拿破仑那时候会是什么感觉。站在拿破仑面前的是一位文盲,管理员既不会写字也不会识字,但虽然有这些弱点,管理员却在这场战斗中打败了他,更何况这场战斗的场合——以及武器——都是拿破仑自己所挑选的。

拿破仑暗自想着:我的良心以谴责的手指对准了我。我知道,我不仅被打败了,而且更糟糕的是,我是主动的,而且是错误的一方,这一切只会更增加我的羞辱。

我的良心不仅在指责我,更在我脑海中安置了一些十分令我难堪的念头,它嘲笑我。我站在那儿发呆。我自夸是个高深心理学的学者,是"黄金定律"哲学的创始人,精通莎士比亚、苏格拉底、柏拉图、爱默生等人的作品,还有圣经;而站在我对面的这人对文学及哲学一无所知,而他虽然缺乏这些知识,却在这一次的口语之中把我打得惨败。

拿破仑转过身子,以最快的速度回到办公室。他再也没有其他事情可做了。当他把这件事反省一遍之后,即刻看出了自己的错误。但是,坦白来说,拿破仑却很不愿意采取行动来化解自己的错误。

拿破仑知道,他必须向那个人道歉,内心才能平静。最后,拿破仑下定了决心,决定到地下室去,忍受必须忍受的这个羞辱。这个决心并不是很容易下的,拿破仑更是费了很久的时间才达成决定。

拿破仑开始往地下室走去,但这一次比上次走得慢了很多。拿破仑不断地在思考,应该如何进行这第二次的行动,以便把羞辱减到最低程度。

拿破仑来到地下室后,把那位管理员叫到门边。管理员以平静、温和的声调问道:"你这一次想要干什么?"

拿破仑告诉他,"我是回来为我的行为道歉的——如果你愿意接受的话。"管理员脸上又露出了那种微笑,他说:"凭着上帝的爱心,你用不着向我道歉。除了这四堵墙壁,以及你和我之外,并没有人听见你刚才所说的话。我不会把它说出去的,因此,我们不如就把此事忘了吧。"

这段话对拿破仑所造成的羞辱更甚于他第一次所说的话,因为管理员不仅表示愿意原谅拿破仑,实际上更表示愿意帮助他隐瞒此事,不使它宣扬出去,以对他造成伤害。

拿破仑向管理员走过去,抓住他的手,和他握一握;拿破仑不仅是用手和那人握手,更用自己的心和他握手。在走回办公室的途中,拿破仑感到心情十分愉快,因为他终于鼓起勇气,化解了自己所做错的事,是"假痴不癫",恰到好处。

当你认为可能自己会被人指责时,不妨"假痴不癫",先数落自己一番。然而人心是很奇特的,当对方发觉你已承认错误时,便不好再多指责。如当你有求于对方时,一开始你就说:"我这可能是无理的要求。"或者说:"我说这些话可能有点让你烦。"此时,即使你说的话确实令对方感到厌烦,对方也不会因此当面指责你。如果反复使用,反而更能加强效果,使对方轻易听完你的要求,并接受你的要求,至少不会指责你。

当你做错了事免不了会受到责备时,何不自己先认错呢?听自己谴责自己比挨别人批评不是好受得多?你要是知道某人准备责备你,你自己先把对方责备你的话说出来,他十有八九会以宽大、谅解的态度对待你。

★ 探测有价值的经营信息

阳乖序乱，阴以待逆。暴戾恣睢，其势自毙。顺以动豫，豫顺以动。

——《敌战计之隔岸观火》

当敌方内部发生矛盾、秩序混乱时，我方应按兵不动，静观其变，等待时机。敌人之间反目成仇，凶相毕露，相互杀戮，最终会自取灭亡。敌人力量削弱后我方再发动攻击，就像《易经》"豫"卦中所述，顺应时势而动，一定会达到满意的效果，切不可操之过急。

东汉末年，群雄逐鹿，混战不休。袁绍占据着北方大部分地区，曹操一直虎视眈眈。后来袁绍死去，幼子袁尚继位。袁家老大叫袁谭，非常不服气，他手下也有不少文臣武将，便想讨伐袁尚，用武力夺取王位。

曹操准备乘机攻打二袁，谋臣郭嘉说："丞相大可不必着急，之所以进攻失利，是因为袁家几兄弟联合起来抵挡我们，如果我们按兵不动，相机行事，形势也许会有转机。"曹操急忙问："先生有什么高见呢？"郭嘉说："袁家老大一定对弟弟继承王位心存不满，要不是大敌当前，两兄弟也许早已开战。我们何不退守一边，等两兄弟自相残杀，等双方消耗得差不多了再发动进攻，夺取冀州还不易如反掌。"曹操接受了此建议。

袁谭开始讨伐袁尚，他对手下人说："我生为长子，却不能继承父业。袁尚乃继母所生，反而继嗣主位，天理何容啊！我实在心有不甘。"谋士郭图心领神会，马上接口说："公子继承王位顺乎天意，你可屯兵城外，然后摆一桌酒宴，借故请袁尚过来饮酒，暗中埋伏刀斧手诛杀之，这样不费太多精力就可接管王权。"

袁尚接到邀请，十分犹豫，谋士审配说："大王万万不可赴宴，这一定是郭图的主意，内中必有阴谋，袁谭对你继承王位非常不满，早已放出风声要取而代之，大王不如借此机会灭掉他，消除后患。"袁尚听计，带着好几万兵马前往攻打袁谭。

袁谭见袁尚非但没有中计，反而气势汹汹地领兵前来，便对弟弟破口大骂："逆贼，你毒死父亲，篡夺了王位，如今又带兵来杀害兄长，实属大逆不道！"说完，兄弟两人策马上前，你来我往厮杀起来。袁谭实力不济，没多久便败退平原。不久，愤愤不平的袁谭率兵寻仇，被袁尚打得大败，再次退回平原。这时审配向袁尚建议，不要给袁谭喘息的机会，应该一鼓作气，彻底击溃敌人。于是袁尚带领兵马，将平原团团包围，昼夜攻打，誓将袁谭彻底铲除。城内粮草日渐稀缺，袁谭急得焦头烂额，感到末日一天天来临。

万般无奈之中，袁谭采用了郭图的计谋，佯装降曹，请求曹操派兵攻打袁尚的老巢冀州。郭图分析，冀州告急，袁尚一定撤兵救援，我军趁机杀出，与曹军两面夹击，大败袁

國學智慧全書 兵學智慧

军,擒获袁尚这厮。袁谭担忧道:"袁尚既灭,曹操怎么对付呢,不会引狼入室吧?"郭图说:"大王请放心,我们可将袁尚旧部进行收编,实力一定增加不少,曹军远道而来,粮草供应不足,不宜久战,时间长了自然不击自溃,我们就可以轻松拿下翼州。"

曹操听袁谭的使者讲明来意,久久不语。谋士荀攸高兴地说:"袁氏占据四州的地盘,拥有数十万兵马,假如兄弟俩结成一心,共图大业,很难说成不了大业。然而当下兄弟反目为仇,自相争斗,袁谭不敌而欲投我,正是我们出兵的大好机会,先除袁尚,再灭袁谭,北方转眼间就是主公的天下呐!"曹操便带着兵马,围攻翼州。

袁尚得知翼州告急,果然撤兵回援。袁谭马上倾全城之兵进行追杀,并策反了袁尚的两名大将吕旷和吕翔兄弟,一起去见曹操,以示诚意。曹操大喜,封吕氏俩兄弟为列侯。为稳住袁谭,曹操将自己的女儿嫁给他做老婆。袁谭成了曹操的女婿,仍然没忘自己的计谋,他请曹操加紧进攻翼州。曹操却以粮草不济为借口,放弃了对翼州的围攻,转而派兵进行后防建设,以便持久作战。曹操命袁谭继续驻守平原,自己退居黎阳。

曹操

袁尚星夜兼程赶回翼州,曹军已经撤退,自己白忙活了一场,而且损失了吕氏两员大将。他郁闷难平,越想越气,决定再度出击,彻底消灭袁谭,以解心头之恨。为防备曹操进攻,袁尚派审配留守翼州,安排武安长尹楷在毛城屯兵阻击,安排沮鹄在邯郸驻兵呼应。一切部署妥当,袁尚率领兵马直扑平原。

曹操得知袁尚的动向,对袁谭的呼救根本不予理会,而是派曹洪领兵直取翼州,自己带兵一举击溃了尹楷和沮鹄的部队,为夺取翼州扫清了道路。袁尚得报,率兵救援翼州,半路上被曹操截住,战败逃往中山。袁谭马上调兵前往中山追杀,袁尚在半路上听说翼州已失,无心再战,逃往幽州投靠袁熙。

"顺以动豫,豫顺以动"。成就一件事,智慧和机缘固然重要,正确掌握时机也很关键。急于求成,欲速则不达,拖拖拉拉,踟蹰不前则可能贻误战机。适时介入,既能彰显力量,又可以较小代价换取利益最大化,何乐而不为之?

1.摸清情势才能有所行动

"阳乘序乱,阴以待逆"。一个人在经营管理中如果不摸清外部环境,随时都可能有危险,一不小心,就有可能陷入被动,因此一定要洞悉对方的情况,并准确地判断其发展

趋势，然后才做出决策。

历史上有不少决策者是因为观察失误、判断不当而招致兵败国亡的。公元前341年，齐国用孙膑的"围魏救赵"之计而解救了赵国。魏国军队进而攻击齐兵。齐国军队又用孙膑"示弱诱敌"之法，第一天挖10万灶，第二天挖5万灶，第三天挖2万灶。魏将庞涓不知是计，误认为齐军三天已逃大半，因而带轻兵紧追，终在马陵遭齐军伏击，大败而亡。魏军的失败在于将领庞涓的观察失误，判断错误。公元前260年，秦军进攻赵国，赵括率赵军在长平反击秦军，秦军假装败走，赵括不问虚实，贪胜直追，陷入秦军包围，绝粮46日，突围未成，最终全军覆没，赵括中箭而死。由此可见，作为谋略者，作为一个指挥员，其观察能力是多么重要，观察水平的高低决定谋略是否正确是否高明，决定着事业的兴衰和成败。

世界著名的石油大王约翰·洛克菲勒21岁的时候，只身一人来到宾夕法尼亚州考察石油的生产情况和行情。

当时，宾夕法尼亚的石油才刚开采一年多，而且石油的用途由于技术的局限还并不广泛，只是当作照明用油和工业润滑油。但是，洛克菲勒看到这"黑色的血液"，凭直觉，他认为这东西将来有不可估量的前途，于是他决定在石油领域好好地干上一场。

洛克菲勒来到产油区调查了好几次，他一向认为办事一定要谨慎，再三了解清楚后才能动手，否则便会失败。他密切地注视着石油的行情，而他的合伙人却早已等得不耐烦了，他催促着洛克菲勒马上进行投资。

"现在还为时过早。"洛克菲勒平静地说，"他们只知道一个劲地抽油，而根本不考虑到市场，照这样下去，不出多久，一定会供大于求，油价一定会跌下去。"

果然不出所料。当时石油需求量很少，但是盲目开采出的石油又太多，这样造成生产过剩，油价一跌再跌。运输也成了石油滞销的一个原因。

这个时候，洛克菲勒了解到产油地正在计划修建铁路，铁路一旦修成通车，运输费自然会减少许多。他觉得时机已经成熟，于是便找克拉克投资原油。

克拉克听了，还以为是洛克菲勒发疯了，不管洛克菲勒如何劝说，如何分析时势，克拉克就是不愿意投资。

于是洛克菲勒找到了英国化学家安德鲁斯。安德鲁斯是个从英国移民的化学家，曾经在大不列颠大学做过油母岩研究。洛克菲勒下定决心要从宾夕法尼亚州的石油宝库中搞出精炼油来。在洛克菲勒说服下，安德鲁斯—克拉克石油公司成立了。

洛克菲勒抓紧时机，大批地购进原油，经过加工运输到各地，这样使他的石油生意日益发展起来。

洛克菲勒确定了必胜的信心，因为他知道，石油工业是一个前途非常远大的领域，不管花费多少代价，一定要掌握公司的领导权。对方价码越抬越高，最后洛克菲勒终于以7万多元的价格买下了石油公司。他接着扩充了炼油设备，日产量增至500多桶。那一

國學智慧全書

兵學智慧

年,洛克菲勒才刚满 26 岁,但是他凭着过人的思维和审时度势的眼光建立起了克利夫兰规模最大、销售总额最多的炼油厂。1870 年,洛克菲勒将企业改组为股份有限公司,即俄亥俄美孚石油公司。到 1879 年,美孚石油公司已控制了美国炼油生产能力的 80%,另外还控制着与铁路相连接的输油管,操纵着铁路运价。从此确立了美孚石油公司在美国石油工业中的垄断地位。

19 世纪末,洛克菲勒感到金融业的重要性,首先在纽约花旗银行进行投资,把它变成了美孚系统的金融调度中心。20 世纪 20 年代,洛克菲勒石油事业的进一步发展,要求有更强大的金融支柱。1934 年,波士顿第一国民银行和大通银行所属的投资银行实现了合并,成立了独立的投资银行——大通国民银行,其实权操纵在洛克菲勒手里。这样,就形成了以大通国民银行为核心的洛克菲勒金融网,使洛克菲勒的石油业和其他企业获得了强有力的金融后台。

洛克菲勒财团在大力扩张石油势力的同时,还把它的触角伸向国民经济各个部门,加紧向其他财团、其他行业渗透,以进一步扩张势力范围,获取更多的利润。

战后,洛克菲勒财团随着自身实力急剧增长,不断把它的势力伸向其他财团,洛克菲勒财团的影响力空前提高。

2.掌握信息,明辨时势

隔岸观火,是对信息的收集与处理,在企业经营管理中,真正的危险不在于管理经验的缺乏,而在于认识不到变化,掌握不了真实正确的信息,不能明辨时势。

宋代沈括所著《梦溪笔谈·权智》中,讲了这样一个故事:北宋名将曹玮有一次率军与吐蕃军队作战,初战告捷,敌军溃逃。曹玮故意命令士兵驱赶着缴获的一大群牛羊往回走。牛羊走得很慢,落在了大部队后面。有人向曹玮建议:"牛羊用处不大,又会影响行军速度,不如将它们扔下,我们能安全、迅速赶回营地。"曹玮不接受这一建议,也不做任何解释,只是不断派人去侦察吐蕃军队的动静。吐蕃军队狼狈逃窜了几十里,听探子报告说曹玮舍不得扔下牛羊,致使部队乱哄哄地不成队形,便掉头赶回来,准备袭击曹玮的部队。

曹玮得到这一情报,便让队伍走得更慢,到达一个有利地形时,便整顿人马,列阵迎敌。当吐蕃军队赶到时,曹玮派人传话给对方统帅:"你们远道赶来,一定很累吧。我们不想趁别人劳累时占便宜,请你让兵马好好休息,过一会儿再决战。"吐蕃将士正苦于跑得太累,很乐意地接受了曹玮的建议。等吐蕃军队歇了一会儿,曹玮又派人对其统帅说,"现在你们休息得差不多了吧? 可以上阵打一仗啦!"于是双方列队开战,只一个回合,就把吐蕃军队打得大败。

这时曹玮才告诉下属:"我扔下牛羊,吐蕃军队就不会杀回马枪而消耗体力,这一去一来的,毕竟有百里之遥啊! 我如下令与远道杀来的吐蕃军队立刻交战,他们会挟奔袭而来的一股锐气拼死一战,双方胜负难定;只有让他们在长途行军疲劳后稍微休息,腿脚麻痹、锐气尽失后再开战，才能一举将其消灭。"

一个优秀的管理者一定要抓信息，收集各种商业情报，这对于做出明确的判断非常重要。

曼哈顿是纽约的首富之区，许多跨国大公司和大银行都在该区的华尔街上。建筑承包商的儿子特朗普，他在读大学时，就把目光盯向了曼哈顿。毕业后，特朗普来到曼哈顿，他喜欢逛街，以此方式了解这里所有的房地产。他年轻、野心勃勃、精力充沛，他要在这里大显身手。

特朗普搬到曼哈顿以后认识了许多人，开阔了视野，了解了许多房地产但仍没有发现自己能买得起的、价格适中的不动产，所以他迟迟按兵不动。到了1973年，曼哈顿的情况突变，由于通货膨胀，建筑材料价格猛涨。更大的问题是纽约市本身的债务，上升到了令人焦虑不安的地步。人们惶惶不可终日，简直不相信这座城市还有前途。在这种不良环境中，房地产开发是凶多吉少。特朗普却从另一个角度来审视纽约市的未来，他的确跟别人一样，看到了该市的困境，但他认为这正是可以大显身手的良机。他觉得曼哈顿是最佳住处，它是世界的中心，纽约不管有多大困难，都会是短期的，事情一定会渐渐改观，这一点他毫不怀疑。

一天，特朗普听到了个信息，康莫多尔的大饭店由于管理不善，已经破败不堪，多年亏损，经营不下去。特朗普脑筋一转，马上想到，那饭店紧靠地铁站，每天成千上万的人从地铁站上上下下，绝对是一流的好位置。

特朗普决定把饭店买下来。他父亲听说儿子在城中买下那家破饭店，吃惊不小，因为许多精明的房地产商都认为那是笔赔本的买卖。但特朗普却跟别人的看法不同，他买下了康莫多尔饭店，投资进行装修，并重新命名为海特大饭店。新装修后的饭店富丽堂皇。它的楼面是用华丽褐色大理石铺的，用漂亮的黄铜做柱子和栏杆，楼顶建了一个玻璃宫餐厅。它的门廊很有特色，成了人人想参观的地方。海特大饭店于1980年9月开张，顾客盈门，大获其利，总利润一年超过3000万美元。

特朗普有了海特大饭店之后又开始寻找更大的发展空间，他把目光落到曼哈顿繁华路段的一座11层大楼上。从1971年来到曼哈顿，他就看中了它，他在日记中写道："今天逛街，我发现一处地方，通过我的眼光看，那是房地产中一流位置，如果在这个位置上建一座摩天大楼，它将成为纽约城独一无二的最大不动产！"

不久，特朗普以2500万美元买下了11层大楼和下面的地皮，把旧楼拆除，建一座高68层的大厦，命名为特朗普大厦。他仍然坚持"变单一功能为多功能"的理念。大厦建造得既富丽堂皇又非常新颖独特。只见沿东墙下来的瀑布，有24米高，造价200万美元。从第30层到68层是公寓房间，站在屋里就可以看到北面的中央公园，东面的九特河，南面的自由女神像，西面的哈得逊河。大楼独具特色的锯齿形设计，使所有单元住宅的主要房间至少可以看到两面的景色。

特朗普建造这幢大厦就是为了吸引有钱人的来住。每套单元售价从 100 万美元到 500 万美元不等。特朗普大张旗鼓地进行宣传，吸引了许多电影明星和著名人士争相购房。特朗普大厦设计住宅单元 263 套，房子还没竣工就卖出了一大半，滚滚钞票进了特朗普的腰包。特朗普闯荡曼哈顿，在短短的十几年里，从一个穷小子变成了一位声名远扬的大富豪。

会把握市场信息的领导者是优秀的领导者，但能够创造市场机会的领导者更是杰出的人才！

3.在观察中悄悄得利

隔岸观火，这个"火"是信息，也是相斗的"两虎"。

20 世纪 80 年代，东南亚各国迅速崛起，经济建设取得令人瞩目的成就，各大跨国公司纷纷将目光瞄准这片充满活力的土地。日本富士现代办公用品公司也有意进入东南亚市场，为此进行了周密的市场调查和准备。富士公司生产的复印机，作为高级办公设备，已经畅销欧美市场，对于东南亚国家而言，虽然是新鲜玩意，但是高速的经济增长率为普及这种高效方便的现代办公设备提供了强有力的保障。一切准备就绪后，公司派藤野先生为业务代表，赴东南亚某国签订代理合同。公司给藤野先生的指令是：只许成功、不许失败。

富士公司在该国物色的合作伙伴是泰恒公司，这是一家办公用品经销商，在当地有一定实力，此前，双方已经进行过多次洽商，泰恒公司对复印机产品也十分看好，认为国内经济的迅猛发展、新公司大量成立为复印机市场提供了强有力的支撑，只要订立购销代理合同，泰恒公司将取得富士产品的独家代理权。

当雄心勃勃的藤野先生走下飞机时，他惊讶地发现，泰恒公司并没有如约派人来接他，心里不由得犯起了嘀咕：难道对方工作疏忽，记错了日子？可两公司签约这么大的事怎么能忘记呢？藤野先生自我安慰，也许是汽车在路上抛锚了吧？一种不祥的预感油然而生。藤野先生在商海中摸爬滚打数十年，开发过不少新市场，接触过形形色色的合作者，直觉告诉他事情有变。他来不及细细思考下去，叫了辆出租车匆匆赶往泰恒公司，以尽快弄个水落石出，找到问题的答案。

当心急火燎的藤野赶到泰恒公司，对方冷冷地说："对不起，藤野先生，我公司已有新的打算，不准备签订这项合同了，很遗憾。"面对这迎面而来的打击，藤野先生黯然神伤。想到临行前公司的嘱托，藤野先生果断决定，不能再沮丧、抱怨下去，唯有冷静头脑，振奋精神，查清事实真相才能解决这个大问题。

藤野先生马上向总部进行汇报，经过调查发现，原来，国内另一家复印机厂商从中作梗，表示愿意向泰恒公司提供性能更优越、价格更低的另外一种型号的复印机，于是泰恒公司改变初衷，放弃了同富士公司的合作。藤野认为，东南亚市场前景看好，必须及时抢占市场，即便付出一定代价也在所不惜。公司总部也认同藤野的判断，但是怎么才能挽回泰恒公司的订单呢？

第二天，藤野先生再次出现在泰恒公司，他直截了当地对公司老板说："您好，总经理阁下，我们已经知道了贵公司改变主意的缘由，在商言商，这完全可以理解，不过，我想告诉给阁下的是，鄙公司同样也可以提供那种型号的产品。"

"哦！"对方惊讶地看了藤野一眼，没有表态。藤野诚恳地说："而且，我们的供货价格将会低百分之三十，你觉得如何呢？"天底下竟有这样的好事情，何乐而不为？泰恒公司马上改变主意，同藤野签订了进货合同，富士公司的产品终于可以进入东南亚市场。

与此同时，在日本国内，富士公司找到那家复印机生产厂家，希望取得东南亚地区独家代理权。生产厂家暗自得意，两家大公司几乎同时找上门，希望代理自己的产品，当然可以乘机抬高身价。于是对富士公司的代表说，对不起，因与其他公司达成协议，授予其在该国的经销权，为了自己的信誉，不能再与贵公司签约。富士公司当然知道其用意，为占领市场，不得不同意了对方昂贵的价码。"隔岸观火"的生产厂家于是坐收渔利。

★巧借外力，制造声势

借局布势，力小势大。

——《并战计之树上开花》

制造声势以慑服敌人。

葱郁的大树并不会引起人们特别的关注，但如果这棵大树上居然星星点点地开满了鲜花，相信所有人在经过时都会停下来看一看，夸赞几句，甚至在以后的几天里还会对别人提起："我那天看到一棵开花的大树太漂亮了！"可以说，大树的成功正源于它懂得为自己制造声势，吸引众人的眼球，以此去创造成功的机会。

人的一生如果光靠老天赐予我们机会，那恐怕到下辈子也与成功无缘，因为世界上的人太多了，机会太少了，连老天也不能做到平均分配，为了让人们明白这个道理，所以有了"守株待兔"的故事，一味地去守望、依赖那些不知何年何月才会降临的机会，往往很难实现最大化的成功。真正的成功者，不但要善于把握机会，更要善于创造机会。

德国大众汽车集团是中国汽车工业最大、最早也是最成功的国际合作伙伴。早在1978年，大众汽车集团即开始了与中国的联系，多年来，大众汽车集团在中国市场中始终处于领先的地位。1984年10月，大众汽车在中国的第一家合资企业——上海大众汽车

有限公司奠基成立,上海大众目前已发展成为中国最大的轿车企业之一。1991年2月,大众汽车在中国的第二家合资企业——位于长春的一汽大众汽车有限公司也是目前国内最大的轿车企业之一。

德国大众的中国之路一贯秉承"技术至上、质量至上"的方针理念,而很多中国消费者愿意为增加的汽车配置和功能付钱,却不愿意为看不见的安全性能买单。为了让中国消费者更全面地了解大众汽车的优良品质和卓越质量,大众公司独出心裁,通过自我解剖来增强消费者对大众汽车的信心。在2005年的长春车展上,大众公司将拆掉外壳的汽车搬上展台,这些如同恐龙化石骨架的解剖车让参观者更直观地了解了大众产品的内在价值。解剖车上的安全件和加强件用不同的颜色标示,消费者可以触摸这些部件,来感受大众汽车的牢固。展厅里还有一些多媒体电脑,详细地介绍大众汽车上的一些隐性功能及其对驾驶性能的影响,让消费者明晰这些无形的价值。此举一出,顿时吸引了众多前来参观车展的人们,他们纷纷挤在解剖车旁,细细了解大众汽车的每一个部件。

这种"树上开花"的宣传方式极大地提高了消费者对大众汽车的兴趣和信任,车展结束后,定购大众汽车的订单就源源不断地"流"入了大众公司。

无独有偶,日本丰田汽车公司同样也采用了"树上开花"的方式为自己的产品做宣传,并取得了令人吃惊的良好效果。

1957年,日本丰田汽车公司将自己的新产品——光环牌小汽车推出面市,但由于质量不过关,给消费者造成了"丰田车质量太次、太不耐用"的印象,使丰田公司的轿车在与美国轿车的竞争中输得一塌糊涂,甚至连"日本国内头号轿车大王"的宝座也被竞争对手夺去。

痛定思痛之后,丰田终于明白了产品质量才是市场最有力的竞争武器。1961年,丰田立志要夺回汽车霸主的地位。为了一雪前耻,丰田公司精心研制出质量优良的新型光环牌高级轿车投入市场,然而由于消费者已经对丰田公司不再信任,所以新汽车的销路不佳,远不如市面上其他汽车公司的产品。

为了挽回声誉、夺回市场,凭借对自己新产品质量的十足信心,丰田公司不惜耗资上千万日元,在日本乃至全世界演出了一场令人瞠目结舌的"质量大考验"。

丰田公司制作了一套名为"考验"的专题节目,在世界各地的电视屏幕上连续播放。在这个专题节目中,丰田公司以广告片"海滨之虎——光环""空中飞车——光环""猛撞油桶——光环""悬崖滚车——光环"等系列广告,向所有人展现了光环小轿车的抗破坏能力,扣人心弦的电视画面令人在惊心动魄、一身冷汗之余不得不叹服于丰田光环小轿车的优异质量。

更令人折服的是,在"空中飞车——光环"一片中,试验汽车的驾驶者居然不是专业特技人员,而只是一位丰田汽车公司的普通职员。当时,光环小轿车以120公里的时速冲出飞车台,汽车腾空而起,在两米左右的高度悬空飞行了大约25米,着地后丝毫无损,照样高速飞驰。消费者不但震撼于丰田汽车的卓越质量,更佩服这位丰田职员勇敢的行为,如果不是出于对自己公司产品质量的高度信任,有谁敢去冒这个险呢?这个惊险镜头在人们心中产生了强烈的刺激效果,"丰田公司的光环轿车不坚固"的成见自然不攻自破,从此无人再提。

通过这场拼命式的飞车试验,丰田车名声大振,光环小轿车的销量在日本轿车市场上更是遥遥领先,跃居日本首位,很快就从昔日的竞争对手手中夺回了"日本国内头号轿车大王"的宝座。

其实,生活中这种凭借制造声势而为自己创造成功的事例可以说是俯拾即是,最关键的一点就是看你有没有制造声势的勇气和眼光,如果你缺少这种勇气,那么就算你手中有个金碗,你也没有胆子把它卖掉,只会抱着金碗活活饿死在家里;如果缺少这种眼光,那么就算是把钻石摆在你面前,你也会把它当成不起眼的玻璃球一脚踢开。

麦德龙集团是世界知名的贸易和零售集团,在中国,麦德龙的名字远远不及沃尔玛、家乐福等国际零售巨头那么响亮,前两个巨头早已凭着超低的价格和对市场的灵敏反应,变成了老百姓家喻户晓的名字。然而德国麦德龙却旗帜鲜明地宣称:"终端消费者不是我们的客户,这是我们跟一般超市最大的不同。"

麦德龙在中国的营销方式沿用了其在国际上运用娴熟的现购自运制。

麦德龙的现购自运制是全世界最成功的专有技术,其特征是进销价位较低,现金结算,勤进快出,顾客自备运输工具、自行将货物运走。现购自运包括进货和销售两个环节。进货时,商品由供货商送货上门,之后麦德龙以现金为货款结算方式,结算时间一般在1~2个月之间。而销售时,则商品以大包装形式摆放在超市的大货架上,由顾客自由选购。货款仍以现金支付,商品由顾客自己负责运输。由此而体现了现购自运制进销价位低、现金结算、勤进快出、降低流通成本、缩短流通时间的诸多好处。

在顾客的定位上,麦德龙也令众多国人瞠目结舌。麦德龙很"霸道"地将自己的服务对象定为企事业单位、中小零售商、宾馆、餐厅、部队、工厂、学校等法人团体,并为这些团体的法人及采购员发放会员卡,每次购物都要凭卡入场,没有会员卡的人很难跨进麦德龙的卖场大门。

事实证明,麦德龙的成功不但得益于它的精准定位,更有赖它敢于制造声势,公开宣称只为机关团体服务。中国是个机构众多的国家,所以市场潜力颇为巨大,而随着现代化进程的发展,中国现有批发系统对这类机构供货服务的缺陷日益突出,批发交易市场越来越无法吸引这些小型团体的注意力,而麦德龙的到来正好为它们提供了一个物美价廉而又具有现代潮流的购物场所。况且麦德龙又"树上开花"地为自己制造了不小的声势,所以更引得众多机关团体纷纷来到这里体验一把"团购会员"的感觉。

制造声势的目的是为了给自己创造机会去获取成功,所以虽然"树上开花"是兵法中的计谋,但用于现代社会的职场和商战中同样可以发挥良好的效应,因为,安心等待机会

降临的人是愚者,用出人意料的方式去创造机会的人才是智者。

　　著名剧作家萧伯纳曾说过一句非常富有哲理的话:"人们总是把自己的现状归咎于运气,我不相信运气。出人头地的人,都是主动寻找自己所追求的运气;如果找不到,他们就去创造运气。"

　　在现实生活中,的确总有一些人每天都在埋怨自己运气不好,不是怪罪父母没有给自己创造更好的条件,就是责备社会没有给自己提供更好的机会,除了感慨自己生不逢时,感慨成功者赶上了好机遇以外,他们没有为自己的成功付出过任何努力、做过任何事情。

第五章　三十六计之用人挖才

★让用人机制真正活起来

有用者,不可借,不能用者,求借。借不能用者而用之,匪我求童蒙,童蒙求我。

——《巧战计之借尸还魂》

"借尸还魂"的本意,是利用那些看似无用之物,达成有用效果。引申开来,即利用假象,创造态势,实现各种目的。有所作为者,不会求助于人;无所作为者,求助于人。利用无所作为者并且顺势控制利用它,就如同我不会向蒙昧者求助,而是蒙昧者向我求助。

此计的精妙处在于借助的只是无用之物,不会引人注意,因而也容易制造假象,麻痹对手。"借尸还魂"这个词只不过是一种计谋的形象化说法而已,它包含着利用某种力量的意思。

用人之道,素为古今中外人们所重视。当今谁还不明白人才的重要？然而更为关键的是你如何去发现人才,去用好人才。这一直难倒了许许多多人,也反映善用人者充满智慧与不善用人者愚笨昏庸的差别来。

当大家都意识到市场竞争就是人才竞争的时候,人力资源部门已成为现代企业的重要机构,展开了激烈的人才争夺战,进行着各具特色的人才培训活动。然而,我们在单纯地做人才战略方案的时候,是否视用人就是利用人的能力专长？还是以自己的价值取向"任人唯亲""以利相交""取我所用"？可以说不少人陷入了狭隘的人才观,在一定程度上漠视了"平等友好地对待人"这一原则,即大人才观的宗旨。

所以,待人态度与方法往往决定了你是否会用人,是否能吸引住人才。其实这一点,有许多著名的典故做了精彩的演绎,例如孟尝君待食客如嘉宾,让他们白吃白喝,养着他们,没有一点急功近利的想法,然而就是这些食客在他陷入危机的时候营救了他,也是这些食客成就了他的道德名声。曹操是个爱才的人,但他仍旧由于待人不慎,让一些人才离他而去,最典型的例子是张松,他兴致蓬勃地投奔而来,目的是向曹操捐献西蜀地图,

可是曹操却以貌取人，瞧不起张松个子矮，且没有一点读书人的气质，于是对张松不理不睬，很是怠慢。这严重地伤害了张松的自尊心，他还击曹操以羞辱性的语言，结果被曹操下令毒打了一顿。张松羞愤地离开曹营，然后朝刘备的驻地而去。刘备盛情款待了他，让张松在两种反差太大的待遇中感到了刘备是个"仁义之君"，于是献上了西蜀地图，结果刘备得了西蜀之地……

　　一个人要干一番事业，用人是门大学问，不敢相信一个高傲冷漠的人，会得到别人的支持，会得到上司的赏识，会得到下属的拥戴。一个人待人以诚，用人以信，结下了好的人缘，办起事来就会左右逢源，需要用人的时候，一呼，即有人才归附。宋江在上梁山之前，无论是对晁盖吴用李逵，还是对武松花容王英，他都以诚敬之心对待，谁有困难就帮助谁，谁手头紧张就送银子给谁，以致结交了许多英雄好汉。他这样做并不是为将来"造反"服务，而是建立人际基础，到了落难时，好汉们赶来相救；他到了梁山后，先坐第二把交椅，晁盖一死，他立即被大家拥立为头领。论武功他在众人之下；论才学，有许多人比他强，然而他的人缘比谁都好，所以用起人来很有说服力、号召力与影响力。

　　一个成功人士，他无疑是个用人高手，更是一个善于待人的能人，否则他吸引不了人才，平衡不了各种力量，发挥不了各自的特长。提起方正集团，人们自然想到了王选教授，他个人获得了"国家突出贡献奖"等诸多殊荣。这是多么得意啊，但是他却不想独占成果，提倡开放、平等的精神，培养年轻人，无私帮助他们进行研究，尊重、鼓励并激发员工的自主性和创新能力。另外，他一直提倡"方方正正做人，实实在在做事"——这正是王选教授和方正人的处世原则与根本。方正云集了一大批优秀的人才，研究成果不断涌现，激光照排系统垄断国内 90% 的市场份额。

　　美国总统林肯说："如果我们能把所有的敌人变成朋友，这难道不是说我们消灭了所有的敌人吗？"孙武说："不战而屈人之兵。"这些话都揭示了待人与用人是相辅相成的道理，你把竞争对手变成自己的合作伙伴，实现了双赢，这自然是最好地利用了对方的力量，减少了对自己的威胁，增强了自己的实力。所谓"育天下英才为己所用"，一个"育"字说明了对于人才，"待"与"用"是缺一不可的。会待人，拥有人才；会用

宋江

人,必然会待人。

1."还魂"于急需的人才

刘备"三顾茅庐",对诸葛亮何等敬重,而诸葛亮"鞠躬尽瘁,死而后已",也报答了刘备的知遇之恩。那些优秀人才是不会只为几个钱为别人卖命的,你想让别人竭诚效力,必须对他们予以足够的尊重。

菲力斯东是美国燧石橡胶公司的创始人。公司刚成立时,设备十分简陋,只有屈指可数的几个工人,而且研制工作进展得很不顺利。

一天,在一家酒店里,菲力斯东遇到了一个落魄的发明家罗唐纳。此人曾取得新式橡胶轮胎的发明专利权,并拿着设计图样和专利证书去找正在开发新产品的橡胶巨子史道夫。罗唐纳满以为能高价卖出自己的专利或得到史道夫合作生产的认可,没想到,他得到的只是一个侮辱。史道夫轻蔑地看了一下他

刘备

的图样,便一下抛在地上,说他是个骗子,随便寻来一些小孩子都可以弄的玩艺儿来骗他的钱。罗唐纳气得眼泪都出来了。为了证明自己不是骗子,他拿出了专利证书。史道夫不屑一顾地瞥了一眼专利证书,揉搓几下又塞进罗唐纳的口袋里,说这是吓唬土包子的,审查专利的都是些外行。

罗唐纳受此大辱,内心很受打击,发誓今后再也不搞发明,终日以酒浇愁,穷困潦倒。

菲力斯东听说罗唐纳有一个发明专利,顿时兴起合作的念头,忙上前与他攀谈。谁知罗唐纳只是冷冷地瞥了他一眼,根本不理睬。因为罗唐纳所受的那次羞辱被人们当成笑谈,使他的性格变得更孤僻,对任何人都不敢信任。

菲力斯东不愿放过这个机会,第二天专程到罗唐纳家拜访,却被拒之门外。

菲力斯东想,一个有才能的人在受到打击之后变得孤傲、冷漠,不是很自然的事吗?那么,自己一定要用诚意打消他的疑心。于是,他蹲在罗唐纳门外,耐心地等待罗唐纳回心转意。他不吃不喝,整整等了一天,又饿又累,几乎支持不住了。

到了下午六点多钟,罗唐纳终于出来了。菲力斯东大喜过望,猛地站起来,正要迎上前去,突然眼前一黑,险些栽倒在地。幸好罗唐纳急步赶到他面前,将他搀扶住。

罗唐纳终为他的诚意所感动,决定帮助他大干一场。后来,菲力斯东运用罗唐纳的发明,制成了蓄气量很大而且不易脱落的橡胶轮胎。产品上市后,受到广泛的欢迎。凭

借这一基础,燧石橡胶轮胎公司迅速发展壮大,成为美国最大的轮胎公司之一。

在现实中,很多老板抱着"我有钱还怕请不到人"的心理,总认为是自己给别人提供了一个工作机会,认为员工理所当然应该竭诚报答自己,对员工的辛劳毫无感激之意。抱着这种雇佣的心态,是用不到优秀人才的。只有抱着合作的心态,以心结心,以情感义,才能真正培养一支忠诚敬业的员工队伍。

艾柯卡是当代最为知名的企业家,经营高手。大学毕业后,艾柯卡曾效力于福特汽车。经过近30年的不断努力,他从一名普通技术人员做起,直至公司总裁。在他担任汽车和卡车部门总裁的十年中,福特公司取得了辉煌战绩,为公司创造了数亿元的利润。艾柯卡的事业如日中天,公司员工都非常敬重他。

但是亨利·福特二世却容不下艾柯卡,他担心艾柯卡太耀眼,就像一个明星,他担心福特家族的事业会被外人所侵吞。20世纪70年代末,艾柯卡不得不离开福特公司。福特二世清除了心病,十分高兴,而对竞争对手克莱斯勒汽车公司总裁李卡多而言,无疑也是个好消息。克莱斯勒这个老牌汽车牌子当时濒临破产倒闭,急需一个卓越人物来担当重任拯救沉船。

李卡多亲自约见艾柯卡,请求他解救克莱斯勒公司,恢复克莱斯勒汽车的荣耀。为表示诚意,他提出自己退位,由艾柯卡出任公司总裁。福特经历让艾柯卡顾虑重重,但是李卡多的真诚终于打动了他,李卡多鼓励他,好好干吧,克莱斯勒的辉煌是你的。艾柯卡接受了挑战,决心拯救这艘即将沉没的巨轮。

艾柯卡进行了大刀阔斧的改革,三年中辞退了35位副总裁中的33位,李卡多遵从承诺,从不发表任何意见,充分保证艾柯卡自由施展手脚。艾柯克的魅力聚集了一大批真正的人才,许多人离开福特公司,汇集到他的身边。他们从艾柯卡身上可以看到希望和前景,可以感受到自信和自豪。艾柯卡重新搭建了公司的管理系统,为每一个人提供施展个人才华的舞台。在艾柯卡的治理下,克莱斯勒汽车公司重新焕发勃勃生机,迅速摆脱困境,跻身美国四大汽车公司之列,创造了企业经营史上的奇迹。

2.好人缘才能借到"还魂"体

用人先做人,既要讲究游戏规则,更要讲世故人情。一味讲规则,板起面孔公事公办;或者,一味讲利害,扳起指头精打细算,一定做不好人、用不好事。

美国哈佛大学教授团曾于1924年在芝加哥某厂做"如何提高生产率"的实验,他们发现,人际关系是提高生产率的关键所在。后来,人们进一步发现,事业成功、家庭幸福、生活快乐都与人际关系密切相关。影响人生成功的因素中,专业技能仅占15%,人际沟通能力要占85%。

好人缘是用好"借尸还魂"计的关键。一个人素质再高,如果他只是将本身的能量发挥出来,不过能比常人表现得好一点而已;如果他能集合别人的能量,就可能获得超凡的成就。要想借人之力,这就要有好人缘。

正因为如此,有好人缘者在社会上越来越受重视。许多公司在招聘高级管理者时,要考查他的人际关系,没有好的人缘,能力再强,不能录用。如在人际关系上有超群的能力,有非常好的人缘,其他条件都可放宽。

凡特立伯任纽约市银行总裁时,他雇用高级职员,首先考查的就是这个人是否具有令人称道的人缘。

莫洛是美国摩根银行的股东兼总经理,年薪高达100万美元。其实他以前不过是一个法院的书记,后来做了一家公司的经理,他实在是人际关系的天才,人缘极佳。他之所以能被摩根银行的董事们相中,一跃而成为全国商业巨子,登上摩根银行总经理的宝座。据说是因为摩根银行的董事们看中了他在企业界的盛名和极佳的人缘。好人缘给莫洛带来的是地位和事业的成功,给公司带来的是良好的经营业绩。

吉福特是一个小职员,后来任美国电话电报公司的总经理。他常常对人说,他认为人缘是成功的主要因素,人缘在一切事业里,均极其重要。

好人缘为何如此重要呢?其实不难理解:一个人缘不好的人,大小事情只能靠自己去做,能力再强,能做多少事?再说,人是社会中的人,生活、办事无时无刻不与人交往,没有良好的人际关系,便不能获得别人的帮助与支持,甚至会处处遇到阻挠,让他有力无处使。反之,一个善于交往、人缘很好的人,就算他能力平平,但他能处处获得别人的帮助,所以,往往是这样的人,办起事来如顺风行船,很容易达到目的。

现代社会发展如此之快,活到老学到老也有学不到的东西,要想做事,只能借他人之力完成。如何才能获得别人的帮助,最基本的条件就是良好的人际关系——好人缘。

好学问不如好人缘,这是世界成功的人士的共识。

著名青年企业家王英俊说,在商场中,你不想在竞争中垮掉,就必须懂得广交朋友,善于用"情"。

王英俊领导的英俊科贸有限公司有很多外国朋友。其中,既有外国企业家,也有外国的一些著名人物,如美国人斯通和日本人竹下登。

英俊公司刚刚成立,王英俊向斯通发出了邀请,他答应斯通:凡有利于中美友好的事,我都做;凡不利中美友好的事,我都不做。从此斯通多次访问英俊科贸公司。在斯通的帮助下,他与世界各国建立了广泛的联系,奠定了事业成功的基础。

王英俊很注意人情的投资,一次,王英俊接待一位从西德来的客人,下飞机时恰逢大雨,那位客人浑身都湿透了。王英俊一见,立刻让人把客人的衣服拿去,弄干、烫平,10分钟内送还。后来王英俊与这位客人的生意谈得非常顺利。

王英俊还特别注重私人友谊的维护,他常常做一些超越公务关系、表示私人友谊的举动。日本企业家竹下登一次对王英俊说,最近一个时期太紧张,突然脱发。王英俊回国后,立即买了20瓶毛发再生精送给竹下登,此外,他还送给一位日本企业家一件中国瓷雕,在一只瓷盒上刻上了这位企业家的照片。这些礼物并不贵重,它只是表示了王英

俊的友情,王英俊称之为"动脑筋的礼物"。

3.寻找"还魂"的对象

"借尸还魂"就是利用一切可以利用的力量。想成就大事的人,最重要的一件事是借助他人之力,扩充自己的大脑,延伸自己的手脚。如果你把借力这件事做好了,哪怕从零起步,你的人生也必可达到常人难以想象的高度。

刘备原本是一个编席卖鞋的小贩,靠的就是借人之力,而三分天下的。他先是投靠军阀,后又桃园三结义。但他最大的成功是聘用了诸葛亮。号称"卧龙"的诸葛亮是荆襄一带的士族首领,具有相当号召力。得到诸葛亮,等于得到一大批文臣武将,刘备的实力因而大增。在这些高级人才的帮助下,他才确立了自己的战略方针,继而一步步走向胜利,最后终于在大西南建立了自己的国家。

通常来说,聘请人比较容易,让人竭尽全力发挥出能量却不容易,这需要很强的领导艺术。首先要敢于信任人,把责权大胆交给那些值得信赖的人,给他们充分施展才华的空间;其次,要对他们做出的业绩给予公平的评价,并支付合理的报酬。这是用人的两个基本原则。

通用汽车总经理斯隆曾说:"把我的财产拿走,但只要把我的人才留下,五年以后,我将使被拿走的东西失而复得。"这句话极其深刻地表明了借用他人之力的重要性。

一个人是否有实力不要紧,只要他善于用人,照样能干成一番大事业。

理查德·西尔斯原先是一个代客运送货物的小商人。后来他开起一家杂货店来,专做邮购业务,即顾客通过邮件订货,他通过邮寄的方式发货。由于资本太少,只能提供有限的几种商品,他做了五年,生意仍无起色,每年只能做三四万美元的业务。他想,必须与人合作,借助他人的力量,才能把生意做大。

说来凑巧,当他萌发出合作的念头后,过不久就遇到了一个理想的合伙人。那是一个月色皎洁的晚上,西尔斯到郊外散步,突然远处传来了马蹄声。不一会儿,一个骑马赶夜路的人来到西尔斯跟前,向他问路。此人名叫罗拜克,想到圣·保罗去买东西,不料途中迷了路,此时已是人困马乏。

西尔斯将罗拜克请到他的小店中住宿。当晚,两人谈得很投机,遂决定合伙做生意,并成立一家以他们两人的名字命名的公司,即西尔斯·罗拜克公司。西尔斯有五年经验,罗拜克实力雄厚。两人联手,可谓相得益彰。合作第一年,公司的营业额达到40万美元,比西尔斯搞单干增长了10倍。

西尔斯和罗拜克都不懂经营管理,做点小生意还能凑合,生意大了就招架不住,两人都有了力不从心的感觉。他们决定寻找一个总经理,代替他们进行管理。

他们费心搜寻人才,终于找到了一个合格的总经理人选。此人名叫陆华德,在经营管理方面很有一套。他们把公司大权全部授予陆华德,自己则退居幕后。

陆华德接受任命后,果然不负重托,兢兢业业地为公司效劳。他发现,做邮购业务与

国學智慧全書

三十六计

传统生意不同,一旦顾客对购买的商品不满意,调换很困难。如果不解决这个问题,很多顾客就会放弃邮购这种方式,公司的发展将受到很大阻碍。为此,陆华德严把进货质量关,决不让劣质品混进公司的仓库,以保证卖给顾客的每一件商品都"货真价实"。

那些厂商认为陆华德对质量的要求过于苛刻,竟联合起来,拒绝向西尔斯·罗拜克公司供货。

这是一个决定公司前途的大事,陆华德拿不定主意,赶紧去找两位老板商量。西尔斯从内心深处赞赏陆华德的做法,给他打气说:"你这些日子太辛苦了,如果能少卖几样东西,不是可以轻松一下吗?"

陆华德受到鼓舞,更加坚定了严把质量关的决心。那些厂商见抵制无效,担心生意被别的供货商抢走,最终不得不接受陆华德的质量标准。

陆华德刻意追求质量的经营策略,使西尔斯·罗拜克公司因此声誉日隆,10年之中,它的营业额增长了600多倍,高达数亿美元。

西尔斯作为一个外行,能够在短短十几年间,从一个微不足道的小商人,变成一个全美国知名的大富豪,得益于他用人的成功。他的用人之法其实很简单:找到一个值得信赖的人,然后授予全权。这正是用人的诀窍。

4.小角色也可借来"还魂"

"借尸还魂"之计所说的"匪我求童蒙,童蒙求我",是指我不能被别人控制,而要设法去控制对方。"童蒙"可以理解为那些默默无闻的小人物。默默无闻的人也许正是有着敏锐目光的不凡之人,等待你去发现。

在一家大型港资企业,有1万多名员工,朱小姐的工作是负责一个成品仓库的进口货物统计。一个部门也有百十号人,一些人对她不是太配合,明明可以由装卸工验点的报告数字,朱小姐只是负责记录,他们却总是让朱小姐自己去点验填数,按道理她完全可以向上司反映,但她只是笑笑,主动去核查验收。一次,出口部转来一批货品,要求马上装箱发往海外。依照惯例,这样的货品已有人核点过数量,统计员只需要照单记录就行,但是朱小姐仍然重新点验了一遍,发现数量好像不对。她告诉负责人,他们都不相信,觉得这么多年来还从来没有过差误,一定是朱小姐的错误,而且,本部门只是负责装箱发运,没有复核数量的责任,朱小姐完全多管闲事。朱小姐也不争,重新复点了两遍,仍然发现数量不对,坚决不同意登记出货。装卸员警告朱小姐,这批货可是发往公司最大的销售商,如果时间耽搁了,谁也承担不了责任。朱小姐坚决不签名,以沉默回应同事们的嘲笑与指责。

第二天,出口部经理匆匆跑过来,焦急地问起那批货品,人们猜想出口部一定是为货物拖延不发着急了,纷纷等着看朱小姐的好戏。当出口部经理得知那批货物还没有发出时,焦虑的神色才轻松许多,连声说,这就好,这就好。原来,由于工作失误,这批货确实短了几个包件,订购这批货品的是公司最大的客户,要求也最为苛刻,如果按这个差错数

国學智慧全書

兵学智慧

量发过去,公司将承担巨额赔偿。幸亏朱小姐不怕别人冷嘲热讽,坚信自己,顶住压力,以一个小角色的风度,避免了一场"大灾难"。

再来看一个小角色的"威力"。百事公司派史坦芬·艾勒到加拿大分公司任总经理,正要离开纽约总部时,副总裁维克把一个很强壮的助手推荐给他。到任后,此人办事很老练,又谨慎,时间一长,史坦芬·艾勒很看重他,把他当作最信任的人使用。

史坦芬·艾勒任期满了准备回到总部。这个助手却不想跟他一起回去,反而要求辞职离开百事公司。史坦芬·艾勒非常奇怪,问他为什么要这样做,那人回答:"我是维克先生身边的助手,跟了他多年,我知道他的为人,他叫我跟着你,无非是把他认为的最好的人带着我,你几年来在加拿大一直为公司忙着,并没有出现什么大差错。我辞职后去老总们面前说你的好话,也就不会让他们怀疑,我是想以后在你手下工作。"

史坦芬·艾勒听后吓坏了,好多天一想到这件事就心神不宁。幸亏自己的确在工作上不敢丝毫松懈,否则这样的公正无私的助手把我在加拿大的所作所为都如实汇报给总裁,我就完蛋了,多吓人啊! 可能职位就难保住了。

这个例子告诉我们,不可轻视身边的那些"小人物",在他们面前表现好非常重要。这些人平时不显山露水,但是到了关键时刻,说不定就会成为左右大局、决定生死的"重磅炸弹"。

当然,这是一家公司的一个事例,但在当今众多部门,确实有不少人被下级认真地监督着,若不知他们的厉害,不把他们放在眼里,或者以为下属只会保护自己,那就错了,往往因此导致自己职位不保。所以在日常工作和生活中,重视下属,讲究和他们说话的策略,是与下属保持良好关系的重要方面。

林顿·海曼先生曾向人讲过他报复主管的故事,我曾经在公司的营销部工作过,受尽了主管的气,后来我找到总裁要求把他调换一份工作,总裁从人事部了解到我过去的业绩不错,便调我做了秘书。按理说,此时营销部主管应该认真反省一下,向我表示一下歉意,可这位主管没把我放在眼里,仍然对我怀恨在心。因此,每当我到营销部了解业务情况要找主管的时候,主管却不予合作,总是装出一副无可奈何的样子,回答说"无法安排"。所以,每当总裁关心到他的情况时,我每每连忙说"不、不",说他工作如何如何的差劲,还目中无人,恶意地对待下属,有着记恨的德性。总裁感到这个主管大脑有问题,不会有能力去发挥团队的作用,于是免去了这位主管的职务。直到最后,主管也没弄清是怎样得罪了总裁先生。

所以说,处理好人际关系绝对不是一桩小事,越是下属越是得罪不得。

平常无论是待人还是用人,一定要记住史坦芬·艾勒的一句话:"把鲜花送给身边所有的人,包括你心目中的小角色。"不要总是时时处处表现出高人一等的样子,要知道,再有能力的人也不可能把所有的事情都办好,再优秀的篮球运动员也不可能一个人赢得整场比赛。在工作中,人的因素至关重要,有了人才会有事业,有情义,同时也会带来效益。

三十六计

181

说不定,你心目中的小角色会在某个关键时刻影响你的前程和命运。

在某一家公司,一个部门的正副经理都是博士毕业生,年龄相仿,经历差不多,都可谓极富才华。不同的是,一位经理为人和善,善于和员工交流。在日常工作中,对下属恩威并施,分寸得当。在业务上严格要求,从不放松,但偶尔出了什么差错,他却总能为下属着想,为下属担担子;出差回来,总是不忘带点小礼物、小玩意,给每一个下属一份爱心。而另一位经理对下属严厉有余,温情不足,有时甚至很不通情达理,缺少人情味。例如一位平时从不误事的下属因为父亲急病而迟到了5分钟,这位经理还是对他进行了严厉的批评,并处以罚款若干。不久,公司内部人事调整,一位经理不但工作颇有业绩,而且口碑甚佳,更符合一个高层领导的素质要求,被提拔为公司副总经理。而另一位经理尽管工作也干得不错,但领导认为他有失人情味的管理方式不利于笼络人心,不利于留住人才,于是取消了原打算提携他的意图。

可见,"小角色"的力量汇在了一起,足以推翻任何一个"大角色"。所以"假尸还魂"不要轻易得罪"小角色",不要与员工发生正面冲突,以免留下后患。要学会与"小角色"合作,"还魂"于他们。不要用轻慢的态度去处理"小角色"的关系,不要等到你需要他们合作的时候才去动员他们。你平时花在"小角色"身上的精力、时间都是具有长远效益和潜在优势的。在不远的一天,也许就在明天,你将得到加倍的报答。

★吸引人才与防范人才流失

敌之害大,就势取利。刚决柔也。

——《敌战计之趁火打劫》

趁火打劫,意即趁乱取胜、趁危获利。此"火"既可为内忧,也可为外患,既可为对手自身引发,也可为策略谋划之。实施之关键,在于发现可用之"火",相机行事,否则将坐失良机。敌人处境困难、形势危急时,可以乘机发动进攻取得胜利。这是强者利用有利时机,战胜对手的策略。

李自成进京后,决策失误,以吴三桂为主要敌手,当李、吴两军大战之时,多尔衮突出奇兵,击溃李自成,占领北京,进据中原,夺取农民军的胜利成果。他的"趁火打劫"之计可谓用得恰到好处。

李自成攻占北京后,为招降明将吴三桂部,命令手下将其爱妾陈圆圆绑架,同吴三桂玩起心理战。岂料吴三桂冲冠一怒为红颜,立毒誓要与李自成奉陪到底,以解夺妻之恨。其时吴三桂统帅10万明军镇守山海关,与40万农民军相比力量仍显单薄,直接出兵胜算

不大,只好广积粮草,等待时机。

山海关外是辽西大地,剽悍的满人驰骋其间,经过多年征战,建立了大清国。广阔丰饶的关内一直让满人虎视眈眈,风雨飘摇的明王朝令大清国蠢蠢欲动。但是碍于吴三桂的 10 万明军挡道,清军一直未敢轻举妄动。

却说吴三桂眼睁睁看着爱妾身陷敌手,生死不明,十分忧急。万般焦虑中,他想到与关外的清军合作。虽然此前双方是战场上的对手,但此刻别无他法,也顾不了那么多,只要能赶跑李自成就行。况且明朝皇帝朱由检已在景山上上吊身亡,大明江山濒临崩溃,必须借助外力平定内乱才能保住明朝江山。

李自成雕像

吴三桂来到大清军营,主管军国大事的摄政王多尔衮亲自出帐迎接。吴三桂看见清军阵容齐整、形体矫健,个个如下山之虎,心里十分欢喜,便向多尔衮表明来意,希望得到援助。

多尔衮暗暗称好,表面却不露声色,故意为难地说:"贵国内乱,作为邻邦本应施与援手,只是大清实力还弱小,兵力不够强壮,如果贸然行事,恐怕救助不成,反而自受其累。看来这事还得先缓一缓,实在对不住了。"

吴三桂当然不愿罢休,竭力游说多尔衮出兵,多尔衮不愿松口。暗地里,多尔衮加紧兵力训练,紧锣密鼓地进行作战准备。他想吊起吴三桂的胃口,趁明庭内乱之际实现入主中原的伟业。

过了些时日,一切准备停当,多尔衮邀来吴三桂,假惺惺地说:"既然将军多番恳求,本帅也为将军诚意所感动,我国愿出援兵救助贵国,即日起就可以启程。"

于是吴三桂带领 10 万明军与多尔衮合兵一处,浩浩荡荡穿过山海关,直扑向关内。李自成闻讯,急令部队在一片石这个地方拦截。临时拼凑的农民军哪能抵挡训练有素的清军铁骑,多尔衮率军一路冲杀,没几日便到了北京城下。李自成见大势已去,弃城而逃,清军占据了北京,迅速在此定都,做起了皇帝,彻底终结了明王朝。

吴三桂如梦初醒,才知引狼入室,酿成大错。但为时已晚,只好归顺清廷,充当了清军平定天下的工具。十数年间,清军长驱直入南方,屠扬州,洗嘉定,明朝遗臣或被收买、或被杀害,清王朝顺利完成统一大业。

现代竞争,是人才的竞争,与其在市场上硬对硬地碰撞,不如把对方的人才挖过来;

或者当对方处于不利之境时,利用自己的种种诱人的条件把对方的人才吸引过来。

1.示利以吸引人才

吴三桂本来有向李自成合作的意图,可是李自成却没有很好地利用吴三桂,结果被多尔衮吸引了过去。如果不是吴三桂的出力,清兵入关就会很困难,至少会推迟入关的时间。李自成不仅不善于向吴三桂示利以诱惑之,反而把陈圆圆给霸占了。相反,多尔衮对吴三桂封官封王,另外,多尔衮对明朝降将洪承畴也是采取诱之以利的办法,美女加官爵,使绝望自杀的老洪还是动了心。

日本企业在挖人上最擅长"趁火打劫"。三菱、三井与伊藤忠这三大商社,一直都是日本年轻人最向往的人生归宿,在针对应届毕业生的就职意愿调查里,这三大商社往往能与松下和新力,在"人气排行前十名"的榜单上风光露脸。网罗人才是最主要的考量,例如名列日本前三大商社怪物之一的伊藤忠商事心里面的盘算,是如何用高价去挖其他公司的人才。

HEAD HUTER 有个很传神的中译名"猎人头",许多人会把从事这种工作的人比喻成秃鹰。秃鹰有着锐利精准的目光、迅雷不及掩耳的速度,被它锁定的目标,很少能够幸免,尽管经过了漫长的等待。

猎人头公司通常采取主动出击,而目标锁定就是第一步。以中高级经理人为主要对象的万宝华企顾问公司经理洪健庭承认,猎人头公司时常会化身为国外知名的市调公司,以搜集企业相关信息为由,找到符合雇主要求的人,并与他直接联络。化身调查是很常见的事,一位曾任职花旗、富邦的高阶主管说,他曾有过猎人头公司化身为政府官员锁定他的经验。

另一方面,广布眼线也是猎人头公司目标锁定的方法之一。有家著名的猎人头公司在许多产业都安排可靠的咨询人员,这些咨询人员大多本身就是该产业的工作者,会提供基本的讯息给猎人头公司,通常包括该产业相当完整的人员名单、公司分布表、组织表及工作任务职能等,目的在于建立直接搜寻、联络的方式。猎人头公司会依照雇主的需求,筛选人才,最后由专业顾问进行约访面试。这些咨询人员对猎人头公司来说很重要,因为相较于未来的工作,无论再缜密的应征过程都是非常短暂的,而如何能判断被猎者是否胜任,这些人就是第一关。

人才数据库是猎人头公司最重要的资产。所以除了主动出击外,猎人头公司也敞开大门,欢迎任何对工作有兴趣的人主动投递履历表。接到雇主需求才开始找寻对象,对现在的猎人头工作而言,是没效率的。

大部分的中、高阶主管或专业人才,都有自尊心及工作敏感上的顾虑,一般的求职管道不是他们的好选择。因此,猎人头公司正好可以满足这些人的需求,成为他们转换工作的一条安全管道。

在上海有一家专门"经营人才"的猎头公司,他们推出了一个"经营人才"的新概念,

一举打破了平时办公室里沉静悠闲的氛围。在娱乐圈,某歌手经过某唱片公司的培训、包装后,全新登场,一炮走红;在足坛,球员转会也是各俱乐部获利的一个重要手段,同时也是球员本人提高身价的一个法宝。然而,这家猎头公司借鉴了这种经纪人的运作手法,利用会员制的活动形式,在高级人才云集的浦东新区,创建了一个叫作"金领俱乐部"的平台,让广大有志于自我发展的年轻人才,通过早期介入,科学地引导,对他们进行全方位、系统化的"一条龙"经营。

"金领俱乐部"是浦东新区高级人才开发公司的一个品牌产品,旨在聚集人才资源,为会员提供相互交流、增进友谊、发展事业的平台。俱乐部采用会员制的形式,以企业中高层知识型管理和技术人才为主要对象,同时,也兼顾到不少博士、硕士以及大学生的需求。据称,俱乐部的成员有"五多":即学历研究生多、专业文凭多、年龄35岁以下多、职务经理人多、思维创新多。

俱乐部的活动一般都采取自助式的,大家可以自由交谈。通过俱乐部这样宽松舒适的场所,不但可以集聚大批高层次人才,还可以通过沟通,彼此了解其他行业的情况,增强凝聚力、有利于自己开阔眼界,也可能给自己的业务和职业生涯带来些机会。

不少企业中高层管理人士,向往那些带有野趣、刺激性较大、与众不同的休闲方式,这可能与他们生活节奏紧张、工作压力大有关。而金领俱乐部正是为了符合广大会员的这一需求,推出"击剑、骑马、高尔夫、攀岩、垂钓、烧烤、摄影、字画、垒球、室内足球"等一系列体现个性、修身养性、享受自然的活动。通过这种方式,似乎更能使会员们的身心放松,才能得到进一步施展。

俱乐部还定期举办名家论坛、联谊酒会等多种形式的聚会活动。名家论坛是从宏观经济、个人创业、风险投资、企业管理、证券金融、新知识等方面切入,为会员提供包括职业中介、生涯计划、政策咨询等多方位的服务。

与一般的猎头公司仅仅扮演一个被动的中介角色不一样,"金领俱乐部"除了为各单位的高层次人才提供特色服务外,他们还将以大学生为对象,从大学的校园开始,就对他们职业生涯进行跟踪开发,实施"包装、咨询、推介"等"一条龙"服务,从踏进大学校园第一天起,新生们就会受到公司的关注。公司将派专人与他们交流,帮助他们明确自己的职业规划;接下来,根据确定的职业发展方向提供有针对性的培训和实践机会。

比如,某人志向是做财务总监,但他现在的能力和资历都还不足,对此,公司就会给会员提供个性化培训,并推荐他先到一些相对低层次的岗位积累经验、提升能力。不仅如此,作为经营人才的一个步骤,他们还将对人才进行储备、集纳,从而帮助他们在与资方的薪酬待遇等谈判中获得主动。

2.防范他人挖走人才

为防范自己的人才被别人"趁火打劫"挖走,就要树立与人才的伙伴意识,最重要的就是要懂得分享,分享成果、分享价值、分享义务和权利。不要等到某事成功之后才让下属们一起分享成功的喜悦，而要在工作过程中与下属们一起分享工作的艰辛，一起分享决策的权力。

威罗比·马柯米克先生是个彻头彻尾的独裁经营者，而且是这类经营者中的精英，但他的管理方法已经远远落后于时代的潮流，加之经营不善，威罗比先生一手创办的世界著名香料公司——马柯米克公司终于面临这样的困境：除非将所有员工的薪水减去10%，否则，公司的收支将无法实现平衡。

雪上加霜的是，就在这个时候，威罗比先生眼看着面临危机的公司，撒手人寰。

临危受命的是老马柯米克的侄子查理斯·马柯米克先生。查理斯先生出任公司董事长，上任，他担心公司员工被别人挖走，立即召集公司全体员工，非常诚恳地说："从今天开始，所有员工的工资均增加10%，工作时间缩短。我们公司的命运完全担负在诸位的双肩上了，希望大家努力工作，力挽狂澜，拯救自己的公司。"

在场的公司员工们简直不敢相信自己的耳朵，个个呆若木鸡，百思不解。因为困难摆在眼前，就当时的恶劣情况而言，将公司员工的薪水砍掉10%尚不足以渡过难关，谁会想到新老总查理斯先生却给大家加薪10%，而且工作时间大大缩短。

当员工们终于明白新老总加薪之举是为了表示他对全体员工的完全依赖时，公司上下立即士气高涨，结果在短短一年时间里，马柯米克公司就扭转了亏损局面。

有个成语叫同甘共苦，一个领导者如果真正做到这一点，它超过其他所有的激励。通过与下属分享艰辛与成功，这使得下属们体验到一种与领导者亲密的伙伴关系，这会从内心激发一种工作激情。

孔子说："道不同，不相为谋。"所以，领导者首先要创造与员工的共同立场。所谓的共同立场，就是领导者和下属之间达成一种默契：上下一心朝着相同的目标奋进；遇到困难时，风雨同舟，互相支撑，共渡难关。如何达成共同立场呢？第一步就是给予利益，可以说，利益是大家心系组织、公司或部门的一条纽带。人人都趋利而动，领导者及时提供奖赏，下属们必然会凝聚到领导者的身边，愿意接受命令指挥。第二步就是要明确地揭示团体的共同利益，从而上下达成共识，团结一心，为实现共同的目标而奋斗。同时，领导者还可以通过寻找与下属们的共同点，以此让他们产生一种"自己人"的意识，从而建立一种彼此信赖的关系。可以说，共同点愈多，关系就愈亲近，效果也就愈好。

美国人寿保险公司的创始人罗伯特·W·麦克唐纳就说："公司不该以通常的方式对待员工，那是不对的，是低效能的。"在美国人寿保险公司里，每名员工都以获得股票买卖权的形式，取得公司所获利润。这种方式使他们比其他同类公司的员工工作效率高、工作效果明显。麦克唐纳说："我们做的业务比其他同类公司大约多98%，而我们的人手却比他们少。这是因为我们的员工都是公司的所有者，他们的利益和公司的利益息息相关，他们经营着公司。"该公司的职工股超过了180万股，即每个员工有4500股。同时，为了提高股价而工作，公司还举办了季度财务简况会，称为"分享财富"会议，并聘请高级

职员讲授市场营销等内容的课程。

其次，要让大家有归属感。例如在企业里，年轻员工的"跳槽"会使企业在人才方面蒙受不小的损失。对于年轻人来说，他们更为注重家庭生活，工作择业的范围扩大了，对工作各方面的要求也变得越来越挑剔，比如工资、住房、人际关系、福利待遇等等。他们对单位的依赖感和亲近感远不如老员工，他们最看重的往往是收入的高低，而不像中年人那样偏向稳定。他们往往在获得了一定的工作经验和能力之后，就会跳到条件更优越的单位去，谋求更好的发展机会。

而对于企业来说，"跳槽"则会带来人才、信息、公关以及正常工作秩序方面的重大损失。因此，如何留住他们，并激发他们的积极性，让他们有归属感便成为一个有待解决的重要问题。

一般来说，受过良好教育的年轻人自尊心强，争强好胜，自我感觉良好，敢于突破各种权威和规章制度的束缚，积极参与和自己有关的各项决定。针对他们的这种特点，让他们产生归属感，激发他们一直为企业工作的关键就是通过分享满足他们的需求，进而从感情上让他们愿意为公司奋斗终生。

可见，上下分享，这种激励，可以让大家拥有一种额外的责任感和心理上的满足感，从而会有效防范人才被他人挖走。

3.要知道什么人才重要

"趁火打劫"挖人，不能乱搞一气，挖人也得讲成本，要看准了什么人才可用财去挖。商界名家柳传志曾经说过："领导人物好比是1，后面跟1个0是10，跟2个0是100，跟3个0是1000。"干事业需要有识人的眼光和用人的胆略，那么，挖选什么样的人才更能获得成功呢？

首先要了解自己需要什么样的人才。人才的类型很多，有精英型人才、大将型人才等等。

精英型人才，一方面努力工作，一方面又有更高的追求；他们有目标、有毅力、致中庸、尚礼义、追求进步、实践创新，勇于向失败挑战并能从失败中总结经验；能为人所不能为，为人所不敢为；身心平衡，头脑机敏；克制自己，关心他人；勇于认错，勤于进取，能屈能伸，不贪不侈。此种类型的人物前途远大。精英型人才，志向远大，眼界开阔，从不计较一些小的得失。他在工作时，不忘掉充实自己及广结善缘。除了完成自己的工作外，他也会帮助别人和指导同事。精英型人才，每到一个地方，不论时间长短，不论地位高低，他都能不知不觉地影响别人，控制群体的行为。"虎行天下吃肉"，指的大概就是这种人。精英型人才，他的见识往往异于常人，思考逻辑方式也有其个人特色。他在时机不成熟时，可以忍耐，不论是卧薪尝胆或是从你的胯下爬过，他都能忍常人之所不能忍。但是，时机成熟，他奋臂而起，如飞鹰冲天，没有人能与之争锋。

不是每一个精英都能成大功立大业的。但是，做人处事自有风格，不卑不亢、不急不

躁是他的本色。

古人说:"千军易得,一将难求。"由于大将型人才在领导者与最基层执行者之间起着纽带和桥梁作用,所以,衡量一个人才是否将才有五个标准:

一是身先士卒,敢于冲锋陷阵。他们愈险愈勇,有献身事业,以身作则的意识,只有自己把精力全部投入到事业之中去,才能资格向自己的部下提出更高的要求。

二是公、明、勤。不明则是非不清,没有明确的意图,会使人无所适从;不勤则军纪弛废,事务得不到认真、及时的处理。将才只有做到公、明、勤,才能带出一支过硬队伍。

三是薄名利。过分追求功名利禄的将才,必然不会很好地控制个人的欲望,当自己的晋升不能如愿时,就会怨气冲天,这样的将才再有才能,他也会影响属下去争抢薪水的高低、待遇的优劣,进而导致为些蝇头小利而伤和气。

四是身心健康。为将之才上要沟通领导,下要联络士卒,既动脑又动手,十分操劳辛苦。如果身体虚弱的人,会因过度劳累而受不了,甚至染病而荒废军务;如果是缺乏精神支柱的人,就会因为时间久了而产生厌烦情绪,离心离德,难胜重任。所以对于将才来讲,体格强健、精神饱满是很重要的。

五是义胆忠肝。将才有高下之分,也各有所长,有的人多谋善断,有的人沉着勇敢,有的人胸怀韬略,有的人身藏绝技,各自会发挥不同的作用,但无论何种人才,若没有起码的义胆忠肝,血气良心,则最终是无法使人信赖和依靠的。

开拓型人才所具备的特点是:不安于现状,总在寻找新的开拓与进取,对现成的制度与做法敢于做大胆的改革、完善工作。这些人是"恒保野性,具有挑战意识的枪手",是不可多得的创新人才。勇于开拓创新是一种可喜的品质。但是,开拓必须具备三个特点:

首先,它必须是敢于创新、大胆改革、积极进取;另外,它必须顺应社会和经济的发展规律,并且在国家宪法和法律允许的范围内进行;第三,必须从实际出发思考问题、处理问题,具有大局观念和长远观念。这三点缺一不可。如果不能创新,则谈不上"开拓";虽有创新,而违法乱纪,则是破坏性的行为,不是"开拓";如果虽有创新,且又合法,但不切合实际,也只能是"空谈",无法实现。

所以,考察一个人的开拓精神,必须从上述三点入手。不具备上述三个特点的"开拓精神",是不可取的。

在一个企业里,一些工作人员的特定才能不为人所知,被无故地浪费掉或未能得到充分发挥,是常有的事。为了企业的利益,管理者应善于挖掘企业里的明星,使之早日为企业服务。明星型人才的特点是:

明星人才必然有取得成就的强烈愿望。他通过更好地完成工作,不断地去寻求发展的机会;能带动别人完成任务,注意是谁能动员别人完成工作任务的,因为这可以显示出他具有组织管理的能力;有许多需要求助于他的人,如果你发现有许多人常听取他的建议、意见和帮助,那他就是你在发现的明星了。因为这说明了他具有解决问题的能力,而

他的思想方法为人们所尊重；能迅速做出决定，是一个能迅速转变思想和说服别人的人。有才干的高级管理人员，能在相关信息都已具备时立即做出决定；能独立解决问题。如果他是一个很能干的人，他从不会去见老板说："我们有问题要汇报。"只有在问题解决了之后，他才会去找老板说："刚才有这样一件事情，我们这样处理，结果是这样。"另外，明星人才比别人进步更快。明星人才能把上级交代的任务完成得更好更快，因为他勤于做"家庭作业"，他随时准备接受额外任务。他认为自己应更深地去挖掘，而不能只满足于懂得皮毛。

有种人才也很难得，那就是"硬汉型人才"。

硬汉型人才有个人原则，不轻易接受失败。他们的个性强烈，有本身的独立主见。他们说话直率坦诚，有时近乎尖酸刻薄，因此经常引起上司的不满和厌恶。公司上层人士亦不时因为这类人才毫无忌讳的批评而深感头痛和尴尬。在一些领导眼中，硬汉型人才是最难对付、最难管理的人。不过这类人优点比缺点多。譬如说，他们头脑清晰、行动敏捷、主意多多。他们全心全意投入工作，而且他们的性格亦能帮助他们把事情做好。

硬汉型人才从不把障碍放在眼里，对他们而言，今天不可能的事就是明天的常规。他们充满冒险精神，但又相当实际，不会因暂时挫折而令他们的情绪不好或一蹶不振，反而会使他们咬紧牙关，再闯难关。

不过硬汉型人才这种态度，肯定会惹来公司内不少懒散职员的讨厌，因为这样形成了强烈的对比，令他们很不好过、面目无光。

身为硬汉型下属的上司，明知他们是可造之才，不妨给他们一些私人辅导，改善他们的硬汉作风，使他们在处理、克服因机构变化造成的困难时更有技巧。

挖人是一门高深学问，反映出你作为一位领导者是否真正成熟。在瞬息万变的时代里，采取过于稳妥谨慎的措施其实最不安全。事物发展一日千里，领导必须反应快捷，不受传统束缚，才能创造新境界。在这一点上，硬汉型人才是极具潜质的。

专家型人才常常是被人挖的对象。专家型人才最大的优点就是精通本行，拥有高深的专业知识和技能，具有很强的排他性，他不但不容易为其他人所代替，而且，对于领导来说，拥有一位专家型下属是不可或缺的。正是下属的这种业务专长构成了对领导的帮助。权力并不是存于领导一人之手，而是分散在各行各业的专业人才手上。这些专家型人才在他自己的专业范围内所提的意见，必定具有一定的权威性，这种权威足以发挥较大的影响力，引起各方面的重视，就是领导也必须放下架子，洗耳恭听。正因为如此，这些专家型人才就拥有了相当大的影响领导的能力，成为被挖的对象。

房子着火了，主人当然知道首先抢什么东西出来，而对于他人，抢什么呢？"趁火打劫"挖人，你得摸清对方的家底，知道他们储备哪些人才，其中哪些人是自己最需要的。

★控制人才不被他人挖走

疑中之疑。比之自内，不自失也。

——《败战计之反间计》

在形势复杂，敌人疑虑重重的情况，再向敌人布下迷惑阵。策反敌人派入的间谍为我服务，可以达到保全自己、争取胜利的满意效果。狐疑者的心理其实十分脆弱，容易丧失理性判断。既然对手已经心生疑问，将计就计趁势加以引导，在其内部制造矛盾，让形势朝有利于己方的方向发展，是兵不血刃的高明战术。

采用反间计的关键是"以假乱真"，造假要造得巧妙，造得逼真，才能使敌人上当受骗，信以为真，做出错误的判断，采取错误的行动。

楚汉相争的初期，项羽在军事上占据优势，但由于陈平等高参辅佐，刘邦施用谋略，逐渐占据了上风。

公元前205年，项羽率领10万大军攻打荥阳。汉军告急，军情谍报雪花般飞到刘邦面前。陈平告诉焦虑的刘邦，项羽手下并没多少可用之才，真正有些谋略的有两人，范增和钟离昧。刘邦赞同地点点头。陈平分析道，项羽十分自负，心胸狭隘，而且喜欢疑神疑鬼，不信任人，大王何不舍弃些黄金，离间项羽君臣，只要敌人内部不团结，就一定会有机可乘，破除楚军进攻。刘邦拍手叫好，拨付了万两黄金交给陈平去促成这件事。

陈平派人秘密拜会了一些熟悉的楚军将士，献上黄金。没过多久，楚营里流传开来，钟离昧身为大将，参战无数，屡立军功，是为项王出生入死过的人，却得不到封王。气恼之下钟将军准备和汉王联手消灭项王，瓜分项王的土地。流言传到项羽耳中，他顿生疑窦，不再重用钟离昧。

项羽

拔除了钟离昧这根刺，陈平把目标转向范增。钟离昧是武将，一个小计谋便让他有口难辩。范增是文臣，足智多谋，当然要多费些工夫。陈平琢磨了很久，终于找到了合适的时机。

这天，项羽的使者来到荥阳，陈平命人好生款待，用招呼诸侯的礼节恭迎来使。使者十分高兴，在盛大的宴席上，他洋洋得意地坐在上席狂吃滥饮。突然陈平走进来，看了他一眼，惊讶地叫起来，哎呀，错了错了。众人惊讶万分，陈平懊恼地说，我还以为是范增的使者呢。说罢命人撤下美味佳肴，换上粗劣不堪的饭菜。使者憋了一肚子气，回去后将这段遭遇报告给项羽，当然免不了添油加醋夸张一番；项羽听了闷闷不乐，范增又拼命催促他攻占荥阳，项羽心里更加怀疑，索性不再听从他的谏劝。范增也不知道怎么回事，一怒之下告老还乡。项羽失去得力助手，没几年便兵败乌江边。

三国时期，周瑜巧用反间计杀了蔡瑁、张允，为赤壁大战的胜利清除了障碍。

这一年，曹操率领 80 万大军，准备渡过长江，占据南方。曹操的队伍由北方骑兵组成，善于马战，不善于水战。正好有两个精通水战的降将蔡瑁、张允，曹操把这两个人当作宝贝，委托他们训练水军。周瑜隔岸观察，见曹军在水中排阵，井井有条，十分在行，十分吃惊，看来要胜曹军，必先除蔡、张二将。

曹操一贯爱才，他知道周瑜年轻有为，是个军事奇才，很想拉拢他。谋士蒋干自称与周瑜是校友，关系不错，愿意过江劝降。曹操大喜，敦促蒋干速速成行，允诺事成之后重重有赏。

周瑜见了蒋干，心里像明镜似的亮堂，他故作亲热地挽着蒋干的手臂，一个劲儿夸奖他。周瑜命令摆下盛大酒筵，让东吴将士济济一堂，陪这位老同学饮酒。宴席开始前，周瑜故作严肃地发言说，今天是老同学重逢，所以只叙旧情，不谈军事，各位将军可听好了，违令者军法伺候。本来蒋干憋了一肚子为曹军歌功颂德的话，见状也只好作罢。

众将士轮流向周瑜和蒋干敬酒，不久周瑜大醉，邀蒋干同床共眠。蒋干没机会劝降，心中不安，久久不能入睡。周瑜鼾声如雷，蒋干辗转反侧，半夜里悄悄摸下床，见床头的办公桌上有一封信，写着"周都督亲启"字样。他心里一动，偷偷打开信封，原来是蔡瑁、张允的密报，约定与周瑜里应外合，击败曹操。蒋干大吃一惊，正踌躇间，突然周瑜说起梦话，翻了翻身子，继续呼呼大睡。蒋干吓出一身冷汗，胡乱收起信笺，躺到床上闭着眼睛想对策。过了一会儿，有人要见周瑜，周瑜起身和来人谈话，还装作故意看看蒋干是否睡熟。蒋干装作沉睡的样子，只听周瑜他们压低声音小声谈论着什么，几次提到蔡、张二人。

蒋干对蔡、张二人和周瑜里应外合的计划确认无疑，连夜赶回曹营，让曹操看了周瑜伪造的信件。曹操勃然大怒，当即杀了蔡瑁、张允。等曹操冷静下来，才知中了周瑜反间之计，但也无可奈何了。

"反间计"是针对"离间计"而采取的一种计策。项羽狭隘自负，自己葬送了自己；曹操轻信蒋干，怒杀得力战将。一个成功者必须具备良好的性格，最容易被打败时往往并非身体虚弱，而是心理出现疾患的时候。

1.以信任应对"离间"

信任是领导者走向成功的第一步。要相信下属是忠诚的,相信彼此之间是精诚合作的,这对于领导工作有百利而无一害。这是最好的"反间计",否则别人就会用"离间计"挖走你的人才。

做好"反间计",当然是"篱笆扎得紧,野狗钻不进"。这篱笆就是"信任"。信任,不能仅仅把它放在口头上,要把它牢记于心,并时时处处做到这一点,这才是一个领导者的英明之举。

战国时,魏国的国君魏文侯打算发兵征讨中山国。有人向他推荐一个叫乐羊的人,说他文武双全,一定能攻下中山。可是有人又说乐羊的儿子乐舒如今正在中山国做大官,怕乐羊不肯下手。后来,魏文侯了解到乐羊曾拒绝了儿子奉中山国君之命发出的邀请,还劝儿子不要跟荒淫无道的中山国君跑,魏文侯于是决定重用乐羊,派他带兵去打中山国。乐羊带兵一直攻到中山国的都城,然后就按兵不动,只围不攻。几个月过去了,乐羊还是没有攻打,魏国的大臣们都议论纷纷,可是魏文侯不听他们的,并不断地派人去慰劳乐羊。一个月后,乐羊发动攻势,终于攻下了中山国的都城。魏文侯亲自为乐羊接风洗尘,宴会完了之后,魏文侯送给乐羊一只箱子,让他拿回家再打开。乐羊回家后打开箱子一看,原来里面全是自己攻打中山国时,大臣们诽谤自己的奏章。

如果魏文侯听信了别人的话而沉不住气,中途对乐羊采取行动,那么自己托付的事无法完成,而且双方的关系再也无法维持下去了。信人之术,其精要就在于此。

每个人都有自己的标准,下属也不例外。当下属用自己的标准判断某件事的时候,作为领导者不要立即怀疑下属判断的对错。毕竟,你也是在用自己的标准评判下属!正确的做法是:当下属的标准和你的标准不一样时,首先要信赖下属。

福布斯集团拥有《福布斯》《美国遗产》杂志以及 14 份周刊,其中《福布斯》杂志乃是全球最著名的财经杂志之一。福布斯集团之所取得如此骄人的成就,得益于他们坚定不移地推行"用人不疑"的原则。

在福布斯工作的人都有这种感受:在自己的职位上可以充分发挥想象力和创造力,可以自主地处理自己的业务,完全不必担心老板会对你指手画脚,事事插手。事实的确如此。福布斯的总裁布鲁斯·福布斯和马孔·福布斯极少对下属的工作指指点点,而是完全交给他们放手去做,关键是要有成果。

在这方面,雷·耶夫纳感触颇深。他刚到福布斯工作时,公司就给了他很高的薪水,工作条件也十分优越。当时,雷·耶夫纳的任务是对福布斯的一个附属机构进行调整,使该机构所出的周报重振雄风。布鲁斯·福布斯给他的唯一指示是:"一切由你全权处理,不过,事后要向我报告工作结果。"

雷·耶夫纳每天早上到《福布斯》对面的餐厅喝咖啡,在那里和《福布斯》各部门主管轮流会谈,了解各部门的工作进展状况,决定哪些主管该和布鲁斯·福布斯面谈。"那是我第一次感到手中握有无限大权。"雷·耶夫纳如是说。精神抖擞地他对周报采取的

第一步行动是扩大版面,并且加大行间距离,以便于读者阅读。此外,他让手下有事直接向他汇报,不必像以往那样层层报告。

六个月内,周报果然重振往日雄风,雷·耶夫纳也从此声名鹊起,各界纷纷邀请他演讲,担任临时顾问,这一切和布鲁斯·福布斯的充分信任是分不开的。

同样,马孔·福布斯也将所有重大事务交由下属去做而不插手。正像吉姆·麦可斯所说的:"在马孔底下做事,我可以为所欲为——只要别把事情搞砸就行。"吉姆·麦可斯可以一眼看出什么样的报道内容能吸引读者。在他的激励下,记者们可以发挥出自己也意想不到的潜力。经过他的魔笔一点,再枯燥的文章也能让人觉得津津有味。他的润笔技巧绝佳,可以只根据手边的数据资料,把一篇文章的论点整个颠倒过来,而且更为精练。

马孔·福布斯充分信任吉姆·麦可斯的编辑天分,请他任《福布斯》的总编,全权处理编辑事务。

那时,吉姆·麦可斯的权力很大,可以全权决定编辑方针。他全力加强记者的报道能力,把火力集中在揭发各公司管理不当或制度腐化方面。此时,《福布斯》的原则是:有问题就要揪出来讲,绝不容情。其报道内容翔实准确,火药味很浓,这全是吉姆·麦可斯调教出来的报道方式。后来人们评价《福布斯》的发展前景,往往是以它的批评性强不强作为标准。

《福布斯》能够一直保持活力,一个重要的原因是领导人器重和敢于任用年轻人。马孔·福布斯懂得重用才华出众的年轻人,不仅为他们提供学习环境,而且也能够给他们尽量发挥自身的才能以足够的空间。

《福布斯》一名前任职员丽丝·迈尔说,马孔·福布斯升任她为主管的时候,她才24岁,要负责管理下属10名研究人员。如果在《财富》或是《商业周刊》,他们绝不会把这种要职交给像她这样年轻的人去做。

《福布斯》前任记者法兰克·赖利第一天上班的时候,被人领着穿过无数的走廊,最后来到他的办公室,里面有电话、书籍、铅笔、纸,还有一台打字机。在这里,他不必听命于任何人的指挥,不需要遵守任何时间表,没有人指派他完成某项特别报道,他只需按自己的习惯自由创作。

有一次,法兰克·赖利想到了一个很好的报道题材,可当时吉姆·麦可斯不在城里,他就自做主张开始收集所需资料。后来他从东京打电话给吉姆·麦可斯,告诉他说:"吉姆,我找到一个好题材,可以做封面专题报道。"谈过之后,吉姆·麦可斯表示很满意。"在《福布斯》,我很自由,只要想到可写的报道专题,不用请示上级也能出国。"法兰克·赖利至今一提起此事,仍旧感触颇深。

这就是福布斯的风格:相信你,给你绝对的自由,完全不加限制。只要你的想法独特新颖,想怎么干就怎么干。这也是《福布斯》能一直向前猛冲,取得成功的秘诀之一。

一个领导者既要善于发现人才，还有敢于使用人才。要信任你的下属，尊重他的个性、欣赏他的创意。这种尊重与欣赏可以使你工作行事无所不利。不能信赖别人的人，会使生活中充满猜疑，自己做事情不顺利，连带会使受猜疑的人自暴自弃。如果是一个领导者，猜疑心太重，极容易让人离间，使人才被人挖走。

2.防人不如防自己

堡垒最怕从内部攻起，领导要做好"反间计"，不让自己的人被挖走，不要花太多时间考虑如何减少人的缺点弱点，而应多考虑如何充分发挥人的长处，以及如何建立一个能让人发挥长处的用人体制和用人环境。

美国南北战争时，有人告诉林肯总统，说他任命的新总司令格兰特将军嗜酒贪杯，难担大任。林肯却说："如果我知道格兰特将军喜欢什么牌子的酒，我就会送若干桶给他和其他的将军们。"林肯是在肯塔基州和伊利诺伊州度过童年时代的，他当然知道贪酒可能误事，但他更知道格兰特将军是当时"北军"所有将军中最有才能的，只有他才能运筹帷幄，决胜千里。事实上，对格兰特将军的任命成为南北战争的转折点。这确实是一次有成效的任命，证明了林肯的用人之道，是在于求人之所长，而不在于求其人为"完人"。

但是，这个用人之道是林肯通过艰苦的努力才学会的。在任命格兰特之前，林肯曾经接连任命过三四位将军，任命的标准是所用之人没有弱点。任用这些人的结果——尽管"北军"在人力与物力方面都占有极大的优势，可是从 1861 年至 1864 年这三年间，战争却没有任何进展。

相反，当时南方同盟军司令李将军的用人方法却不一样，他挑选有才能的将军来统率军队。当时，李将军领导下的每一位将军都有大大小小的弱点，但他却觉得这些缺点是无关紧要的，这种看法当然是对的，因为他手下的每位将军都在某一方面很有本领，都各有长处。李将军正是利用他们的某些本领并使之产生威力，使林肯手下的"完美无缺"的将军们屡次被李将军指挥下的只有"一技之长"的将领所击败。

不管任何人，如果他所使用的都是没有弱点的人，那么他所领导的机构，最多也只是一个平凡的机构。所谓完美无缺的人，实际上只不过是二等角色。才干越高的人，其缺点也往往越显著。在这个世界上没有人会在各方面都是突出的。用整个人类的知识、经验和才能来衡量，即使是最伟大的天才也是完全不合格的。从这个意义上来说，世界上没有"完人"这回事，只是有些人在某方面显得比别人"能干"一些罢了。

如果一个管理者在选用人才时只能见人之所短而不能见人之所长，因而刻意避人之所短，不着眼于发挥人之所长，那他本人实际上就是一个软弱无能的人。他也可能因妒贤嫉能而把别人的长处看成是对他的威胁。事实上却没有一个管理者会因为下级能干和有成效而受到威胁。对一个有成效的管理者来说，美国钢铁工业之父安德鲁·卡内基的墓志铭真是再好不过了："这里躺着一个人，他懂得如何任用能力比自己强的人。"

卡内基所用的人之所以都是能干的，是因为卡内基能够看到这些人的长处，并把他

國學智慧全書

兵學智慧

们的长处应用到工作中去。不过,这些人也只是某一方面有才能,只适合于某个特定的职位。当然,卡内基也是有成效的管理者中的一个。

如果你总是想方设法去对付手下人的弱点,结果必然使公司的目的成为泡影。公司是一种特殊的工具,可以用以发挥人的长处,并消除和减弱因人的弱点所造成的不利影响。当然,能力特别强的人,是不需要也不想受公司一系列规章制度约束的,因为他们认为靠自我管理会工作得更好。至于我们中的大多数人,光靠自己搭不成一个让自己的才能充分发挥出来的平台的,单干也是不可能获得多大成就的。可是,虽然我们的能力有限,但一家好公司却足以让我们的能力得到充分发挥而且让我们更有成效。有一句俗称语:"你想雇用一个人的'手',而他总是'整个人'一起来的。"同样的,一个人不可能只有长处而没有弱点。弱点总是会随着人的长处一起来到你的公司。

但是我们可以来建造一个用人体系,这个体系可以使人的弱点看起来只不过是这家公司工作和成就的表面瑕疵而已。换句话说,筹划一个用人体系,关键问题是要着眼于用人的长处。

一位优秀的会计师,在他店铺开业时可能会因为他不善于与人相处而受到挫折。但在一家公司里,他就关在自己的办公室里,不用与他人直接接触,可以让他的长处得到发挥,而他的弱点则变得无关紧要。同样道理,一个小个体户可能会因为只擅长于财务不懂营销而陷入困境,但是在一个较大的企业中,一个人只擅长财务也能够很容易成为具有生产力的员工。如果盯着人家的弱点,他就可能离开你,另寻出路。也可能被挖人才的人瞄上,实施离间计,把他揽过去。

聪明的领导不会对人的弱点视而不见,但他明白有责任使某人充分发挥自己的才干时,他并不是没有看到这个人不善与人相处的弱点。当然,他不会贸然任命这个人做经理,因为公司里还有其他和人相处得很好的管理者。但毕竟第一流的人才还是不可多得的。所以,对一个团队来说,这个人能做什么是最重要的,而不能做什么,只是受他个人条件所限,这对团队本身的整体目标来说是没什么关系的,几乎是忽略不计的。明白这一点后,领导者也就明白"防人不如防自己"的道理。

3.不以个人的喜恶和成见对待下属

不愿自己的人被别人挖走,最好的"反间计",就是用好自己的人。一个人目前的整体能力是不是很强,这一点倒不大重要,因为自我评价将决定自己努力的结果,将决定他是否成为大能者。一个自信心很强但能力平平者所取得的成就,往往比一个具有卓越才能却自暴自弃者所取得的成就要大得多。《淮南子》中的"九方皋相马"的故事就是一个很好的例子:

秦穆公对伯乐说:"您的年纪大了,您的家里,有能去寻找千里马的人吗?"伯乐回答说:"好马可以从外貌、筋骨上看出来。但千里马很难捉摸,其特点若隐若现,若有若无,我的儿子们都是才能低下的人,我可以告诉他们什么是好马,但没有办法告诉他们什么是千里马。我有一个朋友,名字叫九方皋。他相马的本领,不比我差,请您召见他吧!"

于是,秦穆公召见了九方皋,派遣他去寻找千里马。

三个月之后,九方皋回来了,向秦穆公报告说:"千里马已经找到了,在沙丘那个地方。"秦穆公问他:"是一匹什么样的马呢?"九方皋回答说:"是一匹黄色的母马。"秦穆公派人去看,结果是一匹公马,而且是黑色的。秦穆公非常不高兴,于是将伯乐招来,对他说:"真是糟糕,您推荐的那个寻找千里马的人,连马的颜色和雌雄都分辨不出来,又怎么能知道那是千里马呢?"伯乐长叹一声说道:"他相马的本领竟然高到了这种程度! 这正是他超过我的原因啊! 他抓住了千里马的主要特征,而忽略了它的表面现象;注意到了它的本领,而忘记了它的外表。他看到他应该看到的,而没有看到不必要看到的;他观察到了他所要观察的,而放弃了他所不必观察的。像九方皋这样相马的人,才真正达到了最高的境界!"那匹马牵来了,果然是天下难得的千里马。

秦穆公

因此处理事情的时候,一味地强调细枝末节,以偏概全,就会抓不住要害问题。没有重点,头绪杂乱,就不知道从哪里下手而做不成任何事情。因此,无论是用人还是做事,都应注重主要方面,不要因为一点小事而妨碍了事业的发展。须知金无足赤,人无完人,我们要用的是一个人的才能,不是他的过失,那为什么还总把眼光盯在他的过失上边呢? 忍小节,就是不去纠缠小节、小问题,要宽恕待人,用人之长。

对下属有成见的领导者,眼中总有这个下属的某个缺点,心里总装着他曾犯过什么错误,因而左看不顺眼,右看不顺眼。这种领导,甚至比挑剔下属的缺点的领导更让人无法容忍!

这种领导,绝对是失败的。领导者对下属若抱有成见,认为对方"真是一个讨厌的家伙!"那么,对方同样地也会对自己怀有这种敌视态度。

任何人之所以觉得对方不好应付,往往是由于个人先入为主的偏见所造成的。而一旦消除心中所持有的成见,就不难发现对方竟是非常容易相处。

当你发觉下属对自己有所误解,或由于下属本身的偏见而把你视为不好应付的人时,你必须主动与其沟通,设法消除彼此的心理障碍。

人际关系发生问题通常是当事人先入为主地觉得对方是"不好应付的人",或由于对方的气质、性格倾向、平常的习惯等,与自己无法投合,于是产生强烈的厌恶感。而这种

厌恶感一再积累的结果,势必造成双方无法共处的情况,严重时甚至形同水火。如此一来,必然对领导管理工作以及团队的气氛造成不良影响。

领导者对下属产生成见的原因大致有:总觉得对方有不好应付的地方,包括气质、性格倾向、出身背景、平常的习惯等;由于自己的自卑感遭受刺激,譬如学历、容貌、家世、门第等条件比对方低时;当对方有反抗性的态度时,例如忽视领导者、批评领导者、或其他显而易见的反抗性态度等。

下属对领导者产生成见的原因大致有:当对方的自卑感被自己所刺激;领导者属于独裁的、施压的、说话恶毒的人;下属认为领导者把自己看待成无能的人,且相当蔑视自己的存在。

事实上,领导者与下属间的成见往往由双方的互动关系所造成。即使自己所辖的单位中有不好应付的下属,领导者也不可轻易地将其调派他处,而必须研究对策,以便好好地操纵他。

对于不好应付的下属,如果一再加以排斥或忽视,也是一种人才资产的浪费。不可欺负这种类型的下属,即使假借他人亦不容许,因为这种事终究会落人口实。领导者在面对难以应付的下属时,最好在心理上保持适当的距离,以免发生纠纷。

有关人与人之间心理上的距离问题,不妨参考相当知名的所谓"刺猬理论"。

刺猬是一种全身披覆着尖针一般、会刺痛人的针毛动物。这种动物通常群体而居,自成一个小团体。天气寒冷时,它们往往自觉得彼此紧靠在一起。但由于彼此的针毛刺痛对方,因而又会离得远远的。然而离得过远却又禁不住寒冷。结果通常是彼此均保持在既不冷、也不痛的适当距离内。

这项理论正可适用于人与人之间的心理距离,如同刺猬的针毛一样,距离太远便觉不妥,太近则又彼此伤害,因此保持适当的间隔距离,方能相安无事。就领导者与"不好应付"的下属来说,可以把这种理论运用到彼此的关系上,保持互不伤害的适当距离,达到共存共处的目的。

放弃成见,作为领导才能看得见下属身上的长处和优点;否则,成见会在眼睛上罩上一块黑布,让领导一无所见。

★让对方不得不为我所用

将多兵众,不可以敌,使其自累,以杀其势。在师中吉,承天宠也。

——《胜战计之连环计》

國學智慧全書

三十六计

面对强敌,仔细谋划,妙计迭出,一环扣一环,是为连环计。使用此计,必须善于分析对手弱点,引人上钩,请君入瓮,使其不觉中已四面受敌,一败涂地。假如敌人兵强马壮、力量很大,就不要硬拼死战,应该设法使敌人互相牵制,消耗实力,以此削弱敌人的势力。就如《易·师卦》中所阐述的道理:军队要想取得胜利,必须得到外部力量的帮助。

"连环"是指多数环圈连贯起来,成为一串的。"连环计"是运用一种权术,引起对方发生连锁反应,或激起多方面摩擦的计策。

施展连环计谋,细致耐心的设计推演不可缺少,否则一招走错,全盘皆输。公元208年,曹操率领40万大军南下,企图吞并东吴江山。吴军都督周瑜向群臣问计,商议破敌之策。著名隐士庞统建议用火攻,定然可以破曹。但是曹操生性诡诈,如何才能顺利实施计谋呢?

不久,东吴名将黄盖差人秘密前往曹营,表示愿意追随曹操。曹操半信半疑。过了几日,谋士蒋干自告奋勇,到东吴打探虚实。蒋干在吴营遇上庞统,两人聊得比较投机,蒋干趁机游说庞统归顺曹操,共图发展。于是庞统和蒋干渡江北上,一起拜会曹操。

曹操听说名士庞统来降,高兴得不得了,亲自出帐迎接,陪着他参观营寨。曹操虚心问,先生可有什么看法?庞统建议道,与东吴作战,长江如同天堑,元帅的兵士多为北方人,不习惯水上作战,江上风浪大,战船颠簸,难以施展本领,战斗力必然减弱;东吴水师常年在江中演练,兵将个个深谙水性,船上作战必然处于上风。曹操也正为此事发愁,探询地看着庞统。庞统献计说,何不将大大小小的战船用铁环连接起来,船面再铺上木板,这样大小船只成为一个整体,行走在上面就如陆地上一样平稳,兵士们就不会颠簸晕船了。

曹操按照庞统的计谋,命令铁匠连夜打造铁链,将数百艘战船集中起来,每十艘船为一组,用铁链紧紧扣连在一起,在上面铺上厚厚的木板,士兵们在上面操练,果然如履平地,不再担心颠簸摇晃。这时有人担心地问曹操,众多船只连为一体,行动诸多不便,倘若东吴采用火攻,岂不是全军覆没?曹操微微一笑,成竹在胸地说,火攻需借风势,时下是刮北风的季节,南岸的东吴如何采用火攻?

然而出乎曹操意料的是,诸葛亮巧借东风,在寒冬腊月居然刮了一场东南风。当日,曹操本来同黄盖约好,由黄盖驾船投奔曹营,曹操指挥战船在北岸接应。只见几十艘快船,借着风势,直驶曹操阵营。每只船上装满了干枯的柴草,浇上易燃膏油,外面蒙上油布,船头插上与曹操约定的标识青龙旗。

天黑下来,风越来越大,仅能看见船只移动。接应的谋士向曹操报告说,今天风向异常,咱们应小心为好。来船行驶轻快,看来不太像所说的粮船。此时曹操也觉有异,但已为时晚矣,几十艘火船闯入曹军船阵,大小船只迅速着火燃烧起来,铁链紧连的战船进退不便,逃生不能,瞬间成为一片火海。曹军四处逃窜,溺水践踏者无数。这时尾随在小船后的东吴大军杀奔过来,曹操数10万大军,溃不成军,几乎被全部歼灭,曹操只带着数千

國學智慧全書

兵學智慧

人马，逃回北方。

蜀军进入汉中地区后，曹操派大军进行阻挡，双方发生激战，相持于汉水两岸。诸葛亮熟谙巴蜀地理风貌，悄悄安排赵云带500兵士，带着战鼓号角，埋伏在曹营附近的山头。他嘱咐赵云，平日不要轻举妄动，一旦听到中军大营鸣响火炮，便擂鼓助威，但是不能出战。赵云知道军师足智多谋，接令即去安排。

曹操希望速战速决，但是一连挑战数日，蜀军总是闭门不出。曹操以为自己亲自率军应敌，蜀军畏惧，得意地收兵回营。到了半夜，诸葛亮在高处观察曹军灯火熄灭，马上命人鸣放号炮。赵云听闻炮声奋力擂鼓呐喊，曹军以为遭遇劫营，慌忙起身迎战，但是并没发现一个蜀兵，原来是虚惊一场。连续三个晚上，蜀军如法炮制，曹兵总是半夜被惊醒，身心疲累，叫苦不迭。曹操知道诸葛亮鬼主意比较多，担心有什么闪失，命令大军后退30里驻扎。

曹军刚刚退去，刘备便带着人马在汉水岸边扎营。曹操派人前往挑战，蜀将刘封跃

庞统

马出营，曹将徐晃举着大斧头冲上前迎战。双方交手不过数个回合，刘封不敌，转身便跑。曹操挥动令旗，兵士们哗啦啦追将过去。蜀军溃不成军，沿水边败退，兵器物资满地都是，曹军士兵争相拾取，场面十分混乱。曹操见势不妙，慌忙鸣金收兵。突然间一声炮响，诸葛亮在高处挥动着令旗，刘备率兵马快速杀回，黄忠、赵云从两侧冲过来接应。曹军遭遇夹击，死伤惨重。曹操率余部逃往南郑，但是已被张飞、魏延攻占，只好折道逃往阳平关。

曹操在阳平关刚刚落脚，就听说张飞、魏延已经截断粮道，赵云、黄忠一把火烧了供应基地。万分气恼中，曹操想做最后一搏，他带着兵马出阳平关，希望与蜀军决一死战。遭遇蜀将刘封，交战不久刘封败退。吸取了前面的教训，曹操追了一阵立马收兵，蜀军趁势杀回，从四面八方涌向阳平关。一时间关外尽是蜀军大旗，东、西、南、北各个门楼都有蜀军攻打。曹操惊骇不已，匆匆弃城突围。半路遭遇蜀军追杀围堵，被魏延一箭射掉两颗门牙，差一点就性命不保。曹操逃到老巢许都，汉中地区不得不让给刘备。

1.用第三者打开挖人的缺口

民间流传的"连环计",以《三国演义》上的"王允巧施连环计"最为典型。王允与蔡邕设美人连环计,把貂蝉先许吕布,后送董卓,激怒吕布,致使两位义父子反目为仇,吕布杀死了董卓。

用"连环计"不一定以女人作武器。日本一家公司老总看中了三菱公司的一名业务主管,想把他挖过来,叫秘书去找对方谈,总裁说:"可以开出比他现在报酬高两倍的收入。"秘书回答说:"我们的公司实力没有三菱强,恐怕人家不答应。人家看中的或许是个人的发展空间,而不是收入。"

总裁很苦恼,因为他太想得到那个人才了。秘书第二天兴冲冲地跑来告诉总裁,他想出了一个挖人的妙策。"什么主意,快说说看。是侦破了石村君的什么癖好吗?"秘书点了点头,又摇了摇头。他接着把自己的想法向总裁说了。

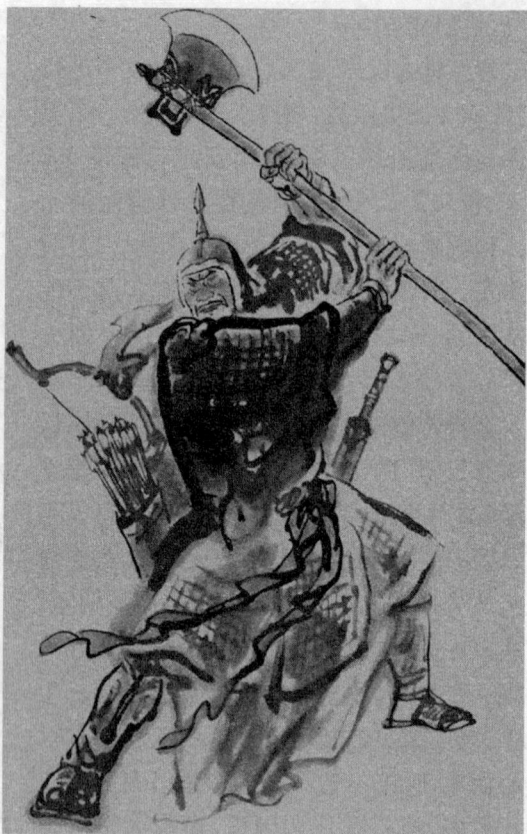

徐晃

总裁笑道:"真亏你想得出来。如果事情成了,我奖励你一个月的假期,到欧洲旅游。"

原来,秘书得知石村的一位最好的朋友在另一家公司工作,那公司效益一般,石村几次想把朋友要到自己的公司都遭到了上司的拒绝。秘书经人介绍得以与石村的朋友大友交往起来,不久,秘书主动提出,自己的公司愿意为他提供一个合适的位置。大友高兴不已,说:"你的老板会接受你的荐人请求吗?"秘书说:"我看没问题。不过,您来公司后,得拿一笔业务,让老板高兴高兴。""您说,我能做什么呢?"

秘书说:"我们早就有与三菱合作的意向,谈判进展很快,只是业务主管石村先生对我们的兴趣还不是很大,所以……""是石村吗?他呀,是我的好朋友。我去找他谈。"大友说。

石村得知朋友大友跳槽的消息后,很高兴,也很意外,高兴的是自己的朋友终于找到了一份好工作,经济上不用再发愁了,意外的是那家知名公司怎么会要大友这样才能一般的人呢?石村对朋友说:"恭候您,大友君,新岗位干得怎么样?"大友说他分管做业务,

兵学智慧

现在还是试用期，如果能成功地做一笔业务，就可以转为正式员工。石村并没有想到要帮大友，但大友主动提了出来："我们签笔合同吧，只这一次，我得让老总看到我的能力。"石村笑了笑，没有答应，而是说："不要急，我会给你介绍别的公司业务。"

就在大友与石村正在谈业务合同的时候，总裁打电话到三菱公司，找到石村的上级总经理说："谢谢你们的诚意。"对方一下子头晕了，说："什么？请您说清楚，怎么回事？"总裁说："贵公司有一个叫石村的先生是吗？""是的，他怎么了？""也没什么大不了的事，他约了我公司的一位主管正在三菱的酒吧谈判，愿与我们做一笔业务。谢谢你们！"总经理放下电话后，非常气愤，公司有规定，与新贵公司合作，要召开主管会议，论证合作的可能性，预测合作的效率，而不是一个业务主管一个人就能擅自与对方谈判的。他对身边一个人说："去三菱酒吧，看一看，石村在不在那里，最好派一个他不认识的人去，听一听他说了什么，哪怕只听到一句话，都得向我汇报，快去！"

石村回到公司后，总经理并没有批评他，因为他派去的人并没有探到可靠的情报说明石村擅自做主与其他公司谈业务，但石村确实与那家公司的一个业务代表在酒吧聚会了，于是总经理猜测石村正在等待机会，如当公司讨论与那家公司是否可以合作时，他会站出来积极赞同——因为他们早有联系，这其中的交易，谁能说得清？总经理有这一心理猜测后，对石村心怀不满起来，说话态度明显与过去不同，这让石村感到很不舒服，甚至认为总经理在故意排斥他。

大友几个星期还没有做成一笔业务，他感到很焦急，老板却对他特别友好。大友说："对不起，我至今还没做一笔业务，不过，快了，我的一位朋友将帮忙。"老板笑了笑，说："没关系。你不要急，慢慢来。"大友是个老实人，他说："我不想白吃饭，如果下个礼拜还拿不下到一笔业务，我就离开这里。"这句话反而把老板吓了一跳："大友先生，不要离开，你一定行的，即使三个月找不到一笔业务，也不要离开。"大友睁大了眼睛，望着老板，觉得自己有幸遇到了世上最好的老板。殊不知，老板压根儿不是要他做业务，而是在使用"连环计"，把石村挖过来。

大友约石村见面喝酒，大友不停地夸自己的老板待员工如何如何好，对新人非常关爱，自己两个星期还没做一笔业务，老板始终宽慰、鼓励，在这样的老板手下工作，真是三生有幸。石村不好意思地说："我答应你的事，还没帮呢！明天吧，你直接去找他。"说罢，摸出一张名片送给大友。大友感激不已："谢谢，你今天得向他打个电话。"

大友终于做成了一笔业务，但同时石村的处境更艰难了，面临着被炒鱿鱼。大友的老板又向石村的上司打了电话："谢谢你们的诚意，虽然我们之间尚未达成合作的意向，而你们主动让一笔业务给我们做，说明你们的精神是非常伟大的。"石村的老总这次没再搞晕头，他意识到了什么，马上派情报人员，去了解最近的客户及其业务量是否发生变化。调查的结果让总经理很是愤怒，他打电话给对方："是不是我们公司有人同意转移部分业务？"对方回答："是的。""是谁？""对不起，不能告诉您。"

三十六计

总经理猜到是石村，虽没有证据，他还是冲着石村指桑骂槐起来。

大友与石村又见面了，感谢他对自己的帮助。石村说："我将被炒鱿鱼了。"大友很难过，说："到我们公司来吧。虽然它没有你的公司大，但老板是个非常爱才的人，在他手下干活，你一定感到处处受人尊重。""他会接受我吗？"石村问。大友说："我与老板的秘书是朋友，我找他说说看。"……

就这样，一个人才终于被挖来了。

2.培养忠实的狗

"兔死狗烹"是"卸磨杀驴"之计，而培养忠实的狗，是面对人才竞争，从最根本上防范他人使用"连环计"挖走人才。

猎头公司的吴老板问手下一个诨名余猎头的人说："最近，谁是猎不到的狗呢？"

余猎头笑着说："最近的确遇到了一匹使我们猎头公司无奈的狗，他叫程先生，是晋氏公司总裁老杨的一位下属。"

晋氏实业，一个红极一时的大公司，在同行业多家公司的联合竞争下，经营陷入困境，勉强维持一年后，公司宣布破产，总裁老杨丢掉多年经营的产业，最后的败局，弄得很没体面，不过聊以自慰的是，他回到一个穷光蛋的起点时，还有一个叫程旦的下属，常过来看望他，给他打气，要他重整旗鼓，像当年从小作坊开始一样，说不定过几年，又干成了大事业。

老杨灰心丧气，对程先生摇了摇头，说："老程啊，我已失去锐气，商场硝烟呛人，我不想干了。他们兼并了我的企业，就让他们去发财吧，以我的眼光看，在这竞争日益激烈的形势下，他们这些集团公司，财大气粗，决不会放弃每一个竞争对手，他们公司虽然起步不久，就创下了这么好的成绩，但他们极易像我过去一样，犯对内管理松懈，对外缺乏信用的错误……"

叹了口气后，老杨接着说："我担心他们会不接受曾为我效命的员工，他们之中不乏人才啊，包括你，程先生……现在是实现个人价值的年代，你不要顾及我的面子，主动去向他们求一份工作吧，那个叫赵无恤的，我了解他，他比较爱惜人才，你去找他，说你适合干对外业务联络工作。"

就在程先生和老杨说话时，完成兼并一切事宜的赵老板，正在为自己的公司有了今天的成就而心里舒服得不得了，他不断接到祝贺电话。赵老板喜不自禁，准备放下电话后大笑一场，可一家外国公司竟提出了没有商量余地的条件，选派程先生为代表之一，负责合作项目工作。

"为什么，秦先生？你是在开玩笑吧，以为我成功兼并了晋实业公司，就昏了头，程先生不是我的人，我为什么非得聘用他呢？"他很纳闷，程先生这小子名不见经传，何能何德，偏偏被老外秦先生看中了，难道上次他去晋实业公司搞联欢活动的时候拍拖上了程先生的妹妹？

秦先生哈哈笑:"请放心,赵先生,我不是逗你玩,程先生的确是个人才,你应该不带一点个人偏见,大胆地接纳他,这也是我们两家公司良好合作的开端。"

接下来,秦先生向赵老板提出了关于人才的五点忠告:

忠告一:"企业竞争,实际上就是人才竞争。有些企业做大做强,老板以为是自己个人的能力,实际上一切机遇都是人气的基础,决策者正是在拥有人才储备的情况下,不断生发决策意识,如果没有人才的支持,决策者犹如失群的野马,跑等越快,陷入绝地的时间也快。"

忠告二:"你大概不会没听见你们中国流传的一句话吧,对于人才,'内不避亲,外不避仇'。程先生虽然是老杨的一匹狗,但你如果有办法,也可以使他成为你的狗,你是不是一个猎狗的高手呢?"

忠告三:"应该培养大人才观,员工的合力形成坚强的团队,角色虽然有大小之别,但每个人都重要,在你的公司,人才一个都不能少,千万不能说"除了你照样有狗来吃食"的话,那样会气跑所有的人才。"

忠告四:"浅眼的人,只看到面前几个人影的晃动,并以为他们就是最可靠的人才,而不懂得去发掘目力看不到的人才。任人唯亲,任人惟熟(人)都是人才竞争之大忌。"

赵老板想,现在是正需要用人的时候,只要程先生能到我公司来好好干,我会对他一视同仁的。于是他跟猎头公司余猎头通了电话,对方答应三天把人猎过来,可是到了交人的那一天,余猎头却说:"程先生是一匹猎不到的狗,他死活不答应。"

赵老板说:"这就怪了,别人找工作难,程先生给他工作他不要。"越这样,赵老板越觉得程先生是个人才,他要亲自出面找程先生谈谈。

程先生说:"士为知己者死,我一直被老杨重用,他公司现在倒闭了,我要帮他重新站起来。"

赵老板说:"老杨债台高筑,是翻不了身的。"

程先生说:"即使他翻不了身,我也不会跟你干,你是他的永远的痛,他陷入困境时,是你逼他破了产。"

赵老板说:"我本人跟他无仇,是残酷的市场竞争要我必须这么干。程先生,你大学毕业后不是在范氏公司干吗? 范氏公司被老杨兼并时,你怎么不像现在一样不离开范氏呢?"

程先生说:"老杨爱才,范氏妒贤嫉能;老杨在公司倒闭时变卖资产或房产,不拖欠员工一分钱,范氏到最后还在过花天酒地的生活……"

赵老板很感动,心想,果然是一匹猎不到的狗,他是忠于老杨的。谁说"天下熙熙皆为利来,天下攘攘皆为利往"呢? 程先生就不是一个势利之徒。

3.挖人先把对方摆平

人才争夺战,非常复杂,有的人与对手在市场中竞争,战胜对方,目的却是为了把对

國學智慧全書

三十六计

203

方的人才挖过来。处在逆境中的企业,吸引人才很难,靠单一的计谋和策略往往难于在复杂的环境中达到预期目的。因为环境中各事物之间的联系往往是复杂的,互相牵制和互相制约的。这时,也可使用连环计来造势。

图德拉一进入石油行业就陷入了困境,他需要人才,可怎样挖到人才呢? 他面对的竞争对手英国石油公司和壳牌石油公司太强了。他该从何入手来打败对手,继而把他们的人才挖过来呢?

有一天,他获得了一个信息,阿根廷牛肉生产过剩,该国政府想不顾一切地卖掉牛肉。知道这一事实,眉头一皱,计上心来:可以同那两家大石油公司相抗衡了。

于是,他转告阿根廷政府:"如果你们向我买2200万吨的丁烷,我就一定向你们买2000万美元的牛肉。"结果,以图德拉购买2000万美元牛肉为条件,阿根廷政府和他签订了合同。

这时,图德拉又得知西班牙政府面临着一个政治上十分棘手而又特别敏感的亟待解决的问题,那就是有几个主要的造船厂因缺乏订货而濒于关闭。

于是,图德拉告诉西班牙政府说:"如果你们向我买2000万美元牛肉,我就在你们造船厂定购一艘造价20万吨的超级油轮。"西班牙人不胜欣喜,通过他们的大使传话给阿根廷,嘱咐将图德拉的2000万美元的牛肉直接运往西班牙。

图德拉离开西班牙后,直奔费城的太阳神石油公司,他对他们说:"如果你们租用我正在西班牙建造的价值20万吨的超级油轮,我将向你们购买2200万吨的丁烷。"正苦于运力不足的太阳神公司同意了他的条件。

就这样,在竞争中没任何优势的图德拉以"连环计"使各方面都接受了他的条件做成了自己石油生意,摆脱了与英国石油公司和壳牌石油公司带来的竞争困难,不少人才进入他的公司。

挖人只有让竞争对手看不出自己的真正意图,才能获得最佳效果;还要做好铺垫,环环相扣,相互配合,层层推进,最终达到目的。

人才战中使用此计,一是要保持决策的连续性,二是挖人者要善于利用竞争对手或集团的相互需要,从各自的利益出发而导致的彼此制约性来做文章,从而最大限度地吸引其人才。

一般来说,企业、商家在运用"连环计"时,要注意以下几个问题:

统筹安排,让每个计划环环相扣;灵活善变,当外部环境发生变化时,方法也要做相应的改变;分清主次,在几个计谋中,一定有一个环节是最主要的、最重要的。

除了"造势"上的"连环计",还有一种叫"结市"上的"连环计"。一般说来,开店做生意,不论开什么店,都要找人才集中的地点,因为这地方有人才聚集往来,例如美国硅谷,北京中关村。然而,人才从何处来? 如何汇聚人才? 这就有赖"连环计"地运用了。

当公司或商店只是一家时,只是一个眼或一个点,这个眼必须做成活眼,这个点必须

國學智慧全書

兵学智慧

想办法使之连成一条线,构成一个面,财源才能滚滚而进。若能有众多的公司或商店相聚或毗连,自然可以引来人才。所谓的商圈观念,事实上就是"连环计"运用下的结晶。

就拿顾客来说,百货公司、地摊夜市的人多,实际上就是集合了多数的商店和商品汇聚而成的。相反,有些大百货商店则像孤立在海上的小岛,突出固然是突出,但能吸引的顾客一定有限。这些百货商店若要免于没落或被淘汰的命运,就只有想办法运用"连环计"了。现在商业的经营,由于竞争的压力和扩充的欲望,为了充分地占领市场,许多行业设立连锁店,已成为必然趋势。近年来,连销或连锁的商家企业如雨后春笋般成立。不管他们是以什么样的方式结盟,但都是在统一的招牌下经营。如国外许多的财团,都有许多数不清的关系企业。这些关系企业虽然财务、人事、经营生产都各自独立,但在许多方面仍然互相支援,互通有无,显示企业的规模和经营者的才略。这样,不仅可以将声势造大,扩大经济规模,而且在管理上也可获得较大的利益和较高的效率。这种关于企业的发展和连锁的结合,都是属一种"连环计",像手环一样,一圈一圈地串在一起,形成唇齿相依、荣辱与共的密切关系。

吸引人才,同样如此。在人才争夺战中,领导者要善于利用"连环计"统筹安排,周密部署。一方面通过良好的企业品牌建立自己的声誉,做好广告宣传,造势取胜;另一方面逐步积累资金,增强实力,人才自然就会纷纷投奔。要知道中国虽不缺劳动力,但真正需要的人才还是缺少的,挖人的事还是要不停地去做。

三十六计

第六章 三十六计之营销公关

★以一种特殊手段创造机会

> 频更其阵，抽其劲旅，待其自败，而后乘之。曳其轮也。
>
> ——《并战计之偷梁换柱》

《易经·未既卦》说："九二，曳其轮，贞吉。"占到此卦的人，就能如同控制住车轮，也就掌握了车辆运行的方向一样，行事顺利。偷梁换柱的意思是设法频繁变动对方的阵容，暗中调换其主力，等到其内部虚弱不堪，乘机进行歼灭。此计俗称"调包计"，在对手浑然不觉的情况下，打乱对方部署，扰乱局面，当对手恍然觉悟时，已经轻松得利。

秦始皇在巡游途中突得暴病，眼看着要离开人世。他将李斯叫到身边，语重心长地说："你跟了我这么多年，忠心耿耿，我都看在眼里，由你操办大小事情我都很放心，如今我活不了多久了，希望你能继续辅佐太子扶苏管理好大秦江山，我之所以立扶苏为皇帝，因为他聪明能干，富有仁义之心，一定会好好治理国家，善待百姓。"说着，君臣二人都泪流满面。李斯跪伏在地，表示一定要尽心尽力辅佐扶苏太子。

随后秦始皇宣布了这个决定，当

秦始皇

众将玉玺、遗诏等物交给李斯,告诫诸位大臣:"朕很快就要离开人世,以后所有的事情由李斯做主操办,你们一定要按他的意思办,不得有二心。"没过多久,秦始皇去世,尸体被运回咸阳后,悄悄安放在宫中,秘不发丧。因为此前公子扶苏被派遣到北方边境,和大将军蒙恬一起镇守边关。秦始皇担心死后发生边乱,临死前特意嘱托暂且不要公布丧事,等太子继位登基后再做操办。

秦始皇希望太子扶苏继承皇位,而宦官赵高是个富有心计的人,他想立次子胡亥做皇帝。他找到李斯,直言不讳地说:"大丈夫是不能一天没有权力的,丧失了权力,就好比失去了生命。我想和你商量商量,把皇帝遗诏改动一下,立次子胡亥为皇帝,您看怎么样?"李斯大惊失色,连连摆手说:"那怎么行,怎么可以篡改皇帝心意呢! 那样会招致天下大乱,你我会背上千古骂名!"赵高曾经是李斯的门客,对李斯比较了解,他不慌不忙地劝说道:"我想请问丞相,太子扶苏对您和大将军蒙恬,哪一个更亲密些呢?"李斯回答:"当然是蒙恬将军了,公子向他修习武艺兵法,如今又和他在一起镇守边陲,接触的机会比较多。"

"既然丞相知道这一点,那您为什么不想一想,如果扶苏继承皇位,结果会怎样呢?扶苏聪明绝顶,做事有分寸,是个明白人,现在又得到了蒙恬将军的军事支持,更如虎添翼。而丞相您呢,阳奉阴违,投机钻营,扶苏公子对你并没多少好感,一旦他登基做了皇帝,必定让蒙恬做丞相,而您就很难说了……"李斯一言不发,陷入沉思。赵高继续说:"所谓腾蛇游雾,飞龙乘云,云消雾散后,他们和蚯蚓没什么区别;您的老师韩非子先生也说过,有爱于主,则智当而加亲,有憎于主,则智不当见罪而加疏。当你从支配人的角色,变为被人支配时,只要他一个命令,可是死无葬身之地啊!"

在赵高的游说下,李斯默许了篡改遗诏的主意。赵高转身跑到胡亥面前,动员胡亥继承帝位。胡亥担心地说:"废长立幼,恐怕被天下人责骂吧。"赵高开导说:"要兼顾道义良知,马上就要大祸临头,你为别人着想,别人可不会为你着想,你仔细考虑吧。"胡亥便说:"那你看着办吧,我听你的就是了。"就这样,赵高串通李斯更改了遗诏,另外伪造了一封诏书送给扶苏,声称扶苏不能继承皇帝的遗志,狂妄不逆,赐药酒短刀自决。

蒙恬劝阻扶苏,皇上派我们率领几十万大军驻守边疆,说明他对你的信任,突然要你死,不合情理,这里面一定有问题,你还是赶紧回京城了解真实情况后再作决议吧。扶苏流着泪说,君让臣死,臣不得不死,父要子亡,子不得不亡,既然父亲要我死,我不能不从命。说完自杀身亡。赵高、李斯采用偷梁换柱之计,顺利将胡亥扶上皇帝宝座,实现了个人目的。

此计在营销公关上可以使用。常见的表现形式是偷换概念,故作糊涂,以此物代彼物,令对手有苦难言,不得不吃哑巴亏。

1.把自己换成对方

一个善于推销商品的人，往往在推销的过程恰到好处地把对方进行一番推销。这何尝不是一种"偷梁换柱"的做法。

一家生产装载机的公司，有一位年轻的"王牌"推销员，他的销售额几乎跟其他所有推销员的销售额加起来一样多。可是，论学历，论经验，胜过他的人比比皆是；论口才，论相貌，比他强的也大有人在，无论讲哪一条，他都不应该那么突出。大家百思不得其解，只好酸溜溜地得出一个结论：这小子运气好，走到哪里都能捡到生意。

那么，这位年轻推销员为什么运气好呢？他是怎样"捡"到生意的呢？还是举一个例子来说明吧！

有一次，他去某地联系业务，当晚住在一家名叫"清河"的小宾馆。他觉得这里的服务各方面挺不错，心里就盘算：在这个小地方，有此等服务水准，也很不容易了，我要为他们说几句好话，表达一下自己的心情。他看见柜台上有一个留言簿，便拿来写上几句："清河宾馆质量好，接待热情又周到，住进清河如到家，所有一切实在好！"

服务小姐看了挺新奇，也挺高兴，主动跟他攀谈。年轻人又趁机夸她几句，并把自己的名片递上。服务小姐看他是卖装载机的，就说："我有个朋友在一家公司当老板，他兴许用得上你们这种机器，你可以去看看。"

当下，服务小姐写了一张字条，让年轻人去找她的那位朋友。

年轻人大喜，拿着小姐写的字条，兴冲冲地找到那家公司。没想到这家公司还真的用装载机，而且他们以前用的装载机老出问题，正想换牌子，年轻人来得正逢其时。就这样，他又多了一个大客户。

大千世界，谁能穷尽变化之道？某个看似不相干的人，也许正是自己的福星呢！某个现在不相干的人，也许日后能主宰自己的机遇呢！所以，逢人先说三个好，是比较稳妥的做法：先把道路留出来，然后才是"车到山前必有路"。

美国汽车大王福特说过一句话："假如有什么成功秘诀的话，就是设身处地替别人着想，了解别人的态度和观点。"因为这样不但能得到你与对方的沟通和谅解，而且能更清楚地了解对方的思想轨迹及其中的"要害点"，瞄准目标，击中"要害"，使你的公关效率大大提高。

曾经有人说，要想让别人相信你是对的，并按照你的意见行事，首先必须要人们喜欢你，否则你就要失败。可是如果你不能设身处地站在别人的角度，找到别人的诉求，又怎么可能让对方喜欢呢？

卡耐基有一次租用某家饭店的大礼堂来讲课。有一天，他突然接到通知，租金要增加三倍。卡耐基去与经理交涉，劝告他终止这种决定，他说："我接到通知，有点儿震惊，不过这不怪你。如果我是你，我也会那样做。因为你是饭店的经理，你的职责是尽可能使饭店获利。"

紧接着，卡耐基为他算了一笔账："将礼堂用于办舞会、晚会，当然会获大利。但你撵走了我，也等于撵走了成千上万有文化的中层管理人员，而他们光顾贵饭店，是你花5000美元也买不到的活广告。那么哪样更有利呢？"结果经理被他说服了。

卡耐基之所以成功，在于当他说"如果我是你，我也会好样做"时，他已经完全站到了经理的角度。接着，他站在经理的角度上算了一笔账，抓住了经理的诉求：赢利，使经理心甘情愿地把天平砝码加到卡耐基这边。

2.把"卖"换成"帮"

卖，是把东西塞给客户，帮，却是为客户做事。"偷梁换柱"就是把"卖"换成"帮"——帮助客户选择他们所需的产品。你如果能站在客户的立场帮对方选购的话，你一定能够成为广受欢迎的推销员。

有人说最高明的推销员是向乞丐推销防盗门、向和尚推销生发精、向秃子推销梳子、向瞎子推销灯泡的人。持这种观点的人认为，所谓推销，就是卖东西，即推销的中心问题，就是卖出商品，赚取利润。这种认识，把产品销售出去看作是推销的唯一目标。我们说，这不是指导推销的正确观念，因为，推销员不可能通过欺骗或强暴使顾客购买他们不需要的产品来赢得销售成功。

推销的目标是双重的，既要售出产品，又必须满足顾客的需要。因为，推销活动不仅涉及推销员，而且涉及顾客，推销是卖和买的统一。没有顾客的购买，推销员就不能把产品卖出去。推销过程，首先是顾客购买产品的过程，其次是推销员售出产品的过程。所谓买卖，先买后卖。因此，推销员要将产品推销出去，就必须了解顾客的需要，刺激顾客的需求欲望。促使顾客自觉购买。所以，推销就是帮助顾客满足其需要。一切推销策略的运用，旨在满足顾客的需求欲望和解决顾客的问题，同时，借以达到获利的目的。

"频更其阵，抽其劲旅，待其自败，而后乘之。"推销员的努力不应放到如何去"卖"上，而应协助顾客使他们的需求得到满足，然后自己再推销商品。推销员要了解顾客的需要，说服顾客，使他们相信你所推销的商品确实能满足其需要；或使顾客相信他确实存在着对你的商品的需要。是否理解这一点很重要。美国施乐公司推销专家兰迪克说："明确顾客的真实需求，并说明产品或服务如何满足这一需求，是改善推销，将推销成绩由平均水平提高到较高水平的关键。"

有一位推销员讲了这样一个故事："一位年纪较大的妇人到珍宝店里，看中一枚钻石胸针，便开支票买下了。我把胸针递给她，跟她闲聊起来。我告诉她，我自己也很喜欢这枚胸针，胸针上的钻石产自南非最大的钻石矿，是我们店里最好的，希望她会喜欢。出乎我意料，她竟然流下泪来。她说，好些年来，她一直想买一枚钻石胸针，却担心买到假货，听了我的话才放心。我送她走出商店，真诚感谢她的惠顾，希望她下次再来。刚一个小时，她就带来一位顾客，她们俩同住一个小区。她把我介绍给她的朋友，夸我就跟她亲儿子一样，要我陪她朋友在店里瞧瞧。她的朋友年纪更大些，穿着比较素净，慢慢细细走了好长一圈,却什么都没买。从心理上说,我感觉无趣,但我知道我不能那么对待她们,还是满怀热情,心想就当是今天为两位长者尽了一点爱心。您猜,结果怎样?奇迹真的发生了。过了两天,她带着她的儿媳来买了价值5800美元的东西,我的奖金就超过半年工资。她的儿子是当地排得上号的大富翁。"

还有一则更富有传奇色彩的故事。一位年轻售货员对一位普通的老太太招待很周到,不但搀扶着她出门,还为她撑起雨伞,一直到她上了出租车。几天后,商店老板收到一封来信,是老太太的儿子写来的,感谢售货员对他老母的热情接待。然后他在商店购买了一大批昂贵的家具和其他用品,等于商店两个月的营业额。

那位年轻的售货员后来怎么样了呢?他成为美国东部一家大型百货商店的总经理了。老太太是谁呢?美国钢铁大王安德鲁·卡内基的母亲。

陈安之说过:我们的目的是要成功要致富,但作为一名推销高手,他的第一目的应该是服务更多的顾客,提供更多的更好的产品给这个社会,帮助更多的人过上更好的生活。

假设你能够把你的价值放在贡献上,事实上你一定会成功,因为你的出发点是正确的。

当你的出发点是正确的,没有人可以拒绝你,这是一个成功者的必备心态,也是最重要的致富法则之一。

之所以要做产品推销,是因为这种产品可以让很多人受惠,可以帮助很多的人。以能服务更多的人为目的,提供更多更好的产品服务他人,把价值观放在为他人服务上,为别人拥有好的东西而感到骄傲,这是一个推销高手必备的信念,也是他成功的原因之一。把"卖"换成"帮",这样的"偷梁换柱"才是正确的,而不是以假充次,以伪换真。

3.把"敌"换成"友"

美国总统林肯说:"如果我们能把所有的敌人变成朋友,这难道不是说我们消灭了所有的敌人吗?"

暂时的容忍让步,往往是淡化对手的敌意,最后不断走向强盛,再反过来使对手屈节的一条有用之计,这是"偷梁换柱"的巧用,在商业竞争中,这样的事例不少。

1983年,美国通用汽车公司执行经理史密斯,经过深思熟虑后做出重大决策,将公司属下坐落在加利福尼亚州费门托市的一家工厂,与日本丰田汽车公司合并,生产丰田牌小轿车。当时日本丰田汽车早已以其质优价廉的声誉进入美国市场,驰骋于美洲大陆。能将汽车工厂打入美国本土,自然是雄心勃勃的丰田公司求之不得的好事,因此美方建议一经提出,日方的人员、设备便跨洋过海来美国安家了。

美国人早就对日本汽车"侵入"美洲大陆、抢占美国汽车王国地位反感至极,史密斯竟公然把日本公司明目张胆地请到国内生产汽车,这不是"丧权辱国"的屈节投降,也至少是"引狼入室"的高度让步。为此,美国上下,尤其是汽车界纷纷向史密斯提出谴责和非议。

他的朋友打电话说："史密斯，这样做，你为了什么呀？我听到了不少对你的批评。这两天，你看过报纸吗？"

史密斯笑着回答："听到了也看到了，别人有批评的理由，我也有自己的认识，他们不能忍受，但我能忍受。"他心想，把狼当成朋友，这种调换角色以麻痹对方的方法，难道不是一种计策？

"你最好妥协，改变自己的做法，众怒难犯啊。"

"谢谢您的好意，不过我还不想改变自己的计划，我已做好了忍受一切谴责与谩骂的精神准备。"

到底是引狼入室，纯粹的屈节让步，还是另有一番苦心？史密斯自有他的打算和想法。他深切了解到，美国汽车界之所以在日本汽车大举进攻之下束手无策，一个很重要的原因就是过去太轻敌了。当初日本汽车刚刚打入美洲之时，几乎所有美国汽车商都认为日本不过是初学者的小玩艺，是低廉产品。对日本汽车售价低、性能好、省燃料的特点缺乏正确的认识和态度。等到日本汽车在美国越来越畅销时，美国同行便一筹莫展了。到了现在，日本汽车在各方面都有优势，不承认这一点只能说明是狂妄自大。争取日本技术的帮助，增强自己产品的竞争力，才是争回面子、争回利润的唯一正确出路。

所以，史密斯与日本丰田汽车公司合并之举，表面上似是引狼入室的大让步，实际上则是把"老师"请到家里的一大进步；似乎是向日本俯首称臣，实际上了解对方，向对方学习，然后赶超对方。他成功了。

"偷梁换柱"，等待事情的结果来证明自己没有错。如果忍不住气，别人一反对就放弃此计，说明自己对自己没有信心。虚心向强者学习，甘当小学生，这样对方就不会视你为强大的对手。利用对方的优势，降低自己的风险。

4. 把"有理"换成"无理"

有理不饶人，得势不让人，是营销公关的忌讳。冤家易结不易解。多个伙伴，多条财路。必要时有理也让着对方，得势不霸道而与人同行。这叫与人方便，自己方便。也是"偷梁换柱"之计在营销公关上的巧用。

人与人之间矛盾最难化解的原因之一是双方各自认为自己有理，或者有理的一方认为让步的该是没理的一方。

有一个生产系列美容品的工厂的张厂长接待了一位前来投诉的不速之客李先生。

李先生怒气冲冲地对张厂长说："你们的美容霜，干脆叫毁容霜算了！我18岁的女儿用了你们厂的'美达青春霜'后，面容受到了很大的破坏，现在连门都不敢出，我要你们负责！我要你们赔偿我们的损失！"

张厂长听完，稍加思索，心里明白了几分，他用上"偷梁换柱"之计，故意认为己方"无理"，对方"有理"，说："是吗？竟然发生这样的事，实在对不起您，对不起您府上的千金。现在当务之急是马上送小姐去医院，其他的事我们回头再说。"

李先生本来想骂一顿出气，没有想到厂长不但认错，而且真的挺负责。想到这里，李先生既高兴，又感激。于是，厂长亲自陪同他们父女去医院皮肤科检查。

检查的结果是，李小姐皮肤有一种遗传性的过敏症，并非由于护肤霜有毒所致。医生开了处方，说过两三天会痊愈的，不会有任何后遗症。

这时，父女俩的心才放下来。只听张厂长又说："虽然我们的护肤霜并没有任何有毒成分，但小姐的不幸，我们是有责任的。因为虽然我们产品的说明书上写着'有皮肤过敏症的人不适合用本产品'，但小姐来购买的时候，售货员肯定忘记问是否皮肤过敏，也没向顾客叮嘱一句注意事项，致使小姐误用这种产品。"

李小姐听到此话，拿过美容霜仔细看一下，果然，包装盒上有明确说明哪几种人不能用，只怪自己没详细问清或看清就买来用了，心中不禁有些懊丧。

张厂长见此情景便安慰她："李小姐，请放心，我们曾请皮肤科专家认真研究过关于患有过敏症的顾客的护肤品问题，并且还开发了好几种新产品，效果都很好，等过两天您痊愈之后，我派人给您送两瓶试用一下，保证不再会出现过敏反应，也算我们对今天这件误会的补偿。李先生、李小姐，你们看如何？"

结果自然向好的事态发展了。

这件事本身，厂方没有任何责任，而完全是由于顾客粗心所致。但是，张厂长并不这么看，顾客粗心固然是事实，但如果我们在销售过程中再细心一点，不就可以避免这样的事情发生吗？所以有必要把己方的"有理"换成"无理"。

一开始张厂长心里已明白几分，可能是小姐皮肤过敏所致，但是这要有确凿的科学证明，顾客才能消除误会。为了对顾客负责，为了弄清症结所在，当听到李先生投诉时，便当机立断，陪李家父女去医院检查，取得有力的证据。最后，"有理更让人"，张厂长向李家父女解释清楚误会后，不但没有丝毫责怪李家父女的意思，还向李家父女继续赔不是，赢得他们的好感。

理来于何处呢？让理的尺度是什么呢？来于知道自己对事情的判断是正确的，来于听取对方的倾诉是认真的。例如顾客投诉时，你首先必须站在顾客的立场上，冷静且耐心地倾听，一直等对方把要说的话说完。

有一个训练有素的推销员戴维曾经说过："处理顾客投诉，推销员要用80%的时间来听话，用20%的时间说话。"

就是微软公司总裁比尔·盖茨也这样认为："向我发脾气的人不少，有些甚至是没道理地发脾气。怎么办？我收获着财富，同时收获着别人的怒火，上帝绝对是公平的。"

其实，在经销商品过程中遇到任何冲突，无论对方开始脾气有多大，只要你耐心地听，鼓励对方把心里的不满发泄出来，那么，他的脾气会越来越小，像个被扎了一个洞的皮球那样，慢慢地"放气"了。只有恢复了理智，才能正确地着手处理面前的问题。而且因情绪激动而失礼的顾客冷静下来以后，必然有些后悔，这比你劈头盖脸地批评对方要

国学智慧全书

兵学智慧

有效得多。

★不要让好运在自己手上流失

微隙在所必乘;微利在所必得。少阴,少阳。

——《敌战计之顺手牵羊》

顺手牵羊差不多成了人们口头的惯用语。可以想象,当你一个人走在路上,看见一只没有主人的羊,顺手牵回家中,不费力地得了个大便宜,实在运气好。

"少阴""少阳"都是《易经》上的词,少阴是阴之初生;少阳是阳之初生,意思是微隙的利用与微利的取得,可能是全局性胜利的萌机和开端。此计用在军事谋略上,是说敌人出现的细小漏洞,我们也应加以利用。即便利益十分微小,也应争取获得,利用敌人的小错误不断获得小胜利。

唐朝中期,各藩镇节度使拥兵自重,把持着地方军事、经济大权,根本不把朝廷放在眼里。蔡州节度使死后,儿子吴元济起兵叛乱。唐宪宗派李愬担任唐州节度使,平定吴元济叛军。

李愬到任,并不急着出兵讨伐叛军,反而四处散布说,我是个懦弱无能的人,朝廷派我来,只是为了安顿地方秩序,至于吴元济背叛朝廷,与自己没有干系。吴元济听到这些传言,仔细观察了李愬的兵力布置,见他毫无进攻之意,不再放在心上。

其实李愬一直在思考攻打吴元济老巢蔡州的策略。一次,擒获了吴元济手下的大将李佑,李愬对他百般礼遇,李佑十分感动,汇报了许多叛军情报。吴元济的主力部队部署在洄曲一带,防守蔡州城的不过是些老弱残兵。蔡州是吴元济最大的后勤基地,如果乘机攻占,叛军必定自乱阵脚,不战而胜。

李愬

这天突降大雪,傍晚时分,李愬率精兵抄小路,突然出现在蔡州城边。守城士兵根本想不到官兵会在这么恶劣的天气杀到,全在营房里呼呼大睡。李愬指挥兵士爬上城墙,杀了守兵,打开城门,部队静悄悄涌进了城。等吴元济从睡梦中惊醒,发现院子外面全是虎视眈眈的朝廷官兵。李愬活捉了吴元济，装进囚车，连夜押往长安。驻扎在洄曲的叛军见大势已去，不得不向李愬投降。

此计历来被人广泛运用，今天在营销公关上，也大有用途。在一次国际采购大会上，中国某公司奉命到东京采购货品。他们找到日本最大的生产厂家，进行了艰苦的谈判。

最初，日方报出了 600 美元的单位价格，这一报价基本接近中方所掌握的国际市场价格。中方代表希望价格能够优惠一些，日方思忖片刻，提出可以降为 590 美元，声称这是最低价格，否则将很难达成协议。

这时我方代表报出了 580 美元的价格，双方争执不下，谈判陷入僵局。也许考虑到中国巨大的市场，经过一段时间的反复磋商，日方权衡利弊做出了让步，同意以 580 美元成交。中方代表马上将喜讯报告给公司总部，公司老总指示，继续谈判，争取更大利益。

经过研究，中方代表提出，增加采购数量，希望日方进一步降低价格。一方面，销售价格已经较低，日方不愿意继续降低价格；另一方面，中方的采购单金额不小，而且这是产品进入中国市场的绝好契机。日本人反复比较计算成本、费用、利益，最终同意在购货数量从 1000 台增加到 1500 台的基础上，以每台 575 美元的优惠价成交。

但是中方代表并没就此打住，在接下来的谈判中，经过察言观色，发现对方倾向于用日元成交，于是，中方立即表明自己的态度，希望最好用美元成交，如果对方坚持用日元成交的话，那只能按当时汇率的 570 美元折算成日元，因为当时美元有下跌趋势，日方对此表示理解和同意。同时，中方代表又提出希望能把原来的条款做一些改动，即由中方负责租船订舱和办理投保业务，运输、保险费另行计算，对此，日方没有表示异议。

最后，中方表示请日方考虑把原来的即期信用证改为见票后 120 天付款的远期信用证，日方开始露出为难情绪，表示对这个问题没有再讨价还价的余地。对此，中方开诚布公地向对方分析了我方面临的一系列困难。为使本项交易最终能顺利成交，日方又再次做出了一些让步，同意改为见票后 60 天付款的远期信用证。当交易最后成交时，中方核算后发现货品的实际单价不足 550 美元，经过步步紧逼的谈判，中方代表抓住时机顺手牵羊，为公司节约了大量成本。

1.牵好政策这头羊

羊的种类很多，政策也是一头羊。在一次中外记者招待会上，一位台湾女记者问大陆私营企业领头羊刘永好："你最关心什么？"刘永好不假思索地问答："我最关心改革开放的政策。"可见，他顺手牵羊的功夫是很高的，把政策这头大羊牵住了。

刘永好一语惊四座！这是一位成功商家的经验之谈。刘永好在谈自己做大的秘诀时讲到，他是把政策看作机遇，在国家大气候下运筹每一个"棋子"，使自己的每一步"车、马、炮"都合乎国家经济发展的规律，纵横卑阖于市场经济大潮，只有这样，才能在商战中做到左右逢源，稳操胜券。

刘永好在制定经营战略时如此地关心政策，是因为他曾因之"摔过跤，交过一大笔学

费"。

早在 20 世纪 80 年代初期,刘永好的弟兄们筹划着同生产队联办一家电子厂,可当他筹集到资金出音响样品时,却被无情地拒绝了:原因是有这种"公私融合"的政策吗? 从此,刘永好小心翼翼地关注着国家每一项大政策方针的细微变化。

到了 80 年中期,政府的文件说到私营经济政策时,用"大力发展"的提法取代了"适当发展"的提法。在第八届全国政协委员里,刘永好在内的 20 位私营企业家,传媒首次对他们使用了"非公有制经济界代表"的称谓。接着他注意到,李鹏总理在《政府工作报告》中明确提出:各种所有制形式"长期共同发展"。被称为"国家队"的国有企业,现在同意和外资企业"嫁接",小厂还可以公开租赁拍卖给私人。

目光敏锐的刘永好在思索:这些到底是偶然巧合,还是市场经济带来的背后的突破? 这种种政策变化,让刘永好有种预感:新一轮的发展机会,已一步步地向希望集团走来了。

于是,在政协会上,刘永好大胆地提出了"国有、私营,优势互补、共同发展"的构想,他形象地称之公私企业的"杂交组合"。此后不久,刘氏兄弟与湘、赣、鄂等小的七、八家饲料厂签订了合资合同,并在一两个月内就完成了改造任务,投入生产,办得红红火火。

刘永好尝到了吃透政策的甜头。于是,国有企业雄厚的固定资产,购销渠道和人缘关系及技术,管理人才,同刘氏企业适应市场经济的经验与机制,组合进新的企业里,并迅速变成巨大的效益。

刘永好虽是个商人,却是一位具有政治头脑,观察事物敏锐,对时事有一定了解,具有进取精神的商人。可以说,时时刻刻地密切关注国家的政策使刘永好在商战中总能把握决胜天机。相信这位"中华饲料王"的经验一定会给许多商界后起之秀以深刻的启示。

要知道,整个市场都是一个有机的整体,整个世界也都是一个有机并且联系着的世界。周围的一些变化,有时会或多或少地影响企业的运转。每一个商人都与一定的国家政策制度、法律法规紧密联系。

世界上,各种事物都是紧密相连的。任何事物都无法摆脱同其他事物之间千丝万缕的关系。纯粹为了经商而不考虑其他,你永远无法达到一个优秀商人的标准。

尤其在中国这片奇异的土壤上,花掉全部精力投入商业经济经营的,未必就能成为成功的商人。在中国做一个商人,不能只一味地埋头苦干,不能时时刻刻只注意到自己的企业和周围的一些情况,而应该关注政府的一些方针政策,应该去研读那些本只属于官场上的文件,因为从那些政府的政策咨询中,往往能够得出一些信息,知道整个社会环境的走势,如果能够及时准确地了解到这些信息,从而做出有利于企业的判断,那么就能使企业在市场中赢得先机。

例如深圳成为经济特区以后,有很多方针政策都不同于国内其他地方,一些企业家机敏地牵到了政策羊,在深圳确立了地位,获得了成功。

2.牵回羊还要喂好羊

顺手牵羊,是好事,但如果对牵回家的羊不管不问,羊会瘦下去,挤不下奶,你牵它回来有何用? 所以,牵回羊还得精心饲养,使它成为你的摇钱树。

一家世界知名的化妆品公司,其产品在全球 130 个国家销售。公司创办人密丝佛陀从一个小老板起家,善于采用顺手牵羊的战术,终于打造出一流的企业帝国。

"微隙在所必乘",密丝佛陀早年在苏俄皇家舞团担任化妆师,从事假发及化妆师的工作。1909 年,密丝佛陀移民美国,在洛杉矶戏院区开设了一家戏剧用品店,专售舞台用的专业假发及化妆用品。那时,演员们用油彩化妆,在镜头上看起来就像戴了一层面具,泛着油光,既僵硬又不自然。起初他贩卖化妆品,可是经常有电影演员向他求教化妆知识,机会乍现,他敏锐地感觉到新兴的电影业需要一种全新的化妆技巧。

密丝佛陀先生很快发明了一种新配方的膏状彩妆,叫清爽彩妆。这是第一个专为电影拍摄设计的化妆用品,可以让演员快速上妆,看起来效果更好、更自然,在很短的时间内得到使用者高度评价。但是他并不满足于初步的成功,密丝佛陀先生不断地改良、创新,持续推出新产品。

1928 年,他推出 Panchromatic 彩妆,专门适用于当时正在盛行的黑白影片以弥补阴影敏感度高的不足。1973 年,他又破天荒的将化妆品与镜子结合成盒式彩妆,携带的方便大大简化了演员们的行李箱,这个创举甚至让彩妆摄影成了彩色电视的制作标准。密丝佛陀的盒装化妆品让挑剔的好莱坞明星们青睐不已,她们把仅在专业化妆室使用的便携式盒装化妆品带回家使用,影响力可见一斑。不仅仅跟随潮流,而是超越当时的需求来规划产品,密丝佛陀"顺手牵羊"获得的胜利果实得到了成功巩固,为下一步养肥养壮自己的"羊"增加了胜算。

背靠好莱坞这棵大树,密丝佛陀神奇地为伊丽莎白·泰勒、茱莉亚·罗勃兹等超级巨星及电影《泰坦尼克号》等创造出绝代风华的化妆效果。产品的卓越表现,让银幕巨星们即使在近距离、巨细无遗的特写镜头中,仍然呈现完美无瑕的自然肤质。

这些成功实践是最好的广告片,使得密丝佛陀彩妆声名远播。密丝佛陀不断创新,让"浮世情怀"彩妆系列化妆用品跨出专业化妆室,成为广大爱美女士都能享用的消费品。

从此光彩照人不仅仅属于明星,平凡的女性也可以拥有出色的外表。彩妆成功之后,他又在这个系列中添加了护肤系列,包括洁肤、保湿及抗肌肤衰老等产品。这次产品无一例外地受到电影明星和一般消费者的喜爱。

3.不要牵错了羊

顺手牵羊,是便宜,但不能把有主的羊也往家牵,那就是缺德与违法行为了。人们常说,"无商不奸",说的是商人总是在盘算着别人口袋里的钱。生意中有句行话:"买的没有卖的精",原因是他在"暗处",你在"明处",你根本不知道他的进价是多少,也就不知

道他加了多少价,说了多少"谎"。你觉得"砍价"够狠了,他无奈地说"赔钱"卖给你。可到底谁占了谁的便宜呢? 只有他心里一清二楚。

"微利在所必得",从商人经商角度上说,商人一般地投点机、取点巧、耍点奸,民众还是可以谅解的,他也要养家糊口发财致富嘛。但切记不要太过分,太伤害顾客的心。

现代商业的精髓,是商家与顾客形成一种买卖公平的商业合作关系,在这种关系中,顾客要保证商家的利益,而商家也要保证顾客的利益,如果因为一方的原因使另一方的利益受到了损害,交易就无法达成。

温州印刷业的名人叶茂西曾经说过一句话:"客户永远是对的。"这意味着他不仅照顾客户的利益,也准备着无条件地接受"吃亏"。

有一次,在印刷一批海报时,叶茂西将校样送交客户,校样返还回来后,上面的错误,客户却没有校对出来,就那么复印了,印完了才知道。结果,几百张海报全部作废。对于这一过失,按理说叶茂西可以不必管,照样收钱。因为按照合同条款规定,这种性质的责任与承印方无关。但叶茂西没这么办,本着为客户排忧解难的精神,他决定无偿为客户重印,并且轻松地说:"我们不能让客户吃亏,这几万元的损失,就当是我们为让工人熟练技术交的学费吧。"

由于叶茂西不计得失的服务态度,他们即使从印刷品中找出了什么毛病,也往往是先从自己这方面找原因,而不是像通常那样不分青红皂白地责问承印方。而无论错在哪里,只要可能,叶茂西也从未拒绝过客户理亏的要求。因此,和叶茂西打交道的客户,都有一种找到了可信赖的伙伴和朋友的感觉。

只要是和叶茂西挂上了钩的客户,从未对叶茂西提供的印刷制品产生过怀疑,立即就成了"铁链"合作。不但如此,一些知名大企业和跨国公司也成了他的长期客户,连香港的一些企业也慕名前来,在这里定制宣传品。既有固定的客户网络,又继续吸引着新的客户,所以叶茂西的印刷事业便越干越大。

由此可见,但凡真正懂得如何做生意的人,都知道"顺手牵羊"的"羊"是"利益",但不乱牵羊,牵对了羊,利益可得;见利忘义,唯利是图,小利不让,乃是"乱牵羊""牵错羊"! 成功的商人都很重视顾客的利益,对顾客负责。所谓顾客就是上帝,如果总让上帝吃亏,上帝自然不会保佑你。

一般来说,急功近利是商人的通病。有一些经营者在创业时,意识偏向于小农经济那种自私自利、爱贪小便宜,经常有一些以次充优、缺斤少两的情况发生,这是商业活动的一些不成熟因素所致。

但是吃了亏的顾客吸取了教训,再也不买那个商人或那个商店的东西了,并且还会把这个教训告诉他的亲朋好友,甚至为了发泄愤恨而乐于告诫将去那商人或那商店购物的顾客,千万别买他的东西。结果呢? 急功近利的商人让顾客吃亏赚了一回小便宜,却要吃尽骗人的一切苦果。甚至顾客的拒购行动会使最"精明"的商人一败涂地。

真正的奸商在现代社会中是难以取得成就的,指望一锤子买卖成就不了大事。顾客上了一次当,就不会再上第二次,即使上第二次当,也会换个地方。

真正的商业的成熟就是从小农意识的消失开始的。领教了市场教训的商人们,随着个人经营规模的扩大和经营目标的扩大,他们的经营观念也必然成熟了起来,开始意识到个人的利益其实是与消费者的利益结合在一起的。每宰消费者一刀,也就等于宰了自己前途一刀。那些觉醒的商人们悟得更透彻:宁肯自己受损失,也不能让客户吃亏。这是防止自己牵错羊。

4.也可以把自己当成"羊"

顺手牵羊的大好事,不是经常能碰到的,也不是每个人都能碰到的。其实,让自己成为羊让人牵回家,也是幸福的,免得在路上受冻挨饿,甚至被狼吃了。

20世纪50年代,美国黑人化妆品市场由佛雷化妆品公司独霸天下。后来,一位名叫乔治的供销员看准了这一行生意,便毅然辞职,独立门户,创立乔治黑人化妆品制造公司。他当时只有500美元资金、3名职员,唯一能生产的是一种粉质化妆膏。乔治很清楚,要在佛雷公司的垄断下争夺市场,十分不易,搭乘人家的船,牵住人家的衣角,趁便往前走,也许更现实。

不久,乔治的粉质化妆膏上市了。他经过反复思考后,决定推出这样一则促销广告:"当你用过佛雷公司的产品后,再擦上乔治粉质化妆膏,将会有意想不到的良好效果。"

对这种宣传方法,乔治的部下都持反对意见,他们认为这是替竞争对手做广告,那不是贬低自己吗?乔治说:"正因为他们的名气大,我才这样做。我并不是给他们做免费广告,而是借此抬高我们自己的身价。这就像如果你和卡特总统一起留过影,人们便要对你刮目相看一样。我这种战术就叫作小羊傍大羊。"其实也就是把自己当作"羊",让别人牵。

乔治使用如此妙招,果然收到了效果。广告刊出后,顾客们不仅很快地接受了乔治公司的产品,而且也没有引起佛雷公司的警惕。于是,乔治一鼓作气又推出了黑人化妆品系列,扩大占领市场。

几年后,等到佛雷公司发觉乔治公司已经能对它的市场地位构成严重威胁时,为时已晚。乔治公司的发展势头已锐不可当。后来,佛雷公司在美国市场上渐渐地消失了,而乔治则开始独霸美国黑人化妆品市场,并且把眼光投射到其他有黑人的国家,使全世界的黑人都开始接受并使用他的系列化妆品。

1951年,松下电器公司创始人松下幸之助提议与飞利浦公司进行技术合作。飞利浦公司在全球设有300多家工厂,是当时世界上最大的电器制造公司。在此之前,它已和48个国家有过技术合作经验。

不久后,飞利浦公司提出,双方在日本合资建立一家股份公司,公司的总资本为6.6亿日元,飞利浦出资30%,松下电器出资70%。飞利浦公司应出资的30%,由该公司的技术指导费作为资金投入。

这意味着，飞利浦公司不需投入一分钱，全部资金由松下电器一家承担。这样的条件未免太苛刻了。如果按营业额计算，飞利浦公司的技术指导费达到总营业额的7%。而按国际惯例，技术指导费一般是3%。经过反复交涉，技术指导费降到5%，但松下公司仍觉得有欠公平。

在接下来的谈判中，松下方面的谈判代表高桥没有再要求降低技术转让费，转而要求飞利浦公司支付经营指导费。高桥说："双方合作建设合资公司，在技术上接受贵公司的指导，而经营却靠松下电器公司……我们公司的经营技术水平是众所周知的，得到了高度评价。而且对于销售，我们也信心百倍。所以，我们也有向贵公司索取经营指导费的权利。"

高桥此言一出，令飞利浦公司的谈判代表深感震惊。直觉上，这是一个"非分"要求；可细细品味，这种要求又颇有合理性，因为松下公司已建立了健全的营销网络，一旦合作产品上市，根本不用为销售问题担心，最终能使双方大获其利。

飞利浦公司当然明白一个庞大的营销网络的价值，同意重新考虑合作事宜。最后商定，由松下电器向飞利浦交付4.3%的技术指导费，同时飞利浦向松下电器支付3%的经营指导费。这样一来，实际上松下电器所支付的技术使用费仅为1.3%。这样，双方的合作才真正走到了公平的轨道上。

不久后，松下与飞利浦合作成立了一家公司，其产品畅销世界各地。双方都在技术与经营的完美合作中大获其利。

在被对手牵回家时，不要害怕做有助于对手的事。你不妨这样想：竞争对手是如此强大，无论是攻击他还是帮助他，都不会给他造成多大的影响。那就没有必要考虑对手会得到什么结果，只需考虑自己从这件事中能得到什么结果。

★ 在混乱的环境中捕捉机会

乘其阴乱，利其弱而无主。随，以向晦入宴息。

——《混战计之浑水摸鱼》

此计出自《易经·随卦》，生是消的开始，息是生的转机，只要随时随人，因势利导，必将顺利无灾。用在计谋上，生息交替时，往往是事物不稳定时期，所以趁敌人内部混乱，力量弱小而没有主见的机会，诱使敌人按照我方意图行事，就像人到了晚上一定要上床睡觉一样。也就是说，局面混乱不定，一定存在着多种互相冲突的力量，那些弱小的力量

左右摇摆，拿不定主意到底要依靠哪一边，如能乘机把水搅浑，可以顺手得利。

赤壁大战，曹操大败。为防止孙权北进，曹操派大将曹仁驻守南郡（今湖北公安县），孙权、刘备都在打南郡的主意。周瑜因赤壁大战，气势正盛，下令进兵，准备择机攻取南郡。刘备把部队调到油江口驻扎，虎视眈眈盯住南郡。周瑜立下誓言："无论花多么大的代价，南郡唾手可得。刘备休想做夺取南郡的美梦！"

为了稳住周瑜，刘备故意派人到周瑜营中祝贺。周瑜心想，我一定要见见刘备，看他有何打算。第二天，周瑜亲自到刘备营中回谢。在酒席上，周瑜单刀直入问刘备，蜀军驻扎油江口，是不是要取南郡？刘备说："听说都督要攻打南郡，特来相助。如果都督对南郡没

周瑜

兴趣，那就让我去占领吧。"周瑜大笑说："南郡指日可下，焉有不取之理？"刘备说："都督切不可轻敌，曹仁勇不可当，能不能攻下南郡，现在下结论恐怕为时过早啊！"周瑜一贯骄傲自负，听刘备这么一说，很不高兴，脱口而出："我若攻不下南郡，听任豫州（即刘备）去取。"刘备盼的就是这句话，马上说："都督说得好，子敬（即鲁肃）、孔明都在场作证，将军可先行攻打南郡，如果无法得手，我再就去攻打，你可千万不能反悔啊。"周瑜一笑，根本没把刘备放在心上。周瑜走后，诸葛亮建议按兵不动，让周瑜先去与曹兵厮杀。

周瑜首先攻下彝陵（今湖北宜昌），然后乘胜攻打南郡，却中了曹仁诱敌之计，中箭而返。曹仁见周瑜中了毒箭，非常高兴，每日派人到周瑜营前叫战。周瑜只是坚守营门，不肯出战。一天，曹仁亲自带领大军，前来挑战，周瑜带领数百骑兵冲出营门迎战。开战不多时，忽听周瑜大叫一声，口吐鲜血，坠于马下，被众将救回营中。不久传出周瑜箭疮大发而死的消息，东吴营中奏起哀乐，士兵们披麻戴孝，一片悲痛之声。曹仁闻讯，大喜过望，决定趁周瑜刚死，东吴军队防守疏忽的机会前去劫营，割下周瑜的首级，到曹操那里去请赏。

当天晚上，曹仁亲率大军劫营，城中只留下陈矫带少数士兵护城。曹军趁着黑夜冲进周瑜大营，只见营中寂静无声，空无一人。曹仁情知不妙，急忙退兵，但是已经来不及了。只听一声炮响，周瑜率兵从四面八方杀出。曹仁好不容易从包围中冲出，退返南郡，又遇东吴伏兵阻截，只得往北逃去。

周瑜大胜曹仁,立即率兵直奔南郡。到了城外,却见南郡城头布满旌旗。原来赵云已奉诸葛亮之命,乘周瑜、曹仁激战正酣之时,轻易地攻取了南郡。诸葛亮利用搜得的兵符,又连夜派人冒充曹仁救援,轻易诈取了荆州、襄阳。周瑜自知上了诸葛亮的大当,气得昏了过去。

营销公关,要针对市场竞争错综复杂、利益纠缠不清的情况,抓住时机,巧加利用,浑水摸鱼,定会有不小的收获。当然,前提是合法地使用此计。

1.抢先扑到浑水中

当一种浑水的苗头初现时,能够把握这种时机,最容易摸到鱼,成为赢家。

世间百事,变化太快、太复杂。商场也是如此,变幻莫测。基于各种背景,要想立足于商场,大展宏图,同样必须要有判断浑水、清水即行情的眼光。

胡雪岩非常了解,当时,他经商所处的环境,首要的天下形势就是太平军方的内乱,他看准了太平军是不会持久的,官军早晚要把他们打败。

既然天下大势是这样,那么浑水摸鱼就能赚大钱,但表面上要帮官军打胜仗。

他说,"只要能帮官军打胜仗的生意,我都做,哪怕亏本也要做。要晓得这不是亏本,是放资本下去,只要官军打了胜仗,时势一太平,什么生意不好做? 到那时候,你是出过力的,公家自会报答你,做生意处处方便。"

作为商人,了解了天下大势,就能顺势取势。一件事情,重要的不是现在怎样,而是将来它会怎样。

胡雪岩分析了天下形势后认为,势在官军这边,自然要帮官军。只有昏头昏脑的那些人,才不计社会大的走向,仅为眼前的蝇头小利而断送了大好前程。

看清了它的将来,坚定不移地去做,事业就已经成功了一半。而胡雪岩一开始就守定了讲道理、互惠互利的宗旨,自然为他商业上的发达做了心理准备。任何时候市场需求的变化都在不断发展,经商者需要超前思考。

郭芳枫先生,是世界上的大富豪之一。他是丰隆集团的主席。丰隆集团的投资遍及新加坡、马来西亚、香港、台湾等地,下属60多家不同的企业。投资范围从金融、保险、贸易到制造业,非常广泛。

郭芳枫先生从20世纪40年代开始创业,半个世纪来,事业发展极为迅猛。他有一个鲜明的优点,就是善于准确地判断时代和市场发展的趋势和要求,并能抓住机遇,充分利用时代提供的有利条件。

他在传授自己的生意经时说:"要做生意,就要有远大的眼光,要认清形势,要配合时代的需要。"

在他50年来的商界生涯中,为了配合时代需要,在每个关键时刻,他都能审时度势,顺应形势的要求,把握时代的脉搏,因势利导,采取有力的措施。

"二战"结束,百业待兴之时,郭芳枫就预感到,物质必定会出现短缺。最重要的是,

新加坡作为一个转口贸易港,是战后各国轮船的必经之地,有条件购进大量的物品和设备。于是,他借海运业兴起机会大量收购战争剩余物品。

在当时,战火刚熄,战争剩余物品的价格都不高。他们便以低廉的价格购进了五金、建材、轮船配件和其他用品。随后几年里,这些物品就都成了紧俏商品。从此,他尝到"浑水摸鱼"做大生意的甜头。

在这笔生意成功时,他又预料到,随着战后各国经济的恢复,必定会出现经济大发展,地皮、建筑材料必成紧俏商品。根据这种对时代潮流的预测,从1947年开始,他在经营战后剩余物资的同时,逐步把注意力转移到房地产、建筑原材料等生意上来。

他抓住时机,选好地盘,把有发展前途的地皮,廉价买入。果然,这些地皮价格年年上升,20世纪70年代已成身价百倍的奇缺之货。这时,郭芳枫成立了专门的丰隆实业有限公司,经营房地产,建设住宅区和写字楼。

建材业和房地产业的发展是同步的,由此郭芳枫又预料到,随着地产业发展,水泥必定抢手。于是就在1957年与三井和黑龙洋的公司联合办水泥厂。1961年水泥产品投入市场后适逢新加坡房地产发展最旺盛的阶段,水泥一下子成了紧俏货。

丰隆集团的事业能够迅速成长、壮大,与郭芳枫善于审时度势,正确判断经济前景有关。郭芳枫独具慧眼并善于利用诸多有利条件,发展壮大了丰隆集团。

从郭芳枫创建丰隆集团过程可以看出,成功的商人都善于洞悉时代大趋势,否则怎么可能知道浑水中有鱼?

识时务者最会"摸鱼"。什么是时务? 就是形势,就是趋势,就是对行情的准确预测、判断,抢先入水,占得先机。

2.找到有鱼的浑水

浑水里不一定有鱼,不要以为只要是浑水,就能轻而易举地摸到鱼,那就太头脑简单了。

纵观古今中外成功的商人,他们之所以成功,是因为他们在长期商战的实践中,善于判断复杂局势,成为有识有胆的强人。实际上,越是逆境,越蕴藏着尚待挖掘的机会。只要认准目标、当机立断、勇往直前,定能成就大业。

在二战前,当人们因相信世界末日为期不远而陷于一片慌乱之中时,船王奥纳西斯凭着他的先见之明和敏锐的洞察力,对形势作了准确的判断,并做出了一个令人惊奇的选择——把他的全部资产投入被人们认为在危机中最不景气、并注定要遭难的海上运输业。因为他深信,一旦世界经济复苏,就离不开运输。

在这场经济危机中,加拿大国营运输公司近乎破产,不得不拍卖产业,当时的6艘货船,价值昂贵,现在仅以每艘2万元的价格抛出。奥纳西斯得到消息后,匆匆赶到加拿大,买下了这6艘被遗弃的船只。在以后的几年里,经济危机愈演愈烈,当时许多人把这笔生意看成是丧失理智的大蠢事,认为不久这几艘船连5000美元都不值。事态的发展

正如这些人所预料的那样,年复一年,危机越来越严重,整个资本主义世界仿佛陷入泥沼之中。面对严酷的现实,奥纳西斯毫不动摇,而坚信他所期待的时刻一定会到来。

奥纳西斯盼望的日子终于来了,第二次世界大战爆发后,战争给那些拥有水上运输工具的人带来神奇机会,奥纳西斯的6艘大船一夜之间变成了浮动金矿。

于是,奥纳西斯能成了世界首屈一指的船王。他的成功得益于经济陷入低谷时的果敢出击,找到有鱼的浑水,撒下网。

无独有偶,台塑集团总裁王永庆先生也是一个寻找有鱼的浑水的高手。20世纪70年代末,第二次世界石油危机波及美国,美国经济步入萧条,1980年达至低谷。整个萧条期企业普遍不景气,尤其是石化行业停产、倒闭的化工厂比比皆是。

经济萧条期间,许多的企业家都抱着观望的态度,不敢贸然行动。人心惶惶之中,濒临倒闭的企业纷纷亏本出售,却无人敢于问津。可王永庆认为该是他浑水摸鱼的时候了!从1978年到1982年,在整个美国经济萧条期,他以出人意料的低价买下了美国的12个化工企业,在一般人看来这是不识时务。但王永庆回答:经济不景气的时候,可能也是企业投资与展开扩建计划的适当时间。

王永庆认为,在经济不景气的时候投资新的计划,至少建厂的成本比较低,可增加产品的竞争能力;而且,经济景气的好坏,大都遵循一定的周期规律。按兴建一座现代化工厂约需要一年半到两年时间来计算,在经济不景气时建厂,等到建厂完成时,市场又在复苏之中,正好赶上时机。

王永庆所作所为使美国工商界大为震惊,许多报纸纷纷发表评论,其中有一家报纸称王永庆的行为是一种"狩猎式"的投资,其实他是在别人认为没有鱼的浑水里布下鱼饵。

3.敢于花大气力摸鱼

掉以轻心是摸不到鱼的,何况不是你一个人想摸鱼。

20世纪60年代,利比亚成为世界能源巨头们关注的焦点。在这片覆盖着大片沙漠的土地上,石油流淌在地下深处,就像黑夜里的金子,吸引着投资者的目光。在的黎波里和班加西,石油贩子们仿佛走进了拉斯维加斯的豪华赌场,每天都在进行着石油买卖的赌博。这些赌徒身份各异,有各国政府石油公司代表,有世界能源巨头,也有各种独立公司。除此以外,大量政客、名流巨贾、内阁成员亲戚、科学家、甚至骗子也混在熙熙攘攘的人群中。他们有着相同的欲望和使命,拿到石油开发权,让地下流淌的黄金兑现。

早在60年代初,石油大王哈默接受肯尼迪总统的委托,来到利比亚拜会伊德里斯国王,建立了良好的个人私交关系。但是当哈默重返利比亚时,他发现在狂热的能源赌徒搅浑的水面前,自己的那点优势已经荡然无存。众多石油大亨们拎着成捆钞票参与角逐,哈默的西方石油公司在实力上简直是小巫见大巫,很难从正面去进行硬碰硬的竞争。

但是哈默没有放弃,永不服输的个性促使他投入到这场混战。他发现,一些投机者并没有多少诚意，他们不过是希望拿下开发权，转手进行倒卖或集资，同这些公司比，西方石油公司尽管实力不济，但是拥有经营石油工业的经验和诚意。而利比亚政府规定，当土地出租给石油公司后，如果在一定期限内开采不到石油，就必须把一部分土地归还给政府。这意味着开发商需要一定的耐心和执着，而投机商们并不喜欢这样。

哈默参加了利比亚政府组织的第二轮出让租借地的谈判。出租的地区大部分是原先一些大公司放弃了的租借地，一些已经打出若干孔"干井"，也有一些与产油地相邻的沙漠地块。来自9个国家的40多家公司参加了投标。为了脱颖而出，哈默费尽心机，希望以智取胜。他的投标书采用羊皮证件的形式，卷成一卷后用代表利比亚国旗颜色的红、绿、黑3色缎带扎束。在投标书的正文中，哈默加上一条，西方石油公司愿从尚未扣除税款的毛利中取出5%供利比亚发展农业之用。此外，投标书还允诺在库夫拉图附近的沙漠绿洲中寻找水源，而库夫拉图恰巧就是国王和王后的诞生地，国王父亲陵墓也坐落在那里。挂在招标委员会鼻子前面的还有一根"胡萝卜"，西方石油公司将进行一项可行性研究，一旦在利比亚采出石油，该公司将同利比亚政府联合兴建一座制氨厂。

1966年3月，哈默的"摸鱼"之计大获成功，西方石油公司同时得到两块租借地，其中一块四周都是产油的油井，当时有17家公司投标竞争这块土地，大多是实力雄厚的知名公司，结果个个名落孙山，唯有西方石油公司独占鳌头；另一块地也有7家公司投标，但最终还是归在了西方石油公司名下。第二轮谈判招标的结果使那些显赫一时的竞争者大为吃惊，不明其所以然，深深为哈默高超的谈判手段、技巧而叹服。

夺得这两块租借地后，西方石油公司凭着独特有效的经营管理，使之成为其财富的源泉。1967年4月，西方石油公司的黑色金子流到了海边，在那个令人难忘、规模庞大的纪念日，仅庆典就用去整整100万美元之巨。哈默的胜利成为西方石油公司数万名职员和数十万名股东津津乐道的话题。

4.隔水能看湖底鱼

浑水里有鱼，可如果胡乱地去摸，成功者也只能算运气好，不能说技术高。一塘浑水，能知鱼多少？有的人偏偏长了一双好眼睛，能把浑水中的鱼看得一清二楚。

温州的陈氏兄弟就是这样的人。在浦东即将开发的1991年10月，陈氏兄弟来到了浦东。当时，从最南端的杨高路到最北端的高桥，还未成为投资热点，很多地方还都是菜地或农田。当时的杨高路如同一条机耕路，尘土飞扬。杨高路的两旁，多为一些门庭冷落冷清的单位或市办企业的库房。从表面上，任何人也没能看出几年后这里有朝一日会出现高楼林立、车水马龙的热闹景象。殊不知，这对陈氏兄弟却正是来这儿寻找商机的。

在上海伊桥镇浦东伊桥乡，由于他们看中的竟是离杨高路有30米之遥的一间仓库，接待他们的上海人实在想不开，温州人租这样的闲房空地作什么用呢？

这两个温州兄弟只说是用来改造成活动房式店面，以销售温州小商品。上海人虽然也知道浦东要开发，但他们对自己手头上握有的地皮的价值却不甚了解，更没想到开发

得那么快。既然这些房子和地闲着也是闲着,温州人要租,何乐而不为?至于他们租去干什么,自己也不必多操那份闲心。温州兄弟也干脆,马上签订了租赁合同。这一下子就打消了上海人的疑惑,协议是这样的:上海方以地皮投入,温州方出资改造成活动房式店面,由温州人经营管理,收入二八分成,上海方拿小头,温州人拿大头,五年不变。

这样一来上海人高兴,两位温州人也高兴,都以为占了对方的便宜。这对兄弟当时在上海人心目中虽然有点"憨",但他们自己心里有数,其实他们搞活动房店面只是个幌子,事实上却是想在浦东大举开发之前抢占先机,先人一步在这里租下最有利地点,靠日后的转租赚钱。当时的上海人不认识这陈氏兄弟俩,深圳人对他们却很熟悉,这样的事在深圳他们已经干过,而且赚了不少钱,因而在深圳,陈氏兄弟可不是无名之辈。谁会想到,他们曾有过在深圳深南东路租下店面发大财的辉煌纪录呢?

直到第二年春天,中国改革开放的总设计师邓小平同志南行视察浦东,出现在杨高路上,这时的上海人才看出了点眉目。

不久,耗资8亿多元的杨高路改造被列为上海市头号重点工程,而杨高路改造竣工之日,也就是陈氏兄弟的店铺开张之时。这时在上海人眼中,温州人的精明便明明白白地显示出来了。

陈氏兄弟所选的从前的偏僻地块,此时正处于杨高路改造后的黄金地段,而且在杨高路扩宽后,不偏不倚恰好位于当街处,既不落后,也不抢前。

对陈氏兄弟而言,杨高路两边的店铺的租金直线攀升,所改造的109间活动店面,以平均8000元一年的租金租出98间,还有11间年租金不断上涨,超过万元,甚至直逼2万元。温州人将活动店面转租出去,当年就将改造店铺所投的资金全部收回,还赚回了40余万。根据合同条款,今后四年中他们将至少净赚300万元。

温州人玩的这一手实在令上海人惊叹。如梦方醒的上海人不能不心悦诚服,说温州人隔水能看见湖底有鱼。上海人冲温州人直竖大拇指,丝毫不责怪这对兄弟"摸"了自己池塘中的鱼。人家火眼金睛,你不服都不行。

陈氏两兄弟来上海之前,他们已通过对形势的判断和对已获信息的分析,得出浦东将是一片投资热土的结论。这就意味着浦东路将出现无数巨大的商机。

从陈氏兄弟投资杨高路的过程来看,他们首先是先人一步得到了信息:浦东要开发,要有相当大的发展和变化,而来到上海后,两兄弟根据他们在上海浦东得到的信息和现场调查,浦东开发缺少一条贯通南北的干道,通过对杨高路的现场勘查,他们敏锐地感受到这条路的潜力。他们认为杨高路的拓宽改造是势所必然的,因此,将来的杨高路必将繁华无疑,必定会成为浦东路一街。

但杨高路全线各地段也有好坏之分,他们又根据自己的经验认准了其中的黄金地段。陈氏兄弟只用了65万元,捡便宜一般就租到了他们精心挑选的地皮。

如何发现水底鱼?他们的思维判断方程式是:浦东要发展,势必会如此发展;之所以会如此发展,其根据就是信息和浦东潜在的需求。参照其他城市的发展模式,只要先确定一个重点区域,再将各种设施合理地安排在该区域内,于是哪块地皮将会升值便明白如见了。

名著智慧

国学智慧全书

马肇基◎主编

导　语

　　翻读名著,无论是通过宏阔壮丽的军事、政治斗争场景去展示群雄竞逐、朝代改易的重大历史过程的《三国演义》;尽收世态百相,而意在凸显江湖豪杰狭义情怀,终成英雄传奇小说楷模的《水浒传》;抑或处处流溢着幽默谐趣,借助神话佛道背景来张扬对生命意义的坚忍叩问和理想事业的执着追求的《西游记》;由一个富贵大家族而及整个封建社会,浸透了盛衰炎凉的沧桑况味,为青春、爱情、美好的毁灭吟唱一曲深长挽歌的《红楼梦》;它们的字里行间,都无不闪烁着"智慧"的耀眼光芒。这是在阅历人生、熟谙人世百味之后才可能获有的大彻悟,才迸发出的大智者言,才能摒弃掉一切的浮躁、偏激、轻佻、卑怯与苟且……

　　人生的经历以及社会经验告诉我们:"害人之心不可有,防人之心不可无。""知彼知己,百战百胜。"只有了解和研究别人的阴谋,我们才能具有预防阴暗的智慧,并帮助善良的读者培养和提高识破、预防和反对、击败此类阴谋诡计的智慧。

　　生活和工作中,那些妒忌人、算计人、谋财害命、贪赃枉法的勾当中所需要的计谋,是负面意义上的"智慧",实际上只是短智、小智。但是这些毒谋、阴谋、诡计,其中有不少是在细微处潜伏着的,令人防不胜防的,故而善良人们很难识别和防备,往往中了暗算而不自知。我们分析评论此类负面的智慧,用心即在于此。

　　翻读名著,重新领味其间所蕴含的丰富智慧、省悟其间所启示的深沉处世哲理,朋友们能够从中寻找出自己所需要的东西,以便在激烈的竞争和紧张繁重的工作里,获得一些宽慰与劝谕,更为练达、睿智、理性;而当你们走进这片绿荫下小憩时,也会变得更为清醒聪明,让生命活跃在豁朗乐观的心绪中,满怀信心地再次审视、瞻望自己的未来人生和发展机遇。

第一篇 《红楼梦》智慧通解

导读

《红楼梦》博大精深,是中国和世界文化史上罕见的伟大巨著。对《红楼梦》评价最高、也是最正确的是 20 世纪人文学科中学术成就最高的王国维,他在《红楼梦评论》这篇宏文中指出:《红楼梦》是天才之作,优美与壮美完美结合的悲剧中的悲剧,是宇宙之大著述。

所以《红楼梦》讲的大智慧,是宇宙和人生的大智慧,但也包含着众多细微难辨的小智慧。

《红楼梦》虽然要表达的是大智慧,写的却多是小事情,也即日常细碎之事。《红楼梦》不写军国大事,不写政治权力的斗争,不写战争,也不表现航海、探险、商务、弘法之类的重大活动,不表现这些大事中的智慧。

《红楼梦》中写的是小儿女细小的微妙的心事,也写到富贵人家日常生活中的普通人际交往,妇女之间的小小的勾心斗角。里面包含着一些细小的智慧,这些智慧都是具体细微的,都是和具体的细小事情糅合在一起、不起眼的细小的心机、智谋和计谋,粗看是不会引起注意的。但我们可从"于无声处"提炼和体会人生智慧。

國學智慧全書

红楼梦

第一章 处世：圆融豁达，仁慈为怀

★从大处着手，让小处圆满

凤姐在迎接黛玉到来这件事上，她已圆满地表演了全套的唱功和做工，她从大处着手，却懂得小处圆满，处处细小的地方都浸透了做人的智慧。她对黛玉之事如此用心，就因为黛玉是贾母最心疼的女孩。

王熙凤是《红楼梦》中的主角之一，人称"凤辣子"，她在贾府具有举足轻重的地位。

王熙凤出身豪门，为都统制县伯之后，金陵四大家族之一的"东海缺少白玉床，龙王来请金陵王"的王家。她的爷爷是负责外交和对外贸易的，担任的是当时非常时髦、获利丰厚的职务。她曾经非常得意地自诩："我爷爷专管各国进贡朝贺的事，凡有的外国人来，都是我们家养活。粤、闽、滇、浙所有的洋船货物都是我们家的。"

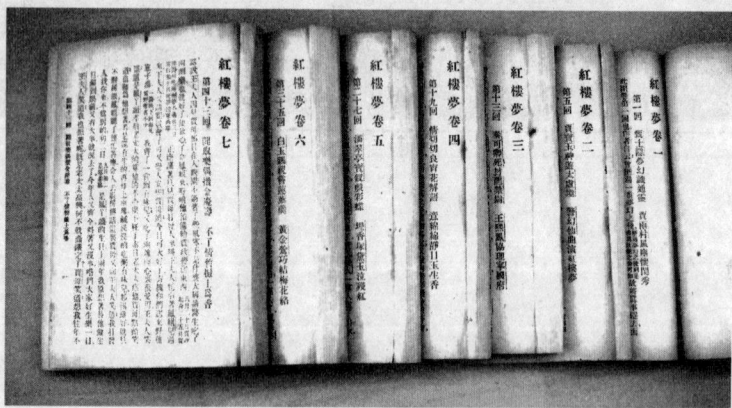

红楼梦手抄本

王熙凤的叔叔王子腾做过京营节度使，九省都检典，后来还入阁拜相。

王熙凤还是一个出众的美人，她家里却从小当她男孩来教养，可惜的是不让她读书。她竟然是个目不识丁的文盲。清代评论家洪秋蕃评论她："凤姐自幼假充男儿教养，学名

國學智慧全書

名著智慧

王熙凤,何以胸无点墨,想见小时顽不受教。"

王熙凤是王夫人的内侄女,嫁到贾府,成了国公府长孙贾琏的夫人,贾母的孙媳。她的姑妈是荣国府次子贾政的夫人,即王夫人。她与这位王夫人结成同盟,操纵着全府的大权。她还能超越王夫人,独家操纵全府大权,是因为得到贾母的信任和全力支持。

王熙凤在全书第一次出场就以她的出色智慧而令人如闻其声,如见其人,光彩照人:

(林黛玉从苏州来投奔外祖母史太君,刚进贾府,正与贾母、王夫人等见面。贾母说到黛玉身体不好,要配药丸给她吃。)一语未了,只听后院中有人笑声,说:"我来迟了,不曾迎接远客!"黛玉纳罕道:"这些人个个皆敛声屏气,恭肃严整如此,这来者系谁,这样放诞无礼?"心下想时,只见一群媳妇、丫鬟围拥着一个人从后房门进来。

王熙凤

这个人打扮与众姑娘不同,彩绣辉煌,恍若神妃仙子:头上戴着金丝八宝攒珠髻,绾着朝阳五凤挂珠钗,项上戴着赤金盘螭璎珞圈,裙边系着豆绿宫绦,双衡比目玫瑰佩,身上穿着镂金百蝶穿花大红洋缎窄褃袄,外罩五彩刻丝石青银鼠褂,下着翡翠撒花洋绉裙。一双丹凤三角眼,两弯柳叶吊梢眉,身量苗条,体格风骚,粉面含春威不露,丹唇未启笑先闻。

黛玉连忙起身接见。贾母笑道:"你不认得她,她是我们这里有名的一个泼皮破落户儿,南省俗谓作'辣子',你只叫她'凤辣子'就是了。"黛玉正不知以何称呼,只见众姊妹都忙告诉她道:"这是琏嫂子。"黛玉虽不识,也曾听见母亲说过,大舅贾赦之子贾琏,娶的就是二舅母王氏之内侄女,自幼假充男儿教养的,学名王熙凤。黛玉忙赔笑见礼,以"嫂"呼之。

这熙凤携着黛玉的手,上下细细打量了一回,仍送至贾母身边坐下,因笑道:"天下真有这样标致的人物,我今儿才算见了!况且这通身的气派,竟不像老祖宗的外孙女儿,竟是个嫡亲的孙女,怨不得老祖宗天天口头心头一时不忘。只可怜我这妹妹这样命苦,怎么姑妈偏就去世了!"说着,便用帕拭泪。

贾母笑道:"我才好了,你倒来招我。你妹妹远路才来,身子又弱,也才劝住了,快再休提前话。"这熙凤听了,忙转悲为喜道:"正是呢!我一见了妹妹,一心都在他身上了,又是喜欢,又是伤心,竟忘记了老祖宗。该打,该打!"

又忙携黛玉之手,问:"妹妹几岁了?可也上过学?现吃什么药?在这里不要想家、想要什么吃的、什么玩的,只管告诉我,丫头老婆们不好了,也只管告诉我。"一面又问婆子们:"林姑娘的行李东西可搬进来了?带了几个人来?你们赶早打扫两间下房,让他们去歇歇。"

说话时,已摆了茶果上来。熙凤亲为捧茶捧果。

又见二舅母问他:"月钱放过了不曾?"熙凤道:"月钱已放完了。才刚带着人到后楼上找缎子,找了这半日,也并没有见昨日太太说的那样的,想是太太记错了?"王夫人道:"有没有,什么要紧。"因又说道:"该随手拿出两个来给你这妹妹去裁衣裳的,等晚上想着叫人再去拿罢,可别忘了。"熙凤道:"这倒是我先料着了,知道妹妹不过这两日到的,我已预备下了,等太太回去过了目好送来。"王夫人一笑,点头不语。(第三回)

林黛玉

在这个迎接远来亲戚的场面中,王熙凤已经舒展了她的浑身解数,让我们领略到她那处世待人的全套敏慧的才智。我们看到随着贾母见客的众多女眷和丫鬟都"敛声屏气,恭肃严整",说明贾母治家严谨,大家都拘谨守礼,只有凤姐敢于打破常规,谈笑自如。

这个"谈笑自如",可不是随随便便做得到的,必须每句话要大方得体、智慧出众,或者幽默,或者动人,体贴人情,或者话锋锐利,出人意料之外但又合乎情理之中,必令大家心服口服,否则马上就会失去听众并给人剥夺了发言权。通观《红楼梦》全书,王熙凤就是这样一个可爱的人物。遥想当年大观园内隆重开张诗社,凤姐虽没有文化,更没有学过写诗,但大观园众位才女邀请她当监制,奉她为诗坛领袖。大家在即景联句时,给她面子,竟然请她起句,她谦虚一番,竟然开口就是佳句:"一夜北风紧"。这句平易不起眼的句子,却富有泼辣的生气,正是文如其人,大家不禁佩服地一致称赞:"不但好,而且留下了多少地步与后人。"还被众人誉为"这正是会作诗的起法"。

即以本段描写来说,她人尚未到,却先闻其声,一声"我来迟了",普普通通的一句话,简洁明快,现在也早已经成为日常的名句了。

凤姐的衣着打扮,与众不同,富贵华丽。蒙府本评:"大凡能事者,多是尚奇好异,不肯泛泛同流。"在打扮得体的前提下,她的美貌出众从黛玉这个目光敏锐的少女的眼光中描出,风韵卓著。

凤姐讲黛玉的标致和气派都像是贾母的孙女,而不应该是外孙女,怨不得老祖宗天天口头心头一时不忘。甲戌本侧批和戚序本批语都说:"却是极淡之语,偏能恰投贾母之意。"她极能体会讲话对方心底的感情和意味,故能恰如其分地投其所好。

接着又伤心落泪,洪秋蕃评:"凤姐于贾夫人(指黛玉之母)情而两疏,乃见黛玉而念及,且至用帕拭泪,此仰体贾母痛女之心而为是假惺惺也。希意旨,工趋奉,于此已见一斑。"她的伤心装得极其逼真,贾母也深信不疑,劝她敛哀,甲戌本侧批:"反用贾母劝,看阿凤之术亦甚矣。"她忙自责说:该打!接着关心地问起黛玉的情况,赶快转移话题。她还亲为年幼的黛玉捧茶捧果,态度热情,关心入微,礼仪周到。她的礼仪周到,能注意从细节上着手,所以有着极好的现场效果。

有大本事的人和只会奉承拍马的小人的不同之处是,开玩笑管开玩笑,开玩笑是让大家笑得畅快过瘾,但遇到正经事,遇到大事、繁难事,做事要和讲话一样利索干脆。王熙凤就是这样。

王熙凤对黛玉来访,早做了准备,王夫人言及尚未为黛玉准备衣料,王熙凤立即回答"倒是我先料着了,知道妹妹这两日到的,我已预备下了,等太太回去过了目好送来。"使得王夫人非常满意,无话可说。王熙凤做事机警,有备无患。蒙府本评:王熙凤"先为筹划,写其机巧"。

凤姐在迎接黛玉到来这件事上,她已圆满地表演了全套的唱功和做工,她从大处着手,却懂得小处圆满,处处细小的地方都浸透了做人的智慧。她对黛玉之事如此用心,就因为黛玉是贾母最心疼的女孩。王熙凤的做人处世之道堪为现代领导者的模范。

★尽人事以听天命

一个人应该"尽人事以听天命"。因为,对于人来讲,不可知的东西太多了,许多事往往用尽心思仍一无所得。

孔子认为,一个人应该"尽人事以听天命"。因为,对于人来讲,不可知的东西太多了,许多事往往用尽心思仍一无所得。而在生活中,所谓"螳螂捕蝉,黄雀在后"的事情也不少。

《庄子》里有这样一则寓言:

庄子在雕陵栗树林里游玩,看见一只奇异的怪鹊从南方飞来,翅膀宽达七尺,眼睛大若一寸,碰着庄子的额头而停歇在果树林里。

庄子说:"这是啥鸟呀?翅膀大而不能远飞,眼睛大而目光迟钝。"于是提起衣裳,快步走过去,拿着弹弓窥伺它的动静。

这时,忽见一只蝉儿,正得着美叶荫蔽,完全沉浸在大自然之中,说时迟,那时快,有只螳螂借着树叶掩蔽着,伸出臂来一举而捕住蝉儿,螳螂意在搏蝉,见有所得而显露自己的形迹;恰巧这只怪鹊乘它捕蝉的时候,攫食螳螂,怪鹊见利而不觉自己性命的危险。

见了这个场面,庄子不觉心惊,警惕着说:"唉! 物与物互相累害,这是由于两类之间互相招引贪图所致!"

想到这里赶紧扔下弹弓,回头就跑。恰在此时,看守果园的人以为他偷栗了,便追逐着痛骂他。

所谓"螳螂捕蝉,黄雀在后",这个有名的典故就是从这则寓言来的。由这寓言引申出一个结论:成心谋算他物,自以为聪明,结果却招引别物来谋害自己。因而,情有铲除心计,不要小聪明,才能免于卷入物物竞逐的循环斗争中。

《红楼梦》有一个人物,就是聪明反被聪明误的典型。这个人就是王熙凤。

王熙凤在贾府算是一个八面玲珑的人,她想尽各种办法,使用种种计谋,想使贾府振兴起来,或者至少维持着大家的局面,同时也积攒些家私。然而她的努力,她的"鞠躬尽瘁",却换来了贾府上下人的一片不满,最终也没有使贾家有什么起色,死后甚至连女儿也保不住。"于世路上好机变,言谈去得","心性又极深细,竟是个男人万不及一的。少说着只怕有一万心眼子,再要赌口齿,十个会说的男人也说不过她呢! 一从小儿大妹妹玩笑时就有杀伐决断,如今出了阁,在那府里办事,越发历练老成了","真真泥腿光棍,专会打细算盘","天下人都叫你算计了去","嘴甜心苦,两面三刀","上头笑着,脚底下使绊子","明是一盆火,暗是一把刀。"她都占全了。这些熟悉"凤姐"为人的各色人等对"凤姐"的评价,活脱脱展现出了一个机关算尽太聪明的人物。然而,就是这样一个十分精明的人物,却落得孤家寡人,身心劳碌至死,最终又一无所得的下场。

王熙凤虽然有无与伦比的治家才能,她应付各色人等的技巧,但也正因为她的聪明造就了她结局的悲凉。

再看李纨,是那种恪守妇道、平平淡淡过日子、独善其身的传统淑女典型。一生并不轰轰烈烈,也不劳心竭力,却落得干净自在,人缘好,因为有个好儿子贾兰而最终凤冠霞帔,结局是金陵十二钗中命最好的。

《红楼梦》中王熙凤的判词如下:

"机关算尽太聪明,反送了卿卿性命。生前心已碎,死后性空灵。家富人宁,终有个家亡人散各奔腾。枉费了,意悬悬半世心,好一似,荡悠悠三更梦。呼啦啦似大厦倾,昏惨惨似灯将尽。呀! 一场欢喜忽悲辛。叹人世,终难足。"

这正应了郑板桥的一句话"试看世间会打算的,何曾打算得别人一点,真是算尽自家耳!"

现实生活中,上级领导往往喜欢谦虚的下属,而不喜欢爱表现自己的下属。下属如果急于表现自己,会让领导觉得你好出风头、有个人主义倾向,不利于机关内部的团结和

稳定,因而他肯定不会支持你。此外,急于表现自己,往往会使你得罪同事,由于领导要依靠这些熟悉情况的人干工作,他也会照顾一下他们的情绪,他很可能会批评你,给你一些小的教训,作为警示。

人们在交往中,常常喜欢与单纯的人交往。与单纯的人交往轻松、自然,不用费尽心机,提高警惕,这倒不是说单纯的人是傻子,是可以随意欺骗与作弄的,而是说他心地纯净、平和、淡泊。这样的人也懂得很多,想得很深,看得很透,但他把心智放在更有价值和更有意义的事情上。这就是荀子所说的那种人:"温和如玉,完美纯正。"

★ 做成熟的领导,绝不感情用事

在当今纷繁变化的社会中,领导者要想得心应手地周旋于职场中,就要学习宝钗的隐忍、理性、世故、成熟。要想成为一个成功的领导者,必须做到理智大于情感,不能感情用事。

《红楼梦》里的薛宝钗,是个十分理性谨慎、感情含蓄不外露的人,她对宝玉的感情非常深沉、含蓄。第八回《比通灵金莺微露意 探宝钗黛玉半含酸》里,有一处情节是宝玉前去探望在家养病的宝钗,宝钗的丫鬟莺儿看了宝玉脖子上挂着的通灵玉上的题字,不由地说:"这个玉上的两句话倒和我们家姑娘的金项圈上的两句话是一对儿。"待宝玉发现果真是一对儿后,莺儿说:"这两句吉利话是个和尚送的,说要嵌在金器上……"话未说完便被宝钗打断了,莺儿未说完的话里此时留下了悬念,在后面的回目里可以得知,和尚所说的是"金玉配",即戴金锁的宝钗遇到佩玉的人方可结为良缘。聪慧如宝钗,自然在看到宝玉的玉之后已全解其意,却又故意打断莺儿的话不想让宝玉知道,这里已初步表现了宝钗对待爱情的态度;宝钗对宝玉,同样是深爱,但深藏于心。而黛玉时时难掩对宝钗的醋意。黛玉去看宝钗,发现宝玉也在,不免酸溜溜的说:"哎哟,我来得不巧了!"又说:"早知他来,我就不来了。"同样是面对宝玉,两个人的感情,一个内敛,一个外露,对比十分鲜明。

第二十七回《滴翠亭杨妃戏彩蝶 埋香冢飞燕泣残红》里,宝钗前往潇湘馆来请黛玉聚会。

忽然抬头见宝玉进去了,宝钗便站住,低头想了想:"宝玉和林黛玉是从小儿一处长大,他兄妹间多有不避嫌疑之处,嘲笑喜,怒无常;况且林黛玉素习猜忌,好弄小性儿的。此刻自己也跟了进去,一则宝玉不便,二则黛玉嫌疑。罢了,倒是回来的妙。"想毕抽身离开了。

宝钗的谨慎由此可见一斑。

第三十四回《情中情因情感妹妹　错里错以错劝哥哥》，宝玉挨了父亲的重打，宝钗特意带了药丸去探望，又详细吩咐丫头如何敷药，并心疼地说：

早听人一句话，也不至今日。别说老太太，太太心疼，就是我们看着，心里也疼。

刚说了半句又急忙咽住，自悔说话急了，红了脸，低下头来。这在宝钗是难得的一次真情流露，再次印证了她对宝玉的感情。

第三十六回《绣鸳鸯梦兆绛芸轩　识分定情悟梨香院》，薛宝钗看见袭人在为宝玉绣五色鸳鸯兜肚，油然产生艳羡之心，并情不自禁地拿起来替她代刺。其实，宝钗的内热外冷的心态，恰似一朵含苞待放的牡丹。

《红楼梦》书影

也正是宝钗的稳重理性使她得到了贾府上层执政者们的认可，最终也收获了她和宝玉的婚姻。

第三十二回《诉肺腑心迷活宝玉　含耻辱情烈死金钏》中，金钏投井死了之后，宝钗向王夫人处来道安，王夫人说起没有现成的新衣服给金钏穿着下葬，宝钗的表现非常大方，没有半点忌讳之心：

王夫人道："刚才我赏了他娘五十两银子，原要还把你妹妹们的新衣服拿两套给他妆裹。谁知凤丫头说可巧都没什么新做的衣服，只有你林妹妹做生日的两套。我想你林妹妹那个孩子素日是个有心的，况且他也三灾八难的，既说了给他过生日，这会子又给人妆裹去，岂不忌讳。因为这么样，我现叫裁缝赶两套给他。要是别的丫头，赏他几两银子也就完了，只是金钏儿虽然是个丫头，素日在我跟前比我的女儿也差不多。"口里说着，不觉泪下。宝钗忙道："姨娘这会子又何用叫裁缝赶去，我前儿倒做了两套，拿来给他岂不省事。况且他活着的时候也穿过我的旧衣服，身量又相对。"王夫人道："虽然这样，难道你不忌讳？"宝钗笑道："姨娘放心，我从来不计较这些。"一面说，一面起身就走。王夫人忙叫了两个人来跟宝姑娘去。

这也是宝钗为人豁达之处，不计小处得失，她的理性与稳重赢得了王夫人的赏识。

宝钗身处贾府这"花柳繁华地、富贵温柔乡"，虽也有薛家显赫的家世背景支撑，但在她心中仍作寄居他处之虑。这也是她从不多说一句话，多行一步路的一个原因。但不管怎么说，薛宝钗是一个正值豆蔻年华的青春少女，她热爱生活，喜欢大自然，率真无瑕，有

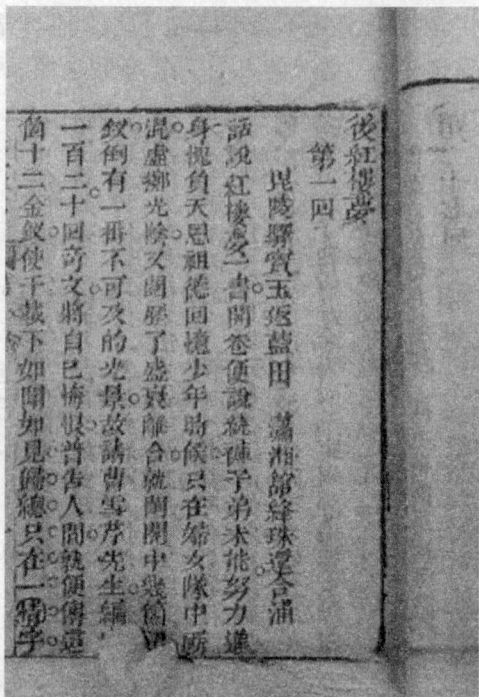

國學智慧全書

名著智慧

很多可爱之处。第二十七回《滴翠亭杨妃戏彩蝶 埋香冢飞燕泣残红》中为我们展现了这位花季少女嬉戏玩耍的一幕：

（宝钗）刚要寻别的姊妹去，忽见前面一双玉色蝴蝶，大如团扇，一上一下迎风翩跹，十分有趣。宝钗意欲扑了来玩耍，遂向袖中取出扇子来，向草地下来扑。只见那一双蝴蝶忽起忽落，来来往往，穿花度柳，将欲过河去了。倒引的宝钗蹑手蹑脚地，一直跟到池中滴翠亭上，香汗淋漓，娇喘细细。

一个封建社会的标准淑女，在自然风光面前，也有纯真忘情的一面，迎风翩跹的蝴蝶，引发了她未泯的童心，在草丛、在花间，留下了她活泼率真的倩影。

在当今纷繁社会的社会中，领导者要想得心应手地周旋于各种人事中，就要学习宝钗的隐忍、理性、世故、成熟。要想成为一个成功的领导者，必须做到理智大于情感，不能感情用事。

★豁达大度，处事明慧

李纨评论鸳鸯"心也公道，虽然这样，倒常替人上好话儿，还倒不倚势欺人的"。

李纨评论鸳鸯"心也公道，虽然这样，倒常替人上好话儿，还倒不倚势欺人的"。豁达大度，处事明慧的鸳鸯待在贾母身边，处于居高临下的位置，对贾府和大观园的情况有比较全面的了解。她心高智大，眼明心灵，所以尽管平时并不随便评论，却斯人不言，言必有中。凤姐因婆婆邢夫人处事不当，当众被羞辱受气，偏贾母来叫，忙擦干眼泪而来。鸳鸯立即看出凤姐哭过，受了气；贾母命她去园中传话，在探春处遇到李纨、宝玉一干人众，议论起贾母处事处人想得周到，非众人所及，李纨认为："凤丫头仗着鬼聪明，还离脚踪儿不远，咱们是不能的了。"鸳鸯想起刚才凤姐受气含泪情景，便道："罢哎哟！还提'凤丫头''虎丫头'呢。她的为人，也可怜见儿的！虽然这几年没有在老太太、太太跟前有个错缝儿，暗里也不知得罪了多少人。总而言之，为人是难做的：若太老实了，没有个机变，公婆又嫌太老实了，家里人也不怕；若有些机变，未免又'治一经损一经'。如今咱们家更好，新出来的这些底下字号的奶奶们，一个个心满意足，都不知道要怎么样才好，少不得意，不是背地里嚼舌根，就是调三窝四的。我怕老太太生气，一点儿也不肯说；不然，我告诉出来，大家别过太平日子。这不是我当着三姑娘说，老太太偏疼宝玉，有人背地怨言还罢了，算是偏心；如今老太太偏疼你，我听着也是不好。这可笑不可笑？"精明厉害的探春也十分赞同鸳鸯的这通分析，笑道："糊涂人多，哪里较量得许多？我说，倒不如小户人家，虽然寒素些，倒是天天娘儿们欢天喜地，大家快乐。我们这样人家，人都看着我们不

知千金万金、何等快乐，殊不知这里说不出来的繁难，更厉害！"

鸳鸯在探春处发表好上述言论，回去时因到僻静处小解，撞见司棋与表兄幽会。司棋因素日鸳鸯和自己交情亲厚，不比别人，忙叩头求她保密，鸳鸯立即答应"横竖不告诉人就是了"。过几天鸳鸯闻知那边无故走了一个小厮，园内司棋病重，要往外挪，心下料定："是二人惧罪之故，生怕我说出来。"因此，自己反过意不去，她指着来望候的司棋，反自己赌咒发誓说："我若告诉一个人，立刻现世现报！你只管放心养病，别白糟蹋了小命儿！"司棋一把拉住，哭道："我的姐姐！咱们从小儿耳鬓厮磨，你不曾拿我当外人待，我也不敢怠慢了你，如今我虽一着走错了，你若果然不告诉一个人，你就是我的亲娘一样！从此后，我活一日，是你给我一日……"这一席话，反把鸳鸯说得酸心，也哭起来了。实际上，以鸳鸯的正直和灵慧，她嘴上不说，在内心深处，对司棋追求自由婚姻，是理解的；对司棋找到满意的情人，是支持的；对司棋的情人在危急时逃走，是同情的。追求感情的幸福，是人的天性。可是鸳鸯的这种态度，非常不容易，须知此前鸳鸯已遇贾赦逼娶为妾，她怒骂立誓之后，她本人的处境和结局将很悲惨；她在本人身陷困境、绝境之时，仍关心体贴别人，为别人担风险，这是极为不易的。

鸳鸯处事秉公，也讲情谊。她认识到，有时"人情大于王法"，也是有合理因素的。因为这个"王法"，认为年迈的富人抢占或霸占穷苦的少女是合法的，认真给予保护，而少男少女出于纯真的感情要求自愿结合，反认为是非法的，要严厉镇压。背弃这样的王法，维护这样的人情，是鸳鸯的善良、刚直、仗义和富于智慧的出色体现。这不能不给现代领导者某些启示。

第二章 管理：严宽自如，抓大放小

★善借"外脑"：外来的和尚会念经

人们常说"外来的和尚会念经"。外聘能人或职业经理人是目前为止很多企业仍然着力在做的事情，尤其是正处于快速发展阶段的中小型企业。既要以赶超竞争对手的速度发展，又要面对内部人力资源严重匮乏的局面，引进外聘职业经理人是最为直接的一条道路。

《红楼梦》第十三回《秦可卿死封龙禁尉　王熙凤协理宁国府》中，宁国府的秦可卿去世了，在办丧事的紧要关头，又逢宁国府的"内当家"尤氏患病在床，宁国府当家的贾珍忙不过来，需要帮手。在听取了贾宝玉的推荐后，贾珍从荣国府请来了王熙凤。

王熙凤"空降"宁府后，严肃纪律，调动各方积极性，开辟了新的局面。她从革除弊端入手，总结出宁国府的五大弊端：

头一件是人口混杂，遗失东西；第二件是事无专职，临期推诿；第三件是需用过费，滥支冒领；第四件是任无大小，苦乐不均；第五件是家人豪纵，有脸者不服约束，无脸者不能上进。听说王熙凤要来，宁国府职工有这样的反应：

总管来升传齐同事人等说道："如今请了西府里的琏二奶奶管理内事，倘或她来支取东西，或是说话，小心侍候才好。每日大家早来晚散，宁可辛苦了一个月，过后再歇息，别把老脸面扔了。那个是有了名的烈货，脸酸心硬，一时恼了，不认人的！"众人道："有理"。还有的说："论理我们这里也该让她来整整了！忒乱了。"

王熙凤人未到，但威风已经过来了。虽然这些职工发了一些牢骚，但是心里还是敬服的。

为了克服宁国府管理上的弊端，王熙凤实行了"岗位责任制"和"层级管理制"，以部门为单位，责任到位，把管人的与管事地结合起来、责任与实效结合起来。宣布了规章制度后，王熙凤要求部门管理者带头遵守，并严格执行和落实。

王熙凤通过采取一系列措施，并强抓落实，立即收到了效果，宁国府乱、差的内部环境也迅疾改变了。她的管理才能不但是尤氏、李纨、邢夫人、王夫人所不能比的，就是贾政、贾珍、贾琏这些"须眉男子"也望尘莫及。

著名红学家周汝昌对王熙凤协理宁国府一事曾题诗作评："五弊先除理要端，迟来一刻法难宽。人人服了真材器，治国齐家同样看。"

王熙凤"空降"宁国府，成为宁国府优秀的代理经理人，她通过身体力行的有效管理，使宁国府混乱的局面大为改观。王熙凤只不过是代理管理者的身份，但其管理力度却早已使偷懒者闻风丧胆。人们常说"外来的和尚会念经"，其实也是这个道理。外聘能人或职业经理人是目前为止很多企业仍然着力在做的事情，尤其是正处于快速发展阶段的中小型企业。既要以赶超竞争对手的速度发展，又要面对内部人力资源严重匮乏的局面，引进外聘职业经理人是最为直接的一条道路。

开滦集团公司作为老牌的国有企业，风雨兼程已走过百年。集团公司领导用国际化的眼光来考虑本公司的发展，通过外聘一些能人，专

周汝昌

家来"诊断"，评审本公司各项管理工作。以制定本公司各项发展战略，推动公司做大做强。这种善于利用"外脑"的思想在我国的国有企业中还是较具前瞻性的，相信会给领导者一些重要的启示。

★一碗水端平，一颗心放正

王熙凤博爱众生，不忘众人。正所谓"站在阳光下，不忘角落人。"她总是力所能及照顾人，给人机会。这样的管理者当然让手下卖力，因为她为大家找到了共同的前途与钱途，有了共同的事业与目标。

见《红楼梦》第十六回"贾元春才选凤藻宫　秦可卿夭逝黄泉路"

贾琏陪黛玉安葬了她父亲回到荣国府，正赶上贾元春被选入宫晋封为凤藻宫尚书，凤姐便笑道："国舅爷大喜！国舅老爷一路风尘辛苦，小的听见昨日的头起报马来报，说今日大驾归府，略备了一杯水酒掸尘，不知可赐光否？"贾琏笑道："岂敢岂敢，多承多承。"

遂问别后家中诸事，又谢凤姐的操持劳碌。

凤姐道："我那里照管得这些事！见识又浅，口角又笨，心肠又直率，人家给个棒槌，我就认作针，脸又软，搁不住人给两句话，心里就慈悲了。况且没经过大事，胆子又小，太太略有些不自在，我就唬的连觉也睡不着。我苦辞了几回，太太又不允，倒反说我图受用，不肯学习了学了，殊不知我捏着一把汗儿，一句也不敢多说，一步也不敢多走。你是知道的，咱们家所有的这些管家奶奶们，那一位是好缠的？错一点他们就笑话打趣，偏一点儿他们就指桑说槐的抱怨。坐山看虎斗，借剑杀人，引风吹火，站干岸儿，推倒油瓶不扶，都是全挂子武艺。况且我年纪轻，头等不压众，怨不得不放在眼里。更可巧那府里忽然蓉儿媳妇没了，珍大哥再三再四的在太太跟前跪着讨情，只要求我帮助他几日。我是再三推辞，太太断不依，只好从命。依旧被我闹了个人仰马翻，更不成个体统，至今珍大哥哥还抱怨后悔呢。你这一来了，明日见了他。好歹描补描补，就说我年纪小，原没有见过世面，谁叫大爷错委他的。"

既至摆上酒肴来，夫妻对坐。凤姐虽善饮，却不敢任兴，只陪侍着贾琏。一时贾琏的乳娘赵嬷嬷走来，却是想趁这个机会为自己的两个儿子谋个事做来求凤姐。

凤姐笑道："妈妈你放心，两个奶哥哥都交给我。"凤姐和赵嬷嬷调侃着，贾琏一边吃了饭要去王夫人那边，刚要走忽听二门上小厮回道："东府里蓉、蔷二位哥来了。"凤姐且止步稍候，听他二人回些个什么。

贾蔷

贾蓉先回道："我父亲打发我来回叔叔，老爷们已经议定了，从东边一带，借着东府里花园起，至北边，一共丈量三里半大，可以盖造省亲别院了。已经传人画图样去了，明日就得。叔叔才回家，未免劳乏，不用过我们那边去，有话明早再请过去面议。"

贾蔷又近前说："下姑苏割聘教习，采买女孩子，置办乐器行头等事，大爷派了侄儿，带领着来旺管家两个儿子，还有两个清客相公一起前往，所以命我来见叔叔。"

凤姐忙向贾蔷道："既这样，我有两个在行妥当人，你就带了他们办，这个便宜了你

呢。"贾蔷忙赔笑道:"正要和婶婶讨个人,这可巧了。"因问名字。凤姐便问赵妈妈。彼时赵妈妈已听呆了话,平儿忙笑推他,才醒悟过来,忙说:"一个叫赵天梁,一个叫赵天栋。"

凤姐道:"可别忘了,我可干我的去了。"说着便出去了。贾蓉忙送出来,悄悄向凤姐道:"婶婶要什么东西,吩咐开账给蔷兄弟拿了去,叫他按账置办了来。"

凤姐笑道:"放你娘的屁! 我这里的东西还无处撂呢,稀罕你们鬼鬼祟祟的?"说着,一径地去了。

王熙凤"温柔"手段表现为:

我心平等,

兼顾众人。

出力有功,

好处有份。

此手段要点:一碗水端平,一颗心放正。

王熙凤博爱众生,不忘众人,思想境界相当高。她实在是那种"振臂一呼、应者云集"的英雄!

她的政敌如赵姨娘者攻击她刻薄,她的助手周瑞家的也指责她对下人太狠,但更多的人不得不支持拥护王熙凤。王熙凤为了贾家事业操心受累,为众人做牛做马,这是很可敬的。

王熙凤总是力所能及地照顾别人,给人机会。正所谓"站在阳光下,不忘角落人",尤其关心最下层员工,无论是奴仆如赵天梁兄弟,还是丫鬟如小红者,一旦发现有才,凤姐马上起用,于是贾府上下竞争成风,王熙凤为荣宁二府带来勃勃生机!

这样的管理者当然让手下自觉地卖力,因为大家都感到有前途,并且有钱途,大有作为,这样就形成了股凝聚力,欣欣向荣。

凤姐口齿伶俐,心眼儿又多,正像周瑞家的对刘姥姥讲的,十个男人也比不上她一个,她的丈夫贾琏哪里是她的对手,不过凤姐和贾琏的关系还是很恩爱的。

凤姐的能干很重要的一部分是表现在她的能说上,这正是一个管理者必须具备的重要素质,即口才好、凤姐的这种能力从小就培养起来了。贾珍评价凤姐说她从小玩笑着就有杀伐决断,就是例证。

古人讲三从四德,女人在丈夫面前是没有地位的,尤其是官宦人家。凤姐能坐稳内务总管的位子,不是偶然。贾琏刚陪黛玉埋葬了父亲回来,元春又刚刚升为贵妃,对家中尤其是凤姐的变化还不甚了解。凤姐不好直说自己如何威风,先给贾琏说一大堆话,无非是让贾琏去贾珍那里听听贾珍夫妇如何称赞自己而已。

贾琏的奶妈赵妈妈来求凤姐为自己的两个儿子谋个差事,为什么求凤姐不求贾琏呢,这是因为凤姐有这个权力,有贾琏在凤姐不好推诿,她知道凤姐两口子此时正高兴,凤姐又好这口儿,见赵妈妈是来求她而不是求贾琏,更是心花怒放,不仅满口答应下来,并且还借机把贾琏调侃了一番。凤姐在贾琏面前占得了先机,打击了丈夫的气焰,绝不

向男人低头。

　　凤姐本是要出去的,见贾蓉和贾蔷来找贾琏,便没有走,而是要听听说什么,哪知这一听,立即就把赵妈妈托付的事给办了。可见凤姐的心是多么活泛。

　　贾琏也是个很能办事的人,凤姐在他面前不仅能说上话,并且想的比他更周到,所以两口子较起劲来,还是凤姐更胜一筹,再次从心理上占了便宜。从这件事也能看出说凤姐"谈笑间就有杀伐决断"的话是不错的。

　　当然,从凤姐的表现看,她还是在处处维护贾琏,事事在为贾琏操心,替他办事,尽管她做得有些张扬,但贾琏并不恼她,两人恩爱非常,配合默契,贾琏也深知凤姐是好强之人,所以并不同她计较,因为有这样一个既美貌又能干的贤内助,他也应该知足了。

　　对贾蓉的美意,凤姐却笑骂着回绝了。此事可见凤姐办事无私心,给众人机会,自己却并不趁机勒索,别人主动给她也不要。

　　凤姐是个极要面子的人,贾蓉偷偷地讨好她,也被凤姐笑着顶了回去,凤姐当然喜欢别人讨好她,但当你的这种讨好太露骨时,凤姐就会感到不自在了。

　　凤姐也有贪的时候,那是对外人。

　　总的来说凤姐并不贪,她对自己人永远很好,并把好处都让给大家,她却不要回报。

　　这才是真正的王熙凤,一个有着优秀品质与自律精神的管理者!

　　具体来说,王熙凤家法能给现代领导者这样一些启示:

　　1.心无偏袒,跟随者自然成片。

　　2.优先照顾急需出头者,以慰众人之心。

　　3.安排人事见缝插针。

★领导者也要懂点"世故管理学"

　　对管理者而言,人际沟通的风格体现了管理者人际关系的基本结构与面貌。它不仅与组织的凝聚力、生产效率密切相关,而且会影响到员工的工作满意度及其绩效水平。建立双向沟通模式,可以营造出积极健康的组织气氛。在企业上下沟通中,管理者善于倾听员工的反馈,在鼓励士气、构建信任与团结的氛围方面起着关键性作用。

　　世故圆滑、善于为人处世,是人们对宝钗的普遍印象。

　　什么叫世故?《新华字典》对"世故"的解释是:"通达人情,富有待人接物的处世经验。""世故"在管理学上的意思就是善处人际关系。

　　薛宝钗无疑是这方面的高手,她熟谙世故,城府极深。宝钗遇事不像黛玉那样用尖

酸刻薄的话语指出，而多是装作看不见，只为心里明白也就罢了。这就使得那些封建主子们赞她"会做人"。

宝钗"来了贾府这几年"，虽然表面不言不语，安分守己，实则"留心观察"，因此即使是在荣国府这个人事复杂，矛盾交错的环境里，也生活得如鱼得水，这与她的"世故"不无关系。比如有一次贾母给她做生日，要她点戏，她就依着贾母素日的喜好来点，又要了些老年人喜欢吃的甜烂之食来投贾母所好，结果"贾母更加喜欢了"。

在《红楼梦》中，宝钗很少直接宣扬和维护封建礼教，但是她在日常生活中的一言一行，无不反映出她对封建道德的遵守。在生活中，宝钗并不是像黛玉一样真情流露，而是常常深隐心机，为人处世特别谨慎。她表面上"随分从时""罕言寡语"，一举一动显得"端庄贤淑"。但实际上她期望着"好风凭借力，送我上青云"。她设法拉拢黛玉，为病中的黛玉送去燕窝、糖片；甚至连众人嫌弃的赵姨娘，有时也因得到一份宝钗送来的礼物而受宠若惊；她在宝玉面前谈论仕途经济，恼了的宝玉当面给她下逐客令，宝钗也只是一笑了之；史湘云要起诗社，但没有钱，这时宝钗便趁机要替她设东。

薛宝钗

第二十七回《滴翠亭杨妃戏彩蝶　埋香冢飞燕泣残红》中，薛宝钗无意中听到了宝玉房里的两个丫鬟红玉和坠儿的私房话，原来是红玉丢了手帕，被贾芸捡到，托坠儿送回并转达他对红玉的情意，这在封建社会是违背伦理道德的行为。宝钗听到后，因担心自己无意中偷听了红玉、坠儿的"私房话"而引祸上身。所以薛宝钗是这么做的：

宝钗便故意放重了脚步，笑着叫道："颦儿，我看你往那里藏！"一面说，一面故意往前赶。那亭内的红玉坠儿刚一推窗，只听宝钗如此说着往前赶，两个人都唬怔了。宝钗反向他二人笑道："你们把林姑娘藏在哪里了？"

坠儿道："何曾见林姑娘了。"宝钗道："我才在河那边看着林姑娘在这里蹲着弄水儿的。我要悄悄地唬他一跳，还没有走到跟前，他倒看见我了，朝东一绕就不见了。别是藏

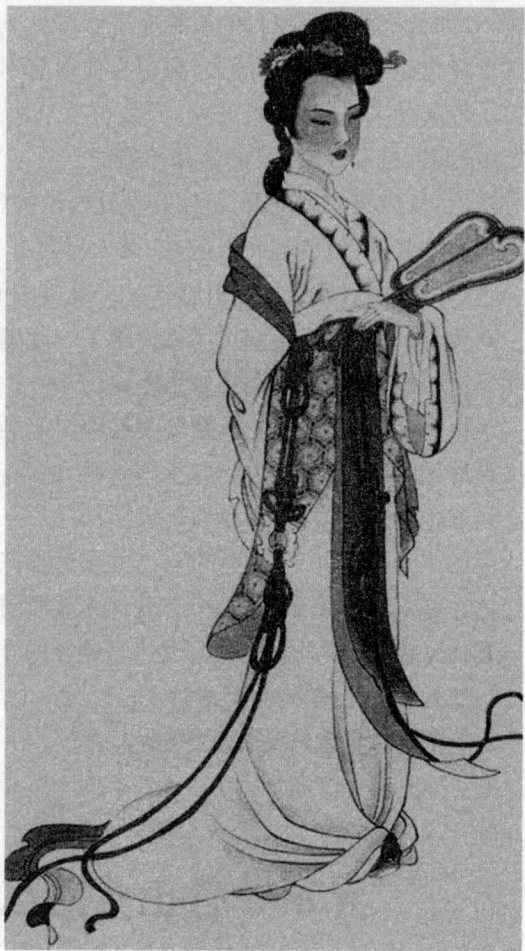

國學智慧全書

名著智慧

在这里头了。"一面说,一面故意进去寻了一寻,抽身就走,口内说道:"一定是又钻在山子洞里去了。遇见蛇,咬一口也罢了。"一面说一面走,心中又好笑:这件事算遮过去了,不知他二人是怎样。

在这件事上,薛宝钗用"金蝉脱壳"的办法从容镇定地骗过了两个小丫鬟。我们看到了这样的一个薛宝钗:机智如探春,心机如熙凤。

王夫人逼死金钏儿后,薛宝钗跑到王夫人处来安慰她。她把全部罪过都归之于金钏儿的"糊涂"。她还说:"不过多赏她几两银子发送她,也就尽主仆之情了。"目的是让王夫人找到开脱自己责任的理由,以达到良心的安宁。

在第五十六回《敏探春兴利除宿弊 时宝钗小惠全大体》中,大观园改革三人领导组在商量着由谁来承包香草种植的时候,有这样的对话:

探春笑道:"原来如此。只是弄香草的没有在行的人。"平儿忙笑道:"跟宝姑娘的莺儿他妈就是会弄这个的,上回他还采了些晒干了编成花篮葫芦给我玩的,姑娘倒忘了不成?"宝钗笑道:"我才赞你,你到来捉弄我了。"三人都诧异,都问这是为何。宝钗道:"断断使不得!你们这里多少得用的人,一个一个闲着没事办,这会子我又弄个人来,叫那起人连我也看小了。我倒替你们想出一个人来:怡红院有个老叶妈,他就是茗烟的娘。那是个诚实老人家,他又和我们莺儿的娘极好,不如把这事交与叶妈。他有不知的,不必咱们说,他就找莺儿的娘去商议了。哪怕叶妈全不管,竟交与那一个,那是他们私情儿,有人说闲话,也就怨不到咱们身上了。如此一行,你们办的又至公,于事又甚妥。"李纨平儿都道:"是极。"

在此处有庚辰双行夹批:"宝钗此等非与凤姐一样,此则随时俯仰,彼则逸才蹁跹耳。"虽说举贤不避亲,但是,宝钗时刻注意自己并非贾氏公司的正式员工,而是作为客人暂住在此处的,因此她表现得处处都很得体、时时都很小心,跟各方的关系都很融洽。可以说,宝钗的"世故"管理是一般人很难达到的。

宝钗的"世故"并非是不管不问、怕负责任、不敢得罪人。换一个角度考虑,这其实是良好的人际沟通能力的一种体现。处理好人际关系也是现代职场上的一堂必修课。在工作中要重视人际交往,对上司做到尊重和支持,对同事能够多理解与交流,对下属多帮助和关心,这就是职场上的"世故"之道。这种"世故",是一种健康的待人处事的态度。

对领导者而言,人际沟通的风格体现了管理者人际关系的基本结构与面貌。它不仅与组织的凝聚力、生产效率密切相关,而且会影响到员工的工作满意度及其绩效水平。建立双向沟通模式,可以营造出积极健康的组织气氛。在企业上下沟通中,领导者善于倾听员工的反馈,在鼓励士气、构建信任与团结的氛围方面起着关键性作用。

★三分战略，七分执行

执行力决定竞争力，这已经是业内的广泛共识，没有竞争力，就无从发展。

执行力概念最早由美国资深企业家保罗·托马斯和企业管理学家大卫·伯恩提出的，他们认为：执行力在企业竞争中具有举足轻重的地位。可以说"三分战略，七分执行"。如果没有牢固的执行理念和强劲的执行力，任何决策和计划都不可能贯彻落实到底。

严格意义上讲，企业领导的号召力是靠自己"干"起来的，而不是上级"树"起来的，最关键的就是必须有高效快捷的执行力。《红楼梦》中，王熙凤就是通过强化其执行力，从而在贾家树立起广泛的号召力的。

在现代企业的管理中，有"决策层与执行层"一说。如果说，贾家的董事长是贾母、总经理王夫人是决策者，那么王熙凤就是一个执行者。决策者是把局做对，执行者是把事做对。王熙凤是要做具体的事务，要事必躬亲，做例行管理，因此说她是一个称职的执行者。

贤者居上、智者居侧、能者居下。凤姐无疑属于能者。第二回《贾夫人仙逝扬州城 冷子兴演说荣国府》，冷子兴向贾雨村介绍贾氏公司时说：

"……若问那赦公，也有二子。长名贾琏，今已二十来往了。亲上作亲，娶的就是政老爹夫人王氏之内侄女，今已娶了二年。……谁知自娶了他令夫人之后，倒上下无一人不称颂他夫人的，琏爷倒退了一射之地。说模样又极标致，言谈又爽利，心机又极深细，竟是个男人万不及一的。"

此外，王熙凤十分重视制度建设。她管理思路之明晰让人叹服，协理宁国府实施管理的前期工作做得相当周到和完善。王熙凤的制度建设主要有：

建立人事档案。给宁国府的所有员工制定好履历表，列入人事档案系统。"钉造簿册"，传看职工花名册，并对宁府的部门经理及职工等，"一个一个的唤进来看视"，可见王熙凤对抓员工的管理是十分重视的。

制定岗位责任制。定岗定位，责任到人，每个人都有固定的事情做，这样就杜绝了相互推诿的情况。对于贾氏公司的办公物品，王熙凤做出规定：谁损坏了谁要"算账描赔"，这是在管理中保证企业资产安全的重要举措。所有人按工作内容，都一班一班地分开来，大家都有事做，不至于劳逸不均。

王熙凤在十四回中分派家人工作：

"这二十个分作两班,一班十个,单管人客来往、倒茶;这二十个也分作两班,专管杯碟茶器,若少一件,四人分赔;这四个人单管酒饭……这八个人单管各处灯油蜡烛……这三十个人每日轮流各处上夜……如有偷懒、赌钱吃酒、打架拌嘴的休要徇情。经我查出,三四辈子的老脸就顾不成了。如今都有了定规,以后那一行乱了,只和那一行说话……"

王熙凤一一分配谁做什么谁管什么,一会儿调遣了一百多人,说得清清楚楚,这正是一个执行者要做的事。

完善作息制度。王熙凤的时间观念很强,这也是当代管理者所必须拥有的素质之一,她强调"不论大小事,我是皆有一定的时辰","卯正二刻我来点卯,巳正吃早饭,凡有领牌回事的,只在午初刻。戌初烧过黄昏纸,我亲到各处查一遍,回来上夜的交明钥匙。第二日仍是卯正过来。"一番交代,可谓详明矣。

在现实中,每一个企业都会被种种导致执行力低下的问题所困扰。执行力不强是全球企业界乃至政府部门都必须面对的问题。因为,战略的正确不能保证我们工作的单有成效,而单有成效的工作一定是在战略方向和战术执行力上都到位的。

贾母

微软总裁比尔·盖茨也坦言:"微软在未来十年内,所面临的挑战就是执行力。"

某大型国有企业因为经营不善导致破产,后来被日本一家财团收购。厂里的人都在翘首盼望日本人能带来不错的先进技术和管理经验。可出乎意料的是,日本只派了几个人来,也只提出了一个要求:把先前制定的制度坚定不移地执行下去。结果不到一年,这家企业就扭亏为盈了。日本企业的绝招是什么? 仍然是执行力,而这也正是国内很多企业所缺少的。

拿破仑有一句名言:"一只狮子带领的一百只绵羊可以打败由一只绵羊带领的一百只狮子。"强调的就是执行力的重要性。

★善于理财,王熙凤的管理启示

对一个企业来讲,创造利润的途径有两条:一是通过技术进步、品牌塑造等手段提高价格以获取更多利润;二是想尽一切办法将成本降至最低。企业越大,越需要加强成本管理、节约开支,但是在关系企业未来竞争力的投入上,要毫不吝啬。

财务管理是基于企业再生产过程中客观存在的财务活动和关系而产生的,是组织企业资金活动、处理企业同各方面的财务关系的一项经济管理工作,是企业管理的重要组成部分。

财务管理是解决现代企业理财问题的一门学科,是企业一切管理活动的基础。而理财是一个范畴很广的概念。理财就是对财富的有效管理,资产管理是理财的重心,债务管理是理财的关键,风险管理是理财的命脉,投资管理是理财的要点。从理财的主体来说,个人、家庭、公司、政府部门乃至国家等都有理财活动。理财的最终目的是协助财富的拥有者更快、更好地实现生活目标和人生理想,而财富的增长和增值是实现理财目标的基础。

财务管理区别于其他管理的特点,在于它是一种价值管理,在企事业单位里处于管家人的地位。王熙凤作为贾家的管家,她理所当然地是贾家的财务总监,以现在的眼光来看,她有资本运营头脑,具备一些现代财务、金融等等管理的知识。

王熙凤财务管理以及理财手段主要表现为:

1.内部控制有方

《红楼梦》第十三、十四回在王熙凤协理宁国府中,她系统地运用了一些较为严密的、科学的内部财务控制方法。

(1)预算管理

第十四回,在王熙凤协理宁国府时,对预算控制有深刻的诠释。她上任之初,使命文书彩明对照记录"做好估计",又要宁国府的行管人员拿来花名册查看,以弄清家底。在发放实物时,也是"一面交发一面提笔登记"。这样一来,自然是"某人该管某处,某人该领某物,弄得十分清楚"。如荣国府的四个办事的人来领牌,先呈上"帖儿",王熙凤命彩明念贴,听后便知其中有两项超支,掷回帖子并严加斥责。"帖儿"相当于现代企业的"采购申请单"。同时由于所有的采购已有了彩明的预算做标准,在执行申购时,"采购申请单"还须经王熙凤亲自按"预算"审核后方能获准执行采购业务。至于预算外的开支,由于没有列入事先审核的范围内,必然会受到控制。不仅如此,王熙凤还根据"账册预算记

录"来判断哪些实物该领而未领,以督促下属执行。如第十四回,王熙凤就对宁国府前来领牌支取香灯的一位媳妇说:"我算着你们今儿该来支取,总不见来,想是忘了。"在这样一套严密的预算控制下,加之王熙凤的严格审核,"需用过度"的现象得到了很大的控制。

在现金支出预算控制方面:合理的现金支出预算的使用可有效地控制支出,提高现金的使用效率。在贾氏公司,各房各屋的每月支出都有一定的预算,并严格按预算执行,如太太们等正职决策层每月有 20 两例钱,执行层王熙凤作为副职有 5 两,少爷小姐等部门经理 2 两,鸳鸯、袭人等普通职工 1 两。这种预算的安排减少了现金支出的随意性以及现金的浪费。

(2)内部牵制控制

在协理宁国府的过程中,王熙凤采用了这种内部牵制控制措施。具体分工为:授权和审核这两项大权由她亲自掌握,执行、记录和保管这些职务需要相互牵制,由职工分别担任。在荣、宁两府,每笔经济业务必须经主管人授权批准后才能开展,而授权的体现就是对牌的授予。每一个命令,只使用一次对牌,而且对牌只在每个府中主管个人的控制之下。例如,当王熙凤同意为宁国府协理秦可卿葬礼一事时,贾珍立即将对牌移交给她,意味着他的权力也进行了转交。

在王熙凤的管理下,彩明为记录员,买办设采购员,库房设保管员等。以王兴媳妇的一次买线采购为例:王兴媳妇先向王熙凤报称"领牌购线,打车轿",然后将一个贴儿递上去。王熙凤命彩明念贴,知"数目相符"后,又命彩明登记,才取荣国府的对牌掷下。王兴媳妇方去采购……这样一次采购的财务控制非常严密,将内部牵制控制的作用发挥得淋漓尽致,因此宁国府下人们不敢再"滥支冒领"。

同时,为了加强对资产的安全与保管控制,王熙凤注意了不相容职务的分离。如财产保管与会计记录的分离;业务经办与会计记录的分离;业务经办与审核监督职务的分离;授权批准与执行职责的分离。

(3)会计记录控制

在两府事务中,都很重视维护记账的准确和完整,凡做出一项有财务性质的决定时,账房会计都会按时间顺序完整地记录下来。同时,还定期地对这些记录进行分析,并使其成为以后决策的参考和依据。王熙凤就经常利用会计记录来决定采购物品的数量和价格是否合理。在第五十五回,贾探春在王熙凤生病休养代理管家时,利用会计记录,为自己解决了一件棘手的事情。

2.严格成本管理

主要采取了制定财务赔付制度、降低财产损耗等措施,同时,化"支出"为"收入",压缩开支,节省成本。

王熙凤在秦可卿葬礼期间暂管宁国府时,做的第一件事就是将下人的职责进行调整和安置,如将其中 20 人分成 2 班,每班 10 个单管人来客往倒茶,另派 4 个专在内茶房收管杯碟茶器,另派 8 个单管收祭礼等。通过这种分工使每一件重要的事情都有专

门的人负责和管理,而一旦出现了问题或发生了物品的丢失与损坏,就要求相关管理人赔偿。

此外,王熙凤严把人事关,减少人力成本。第六十回《茉莉粉替去蔷薇硝玫瑰露引来茯苓霜》里,柳家的女儿五儿生病想在府里找个事做,求芳官帮忙。芳官笑道:"皆因平儿每每的和袭人说,凡有动人动钱的事,得捱的且捱一日更好。"

在第五十五回中,王熙凤推心置腹对平儿说了这样一段话:"你知道,我这几年生了多少省俭的法子,一家子大约也没个不背地里恨我的。我如今也是骑上老虎了。家里出去的多,进来的少。凡百大小事仍是照着老祖宗手里的规矩,却一年进的产业又不及先时。多省俭了,外人又笑话,老太太、太太也受委屈,家下人也抱怨刻薄;若不趁早儿料理省俭之计,再几年就都赔尽了。"

3.理财手段高超

贾氏公司的纨绔子弟迫切地希望多得些银子,以弥补银库的巨大亏空,但却又无能为力。贾赦"不管理家事",贾政也"不知理家",贾珍"只一味搞乐子",贾琏则是见了钱"油锅里的还要捞出来花",他们都想不出获取银子的办法。这"少说着只怕有一万心眼子"的王熙凤,在这方面倒比那些"束带顶冠"的男子有着更高的才干。

俗话说:家家有本难念的经。在朝廷做官,难免被卷入政治斗争的漩涡,除了日常的各种礼节外,贾氏公司经常受到太监的勒索。两个太监轮番向贾氏公司敲诈银两,张口一千两、二百两的,并且不止一次,没完没了。在太监这种恶意敲诈面前,看似显赫的贾氏公司竟只能忍气吞声,任凭挨宰,毫无办法,这个时候,只有王熙凤站出来应对。

第七十二回《王熙凤恃强羞说病 来旺妇倚势霸成亲》里,太监又来勒索。贾琏向王熙凤抱怨道:"昨儿周太监来,张口一千两。我略应慢了些,他就不自在。见来得罪人之处不少。这会子再发个三二百万的财就好了。"为了日常工作运转,王熙凤甚至把两个金项圈当了四百银以应付太监的勒索。

当铺是一种以物品作抵押的高利贷形式。它在我国唐代,已经有了记载。在清朝前期,当铺遍布于全国的城市和农村。

典当,是指以所拥有的物品作质押,从典当行借款,并在约定期限内付清本息、赎回物品的一种融资行为。筹钱是其基本特色。典当,是中国乃至世界历史上最为古老的非银行性质的金融行业,也是现代银行业的雏形和源头。典当以其低风险经营、便捷地调剂资金余缺缓急的功能特点,在古今社会生活中均难以为其他金融机构所取代。

《红楼梦》写贾府的典当,也是为了反映这个封建官僚地主家庭渐趋没落衰败的过程。贾琏曾在王熙凤授意下出面向鸳鸯借钱时说:

"这两日,因老太太千秋,所有的几千两都使了,几处房租、地租,统在九月才得,这会子竟接不上。明儿又要送南安府里的礼,又要准备娘娘的重阳节,还有几家红白大礼,至少还得三二千两银子用,暂且把老太太查不着的金银首饰,偷着运出一箱子来,暂押千数两银子,支腾过去。"

从这段话里可以看到贾家经济越来越紧张的情况，房租、地租已经不能满足他们生活的需求，为了维持这种局面，他们只好拆了东墙补西墙，只能拿自己家里的东西出去典当了。在那种情况下，典当活动不失为一种有效的理财方法，既解决了贾府资金短缺问题，又在客观上加快了金银货币的流通速度。

第一〇五回《锦衣军查抄宁国府　骢马使弹劾平安州》中，列出的罪状有：珍大爷引诱世家子弟赌博，强占良民妻女为妾，因其女不从，凌逼致死；另外，贾赦交通外官，依势凌弱，辜负朕恩，着革去世职。拿下贾赦，其余皆看守。接着，分头按房抄查登账。在抄查过程中，查出违例取利的两箱房地契、一箱借票。

清代地主阶级剥削农民的方法是发放高利贷。高利贷是很古老的资本形态，它在资本主义生产方式确立之前就存在了。高利贷资本，最早产生于城市，到封建社会后期，商品货币经济更加发展，农村农产品进一步商品化，高利贷资本

贾琏

逐渐由城市渗入农村。农村高利贷的剥削对象是经济基础不稳固的自耕农民和广大的贫苦农民。

农民愈穷，借银愈少，利息愈高，剥削愈重。因为政府虽然考虑到高利贷的恶果，但是并不曾认真禁止，而借贷属私人之间的约定，政府想要插手也不容易。所以历史上因高利贷而获罪的事例比较少见。

贾家除了俸银、俸米和恩荫赏赐之外，房租、地租也是他们的主要收入来源。他们的土地剥削，除了实物地租外，还有一部分近乎货币地租的"折银"。

贾家由于官司缠身、人来客往的花费很大等原因，境况一日不如一日，王熙凤不仅经常放高利贷牟取重利，而且还和王夫人一块进行放债活动。当贾家被抄后，贾政问贾琏说："我因官事在身，不大理家，故叫你们夫妇总理家事。那重利盘剥，究竟是谁干的？况且非咱们这样人家所为。"贾琏回答说："这些放出去的账，连侄儿也不知道哪里的银子，要问周瑞、旺儿才知道。"周瑞是王夫人的陪房，旺儿则是王熙凤的陪房，替她经管放债的事。可见，王夫人和王熙凤两个是合伙经营高利贷的。因此，放高利贷是贾家领导层的集体行为。王熙凤"千凑万挪"，为攒钱而去放债。经过这样的放债打理，连本带利不到一年就可以积攒到上千两银子。在第四十五回《金兰契互剖金兰语　风雨夕闷制风雨词》里，李纨不禁惊叹王熙凤的生财有道："专会打细算盘，'分金掰两'的，天下人都叫你

算计了去!"由于王熙凤理财手法高明,巧妙地"调度"货币,很快就使货币由少到多,实现了货币的增值。

诺贝尔经济学奖获得者、美国经济学家弗里德曼认为,成本的减少即是增值,质量提高便为节约。

对一个企业来讲,创造利润的途径有两条:一是通过技术进步、品牌塑造等手段提高价格以获取更多利润;二是想尽一切办法将成本降至最低。企业越大、越需要加强成本管理、节约开支,但是在关系企业未来竞争力的投入上,要毫不吝啬。

每年,美国的各财经杂志都有专题报道:美国CEO如何理财、如何丰富自己薪酬的伎俩。王熙凤作为一个传统封建组织的管理者,她的经营之道颇具现代意识,相信一定会给当今领导者一些启示。

李嘉诚先生曾说过这样一段话:"我年轻的时候,最喜欢翻阅的是上市公司的年度报告书,表面上挺沉闷,但这些会计处理方法的优点和漏弊、方向的选择和公司资源的分布对我有很大的启示。对我而言,管理人员对会计知识的把持和尊重,是最基本的元素。"

★必要时也要"抠门"一下:探春的改革启示

控制成本是企业发展进步的内在动力,是企业持续发展之本,尤其是作为现代化的企业,效益已经不仅仅取决于生产与销售的业绩,通过精简节约来实现和创造利润也是增加企业经济效益的重要手段。

探春着手改革的重要一步,是压缩不必要的开支,精简节约。第五十五回《辱亲女愚妾争闲气　欺幼主刁奴蓄险心》,赵姨娘来闹过以后,一个媳妇来请示贾探春,说"家学里支环爷和兰哥儿的一年公费。"探春是这样处理的:必要时也要"抠门"一下:省下的都是利润。(探春)一面说,一面叫进方才那媳妇来问:"环爷和兰哥儿家学里这一年的银子,是做那一项用的?"那媳妇便回说:"一年学里吃点心或者买纸笔,每位有八两银子的使用。"探春道:"凡爷们的使用,都是各屋领了月钱的。环哥的是姨娘领二两,宝玉的是老太太屋里袭人领二两,兰哥儿的是大奶奶屋里领。怎么学里每人又多这八两?原来上学去的是为这八两银子!从今儿起,把这一项蠲了。平儿,回去告诉你奶奶,我的话,把这一条务必免了。"

探春认为,这一项开支其实是以宝玉、环哥儿、兰哥儿上学为名补贴给袭人、赵姨娘、李纨的,而她们三人本来就各有工资,因此应该免去这笔多余的钱。这立刻得到了平儿

的赞同："早就该免。旧年奶奶原说要免的，因年下忙，就忘了。"

第五十六回《敏探春兴利除宿弊　识宝钗小惠全大体》，探春为了节省开支，免去了每个中层女干部每月的头油脂粉费 2 两银子，理由是每个姑娘每月已有 2 两月例银子，再发脂粉银子属于重复开支。这虽然也影响到她自己的利益，每月损失 2 两银子的收入，但是为了贾氏公司的集体利益，探春毫不犹豫地取消了这项支出。

控制成本是企业发展进步的内在动力，是企业持续发展之本，尤其是作为现代化的企业，效益已经不仅仅取决于生产与销售的业绩，通过精简节约来实现和创造利润也是增加企业经济效益的重要手段。

古今中外，许多著名的企业家，虽然他们都已经有了亿万身价，但还是把节俭作为一种习惯来保持，有的甚至达到了"抠门"的地步。但恰恰是这些人，成就了大业。

台湾首富、鸿海集团董事长郭台铭一直喜欢这样一个故事：有一个人去请教某富翁如何致富，富翁说："请您等一下，故事很长，我把电灯关了再说。"在郭台铭看来，若要致富就必须从每一个细小的地方节省资源，不浪费就是致富的基础。有人总结说，鸿海赚钱的秘诀就在一个"省"字。午餐时分，用餐者办公室的灯一律熄灭。会议室基本没什么装饰，地毯也是最便宜的。为此，郭台铭常被朋友取笑"没品位"，但他说："我现在有什么东西买不起？可是如果我真去搞品位，股东们就要担心了。"

英国女王，个人财富为 2 亿 5 千万英镑，但是她还是恨不得把每一分钱掰成两半花。她让工作人员织补防尘长外衣，把有破损的床单两张拼成一张用，报纸则都是撕碎后作为马的草垫，王宫内的一切包装她都要找个方法再利用。

第三章 用人：给人银子不如给人差事

★人才，先拉过来再说

真正的聪明人搞人才的方式是：一、不需要他本人同意。二、不需要他原单位同意，先拉过来再说。

越有能力的管理者就越需要人才辅佐。王熙凤已经是通天大才了，但光她一人只会累死。由于经历了在宁国府管事太累的教训，凤姐求贤若渴，一发现红玉能说能干，马上收为己用。红玉本属宝玉，但凤姐事先根本不与她的主子商量，就把此事定了。真正的聪明人搞人才的方式是：一、不需要他本人同意。二、不需要他原单位同意，先拉过来再说。

见《红楼梦》第二十七回

《滴翠亭杨妃戏彩蝶　埋香冢飞燕泣残红》

一日凤姐在大观园内叫人做事，宝玉的一个使唤丫头红玉正在下面和几个人说笑，见了忙弃了众人，跑至凤姐跟前，堆着笑问："奶奶使唤作什么事？"

凤姐打量了一打量，见她生的干净俏丽，说话知趣，因笑道："我的丫头今儿没跟进我来。我这会子想起一件事来，要使唤个人出去，不知你能干不能干，说的齐全不齐全？"红玉笑道："奶奶有什么话，只管吩咐我去，若说的不齐全，误了奶奶的事，凭奶奶责罚就是了。"

凤姐笑道："你是那位小姐房里的？我使你出去，他回来找你，我好替你说的。"红玉道："我是宝二爷房里的。"

凤姐听了笑道："嗳哟！你原来是宝玉房里的，怪道呢，也罢了。等他问，我替你说。你到我们家，告诉你平儿姐姐：外头屋里桌子上汝窑盘子架儿底下放着一卷银子。那是一百六十两，给绣匠的工价，等张材家的来要，当面称给他瞧了，再给他拿去。再里头床头间有一个小荷包拿了来。"

红玉听说，撤身去了，回来只见凤姐不在这山坡子上了。待到李氏房中见了凤姐，详

详细细地回了平儿交代的话,语未说完,李氏道:"哎哟哟! 这些话我就不懂了。什么'奶奶''爷爷'一大堆。"凤姐笑道:"怨不得你不懂,这里四五门子的话呢。"说着又向红玉笑道:"好孩子,难为你说的齐全,别像他们扭扭捏捏的蚊子似的。嫂子你不知道,如今除了我随手使的几个丫头老婆子之外,我就怕和他们说话。他们必定把一句话拉长了作两三截儿,哼哼唧唧的,急得我冒火,先时平儿也是这么着,我就问着他,难道必定装蚊子哼哼就是美人了? 说了几遭才好些儿了。"李氏笑道:"都像你泼皮破落户才好。"凤姐又道:"这个丫头就好。方才两遭,说话虽不多,听那口声就简断。"说着又向红玉笑道:"你明儿服侍我去吧。我认你做女儿,我一调理你就出息了。"

红玉听了,扑哧一笑。凤姐道:"你怎么笑? 你说我年轻,比你能大几岁,就做你的妈了? 你还做春梦呢! 你打听打听,这些人头比你大的,赶着我叫妈,我还不理,今儿抬举了你呢!"红玉笑道:"我不是笑这个,我笑奶奶认错了辈数了,我妈是奶奶的女儿,这会子儿认我做女儿。"

凤姐道:"谁是你妈?"李氏道:"你原来不认得他? 他是林之孝之女。"凤姐听了十分诧异,说道:"哦! 原来是他的丫头,林之孝两口子都是锥子扎不出一声儿来的,我成日家说,他们倒是配就了的一对夫妻,一个天聋,一个地哑。那里承望养出这么个伶俐的丫头来!"

凤姐问道:"明儿我和宝玉说,叫他再要人,叫这丫头跟我去。可不知本人愿意不愿意?"红玉笑道:"愿意不愿意,我们也不敢说,只是跟着奶奶,我们也学些眉眼高低,出入上下,大小的事也得见识见识。"刚说着,王夫人的丫头来请凤姐,凤姐便辞了李氏去了。红玉回怡红院,不在话下。

次日,凤姐在自家院子前蹬着门槛子拿耳挖予剔牙,看着十来个小厮们挪花盆呢,见宝玉来了,笑道:"你来得好,进来,进来,替我写几个字儿。"宝玉本是要去见贾母和黛玉的,也只得跟了进来,到了屋里,凤姐命人取笔砚纸来,向宝玉道:"大红妆缎四十匹,蟒缎四十匹,上用纱各色一百匹,金项圈四个。"宝玉道:"这算什么? 又不是账,又不是礼物,怎么个写法?"

凤姐道:"你只管写上,横竖我自己明白就罢了。"凤姐一面收起,一面笑道:"还有句话告诉你,不知你依不依? 你屋里有个丫头叫红玉,我要叫了来使唤,明儿我再替你挑几

红玉

个,可使得?"宝玉道:"我屋里的人也多得很,姐姐喜欢谁,只管叫了来,何必问我。"凤姐笑道:"既这么着,我就叫人带他去了。"宝玉道:"只管带去。"

王熙凤"温柔"手段表现:

发现人才,

喜上心头。

千方百计,

一定到手。

此手段要点:直接向人说,"嗯,你很有才,我要定你了!"

真正的聪明人搞人才的方式是:

一、不需要他本人同意。

二、不需要原单位同意。

先拉过来再说,只要是看好的人就要定了。

不需要原单位同意这好懂,挖人才当然就是与别的单位竞争,难道我要打败你还需要你同意?当然不需要。如果是兄弟单位那就更好办了,像凤姐集团与宝玉集团本来就很好,互调人才很简单,事后通报一下王夫人与贾母即可。

比较麻烦的是不需要通过该人才本人同意。比如凤姐直问红玉"愿不愿意"时,红玉竟说"愿不愿意我们也不敢说",显然是回绝了,因为她恋着宝玉,当然舍不得离开宝玉这边去凤姐那边。

但凤姐还是不管那么多,当着李纨的面把事定了。

她这样做一是用身份压人,二是仗着她与宝玉的亲密关系,让红玉感觉在她那儿与宝玉那儿没什么区别,宝玉还是可以随时过来找她要她,这样一来,事情岂有不成之理。

越有能力的人越需要人才辅佐。王熙凤已经是通天大才了,但光她一人只会累死。

由于经过了在宁国府管事太累的教训,凤姐求贤若渴,一发现红玉能说能干,马上据为己有,收为己用。红玉本有所属,但凤姐根本不与谁商量,事先就把此事定了,事后才告知当事人。

《三国演义》一书中刘备收赵云,与此处凤姐收红玉有相同之处,只是刘备三次找赵云才把事搞定,而凤姐一次就把红玉搞定了,可见凤姐比刘备还厉害!当然了,什么男人也比不上凤姐,凤姐的胆识手段真是巾帼不让须眉,果然是个脂粉队里的英雄。

凤姐泼辣能干,自然也要手底下的人也像她一样,于是便开始在贾府上下搜罗人才。平儿自然是她的最得力的干将,只是一个好汉三个帮,只有平儿一个人是不够的。

平儿是凤姐的高级助手,凤姐是总经理,平儿就是常务副总经理。凤姐还需要很多个像平儿那样能跑腿儿的人,贾府上下的丫头婆子能让凤姐满意的是不多的,当她发现了小红之后喜出望外。小红干净利落,说话知趣,正是自己理想中的跟班。经过一番考查,凤姐发现这个人办事一点也不扭捏,泼辣大方,讨人喜欢,于是就打定主意,要把这人才挖过来。

小红是宝玉房里的丫头，要收小红必须宝玉同意。此时凤姐同宝玉的关系也是非同一般的。宝玉、贾母和凤姐三者之间有一个复杂的三角关系：贾母疼宝玉是没有任何理由的疼。贾母疼凤姐却是凤姐通过自己的努力争取来的。而凤姐和宝玉的关系中有凤姐因喜欢宝玉主动拉拢的关系，也有宝玉因喜欢凤姐，主动靠近的成分。

贾母至高无上，凤姐必须要拉拢宝玉才能更得贾母欢心。为了把小红要来给自己跑腿，凤姐还是很费了一番心机，但是看起来却很简单，其实这也更显出了凤姐本领，她能举重若轻，化复杂为简单，一切都做了再说，这就是本事。

从细节上讲，对宝玉她采取攻心术，先让他来替自己写些流水账，她知道宝玉是最烦这些东西的，这样正中凤姐下怀。见他真的是不耐烦了，急于脱身，此时再将自己的真实目的说出来，宝玉没有防备，在急于脱身的情况下更不会认真想该不该把小红给她，便满口答应下来。凤姐正是由于对宝玉非常了解，才能抓住他的弱点，轻而易举把问题解决了。

★宁要一个诸葛亮，不要三个臭皮匠

企业管理，内容繁多。但不论何种管理，都把人事管理放在首位。知人的目的是用人，用人的前提是知人。知人是企业管理中的头等大事。

贾母在用人上可谓比较成功，她打破固有观念、革除陈规，提拔和任用了王夫人和王熙凤这两位得力的女性助手。

首先是对王夫人的任用。按封建社会的长幼排列顺序，身为长媳的邢夫人地位应该排在王夫人之前。但是贾母打破陈规、选拔贤能，把各方面能力都在邢夫人之上的王夫人提拔起来。

汉代儒家代表人物董仲舒提出"春秋大一统"和"罢黜百家，独尊儒术"的思想，强调以儒家思想为国家的根本指导思想，杜绝其他思想体系。汉武帝采纳了他的主张。从此儒学成为正统思想，研究"四书五经"的经学也成了显学。

儒家思想倾向于施用仁政管理国家。在"罢黜百家，独尊儒术"的基础上，董仲舒等儒士又提出了"三纲五常"等一整套的封建道德标准和秩序，被封建统治者采用并延续下来，影响了中国近两千年的时间。

"三纲五常"具体内容是："君为臣纲，父为子纲，夫为妻纲"三条纲领和"仁、义、礼、智、信"五种为人处世的道德标准。"三纲"是社会伦理，"五常"是个人品德。"纲、常"就用以泛指道德和行为规范。在贾家，身为长媳的邢夫人庸碌无为，很不得人心，而且事事

都听从丈夫贾赦的。但是贾母跳出了"为妻者绝对服从丈夫是贤惠的体现"这个封建的认识，而以大局为重，任用了各方面能力和影响力都超过邢夫人的王夫人。

王夫人出生于"四大家族"的王家，从书中看，应该是王家的长女，从小受到过非常严格的教育和约束，性格稳重中庸。

第六回《贾宝玉初试云雨情　刘姥姥一进荣国府》里，刘姥姥初进贾府，周瑞家的介绍道："姥姥有所不知，我们这里又不比五年前了，如今太太竟不大管事"，从这里可以得知，在王熙凤之前，王夫人是荣国府的"大管家"，王熙凤成长起来以后，就把位子让给了王熙凤。可见贾母选拔人才的主要标准在于能者居上，才德兼备者优先，而不论资排辈，这一点是非常难能可贵的。

其次是对王熙凤的任用。贾母树立权威，择其大者、不拘一格选用人才，最主要的表现是在对王熙凤的任用上。王熙凤年纪不大，嫁到贾府的时间也不长，论资排辈，怎么也不会轮到她来掌家。可是凤姐儿在"理家"中表现出来的才能，得到了贾母的赏识，贾母大胆启用了她，使之成为荣国府的"大管家"。虽然贾母深知王熙凤的缺点，但她更晓得水至清则无鱼的道理，其用人之道便是择其大者。王熙凤有能力、有干劲，唯缺资历，所以贾母多次在各种场合提携她，树立她的威信。王熙凤具有突出的管理组织才能，善于察言观色和处理组织内部的人际关系，而且争强好胜，泼辣能干，非常适合贾家的日常事务管理。

美国管理学家 D·布罗克提出："跟随一个最能干、最有权力的主管，比较能够实现自己的理想，也比较能够掌握机会。"王熙凤年纪如此之小就受到如此重用，恰恰是有力的证明。

办好一个企业，首先要选好和配备好各级领导，这是决定企业能否成功的一半因素。配备领导班子，要特别注意能力、经验、性格、气质、年龄等诸方面的优势互补，同时作为企业的领导者一定要注意协调。贾母在这方面的经验就很值得借鉴。

企业管理，内容繁多。但不论何种管理，都把人事管理放在首位。知人的目的是用人，用人的前提是知人。知人是企业管理中的头等大事。齐桓公用管仲而称霸诸侯，秦始皇用李斯而统一全国；而唐明皇用李林甫、杨国忠二人祸乱国家，乾隆帝用和珅而致国库亏空。这些正反事例有力地印证了识人、用人的重要性。

当今社会，企业生存中面临的最大课题就是如何培养高素质的人才。企业的发达，要靠人才的发达；人才的繁荣，反过来会促进企业的繁荣。百年企业注重的是内部选拔制度，百年企业的接班人一般都是从内部培养出来的。

作为管理者，选拔和任用优秀的员工是工作的重中之重，美国苹果电脑公司老板史蒂夫·乔布斯认为，一位出色的人才能顶 50 名平庸的员工。管理者要有"宁要一个诸葛亮，不要三个臭皮匠"的气魄和精神，去发现并使用真正的优秀人才。

★关注员工:时不时地施点儿小恩小惠

良好的企业文化会让员工有幸福感和归属感,对自己的企业更加忠诚。

广义的企业文化是指企业物质文化、制度文化、精神文化的总和。狭义的企业文化是指以企业价值观为核心的企业意识形态。健康向上的企业文化具有企业价值目标导向、激励企业振兴、凝聚团队精神、约束内在规范、增强企业创新力、美化企业形象等作用。在新经济时代,企业文化作为一种"知识资本",越来越被人们所关注和重视。它所产生的生产力是企业寻求生存发展、增强核心竞争力的重要因素。它是凝聚人心以实现自我价值、提升企业竞争力的无形力量和资本,更是企业持续竞争优势的重要根源。

作为贾家的头号人物,贾母表现出来的善心是给员工最大的幸福感和安全感,她能营造出一种和谐向上的氛围。贾母是一个极富雅兴的老太太,更是一个善于创造和谐文化氛围的长辈。她时常举办各种各样的文化活动,如听戏、举办赛诗会、灯会等。

贾家拥有自己的戏班子,平时的日子让他们排练节目,一到节日或者来兴致了,就来听戏,热闹非凡。

行酒令赋词也是常有的事,这也间接地促使贾家的员工去学习文化,因此在贾家,即便是普通职工也有一定的文化基础。从《红楼梦》第四十回《史太君两宴大观园 金鸳鸯三宣牙牌令》中"众人都知贾母所行之令必得鸳鸯提着"一句就可知,贾母经常举行这类的活动。

这些活动一方面让下属们感到充实,有一种幸福感和归属感,同时也为贾家赢取了"慈善宽厚之家"的好声誉。第十九回《情切切良宵花解语 意绵绵静日玉生香》里,袭人为了规劝宝玉务正业,故意在宝玉面前表示说家里要赎自己出去,但她家人的反应却是:

他母兄见他这般坚持,自然必不出来的了。况且原是卖倒的死契,明仗着贾宅是慈善宽厚之家,不过求一求,只怕身价银一并赏了这是有的事呢。二则,贾府中从不曾作践下人,只有恩多威少的。且凡老少房中所有亲侍的女孩子们,更比待家下众人不同,平常寒薄人家的小姐,也不能那样尊重的。

这说明了贾家在员工家属眼中是得到认可的。

频繁的文化生活十分有利于员工整体素质的提高。同时,贾母时刻表现出自己对下属生活的关心。在生活上,时不时地施点儿小恩小惠,使每一个员工都能感觉自己在受关注,因而更加尽职尽责。

企业如果想留住员工,让他们与企业"成家立业、白头到老",就要在营造企业文化这

史太君两宴大观园　金鸳鸯三宣牙牌令

方面下功夫。

高度认同公司文化,感恩知福,乐于奉献,誓与团队共生死,这样一种团队精神才是团队的无价之宝。一个企业就像一个人、一个民族,共同的文明意识、文化成就感、文化心理是他们彼此之间得以汇同、聚合的基础。

优秀而强势的企业文化能够推动企业目标的实现。在竞争手段日趋同质化的今天,现代企业的竞争实质上是企业文化的竞争。因此企业文化建设与管理的最终目的是促进企业实现自身的理想,真正实现企业常青。一个具有优秀而强势文化的企业,其员工不论是终身依托企业,还是中途有变迁,都会对企业终身怀念,永志不忘,靠的就是那种给人以启迪、催人觉醒、令人振作、激励人奋进的企业精神。这也是我们今天建设企业文化的价值所在。

★给人银子不如给人差事

这个世界很多人的问题不是没钱,而是没事干,给人银子不如给人差事。王熙凤接连给了贾芹、贾芸二人工作机会,相当扶持后进。银子会用完,工作却能创造银子,作为管理高手,王熙凤深知此理,她总是带领众人热火朝天干事。

见《红楼梦》第二十三回

"西厢记妙词通戏语　牡丹亭艳曲警芳心"

凤姐正在同贾琏吃饭,一听贾政呼唤贾琏,便对他说,后街上贾芹之母周氏来求他在贾政跟前给儿子谋个事儿做,正巧铁槛寺新安排住了一些小和尚道士,需人管理。

凤姐笑道:"若是别的事我不管,若是为小和尚们的事,好歹依我这么着。"贾琏笑道:"我不知道,你有本事你说去。"凤姐听了,把头一梗,把筷子一放,腮上似笑不笑地瞅着贾琏道:"你当真的,是玩话?"贾琏笑道:"西廊下五嫂子的儿子芸儿来求了两三遭,要个事情管管,我依了,叫他等着。好容易出来这件事,你又夺了去。"凤姐儿笑道:"你放心。园子东北角子上,娘娘说了,还叫多多的种松柏树,楼底下还叫种花草。等这件事出来,我管保叫芸儿管这件工程。"贾琏道:"果这样也罢了。只是昨儿晚上,我不过是要改个样儿,你就扭手扭脚的。"凤姐听了,嗤的一声笑了,向贾琏啐了一口,低下头便吃饭。

贾琏一径笑着去了,到了贾政处,果然是小和尚一事,贾琏便依了凤姐主意。贾芸知道后便想出一个主意来,一日打听贾琏不在家便来到贾琏门前,正巧凤姐出门,贾芸深知凤姐喜奉承尚排场的,忙把手逼着,恭恭敬敬抢上来请安。

凤姐连正眼也不看,仍往前走着,只问他母亲好,"怎么不来我们这里逛逛?"贾芸道:"只是身上不大好,倒时常高挂着婶子,要来瞧瞧,又不能来。"

凤姐笑道:"可是会撒谎,不是我提起他来,你就不说他想我了。"贾芸笑道:"侄儿不怕雷打了,就敢在长辈前撒谎。昨儿晚上还提起婶子来,说婶子身子生的单弱,事情又多,亏婶子好大精神,竟料理得周周全全;要是差一点儿的,早累的不知怎么样呢。"

凤姐听了满脸是笑,不由地便止了步,问道:"怎么好好的,你娘儿们在背地里嚼起我来?"贾芸道:"有个缘故,只因我有个朋友,家里有几个钱,现开香铺。因捐了个云南不知那一处的通判,把香铺也不开了,就送了我一些冰片麝香。我和母亲商量这点东西只孝顺婶子一个人才合适,方不算糟蹋。"一边说一边将一个锦匣举起来。

凤姐正是要办端阳节礼,采买香料药饵的时节,忽见贾芸如此一来,听了这番话,心下又是得意又是欢喜,便命丰儿:"接过芸哥儿的来,送了家去,交给平儿。"因又说道:"看

西厢记妙词通戏语　牡丹亭艳曲警芳心

着你这样知好歹,怪道你叔叔常提你,说你说话儿也明白,心里有见识。"

　　至次日来至大门前,可巧遇见凤姐往那边去请安才上了车。凤姐见贾芸来,便命人唤住,隔窗子笑道:"芸儿,你竟有胆子在我的跟前弄鬼。怪道你送东西给我,原来你有事求我。昨儿你叔叔才告诉我说你求他。"贾芸道:"求叔叔这事,婶子休提,我昨儿正后悔呢。早知这样,我竟一起头求婶子,这会子也早完了。谁承望叔叔竟不能的。"

　　凤姐笑道:"怪道你那里没成,昨儿又来寻我。"贾芸道:"婶子辜负了我的孝心了,我并没有这个意思。若有这个意思,昨儿还不求婶子?如今婶子既知道了,我倒要把叔叔丢下,少不得求婶子好歹疼我一点儿。"

　　凤姐冷笑道:"你们要拣远路儿走,叫我也难说。早告诉我一声儿,有什么不成的,多大点子事,耽误到这会子。那园子里还要种花,我只想不出一个人来,你早来不早完了。"贾芸笑道:"既这样,婶子明儿就派我罢。"

　　凤姐半晌道:"这个我看着不大好。等明年正月里烟火灯烛那个大宗下来,再派你罢。"贾芸道:"好婶子,先把这个派了我罢。果然这个办得好,再派我那个。"

　　凤姐笑道:"你倒会拉长线儿。罢了,要不是你叔叔说,我不管你的事。我也不过吃了饭就过来,你到午错的时候来领银子,后儿就进去种树。"说毕,令人驾起香车,一径去了。

从此事的处理，我们可以看出王熙凤的手段，表现在：

吊足胃口，

才给差事。

让他知恩，

才有下次。

此手段要点：不轻易许诺给人差事，许诺就要兑现。但也要故意阻拦他，才显得事情来之不易，把事干好。

给人希望不如给人银子。

给人银子不如给人差事。

这个世界很多人的问题不是没钱，而是没事干。给人银子很快就会用完，工作却能创造银子。

作为管理高手的王熙凤深知此理，她总是带领众人干得热火朝天，管理者有事做，大家都有事做，这样就能进入良性循环，把局面搞大，把银子搞多。

王熙凤接连给了贾芹、贾芸二人工作机会，相当扶持后进。因为她深知，如果没人为她干活，她也很快就完了。所以她也很卖力，同时也督促众人卖力气。须知工作不是从天上掉下来的，银子更不是。

糟蹋粮食的人天必厌之。

糟蹋工作的人比糟蹋粮食的人更可恨。

王熙凤是一个值得尊敬的实干家与苦行僧，值得所有的人学习借鉴。

在这点上讲，贾琏自愧不如，因此他很看通地把家政大权交在凤姐手中，因为他知道，光凭自己那两下子，整个家底将很快被自己搞完的。

凤姐能干，贾琏脸上也有光，两口子吃着饭，聊着天就把贾府的事理了一遍，至于有了分歧，贾琏自然要让着凤姐，一是贾琏主外凤姐主内，二是凤姐有争强好胜的脾气，就是在贾琏跟前也绝不妥协。

她的女权思想在贾琏面前表现得是最强烈的，她要让别人知道，家里的事情，你就是求了贾琏，如果我凤姐不同意也是白搭。

细究起来，中国历史上女权思想最重的应当是武则天，武则天之所以成为武则天是偶然，也是必然，是生存环境和她个人的才智把她塑造成中国历史上唯一的一个女皇，可以说武则天是女权运动的鼻祖。同样，王熙凤是贾府实际上的女皇，是贾府实际的控制者。

王熙凤之所以成为王熙凤，也是贾府的环境和她个人的努力造就的。

有事直接找她就能痛痛快快解决，内务大权王熙凤是一把抓，别人谁说也不行。用这种手段在别人面前树立威望，凤姐可说是煞费苦心。

贾芹、贾芸二人都要找活干，只因贾芹是直接求的凤姐，而贾芸求的是贾琏，所以凤姐就先把活给了贾芹干。至于贾芸那里，她又试探贾芸，见贾芸果然是知错了，过来巴结自己,不禁心花怒放。既然目的达到,给他安排个活儿又算得了什么。

凤姐的可爱之处就在于得饶人处且饶人,让你知道她的厉害,只要你知趣儿,她就既往不咎。不像有些人,一次得罪了他,或者有一点他自己看不上眼的,那你就这辈子也别想在他这抬头。

凤姐是个工于心计又喜欢别人奉承的人,在贾府需要她真心奉承的人只有贾母。

贾母在凤姐的心目中是偶像级的人物,凤姐的人生目标就是要做贾母一样的人物,享尽人间荣华富贵,她所做的每一件事都是为实现这一目标而做的准备,当然她还需要时间。当时的凤姐正在慢慢地体会着经过的快乐,凤姐是个真正懂得享受的人,她不仅享受物质的快乐,也尽情享受着精神的快乐。

凤姐也是个喜欢热闹的人,这一点也与贾母相似。

凤姐是那种埋在世俗的杂事中乐不知返的人。在与人的交往中纵横捭阖,左右逢源。凤姐外向开朗,人情练达,由凤姐来做贾府的内务总管是人尽其才的,贾府上下再也找不出第二个人选,绝了。

综上所述,王熙凤管理方法给当今领导者这样一些启示:

1.人必求我,才给事干。这样才显得工作值得珍惜。

2.反复试探手下,才知是否真心。

3.一定要人知道工作不易,赚钱很难。

第四章 经营：酒香也怕巷子深

★皇帝女儿也愁嫁

在现代社会，商品经济发展迅速，市场竞争十分激烈，好"酒"也需要宣传。很多历史悠久的优质名牌产品，也一改"皇帝女儿不愁嫁"的姿态大力宣传自己，这说明酒香也怕巷子深。

晴雯个性锋芒太露，率性而为，但她很得贾母喜爱，直到王夫人把晴雯撵出去后，贾母还说："晴雯那丫头我看他甚好。"还不是一般的好，是"甚好"，贾母对她的评价可说是非常之高。贾母是一个能够"破陈腐旧套"的人，她有些新思维，能接受某些新事物，并且比较欣赏开放式性格的人。她对凤姐和黛玉乃至晴雯的开放式性格都能欣赏，至少是能够容忍，比如她把晴雯派去服侍宝玉，是觉得"这些丫头的模样爽利言谈针线都不及他，将来只他还可以给宝玉使唤得"。

《红楼梦》第四十回至第四十二回里，贾母两宴大观园，恰好刘姥姥二进大观园。贾母携她玩乐一天，喊她老亲家，戏称自己是老废物，全无架子。

在去潇湘馆的路上，刘姥姥不小心摔了一跤，众人拍手都哈哈笑起来，贾母的反应是——

贾母笑骂道："小蹄子们，还不搀起来，只站着笑。"说话时，刘姥姥已爬了起来，自己也笑了，说道："才说嘴就打了嘴。"贾母问他："可扭了腰了不曾？叫丫头们捶一捶。"

在秋爽斋吃饭，贾母因说："把那一张小楠木桌子抬过来，让刘亲家近我这边坐着。"刘姥姥要走，过来告辞，贾母还有礼物相赠。

此外，贾母十分注重树立仁慈的形象。"仁慈"在中国是儒家的"智、仁、勇"的"三大德"之一；在西方也被基督教认为是"信、望、爱"或"信仰、希望和仁慈"的"神学三德"之一。无论是从伦理体系完善的逻辑需要还是从人类生活幸福的基本需要出发，仁慈与公正一样，都是我们应当坚持的伦理原则。正如美国伦理学家威廉·弗兰克纳所说过的："正义只是道德的一部分，而不是它的全部。那么仁慈可能属于道德的另一部分，我认为这才是公正的说法。""即使人们认为仁慈不是道德的要求,而是某种非本质的、道德上的善的东西,人们仍然把仁慈看作是道德的一个重要方面——如果不是必要的,也是令人向往的。"

第二十九回《享福人福深还祷福　痴情女情重愈酌情》里贾母带着一家人去清虚观时有这样一个插曲:

享福人福深还祷福　痴情女情重愈酌情

可巧有个十二三岁的小道士儿,拿着剪筒,照管剪各处蜡花,正欲得便且藏出去,不想一头撞在凤姐儿怀里。凤姐便一扬手,照脸一下,把那小孩子打了一个筋斗,骂道:"野牛肉的,胡朝那里跑!"那小道士也不顾拾烛剪,爬起来往外还要跑。正值宝钗等下车,众婆娘媳妇正尾随的风雨不透,但见一个小道士滚了出来,都喝声叫"拿,拿,拿!打,打,打!"

贾母听到声响,赶忙赶过来,待王熙凤说明原因后:

(贾母)忙道:"快带了那孩子来,别唬着他。小门小户的孩子,都是娇生惯养的,那里见的这个势派。倘或唬着他,倒怪可怜见的,他老子娘岂不疼得慌?"说着,便叫贾珍去好生带了来。贾珍只得去拉了那孩子来。那孩子还一手拿着蜡剪,跪在地下乱战。贾母命贾珍拉起来,叫他别怕,问他几岁了。那孩子通说不出话来。贾母还说"可怜见的",又向贾珍道:"珍哥儿,带他去罢。给他些钱买果子吃,别叫人难为了他。"贾珍答应,领他去了。

我们姑且可以这么理解,无论贾母是有意还是无意,客观上她已经在进行着贾氏公司的社会形象建设,承担起了部分社会责任,塑造了一个体贴穷人、怜惜下人的形象。

另外一个事例是,当贾府败落后,凤姐的女儿、贾母的外曾孙女巧姐儿被人拐卖,刘姥姥变卖家产把巧姐儿给救了回来,可以理解为贾氏公司注重社会形象建设的回报。

贾母的管理方法给现代领导者这些启示:

中国有句古话,叫作"酒香不怕巷子深",说的是只要是酒香,巷子再深再偏僻,也不用担心,总会有人买的。但实际上,这句话是经不起推敲的。再香的酒,藏得远了,也无人能知,贻误了时机,只会造成不应有的损失。尤其是在现代社会,商品经济发展迅速,市场竞争十分激烈,好"酒"也需要宣传。很多历史悠久的优质名牌产品,也一改"皇帝女儿不愁嫁"的姿态大力宣传自己,这说明酒香也怕巷子深。

所谓企业社会形象,是指企业外观形象与内在精神在社会公众心目中的总体印象和感识。贾母在贾家的社会形象建设上是花了很大工夫的,并且取得了很好的效果。

现在企业的发展,离不开企业的社会形象建设和宣传,而承担社会责任无疑是宣传"酒香"、树立"口碑"的重要手段。现代意义上的社会责任是指企业在追求利润过程中,对社会应承担的责任或对社会应尽的义务,最终实现企业的可持续发展。贾家的社会形象建设是谈不上承担了现代意义上的社会责任的,但是这也给了我们领导者很多的启示。

★责权明确才能顺畅管理

当今的家族企业不论是什么性质,在建立之初都要按现代企业制度建设,使之产权清晰、责权明确、政企分开、管理科学。

从某种意义上讲,贾府很像现代的家族制企业。而家族企业通常都具有一些同质性的弊端。具体分析,表现在以下几个方面:

1.集权化的管理方式

《红楼梦》所反映的年代,由于受儒家思想的影响,人们习惯于"遵从"这种管理方式,这种独裁式的管理使管理者的权力影响很大,很容易提高管理工作的绩效。我们现在看到仍有一部分家族企业采取的是这种管理方式。在创立之初,可使大家齐心协力,发挥较好的效果,同时降低运营成本。但企业发展到一定规模后,很多弊端就会显现,如企业失去活力,员工工作积极性不高。贾政想管教好宝玉,由于贾母的庇护,让他成天在脂粉堆里厮混,结果成为"富贵不知乐业,贫穷难耐凄凉;可怜辜负好时光,于国于家无望"的人物,无法接管及振兴贾府。从某种程度上说,贾府的最后破败,跟贾母的安于现状、放松对下属的管束和教育也有着莫大的关系。

2.用人机制存在问题,裙带关系严重

《红楼梦》中家族化管理的一个重大弊病是亲情代替规则。由于存在血缘关系,以经济利益为纽带的管理规则常常失效。贾珍、贾琏、贾蓉这些纨绔子弟,聚赌嫖娼,斗鸡走狗,把贾府闹翻了天,也无人敢管,且又到外面滋事生非,胡作乱来,以至触犯法律。家族制企业的通病是管理时,制定规章制度需要服从血缘关系,用亲人而不能用能人,因人设岗而不能因职设岗,只能急功近利而不能长远规划,致使企业内部丧失竞争机制。

3.缺乏必要的监督和约束机制

在贾府,王熙凤集控制权、监督权于一身,权力过于集中,又没有其他人对其进行监控。家族成员的收入全部归入账房,所需开支由账房划拨,但每家每户究竟有多少财产却并不清晰。因此大家都倾向于尽可能多地花钱,这样就造成财产的严重浪费。贾母重宠王熙凤,授权过度,缺乏必要的监督和约束机制,就等于放弃了权力,就有可能被"架空"。这样,贾府一般子弟、奴仆乃至婆子丫鬟们都觉得有空可钻,各营其私,各舞其弊,纷扰与罪恶,层出不穷。

在2002年央视"实话实说"的一期节目里,一位73岁的老人让成千上万的电视观众感动得热泪盈眶。因为在他身上,既没有昔日荣华,也看不到今日的颓废。他便是原日本八佰伴总裁和田一夫——一家曾经拥有400余家超市的国际交流集团的总裁。1997年,八佰伴集团的主干企业日本八佰伴公司宣告破产。和田一夫也从辉煌时期住的30间一套的海景房里搬到了租赁的一居室里,从乘坐豪华名车到搭乘公共汽车,和田一夫的事业跌入了低谷。

他用一句话来总结自己失败的原因:"家族制企业管理断送了八佰伴的生命。"

有些企业由大家长一人说了算,又无制衡措施,处处总要维护自己的尊严,不尊重职工的个性。而职工作为被雇佣者,没有发表意见的权利,当然就失去了成就感、荣誉感和积极性,企业员工对企业经营状况和发展前途漠不关心,使企业丧失向心力和凝聚力,最终失去前进的动力。因此现代家族企业要注意适当地分权,这样既可集众人智慧,又可有效地刺激下级管理人员的积极性和责任心。

在现今家族企业中,就有很多企业在创立时由家族共同出资,但每个成员究竟在其中占有多大的股份却由于种种原因并未明确,致使一旦发生家族财产纠纷,就难以协商解决,最终将影响家族企业的发展。因此当今的家族企业不论是什么性质,在建立之初都要按现代企业制度建设,使之产权清晰、责权明确、政企分开、管理科学。

家族制在用人上要任人唯能,这样才能使企业越来越发展壮大。而其中,很重要的一点,就是要建立职业经理人制度。

建立职业经理人制度是家族企业"以人管理企业"向"以制度管理企业"过渡的本质体现。家族企业创业之初企业规模较小,市场竞争不激烈,所有者与经营者合一,以亲属纽带运作具有明显的成本优势,对职业经理要求并不迫切。但在家族企业发展到相当规模,特别是在竞争激烈、企业规模日益扩大时,如果创业者不具备胜任经营者的条件,不

能再驾驭指挥整个企业持续发展时,其最优选择就是为公司从经营者市场中选择最有能力的经营者和职业经理人,完成家族式管理向现代企业制度的转换,完成内部管理机制的创新,通过制度管理企业。家族企业经理职业化的前提是企业体制的股份化,只有按照股份企业的法人治理结构构建企业管理体制,才能实现企业的职业经理体制。股份化可以合理分割家庭成员对企业财产的占有,使他们对企业的贡献得到补偿。股份化后创业家族成员成为企业的股东或董事,企业的产权没有发生变化,不会影响家族成员的关系。同时,通过聘用职业经理管理企业,可以避免人际关系的干扰,使家族企业顺利进入制度管理阶段,从而实现管理创新。

★管理的核心就是带出一套优良作风

现代企业的管理就是管人,管人就是带作风,管理的核心就是带出一套优良作风来。

拿破仑说过,领导"有时候应该是狮子,有时候应该是狐狸。进行统治的全部奥妙在于,你必须明白什么时候是狮子,什么时候是狐狸"。王夫人颇得其妙,她平时"木头人儿似的",放手让王熙凤主持日常事务。在公司对上恭敬,对下一付菩萨心肠,博得了众人的拥戴,但对金钏、晴雯等她认为违反封建秩序、损害贾府发展的,"不良作风",则实施了毫不留情的镇压。

王夫人对危及她根本利益的事情不惜亲力亲为、狠抓到底。什么是她最根本的利益,那当然是她的宝贝儿子贾宝玉了。书中几次提她的发威都与此有关。为了让贾宝玉走向封建正统,不被"妖精"勾引坏,王夫人狠抓贾府尤其是大观园的思想作风和生活作风建设。

首先是驱逐金钏。王夫人平生最恨勾引男人的女孩,在第三十回《宝钗借扇机带双敲　龄官划蔷痴及局外》中,王夫人就因为金钏和宝玉说了几句轻俏话而把金钏赶走了,尽管金钏跟了王夫人十几年,尽管最先挑起话头的是她的宝贝儿子,但任金钏怎么恳求她也是"铁定了心"。

事情是这样的:时值盛夏,贾府里各处的主仆多在午睡,宝玉穷极无聊,一路背着手溜达到了王夫人的上房。王夫人在午睡,丫头金钏坐在旁边为王夫人捶腿,同时也困乏至极,宝玉见了玩心大动,上前摘了金钏的耳环,拉着金钏说了几句俏皮的玩笑话:"赶明儿我和太太说,跟着我吧。"金钏平时也和他玩笑惯了,笑着说:"你急什么呀,是你的还能跑了吗?"突然王夫人翻身起来,照金钏脸上就打了个嘴巴,骂着叫金钏妈把她领回去,再也不许回来。金钏忙跪下哭着求饶:"我再也不敢了。求太太看在我跟了您十来年的份上饶了我这次吧!"任凭金钏苦苦哀求,王夫人也不肯再收留,仍然给撵了出去。最后直

宝钗借扇机带双敲　龄官划蔷痴及局外

接导致了金钏的自杀。

　　然后是"绣春囊事件"引发抄检大观园。第七十四回《惑奸谗抄检大观园矢孤介杜绝宁国府》里,王夫人在听了王善保家的小报告后,决定查抄大观园,把污染源找出来。

　　先拿晴雯开刀,王夫人把晴雯叫去训斥责问一番,没问出什么所以然,但还是表示了极其的不满,对着晴雯喝声"去!站在这里,我看不上这浪样儿!谁许你这样花红柳绿的装扮!"并向王熙凤等自怨道:"这几年我越发精神短了,照顾不到。这样妖精似的东西竟没看见。只怕这样的还有,明日倒得查查。"也说明了她要把授予给王熙凤的权力收一收了。

　　听了王善保家的怂恿:"太太请养息身体要紧,这些小事只交与奴才。如今要查这个主儿也极容易,等到晚上园门关了的时节,内外不通风,我们竟给他们个猛不防,带着人到各处丫头们房里搜寻。"之后,王夫人道:"这话倒是。若不如此,断不能清的清白的白。"并表示"这主意很是,不然一年也查不出来"。遂决定连夜查抄大观园。

　　在抄检完毕后,王夫人秋后算账,驱逐了司棋等众丫鬟。第七十七回《俏丫鬟抱屈夭风流　美优伶斩情归水月》中,王夫人在听到周瑞家的"不如直把司棋带过去,一并连赃证与那边太太瞧了,不过打一顿配了人"的建议后,想了一想,就说:"这也倒是。快办了这一件,再办咱们家的那些妖精。"处理事情,有条不紊。然后亲自到怡红院,进行调查,

书中描写：

（王夫人问）"谁是和宝玉一日的生日？"本人不敢答应，老嬷嬷指道："这一个蕙香，又叫作四儿的，是同宝玉一日生日的。"……王夫人冷笑道："这也是个不怕臊的。他背地里说的，同日生日就是夫妻。打量我隔的远，都不知道呢。可知道我身子虽不大来，我的心耳神意时时都在这里。难道我通共一个宝玉，就白放心凭你们勾引坏了不成！"……王夫人即命把他家的人叫来，领出去配人。又问，"谁是耶律雄奴？"老嬷嬷们便将芳官指出。因喝命："唤他干娘来领去，就赏他外头自寻个女婿去吧。把他的东西一概给他。"又吩咐上年凡有姑娘们分的唱戏的女孩子们，一概不许留在园里，都令其各人干娘带出，自行聘嫁。王夫人的管理方法给当今领导者这样一些管理启示：

作风建设，其实是企业文化建设的一部分。企业员工是企业的主体，企业员工的群体行为决定了企业整体的精神风貌和企业文明的程度。现代企业制度的效率能否发挥的一个重要条件，是看能否在企业中形成积极进取的企业文化，尤其是能否形成求实进取的工作作风。

那么，现代企业如何打造优良的作风呢？我认为要做到以下几点：第一，激励全体员工的智力、向心力和勇往直前的精神；第二，发挥集体的协同作用，唤起企业员工的广泛热情和团队精神；第三、企业目标要明确，追求要高，敢于争当世界一流。

现代企业的管理就是管人，管人就是带作风，管理的核心就是带出一套优良作风来。作风的建设除以上几点外，最主要的是每天修炼，潜移默化，持续灌输，久而久之便习惯成自然，公司的理念便溶化到每位员工的血液里去了，作风就形成了。

当然，如果搞作风建设仅仅靠严格控制和刚性管理是不容易成功的。控制只出奴隶，不出人才。控制是强制的，沟通是柔和的。只有变控制为沟通，才可以称之为科学，企业也因此才能走上和谐发展之路。

★开源节流，永葆活力

作为管理者应该明白，经营思维模式是没有极限的，企业完全可以通过创新冲破成长"瓶颈"，进入一个新的发展阶段；如果无法随经济形势而调整，企业注定要走向没落。当企业经营业绩不理想，出现滑坡时，不要寻找用来推脱责任的客观因素，而应该审视自己的经营理念是否出了问题，经营思路是否僵化。在知识经济的环境中，企业管理者只有不断改变、不断创新，才能带领企业克服重重险阻，永葆青春活力。

对于"包产到户"和"放权、让利"等这些至今我们还有人不太明白意思的词，在《红楼梦》中,已经有人在开始探索和实践了,并且她的表现,用时下流行的话说就是"太有才了"。

这个"太有才"的人,就是贾氏公司后备干部贾探春。

贾探春,别号"蕉下客",诨名"玫瑰花",系贾政庶出女,在贾氏公司姐妹中排行第三。第三回《贾雨村夤缘复旧职 林黛玉抛父进京都》,曹雪芹对探春的相貌进行了这样的一番描述:"长挑身材,鸭蛋脸面,俊眼修眉,顾盼神飞,文彩精华,见之忘俗。"

曹雪芹给贾探春下的判词是:

才自精明志自高,生于末世运偏消。清明涕泪江边望,千里东风一梦遥。

在曹雪芹的笔下,贾探春是利益为重的积极改革者,作者极力赞赏了探春这位奇女子的精明强干和远大志向。为了克服贾氏公司的经济危机,贾探春富有创意地推出了一个个全新的改革举措。在她身上,凝聚着曹雪芹对完美女性品质的塑造,更寄托了他对逐渐走向破败的贾氏公司进行改革的愿望。

探春无疑是多才的,她的才是政治家之才,是管理者之才,是大将之才。

对《红楼梦》"批阅十载,增删五次"的曹雪芹可以说在用字造词上是惜墨如金的。作者专用"回"写人物的管理非常罕见,通观《红楼梦》,只有两个人物享受了如此高的待遇,一个是第十三回、十四回协理宁国府的王熙凤,另一个就是第五十五回、五十六回主导大观园改革运动的贾探春。在贾氏公司中,贾探春和薛宝钗组成了"管理双璧",探春的管理才能丝毫不逊色于"裙钗一二可齐家"的王熙凤。

第五十五回《辱亲女愚妾争闲气 欺幼主刁奴蓄险心》,贾氏公司的常务副总经理兼总会计师王熙凤因小产而需要调养,不能料理公事,总经理王夫人顿时觉得失去了臂膀。"凡有了大事,自己主张;将家中琐碎之事,一应都暂令李纨协理"。但是又觉得李纨是个"尚德不尚才的,未免逞纵了下人",于是又让探春"合同李纨裁处",让她代替凤姐管理一个月。即使这样,王夫人还是不放心,她又找来了"素来办事稳妥"的薛宝钗。王夫人的初衷是"别弄出大事来才好",可见她对李纨、探春和宝钗组成的"三驾马车"是起初是没抱多么大的期望的,就是职工们开始时也抱着观望的态度看待探春等人的管理。

众人初闻听李纨独办,各个心中暗喜,以为李纨素日原是个厚道多恩无罚的,自然比凤姐儿好搪塞。便添了一个探春,也都想着探春不过是个未出闺阁的青年小姐,且素日也最平和恬淡,因此都不在意,比凤姐儿前更懈怠了许多。只三四日后,几件事过手,渐觉探春精细处不让凤姐,只不过是言语安静,性情和顺而已。

可是连王夫人都没有想到的是,贾氏公司中一场最具革新性的管理改革就此拉开了序幕。

纵观探春的改革思想,其实也无外乎我们通常所说的"开源"和"节流"两个方面。处在当时的背景下,我们不能不赞叹探春的勇于开拓精神和由其主导的承包责任制的开创性价值。

"兴利",通俗地来讲,就是兴办对百姓有利的事业,《管子·治国》说:"善为民除害兴利,故天下之民归之。"具体到《红楼梦》中,也就是"开源"——实行承包责任制。

辱亲女愚妾争闲气　欺幼主刁奴蓄险心

探春三人在接手贾氏公司的日常管理事务后，为了便于工作，首先，她们决定选定一个合适的办公室，既能一起交流协商工作，也方便下属们汇报工作，几经考虑，她们把办公室安在了大观园门口南边的三间小花厅里，大家都叫"议事厅"。这里环境优美、交通便捷。当时天气也转暖了，探春、李纨、宝钗每天早上大约6点就来上班，先开碰头会，商量每日工作。约8点，各部门就来请示汇报工作。

碰巧在这段时间，贾氏公司人来客往事务比较繁忙，总经理王夫人应酬太多。为了使总经理省心，也为更好地处理日常工作，她们就进行了合理分工：探春和李纨每天在公司坐镇，听取工作汇报并布置各项工作，宝钗负责到各部门检查工作，负责了解各处每天的工作进展状况并加以指导。

为了克服贾氏公司的经济危机，贾探春凭借自己处于萌芽状态的市场经济的敏感，富有创意地推出了一个全新的改革举措：采用公开竞标的方式，把大观园分包给园中有经验的职工。这样一来，一个消费性的大观园就被改造成了一个生产性的种植园，捉襟见肘的贾氏公司也因此找到了一个新的经济增长点。探春是如何获得这一灵感的呢？第五十六回《敏探春兴利除宿弊　识宝钗小惠全大体》中有明确交代：

探春道："年里往赖大家去，你也去的，你看他那小园子比咱们这个如何？"平儿笑道：

"还没有咱们这一半大,树木花草也少多了。"探春道:"我因和他家女儿说闲话儿,谁知那么个园子,除他们带的花、吃的笋菜鱼虾之外,一年还有人包了去,年终足有二百两银子剩。从那日我才知道,一个破荷叶,一根枯草根子,都是值钱的。"

从这一段对话中,我们看到了一个善于学习的贾探春,别人都是去赖大家里看戏、赏花灯、游园,唯独探春关注了赖大家花园的经营管理之道,这一方面说明了探春是一个有心人,善于借鉴、乐于思考;另一方面也说明了探春是真正把贾氏公司的发展当作自己的事业来做的,是真正为贾氏公司的长远发展殚精竭虑摸索新途径的。

但仅有了理论知识还不够,还得学以致用,能举一反三、创新改革,方是大才。贾探春看了赖大家花园的经营之道后,就理出了经营贾氏公司大观园这一产业的思路:

"咱们这园子只算比他们的多一半,加一倍算,一年就有四百银子的利息。若此时也出脱生发银子,自然小器,不是咱们这样人家的事。若派出两个一定的人来,既有许多值钱之物,一味任人作践,也似乎暴殄天物。不如在园子里所有的老妈妈中,拣出几个本分老诚能知园圃的事,派准他们收拾料理,也不必要他们交租纳税,只问他们一年可以孝敬些什么。一则园子有专定之人修理,花木自有一年好似一年的,也不用临时忙乱;二则也不至作践,白辜负了东西;三则老妈妈们也可借此小补,不枉年日在园中辛苦;四则亦可以省了这些花儿匠山子匠打扫人等的工费。将此有余,以补不足,未为不可。"

针对贾氏公司的大观园没有得到合理利用的现状,探春提出了让委派到园中服役的职工们分别承包起来的方案。

探春深切地感到大观园中应该能生产出"许多值钱之物",像稻米、竹笋、莲藕、花果、鱼虾等,折合银两算,"一年就有四百银子的利息"。这些产品不但因此可以补贴大观园中一千人的日常消费,供应姑娘们的头油脂粉、瓶花鸟食等,还可节省一大笔费用,比如保洁员、花匠、工匠等的劳务费,另外,花木竹稻、园内设施等也能有专人管理,大观园将更加整洁有序。如果干得好的话,还会有剩余。可谓一举多得。听到探春的提议后:

宝钗说:"善哉!三年之内,无饥馑矣。"李纨也说:"好主意!果然这么行,太太必喜欢。省钱事小,园子有人打扫,专母其职,又许他去卖钱,使之以权,动之以利,再无不尽职的了。"

三人的意见达成一致后,就立刻着手开始工作:

探春先和李纨命人将园中所有婆子的名单要来,大家参度,大概定了几个。又将他们一齐传来。众人听了,无不愿意,也有说:"那一片竹子单交给我,一年工夫,明年又是一片。除了家里吃的笋,一年还可交些钱粮。"这一个说:"那一片稻地交给我,一年这些玩的大小雀鸟的粮食不必动官中钱粮,我还可以交钱粮。"

经过商议,她们根据"德才兼备、选贤任能"的标准确定了承包者的名单:

"这一个老祝妈是个妥当的,况他老头子和他儿子代代都是管打扫竹子,如今竟把这所有的竹子交与他。这一个老田妈本是种庄稼的,稻香村一带凡有菜蔬稻稗之类,虽是玩意儿,不必认真大治大耕,也须得他去,再一按时加些培植,岂不更好?"探春又笑道:"可惜,蘅芜苑和怡红院这两处大地方竟没有出利息之物。"李纨忙笑道:"如今香料铺并

杏子阴假凤泣虚凰　茜纱窗真情揆痴理

大市大庙卖的各处香料香草儿,都不是这些东西? 算起来比别的利息更大。怡红院别说别的,单只说春夏天一季玫瑰花,共下多少花? 还有一带篱笆上蔷薇、月季、宝相、金银藤,这没要紧的草花干了,卖到茶叶铺药铺去,也值几个钱。"

大观园实施承包责任制后,员工的工作积极性普遍提高了:

第五十八回《杏子阴假凤泣虚凰　茜纱窗真情揆痴理》中,我们借贾宝玉的眼睛,看到了实施承包改革以后的大观园图景:红花绿草里、翠竹青青间、绿波荡漾的湖面,一片欣欣向荣。承包者或栽花、或修竹、或种豆,池中还有驾娘们行着船夹泥种藕……人尽其责、互不相扰,大家既劳碌又自得其乐,呈现出一副热火朝天的工作图景。

再看第六十一回《投鼠忌器宝玉瞒脏　判冤决狱平儿行权》开头的一个小情节,柳氏要进大观园,有一小厮央她偷杏给她吃:

这小厮且不开门,且拉着笑说:"好婶子,你这一进去,好歹偷些杏子出来赏我吃。我这里老等。你若忘了时,日后半夜三更打酒买油的,我不给你老人家开门,也不答应你,随你干叫去。"柳氏啐道:"发了昏的,今年不比往年,把这些东西都分给了众奶奶了。一

投鼠忌器宝玉瞒脏　判冤决狱平儿行权

个个的不像抓破了脸的,人打树底下一过,两眼就像鹦鸡似的,还动他的果子! 昨儿我从李子树下一走,偏有一个蜜蜂儿往脸上一过,我一招手儿,偏你那好舅母就看见了。他离得远看不真,只当我摘李子呢,就厌声浪嗓喊起来,说又是'还没供佛呢',又是'老太太、太太不在家还没进鲜呢,等进了上头,嫂子们都有分的',倒像谁害了馋痨等李子出汗呢。"

承包者都在自己的自留地上加强了管理,乱采乱摘的现象少了,自此大观园更加整肃了,这既保证了大观园的有效生产,又大大节约了开支。

探春之精明,不仅在于她敢作敢为,"去除宿弊",还在于她能及时学习别人的经验、转变观念,从开源上思考问题,实行"承包责任制",变消极理财为积极理财,变"支出"为"收入"。

探春的这套改革方案,在当时显然是具有划时代意义的。在此之前的贾氏公司纯粹属于一个消费型组织,政治资本慢慢耗去,又缺少有效的生财之道;改革后,变支出为收入,通过内部变动增加了收益,提高了员工的积极性,开始向"生产型"组织过渡。

探春的学习、改变、突破的精神，是现代管理者应该学习的。在新经济条件下，企业生存的本质就是学会改变。企业要成长、发展，最关键的不是员工的多少和规模的大小，也不是技术先进与否，而是经营思维模式的不断演变和更新。管理企业最可怕的就是"习惯性思维"。由于习惯性沿袭"过去"，并且也曾获得过成功，所以，我们稍不留神就会失去变革的机会，从而陷入失败的境地。

　　作为管理者应该明白，经营思维模式是没有极限的，企业完全可以通过创新冲破成长"瓶颈"，进入一个新的发展阶段；如果无法随经济形势而调整，企业注定要走向没落。当企业经营业绩不理想，出现滑坡时，不要寻找用来推脱责任的客观因素，而应该审视自己的经营理念是否出了问题，经营思路是否僵化。在知识经济的环境中，企业管理者只有不断改变、不断创新，才能带领企业克服重重险阻，永葆青春活力。

第二篇 《西游记》智慧通解

导读

　　在中国,《西游记》是一部几乎妇孺皆知的中国古代小说文学名著。它塑造了可爱、顽皮又天下无敌、勇敢无畏的孙悟空;憨直又贪吃、贪财、兼之贪色的猪八戒;慈悲善良、执着求经、一心向佛却有时又显得有些迂木、顽固的师父唐三藏以及众多神仙、佛祖与妖魔和人间凡人的形象,并通过这些形象的言语行动,向我们展示了一幅幅栩栩如生的故事画面。同时,《西游记》又以其诙谐幽默、生动活泼又通俗易懂的文学语言;曲折离奇而趣味盎然、一波三折的故事情节,充满着弘扬正义、显示出疾恶如仇的情感氛围等特点,深得人们的欣赏与喜爱,使其在民间代代流传,经久不衰。不但深为世人推崇,甚至远播海外,流传久远。

　　一部富有神话色彩、描写佛家弟子不远万里到西域去求取佛经故事的小说,究竟何以有如此巨大的魅力、令世人如此传诵不衰呢?《西游记》除却以上可读可视的特点以外,还包含了许多可思可品的人生哲理与智慧,恐怕这也是其深受社会各个文化阶层人们喜爱的原因之一。既有热闹曲折、引人入胜的有趣故事,又有各具特点、或可爱、或可憎、或可笑的生动人物形象,还有不乏哲理智慧与无穷哲思的智慧火花闪现,这也正是一部中国乃至世界文学名著应该具备的特点。孩童们喜其情节的离奇与神妙,成人则赏其充满正义、善良真诚与勇敢无畏的自尊、自信的执着情怀。娱者爱其可以给自己带来无穷的艺术享受与快乐,学者则恋其可以久久赏玩,品味其中深含的无穷学术韵味机理,而智者则可以从中体味出人生与生命的种种哲理与智慧。

第一章 恪遵儒家智慧

★ "仁"者为人

"仁"是儒家哲学的核心内容。

古训说："仁者人也。"什么是"仁"，什么样的人可以称之为"仁者"？为什么我们要恪遵"仁"的儒家智慧呢？我们可以看看徐复观先生的解释。徐先生在其文中，通过多方论述以后写道："《论语》的仁的第一义是一个人面对自己而要求自己能真正成为一个人的自觉自反。真能自觉自反的人便会有真正的责任感。有真正的责任感，便会产生无限向上之心。凡此，都是《论语》中仁字的含义。"所以，在徐先生看来，"仁"是一个人的"自觉自反"，是"有真正的责任感"，是因此而产生的"无限向上之心"。

读到此时，我们的脑海中不由得会浮现出《西游记》中的两个形象：孙悟空与唐三藏。

这里要说的是，孙悟空与唐三藏并不是典型的、完美的"仁者"形象，他们各自展现的，是"仁者"的内涵之一，即：从孙悟空身上，我们更多的感受到的是他的"对己的责任感"，也就是无限向上之心。而唐三藏向我们展示的则是更为典型的"对人的责任感"，即对人无私的爱。

孙悟空一路向西保护唐僧取经，一路降妖捉怪，一路成就了自己的"斗战胜佛"；唐僧一路艰难跋涉，一路愈行信念愈坚，一路顶礼膜拜佛祖，终于求取到了普济众生的三藏真经，成就了自己的旃檀功德佛。

在第一回"灵根育孕源流出 心性修持大道生"中，孙悟空带领群猴发现了水帘洞，被拜为王，过着无忧无虑的生活，突然一日，心生烦恼，于是辞别众猴，去寻长生不老的妙方。这是孙悟空自己反省的开始。在第二回"悟彻菩提真妙理 断魔归本合元神"中，孙悟空跟随须菩提祖师及其门徒修习洒扫应对、言语礼节，修炼心性，领悟祖师妙音，成为自觉的人。在第四回"官封弼马心何足 名注齐天意未宁"中，孙悟空不满意"弼马瘟"的小官，向玉帝索封了"齐天大圣"的美称。并因为未得到参加蟠桃会的邀请，大闹天宫。这一切，都表现了孙悟空强烈的自尊要求，显示出孙悟空已经成为一个理性的个体存在者。这是其作为理性个体的人，具有了无限向上之心的初步展现。

在保护唐僧取经的西行途中，孙悟空更是从不服输，从不气馁，总是想尽办法，降妖

捉怪,表现出积极向上的乐观和无畏。无论孙悟空被误解驱逐,还是身遭痛楚。最终,还是须得孙悟空解救危难,保护取经人得以西行。

与孙悟空的乐观和无畏相比较,唐僧则更多地表现出了对人的无私之爱,即仁者的"对人的责任感"。虽然这种无私之爱有时给他带来的并非幸福而是灾难。但爱人之心本身是可贵的,非常值得我们学习。

例如,在第二十七回"尸魔三戏唐三藏 圣僧恨逐美猴王"中,唐僧肉眼凡胎,不能分辨白骨精的能言善辩,误认为孙悟空三次杀害无辜,一气之下,驱走美猴王,结果自己无人保护,落入妖魔手中,险些丧命。在第四十二回"大圣殷勤拜南海 观音慈善缚红孩"一回中,唐僧同样一片爱心救助落难儿童,结果也险些成为红孩儿的口中美食。但无论如何,唐僧对他人的无私爱心,由此可见一斑。这里,我们不能过分责难唐僧,作为凡人,他不能辨别妖魔鬼怪,不能分辨伪装后的真假善恶,是可以谅解的。

在广大读者心中,孙悟空和唐僧的形象令人喜爱。原因何在? 也许,孙悟空的勇敢无畏、"强者为尊应让我,英雄只此敢争先"的英勇形象,唐僧慈善仁爱、和蔼可亲的长者风范,不啻为其中的主要原因。殊不知,他们的这种形象特点传递给读者的,正是儒家圣哲的核心内容,即:"仁者"的风范和特征。这也正是我们现代人所应追求和具有的美德之一。

自从古希腊哲人苏格拉底第一个提出"人是什么"的问题开始,人类开始了对自己的反省。从"人是什么"的疑问,到"仁者人也"的担当,我们追随着哲人的不断思考,使自己成了文明社会中的一员。富有智慧和才能,依此走过一个成功而辉煌的人生历程,这正是在当代社会中,我们每个有理想、有追求的生命个体对自己人生的美丽期望。如何实现这一美丽的人生期盼呢?

在此,儒家圣哲以"仁"为准的,向我们昭示了让个体人生走向成功的智慧选择,而《西游记》中的孙悟空和唐僧,则给我们做了具体的、形象地说明。

值得注意的是,我们所追求儒家智慧——"仁",不应该单纯是孙悟空的积极向上,更不应该只是唐僧的纯真善良,这里的"仁",应该是综合孙悟空的勇敢向上与唐僧的充满爱心为一体的"仁"。只有如此,才算成就了真正的"仁",也才算真正达到了儒家"仁者为人"的完美境界。"仁者人也",这句看似平淡而浅显的表述,其实蕴涵着无尽的哲理和内涵。

从我们发现自己有不足之处或未知领域,有一种自觉地对人生生存和追求的思考,到确定自己的人生目标和理想,可以说,就是成仁过程中的"自觉自反"阶段,有意识的思考关于自己,反省自己,甚至反思人类的生存与发展,此时的你,已经从一个单纯的生命存在个体,上升到了一个具有理性思索的"人"的高度,与只是生存着而没有思索的生命个体有了本质的区别。这是让你走向成熟,迈向成功的关键一步,因为,你已经在为实现你自己的生存意义开始努力了。

人有所思,必有所得。如果你能像想要成为"仁"者的人那样,可以让自己感到"有真

国学智慧全书

名著智慧

280

正的责任感"——对自己的生命,对社会的前进与发展,并因此而产生出一种"无限向上之心",那么,你的生命一定会是积极乐观、无所畏惧的一生。你会让人感到,你和孙悟空一样,永远是那样的充满生命力和自信。你不但会给自己的生命历程带来一份份成功,也会是一个可以把你的自信、乐观与勇敢传递给别人的人,一个无论走到哪里,都会受到欢迎的人,一个自己一生快乐、成功,也给他人带来快乐、成功的人。

此时,也正如徐复观先生在上文中论述的那样,"对'己'的责任感,同时即表现面对'人'的责任感;'人'的痛痒休戚,同时即是自己的痛痒休戚。于是根于对人的责任感而来的对人之爱,自然与根于对己的责任感而来的无限向上之心,浑而为一。"此时的你,在不知不觉中,已经把"对人的责任感"溶入了自己的生命无意识,而根于这种"对人的责任感"的对人之爱,也一定会在不知不觉中践行在你的生活中。

麻木不仁,是我们每个人都耳熟能详的一个词汇。朋友,你是否仔细认真地思索过这个词语呢?徐复观先生认为,"没有反省自觉的人,即是对自己没有感觉的麻木不仁之人。对自己麻木不仁,对他人当然更不会有休戚相关的感觉。"所以,我们应该有反省自觉的意识,而不能麻木不仁,应该有所思考,而不是碌碌无为。

"不怨天,不尤人",做一个能深切反省自己的人。同时,还要有以一身承担责任的心境,勇敢、无畏,只有这样,自己才能把握住自己的生命,才不会感到生活中充满无奈和困苦。

★ "义"不容辞

"义"不容辞,常常作为正直的人有所为,有所不为的一种精神支配因素。为何因"义"而不容辞呢? 自古至今,多少智者、哲人通过自己的论著,对"义"的内涵做出了形象的阐释。

例如,在西汉刘向所著的《战国策》中,一系列事件与人物形象,向我们传达了其对"义"的理解,那种坚持正义、反抗强暴、效死报恩以及排难解纷、贵义薄利的信念与操守处处可见;而《史记》,传达出的则是言必信,行必果,诺必诚地做人信义,为承诺信义可以不惜生命的为人至诚,成功而不矜其能为人操守,同样,也有排忧解难,轻财好施地做人热忱,这是一种行动与信念互相一致的人生言行准则,这也是司马迁对"义"的理解。清代的蒲松龄,在《聊斋志异》中,也塑造了诸多有义之士的形象,他们一个个爱憎分明,知恩图报,与朋友患难与共,肯扶危济困,舍己利人,同时,还展现出一种反抗黑暗现实、对人生自由的向往与追求。

在此,我们也可以说《西游记》中的一行四众,西行求取真经的过程,便是一个"义"的展现过程。无论是唐僧率领四众,为了对唐王的承诺,坚定不移的向西艰难跋涉,还是孙悟空的一路铲除不平、济危扶善,保护唐僧一路西行,都时时向我们传达了一种"义"的

信念与精神。

唐僧自从受命于唐王之日起，便晓行夜宿，一意西行。心中并不畏惧山高水远、虎豹豺狼、陡崖难越、魔怪相侵。当法门寺的僧众问起唐僧是否有这些忧患时，唐僧回答："心生，种种魔生；心灭，种种魔灭。弟子我曾在化生寺对佛设下宏誓大愿，不由我不尽此心。这一去，定要到西天，见佛求经，使我们法轮回转，愿圣主皇图永固。"唐僧的"不由我不尽此心"，"定要到西天"，"愿圣主皇图永固"，也正是表达信心坚定的誓言，因为曾经设下誓愿，便不能不尽心，而且，还一定要实现志愿。从此，不论是遭遇妖魔的艰难阻隔，还是善义之士的好意挽留，唐僧总不忘他对唐王"只在三年，径回国土"的承诺，总是把唐王的嘱托牢记在心。不论是女儿国王满含深情的劝阻西行，四圣变幻美

唐僧

人的巧试禅心，还是蝎精软硬兼施的威逼诱惑，唐僧依然是信念不改，依然是志向不衰。这难道不是言必信，行必果，诺必诚地做人信义，难道不是为承诺信义而不惜生命的为人至诚？

在唐僧的诚信之义之外，孙悟空展现给我们的，更多的则是一种坚持正义、铲除不平的信念与操守，而孙悟空的爱憎分明、反抗强暴，向往与追求自由，同样是其可贵可爱之处。

面对妖魔，孙悟空从不心慈手软，总是扯开如意金箍棒，打他个地覆天翻。相反，在弱者和苦难面前，孙悟空则显得非常可亲可近，救助乌鸡国王生还复国，陈家庄挽救无辜儿童免遭妖魔吞食，凤仙郡劝施甘霖，拯救一方黎民脱离灾难，这是孙悟空的疾恶如仇、除暴安良、乐善好施；在玉帝面前，孙悟空不卑不亢，理直气壮地为自己争取尊严和权利；在佛法无边的如来面前，孙悟空同样也不轻易服输，即使被压五行山下，也还向往着逍遥自在。偶尔和唐僧赌气，欲回花果山，也要要求摘下紧箍，摆脱束缚。

对于唐僧和孙悟空而言，求取真经的坚定信念，铲除妖魔的勇敢担当，都是一种"义"不容辞的责任。正是因为有着这份"义"不容辞的责任感，才使得唐僧坚定西行，才使得孙悟空一路降妖捉怪，保护唐僧求取真经，功德圆满。

"义"不容辞的信念，作为唐僧师徒西行的精神支撑，使取经僧众实现了对唐王的承诺，获得了成功。同样，对于身处现代社会中的我们，怀有一份义不容辞的责任感，具有坚持正义、反抗强暴、为人排难解纷、贵义薄利的信念与操守；具有一种言必信，行必果，

诺必诚地做人信义；坚持行动与正义的信念互相一致的人生言行准则；肯扶危济困、舍己利人；反抗邪恶、向往与追求自由的人生，也会是让我们走向人生和事业成功的一份保证。

也许，你是一位人民的公仆，不论你的官职大小、职位高低，你是否一直是把人民的利益放在心头，作为一把手，你是否知道自己已经承担着人民对你的信任和期盼，你是否明了那一声声"局长""处长""市长"的呼唤声中，有多少沉甸甸的期待？面对黑暗、腐败或强权，两袖清风、洁身自好、不畏权贵，正是你的"义"不容辞。

也许你是一位时代宠爱的弄潮儿，拥有雄厚的资本、拥有成百上千的公司员工。那么，你一定也知道，诚信，在商品时代的重要意义。也许，你可以依靠法律的规范来维护自己的权益。但为人诚信、公平竞争，应该是真正商人的行为准则。你的"义"不容辞，是以优质的产品去满足市场消费者的需求，是用合理的价格进行公平交易。是靠真诚热情的服务吸引成千上万的顾客，是敢于同假冒伪劣产品制造者进行坚持不懈的斗争。亲爱的朋友，这些"义"不容辞的责任，你做到了吗？

★ "礼"应妙用

作为儒家圣哲诸多的智慧范畴其中之一。"礼"已经成为中国灿烂文化传统中不可缺少的智慧元素。它不但是古代圣哲践行、遵循的一种道德标准，即使在文明高度发展的当代社会，"礼"也还仍然应该作为我们必须身体力行的道德规范和社会交际规则，只有充分懂得"礼"的妙用，遵守"礼"的法则，我们才可以在这个激烈竞争的社会中，更多的拥有一份成功的希望。

在《西游记》中，便有多处告诉了我们这一儒家的交际智慧。

例如，在第八十七回"凤仙郡冒天止雨 孙大圣劝善施霖"中，唐僧师徒四人一路风尘，来到凤仙郡，当唐僧知道凤仙郡连年亢旱，民不聊生时，便让徒弟去求雨。孙悟空自告奋勇，"求雨有甚难事"，谁知当他请玉帝降旨下雨时，玉帝却说，凤仙郡数年遭受干旱，是因为凤仙郡侯三年前被玉帝看见行不仁的事：将斋天的素食喂狗。所以，玉帝要通过惩罚他的一方百姓，以惩罚凤仙郡侯。

原来如此。孙悟空知道了原因，"大惊失色，再不敢启奏"。不但如此，而且"走出殿"时，还"满面含羞"，再不敢逞强好胜。

玉帝的惩罚，孙悟空的"大惊失色""满面羞惭"，均可反映出典礼仪式的神圣不可冒犯性。

凤仙郡侯"原来十分清正贤良，爱民心重"，没想到一念之差，无意中冒犯了上天，便给他的黎民百姓带来如此大祸。

孙悟空曾经大闹天宫，天不管，地不怕，此时，也自知凤仙郡侯理亏，不敢再求情。凤

仙郡侯知道了受灾的原因后,追悔不已,最后,凤仙郡侯以念佛看经来谢罪,表示痛改前非,凤仙郡才得以免灾,获降甘霖。

在此回书中,孙大圣,凤仙郡侯以及凤仙郡的普通百姓,都从中体会到了典礼的神圣性。正如林语堂先生所说,举行典礼时,应该心怀一种诚敬的心境,充分表现出虔敬之情。即此而言,儒家的"礼"此时已带有了宗教的特点。

我国社会或民间的诸多仪式的庄严、盛大,可说是"礼"的这一特点的体现。举行仪式时的这种虔敬心境,可以使参加仪式的人从此努力践行在仪式中所领受的责任,在潜意识中形成一种责任感,感受到一种践行使命时的神圣。例如,儿童参加成年礼后,懂得了自己已经成人,要承担一些责任,应该履行一些

玉帝

义务了。又如,国民参加国庆庆典,通过一些仪式、表演,感受到国家的强大和发展,会增强爱国之心,增强建设国家、保卫国家的使命感。而新婚双方举行婚礼的意义,在于在确定夫妻关系的同时,也赋予了夫妻双方对家庭的一份责任感,形成一种道德上的约束。

"礼"的这一内涵告诉我们,我们必须认真面对生活中的诸多仪式,以一种虔敬的心情来参加仪式,重视仪式蕴涵的意义,应发自内心地去接受仪式的使命,并努力践行。如若不然,则不但是对仪式的不敬,更是一种欺心的行为。不但欺骗别人,更是欺骗自己的内心。

这便是我们从《西游记》中领略到的"礼"的内涵之一:"礼"的宗教神圣性。

所以,当我们决定要参加典礼、仪式时,应该先要思考:我是不是可以用心来接受这个仪式;其后,我能否内心自愿的践行仪式赋予的责任和使命。不要欺骗别人,更不要欺骗自己的心灵。

儒家"礼"的另一内涵是意义分明的社会关系,即:在社会中,应该各司其职,各谋其政,不可以以下犯上,也不可以扰乱正常的社会秩序,不可为所欲为,否则必然会受到制约和惩罚,因为这是生活所不容的行为。

在《西游记》中,通过孙悟空大闹天宫,诸神捉拿孙悟空,及至孙悟空最终被压五行山下的诸回,对此含义用形象的故事做出了说明。

孙悟空本是一只不受天地管束的天生石猴,凭有一身武艺,便不安分的下海滋事、入

冥消籍,玉帝只好把他召入仙班,官封弼马瘟,来安抚他。没想到孙悟空却嫌官小,反下天宫。不但辞职,还索封"齐天大圣"。当他被封"齐天大圣"后,却又因蟠桃会没邀请他,大闹蟠桃宴,搅乱天宫。诸天神都不能降服他,最后,还是佛祖如来把他压在五行山下,才定住心猿。

在这几回书中,无论孙悟空本领如何高强,最终还是注定要被镇压的。因为,他的所作所为严重扰乱了天庭井然有序的秩序。使得天宫中"君"失去了为君的尊严与权威,这是任何国家,任何社会,在任何时候都不能允许的。所以,孙悟空注定逃脱不了被镇压、被制服的命运。他的行为违反了"礼"的"物皆有序"的社会原则,破坏了"万物各得其所"的社会关系,不遵守法规制度,也就必然为社会所不容。

在任何社会,需要的是遵礼守法的方正之民,只有这样的社会才能安定的存在,才能循序渐进的向前发展。"大官奉公守法,小官方正廉洁,职务分工合作。君臣互相匡正,这是国家健康",林语堂先生如此翻译《礼记》第九——《礼运》中的"大臣法,小臣廉,君臣相正,国之肥也"一句。也就是说,国家只有健康,才能欣欣向荣的向前发展。

所以,作为具有社会性的人,应该让自己的国家健康发展。从自身做起,遵从社会的各种规则、遵守法律,做自己应该做的事情,不扰乱社会的正常秩序,不侵犯他人的合理地位和合法身份。只有这样才能立足于整个社会,自己才能获得发展,社会才能向前发展,国家才能繁荣昌盛。

这正是孙悟空大闹天宫,被压五行山下给我们的启示。

在井然的社会秩序条件下,在有着庄重而神圣的典礼仪式的社会传统中,一种和谐的人际关系就应该是这个社会风气规范的基础。这种和谐的人际关系包括:彼此要以适当的态度相对待,个人言语举止要合适得体等。这也是《西游记》中所体现的"礼"的内涵之一。"礼"的这一含义体现出了对人的两重要求,即:要礼貌待人接物,这也正是要求自身要有较高的道德修养作为行为的基础。《西游记》的第八十二回"姹女求阳 元神护道"中,通过孙悟空对猪八戒的一番教导,说明了"礼"的这一内涵。

此回中,唐僧失踪,猪八戒前去探听消息,结果被打而归。孙悟空问明他被打的原因之后,不但没为他争理,反而说"打得少了",并对猪八戒进行了一番教诲。借此一段故事,对社会需要和谐礼貌的人际关系的重要意义进行了说明。

猪八戒为什么被打呢?因为他打听师父下落时,遇到两个女子,在还不知晓她们底细的时候,他便叫两个女妖为"妖怪"。读到此处,聪明的读者一定会忍俊不禁,会说,这个笨猪,真是该打。因为,他违反了社会交际中的礼貌原则。"妖怪"是个贬义词,这是众所周知的。这等于用骂人的词语当面称呼人,不被打才是怪事。

这回故事道出了礼仪在社会交际中的重要性。"礼"是敬让之道。在社会交际中,对人恭敬有礼,言辞行为符合时宜,这是取得社交成功的条件之一。

看孙悟空是如何教导猪八戒的呢?

首先,"温柔天下去得,刚强寸步难移",这,是一切社交行为应遵循的宗旨。对人礼貌周全可以行遍天下，而自恃刚强却是寸步难行。所以，即使"你一身都是手"，有再大的本领，在别人面前，尤其是你有求于他的人面前，"也要略温存"；不能鲁莽，不能无礼，而要彬彬有礼、温柔礼貌。

在此基础上，要"人将礼乐为先"。所以，见面问讯别人时，到跟前，要先"行个礼儿"，要先让对方从心理上接受你，只有这样，对方才会帮助你，这是行为的要求。同时，还要有礼貌并且合适的称呼，孙悟空说道，"若与我们差不多，叫她声'姑娘'；若比我们老些儿，叫她声'奶奶'。"这，是礼仪的常识。不但要有称呼，还要合适。否则，如果是二八少女，被你称作"奶奶"，她一定会怒不可遏。相反，如果你把八旬老太称作姑娘，她一定也会认为你是在讽刺、挖苦她，不免要对你怒目相向。不但你想做的事情不能成功，一定还会受到同样无礼的回报。说者有时无心，听者却是有意的。因此，举止行为谦恭、语言合适得体，是你交际成功的言行基础。

接下来，孙悟空又以杨木和檀木的不同遭遇，对猪八戒进行进一步的教导。因为"杨木性格甚软"，可雕可刻，所以被巧匠"装金立粉，嵌玉装花"，作佛作圣，受到"万人烧香礼拜，受了多少无量之福。"相反，檀木因为性格刚硬，被"油房里取了，去做柞撒，使铁箍箍了头，又使铁锤往下打"，这都是"只因刚强，所以受此苦楚"。不但生活中的言行细节要符合时宜，而且，自身内在的涵养也要相应修炼到位。否则，不但在生活中的琐碎小事面前会处处碰壁，甚至整个人生中都会处处不能得意，时时受到不公平的待遇。一件件小事汇在一起，就是一个长长的人生，一次次失败连起来，就是一个失败的一生。

由此看来，小事不小。较高的修养，在小事中就应时时注意培养，交际失败时，不能只是怨天尤人，而应该认真反省，看看自己是否有错误，并注意及时改正；交际成功了，也应该汲取经验，总结自己的优点长处，去迈向更大的成功。常言道："小不忍则乱大谋"，不拘小节固然潇洒，但万万不可事事无所谓，倘若如此，则事事不能成功。总之，在社会交际中，外在的言辞得体，行为时宜，是社交成败得失的条件之一。不但如此，我们还要有一种自觉的内省意识，取人之长，避己之短，提高自己的修养水平，练就符合时宜的行为举止，才能立于人生的不败之地。

综上所述，在《西游记》中，对儒家"礼"的表现，由此可窥一斑。人，作为一种具有社会性的个体，应该具有"礼"的品格，这可以说是我们在社会中安身立命的重要条件之一。《西游记》通过如上以及类似的故事，对此给我们做出了有益的启迪。

★"智"者无忧

人类的生活是伴随着思考而存在的。我们常说的一句话便是"智"者千虑，必有一失。这是说即使是"智"者，即使经过千般思考，有时也会有思虑不周之处。虽然如此，凡事经过深思熟虑以后再去实施，仍是我们应该遵从的行为准则之一。只有经过周密的思

考安排,才更有可能保证事情的顺利、成功。

在我们的生活中,常常遇到这样或那样的困难与挫折,一筹莫展是我们常常面对的困境,但我们不应该气馁。最聪明的人类总会有办法战胜一切困难与阻隔。愚者千思,还有一得,何况"智"者?

因为善于思考,多少人以弱胜强、以少胜多,凭自己的聪明才智取得了胜利,战胜了困难与挫折。

在《西游记》中,孙悟空与诸多妖魔鬼怪争斗争的过程,便是一个个展示孙悟空的聪明与才智的故事。这些故事不但常常让我们忍俊不禁,还让我们了解了孙悟空的机智与聪慧。从中,我们还可以得到一种有益的启迪:面对强敌,聪明的人应该以智取胜。

如在第十七回"孙行者大闹黑风山 观世音收伏熊黑怪"中,孙悟空变做凌虚子的一粒仙丹,哄熊怪吞食,夺回了唐僧的袈裟佛衣;在第三十一回"猪八戒义激猴王 孙行者智降妖怪"等诸回中,孙悟空变成象国公主的模样,迷惑黄袍怪,最后在众星神的帮助下,救出师父和公主;同样,在第三十四"魔王巧算困心猿 大圣腾那骗宝贝"诸回中,孙悟空数次变为小妖,骗取了金角大王、银角大王的宝物,救下师父;在火焰山前,孙悟空为了得到铁扇公主的芭蕉扇,变做小虫或变成牛魔王,巧得宝扇。如此种种,无论遇到什么艰难险阻,孙悟空总是机智的想尽种种办法,战胜妖魔,使师徒四人脱离魔窟,得以西行。

虽然好多妖怪自身并非本领高强,但他们常常与众多神仙、佛祖有着种种联系,常常凭借所偷主人的法力无边的宝物为所欲为。此时,孙悟空纵然本领再大,在种种宝物面前也常常显得无能为力。强战难以取胜,孙悟空便变换形状,用各种巧计先夺取宝物,再力战妖怪。这就是孙悟空的聪明机警之处。

在现实生活中,我们也常常遇到困难,遇到强敌,而有些困难的关键正如妖魔手中的宝物一样,是必须攻克的难关。因此,我们也需要和孙悟空一样,拥有机智和聪明的头脑,抓住克敌制胜的关键,不靠死战硬拼,而是以凭自己的智慧去取胜。

尽管人常说,"智"者千虑,会有一失,但我们还是应该做生活中的智者,遇事还是应该思虑成熟,再去实行。哪怕会有一失,也仅只是"一"失。因为,在生活中,我们虽然很难做到完美,但我们可以努力去追求完美。没有美丽的憧憬和希冀,怎么可能有美丽的现实出现,想都不去想,怎么可能会有成真的美梦?

不但遇到困难和问题,我们应该努力想办法解决,更进一步,生活中的任何事情,只要是需要我们去做的,我们都应该先去思索它的关键所在,去想一想我们完成它需要克服的困难所在。重视困难并不等于你害怕它,轻视困难也不能说明你可以轻而易举地攻克难关。

一次小小的测试,你应该抓住重点,掌握难点,以轻松的心理去应对;一次小小的业务谈判,要解决什么问题,你想得到什么,你不能失去什么,你可以做出那些让步,你必须坚持那些条件,这都应该是你心中非常清楚明了的行事原则;要完成一项头绪纷乱的重大工程,你应该充分考虑你已拥有的有利时机和条件,你欠缺的、不利的因素,你应该重

视什么,可以忽略什么,你应该先做什么,后做什么,只有考虑得尽量周全,你拥有成功的可能才会越大。

"智"者不但要千虑,儒家还言道:"智者不惑",有才智的人不会困惑、迷惑,于事,于物。这就是说,遇事不但要深思熟虑,还要在各种诱惑面前,保持清醒的认识,不被迷惑。

机警的孙悟空不会被白骨精的数次变幻而迷惑,一眼便可以看出她的真面目,坚定的要除掉她。即使肉眼凡胎的唐僧用紧箍咒制止孙悟空,也不能改变他的疾恶如仇。红孩儿变成被劫的小孩,哄过了唐僧和猪八戒,却照样骗不了火眼金睛的孙悟空。一心向西,真诚求取佛经的唐三藏,面对巧试禅心的三圣,同样丝毫不动,不为其娇媚所惑;女儿国王的情深意切、荣华富贵也不能打动他的坚定佛心。

在处处充满着物质诱惑的当今社会,人们对物质的追求与向往也日益膨胀,此时,面对种种迷人的诱惑,保持清醒的头脑,更是至关重要。我们也应该像孙悟空、唐僧一样,做不被诱惑的智者。在看似良善的骗者面前,可以辨别真伪、美丑,可以识破骗局。在金钱、美色的诱惑面前,不失做人的根本原则,不失"智"者的清醒头脑,只有这样,才能保证不迷失自己、不受骗、不堕落、不滑向犯罪的深渊,这,应该是我们时时保持的警觉之心,时时为自己敲响的警觉之钟。

"智者动""智者乐",也是儒家智者的表现。何谓"动",何谓"乐",当有诸多含义,但灵动、充满活力,无忧与快乐,该是其中的应有之意。这些特点,在孙悟空身上也有所表现。

只要一提到孙悟空,人们眼前便会浮现出那个连走路都蹦蹦跳跳的猴子,他总是不停地抓耳挠腮、一双闪亮的眼睛不住地东瞧西看,还喜欢拿懒惰而贪吃贪色的猪八戒开开玩笑、寻寻开心,搞些不大不小的恶作剧。机灵与活泼,是猴子的特点,也便是孙悟空的特点;不知疲倦,永远那样机警、精神,那样快乐无忧,是孙悟空留给我们的深刻印象之一,也是我们喜欢他的原因之一。

生活中充满快乐、无忧无虑,是我们每个人都向往的生活状态,也是我们对亲朋的美好祝愿;工作中充满活力,做任何事情都满怀热情和信心,常是我们对自己、也对他人的一种期盼。只要我们尽力去做,我们就可以做到这一切:保持快乐的心情,充满自信的去做要做的事情。

一次次成功的结束,也是你又一次次走向新的挑战,追求新的成功的开始。就像孙悟空一样,踏平坎坷成大道,斗罢艰辛又出发。无论如何,我们遇事应该三思而行,尽量做到思虑周全,但不能过分求全责备。只要我们充满自信,能全身心地投入到工作中,能发现生活中的快乐和美好,保持积极、乐观的心态,像唐僧师徒一样勇敢机智、百折不挠,人生的快乐和成功最终一定会属于我们。

★ "诚信"为本

作为儒家五常之一的"信",是一种很高的道德境界。自古以来,人们就已知道"信"对于个人、对于国家,都具有重要的意义。孔子在做人和与人交往中都十分注重"信",主张做人应该以忠诚信实为主,要言行一致,诚实守信。在《西游记》中,也不乏描写诚信的篇章与段落,给我们做出有益的启迪。

在第一回"灵根孕育源流出　心性修持大道生"中,便有应该信守承诺的体现。当石猴孙悟空与众猴在山中玩耍的时候,他们发现有一股涧水清澈可爱,群猴便说:"那一个有本事的,钻进去寻个源头出来,不伤身体者,我等即拜他为王。"听到这些,孙悟空即应声而去,并为众猴发现了"花果山福地,水帘洞洞天"的安身之处。在群猴都进去安身之后,孙悟空便说:"人而无信,不知其可",要求大家拜他为王。众猴听说,"即拱伏无违",序齿排班,尊孙悟空为猴王,没有一个违背诺言。这正是一种信守承诺的表现。这里,连猿猴都信守承诺,可知,在《西游记》中,信守承诺已经是一种毋庸置疑、被普遍接受的行为规范了。

在第九回"袁守诚妙算无私曲　老龙王拙计犯天条"、第十回"二将军宫门镇鬼　唐太宗地府还魂"两回中,唐太宗允诺要挽救触犯天条的泾河龙王的性命,结果却未能实现承诺,为此,不但唐太宗愧疚不已,亲自向龙王的鬼魂赔礼道歉,龙王鬼魂还可以把唐太宗告到地府,使唐王不得不亲临地府,当面去对质。在此,即使皇帝不信守承诺,也不能不了了之,也要受到一番质问与责难,这又一次说明了守信的理所当然。在接下来的第十一回"还受生唐王遵善果　度孤魂萧瑀正空门"中,还魂的唐王派人去地府进奉许下的南瓜,阎王非常高兴地称赞他是有信有德的太宗皇帝。不守承诺险些送命,信守承诺,连阎王也大加赞叹。

唐僧为了实现为唐王求取真经的承诺,带领徒弟,长途跋涉、历尽艰辛、出生入死,经历十四载的磨难,终于取得真经回归东土,了却夙愿。这些都是《西游记》中讲求诚信的范例。

在古代社会中,诚信非常重要,而在我们今天的社会主义社会中,以诚信为道德准则,做到言行一致,也应该是人们日常生活中的基本道德要求,做人的根本,同样是建构一种和谐的人际关系必不可少的道德规范。

"诚信"作为一种道德行为规范,它要求做人要诚实守信,不自欺,不欺人,不虚伪;在社会交往中要待人诚恳,信守诺言,只有这样,才能既取信于人,又能赢得彼此间的信任。所以,可以说,"诚信"是调整人与人、人与社会之间和谐关系的根本。不但人与人之间的交往需要诚信,家庭的生活,集体、单位的活动,无不应该以"诚信"作为基础。"诚信"要求人们之间相互理解、相互宽容、信守诺言。

西游记

如果社会中没有"诚信",个人将会失去真诚可信朋友,经营者将会失去亲密合作的伙伴。所以,不论个人还是集体,都必须树立诚信为本的意识。

"乐道人之善,乐多贤友,"乐于称道别人的长处,乐于结交贤良的朋友,这同样也是人际交往中一种科学而积极的交往方式,心胸开阔,以诚待人,是我们立足于当今社会的有力保证。

以"诚信"为本,这种思想对于我们今天塑造和谐完美的精神个性、建构新型的人际关系,都具有非常重要的借鉴和指导意义。

儒家还强调"信"与"义"的关系。儒家认为,所遵守的"信"应该是合乎道义的,也就是说,如果发现已承诺过的事情有不合理之处,也就是不合"义",那么,就不应该对这种承诺再死守不放,这时,不守信,不履行承诺才是合乎道义的。因此,我们也不能只知重然诺而不会分辨是非善恶,没有原则的有言必信有时也会犯错误。真正有德行的人说话不一定句句守信,关键要看交往的对象,如果对方是不讲诚信的不义之人,我们就应该明辨是非,只有这样才能维护自己正当的利益不受侵犯,才能为单位、集体避免不必要的损失。

由此看来,儒家所讲求的诚信是非常合理而正确的,这才是确切而完整的儒家关于"信"的基本内容。这种具有明显的原则性与灵活性的双重特点的"信",对于我们今天生活、工作的重要指导意义是不言而喻的。以此种"诚信"观念为基础,建立起良好的社会信用氛围,引导人们去追求、实践真、善、美,这,正是社会主义社会中,道德建设的应有内容。

★"忠"正行事

说到"忠",人们常常会想起专制时代的政府官吏对于君王的无条件的绝对尊崇与服从。因此,"忠"似乎成了专制时代中愚昧思想的代名词,它似乎代表了专制社会每一个臣民对于独立思想和独立人格的放弃,也似乎传达出此时的每一个臣民对于道德和正义的漠不关心。但是,如果我们能摆脱心中的成见,通过古代典籍中有关"忠"的论述来重新审视"忠"字的原始含义时,我们会发现,真正的"忠",是一种非常难能可贵的优秀品德。

说到猪八戒,人们便会想到他的贪吃、好色和懒惰。但古语说:"食色,性也",贪吃和好色,正是人的本能。而猪八戒的表现,正是这种人的本能的表现,只不过是作为艺术形象,显得更加夸张而已。

现实中,当我们形容一个人的贪吃和懒惰时,常常会调侃地说:像猪一样。也许,这也正是作者让猪八戒投胎为猪的缘由。猪有形象是人类这种本能的最典型体现。如,猪八戒因调戏嫦娥被贬下仙界,而在第十八回"观音院唐僧脱难　高老庄大圣除魔",第二十三回"三藏不忘本　四圣试禅心",第五十四回的女儿国中,猪八戒的好色特点,无不表

现得淋漓尽致。在取经的途中,去讨要斋饭的猪八戒常常一头拱进草堆,美美地睡上一觉,然后回去交差。在数次与妖魔的争斗中,猪八戒也是常常躲在后面,一副贪生怕死的样子。面对斋饭,猪八戒却一口丢进去一碗,十数碗饭转眼就不见了。也正是因为猪八戒的这些特点,才数次被孙悟空捉弄,被诱哄去干些出力气的差事。但无论怎样的可笑与可气,展现在我们面前的,是一个栩栩如生、真实生动的猪八戒。他虽有诸多劣性,可不虚伪,常常直言表达出自己的愿望,顽劣中透出一丝可爱。

猪八戒

如果说猪八戒是真实表现自己的典型,则在某种程度上,孙悟空可以说是正直、无畏的典范。他的诸多优点,已有很多论述,而正直、勇敢、无畏的特点,也是不容置疑的。他面对邪恶毫不妥协的勇敢,就是玉帝、上仙、观音或如来,有错也敢当面批判指出的正直无畏,都是具有"忠"的品格的表现之一。

就"忠"而言,在猪八戒的真实之"忠",孙悟空的无畏之"忠"而外,唐僧更多表现的则是一种仁爱之"忠"。唐僧的取经一路,也是指引徒弟们救危扶善的一路。哪有妖魔害人,他要徒弟降妖救人;哪有百姓受难,他让徒弟们解救危难,唐僧正是儒家"善"的化身。

体察了"忠"的形象特点,也了解了其真正含义,此时,我们一定认可了"忠"的优秀品格。"忠"正是儒家圣哲理论和信念的直接表达。

儒家认为,"人之初,性本善",一切发自人类个体的内心的思想和行为都应该是好的思想和好的行为。正因如此,由人类每一个体的内心思维,所指引的人类的每一个个体的独立思想和独立人格,也应该是最完善的思想和最完善的人格,它的思想基础便是这种"正直、真实、宽厚、善良"的品格和行为特征。只有以此"正直、真实、宽厚、善良"的品格和行为特征为基础的社会,才可能是一个人人享有幸福与自由的社会。

因此,"忠"这一优秀品格,在我们的当今社会中,仍然应该是弥足珍贵的。我们不仅应该有孙悟空的无畏、勇敢,唐僧的仁慈善良,也应该能像猪八戒一样,勇于展现真实的自己,当然,猪八戒的馋与懒,贪财与好色是我们应该摒弃的不良习惯。

因为人类每一个体的本性是善良的,但人类的善良本性中也常常带有与这种善良本

性相背的软弱与惰性等不良因素,而这种软弱和惰性的因素使得人们容易受到外界事物的诱惑,从而偏离自己善的本性,甚至做出背信弃义的行为,这是我们应该时时警惕的。

因而,理解儒家真正"忠"的含义,坚守"忠"的信念,是我们每个公民应该负起的责任和义务,是保证社会健康文明发展应尽的责任和义务,也是我们每个社会个体生命走向成功和自由的保证。

★"孝"道为先

"孝"是中华民族数千年以来传承至今的优秀美德,是儒家重要的伦理规范之一。因此,在儒家典籍中,有很多关于"孝"的论述。

如:"惰其四肢,不顾父母之养,一不孝也。"父母年老,自己懒惰不去做事,不赡养父母,这就是不孝之一。但知道赡养父母,是不是就可以说是孝呢?"今之孝者,是谓能养,至于犬马,皆能有养。不敬,何以别乎?"当人问孔子"孝"时,孔子说,现在的人,认为赡养父母就是孝,连犬马有时都可以得到人的饲养。如果只是养活而不尊敬老人,那么养活父母和饲养狗马有什么区别呢?可见,不赡养父母,当然是不孝,但只赡养父母,而对父母没有真情实意,不从心底真挚的关心、尊敬父母,也不足以称作"孝"。敬重父母、赡养父母尽心尽意,这才是"孝"的根本所在。

在《西游记》的以下章节中,通过书中人物的言行对应该实行"孝"道做了有益的宣扬。

在第一回"灵根孕育源流出　心性修持大道生"中,便有"孝"的表现。求师学艺的孙悟空途中遇到了一个砍柴的樵夫,当孙悟空从樵夫口中知道了须菩提祖师和樵夫是近邻时,问他为什么不去求取长生不老之方时,樵夫说,母亲年老,要供养老母,所以不能去修行。当孙悟空再次用手扯他一起去时,樵夫道:"你这汉子,甚不通变。我方才与你这般说了,你还不省?假若我与你去了,却不误了我的生意?老母何人奉养?"一个普通的樵夫也知道奉养老母是自己不可推卸的责任,可见,《西游记》中,行"孝"已成为一个人人生中的基本信念之一了。

在第三十一回"猪八戒义激猴王　孙行者智降妖怪"中,孙悟空见到被黄袍怪掳去的宝象国百花公主,问公主:人生天地间,什么是得罪?公主说:"记得古书云:'五刑之属三千,而罪莫大于不孝'。"知道自己远离父母,不能在父母面前行孝,"诚为天地间一大罪人"。孙悟空也说:"孝者,百行之原,万善之本",并以此劝说公主帮助他捉拿黄袍怪。公主也深知自己的行为十分不孝,要竭力帮助孙悟空战胜黄袍怪。这些对话也是对行"孝"的重要性做出的说明。

在第二十七回"尸魔三戏唐三藏　圣僧恨逐美猴王"中,火眼金睛的孙悟空识破了白骨精的变幻,数次将她变化的假身打死,而肉眼凡胎的唐三藏不明真相,怪罪孙悟空滥杀

生命,甚至用念紧箍咒来制止孙悟空杀生。孙悟空忍着头疼,向师父解释真相的同时,仍然不忘保护师父不受妖魔的侵害。这不正是"事父母几谏,见志不从,又敬不违,劳而无怨"的表现吗?虽然唐僧不是孙悟空的生身之父,但俗语说:"一日为师,终身为父",唐僧之于孙悟空,也正像孙悟空的父母一样,值得孙悟空孝敬和尊重。

当孙悟空被逐,唐僧被黄袍怪捉住,不能获救时,猪八戒去花果山请孙悟空。孙悟空得知师父有难时,就对群猴说:"他(唐僧)倒不是赶我回来,倒是叫我来家看看,送我来家自在耍子,如今只因这件事,待我还去保唐僧,取经回东土。"由此可知,尽管被逐回,孙悟空还是心系唐僧的安危,知道唐僧需要他的解救,就立刻前去,毫不迟疑。

在《西游记》中,即使一些妖魔,捉住了唐僧,要吃唐僧肉时,也知道要请来妖怪父母一同享受,不敢独享。

因此,可以说,在《西游记》中,"孝"不但是一种普遍存在的、不言而喻的道德准则,并且具有丰富的内涵。这同时说明了行"孝",无论在何时何地,都具有重要意义。当然,在我们社会文明高度发展的今天,实行"孝"道,仍是社会道德不可或缺的一部分。

在当今社会中,经济和科技高度发展,使得人们的生活节奏普遍加快,生活中各方面的压力也日渐增大。网络等各种信息手段的普遍流行,使人们的交流受到时空的限制大大减少。但同时,忙碌的生活,现代化的信息手段,也使人减少了面对面交流的时间。一个电话,便是新年的问候,节日的祝福。可是,对于那些年老的人们,在日常生活中,他们不必再去为工作而辛苦奔波,有了更多的闲暇,而忙碌的子女却常常没有很多时间去陪伴老人,于是,很多老人难免会感到孤单和寂寞。我们要尽的不但只是"孝"行,更重要还要有一份"孝"心。

所以,作为社会的一员,我们每个人都拥有自己朝夕相处的家。子女的成长离不开父母的抚养和疼爱,是父母含辛茹苦的养育,才有子女的今天,而让年迈的父母有一个幸福、安康的晚年,是每个子女应尽的责任和义务。

也许,你每天都有繁重的工作,让你忙碌紧张;也许,你也有了自己的小家庭,有了天真可爱的儿女,为了儿女的健康快乐成长而辛勤奔波。但无论怎样,无论何时,都不要忘记年迈的父母,不要忘记他们希望你"常回家看看"的殷殷期盼,别忘了常给父母一声知冷知暖的问候。对父母行孝道,尽孝心,是一个人有责任心的体现,对家庭有责任心,才能对工作有责任心,对工作有责任心,才会对社会有责任心。这样的人,才可以成为家庭的支柱,社会建设的主力,才可以做国家的栋梁。

上行下效,你的孝行是你的儿女行孝的榜样,你的孝心将会让你获得晚辈儿女的尊重和敬爱,将会给你的晚年带来融融的天伦之乐。

在人们对物质多所追求的今天,我们还应该避免走入另一个误区,就是以为多给父母物质的享受,保证父母的物质生活,就是孝敬了。其实不然。儒家更看重精神的敬重。正如上文所说,孝在行,更在心。在老人的基本生活大多数已经得到物质方面保证的当今社会,老人更多需要的是精神的安慰。因为年老而产生的情绪上的失落感和孤寂感,

國學智慧全書

西游记

293

会让老人的情绪变得容易波动，所以，对于今天的老人，精神方面的照顾和关怀应该是最重要的。也许我们不能天天守在父母身边，但心灵的关心必不可少。与父母保持联系，常常看望，用各种方式给父母以精神安慰，这一点，是我们应该做到的。

如何处理我们与老人意见的分歧，也是很重要的事情。我们应该如儒家所言，尊敬父母，委婉的提出意见，而不能流露出不屑或不敬的神情。面对家庭中出现的矛盾，也应该讲究处理的方式和方法，年老的父母有时固执己见，我们应该妥协退让，在晚辈面前注意维护老人的尊严，然后再慢慢进行交流沟通。

在我们广泛提倡人文精神与人文关怀的今天，对人性，人的主体地位和价值尊严的关注和高扬，也是一种关于人生的终极关怀和价值取向的关注。在物质文明高度发展的社会中，避免成为金钱的奴隶，维护人的自尊。保持人类本身善良、优秀的品质，反思社会思想伦理的蜕化之处，传承儒家思想的数千年美德，是家庭和睦，社会发展的有力保证。依法治国，还要以德治国，确保人类社会的全面发展。

第二章　领受佛家智慧

★佛家四谛，求得人生极乐

"苦谛、集谛、灭谛、道谛"是佛家的四圣谛，亦即佛家的四种真理。何谓"苦谛"？佛家认为，人生有出生时苦、老来时苦、生病时苦、临死时苦、冤家碰头苦、心上人别离苦、所求不得苦、身心欲求好比火一样的炽盛煎迫人苦，即人生有八苦，这是佛家对于社会和人生，及至世间的一切所做的价值判断。

"集谛"，又称"因谛"，主要揭示"苦谛"的原因。也就是说，人生的"苦谛"在于"贪、嗔、痴三毒"等造下的孽。"贪"为贪欲，"嗔"为嗔恨，"痴"为不知无常、无我之理。佛家认为，人生世间虽有无量的苦，但这种苦并不是孤立和偶然的，他产生的缘起便是"集谛"。

"灭谛"是说要灭除"集谛"所包括的一切惑业，从而使人生解脱生死，趋向真空寂灭的涅槃境界而获证圣果。

"道谛"是指灭苦的方法。"道谛"揭示出"正见、正思维、正语、正业、正命、正精进、正念、正定"等八种正道，即"八正道"。也就是通向涅槃解脱之境的八种方法和途径。佛家认为，按照"道谛"揭示的"八正道"等方法进行修行，就能超凡入圣，由迷界此岸到达悟界彼岸。

佛家以为人生的本质就是痛苦，人生犹如苦海，没有终极，身在其中，只能沉沦起伏，历尽痛苦。活着的人常常不得不面对生理病痛，或生活中的挫折。而且，痛苦也不仅是来自肉体或精神情感，还有人生命运难卜、祸福无常的生命体验，使人时时感觉到无奈。

而"集谛、灭谛、道谛"则分别指出人生之苦的原因，人要懂得应该灭除这些苦的根源，寻找到灭除这些苦的方法和途径，最终使人达到极乐世界。

由此可见，佛家的"四圣谛"是在教人如何脱离苦海，求得快乐，是一种自我解脱的法门。佛家认为，人生在世，无不有苦，而苦的根源是人的贪得无厌，应该把人类的贪欲一并去除，而去除贪欲的方法就是断除苦因，这正是佛家的大智慧之处，也是佛家的根本真理。

《西游记》讲述的是唐僧师徒四人到西天求取佛经的故事，其中当然有许多关于佛家

真谛的论述,劝人去除欲望、杂念,无牵无挂,就可以获得涅槃。如在第十九回"云栈洞悟空收八戒　浮屠山玄奘受心经"中,有一段《摩诃般若波罗蜜多心经》:"观自在菩萨,行深般若波罗蜜多,时时照见五蕴皆空,度一切苦厄。舍利子,色不异空,空不异色;色即是空,空即是色。受想行识,亦复如是。舍利子,是诸法空相,不生不灭,不垢不净,不增不减。是故空中无色,无受想行识,无眼耳鼻舌身意,无色声香味触法,无眼界,乃至无意识世界,无无明,亦无无明尽。乃至无老死,亦无老死尽。无苦寂灭道,无智亦无得。以无所得故,菩提萨埵。依般若波罗蜜多故,心无挂碍;无挂碍故,无有恐怖;远离颠倒梦想,究竟涅槃,三世诸佛,依般若波罗蜜多故,得阿耨多罗三藐三菩提。故知般若波罗蜜多,是大神咒,是大明咒,是无上咒,是无等等咒,能除一切苦,真实不虚。"

这段心经可说是佛家四谛观点的概括。世间一切皆空,无论思想还是行为。人生如果没有欲望和梦想,心中就没有挂碍,没有挂碍,则没有恐惧,生活也就没有苦厄,只有这样,才可以从苦难中得到解脱,才能获得极乐。

同样,在第五十六回"神狂诛草寇　道昧放心猿"的篇首诗中,"灵台无物谓之清,寂寂全无一念生。猿马牢收休放荡,精神谨慎莫峥嵘。除六贼,悟三乘,万缘都罢自分明。色邪永灭超真界,坐享西方极乐城"。第七十八回"比丘怜子遣阴神　金殿识魔谈道德"中,"一念才生动百魔,修持最苦奈他何。但凭洗涤无尘垢,也用收拴有琢磨。扫退万缘归寂灭,荡除千怪莫蹉跎。管教跳出樊笼套,行满飞升上大罗"。这两首诗句,也都是劝导人们要心中清净无物,全无一丝杂念,不可放荡心性,要灭除万缘,驱除心中各种欲望,自然就可以跳出俗世樊笼,圆满飞升,得享极乐。

在古代封建社会中,由于社会制度的不合理,也因为社会生活物质的不发达,人们的各种愿望常常很难得到满足,也因此常常被各种苦恼缠住身心。而佛教的传人,教给人们一剂摆脱苦难之感的良方,那就是放弃各种欲望,正如所说,没有希望,也就没有失望,就不会有不满足的感觉;而且,还要把一切的苦难都不放在心上,一切的得失都不去计较,这样一来,也就不会有痛苦的感觉,就没有得失成败的苦恼。没有不满足,没有痛苦感,没有得失心。这样的人生,当然是没有苦难感的快乐人生。这,就是佛家开给世人的、摆脱苦难的良药。

人们有时说,人生苦短。死亡犹如一把利剑,时时威胁着人生,使人不得不忍受死亡阴影的逼迫,痛苦不堪。人生之苦,也许,人们最惧怕的就是死亡,可以说,死的痛苦是人生最大的痛苦。几十年的岁月,只不过弹指一挥间,面对各种所求而不得的痛苦,生、老、病、死、怨、恨、别离等。有时,太过执着只能徒增伤感,也许,放弃一些,退一步,就可以海阔天空。

没有太多贪婪的欲望、不嗔恨而懂得宽恕之道、不过分痴迷于一事一物而可以放开视界,这样的人生一定是豁达而开明的人生,一定不会为各种苦难压抑得难以喘息。

生活在古代社会有古代社会中的苦,而生活在当今世界也有当今世界的愁。社会是不断向前发展的,人生的追求也是随着时代的不同而不断在发展变化,也许愁苦就是与

人生相随的、难免的，关键是如何对待。认知佛家"四谛"，也许可以指引迷途，让人生少一些痛苦感，多获得一些快乐感。

★今生为来世，给生命希冀

佛家不但注重今生，追求今生的无忧生活，而且还认为人生有来世，所以可以给来世的生活以希冀。认为人生可以通过今生的努力行善，使来世可以脱离已经认识到的人生苦海，获得或富贵或快乐的来世生活。

因为佛家讲究"轮回""因果"，认为人今生死了之后，还可以有来世的投胎转世。而且，今生的为善与行恶，会在来世得到彰显和回报，今生行为和来世的祸福是紧密联系在一起的。

"生死死生，生生死死，如旋火轮"，讲的就是佛家的"轮回"。意思是说，人生的出生和死亡都不是人的最初开始和最终结束，生和死都只是人的轮回中的一个环节。芸芸众生的生生死死轮回不已的原因，是由于自己造成的"业"，也就是人的思想和行动，"一切诸报，皆从业起"。所有的"业"都会导致相应的果报，这就是佛家的"因果"。即每个人都要为自己所做的"业"承担果报责任，并不能以死来逃脱责任或免遭惩罚。今生的"业"将在来世得到果报，只要人不停地制造业力，那么人就将在生死场中轮回不休。

佛家还有"六道轮回"的说法。认为因为"业"有所不同，有善"业"、有恶"业"，所以，果报的性质也就不同，有善报、有恶报。"六道轮回"是说人根据自己不同的"业"，在"地狱、鬼、畜生、阿修罗、人和天"的"六道"中轮回。人死后何去何从，全部是根据自己生前所造的业而定的。

《西游记》在第十一回"还受生唐王遵善果 度孤魂萧瑀正空门"中，借判官之口告诉唐王佛家的"六道轮回"：行善的，升化仙道；尽忠的，超生贵道；行孝的，再生福道；公平的，还生人道；积德的，转生富道；恶毒的，沉沦鬼道。可见，如果今生为善积德，行孝尽忠死后再转世轮回，不是可以得道成仙；就是能得享荣华富贵；否则，如果今生作恶多端，死后不但要沉沦鬼道，而且有可能永世再也不得超生为人。

因为有了佛家的"因果"和"轮回"的说法，佛教才给生活在人世间的人们以未来的希望。有了对未来的希望：得享富贵或得道成仙，知道了实现希望的途径：广结善源、努力行善，人就会去追求希望，去勉力而行，去按照佛家指引的道路向前，行善业、做善事，积善德。因此，信佛的人知道行善积德，这正是为了来世获得善果，为了来世可以获得荣华富贵或者得道成仙。

虽然佛家的"因果""轮回"说法有浓厚的唯心主义色彩，但其善恶报应的观念在客观上却可以起到扬善抑恶的作用，促使人们去行善积德。

佛家讲求生命的最终要达到一种"涅槃"的境界，希望得到一种与凡人完全不同的心

境和境界，超越生死、超越有无、时空，也超越物质和精神，这是一种可意会而不可言传的生命境界。佛家认为，想要达到"涅槃"的境界，超越世间的一切，就必须潜心向佛，一意修行，多行善事，只有这样，才能让自己的今生和来世进入超越生死的自由境界。

在《西游记》中，就有众多的行善之人。唐僧、孙悟空等都是其中的代表。也许，我们可以说，唐僧的乐善好施是因为深谙佛家教义，虔诚相信，努力遵从和恪守，是一种已根植于生命中的有意识行为。而孙悟空的扬善惩恶则是其正直善良的本性使然，是一种无意识的行为。在《西游记》里的众多行善之人中，他们虔诚信佛，乐善好施，广结善缘，是因为他们已经在内心深处接受并相信了佛家的思想，相信佛家的"轮回"和"因果"说法，相信今世的"善"行会修得来世的福分，会获得来世的善果。如在第十三回"陷虎穴金星解厄运 双又岭伯钦留僧"中，伯钦搭救唐僧的性命，伯钦的母亲知道唐僧是西去求取佛经的高僧，一家人殷勤款待他。并祈求唐僧给伯钦死去的父亲超度亡魂，使他早日转世投生，获得来世。

唐僧师徒四人到西天求取佛经，历经寒暑十四载，跋山涉水，途经国都州郡等十数个，除非受到妖魔的侵害，一路上大都受到州国或百姓的礼遇，通关换碟，求施化斋，最终得以顺利通行。这也说明佛教的思想已是流播甚广，为四方各地接受。

"为了未来，给生活、生命以希望"这一思想本身，是值得我们借鉴的。这种"今生努力，为了来生"的佛家思想可以引申拓展为一种把握现在，努力奋斗，给未来的生活创造更多的希望和快乐的人生观。而这种为了将来，寄希望以未来，不言放弃的生活信念，何尝不是一种积极乐观的人生态度。

在面临种种生活压力的现代生活中，激烈的社会竞争、紧张的工作状态等复杂多变的生存环境，常会使人产生挫折感、压抑感或虚空或无聊等的各种不快乐的感觉。面对诸多生活中时有的不快乐的感受，给自己一份寄托于未来的希望，也许可以有效地帮助自己从种种偶有的不快乐情绪中摆脱出来，继续一种充实快乐的生活。这种心中怀有未来，寄希望以未来的信念也可以说是自己给自己生命的一种有效的精神支撑，让自己的生命中少一些阴霾和低沉的时光，多一些快乐和昂扬的岁月。这正如我们常说的"一切向前看"一样，而且，不仅要向前看，还要努力寻找前方存在的希望，努力去创造希望。

寄希望于未来，也许，你的思想会变得更为豁达，你的生命会显得更为轻松。相信未来有希望，在生命的历程中，你会走得更坚定，更有信心。

心中怀有未来，你会觉得生命因此变得充实而有意义，不再总是虚空相伴，不再常是迷惘相随。

★ 人生无常，要勇敢、坦然面对

"无常"，是佛学词汇之一。它指的是种种因缘所生成的万物，无论是物质的，还是精

神的,都是生灭变化,不可常住的。这尤以人之生死为明显,这也是人们普遍能体验到的一种"无常"。无常是宇宙人生一切现象的真理。因为世间无常,所以苦。正因为人们可以真切的亲身体会到无常的客观存在,所以有情的生命就会常常处在一种受逼迫、被束缚的状态之中。

如何摆脱这种人生中无奈的沉重精神枷锁呢?佛家对此为我们做出了答案。佛经指出:"第一觉悟,世间无常,国土危脆,四大苦空,五阴无我,生灭变异,虚伪无主,心是恶源,形为罪薮,如是观察,渐离生死。"亲证无常,同时也就实证了空、无我,也就会获得根本的自由,达到"涅槃"的境界,实现对无常及与之对立的常的彻底超越。

由此看来,佛教的无常观并不是如世人所理解的那样,是悲观消极的。相反,它肯定人的自由意志,肯定人却苦就乐的追求,也就是承认人有能力与权力去追求最高尚最深刻的快乐,并指出了可行之路。而且,我们也深刻懂得,顺境变成困逆固然是无常,但祸厄转为幸福也是无常。因此,在某种意义上说,无常不是消极的,它在说明好的会变成坏的同时,也告诉我们坏的也有可能会转好。所以,贫穷的人,只要努力,就有可能获得富足;诸事不顺,但只要肯与人为善,广结善缘,自然会获得真诚的帮助;在挫折面前,只要能够愈挫愈勇,逆境也终将会被突破。依此而言,无常对人生也具有某种积极的激励意义。正因为世事无常,我们才会努力去摆脱不满意的现状。

《西游记》中,不乏无常事例的展现。在附录的"陈光蕊赴任逢灾害 江流僧复仇报本"一回中,唐僧的父母高高兴兴的去江州赴任,没想到唐僧的父亲却被——艄公刘洪、李彪谋害了性命。转眼之间,唐僧的母亲失去了身边唯一的亲人。无所依靠,命运被控制于恶人手中,只得忍辱偷生。在第十一回"还受生唐王遵善果 度孤魂萧瑀正空门"中,唐王御妹李玉英正在花园中徐步而行,不期就被鬼使捉去魂灵,倒地死去。在第二十九回"脱难江流来国土 承恩八戒转山林"中,宝象国的公主被黄袍怪掳去为妻,数十年不得与父母团聚。而在第三十七回"鬼王夜谒唐三藏 悟空神化引婴儿"中,乌鸡国王突然被认为是自己的兄弟一样的全真推到御花园的井中淹死。王位被夺,自己创建的国家也被全真统治,夫人与儿子成了仇人的夫人与儿子。第九十五回"假合真形擒玉兔 真阴归正会灵元"中的天竺国公主,夜间在自己家的花园中玩月观花的时候,被玉兔精用妖风刮离王宫。公主身份被玉兔代替,自己也只能沦落在寺院里暂时栖身。

这些都是由好变坏或由生而死的无常。同时,在《西游记》中,也有由坏变好,由穷变富或死而复生的无常。同是在第十一回"还受生唐王遵善果 度孤魂萧瑀正空门"中,卖瓦器的相良突然受到唐王的酬谢,可以富有千金。因为他坚持不接受金银,最终得建生祠,留得英名传世。同一回中,代唐王去阴府进瓜果的刘全,不但自己生还,自缢而死的妻子也借唐王御妹的尸体还魂,夫妻得以团聚,尽享人间天伦之乐。第四十七回"圣僧夜阻通天水 金木垂慈救小童"的陈家庄无辜的孩子眼看即将落入妖魔虎口,却被取经的唐僧师徒搭救,获得性命。这些都是展示事情由坏变好,常人因祸得福的事例。还有在第十六回"观音院僧谋宝贝 黑风山怪窃袈裟"中,院主满以为可以谋害唐僧师徒,获得袈裟，又谁知却搭上了性命。这更是祸福无常的故事。

诸如此类的故事，不但形象地说明了人生的生死无常，也说明人生的贫贱、祸福的无常。人生中的得失无常、祸福无常，直至人的生死也不能为自己知道和把握。这也是多少古代小说典籍展现的永恒主题之一。多少落魄之人突然间发迹变泰，又有多少富贵之人一夜之间流离失所、浪迹街头。正如《西游记》中的王孙公主一样，纵然富可敌国、贵为天尊、权倾九相，即使如孙悟空有七十二般变化，可以腾云驾雾，可以自己钩去阎罗生死簿上的姓名，也可能突然沦为乞丐、变成奴隶或不名一文，孙悟空也被压五行山下五百年，不得逍遥自在。

面对这些人生的无常，我们并不能未卜先知，更不能把握其来去，而只能勇敢地面对或者坦然的接受。也许，所失去的一切，我们还能有机会，可以重新找回。也许，失去的已经是再也不能复得，这就是人生需要常常面对的无奈。而且，这种变化无常的无奈常常是突然来临，在你还不明白事情的因由时，它已经夺去了你曾经拥有的一切，甚至宝贵的生命。让你猝不及防，毫无准备。又或许，你突然拥有了所梦想的，但你要知道，你也许又会失去这一切。所以，常言中寓含真理，胜不骄，败不馁，得而不衿，失亦不执，这才是我们应该保持的平常心态。

尤其是一些突如其来的变故与失落，是我们每个人都需要面对的严峻考验。如何应对呢？如果，你觉得你还有机会去寻回所失的一切，那么，你应该尽力，应该去努力争取。如果，你失去的，是再也没有办法找回的，此时，你只有坦然的去接受这些无常的变化，勇敢地去面对，调整自己的状态，重新去适应这新的一切。此时的怨天与尤人都是无济于事的，抱怨和愁闷只能让自己沉沦在这突如其来的变故带来的痛苦中，不能自拔，更不能自救，不能摆脱这痛苦的一切。俗语说得很有道理："过去的，就让它过去吧。"与其生活在过去不幸的痛苦与阴影中，不如抬起头，面向前方，去寻找新的希望，去为自己的未来努力。

当我们熟谙了无常这一生活、生命是没有规律的规律时，我们也许就可以看开生命中的一切得失、祸福，包括至亲之人的辞世了。痛则痛矣，失既失去，但我们还要生存，我们还有未尽的责任与义务，对社会、对亲人、也包括对自己。我们应该可以，也必须要去勇敢地面对一些生活中的突变，去调整自己的心绪，用坦然的心情去接受那些无常的变化。

所以，某种意义上，可以说无常为我们的人生开拓了更宽广的空间，很多苦难都因无常而重新燃起无限的希望。所以，可以说，无常才能进步，才能更新，才能生生不息；无常，又蕴藏着无限的希望与生机，它是最实在，最真切的道理。

如果可以认识到世事无常，就可以乐而不贪，增苦亦不忧。在胜利时而不敢骄傲，失败时亦不气馁。所以，明了无常的人，可以平息狂妄之心，可以鼓舞人保持勇气，因为幸运不是可以长久拥有的，现在的境况会有改变的可能。

正因为无常使生与死相互继续，所以无常也带给人以无限的光明与生机。如果世间

的一切都是永恒的,恒常不变的,则世界必然会一片死寂而没有生机。正因为世间万物都是由因缘和合而生成的,所以,缘聚则生,缘散则灭,所以才有了春夏秋冬的四季变换。才有了花开花落、月圆月缺的斗转星移,也才有了聚散穷通、悲欢离合的人间喜怒哀乐。这样,才能构成一个生机无限、绚丽多姿的有情世界,才使我们的人生充满了挑战与希望,才使生命更有意义。

★四大皆空,超然人生

"四大皆空",是佛家对生命、物质及世界的一种认知观点。

佛家的"四大",指的是构成世界的四种基本的物质,也就是佛家常说的"色",是指:地、水、风、火四种基本元素。佛家认为:小至日用常物,大到世界宇宙,及至世间的一切生物,都是由这四种物质构成的。如果世界宇宙中缺少"四大",则什么都不能构成。佛家认为,人的身体也是由"四大"构成的,地为人体的骨肉,水为血液,火为体温,风为呼吸。以此"四大",人"结而成身,以为神宅",由这四种基本的物质,构成人体,才有了人的"神"赖以存在的基础。

佛家还有"有识四大"和"无识四大"的说法。认为"有识四大"是"内四大",是以眼、耳、鼻、舌、身"五根"感官,和合"心识"而组成生命现象,"无识四大"是"外四大",是由色、声、香、味、触"五尘"构成的客观物质世界。

但另一方面,佛家又认为,虽然因为"四大"的积聚,才形成了人的血肉之躯,但从佛家"缘"的角度而言,这种"四大"的积聚,又只不过是暂时的凑合,"缘"在则聚,"缘"散则离,所以,人体的本性并非是真正的有,而只是一个虚假的幻象。

正是基于这种主观的对宇宙物质及生命的认识。佛家常说"四大皆空",把人类生命的死亡,以及世间的一切生命的终止现象,都以此解释作为基础,使人来摆脱对死亡的惧怕。

佛家的"色即是空,空即是色"的说法,也正是这种思想的反映。

佛家的"四大皆空",还指世间的一切事物最终都将会化归为无。因此,佛家认为,人生于世间,凡事都不应该太执着,不应该太贪婪的追求。这样,人不但可以摆脱面对人生必然死亡的恐惧和不安,获得一种精神的永生,还可以坦然地面对世间的一切功利是非,去过一种超然而无所挂碍的人生。

在《西游记》第七十八回"比丘怜子遣阴神　金殿识魔谈道德"中,比丘国王问唐僧为何信佛的人可以长寿,唐僧回答道,"为僧者,万缘都罢;了性者,诸法皆空。大智闲闲,淡泊在不生之内;真机默默,逍遥与寂灭之中。三界空而百端治,六根静而千种穷。若乃坚诚知觉,须当识心;心静则孤明独照,心存则万境皆清。真容无欠亦无馀,生前可见;幻想有形终有坏,分外何求? 行功打坐,乃为人定之原;布惠施恩,诚是修行之本。大巧若

拙，还知事事无为；善计非筹，必须头头放下。但使一心不动，万行自全；若云采阴不阳，诚为谬语，服饵长寿，实乃虚词。只要尘尘缘总弃，物物色皆空。素素纯纯寡爱欲，自然享寿永无穷。"

这一段话对僧人进行了描述。他们了却世间的万般尘缘，认为世上一切皆空，六根清净，坚诚修行，潜心向善，不为烦琐的世事纠缠，不计较一切的是非恩怨，只要是抛却一切尘缘，清心寡欲，四大皆空，便可以享寿无穷。

在第五十八回"二心搅乱大乾坤　一体难修真寂灭"中，同样，通过佛祖如来的讲法，对"四大皆空"做了进一步的强调。"不有中有，不无中无。不色中色，不空中空。非有为有，非无为无。非色为色，非空为空。空即是空，色即是色。色无定色，色即是空。空无定空，空即是色。知空不空，知色不色。"不但"色即是空，空即是色"，而且色、空本身也是无定的。而有、无的关系和色、空的关系一样，是可以转化的，有中有无。无中有有，色并不单单是色，空也不只是空，而且，非色就是色，非空就是空，所以，对于佛家而言，不要太执着的追求什么，因为到头来，一切都是空的，色终究会转化为空。认知了这一思想，参禅者潜心修行，就可以超凡脱俗，修成正果，获得涅槃。

在第六十四回"荆棘岭悟能努力　木棉庵三藏谈诗"一回中，唐三藏对诸树精讲禅："禅者，静也；法者，度也。静中之度，非悟不成。悟者，洗心涤虑，脱俗离尘是也。夫人身难得，中土难生，正法难遇；全此三者，幸莫大焉。至德妙道，渺漠希夷，六根六识，遂可扫除。菩提者，不死不生，无馀无欠，空色包罗，圣凡俱遣。访真了元始钳锤，悟实了牟尼手段。发挥象罔，踏碎涅槃。必须觉中觉了悟中悟，一点灵光全保护。放开烈焰照婆娑，法界纵横独显露。至幽微，更守固，玄关口说谁人度？我本元修大觉禅，有缘有志方记悟。"可见，参禅要用心体悟，要扫除六根，包罗空色，要透悟佛家的智慧与义理，向佛的人不但必须修行要虔诚一心，而且自己还要有佛缘，只有这样才能不断地进行觉悟，才可达到佛家涅槃的成功境界。

由此可见，对于佛家而言，认识空色，是修成正果的必要前提，要想达到涅槃，重要的一点就是要明了世间的一切事物的关系，都可以是色空的关系。因此，不必太执着于尘世间的现实事物，要以一种超然物外的态度去对待人生生活甚至生死，这可以说是佛家哲理传达给我们可以借鉴的智慧之一。

当然，应有的、正当的追求我们应该铭记并去努力实现，但过分的欲望和非分的想法是我们应该加以坚决遏制的。在物质产品极其丰富的现代社会中，面对各种耳目声色之欲的诱惑，多少人不能自己，陷入泥淖，不能自拔；多少身居要位、重权在握的高官权贵利用职权，贪污受贿，以权谋私、非法侵吞国家资产、中饱私囊、占为己有，致使国家数以亿计的财产流失不复；又有多少人为蝇头小利，不惜以身试法，从点滴以至汪洋，终至家毁人散，落得凄凉悲惨的余生。

"四大皆空"，可以让你活过一种超然的人生。当你有时面对不合理的物质的诱惑而有所动时，如果你可以想一想你现在拥有的一切，幸福的家庭、安稳的生活；如果你可以

國學智慧全書——名著智慧

想到身外之物的追求是永无止境的,一旦开始,不能自拔,将有可能给你带来的可怕后果;如果你意识到佛家有言"四大皆空",人生的身外之物,生不带来,死不带去,你一定可以悬崖勒马,保持住清醒的头脑和意识,不滑向堕落或犯罪的深渊。此时,你并不应该遗憾失去了生活中最贵重的什么,而是应该庆幸你保住了生命中最珍贵的什么;你不应该觉得生有所失,而是可以感到呼吸甚至生命的轻松和舒畅。因为,你的意识是属于自己支配的,你并没有为外物所驱使;你的精神是独立的,并没有被物质所诱惑而失去纯真的心灵。此时,你的身心都应该是轻松而自由的,未为物累,未为利驱,坦坦荡荡,任尔八面来风,超超然然,不惑于缤纷五色的大千世界,你会坦然度过你的一生,快乐而超然。

"四大皆空",不但可以让你坦然面对身外的物质利益,而且,也会让你在人生必须面对的死亡面前,怀着一种坦然的心态去面对。生之美丽,更会让我们觉得死之恐惧。然而,人生难免一死,当我们认真的活过,不再有诸多的奢望,也不再有诸多的遗憾时,当我们明了人的生命伴随着死亡的到来,一切将不复存在时,我们应该就可以坦然的去面对死亡、面对一切未能得到的遗憾了。因为我们不能左右死,正如我们同样不能左右生一样,与其执着追求而不可得,恐惧害怕而不可解脱,不如坦然地去放弃一些,丢开一些,看开一些。

如此,你的一生一定会是恬静而无所畏惧的一生,不为外物所累,不为生死所惧,超然无忧。

★ 因果不爽,扬善戒恶

佛经有言:"如是恶业,本自发明,非从天降,亦非地出,亦非人与。自妄所招,还自来受"。这里说的是佛家的因果观点。佛家认为,人的命运是由自己造成的,一切都掌握在自己的手中,而其中起着决定作用的,就是佛家常说的"因果"。我们常常所说的"善有善报,恶有恶报",就是佛门弟子的因果观点的通俗说法。

在《西游记》中,作为佛门弟子的唐僧师徒,取经一路,广结善缘,行善除恶,用自己的行为对佛家的因果观点作了实证说明。而且,《西游记》中,还有许多故事为因果观点作了形象的例证。

唐僧前世原是佛祖如来的二徒弟金蝉子,因为不听如来说法,轻慢佛门大教,所以被贬其真灵,转生东土大唐,最终历尽艰辛,为大唐取得消灾释愆的三藏真经,大有功果,终于又得道成佛;孙悟空因为不听玉帝调遣,大闹天宫,被如来压在五行山下五百年,后跟随唐僧西天取经,一路上惩恶扬善,降妖除怪,有始有终,因此也得成正果,成为斗战胜佛;原是天蓬元帅的猪八戒,因为在蟠桃会上酗酒调戏嫦娥,被贬下界投胎,虽然跟随唐僧取经有功,但依然顽心未尽,色情未泯,只做了净坛使者;沙僧原是天宫卷帘大将,因为在蟠桃会上打碎琉璃盏,获罪被贬,也因为跟随唐僧取经有功,修成正果;白龙马原是西海龙王之子，因为纵火烧了殿上明珠，违逆父命，犯了不孝之罪，被玉帝惩罚，幸而皈依佛门，驮负唐僧西天取经，又驮回佛经，因此有功，才被封为八部天龙马。这是唐僧师徒一行的前因后果，犯罪获谴，有功成佛成圣，是因果报应的范例。

在唐僧师徒一行的取经途中，受到的很多磨难，也同样是有原因的。如在第五十回"情乱性从因爱欲　神昏心动遇魔头"中，猪八戒因为贪财爱小，偷穿妖怪的纳锦背心，才落入妖魔手中，致使师徒险些被妖魔吃掉。

沙僧

又如在第六十五回"妖邪假设小雷音　四众皆遭大厄难"中，开篇便点明了此难是有因果的，"这回因果，劝人为善，切休做恶。一念生，神明照鉴，任他为作。拙蠢乖能君怎学，两般还是无心药。趁生前有道正该修，莫浪泊。认根源，脱本壳。访长生，须把捉。要时时明见，醍醐斟酌。贯彻三关填黑海，管教善者乘鸾鹤。那其间愍故更慈悲，登极乐"。

神明知道一切的善恶作为，所以人要趁生前多行善事，切莫为恶，只有行善的人才能登入极乐世界。唐僧师徒在这回中遇到劫难，原因之一便是因为唐僧师徒的魔障未完，所以理应受此劫难。

在"陈光蕊赴任逢灾害　江流僧复仇报本"一回中，唐僧的父亲因为生前一片善心，放生了一条金色鲤鱼，才使得被害死后仍得以保持真颜，日后才能有身体还生。第十回"还受生唐王遵善果　度孤魂萧瑀正空门"中的卖水穷汉相良，因为在人间好善布施，所以在阴世里积下了无数的金银钱财。

这些虽然只是故事，但其中包含的因果报应的道理已是不言自明了。《西游记》的作者通过一个个诸如此类的故事，教人为善，戒除罪恶，用意鲜明。第八十七回"凤仙郡冒天止雨　孙大圣劝善施霖"回中诗写道"人心生一念，天地悉皆知。善恶若无报，乾坤必有私"，用清楚明了的诗词来告诫世人要行善戒恶。连人心中想的善念和恶念，天地也都会知道，如果善恶不报，那么天地间一定会产生很多私念的。所以，善恶果报，一定是不会有差错的，这是世间的人应该时时牢记的。常语说，"勿以善小而不为，勿以恶小而为

之"。应该知道积少也会成多，人生世间，不能为所欲为。这就是佛家的善恶果报观念告诫我们的。

虽然我们知道，这种善恶果报观念只是佛家的一家之言，但他的影响和作用却很大。人生于世间，在心中应该有所畏惧，否则，就会像西方哲人尼采所说的那样，"上帝死了，人什么都可以做了"。如果人在生活中没有任何惧怕的思想或事物，那么，社会对人就没有了约束力，人为了得到自己想要的，就可以去做自己想做的事情，而不去管自己的行为是否会给别人带来不利的影响，是否会给社会带来危害。所以，不论何时，不论何地，总有约束人们行为的纪律存在。而这种对人们思想和行为的外在约束便是一个国家和社会的法律、法规，内在的对思想和行为的约束便是一个社会中人们自觉遵守的道德规范。除此之外，更高层次地对思想与行为具有约束力的，就可以说是宗教了。

社会的法律、法规是强制人们去遵从的，所以，需要有有效的监督机制，而且，需要针对各种各样的违法犯罪行为制定出行之有效的法律条款，只有这样，才可以做到有法可依。同时，还要保证执法者的执法严明，保证法律机制的正常运行，让违法者受到应有的惩罚，做到有法必依、执法必严、违法必究。但，任何人为制定的法律法规都会存在某些不严密性，而且，我们也并不能保证每个执法者都会执法严明，公正无私，所以，有时，就会出现某些人钻了法律的空子，有些执法者徇情枉法，致使犯罪者逍遥法外。这些，都是法律和法规在执行中不可避免会发生的。

社会道德对人的约束源于人的思想认识与觉悟。如果一个人有很高的素质，能够认识到自己的某些行为会不符合常理，会给别人带来身体或心理的伤害，自己能够有效地控制自己的行为，那么，他就不会给别人带来伤害。可是，如果一个人的思想素质很低，只知道考虑一己的利益，而不顾别人的感受，那么，他的行为有时就会给别人带来伤害，而社会道德有时只能对这样的行为进行谴责，并不能实行有效的惩罚措施，这也是社会道德对人的思想行为约束的有限之处。

相对于社会的法律、法规与社会道德而言，宗教教义对人的约束力则更为深层。当一个人虔诚的信奉一种宗教时，他会恪遵教义，会相信自己不合教义的行为会给自己带来教义所说的相应的惩罚。就像信奉基督的人相信自己原罪而终身会行善事，去赎罪一样。同样，信奉佛教的人，会相信善恶果报的佛家理论，会多行善事，广结善源，以求得来生的善果。仅此而言，佛教的善恶果报思想对维护社会的正常秩序是很有裨益的。

即使不是虔诚的信奉佛教，恪遵佛家的全部教义。但是，如果认为世间存在着善恶果报，那么，在欲行不善的时候，也会思量一番，自己会制止自己的不法或不合理的行为。这样，社会中的恶事就会减少，社会就会获得良性的发展，社会秩序也会更加稳定有序，精神文明的发展会促进物质文明建设的繁荣，我们的社会减少了犯罪，我们的国家会更加健康的向前发展。

第三章　发扬道家智慧

★尚朴求真，追求本真的存在

　　道家哲人对自然界中存在的万物的本性有自己独特的看法，这就是"真"。对于自然界中存在的事物，道家崇尚"璞"与"朴"，认为未凿的石料，未经加工的木材比用它们制作而成的精美器物更好；而对于人类而言，道家哲人同样也认为，人类的本性是素朴的，自然的，应该顺应人的本性，而不是去改造它，要"任其性命之情"，即人应该返回和保持素朴的人性，并要充分保持它的自由；对于国家，道家提倡一种非常理想的"无政府状态"：一种物与物、物与人、人与人之间绝对和谐相处的社会，是一种无知、无欲的素朴状态，万民同德，自然万物随意生长存在。

　　相对于此种求"真"的观念，对于事物，道家反对"残朴以为器"；对于人，道家认为，人类所学的知识、情感和欲望以及在此基础上发展起来的文明会损伤、破坏人性的素朴，使人性"异化"。"慧智出，有大伪"，知识教会人虚伪和欺诈，因此，应该抛弃文明的一切内容，取消文明的基础，而追求无知、无情、无欲。

　　在文明社会中，我们认为，人类的欲望是文明前进的动力，而知识是人类实现欲望的手段，情感可以使文明获得生机与活力，那么如何理解道家的这种"无知、无情、无欲"的追求呢？首先，我们要明了道家的无知、无情、无欲的含义。道家的无知是指反对一切束缚人的本性的社会道德规范；无情是指人不受外物的支配，面对变化的世界不动情感，从而不受情感的支配，即不为物役，以此来摆脱情感的束缚。无欲实际上是指寡欲，道家认为，过度地去追求外物，尽量满足自己的无穷欲望，同样会破坏人的素朴本性。因为强烈的情感和过多的欲望都违背了道家所推崇的本性的素朴和内心的宁静，会增加社会的不稳定因素，会使人觉得痛苦，而这都会给人带来不幸。

　　同时，道家认为，人的得失是"时"和"顺"所致，所以，应该"安时而处顺"，理解事物的本性，从而恬然接受和顺从外物，这样就可以获得心的自由与宁静，就可以达到顺任物性。只有顺任人性与顺任物性，才会有一个和谐的社会，一个和谐的人的生存环境。

　　由此可见，保持和尊重人的天性，追求本真，顺应人性，以一种"独与天地精神往来"的本真状态存在于人世间，是道家哲人对生命存在的根本追求。

什么是"真"？道家认为，事物的实际存在是真，"性者，生之质也"，而存在的淳朴也是真，对于人性而言，人的素朴、清净和愉悦的存在状态就是人类的本真。相对于淳朴状态的存在是"真"，则在情态之中的存在就是"伪"，要存真去伪，这是道家对存在本质的基本要求。

在《西游记》中，孙悟空的不愿受天地约束、猪八戒的追求食色的人的本能的要求，也许，我们都可以说是一种人的本真的存在状态的展示，只是这种本真追求的具体表现不同而已。

孙悟空在入世之初，可以说追求的就是生命的自得与自适，追求的是个体生命的自由和"性命之情"的满足。孙悟空在花果山上为王，与众猴"朝游花果山，暮宿水帘洞，合契同情，不入飞鸟之丛，不从走兽之类。独自为王，不胜欢乐"。这是与社会中的人十分不同的一种生存状态，不用遵从社会中的各种道德法规，不用受各种礼仪形式的束缚，自由自在，无拘无束。这是在走入人类的文明社会之前，按照人的本性特点存在的本真状态。

孙悟空跟从须菩提祖师学得洒扫礼仪、诸多本领之后，列入仙籍，得到玉帝的册封，就有了俗世的追求。因为自觉没得到足够的尊重，弼马瘟的官职太小，就反下天宫，直至后来，向玉帝索封"齐天大圣"的官职。在管理蟠桃园之后，因为没有得到参加"蟠桃盛会"的邀请，便大闹天宫，搅乱蟠桃宴。这些世俗的追求，最终使他被压五行山下，历经五百年沧海桑田，不得自由。孙悟空正是因为有了诸多欲求，才一步步走向受束缚的境地，失去了逍遥自在。

同样，在《西游记》中，有许多妖魔鬼怪本来是位列仙籍的天庭神圣，但因为艳羡人间的荣华富贵或怀有凡人的七情六欲，暗自逃离天庭神界，变幻人形，偷享一时凡间的世故人情。最终还是被追回，甚至受到惩罚。第九十五回"假合真形擒玉兔 真阴归正会灵元"等诸回中的玉兔精便是一例。

《西游记》中的猪八戒给我们留下了深刻的印象。这个原是天宫神将的天蓬元帅，因为好色，调戏嫦娥，被贬下界。但他依然不改本性，贪吃、好色、懒惰等成为其鲜明的性格特点。但在小说中，作者并没有把猪八戒写得一无是处，反而让我们感受到这个形象也有诸多可爱之处，除了在其过分贪吃与贪色时，给他小小的惩罚，以示警告之外。因为，在某种意义上，猪八戒代表的，正是人类生存本能的最原初体现。食求饱，穿求暖，无可厚非，只是要取之有道，用之有度。

孙悟空跟随唐僧西天取经之后，展现给我们的又是不同于被压五行山下之前的形象特点。此时，孙悟空已由只具有自然特点的人转化为社会中的人了，他承担了保护唐僧西天取经的职责。所以，此时的孙悟空，在追求无拘无束、逍遥自在的人类本真存在状态之外，又多了求善的追求，努力斩除妖魔、完成使命。此时的真，是包含了追求正义、反对邪恶的真。与人性至真的标准"任其性命之情而已"相比，与自闻、自见、自得、自适的至性相比，孙悟空仍然具有人的主体性、主动性与创造性，其生命依然显得崇高和伟大，但在这种崇高与伟大之外,似乎又多了一丝偶尔显露的受束缚之情。

道家强调人的本性的至纯至朴,但常常由于外在的、社会的原因,使人这种淳朴的真性受到破坏。所以,人生于世,应该时时注意保持纯真的人的本性,不为世俗的名利所沾染与诱惑,不为外在的过分欲求所累,才能一生坦坦荡荡,无拘无束、无所畏惧的自由生活。这种思想对于在现实世界中保持正确的人生态度、实现生命的存在本真价值、升华美好的人的本性,显然有重要意义。

道家的朴与真是一种自然无为、朴素淡然的最高生命境界。它反对各种人为的雕饰,特别反对那些破坏了人的自然朴素的本性的一切声色礼乐,提倡一种"道法自然"的生存智慧。

道家追求的这种超越洒脱、逍遥自得的人生态度和生存方式,形成了道家独特的风骨神韵,也影响着中国人形成一种平和宽广的精神境界。给人一种抗拒逆境的精神力量。这种富有浪漫气息的人生生存境界,让人忘却世俗的功名利禄,忘却物我之间时有的对立状态,以一种宽容、平和的心境关照人生、关照世间万物,并且使自我融合在整个自然之中,获得生命的无限自由与欢悦,达到一种"天地与我并生,万物与我为一"的和谐状态。

★只求今生,自适而认真地活过

众所周知,儒家的生命观是现实的,既不相信生命有来生,也不相信今生可以长生不老、羽化成仙,与此相比,佛家与道家的生命观则多了一份超越现实世界的成分。但即使是同样具有超越现实成分的佛家与道家,其生死观也是有其不同之处的。

与佛家的相信人生有轮回、有来世、把今生不能实现或没有希望实现的美好希冀寄托于来世的观念不同,道家追求的是今生的长生不老,以及在今生的生命中认真地生活,追求现世的美好生命历程。

道家追求自然、崇尚自然,认为人的生死是一种自然现象,是因为构成人的自然物质的"气"的聚散而形成的。当气聚集的时候,人就是有生命的,当气散的时候,人的生命也就随之而死亡了。这里,道家把生与死融入了无限的天地整体之中,身体"是天地之委形也",生命"是天地之委和也",性命"是天地之委顺也"。人的生命产生的过程,就是由天到气,再由气到形,最终由形到生命的过程,而人的生死也就是气的聚散,是一个自然而然的过程,是自然物质化合变化的结果,是人力所不能左右和改变的。正因如此,所以,道家认为,人们应当以顺其自然的态度去对待生死问题,不要人为地求生避死。人如果求生的欲望太强,有时反而会害生、伤生。

道家在追求一种死而不亡的境界的同时,提倡忘掉身体的存在及欲望,在精神上与无所不通的"道"合为一体,借助于道的永恒,达到个体生命的永恒。人应该与自然交融,

以此来超越生命。而一旦忘记肉体生命的存在,人就能大彻大悟,心就会像朝阳一样清新明澈(朝彻),就可以体悟到绝对的道(见独)。这样,就可以超越时间,超越肉体的生命,从而获得永恒的生命。

在《西游记》的第一回"灵根育孕源流出　心性修持大道生"中,通过砍柴的樵子之口,对道家的生存状态及追求做了一番描摹:"观棋柯烂,伐木丁丁,云边谷口徐行。卖薪沽酒,狂笑自陶情。苍径秋高对月,枕松根,一觉天明。认旧林,登崖过岭,持斧断枯藤。收来成一担,行歌市上,易米三升。更无些子争竞,时价平平。不会机谋巧算,没荣辱,恬淡延生。相逢处,非仙即道,静坐讲《黄庭》。"樵子吟咏的词句是须菩提祖师所教的,而孙悟空因为听了这些词句,就以为樵子是个道家的神仙。这些词句告诉我们,道家追求的生活状态是一种可以闲时观棋、云边伐木、卖柴换酒、枕松卧云、没有计谋、不论荣辱、与世无争的恬淡生活。以自己的辛勤劳动换得衣食无忧,坦荡自然。在道家的日常生活中,既有亲身伐木的体力劳作,又有谈经讲道的精神追求,还有观棋饮酒的潇洒适意,不为外物所扰,悠然而自得。这种淡泊的生活,没有蝇营狗苟,没有世俗纷争,不为名利所缠,即使在当今社会,也会是许多人所艳羡的生存状态。

在第六十四回"荆棘岭悟能努力　木棉庵三藏谈诗"中,修炼成精的桧、松、柏、竹四个树所吟咏的诗句,也是道家人生态度及思想的体现。如柏树精的诗句"乌栖凤宿非凡辈,落落森森远俗尘",桧树精的诗句中有"留鹤化龙非俗辈,苍苍爽爽近仙乡",竹精的诗句为"岁还虚度有千秋,老景潇然清更幽。不杂嚣尘终冷淡,饱经霜雪自风流。七贤作侣同谈道,六逸为朋共唱酬。戛玉敲金非琐琐,天然情性与仙游",松树精的诗句中有"万壑风烟唯我盛,四时洒落让吾疏。盖张翠影留仙客,博弈调琴讲道书"等,这些诗句无不表现出一种与世无争,清静无为的人生态度。既非凡又非俗,远俗尘而近仙乡,清幽更不杂尘嚣,饱经风霜却暗自风流,与贤人共同谈道,与隐逸之朋一起酬唱附和,而与神仙同游是天性所好,翠影中邀留仙客,一起博弈调琴,还共讲道书,每一种描述无不是一份恬淡自由的生活情性的展示,每一种雅趣无不令人艳羡欣赏。

道家仙人提倡生活的自在而真实。而道家这种崇尚自然,提倡无为、注重潇洒适意而又认真生活的生命观,在我们今天的社会中,依然具有一定的积极意义,它实际是要人们注重生命个体存在的价值,坦然地面对死亡的同时,应该以一种忘怀得失而又认真从容的生活态度去走过整个生命历程,不为内心的焦灼羁绊,不为身外之物所累,从而过一种坦然如意,轻松而自适无忧的人生。他既体现了对生命存在的尊重,也体现出对生存质量的重视。

在我们现代的生活中,人们为了生活,紧张地忙碌着,奔波劳苦,有时以至于忘了自己的生活目的是什么,也不曾想一想自己在追求什么,自己的忙碌是为了什么? 正如一句话所告诫的:不要只是付了为旅行而买车票的钱,却忘记了去欣赏车窗外美丽的风景。

★貌相与人:可貌相又不可貌相

关于相貌与人的品格特征的关系,中国有很多俗语,如:面随心相,相随心生,慈眉善目,还有人不可貌相,知人知面不知心等。人的相貌与品格特征,有无关系呢?人可貌相,还是不可貌相,也许,我们可以从《西游记》中有关相貌与人的品格关系的描写中得出结论。

说到《西游记》中取经的师徒四人,人们的脑海里一定会浮现出这样的画面:孙悟空手持一条金箍棒,像猴子一样蹦蹦跳跳、还不时抓耳挠腮地走在最前面;猪八戒呼扇着两只大耳朵,一手抓钉耙,一手牵着白龙马跟在后面;而白龙马上,则坐着稳重端庄的唐僧,跟在最后的是挑担而行的沙和尚。

我们也一定记得,在《西游记》的很多回中,常常有人被唐僧的三个高徒吓得四处逃散或欲闭门谢客的场面。为什么?只因为唐僧三位高徒的相貌实在是太奇特了:一个似猴,一个像猪,还有一个黑黢黢的大汉。

关于孙悟空、猪八戒和沙僧的相貌,我们可以在《西游记》中找到相关的描述。在第三十六回"心猿正处诸缘伏劈破傍门见月明"中,道人看到的孙悟空是"生得恶躁,没脊骨","圆眼睛,查耳朵,满脸毛,雷公嘴","七高八低孤拐脸,两只黄眼睛,一个磕额头;獠牙往外生,就像属螃蟹的,肉在里面,骨在外面",第四十四回"法身元运逢车力 心正妖邪度脊关"中,描写的孙悟空是"磕额金睛晃亮,圆头毛脸无腮。龇牙尖嘴性情乖,貌比雷公古怪。惯使金箍铁棒,曾将天阙攻开"。但是,"如今皈正保僧来,专救人间灾害"。

而在第八回"我佛造经传极乐 观音奉旨上长安"中,猪八戒的模样则是"卷脏莲蓬吊搭嘴,耳如蒲扇显金睛。獠牙锋利如钢锉,长嘴张开似火盆。金盔紧系腮边带,勒甲丝绦蟒退鳞。手执钉耙龙探爪,腰挎弯弓月半轮。趄趄威风欺太岁,昂昂志气压天神"。在第二十二回"八戒大战流沙河 木叉奉法收悟净"中,对沙僧模样的描写如下:"青不青,黑不黑,晦气色脸;长不长,短不短,赤脚筋躯,眼光闪烁,好似灶底双灯;口角丫叉,就如屠家火钵。獠牙撑剑刃,红发乱蓬松。一声叱咤如雷吼,两脚奔波似滚风。"还有"一头红焰发蓬松,两只圆睛亮似灯。不黑不青蓝靛脸,如雷如鼓老龙声。身披以领鹅黄氅,腰束双攒露白藤。项下骷髅悬九个,手持宝杖甚峥嵘"的沙僧相貌描写。

通过这些描写,聪慧的你一定会说,"的确,唐僧的三个徒弟真是相貌奇丑,甚至面目带有几分狰狞,难怪会吓跑很多人呢。"可是,我们来听一听,唐僧是怎么说他的高徒的,而孙悟空、猪八戒又是怎样为自己辩解的吧。

在第十六回"观音院僧谋宝贝 黑风山怪窃袈裟"中,观音禅院的和尚看见孙悟空,害怕地问唐僧,"那牵马的是什么东西?"当知道是唐僧的徒弟时,说"这般一个愁头怪脑的,好召他做徒弟!",不免感叹。可是,唐僧却说道:"你看不出来哩,丑自丑,甚是有用。"可见,唐僧对他的高徒是十分欣赏的。第四十七回中,当陈家庄老者说,"这般好俊师父,

國學智慧全書

名著智慧

怎么寻这样丑徒弟"时,三藏道:"虽然相貌不中,却倒会降龙伏虎,捉妖擒怪。"同样,第五十六回"神狂诛草寇　道昧放心猿"中,当唐僧听到别人对他的徒弟们的相貌评头论足时,也马上为他的徒弟们辩解道:"他们虽是丑陋,却也秉教沙门,皈依善果,不是什么妖魔鬼怪。"在第八十八回"禅到玉华施法会　心猿木母授门人"中,唐僧对玉华王子说他的徒弟们:"顽徒虽是貌丑,却都心良。"在第九十一回"金平府元夜观灯　玄英洞唐僧供状"中,唐僧又说:"丑则虽丑,倒颇有些法力。我一路甚亏他们保护。"在第九十三回"给孤园问古谈因　天竺国朝王遇偶"中,唐僧还说他的徒弟:"大人勿惊,我等三个徒弟,相貌虽丑,心地俱良。"通过唐僧的这些话语,我们可以看出,唐僧对他的几位徒弟是倍加赞赏的。从取经出发之初,直到最终到达西天,唐僧为他的徒弟们辩解了一路,也称赞了一路。这里,唐僧在告诉我们,对于他的三位徒弟,要知道,"人不可貌相",在他的徒弟们丑陋的相貌下面,却都有着一颗解救苦难的善良心灵和勇敢无畏的强者品质。唐僧也深深知道,自己得以到达西天,徒弟们都有不可磨灭的功劳。

孙悟空和猪八戒也为自己因貌丑所受的误解,不时地进行辩解,对他人错误的想法做了不少更正。

如在第十八回"观音院唐僧脱难　高老庄大圣除魔"中,孙悟空对高太公说:"老高,你空长了许大年纪,还不省事!若专以相貌取人,干净错了。我老孙丑自丑,却有些本事。替你家擒得妖精,拿住你那女婿,还了你女儿,便是好事,何必谆谆以相貌为言!"在第二十回"黄风岭唐僧有难　半山中八戒争先"中,被斥为是"拐子脸,瘟颏腮,雷公脸,红眼睛的一个痨病魔鬼"的孙悟空反驳道:"你这老儿,忒也没眼色!似那俊刮些儿的,叫作中看不中吃。想我老孙,虽小,颇结实,皮裹一团筋哩。"而且"捉得怪,降得魔。伏龙擒虎,踢天弄井,都晓得些儿。倘若府上有甚么丢砖打瓦,锅叫门开,老孙便能安镇"。在第五十六回"拯救驼罗禅心稳　脱离秽污道心清"中,孙悟空同样反驳数落他相貌丑陋的李家庄老者道:"相法云:'形容古怪,石中有美玉之藏。'你若以言貌取人,干净差了。我虽丑便丑,却倒有些手段。"在第六十二回"涤垢洗心惟扫塔　缚魔归正乃修身"中,孙悟空当听到祭赛国国王评论他们的相貌时说:"人不可貌相,海水不可斗量。若爱丰姿者,如何捉得妖怪也?"

孙悟空虽然承认自己丑陋,但拒绝接受自己被否定,自己可以降妖捉怪,手段非凡,认为不能以貌取人,要看真才实干,这就是孙悟空对相貌与能力的认知。

当然,猪八戒也不会接受他人对自己的不屑一顾或错误低估。在第十八回"观音院唐僧脱难　高老庄大圣除魔"中,猪八戒认为自己"耕田耙地,不用牛具;收割田禾,不用刀杖。扫地通沟,搬砖运瓦,筑土打墙,耕田耙地,种麦插秧,创家立业"。第二十三回中也自赞道:"虽然人物丑,勤紧有些功。若言千顷地,不用使牛耕。只消一顿钯,布种及时生。没雨能求雨,无风会唤风。房舍若嫌矮,其上二三层。地下不扫一扫,阴沟不通通一通。家长里短诸般事,踢天弄井我皆能。"还在他人对唐僧说他的徒弟是"一个丑似一个的和尚"时,认真地纠正道:"老官儿,你若似相貌取人,干净差了。我们丑自丑,却都有用。"这里的猪八戒一副吃苦耐劳、勤快能干、无所不能的模样,似乎完全可以被接受。

《西游记》中，不但唐僧对他的弟子们赞赏有加，孙悟空和猪八戒并不把相貌丑陋作为评判自己的唯一标准，事实上，孙悟空、猪八戒和沙僧取经一路上降妖除怪，救危扶困，也用自己的行为证明了自己的可爱和可敬。让那些开始不接受他们、害怕他们的人，最终对他们刮目相看、常是热情款留。他们以自己真实的魅力换得了接受和信任。

所以，"人不可貌相"，《西游记》以它的言和事告诉了我们这一关于相貌和人的品质之间关系的判断道理。

但是，在《西游记》中，还有许多人的相貌的描写，如关于唐僧的相貌描写，在第五十四回"法性西来逢女国　心猿定计脱烟花"中，唐僧的相貌是"丰姿英伟，相貌轩昂。齿白如银砌，唇红口四方。顶平额阔天仓满，目秀眉清地阁长。两耳有轮真杰士，一身不俗是才郎"。在第八回"我佛造经传极乐　观音奉旨上长安"中，描写观音菩萨为："理圆四德，智满金身。璎珞垂珠翠，香环结宝明。乌云巧迭盘龙髻，绣带轻飘彩凤翎。碧玉纽，素罗袍，祥光笼罩；锦绒裙，金落素，瑞气遮迎。眉如小月，眼似双星。玉面天生喜，朱唇一点红。净瓶甘露年年盛，斜插垂杨岁岁青。解八难，度群生，大慈悯：故镇太山，居南海，救苦寻声，万称万应，千圣千灵。兰心欣紫竹，蕙性爱香藤。他是落伽山上慈悲主，潮音洞里活观音。"第十三回中的猎户伯钦"头上戴一顶，艾叶花斑豹皮帽；身上穿一领，羊绒织锦叵罗衣；腰间束一条狮蛮带；脚下里一对麂皮血。环眼圆睛如吊客，圈须乱扰似河奎。悬一囊毒药弓矢，拿一杆点钢大叉。雷声震破山虫胆，勇猛惊残野雉魂。"而在第十六回中，观音禅院的院主则是"头上戴一顶毗卢方帽，猫睛石的宝顶光辉；身上穿一领锦绒褊衫，翡翠毛的金边晃亮。一对僧鞋攒八宝，一根拄杖嵌云星。满面皱纹，好似骊山老母；一双昏眼，却如东海龙君。口不关风因齿落，腰驼背屈为筋挛"。

这里，唐僧的英俊飘逸、相貌堂堂；观音菩萨的善良美丽、眉慈目善，笼罩于瑞气祥光之中；猎户伯钦的粗爽豪放、勇猛异常；观音禅院院主的装扮与佛家的简朴格格不入、面目卑陋可憎，都栩栩如生地展现在读者面前，让人一看便知是好是坏，是良善之辈还是恶毒之人。

以上又是"人可以貌相"的明证。

至此，相貌与人的品性特点之间的关系，到底应该如何描述呢？检点《西游记》全书，似乎又并没有给我们一个清晰确切的答案。而实际上，《西游记》也不可能给我们一个清楚明了的答案。因为，人的品性与相貌之间的关系本身，就是一个辩证的存在。世间之人，千差万别，有时，根据经验，我们说"人可以貌相"，而有时，我们又会告知自己，"人不可以貌相"，这是辩证的真理，是我们生活的经验所得，也是《西游记》告诉我们的人生智慧之一。

认知了这一富有辩证意义的真理，我们可以避免因为对他人根据相貌的错误判断，而去上当受骗。我们可以避免很多不必要的麻烦与无谓的时间和财物的浪费。

所以，"人可以貌相"，同时，"人又不可以貌相"，请您一定铭记这个至真的道理，这是作为艺术的《西游记》小说告诉您的，也将是您现实生活中的经验告诉您的道理。它会为您的快乐生活带来更大的保证，也会让您的一生受益无穷。

第四章　体味生命智慧

★自尊：才能获得尊重

自尊，是一种自己对自己带有积极感情色彩的评价，也是一个人身上具有积极意义的一种品质，尊重自己，认同自己，维持自己的尊严和人格。

人在社会中生存，很重要的一点就是要有自己的尊严，懂得自己尊重自己，只有这样，才能获得别人的尊重，才能保证自己在社会中的人格独立，不受人歧视，为自己在社会中的独立存在保留一席之地。

我们每个人都应该自尊，但是自尊并不是以自我为中心，而是建立在人人平等基础上的尊重别人，从而也能够得到别人的尊重，实现自尊。自尊是在一种怀有积极性、并且获得成功满足的喜悦中建立起来的自我肯定情绪。我们每个人都应该为自己创造机会，可以让自己充分施展自己的能力和才干。作为独立存在的主体，获得社会和周围人的认同，充分维护自己的尊严。自己尊重自己，也赢得他人的尊重。

在《西游记》中，最有自尊的人恐怕就是齐天大圣孙悟空了。在第七回"八卦炉中逃大圣　五行山下定心猿"中，孙悟空在自我介绍时就明确宣告："我本天地生成灵混仙，花果山中一老猿。水帘洞里为家业，拜友寻师悟太玄。练就长生多少法，学来变化广无边。只因凡间嫌地窄，立心端要住瑶天。灵霄宝殿非他久，历代人王有分传。强者为尊该让我，英雄只此敢争先。"觉得自己的本领十分了得，知道长生的方法，还会变化。因为觉得地上太小，就要上天为王。因此，他面对如来的指责与诘问，显得振振有词："他虽年久修长，也不应久占在此。常言道：'皇帝轮流做，明年到我家。'只教他搬出去，将天宫让与我，便罢了。若还不让，定要搅乱，永不清平！"语气显得十分强硬，大有不得王位，决不干休的气势。当如来问他有什么本领，可以坐得天位时，孙悟空回答："我的手段多哩！我有七十二般变化，万劫不老长生。会驾筋斗云，一纵十万八千里。如何坐不得天位？"当如来要和他赌赛时，孙悟空认为自己完全有把握可以跳出如来佛的手掌心，如来刚刚说完，他怕如来反悔，就急发声道："既如此说，你可做得主张？"猴王在佛祖面前毫不示弱，认为自己的本领是世间独一无二、无人可比的。为自己存在争取最大限度的自由的权利，显得无比自尊。

而且,不论是在玉帝面前,还是在众位仙官面前,孙悟空也常是见面只唱个喏。道声"老孙有礼"就算是见过礼了,并不把那些宫廷的繁文缛节放在心上,表现出强烈的自尊与自重。

有时,取经途中遇到的妖怪,本是属于天宫或神界,走失或私逃到凡间的有灵之物。这时,孙悟空就要寻出它的主人,不但要主人帮助收降妖魔,有时甚至还要戏谑的指责他们看管不严,应该问他们的罪。如在第三十五回"外道施威欺正性 心猿获宝伏邪魔"中,当孙悟空巧计获得妖魔的宝物,降服妖魔时,太上老君来和他索要宝物,当他知道妖魔的宝葫芦、净瓶、宝剑、扇子和绳子都是太上老君的,而且两个妖怪是老君看金炉和银炉的童子时,便指责老君说:"你这老官儿,着实无礼,纵放家属为邪,该问个钤束不严的罪名。"当孙悟空知道是菩萨故意设的磨难时,心中作念道:"这菩萨也老大悭懒!当时解脱老孙,教保唐僧西去取经,我说路途艰涩难行,他曾许我到急难处亲来相救。如今反使精邪措害,"甚至气得咒念菩萨道"语言不的,该他一世无夫!若不是老官儿亲来,我决不与他"。孙悟空不仅仅只在背后表示不满,有时也当面向菩萨或如来等佛祖表示对他们看管不严或故意设难的不满。如在第六十六回"诸神遭毒手 弥勒缚妖邪"中,孙悟空知道黄眉怪是弥勒佛祖的小童儿时,高叫一声道:"好个笑和尚!你走了这童儿,教他诳称佛祖,陷害老孙,未免有个家法不谨之过!"一副得理不饶人的气势,表现出尊严受到侵犯的严重不满。

可见,不论是玉帝还是神仙佛祖,只要是做了错事,对取经师徒的前行造成障碍,孙悟空都会得理不让的提出指责,甚至当面表达自己的义愤之情,流露出自己受到了不应有、不合理的磨难时持有的反抗情绪。

孙悟空的自尊还表现在当他受了唐僧的委屈或误解,被逐离开后,当唐僧有难时,请他回还的最好武器便是激将法。只要说那个妖魔不把他放在眼里,孙悟空就会气得立即要和这个妖魔决一胜负,丝毫受不得任何人的轻视和侮慢。

不单是孙悟空具有强烈的自尊心,《西游记》中,孙悟空之外的诸妖魔或神怪,同样也表现出了强烈的自尊,当他们受到别人羞辱或轻慢时,感到自己不被对方放在眼里时,便会不顾一切地奋力争斗,以维护自己的尊严。

如第九回"袁守诚妙算无私曲 老龙王拙计犯天条"中的泾河龙王,为了与算命的袁守成赌赛,不输给袁守成,竟然不惜违抗天旨,改变下雨的时刻,克扣下雨的数量,以致招致死罪。而孙悟空、猪八戒或沙僧与诸妖魔争斗时,双方也常各自表白一番,以示自己的本领高强,非常人可敌,绝不示弱于对方。

这些都充分说明了自尊的重要性。因为只有你自己尊重自己,你才会得到别人的尊重。孙悟空的自尊,使得天上神将见到他时,不会视而不见,而常是主动问讯。即使玉帝,也是对他刮目相待,尽量满足他的要求。诸位仙道对孙悟空的求援也是鼎力相助,友善相待。

自尊与受到尊重如此重要,人人都应该拥有。而要想得到尊重,首先要有自尊,我们

如何做到自尊呢？自尊不能是盲目的,任何人想要拥有就可以拥有的,而是应该建立在一定的能力和判断之上的自尊。自尊绝不同于盲目自大。如果缺乏对自己的正确了解,缺乏对自己能力的判断,不但不能建立自尊,更不能得到别人的尊重。相反,只会让自己越来越失去自尊,变得猥琐和怯懦。

所以,我们应该建立起对自己的正确判断,肯定自己确实有一定的能力,有超过他人的地方。在此基础上,我们可以充分相信自己的能力和水平,可以接受一些挑战与工作任务。当我们圆满地完成了这些事情的时候,我们在赢得他人的尊重时,同时也加强了自己的自尊。

当我们受到别人的尊重时,我们同时也会受到别人的重视,自己也会坚定自己在生活与工作中有存在的价值与意义,增强积极向上的乐观情绪,这种情绪反过来又可以帮助我们成就更大的事业。这样可以形成良性的循环,让我们在生活中不但可以自尊,获得尊重,还可以相应产生自强、自信等各种积极的、对自己的肯定情绪。在这种情绪状态的影响下,我们的生活和工作一定会是愉悦和轻松的,我们的潜能同时也会得到最大限度的发挥。

拥有自尊,当我们正当的权益受到侵犯的时候,我们就会毫不犹豫地站起来维护自己的权益。让侵犯者知道自己的尊严不可侵犯,权益不能受到侵害。如此,我们就能在维护尊严的同时,也建立起自己的尊严。使以后类似的情况不再出现,权益不再受到侵犯。

自尊的人在日常生活中还会以一种平和的心态去体察周围的环境与人。他会在满足的状态中以宽容的心去对待生活和工作,对待周围的人。因为他欣赏自己,尊重自己,同时也会去欣赏别人,可以与他人建立起互相尊重的和谐关系,也会为自己的生活和工作创造一种和谐的氛围与环境。

★ 自信:成功之本

我们不但要自己尊重自己,懂得维护自己的尊严和权益,同时还要相信自己,相信自己有一定的能力和水平。因为,自信是我们获得成功的根本保证之一。

拥有自信的人不会犹犹豫豫,他会果断的决定一些事情。因为他相信在自己的知识和经验基础上得出的判断。相反,缺乏自信的人容易受到外界因素的影响,容易被他人左右。自信的人会落落大方,缺乏自信则容易显得手足无措、拘谨小气,让人对你的能力产生怀疑。

正如自尊的人才能得到别人的尊重一样,一个人,只有相信自己,也才能为人所相信。如果自己都不能确定自己是否可以完成一项工作,是否具有某种能力,又怎么能够让别人相信你呢?

自信的人会坚定地朝自己的目标努力,而不是瞻前顾后,不能全力以赴的去投入到从事的工作中去,以致影响自己在工作中的潜能、甚至正常能力的充分发挥,进而影响工作的质量和效率。

自信的人会以积极乐观的态度去看待未来,充满希望的去预测结果,因而他可以充分放松,在没有很大压力的情况下努力工作,在各种困难和挫折面前,不气馁、不轻言放弃,而是坚持不懈地去尽力攻克难关,破除阻碍,尽可能去争取最后的成功。同时,在这种自信情绪的影响下,还会带动其他人增强自信心,这有助于形成一个凝聚团结的团队,形成一种奋发向上的力量,也会更有助于攻克难关,取得成功。

当遇到责难时,自信的人不会动摇。因为他的工作建立在充分自信的基础上,建立在对客观条件和可能遇到的困难全面分析的基础上,因此,自信的人会对遇到的一些困难有充分的准备。而在那些意外面前,他可以自信的凭借自己的能力,保持镇静和清醒,尽快找到解决的方法。

勇敢而独立,也是自信的人的表现之一。他不过多的期望别人来帮助自己解决问题。他自己会勇敢地迎着困难前进,不畏惧,不退缩,因为他相信自己有能力,相信自己可以。

只有相信自己,才会被别人信任,同时,自信的人也会信任别人。因为他认为自己可以判断他人,了解他人的能力和水平,知道应该如何与他人合作。所以,他会懂得鼓励他人,为自己信任的人创造合适的条件,让他最大限度地发挥水平,同自己有圆满的合作。

如果你拥有自信,你就会得到更多的机会。因为你有勇气去尝试,因为你的勇敢与勤奋,如此,你获得成功的机会也就越多,也就会获得更多的信任。

自信的人当然也会失败,但他不会永远沉浸在失败的阴影之中,他会以正确的态度对待挫折与失败,尽快找到自己的弱点与不足,努力改正,尽量弥补,期待下一次努力之后的机会与成功。

《西游记》中的孙悟空就是这样一个充满自信的形象。他果断、勇敢、积极乐观、对目标的实现充满希望和信心、不为他人左右。所以可以成就自己的齐天大圣与斗战胜佛。

在第一回"灵根育孕源流出　心性修持大道生"中,觉悟到不能长寿的悲哀,孙悟空便要去寻长生不老的仙方。他并不确定那里可以找到佛仙与神圣,只知道在"阎浮世界之中,古洞仙山之内"。但是他却充满希望:"我明日就辞汝下山,云游海角,远涉天涯,务必访此三者,学一个不老长生,常躲过阎君之难。"直至跋涉八九年之后,才找到须菩提祖师,得以拜师学艺。当祖师问他要学什么时,孙悟空目的明确,只学可以长生的仙方,其他一概不学。在孙悟空的不懈努力下,他终于学到了长寿的本领。

在此后的数回中,孙悟空下海寻宝,得到定海神针金箍棒作为武器;入冥销籍,不再受阎君的管束;弃官弼马温,索封齐天大圣;搅乱蟠桃会,大闹天宫;最后大战群神,无人可以战胜,直到惊动了观音菩萨和如来佛祖。在这数回中,孙悟空从不服输,甚至越战越勇。他无论需要什么或想要得到什么,都是志在必得,毫不退让。及至如来佛祖面前,他

也充分相信自己可以跳出如来的手心，要与如来佛祖争个高低上下，表现了充分的自信。

在第十四回"心猿归正　六贼无踪"中，孙悟空举手就杀死了一只老虎，唐僧问他："方才那只虎见了你，怎么就不动动，让在打他，何说？"悟空道："不瞒师父说，莫道是只虎，就是一条龙，见了我也不敢无礼。我老孙，颇有降龙伏虎的手段，翻江搅海的神通，见貌辨色，聆音察理，大之则量于宇宙，小之则摄于毫毛！变化无端，隐显莫测。剥这个虎皮，何为稀罕？见到那疑难处，看展本事么！"几句话，把自己的高强的本领充满自信的介绍一番：可以降龙伏虎，翻江倒海，说得唐僧再也不担忧了。第十五回"蛇盘山诸神暗佑　鹰愁涧意马收缰"中，唐僧不相信是玉龙吞噬了自己的马，孙悟空便对唐僧说："你也不知我的本事。我这双眼，白日里常看一千里路的吉凶，像那千里之内，蜻蜓儿展翅，我也看见，何期那匹大马，我就不见！"说明自己的眼力非凡。

从此之后，孙悟空保护唐僧取经的一路，孙悟空总是充满自信，不把任何妖魔放在眼里。第十七回"孙行者大闹黑风山　观世音收伏熊黑怪"中，孙悟空向熊黑怪介绍自己道："自小神通手段高，随风变化逞英豪。养性修真熬日月，跳出轮回把命逃"，"三年无漏成仙体，不同俗备受煎熬。十洲三岛还游戏，海角天涯转一遭"，"下海降龙真宝贝，才有金箍棒一条"，"玉皇大帝传宣诏，封我齐天极品高"，"几番大闹灵霄殿，数次曾偷王母桃，天兵十万来降我，层层密密布枪刀。战退天王归上界，哪吒负痛领兵逃。显圣真君能变化，老孙硬赌跌平交"，"刀砍锤敲不得坏，又教雷打火来烧。老孙其实有手段，全然不怕半分毫。送在老君炉里炼，六丁神火慢煎熬。日满开炉我跳出，手持铁棒绕天跑。纵横到处无遮挡，三十三天闹一遭"，"吾今饭正西方去，转上雷音见玉毫。你去乾坤四海问一问，我是历代驰名第一妖！"自己已经免堕生死，拥有金箍棒，天涯海角可以来去自由，被玉帝封为齐天大圣之后，又大闹天宫，战败群神，还刀枪不入，乃是乾坤中第一神妖。此时的孙悟空一副充满自信又骄傲的样子。而诸如此类的炫耀，每逢与妖魔对战，只要对方不知，孙悟空几乎总要表白一番。

遇到妖怪时，孙悟空也总是沉着镇静的安慰师父，自信可以扫除妖魔，得以继续西行。在险阻面前，孙悟空对唐僧常说的话就是：师父，莫怕，有俺老孙呢；或者，师父放心，我等自然理会；以及师父莫怕，兄弟勿忧，等老孙去问他一问等。以此给唐僧和大家一个定心丸，同时，这也显示出孙悟空的自信、从容镇定和果敢。

在第三十二回"平顶山功曹传信　莲花洞木母逢灾"中，当被告知平顶山上有妖魔专等着要吃唐僧师徒时，孙悟空全然不放在心上的说："若是天魔，解与玉帝；若是土魔，解与土府。西方的归佛，东方的归圣。北方的解与真武，南方的解与火德。是蛟精解与海主，是鬼祟解与阎王，各有地头方向。我老孙到处里人熟，发一张批文，把他连夜解着飞跑。"一副调侃的语气。又说："若是先吃头，一口将他咬下，我已死了，凭他怎么煎炒熬煮，我也不知疼痛；若是先吃脚，他啃了孤拐，嚼了腿亭，吃到腰截骨，我还急忙不死，却不是零零碎碎受苦？此所以难为也。"要是蒸着吃，"这个更好！更好！疼倒不很疼，只是受些闷气罢了。"当孙悟空被樵子警告："和尚不要调嘴。那妖怪随身有五件宝贝，神通极大极广。就是擎天的玉柱，架海的金梁，若保得唐朝和尚去，也须要发发昏是。"孙悟空满不在乎地说："不打紧，不打紧。我们一年，常发七八百个昏儿，这三四个昏儿易得发，发发儿就过去了。"一点也没放在心上，一点也不害怕，并对唐僧说："师父，没甚大事。有便有个把妖精儿，只是这里人胆小，放他在心上。有我哩，怕他怎的？走路！走路！"孙悟空自信的言语形态描绘得栩栩如生，即使读者听到这些话语，也会充分相信孙悟空可以成功地保护唐僧越过平顶山。

在第二十七回"尸魔三戏唐三藏　圣僧恨逐美猴王"中，尽管唐僧一再制止孙悟空打死白骨精变幻的母子三人，甚至还念紧箍咒来惩罚他，但孙悟空相信自己的眼力，认定他们是妖怪变化，宁可受师父的委屈，忍痛受逐，也要打死他们，保护师父的安危。在第八十一回"镇海寺心猿知怪　黑松林三众寻师"中，当孙悟空告诉师父要去捉妖时，唐僧想要制止他："徒弟呀，我的病身未可，你怎么又兴此念！倘那怪有神通，你拿他不住啊，却又不是害我？"孙悟空却说："你好灭人威风！老孙到处降妖，你见我弱与谁的？只是不动手，动手就要赢。"显得非常自信。

《西游记》中类似的故事很多，它们在充分展示孙悟空的自信的同时，也告诉我们一个普通而至真的道理，自信，是成功的根本。正是孙悟空的自信与坚定，和在此基础上建立起的乐观、勇敢与无畏，师徒四人才能团结一心，共同战胜妖魔，去除磨难，到达西天，取回真经。

在我们的生活中，我们不也应该如孙悟空一样，自信勇敢地向前吗？相信自己，也为自己赢得信任，这样，你会获得更多的机会，展示你的能力和才华，你也可以获得更大的提高。只有如此，你的成功的人生历程才会有保证，你才会百折不挠、永不气馁，实现自己的理想和憧憬。

★自立：我靠我自己

记得曾见到过这样一句很富有哲理的话："人必自助，然后天助之。"大概意思是说：一个人应该先要懂得自己帮助自己，然后才能获得天的帮助。也许，这里的"天"，我们可以宽泛地理解为是除了自己以外的力量。我们可以说，人要首先懂得自己去努力，去奋斗，才会在困难的时候，获得他人的帮助。

人如何做到自己帮助自己，怎样才算自己帮助自己了呢？我想，其中很重要的一点，应该是自立，自强。人要知道首先应该依靠自己的能力和力量努力去做，让他人感觉到你的用心付出和坚定信念，你的尽心尽力，只有这样，才有可能打动他人，在你困难或需要帮助的时候，才会有人向你伸出援助之手，而不会对你的窘境视而不见。《西游记》中，取经僧人的一路遭遇也许正好可以说明这个道理。

在《西游记》中，最主要的角色莫过于唐僧与孙悟空了。唐僧受命之初，骑一匹普通

的白马,还有两个随从,从唐都长安出发。但西行之路何其艰难漫长,唐僧初出长安,两个随从便被牛精虎怪吞食,只剩下他孤身一人,势单力薄,举步维艰。在收孙悟空作为徒弟之后,唐僧才可以在困难时能得到本领高强的孙悟空的有力帮助,能够有所依靠。但是,孙悟空在保护唐僧取经的最开始,并不是一心一意、忠诚坚定的保护唐僧西行的,常常觉得为唐僧的唠叨所烦,佛家的戒律所束缚,而不耐心烦,甚至一走了之。但是,随着师徒相依相伴时间的延长,孙悟空渐渐地为唐僧取经的志诚所感动,也越来越坚定的保护唐僧去西天取经。

如在第十四回"心猿归正　六贼无踪"中,孙悟空打死了六个抢劫的凶徒,惹得唐僧一顿教训:"你十分闯祸!他虽是剪径的强徒,就是拿到官府,也不该死罪;你纵有手段,只可退他去便了,怎么就都打死?这却是无故伤人的性命,如何做得和尚?出家人扫地恐伤蝼蚁命,爱惜飞蛾纱罩灯。你怎么不分皂白,一顿打死?全无一点慈悲好善之心!"当孙悟空和唐僧辩解:"师父,我若不打死他,他却要打死你哩。"三藏还要继续埋怨他:"我这出家人,宁死绝不敢行凶。我就死,也只是一身,你却杀了他六人,如何理说?此事若告到官,就是你老子做官,也说不过去。"并怪孙悟空"只因你没收没管,暴横人间,欺天诳上,才受这五百年前之难。今既入了沙门,若是还像当时行凶,一味伤生,去不得西天,做不得和尚!忒恶!忒恶!"时,孙悟空便受不了这气和唐僧的唠叨,按不住心头火而扬长而去。而且,当孙悟空再次回到唐僧的身边,知道被套上了紧箍咒时,就要举棒去打唐僧。在第十五回"蛇盘山诸神暗佑　鹰愁涧意马收缰"唐僧的马被玉龙吞食,唐僧哭哭啼啼时,孙悟空便忍不住暴躁地发声喊道:"师父莫要这等脓包形么!你坐着!坐着!等老孙去寻着那厮,教他还我马匹便了。"孙悟空要去找马,唐僧又不让去,并且说:"徒弟啊,你那里去寻他?只怕他暗地里撺将出来,却不又连我都害了?那时节人马两亡,怎生是好!"孙悟空"闻得这话,越加嗔怒,就叫喊如雷道:'你忒不济!不济!又要马骑,又不放我去,似这般看着行李,坐到老罢!'狠狠的吆喝。"显得很不耐烦的样子,看来似乎并没有多少师徒的情意。

随着与唐僧的一路前行,孙悟空也越来越了解唐僧,深为唐僧取经的决心所感动,不但自己一心保护唐僧取经,有时还对猪八戒的动摇想法加以揶揄、批评或制止。

如在第十六回"观音院僧谋宝贝　黑风山怪窃袈裟"中,孙悟空要去找袈裟,告诉寺院的僧人:"看师父的,要怡颜悦色;养白马的,要水草调匀。假有一毫儿差了,依照这个样棍,与你们看看!"一棍打倒了数层墙,吓得僧人们个个胆战心惊的。又如在第二十三回"三藏不忘本　四圣试禅心"中,孙悟空知道投宿的寺院是佛仙点化,却不说破。他看到面对美色与富贵,唐僧毫不动心,猪八戒却垂涎欲滴。第二十四回"万寿山大仙留故友
五庄观行者窃人参"中,唐僧问孙悟空什么时候可以到灵山时,孙悟空说:"只要你见性志诚,念念回首处,即是灵山。"以此鼓励作为凡人的唐僧。在后来,因为尸魔的幻化戏弄,孙悟空被唐僧驱逐离开时,"独自个凄凄惨惨","想起唐僧,止不住腮边泪坠,停云住步,良久方行"。"大圣虽被唐僧逐赶,然犹思念,感叹不已"显得非常悲切,这时孙悟空对

唐僧感情已经与前面有很大不同了。第三十一回"猪八戒义激猴王　孙行者智降妖怪"中，当孙悟空知道唐僧有难时，对群猴说："我保唐僧的这桩事，天上地下，都晓得孙悟空是唐僧的徒弟。他倒不是赶我回来，倒是教我来家看看，送我来家自在耍子。如今只因这件事，你们却都要仔细看守家业，依时插柳栽松，毋得废坠，待我还去保唐僧，取经回东土。功成之后，仍回来与你们共乐天真。"充分表现出孙悟空思念、担忧唐僧的心情，即使是被逐回花果山，也一直把保护唐僧取经当作是自己义不容辞的使命。从此，唐僧与孙悟空师徒在西行路上愈挫愈坚，同心协力，破除险阻，直到西天。

不但孙悟空与唐僧的关系说明了"人必自助，然后天助之"的道理，唐僧师徒与诸神圣的关系同样也揭示了这一哲理。观音菩萨寻找到唐僧作为取经僧人。在四圣试禅心之后，知道唐僧取经的心坚志诚，也在数次磨难后，明了孙悟空保护师父取经的坚定意志。在取经路上，虽然磨难都是佛祖设定的，但当师徒有难，需要帮助时，不论是菩萨，还是其他神圣，只要看到需要帮助或孙悟空去求助时，都会尽力相帮，不会推辞。不但诸位神圣，即使是凡间善良的人，只要知道是取经的唐僧师徒，也会尽力提供方便，热情招待的。如观世音的收伏熊罴怪、甘泉活树、收降红孩儿、竹篮擒鱼、降服妖王等，灵吉菩萨的制服风魔，镇元仙的留赠人参果，功曹的平顶山传信，捉鼍除难的西海龙王，帮助斩除九头虫怪的群圣，还有弥勒佛祖、长庚星仙、帮助擒捉犀牛怪的四星神、收回玉兔的嫦娥仙子，甚至如来佛祖等，无不在师徒有难时鼎力相助，凡间的善良之人如双叉岭救僧、留僧的伯钦母子、通天河边的留宿款待的陈家兄弟，热情好客的天竺国王、善待高僧的寇员外等，他们皆尽可能地为西行师徒提供方便。因为师徒的取经诚心，因为四众的一心向善，可亲可敬。

由此可见，人应该首先自立、自强，向着自己既定的目标努力拼搏，才会感动他人来援助你，为你提供方便。有"我靠我自己"的自立、自强信念，才会赢得他们的敬服，愿意在你需要帮助时，向你伸出温暖有力的双手。亲爱的朋友，你相信吗？自立、自强，我靠我自己，"人必自助，然后天助之"。

★自爱：珍重自己

爱，是一种美好的情感，我们每个人都应该充满爱心的生活在世界上。而作为社会中的人，我们不仅要珍爱自己，同时，也应该知道关爱他人。正如歌中所唱："这是人间的春风，这是美好的源泉"，"只要人人都献出一点爱，世界将变成美好的人间"。这个美好的人间应该是我们每个人的爱心的汇聚，应该是一个温馨的世界。

要关爱他人，首先应该珍爱自己。所以，我们每个人都应该自重自爱。什么是自爱，如何做到自爱呢？我想，自爱的人应该具有如下的特点：他懂得珍惜自己拥有的一切，宝贵的生命、健康的身体、真诚的情感和温馨的家庭；他在生活与工作中也会非常注意提高

自己各方面的素质,熟谙生活的基本常识、有扎实的专业知识;他会尽力去获得周围人的认可,让他人承认自己具有一定的能力,具有优良的品质;而且,对于未来,他应该还是怀有希望的,相信明天会更好,而不轻言放弃努力。这样的人一定是热爱生活的人,也会是珍爱自己的人。

《西游记》中,我们的主人公是否是懂得珍爱自己的人呢?

作为师父的唐三藏,是东土大唐一位得道的高僧。他18岁才知道自己的身世,在为父母报仇雪冤之后,最终与父母得以团聚。他虔诚修行、一心向善,深谙佛法智慧,与他人讲经谈禅时,深得服膺。他为了给唐朝的国家与黎民免除罪愆、祈得幸福,在正当壮年时刻,慨然承命,向唐王领旨,愿意长途跋涉,到佛祖灵山处去求取真经。在取经路上,虽然经历无数磨难,出生入死,但他依然志向不改,信念不移,终于到达佛祖圣地,取得真经,功德圆满,自己也修成正果。

唐僧虽然深谙佛理,但在取经路上,却不能分辨妖魔,数次不辨善恶,自己招来灾难。他取经的志向不容置疑,但在诸多妖魔面前却战战兢兢,束手无策,不能自保。他满心救困扶善,却只能寄希望于孙悟空、猪八戒和沙僧三位徒弟的奋力争斗。可知,圣僧并不是没有缺点,西行路上,他不能离开徒弟们的护佑,不能独自完成取经大业。

秉天地灵气而生成的孙悟空,在花果山与群猴逍遥度日。却因为有不得长生的苦恼,便远涉重洋,寻找到得道高师,学成了长生不老的本领。他会七十二般变化,一个筋斗云十万八千里,可以入冥、下海、上天,来去自由,本领高强。他自尊、自信、自强、自立,显得天下无敌,独立超脱。保护唐僧西天取经途中,孙悟空无数次救唐僧于危难之中。他尊重师父、同情弱小,又疾恶如仇,英勇果断,具有常人的正直与善良。他相信自己可以斩除一切妖魔,摆脱艰难险阻,保护师父到达西天,取回真经。他聪明机智、又顽皮可爱,虽然常常给贪嘴懒惰的猪八戒一个小小的教训,但又与他们情同手足,不能分离。这是可爱的孙悟空。

同时,孙悟空又顽劣成性,不拘常理,不愿受任何约束。跟随须菩提祖师学成本领之后,因为觉得没有得到足够的重视与尊敬,便搅得天地不得安宁,直到被压五行山下。在保护唐僧取经之初,受到唐僧的几句数落就要离开。稍微受到某个小神的怠慢,便要施加惩罚,显得有些太过自尊而宽厚不足。这是顽劣的孙悟空。

猪八戒虽也可以吃苦、出力,但身上有太过贪吃、恋色、懒惰等劣根性。遇到妖怪虽然有时也奋力争战,但也常常退缩、逃避,有时还心怀嫉妒的在唐僧面前给孙悟空告状,或说些坏话,让孙悟空有时难免受到紧箍咒之苦。沙僧一路保护唐僧,遇到妖怪也竭尽全力保护师父。虽然与孙悟空相比,本领、机智逊色许多,但毕竟尽心尽力,没有私心杂念,显得比猪八戒诚实厚道很多。

《西游记》中的师徒四人,虽然每个人都不是完美的,各有优点也各有缺点。但是当师徒四人作为一个整体时,可以取长补短、互相补充,四人成为一个有力的团体,一路上踏平坎坷,到达西天圣地,取得真经。

他们珍惜的，是师徒四人在充满艰辛的长途跋涉中结下的相濡以沫，是互相之间的照顾与关心。他们的追求是一致的，到达西天，取得真经。不管前面的路如何坎坷，他们的信念不会改变。他们一行被认为是有志气的，扬善惩恶的一行，因而一路上会受到弱者和善良的人的欢迎，甚至受到落难之人的期待。

　　我们从《西游记》中的师徒四人身上可以知道，自爱的人不是自私的人，他们不是只知为了自己而生活的人；自爱的人也并不是完美的人，但他们会力所能及地帮助他人，同时也为自己营造了和谐的人际氛围，获得帮助与支持，也会为自己创造出最佳的实现目标的环境。帮助他人，也是帮助了自己。

　　亲爱的朋友，《西游记》师徒四人在此给了我们有益的启迪。自爱是珍惜拥有，是关爱他人，是提升自己，并为自己创造最佳的生活和工作环境，也是满怀希望的去走向未来。只有这样的人生才是有意义的，是充实而快乐的。这才是真正意义上的珍爱自己，珍爱生命。

　　所以，我们应该懂得自爱，也学会自爱。在生活中、在工作中，珍惜自己拥有的亲情、爱情，珍惜自己在工作中与他人建立的友好合作、互帮互助的和睦关系。认识到自己的缺点，努力改正的同时，也向别人取长补短。关爱他人，与他人以诚相待，赢得信任与尊敬等，这不但是自爱，也是自我对自己的肯定与帮助。自爱的人，会是生命如歌的人。

第三篇 《水浒传》智慧通解

导读

在中国古代小说名著中,《水浒传》版本最为复杂,可分为繁本(文繁事简本)和简本(文简事繁本)两个系统。繁本又可以分为百回本,百廿回本和七十回本三种。七十回繁本是金圣叹用百回繁本作底本的修改删节本,仅取前七十回,并将"梁山泊英雄排座次"改写为"梁山泊英雄惊噩梦"结束全书。容与堂本是现存最完整的百回繁本,百廿回本有明袁无涯刊本,百廿回本是在百回本基础上,增加了据简本改写的剿田虎、王庆的故事而成,本书的分析就以此本为据。

是这样的,当你沉浸在这部小说中时,好汉们危难的境遇让你担忧,奸佞之臣猖狂时让你愤恨,人际关系处理不好时让你扼腕叹息,家庭出现问题时让你痛心不已,宋王朝的衰败让你担忧,梁山水泊事业的蒸蒸日上又让你兴奋异常……其中宋江的领导艺术、吴用的军师谋略、公孙胜的淡泊、柴进的慷慨、鲁智深的菩萨心肠、武松的瑕不掩瑜、燕青的忠信和感恩、李逵的粗中有细、石秀的精细聪慧,卢俊义的居安不能思危、杨志的无志、呼延灼的报喜不报忧,高俅、童贯、蔡京、梁中书等奸佞之臣的欺上压下的罪恶、黄文炳的聪明反被聪明误、牢中管营差拨等人的变色龙形象,还有武大郎等小人物的命运,梁山水泊的发展壮大经验,等等,不管是碧波如镜还是波澜起伏,都时时牵动你的心弦,在感情波动思绪万千的同时,你也领略到了小说中无法掩饰的人生智慧。

万事万物都存在着一定的规律,我们任何人都不能违背,但是我们也不能机械地理解,更不能木偶式的照搬。有位人类学家曾经说过:"估量命运的秘诀就是不可估量。"因为我们总在不断地改变,未来是什么样子,我们无法预测。如果我们能够准确地预测未来,未来将会变得一文不值。未来不可预知,但未来可以描绘,可以设想。如果我们能够把握住自己,把握住现在,也就有可能把握住将来。

第一章　识人：识人于未发迹之时

★关键时拉人一把

　　且说晁盖正和吴用、公孙胜、刘唐在后园葡萄树下吃酒。此时三阮已得了钱财，自回石碣村去了。晁盖见庄客报说宋押司在门前。晁盖问道："有多少人随从着？"庄客道："只独自一个飞马而来，说快要见保正。"晁盖道："必然有事。"慌忙出来迎接。宋江道了一个喏，携了晁盖手，便投侧边小房里来。晁盖问道："押司如何来得慌速？"宋江道："哥哥不知，兄弟是心腹弟兄，我舍着条性命来救你。如今黄泥冈事发了！白胜已自拿在济州大牢里了，供出你等七人。济州府差一个何缉捕，带着若干人，奉着太师府钧帖并本州文书来捉你等七人，道你为首。天幸撞在我手里！我只推说知县睡着，且教何观察在县对门茶坊里等我，以此飞马而来报你。哥哥，三十六计，走为上计。若不快走，更待甚么！我回去引他当厅下了公文，知县不移时便差人连夜下来。你们不可耽搁。倘有些疏失，如之奈何？休怨小弟不来救你。"晁盖听罢，吃了一惊，道："贤弟，大恩难报！"宋江道："哥哥，你休要多话，只顾安排走路，不要缠障。我便回去也。"晁盖道："七个人：三个是阮小二、阮小五、阮小七，已得了财，自回石碣村去了；后面有三个在这里，贤弟且见他一面。"宋江来到后园，晁盖指着道："这三位：一个吴学究；一个公孙胜，蓟州来的；一个刘唐，东潞州人。"宋江略讲一礼，回身便走，嘱付道："哥哥保重，作急快走！兄弟去也！"宋江出到庄前，上了马，打上两鞭，飞也似望县来了。

——《水浒传》第十八回

　　晁盖等一伙人，在黄泥冈用蒙汗药麻翻了给蔡太师押送金银珠宝的人，劫持了无数的金银。案件发生后，官府得知东溪村的保正晁盖所为后，派拘捕前去捉拿，宋江等人知道后，冒着生命危险把消息告诉了晁盖，劝他们逃走。晁盖因此才得以逃走了。

　　故事中，宋江作为一个公人，竟然放走了打劫公家嫌疑人晁盖等。可以说，宋江之所以这样做，是他发现了晁盖是个人才，日后可为共事。俗话说，"与人方便与己方便"，后来宋江落难，晁盖等却鼎力相救，并要他当梁山泊众好汉的头领。

國學智慧全書

名著智慧

古人云："玉石相类者,唯良工能识之。"意思是说,玉和石的样子相像,只有技艺精良的人,才能识别出来。如果从识人角度来说,是讲只有远见卓识的人,才能从平庸的人中发现朋友。

这里有一个识别朋友的故事。春秋时,辅佐齐桓公称霸中原的能臣管仲,与鲍叔牙

《水浒传》书影

是朋友,他之所以能被齐桓公破格任用,完全是由于鲍叔牙的推荐,所以管仲常对人说:"生我者父母,知我者鲍叔也"。可见,他对鲍叔牙十分感谢的,当然,也更深深地理解他。但是在他临死时,齐桓公问他:"你死之后,让鲍叔牙来接替你的职务,你看怎么样?"管仲听说,想了一会儿终于说:"鲍叔牙是我的恩人和好朋友,又是一位至诚君子,但是,我认为他不适合执掌国政。"齐桓公问他为什么? 管仲回答说:"鲍叔什么都好,就是对善恶看得过于分明,别人有一点过错他都不能容忍,为人处世,对别人的优点不忘于怀是可以的,但对别人的任何错误和缺点都不能容忍,谁又受得了呢? 鲍叔牙看见别人有一点不是,便一辈子不能忘记,这是他的短处啊!"齐桓公同意管仲的话,最后选用了隰朋。

不久这话被齐桓公的幸臣易牙听到了,由于管仲曾经劝告齐桓公不要亲近易牙这样的人,所以一直怀恨在心,现在有了这个机会,就偷偷地去鼓动鲍叔牙说:"管仲之所以能当宰相,还不是全靠您的推荐。现在他病危,大王问他谁可为相,他却说您不适宜,另外推荐了隰朋。您瞧,这多不够朋友!"鲍叔牙听了这话,冷冷一笑,对易牙说:"对呀,这正是为什么我要推荐管仲的理由啊! 管仲忠于国家,不讲私情,不吹拍朋友,你们如何能够理解? 假如大王让我当司寇,专管驱逐佞人,那是很合适的;假如让我主持国家,你们可就没有容身之地了!"说得易牙无地自容,赶快逃走了。

在上面的例子中,管仲和鲍叔牙都是好朋友,论感情非常深厚,论理性对事物观察也十分准确,但他们却能将两者分得很清,并不影响他们对人的理性观察和感情的交流,相比之下,更多的中国人却常常在理性和感情中划不清界限,成为感情的牺牲品。这是我们处世中所应注意的。

那么,在现实生活中,我们要怎样去辨别朋友的好坏呢?

一、识人以义,可以共存

判别朋友的标准是以义为首,还是以利为首,如果弄清楚这一点就不会产生错误了。三国时孙策夺取丹阳后吕范要求暂领丹阳督都的职务。孙策说:"你现在已经拥有很多兵马,怎么再委屈你做这小官呢?"吕范说:"我舍去本土托身于将军,就是为了同你一起共创大业,我俩像是同舟涉海,存亡相关,稍有不慎就要遭到失败。这就是我的忧虑,不单单是您啊!现在丹阳这样重要,事关大局,还计较官职大小吗?"孙策非常感动,认为他是可以共生死的朋友,就把丹阳交给了吕范。

二、危难易出朋友,危难也易出卖朋友

大难当头时,人们总是愿意联合起来,这时候他们就成了朋友。而当朋友不能够共御灾难时,人们又通常出卖朋友来保存自己,所以识别朋友的方法十分复杂。

孙子说:"吴人越人相恶也,当其同舟共济而遇风,其相救也如左右手。"说的是当舟将沉下水去时,吴人越人,都想把舟拖出水来,成了方向相同的合力线,所以平日的仇人,都会变成患难相救的好友。而相反,张耳陈余,称为刎颈之交,算是至好的朋友,后来张耳被秦兵围困,向陈余求救,陈余畏秦,不肯应援,二人因此结下深仇,这时张耳将秦兵向陈余方面推去,陈余又将秦兵向张耳方面推来,力线方向相反,所以至好的朋友,会变成仇敌。结果,张耳帮助韩信,把陈余杀死在洱水之上。可见,危难也易出卖友。

危难识朋友的方法你也可以一试。

三、以心相交真朋友

1.志同道合真朋友。交朋友首先得有共同的操守和共同的志趣,不分年长年幼,也不分男性女性,但思想必须站在同一高度上才有可能成为真朋友。如果没有这个基础,就很难说他是不是你的真朋友。

2.雪中送炭真朋友。在人们遇到困难、危机的时候,非万不得已时是不会向朋友要求什么的,一旦求到就说明了求助者对朋友的信任和认同。而真朋友往往是既使自己倾家荡产,牺牲性命也会举义相助的。见死不救,落井下石者绝不会是真朋友。

3.敢言过失真朋友。朋友应是以心相交的,所以,当他们发现彼此身上存在的缺点时,肯定会诚心诚意地直接指点出来,不会有任何顾忌。这种敢言不是的朋友是真朋友,文过饰非,有所保留的不见得是真朋友。

四、亲疏远近识朋友

1.亲疏识友。我们每个人都有知己的朋友,这类朋友交往甚密,几乎就像自家人一样,任他自由来去,不必逆来送往。来时赶上饭就吃上一口,渴时掂起壶自斟自饮。遇到问题让他也发表一些高见,碰上困难首先想到的会是他。一句话,这样的朋友交心知底,最可信赖。但如果你非要用客客气气的方法来招待他,反倒显得生疏了。而比较生疏的朋友,如果你在交往中过于随便不讲礼节,有时他也会感觉你不太重视他呢。所以,分出亲疏后,有一个用礼话"度"的问题。

2.远近识友。我们的朋友可能有些远在天涯,有些近在身边,后者因接触频繁则容易融洽,前者因距离颇远则容易疏淡。在这种情况下怎样才能把感情调适到最佳状态呢?方法是对远离自己的朋友用感情要细腻,关心得要细致一些,嘘寒问暖,谈见闻,聊趣事不厌其烦,这样显得你们的生活是交融相通的,对近前的朋友则用感情要粗放,谈些大事,乐事,高高兴兴,才不显得你们的关系过于庸俗,也才不易生出是非。所以,分出远近后,有一个用情话"度"的问题。

3.个性识友。每个人的脾气秉性是不相同的,我们在交朋友时,往往注意交他的某一点长处,不见得非与其性格类同。但是当以你为中介、朋友们相互认识后,他们是否能合得来,这是一个大问题,合得来还好,合不来时,两边战火一起,必然殃及你这个中间地带,这时候最尴尬的岂不是你? 所以,分出个性后,不投缘的类群绝对不要把他们聚在一起。

4.文武识友。文友和武友往往我们都需要,但若与文友在一起时谈得不免是诗文棋画,风花雪月,与武友在一起时谈得少不了刀枪棍棒,胡虏倭寇,内容是风马牛不相及的。所以,你若不想冷淡一方朋友,就不要把文友与武友安置在同一个客厅里。

五、诚心求教识朋友

三国时期,姜维曾求教于诸葛亮,可诸葛亮开始并不看重他。于是,姜维私下就虚心好学,每天挑灯夜读,这些都让诸葛亮看在眼里,记在心中。后来,诸葛亮由浅入深,循序渐进教给了姜维许多知识,如八卦阵法、连弩箭法等,姜维由此成为一名骁勇战将,立下了不少战功。

六、真金不怕烈火炼

一个人富有而不嚣张,地位尊贵而毫无傲气,担当重任而不三心二意,处理事情诚实毫无隐瞒,遇到困难不会逃脱,面对问题能够随机应变,这就具备了仁、义、忠、信、勇、谋等六守,这就是真贤能之士了。下列六种识友标准可供参考:

1.富之而观其无犯;不犯者,仁也。

2.贵之而观其无骄;不骄者,义也。

3.付之而观其无转;不转者,忠也。

4.使之而观其无隐;不隐者,信也。

5.危之而观其无恐;不恐者,勇气。

6.事之而观其无穷;不穷者,谋也。

七、君子有道,小人无德

1.有才能的人未必都是有道德的君子,有道德的人必然不同于小人,所以不同不识别审察。

2.君子间的交往像水一样清淡,小人间的交往像甜酒一样甘浓。品德高尚的人不以利相交,而以德相交。

3.君子见了别人的危难就同情他,小人见了别人的危难就幸灾乐祸。

4.君子以得仁义为快乐,小人以满足邪淫为快乐。君子和小人有着截然不同的道德情操。

5.君子喜欢赞扬别人,小人喜欢毁谤别人;君子喜欢给予别人,小人喜欢向别人索取。

6.君子要求自己严格,小人要求别人严格。

7.君子心地宽广,泰然自若;小人常常忧虑恐惧,惶惶不可终日。

8.对于君子,你替他办事容易而要讨他喜欢却难;对于小人,你替他办事很难而要讨他喜欢却很容易。

9.君子使各种意见得到合理的一致,却不随声附和;小人随声附和,而不去合理地解决意见分歧。

10.君子在穷困时仍能坚持操守;小人一旦穷困,就不能节制自己了。

11.君子坦然自安而不骄傲;小人骄傲而不坦然。

12.君子善于设谋;小人善于猜想。

13.依附小人的,必定是小人;趋附君子的,则不一定是君子。

八、识贤八法

凡是有才能的贤人,难免要遭到阴险浅薄之人的恶意中伤。由此被迷惑而遭冷落,而最终得不到使用。说明因奸佞之人的无事生非造谣中伤,使得贤才难以被人识别而加紧使用。

任用贤德的人并不太难,识别有贤德的人才真正困难,使用有才能的人并不太难,发现有才能的人才真正困难。

画老虎,画皮毛容易,画出内部骨骼就困难了,认识人的外貌容易,认识人的内心就困难了。下面有八种了解人的方法:

1.是提出问题,看他知道得是否详尽清楚。

2.是详尽追问,看他应变的能力。

3.是用间谍考察,看他是否忠诚。

4.是明知故问,看他有无隐瞒,借以考查他的品德。

5.是让他管理财物,看他是否廉洁。

6.是用女色试他,看他的操守如何。

7.是把危难的情况告诉他,看他是否勇敢。

8.是使他醉酒,看他能否保持常态。

这八种考验方法都用了,一个人的贤与不贤就能区别清楚了。

九、身正不怕影子斜

宋神宗年间,苏东坡被弹劾而下狱。一天夜里他正要入眠,忽有一人走进囚室,放下一箱子做枕头,倒地便睡。

东坡以为他是新来的囚犯,未予理会,只管安睡。不料在天快亮时,那人推醒东坡,对他说:"恭喜,你安心吧,不用愁了。"原来那人是皇上派到狱中观察东坡的太监,他回宫

里禀报："苏轼很安静,夜间睡得很沉。"

知道这个消息,神宗点头说："我知道他问心无愧。"

不久,苏轼就被释放出狱了。假如苏轼没有狱中安睡的胆魄,真不知会怎样。

十、刚直见忠义

君子进谏的忠言,有时听得逆耳,但能领会到他是真心地帮助执权者去成就伟业,他们所期望的回报就是与你共享成功的喜悦,而绝不会有谋权篡位之野心。

所以执权者要以自己身边常有一些君子而感到骄傲,能够听到批评之言是自己的福气,也是干事业之必须。另外,君子如果敢于纳谏直言,则说明执政者本身还没有染上骄横跋扈的坏习气,没有吓得别人不敢开口。这样,执政者那宽广的胸怀和从善如流的好品质也会为世人所称颂。

宋代名臣宗道之所以为宋真宗所赏识,是因他为人老实。真宗虽非英明之君,但能赏识宗道,说明他不是糊涂之主。宗道为人刚正而诚实,敢于坚持原则,据实以争。太后提升他参政,他并不因此感恩而盲目附从,或阿谀顺从,有人请立刘氏七庙,刘太后征求辅臣意见,辅臣虽不同意却不敢说,只有宗道出来反对,坚持不可。仁宗与太后同往慈孝寺,太后车驾先行,宗道坚持必须皇帝先行,太后车驾只好随后。

在现代社会里,识人是如此,用人也是如此。尤其是在人才未识之前,如"良玉未剖,与瓦石相类;名骥未驰,与驽马相杂。"即好玉没剖出来时与瓦石相混在一起,如同一类;千里马没有奔跑时,与跑不快的马杂混在一起,分不出好坏时,更需要良工巧匠那样的贤才,才能识别出贤才与不肖之才,有用之才与无用之才来。

★打开延揽人才的大门

宋江看了关胜一表非俗,与吴用暗暗地喝彩,回头与众多良将道:"将军英雄,名不虚传!"说言未了,林冲忿怒,便道:"我等弟兄,自上梁山泊,大小五七十阵,未尝挫了锐气。军师何故灭自己威风!"说罢,便挺枪出马,直取关胜。关胜见了,大喝道:"水泊草寇,汝等怎敢背负朝廷!单要宋江与吾决战。"宋江在门旗下喝住林冲,纵马亲自出阵,欠身与关胜施礼,说道:"郓城小吏宋江,到此谨参,惟将军问罪。"关胜道:"汝为俗吏,安敢背叛朝廷?"宋江答道:"盖为朝廷不明,纵容奸臣当道,谗侯专权,设除滥官污吏,陷害天下百姓。宋江等替天行道,并无异心。"关胜大喝:"天兵到此,尚然抗拒!巧言令色,怎敢瞒吾!若不下马受降,着你粉骨碎身!"霹雳火秦明听得,大怒,手舞狼牙棍,纵坐下马,直抢过来。关胜也纵马出迎,来斗秦明。林冲怕他夺了头功,猛可里飞抢过来,径奔关胜。三骑马向征尘影里,转灯般厮杀。宋江看了,恐伤关胜,便教鸣金收军。林冲、秦明回马阵前,说道:"正待擒捉这厮,兄长何故收军罢战?"宋江道:"贤弟,我等忠义自守,以强欺弱,

非所愿也。纵使阵上捉他，此人不伏，亦乃惹人耻笑。吾看关胜英勇之将，世本忠臣，乃祖为神。若得此人上山，宋江情愿让位。"林冲、秦明都不喜欢。

——《水浒传》第六十四回

将逢良才，便生爱慕之心，这是人之常情。当宋江看到关胜时，和吴用感慨他是一个英雄好汉，顿生爱慕之心，尤其是在事业未成之际，更是仰慕和需要这样的英雄。因此，在林冲、秦明双战关胜时，便怕伤了关胜，于是鸣金收军，定计智取。

在《水浒传》中，宋江是作为一面忠义的大旗，感召着梁山的好汉们，并带领他们替天行道，继而成就大事。我们通观水浒全书，宋江的忠义表现在以下三个方面，其一是虚怀若谷，待人以善；其二是以心换心真情可鉴；其三是善解人意，体贴入微，而这三点正是我们在日常生活中必须遵循的做人原则。

一、虚怀若谷，待人以善

在一个地方住着一个年迈的神仙，他掌握着智慧，问他什么问题，他都能准确无误地答出来。

有一天，村里的孩子王把孩子们召集起来，对他们说："我有一个好主意，我问的问题，那老家伙肯定答不出来。我捕到一只小鸟，我把它揣在手里，问那老家伙是死的还是活的，如果他回答是'活的'，我就假装不知，悄悄卡死它；如果他回答是'死的'，我就让小鸟飞走。"

于是，一群孩子拥到神仙那儿，孩子王问神仙："老神仙，你知道我手里的小鸟是活的还是死的？"

神仙沉默片刻，开口了："孩子啊，这个答案握在你的手里。"

是呀！今天的人们如何对待朋友和他人呢？你能不能待人以诚，答案就在你的手中。为什么呢？你有自己思考的权利，你厌恶他人，批判他人，责备他人，支配你这些行为的是你自己。视而不见他的缺点，或者，寻找他人的优点，也全凭你自己。令人可笑的是，我们总是希望他人身上一点缺点都没有。在我们的心目中，总是有一幅职工、婚姻对象或朋友的十全十美的画像。当这幅画像与现实中的他们稍有不同时，哪怕是小小的缺憾，也会在我们的心里涌出恼怒和愤慨，因为"完美的形象"被破坏。

威尔·罗杰曾经这样讲过："我至今没有遇到一个我不喜欢的人。因为每见到一个人，总是设法赶走使自己产生厌恶心态的情绪，寻找他所喜欢的部分。

请努力地寻找他人身上的优点吧。从宽容他人中获利的，并非别人而是你自己。这时，你会发觉你更幸福，更喜欢自己，更深深地享受人际关系带来的欢乐。相反，如果你没有宽容的胸怀，不满、空虚、凄惨就会趁机而入，最终侵蚀到你的肉体和心灵。

二、以心换心真情可鉴

有人常说"人心难测"，现在人与人之间彼此不敢信任的情况很多，这是全世界的共

國學智慧全書

名著智慧

同倾向。到目前为止,各种战事仍在世界各角落进行着,不只是有武器的战争,也包括了心理的战争。这些都会消耗物资与精神,使人心疲惫,影响到人们的相互信任,解除"人心难测"的恐惧首先大家应该要彼此信任,彼此谅解才对,例如一事在前有主见是件好事,但是如果太过分的话,反而会产生人与人之间的对立。应该设法用明智的方法去解决。首先是把问题说出来,摆到桌面上,而不是用争斗、陷害等等来表达。上天赋予人以语言器官,正是有此作用。其次是站到对方的立场上去。世事中的许多纷争,只要如此置换一下位置,同时又不是蛮不讲理,就都能解决。

三、善解人意其实不易

古语说,人们寻求他人的理解,就像花儿渴望阳光那样迫切。

理解人是很重要的。在和他人愉快的交往中,理解人和向他们传达你的理解,有着极大意义。在家庭中那种对于理解的重视性认识不足而导致家庭崩溃的情形比比皆是。在漠视理解,强行扩张自己的欲望之时,男人和女人都不知道把爱和尊敬弄到哪儿去了。"我在家里全然不被理解。"这古老的牢骚话,其含义或许比我们考虑的还要深刻。

你丈夫或妻子平时经常这样唠叨吗?"我知道我不好,也明白以前对你太苛刻了,可是,在你躲着我,三天两头也不说话之前,你难道就不能站在我的立场上想想吗?对我来说,心情沉重是当然的。月月支出吃紧,家务做也做不完,被孩子们搞得焦头烂额,我总是腰酸、头痛得要命。求求你,在让我受气,无视我的存在之前,能不能理解我的苦处?"

一个商人说:"我不想总端着一个经营者的架势,而想悄悄地外出走走,到职工食堂去坐坐,可是,职员们在埋怨我,有没有站在我的立场上理解我呢?"

许多推销员他们考虑的是自己利益的事,他们确信自己的商品是消费者必需的。他们以为理解了消费者,但可悲的是,没能很好地传达给消费者。事实上,把理解传达给对方,这是处理所有人际关系的根本。

向对方传达理解,这是最迅速、简捷的做法,"我知道你的感觉"或者"我很理解你的心情",请把这些话记在心里,时刻运用吧!

四、糖衣炮弹需要提防

人类心理的变化微妙,抛开人类最正常、最普遍的那些心理需求不提,我们每个人都是凡夫俗子,都有着非常多的性格缺陷和心理弱点,这就更使得小人私人恶人的生存大有市场。他们捕获人心的惯用手段更是"糖衣炮弹",它华丽的外表,令人眩晕的辞藻最容易造成人心的迷惑,除非我们有着足够的理性、信息和清醒,否则,我们是很难将之与善意、真情等区别开来的,人类固有的某些弱点更使得这两者的界限变得模糊不清。

另外,值得指出的是,以上所举的水浒事例,还反映了宋江待人处世所持的不计前嫌心地宽的境界。

有句话叫作"君子报仇十年不晚",可见人们记住的只是自己的仇人。人与人之间为何会有摩擦而结下过节呢?原因很简单,由于对方的表现和我们的期望不符,所以会为两人之间的关系留下阴影。举个例子,你是不是发现,小孩子对你的态度很不好?当然,我们并不能指望小孩子永远都很乖，如果你对小孩偶尔不乖的行为能以平常心来看待，或仍旧以爱的教育来对待他们，这样，小孩子的心里面才不会有恨的感觉，虽然，这并不表示你喜欢他们这样子的表现，不过，给他们多一些包容，就像我们在冬天得了感冒一样，除了忍耐之外，你还能怎么办呢？你总不能怪自己为什么会得感冒吧！

如果你是那种会记仇的人，对于某些人的行为，即便令你不满，你也不说出口，只把它们牢牢地放在心里，久而久之，你心中的仇恨愈积愈多，一辈子都跟着你走。

时间久了，你才会逐渐发现，自己才是心中仇恨的最大受害者，被你恨得半死的那个人可能根本没有感觉呢！所以，你所受到的伤害是双重的：一开始你对对方的不满及失望，让你不愉快，这是第一层伤害；其次，你把这些不愉快放在心里，让自己在身心上都受到折磨，这是第二层伤害。很多人的个性是宁可死掉，也不会去原谅别人，仇恨世代相传，很多时候，他们只记得恨的人是谁，至于为何而恨，可能因为时间太久而早已淡忘了。

★ 让人不得不依附于你

张顺悄悄开了房门，趁到厨下，见一把厨刀明晃晃放在灶上，看这虔婆倒在侧首板凳上。张顺走将入来，拿起厨刀，先杀了虔婆。要杀使唤的时，原来厨刀不甚快，砍了一个人，刀口早卷了。那两个正待要叫，却好一把劈柴斧正在手边，绰起来，一斧一个砍杀了。房中婆娘听得，慌忙开门，正迎着张顺，手起斧落，劈胸膛砍翻在地。张顺灯影下见砍翻婆娘，推开后窗，跳墙走了。张顺懊恼无极，随即割下衣襟，蘸血去粉壁上写道："杀人者，安道全也。"连写数十处，捱到五更将明，只听得安道全在房中酒醒，便叫巧奴。张顺道："哥哥不要则声！我教你看两个人。"安道全起来，看了四个死尸，吓得浑身麻木，颤做一团。张顺道："哥哥，你见壁上写的么？"安道全道："你苦了我也！"张顺道："只有两条路从你行：若是声张起来，我自走了，哥哥却用去偿命；若还你要没事，家中取了药囊，连夜径上梁山泊救我哥哥。这两件随你行。"安道全道："兄弟忒这般短命见识！"

——《水浒传》第六十五回

为了得到人才，领导者往往是不择手段的，上述这段原文中，张顺为了让神医安道全上山入伍，更主要的是为了让安道全为梁山头领宋江治病，杀死了安道全的相好虔婆等人，并把杀人之祸嫁给了安道全，结果安道全只得乖乖去为宋江治病了。

爱才之心，人皆有之。宋江使用计谋赚安道全入伙，是采取了计策。当然这种计策为免过于狠毒，但宋江求才若渴的心情已经暴露无遗了。古代用人才有姜太公钓鱼，愿者上钩的故事，它的目的与宋江使用嫁祸于人的计谋来争取安道全的用意是一致的。

这个故事的正面意义是,为了争取人才,可以采取断人后路的方法。这种断人后路的方法表现在商业经中就是从探究对方"墙脚"开始,削弱对方战斗力,从而改变力量对比,所以,在西方的商业竞争中,各方力量不断变化使用这类花招。

1953 年夏,一艘当时世界上最豪华的游艇驶进了沙特阿拉伯的吉达港。这艘名为"克里斯蒂娜"的游艇,谁都知道是希腊船王奥纳西斯所有。奥纳西斯夫妇既非度假旅游,也非到麦加朝圣,他们来沙特阿拉伯究竟为什么呢?

"我们应该想到奥纳西斯在觊觎阿拉伯的石油,否则他到吉达一事就无法解释。但是他将怎样对付拥有开采那里的石油垄断权的阿美石油公司呢?"美国《华尔街日报》这样猜测并提出了问题的关键。

众所周知,沙特阿拉伯享有大自然赐予的得天独厚的宝贵财富——石油。1953 年,世界石油总产量为 6.5 亿吨,而沙特阿拉伯就占了 4 亿吨,而且每年增长 5000 万吨至 1 亿吨。

西方实业家嗅到了这巨大财富的气息,争先恐后地来到这阳光炙人的国度,意在争取沙特石油的开采和运输权。但阿美石油公司和沙特国王早就订有明确的垄断开采石油的合同:每采出一吨石油,给沙特相当数目的特许开采费,石油采出后,由阿美石油公司的油船队运往世界各地。阿美石油公司的这堵高墙,严密地保护着它的特权,几乎连一点缝隙也没有。其他公司只好望洋兴叹,含恨而归。然而奥纳西斯在设法搞到合同复制件后,经过仔细研究,却发现合同并没有排斥沙特阿拉伯拥有自己的油船队来从事石油的运输。

这不是阿美石油公司严密防守的高墙的缝隙吗?而且正是奥纳西斯完全有能力钻进去的缝隙。石油不运出沙特阿拉伯就不能获得它应有的市场价值。因此只要设法垄断沙特阿拉伯石油的海运权,形势就会对阿美石油公司大为不利,从而可以迫使它转让出部分股份,奥纳西斯就可以实现他直接插手石油业的愿望了。

带着美好的憧憬,奥纳西斯在吉达港一下船,就直奔沙特阿拉伯首都利雅得,到王宫做了一次"闪电式"的访问。他和年迈的国王作了长时间的密谈。

"年高德重的国王啊,安拉将人间的财富赐给您,您为什么不想法把您应得的钱再提高一倍?阿美石油公司把您的石油开采,通过运输又赚到两倍的钱。您为什么不自己买船运输呢?阿拉伯的石油理应由阿拉伯的油船来运输啊!"听了船王这番话,国王由惊愕变得兴奋……

几个月后,奥纳西斯和沙特阿拉伯国王签订了震撼世界企业界的《吉达协定》。协定规定:成立"沙特阿拉伯油船海运有限公司",该公司拥有 50 万吨的油船队,全部挂沙特阿拉伯国旗。该公司拥有沙特阿拉伯油田开采的石油运输垄断权,该公司的股东是沙特阿拉伯国王和奥纳西斯。协定的签订宣告了奥纳西斯的成功。这个协定一旦全部实行,沙特阿拉伯和奥纳西斯各自想得到的都将得到,阿美石油公司却将遭到致命的打击,锅底燃烧正旺的柴被抽走了,锅里的水还能开吗?

奥纳西斯在沙特阿拉伯以"闪电外交"击败世界最大的石油公司——阿美石油公司，靠的就是"挖空墙脚"——找到对手的弱点，成功地攻击对手的生命线。

总之，每个企业经营者都有可能遇到强大的对手，不要和他硬碰硬，而是应该懂得，无论他多强大，都有他赖以生存的生命线，这就是沸水锅底的燃柴，找出来并抽掉它，再和他斗智斗勇，就容易得多了。

1962 年初，以色列摩沙迪得到了有关德国专家在埃及所起作用的情报。原来自 1956 年苏伊士运河战争后，埃及急需苏联提供军事援助。莫斯科满足不了埃及的要求，纳赛尔无奈，便请求德国科学家到埃及来建立军火工业。

不久，一批德国科学家来到了埃及。担任制造超音速驱逐机的设计师是威廉·梅塞施米特，他曾是希特勒最主要的战斗机设计师。威廉设计师的副手是费迪南德·布兰德纳教授，他曾是希特勒时代容克式飞机工厂的总工程师。他们俩领导的几百名德国人在开罗南郊的勒赫万开始建起了两家飞机工厂。他们帮助埃及建造的超音速飞机能把以色列飞机拒之在埃及领空之外。与此同时，埃及还招募了几百名德国导弹专家。其领导人是哈桑·赛义德·卡米尔。在这批科学家中最有名的是欧根·森格尔，他曾在 1935 年按照希特勒的命令，建立了世界上第一个火箭研究中心。这些昔日希特勒的导弹科学家，在开罗帮助埃及研制 3 种导弹。它们是：战胜者式导弹，预计将能携带半吨重的弹头，射程为 500 公里；探险家式导弹，它将是最先进的导弹，射程为 900 公里；征服者式导弹，它能够携带 1 吨重的炸弹。到 1962 年埃及已拥有了两种中程地对地导弹。由于埃及缺乏人才，在哈桑·赛义德·卡米尔的领导下，瑞士的两家企业麦赛奥公司和麦特普涡轮发动机公司为埃及提供火箭零件，斯图加特城的英特纳公司也参与了此事。

以色列领导人得知埃及的这一情况时，急得如热锅上的蚂蚁。他们知道埃及这项军火计划如顺利完成，以色列面临的将是什么命运。以色列摩沙迪首脑伊雷·哈塞尔亲自跑到德国，对联邦德国特工部门的负责人赖因哈尔特·格伦施加压力。但是，哈塞尔得到的是这样的嘲讽："我最要好的朋友恰恰都是犹太人，怎么能说我支持这些老纳粹分子呢？"显然联邦德国对此事不闻不问。

以色列领导人看到通过外交途径无法解决此事，他们就采纳了伊雷·哈塞尔的建议，即用釜底抽薪的办法解决这一问题。伊雷·哈塞尔认为，埃及兴建新兴军火企业的主要组织者和技术人员都是德国科学家，如果这些人不干了，埃及这一计划就会全部落空或中途搁置。这些德国科学家因埃及所给待遇丰厚而甘愿效劳。以色列阻止这些德国科学家继续效命的有效办法是干掉他们，或者是威胁他们的亲人、家属。万一以色列这一暗杀、威胁的行动被发现，世界舆论谴责以色列，那么与此事相连的德国科学家帮助埃及建造军火企业的事也会暴露于世。那时即使德国政府也不得不承认自己的不是，在世界舆论压力下撤回自己的科学家。

按照伊雷，哈塞尔的计谋，摩沙迪开始了暗杀、威胁计划。一系列令人意想不到的事发生了。哈桑·卡米尔太太在一次神秘的车祸中死亡；埃及的德国导弹研制组重要成员

海因茨·克鲁格在 1962 年 9 月被绑架,之后就永远消失了;另外有 5 名德国科学家在上述这类"意外事件"中死于开罗市中心。一天,一个寄给同德国科学家一起工作的埃及卡姆尔·阿扎兹将军的包裹被送来。当人们打开包裹时,它突然爆炸,5 名德国工程师当场炸死。在联邦德国,此类事情也在发生。一天汉斯·克莱因围希特尔博士险些遭无声手枪打死。他正在领导一项埃及人控制的研究计划,这次计划要解决在开罗制造的导弹的制导系统。这一系列意外事件的发生,使开罗的德国科学家开始胆战心惊了。他们越来越意识到他们的生命和亲人的安全受到了威胁。他们在德国的朋友也越来越频繁地收到警告信。这些德国科学家开始惶惶不安了。

1963 年 9 月,两名以色列摩沙迪成员在瑞士实施暗杀计划时被发现。瑞士保安部门和德国当局进行了一系列调查。瑞士法庭也对这两位杀手进行了诉讼。这一系列活动不但未导致这两位以色列人遭判刑,反而使他们得到了中立国瑞士国民的同情。由于这一诉讼案,德国和瑞士科学家帮助埃及研制新式武器的勾当暴露了出来。在国际舆论的压力下,波恩政府通过了一项禁止德意志联邦共和国的公民在纳赛尔的军火工厂和火箭厂供职的法令。这样德国的专家们纷纷离开埃及,回到了自己的老家。瑞士也对麦赛奥公司和麦特普涡轮发动机公司做出了严格规定,禁止它们向埃及提供所需的军火零件。

以色列运用谋杀、恐吓手段,达到了釜底抽薪的目的。德国科学家迫于畏惧和舆论压力不得不撤离埃及,使纳赛尔聘请德国科学家帮助埃及建立军火工业的计划破灭了。

这个故事的反面意义是,不管是早还是迟,一个人施展才华抱负的机遇总是会有的。当它呈现在我们面前时,就必须牢牢抓住,紧紧把握,切勿失之交臂。

有一次,西伯侯姬昌要带随从出去打猎,在出发之前,他让太史占了一卦。太史告诉他:"今日出猎预兆吉祥!"接着又说:"今日出猎,得到的猎物不是龙也不是螭,不是虎也

姬昌

不是熊,得到的将是辅佐国君的栋梁之材。"姬昌听了非常高兴,便带着随从,沿着渭水北岸出发了。渭水两岸草深林茂,他们一面追赶着野兽,一面往前走。突然,从渭水边传来一位渔夫唱着一首不俗的歌曲。一打听,原来此歌是一位在蟠溪边钓鱼的老者所作,此人姓姜名尚,字子牙。他的祖宗被封在吕地,又叫吕尚。姜尚年轻时,在商的首都朝歌以屠牛为业,后来在孟津开个小饭馆,现在年纪大了,很穷,以钓鱼为生。

姬昌带着随从,沿着渔夫指引的方向,来到蟠溪边。这里很幽静,在溪边一棵高大的柳树下,有一块大石头平整如台,台上只见渔竿,不见渔翁。

姬昌抚摸着渔竿感叹道:"商王朝衰败,天下荒乱,贤能君子隐居不出,姬昌岂能不折节求贤!"便虔诚地等着,一直到日落西山,夜幕降临,也未见姜尚的影子。

大臣们不耐烦了,纷纷说:"大王不要轻信小民之言,此老头未必是个大贤,明日臣带他见您好了!"姬昌告诫他们说:"求贤聘杰,理当隆重,今日来意不诚,故其远避。我们要学古人求贤,待回去择吉日迎聘,方是敬贤之礼!"

过了几天,姬昌穿着崭新衣服,带着大队人马,旌旗鲜明,抬着聘礼,前来迎接姜太公。在离蟠溪很远的地方,他就下了车,步行进入山林。来到溪水边,远远望见溪边的大石头上,坐着一位老人,正在垂钓。姬昌就来到他的身边,亲热地和他攀谈起来,不多久,就发现这位老人很有才学,正是自己梦寐以求的大贤。于是他恭恭敬敬地对吕尚说:"像您这样的人,真是天下的奇才啊!我的老太公生前对我说过,将来一定会有了不起的人来帮助治理国家,那时,我们周国就会兴旺起来。我家太公向往您已经很久了。今天,我特带薄酒前来聘请,望先生不弃,辅佐周国。"

姜太公说:"我已经老了,文不能安邦,武不能定国,恐怕要辜负您的期望,让您白跑了几趟!"

姬昌说:"先生有大德,何必隐心中之奇谋,忍心百姓惨遭涂炭,而艰苦地在此垂钓?"说着,便命令随从把聘礼摆开。

姜太公早就知道西伯侯姬昌待人诚恳,颇具开创大业的君子气质,就答应了他的请求,当了周国的臣子。传说,这时姜尚已是七十岁了。

姬昌得了姜太公,真如猛虎添翼。后来,他和虞、芮两国建立同盟,国势更加强大。这时,姬昌声称自己接受了"王命",周围四十多个诸侯国都前来祝贺,尊他为周文王。从此西伯侯改称为周文王,以取代商王的真命天子自居。

周文王"受命"第二年,姜太公带兵攻打西方的大戎族,大获全胜。接着,他又向文王建议攻打西北方的密须国。

周文王的三儿子鲜反对说:"密须的国君精明能干,先打他不好吧!"

姜太公说:"要树威,就须先打强的、不服从的国家。"

周文王很赞成姜太公的主张,就发兵攻打密须国,占领了密须国的全部领土。

姜太公连续两战皆捷,乘胜攻打离商都很近的黎国,黎国立即投降。过了一年,周国又派兵把黎国南边的邘国占领了,那是商纣王经常打猎的地方。这样,周的势力就深入

到了商王朝的中心地区。

到了周文王晚年，姜太公带兵又占领了崇国。周将国都迁到原来崇国国都所在地，奠定了推翻商王朝的基础。

周文王病死以后，二子发即位，是为周武王。周武王在"相父"吕尚的帮助下，推翻了商王朝，暴君纣王自焚而死，建立了中国历史上的周王朝。姜太公因在建立周朝的过程中屡建奇功，被封在齐地，成为齐国的始祖。

★择贤莫拘泥其身份

梁山泊附近有东平府和东昌府，这两处州府颇多钱粮，正好补山寨用度。于是他与众将约定，他和卢俊义用抓阄的办法分别去攻打这两府，谁先打下，谁就为山寨之主。宋江拈得东平府，领兵前往，听说该府兵马都监董平是个双枪将，便派认识他的郁保四及王定六去给董平下战书。郁、王二人被董平及太守程万里乱棍打出。宋江气恼无比，要吞并东平府。史进说他在东平府认识个妓女，便自告奋勇去做内应。

史进来到妓女李瑞兰家，实话相告，却被虔婆出卖，遭官府捕去，囚在死牢。宋江只好又派顾大嫂前去探望，趁机告诉史进举事的时间。不想史进弄错了时间，提前在牢中闹事，被官府加紧看住，没有成功。董平披挂出阵，杀奔宋江营寨。宋江见董平一表人才，十分喜爱。董平大战宋江部将韩滔、徐宁，宋江使人围住，被董平杀出，回到城里。当夜宋江加紧攻城，董平出战，宋江军马诈败，引董平追赶，用绊马绳将其擒住。宋江对董平以礼相待，董平便归顺了，并领兵回城，引宋江等杀人，打开府库，取了钱粮；回师途中，白胜来报东昌府战事，宋江听罢，又领起众将向东昌府杀去。

——《水浒传》第四十九回

宋江以礼相待降将，表现出了自己豁达的胸怀。

无论在战争年代还是在和平年代，无论对于政治家还是对于平常人，宽容是做人的基本原则。宋江因为他的宽容而受人们爱戴，而美国著名政治家富兰克林则是因为吃了苦头才学会宽容的。

有一天，富兰克林到一位前辈家拜访，当他准备从小门进入时，因为小门低了些，他的头狠狠地撞了一下。出来迎接的前辈告诉富兰克林：

"很痛吧！可是，这将是你今天拜访我的最大收获。要想平安无事地活在世上，就必须时时记得低头并以宽容之心看待一切事情。这也是我要教你的事情，不要忘记了！"

从此，富兰克林牢牢记着这句话，并把"宽容"列入一生的生活方针之中。

國學智慧全書

水浒传

337

美国前总统里根曾是一名电影明星,作为一个明星,里根每天都要收到一些影迷索取签明影照的信。一次,有一封署名为"身患绝症的中年妇女"的信,希望在临死前能收到一张里根的照片。里根当时认为这是编造出来的谎言,便不屑一顾地把信扔了,里根的父亲把扔在地上的信又重新拣了起来,结果由父亲回了信。

几个月后,里根收到了一家医院护士的来信,说那位妇女,手里捧着里根的照片,幸福地合上了眼。这件事给里根极大的震动,里根从父亲的行动中体会到了对人的尊重,在后来的交往中,他总是以宽容和尊重别人作为自己的第一原则,从而赢得了朋友们的喜爱。

石油大王洛克菲勒与好友福特有一次在合资经商中失败。他是帮助洛克菲勒创建标准石油公司的伙伴之一。但是这一次,他竟因投资过大而惨遭滑铁卢。

接着发生的事情,却使福特惊异不已。

福特事后回忆说:"有一天下午,我走在路上,看到洛克菲勒和其他两位先生就在我的后面。但我没脸回头,假装没发现他们,一直向前走。可是他叫住了我,并在我肩上诚恳地拍了一下,说道:'我们刚才谈起关于你的事情。'我想或许他要责备我了,也或许他听了一些不确实的消息,我于是回答说:'那实在是一次极大的损失,我们损失了……'。'啊,那已是难能可贵的了。这全靠你处理得当,我们才能保存剩余的60%。这真的出乎我们意料之外,谢谢你!'洛克菲勒立刻打断了他的话说道。

洛克菲勒在应该斥责的地方,反而一反常态,找出一些值得赞美的地方来。

原谅对方是一种博取好感和维系好感最有效的方法,它更是能勉人继续努力的源泉。

的确,只有大度才能容人。对此,美国红十字会到办人克拉拉·巴顿女士有着很好的经验,有一次她因过分相信别人而吃了大亏。几年以后,她的朋友去看她,特别提起当年旧事,可是巴顿女士似乎已经想不起来了。

她的朋友问她:"难道你不记得了吗?"

巴顿女士回答:"我不记得了。我仍能清楚记忆的是:当时我决心要忘记这件事。"

说到宽容,有一个著名的故事,可以告诉你怎么做。一个女作家在旅游途中,到一个并不很熟悉的妇女的住处借宿。主人不在家,但她刚到门外就看到了"欢迎光临"四个字写在牌子上。来到卧室,在洗净放好的卧具上有一张"祝你有个甜美的梦"的字条;走进厨房,冰箱装满了食物;桌上还有一张便条,上面有附近医院、市场、餐厅的地图,及有困难时可以求助的电话号码。女作家看到这一切不禁万分感激未曾见面的主人。人人都希望自己富有魅力,而要赢得别人的赞赏和信任,那么就像文中的房主人那样多怀一些诚意。

当然,表达诚意的方法有很多种,举例来说,向朋友道歉就需要学习。我们许多人道歉,有很多时候会这样说:"如果是我错了,我道歉,希望没有伤害你",或者说"我抱歉我做的那件事,没想到会令你不开心";这样的道歉,使人觉得你并没有真正认错的诚意,只是想减少自己的责任而已。

《周易·乾》中说:通过学习来培养自己的德性;通过质疑问难来弄懂自己不明白的问题。用对待事物的仁爱之心来支配自己的行动,并使天下百姓受到恩惠。这段话是讲进德、修业的具体方法和待人处世的原则的。认为培养高尚的道德品质要通过学习的办法来解决,弄懂疑难问题要通过询问、商讨的方法来解决。只要能大度容人,就能得到他人的爱护和拥戴,这也是获得好人缘、好口碑的前提之一。

★ 从对手队伍中发现人才

且说山寨里宰了两头黄牛、十个羊、五个猪,大吹大擂筵席。众头领饮酒中间,晁盖把胸中之事,从头至尾都告诉王伦等众位。王伦听罢,骇然了半晌,心内踌躇,做声不得。自己沉吟,虚应答。筵宴至晚席散,众头领送晁盖等众人关下客馆内安歇,自有来的人伏侍。晁盖心中欢喜,对吴用等六人说道:"我们造下这等弥天大罪,那里去安身!不是这王头领如此错爱,我等皆已失所,此恩不可忘报!"吴用只是冷笑。晁盖道:"先生何故只是冷笑?有事可以通知。"吴用道:"兄长性直,只是一勇。你道王伦肯收留我们?兄长不看他的心,只观他的颜色,动静规模。"晁盖道:"观他颜色怎地?"吴用道:"兄长不看他早间席上,王伦与兄长说话,倒有交情。次后因兄长说出杀了许多官兵捕盗巡检,放了何涛,阮氏三雄如此豪杰,他便有些颜色变了,虽是口中答应,动静规模,心里好生不然。他若是有心收留我们,只就早上便议定了坐位。杜迁、宋万这两个,自是粗鲁的人,待客之事如何省得。只有林冲那人,原是京师禁军教头,大郡的人,诸事晓得,今不得已而坐了第四位。早间见林冲看王伦答应兄长模样,他自便有些不平之气,频频把眼瞅这王伦,心内自己踌躇。我看这人倒有顾眄之心,只是不得已。小生略放片言,教他本寨自相火併!"晁盖道:"全仗先生良策,可以容身。"当夜七人安歇了。

晁盖

——《水浒传》第十九回

晁盖等一行带了家私并劫得官家财物投奔梁山泊王伦等,席间,吴用观察出王伦有不肯收留之心,遂将此秘密告诉晁盖。二人看准昔日八十万禁军教头林冲是个有勇有谋之士,定计让梁山泊落草的王伦与林冲分别为首的两派火并,乘机联络林冲,夺取梁山泊。

尽管一个小小的梁山湖泊,当时却矛盾重重,危机四伏,作为客人的晁盖等如何才能打入内部,争得弹丸之地,以图发展?吴用善于观察和分析当时形势,最主要的是他认准了林冲是个英雄好汉,然后与之合作,才使得他们有了立足之地。

现实生活中,也要善于识别人才,善于利用人才,然后才可以成大事。

在以上的故事中,晁盖吴用一群人对于胸怀大志,身怀绝技的林冲才采取了主动交结的手段,这样就在当时尚未形成大事的梁山伯上打下了结义成事的基础。事实证明,晁盖等人采取的广结人缘的办法确实奏效了,在随后的两派火并中,林冲杀了王伦,推举晁盖为王,从而奠定了成就大业的基础。从这里,我们可以得出如下结论:

一、好的人缘是成功的前提

中国人成功靠人缘。没有好的人缘,不知要失去多少成功的机会,干多少事倍功半的事情。缘是一根无形的磁力线,彼此的情,全赖缘才得以相通,连结人缘,必有主动的一方,你取得主动的地位,你就是有连缘的方法,别人的情,就会向你播撒,建立了大家对你的人缘,人人愿意被你所用,你才成为无往而不得,所求无不遂愿的会办事儿能办事儿的人。

二、善结师缘,有助进步

许多人认为依靠自己学习、读书,很难有成果。但如亲近贤能的师友,彼此探讨学习君子之道,可以养成高贵的人格;在处世的待人接物上,就没有不周之处。古人有欲成大志者,必先拜访名师,求师的目的是为了养成高贵的人格。使人际交往做到有礼有节,不无周到之处。

三、乐于倾听、善于倾听

世界上不存在全知全能的人。因为,倾听别人的意见和建议,集合众智,就成为人生中必不可少的内容。既然自己并非万能,不可能知晓一切事物,所以需要用别人的忠告来弥补自己的不足。要结好人缘就要培养乐于倾听、善于倾听的谦虚心胸,无论在哪一个时代,每个人都需要用谦虚的心胸,来注意倾听别人的意见。如此则人人都会视你为知己。

四、有道君子择良缘而结

有道的君子,居家必选择风俗淳厚的乡里,出外交游必亲近学博行洁的贤士,环境对人的影响关系极大。昔日孟母择邻三迁,实有必要。

五、宽容大度、理解体谅

俗语说“千人千面”,而人心的差异和特别,则又胜过人的面孔。所以凡事要尊重别人特点,不应该以自己的标准去评价别人、衡量一切,应该多为他人着想,凡事忍让,尊重他人的存在价值,彼此和睦相处。唯有如此,个人的智慧、潜能才能得到真正的发挥。交

际范围才会越来越广。

六、融会贯通、左右逢源

对世间人情进行细微视察将所学彻底融会贯通,便能灵活运用于世间各种情态,使人格亦可达于真善美的完美境界。定能有益于处世能力的提升,人际关系的左右逢源,不至于堕落成一个大恶人。

七、摒除私欲、不图私利

为了求生存,人们难免有私心或私欲。完全没有私心的境界,只有圣人才能达到,一般人是无法企及的。但我们在处理日常生活中的各种事物时,千万不能使自己成为私心、私利或私欲的奴隶。这是因为私心本来是出于私欲和私利而考虑的,实际上往往事与愿违,玩弄私心的人最后总是自食恶果。

八、保持热忱、洞察真理

目光短浅,只盯着眼前,常会失去结交君子的机会,只有把目光放远,才能于就中条理出事物的规律、洞察真理,才能得到人的真正友情。

做人时对事物全面细致的观察,会激起你对人的热忱增加,对社会的了解,培养出远大的眼光,洞察世事的能力。

九、识破虚假、看清真貌

看人要看到真实的人,就一点也不要主观,观察事物,要反映它们的面貌。这样,无论对己对人,还是对事对物,就会有正确的判断,而正确的判断又必须以观察的真实为前提。如今社会上的种种龃龉冲突,就是因为缺乏率直的心胸,对人和事物的观察有误。

十、明辨好坏、认清价值

作为朋友,对于别人的好建议,会有三种截然不同的态度,一是以感谢的心情接受,进而实行;二是意见相反,并不接受;三是断然拒绝,并怀疑别人的好意。而后两种都是对朋友有害的,处世时最好做到能分清什么是好、什么是坏,又能用感谢的心情接受别人的好意见。这样,不仅对个人是有益的对朋友也是愉快的。

十一、存心仁厚、博爱互助

当今世界,看别人洋相的多,幸灾乐祸的人多,真心诚意帮助别人的人少。其实,世间不仅人人需要帮助,人性中也有帮助别人的天性。要广结人缘,就要无私、和平地看待一切人和事物,就能回复爱心和恻隐之心,互相尊重,互相爱护,互相帮助。如此你的爱心和恻隐之心,就会像泉水一样涌流出来。朋友就会越来越多,人缘也会越来越好。

十二、觉着冷静、泰然处世

许多人失去朋友,常是因为遇事火爆,引起争吵导致关系破裂的,从这个角度来看,处世中的冷静十分重要。过去,身经沙场的人,都经受过战阵的紧张和激烈。在那种生死关头,要保持觉着冷静确实不易,现代生活中,虽然已经很少战争,但造成紧张的情形还是多之又多。

如何培养这种沉着冷静、泰然处世的风范呢?一定能够培养出冷静的心情,进而能

國學智慧全書 水滸传

用冷静的态度,观察和判断一切事物。一个人之所以失去冷静,是因为心中有杂念。如果能做到冷静、无私,那么处世就十分圆满了。

十三、谦虚学习、转益多师

生活当中,处处都有学习的机会,关键是看你能否有虚心向学的态度。如果有了这种态度,平常空泛的谈话中,也可以得到一些知识和经验。如果没有这种虚心向学的态度,就既不会随时随地反省、检讨自己,总结自己的经验教训,也不能发现别人的长处,更失去良师益友。

十四、积极灵活、随机应变

人生难免坎坷和挫折。一些人遭逢此种境遇,往往一蹶不振,甚至就此了却生命。这种固执、胶着的不变通心态,是率直心胸所没有。有了率直的心胸,不但能临危不乱,也能随机应变,即时调整,更正自己的看法和做法,无论失败和打击多大,都能重整旗鼓、从头做起。

第二章 用人:量才适用,系牢缰绳

★是人才就有三分用

吴用道:"近来山寨十分兴旺,感得四方豪杰望风而来,皆是晁、宋二兄之德,亦众弟兄之福也。然是如此,还请朱贵仍复掌管山东酒店,替回石勇、侯健。朱富老小,另拨一所房舍佳居。目今山寨事业大了,非同旧日,可再设三处酒馆,专一探听吉凶事情,往来义士上山。如若朝廷调遣官兵捕盗,可以报知如何进兵,好做准备。西山地面广阔,可令童威、童猛弟兄带领十数个伙伴那里开店;令李立带十数个火家去山南边那里开店;令石勇也带十来个伴当去北山那里开店。仍复都要设立水亭号箭,接应船只,但有缓急军情,飞捷报来。山前设置三座大关,专令杜迁总行把守。但有一应委差,不许调遣,早晚不得擅离。又令陶宗旺把总监工,掘港汊,修水路,开河道,整理宛子城垣,修筑山前大路。他原是庄户出身,修理久惯。令蒋敬掌管库藏仓廒,支出纳入,积万累千,书算账目。令李云监造梁山泊一应房舍、厅堂。令马麟监管修造大小战船。令宋万、白胜去金沙滩下寨。令王矮虎、郑天寿去鸭嘴滩下寨。令穆春、朱富管收山寨钱粮,吕方、郭盛于聚义厅两边耳房安歇。令宋清专管筵宴。"都分拨已定,筵席了三日,不在话下。

——《水浒传》第四十四回

攻城容易守城难。梁山泊在晁盖、宋江、吴用等人的苦心经营下,攻城略地,声名鹊起,四方豪杰望风而来。为了巩固这些来之不易的业绩,智多星吴用多方筹备,因材施用地命朱贵、李立、石勇等人在东南西北四个方向,以开店的名义,为梁山泊提供信息;命泥瓦匠出身的陶宗旺负责开河设坝,修筑工事;令长于书算账目的蒋敬掌管钱财,积万累千……

这样,从外到内建立了一套严密、科学、有效的组织体系。未雨绸缪地巩固了梁山泊的伟业。

不同的人才,只有安置到能使他一展其才的地方,他才能起到应有的作用。

某个人,本来是个人才,本来也很有潜力可挖,可是,我们的某些老板不但不能认识他的价值，反而会把他当作一个可以随意安排的机器，最后的结果是，人才变成了蠢材。

要想发现别人的才能，首先要有明确而科学的用人的标准。认识人才，不仅要注意他们在大的原则问题上的观点，更要从细微之处观察。

识别人才，除了那些在某些方面才能十分明显的人，还应该能找出潜在的人才。因为许多人才有自己的特殊之处，但是因为没有适当的环境和条件，没有表现出来，有的可能是因为人才自己的性格十分内向和含蓄，所以，没有主动表现出来。

还有的人，对自己到底有没有才能、优势和潜力，没有明确的认识。这就更需要识别人才时，善于分析、善于发现。

为了能够甄别出人才来，多数时候，是不能通过表面的观察来确定的，最可靠的、最有效的方法，还是实践，为了识别人才，应该创造一个实践的机会，让那些待选的人参加实践，结果是最好的标准，谁实践水平高，谁就是人才。

那种只会夸夸其谈、只能靠死记硬背获得一纸文凭的人，那些没有真才实学、只会拍马屁的人，在实践面前，会立即露出原形。因此，识别人才，最忌讳主观臆断、重视表面现象。

首先是需要了解备用人才的真正优势和长处在哪里，只有了解了他们真正在哪个领域有优势，才能谈到正确使用的问题。说起来，这有点像是废话，其实，却是最重要也最困难的。可以说，了解了人才的真正长处，就等于使用人才的工作完成了一半。

在现实的企业和组织中，有多少老板和领导都用人才使自己企业的业务蒸蒸日上，使自己单位的成绩节节攀高，但是，乱用人才、浪费人才，专业不对口的现象却十分严重。

有的老板和领导，还存在一种极端的用人方式，就是把一个在某个方面有专长的人才，当作全才来用。

所谓人才，一般只能是某一个领域、顶多某几个领域的专家。在这些领域内，他有专业上的优势，离开了这个专业，去从事另一个领域的工作，他就没有任何优势。而且，在某些情况下，即使是他本来就有专长的领域，一旦换了个环境，往往也会失去优势。所以，辨别一个人的专长领域以及专长得以正常发挥的条件，对于知人善任是首要的工作。

实际上，说到人才的专长，也是相对的，有的人能力相对更强，有的人则弱一些。所谓山外有山，天外有天。所以，老板们在选拔和任用人才的时候，还需要有一个追求完善的态度。

某个人才得到了重用，取得了一定成绩，但是，并不表示这就是最好的，所以，老板应该随时随地注意企业内部和社会上的人才，一旦发现有更加适合的人选，应该毫不犹豫地重用，有时候，还要危及原来的重用人才，所以，应该选择适当的时机。

考虑人才使用的变化，还有一个重要原因，就是人才自身的在学识、身体、年龄和精力等方面的变化。

有时候，一个人才在某个适合的岗位工作一段时间后，可能技术水平大大提高了，原来的任务对他来说，已经是大材小用了，这时，就必须即使调整位置，让他到更加重要、更

加具有挑战性的岗位上工作。

有时候，某个人才工作了一段时间后，再也没有什么长进，水平原地踏步，从而工作没有什么创造性积极性，这时候，就要考虑另换人选。因为，任何一个企业、任何一个单位，就像在大江大河的风浪中行船一样，不进则退。一个人才没有上进心，老在原地踏步，对企业对单位都没有好处。

另外，任何人都逃脱不了岁月的折磨，任何人才，都有年龄、精力和身体状况的限制。这些方面会对技术水平的发挥起到关键作用。换句话说，年龄、精力和身体状况是才能得以发挥的前提和基础。

所以，一旦人才在这几个方面开始走下坡路，开始影响到工作的开展和能力的发挥，就应该及时另选人才来代替。从人的一生来看，任何人的才能发挥状态都有一个规律，就是从低到高，然后，再从高到低。到了顶点，也就是到了关键点、分水岭。所以，老板和领导应该注意某个人才的高峰期，出现了高峰期，就应该及早准备，储存必要的人才。

当然，这只是一个大概的情况，不排除有的人才一生中有几个高峰，所以，还应该区别对待，不能搞一刀切。

首先是了解人才的专长，其次是了解人才专长发挥的最佳时期，这是做到知人善任的两个前提，也是两个准备。重用人才，具体地说，就是运用有专长、并且专长正能发挥的时期的人才。

另外，如果是一个具有长远眼光的老板，就应该着力于培养和增进人才的特长。有的老板和领导，把人才当作纯粹的工具，可能因为人才一时处于低潮，就随时随地把他们赶走。这样的老板和领导，永远也没有心腹的干将。

聪明的老板，看中了一个人才后，不但重点发挥他的专长，还千方百计创造机会，让人才得到更加严格、更加高水平的锻炼，让他的才能得到进一步的提高。这样，人才能力的提高，实际上是再造了一个新人才，无论从付出的成本来看，还是从使用的效率来看，还是从与自己的关系来看，都是十分划算的，比新引进的人才要节约得多，价值更大。所以，老板和领导在使用人才时，应该特别反对一种偏见，即外来的和尚好念经。其实，自家的和尚未必比未来的和尚差，只是各有优势而已。

日本的索尼公司，是世界顶尖级别的高技术公司之一，它在用人方面就有其独特之处。索尼公司一贯就有重视科技和人才的历史。在索尼公司，有超过20%的员工是技术人员，比一般的企业多出一大截，后者的研究人员甚至少于10%。从费用的投入来看，索尼公司每年用在研究方面的资金要占到总销售额的7%，一般的企业能达到5%就算是高的了，绝大多数只有2%、3%的左右。

索尼主要通过考试和实际的工作业绩来录用和提拔科技人员，公司在提升某人什么职务，或者分配某人什么工作的时候，依据的主要是他的考核成绩，以及在实际工作中显示出来的能力，对学历并不十分看中。实际上，日本与其他亚洲国家一样，十分重视学历。

索尼公司却与主流风气不一样。典型的例子之一是索尼的创始人之一盛田昭夫，他早在上个世纪60年代就写过一本书，叫《让学历见鬼去吧》，十分畅销。他的主要观点听起来甚至十分极端，因为他主张把人们的学历和档案材料付之一炬，打破唯学历是用的错误观念。

为了充分发挥人才的能动性、创造性和潜力，索尼公司弘扬的企业文化是："让工作适应人，不要让人适应工作。"索尼公司的发展历程不是没有坎坷，它在市场上也曾经一度处于老对手松下的下风，但是，即使在最低潮的时候，索尼公司都能及时扭转被动局面，获得稳定发展，盛田昭夫就曾说过：从长远来看，索尼公司有优于松下的技术力量，几年之内就可以东山再起。

总体来说，重用人才，也要注意竞争上岗，用人才本身不是目的，将事情做到最好，是努力的目标，谁能最靠近这个目标，谁就是最合适的人选。

所以，真正善于用人的老板们，考虑的问题有三个基本要素，一是人才的专长是什么，二是工作领域的特点是什么，三是怎样将人才的专长和工作领域的特点有机结合在一起。

★因事设人绝不因人设事

不数日，只见小喽啰探知备细，报上山来："高俅近日招募一水军，叫叶春为作头，打造大小海鳅船数百只。东京又新遣差两个御前指挥，俱到来助战。一个姓丘名岳，一个姓周名昂，二将英勇。各路又添拨到许多人马，前来助战。"宋江便与吴用计议道："似此大船，飞游水面，如何破得？"吴用笑道："有何惧哉！只消得几个水军头领便了。早路上交锋，自有猛将应敌。然虽如此，料这等大船，要造必在数旬间方得成就。目今尚有四五十日光景，先教一两个弟兄去那造船厂里，先薅恼他一遭，后却和他慢慢地放对。"宋江道："此言最好！可教鼓上蚤时迁、金毛犬段景住这两个走一道。"吴用道："再叫张青、孙新，扮作拽树民夫，杂在人丛里入船厂去。叫顾大嫂、孙二娘扮做送饭妇人，和一般的妇人杂将入去。却叫时迁、段景住相帮。再用张清引军接应，方保万全。"前后唤到堂上，各各听令已了。众人欢喜无限，分投下山，自去行事。

——《水浒传》第八十回

俗话说，知己知彼，百战不殆。及时雨宋江在面对高俅的水面进攻时，举棋不定。吴用建议，需趁对方船只尚未造成之机，先去探听虚实，好对应作战。于是，便派善于飞檐走壁，健步如飞的鼓上蚤时迁、金毛犬段景乘虚而入；命长期以开店营业的张青，孙新扮作农夫，杂在人群中混入船厂；命熟悉农妇生活的顾大嫂、孙二娘扮作送饭的妇人和一般

的妇人混杂进去。这样,就形成了一个互帮互助、多管齐下的探敌之策,深入对方腹中,探听军情。

吴用这种知人善任的方法,不但为梁山英雄战败高俅提供了准确的情报,更为后人在使用人才时展示了因材施用的典范。

作为一个领导知人善任十分重要,但要真正做到却不容易,他必须具备对人才的根本认识,必须了解人才分工和配置的学问,同时,还要能够懂得因事用人的道理。宋江和吴用就具备这种本领。从现代企业经营来看,用人的学问是最重要的,因为在企业中,人的因素往往是决定因素。松下认为,作为企业管理者一定要努力学习掌握人才分工和配置这门学问,一人可以做好的事,就不必两人去做;该两人做的事,也要依各人的特长,做适当的分配。

吴用

假设一个公司原本有三个部门,现在想将它缩小成为一个,同时要将它提升为世界性的事业,这种做法正确吗?原来的三个部门都有相当程度的规模,并且都能为公司赚进一笔财富,想要放弃其中任何一个,都会令人舍不得。但为了更远的目标,应该超越这层障碍,全力集中在最好的一项,将它提升到世界性的水准。这样一来,资本就会集中在一个项目上。松下认为,这种办法是提高企业规模,扩大企业影响,争夺海外市场的重要举措,他认为,今后日本就应多朝这个方向发展。

松下认为,对于企业的经营规模,一定要有一个清醒的认识,对那些分散的公司,该合并的公司就合并,分立较好的就分立,这种决定要经过详细的考虑。因为一般企业的经济能力都有一定的限度,想在这么广大的世界中,推展一项出色的工作,资金一定不够。如果把范围缩小,同样的经营力就可增加其深度了。

今天,松下所提倡的那种合并和兼并的理论已受到了人们的普遍重视,企业兼并在国际范围内层出不穷,这些都充分证明了松下在企业管理方面的远见卓识。

当然,松下所提倡的这种理论还可以运用到企业的内部管理中,在松下看来,一件工作,如果由一个人负责就可以做得很好,就没有必要多用人手。如果需要多一点人来负责,就要考虑每个人的适应性,做适当的分配。在经济开放的今日,企业的重新组合以及人员的适当配置问题都是非常重要的。

另外,因事用人的原则,也是各级领导者必须认真研究、灵活运用的一条十分重要的用人艺术原则。随着我国改革开放的不断深入,它在领导用人的实践中将会显示出日益

诱人的生命力。

艾柯卡被企业界称为扭亏为盈的管理之神,他改变了克莱斯勒公司危机四伏、险象环生的命运,创造了奇迹。而艾柯卡因事用人的领导艺术是这一奇迹出现的最主要因素。所谓因事用人原则,是指在用人行为中,领导者必须根据领导管理活动的需要,有什么事要办,就用什么样的人,决不能有什么人,就去办什么事。因事用人,是以"任务"为中心,而非以"人"为中心来选任务,这就使得用人之道变得有科学根据和标准。因为领导者不是根据"我喜欢此人否",或"此人能用否"等做决策,而是根据"这人于此一职位是否能最有成就"来判断。显而易见,确立因事用人原则的根本宗旨,在于极俭省地利用人才资源,把人安排到适当的、相应的职位上。因事用人、人事相宜的原则重建克莱斯勒公司领导班子,这也是艾柯卡成功的关键。

与因事用人的原则相反,是因人设事的用人方法,这也是当前领导者在用人方面常犯的错误。例如,不根据工作岗位的需要,乱安插人员,巧立名目,拉亲带故等。按照因人设事的思维轨迹来考虑问题和处理问题,势必出现各种各样的用人弊端,如该办的事找不到合适的人;无用之才出不去,有用之才进不来;一部分"多余的人"在于着"多余的事"。机构臃肿,人浮于事,层次重叠,内耗丛生,效率低下,最终影响了一个地区、一个部门、一个单位的管理目标的顺利实现。

因事用人的"事"在管理学上是一个目标概念,它既包括现代管理活动的总目标(整体规划),又包括在这一管理过程中的各个分目标(局部规划)。领导者只要严格按照管理活动的总目标以及各个分目标的要求来选才、用才,就可以断定,你所选用的下属肯定没有一个是"多余的人"。首先,领导者要设计科学合理的职位,根据管理活动对"办事"的数量和质量的要求,恰到好处地选用各类人才,做到就事择人,就能授职,事得其人,人尽其才。具体说来,事多——增加人数,或者提高人"质"(用能人);事少——减少人数,或者降低人"质"(用常人);事难——提高人"质"(用能人);事易——降低人"质"(用常人);事既多又难——既增加人数,又提高人质;事既少又易——既减少人数,又降低人"质"。其次,领导者必须根据不同时空条件下需要办的事对人才提出的不同要求,因事制宜地选用最合适的人才。即:实现近期目标——选用具备脚踏实地、埋头苦干精神,果断、干练,有创见、能领导会领导意图的人才;实现中期目标——选用具有一定战略目光,既能了解本地区、本单位的局部情况,又能看见周围地区的发展形势,有胆识、敢想敢干的人才;实现远期目标——选用目光远大,具有较强宏观思维能力,能够预测客观事物的发展趋势,同时又具有坚韧不拔、百折不挠的气质,能够广泛团结群众的人才。再次,领导者还必须审慎地根据管理活动对办事的速度要求,选用最合适的人才。在事与人之间,办急事——选用胆大心细、果断干练的人才;办缓事——选用细致耐心、稳重老练的人才。

总之,各级领导者唯有按照"由事到人"的思维轨迹去指导和制约用人抉择,才能在用人实践中真正做到:根据目标管理的需要,掂量和筛选自己面临的各种事情;为各种必

须办的事情物色最合适的人选。经过因事设人之后，通过各种渠道，采用多种方式，从外地区、外单位甚至从外国大胆引进本地区、本单位紧缺的人才。相反，凡是本地区、本单位"多余"的人才，在征得本人同意之后，应根据其专业特长和素质条件，及时交流到最能扬其所长的地区和单位去工作，决不搞养而不用。

唯物辩证法告诉我们，凡事不可绝对，不可一概而论，特别是用人之道更是如此。在特殊的情况下，因人设事也是必要的。例如，美国通用汽车公司的史洛安，为了使发明家凯特林的创造性能得到最大的发挥，曾筹建了以凯特林为中心的通用汽车公司的工程部门。但应该注意的是"因人设事"之所因之人，必须是一位真正有突出才干，从长远上大有作为的人，确实能担当特殊的任务，做出特殊的贡献。

综合以上观点，可以看出灵活掌握人才分工和配置，全面实行因事用人，才能做到真正的用人所长，使自己的事业在竞争中发展，永远立于不败之地。《有效的管理者》的作者、著名的管理专家彼得·F·德鲁克曾经讲过这样一个故事：

林肯在总统任期内，正值南北战争。开始他在启用总司令的决策上，强调人无重大缺点。连续选用了三四个将领，虽然他们所领导的北军在人力、物力上都处于绝对优势，然而在四五年内，却反被南军那些浑身都是大小缺点的将军击败。直到 1846 年以后，林肯启用酒鬼将军格兰特做总司令，才有了转机。当时有人劝林肯，说格兰特好酒贪杯，难当大任。林肯从自己的实践中得知格兰特是将才，对劝者不以为然，反而说："如果我知道他喜欢什么酒，我倒应该送他几桶，让大家共享。"林肯并不是不知道酗酒可能误事，但他更知道在北军诸将领中，只有格兰特能够运筹帷幄、决胜千里。

后来的事实证明了格兰特将军的受命是完全正确的，成为南北战争的转折点。

历史上最有名的"钢铁大王"卡耐基，他实际上是一个对冶金技术一窍不通的门外汉。虽说卡耐基不懂冶金工业技术，但他一直能找到精通冶金工业技术、擅长发明创造的人才为他服务。最出色的炼钢工程专家之一比利·琼斯，就终日在匹兹堡为卡耐基钢铁公司埋头苦干。

一个工程师在开发新产品上也许会卓有成就，但他并不一定适合当一名推销员。反之，一名成功的推销员在产品促销上可能会很有一套，但他对于如何开发新产品却一筹莫展。

有这样一个例子：一家大的化学公司花费重金雇用了一位著名的化学教授，从事某一种重要产品的开发，然而几年过去了，老板终于不得不痛苦地承认雇用这名教授是个天大的错误。原因是这位老先生在宁静的大学校园里搞研究可能很有成就，但置身于商业竞争极为激烈的市场，则无法适应巨大的压力，因而无法推出适销对路的产品。

聘请这样的人对公司无疑是一种损害。如果老板在决定雇用一个人之前，能详细地了解此人的专长，并确认这一专长确实是公司所需的话，这类错用人的悲剧还是可以避免的。

★巧用偏才

晁盖道:"好却是好,只是没人会写蔡京笔迹。"吴学究道:"吴用已思量心里了。如今天下盛行四家字体,是苏东坡、黄鲁直、米元章、蔡京四家字体。——苏、黄、米、蔡,宋朝'四绝'。小生曾和济州城里一个秀才做相识。那人姓萧,名让。因他会写诸家字体,人都唤他做圣手书生,又会使枪弄棒,舞剑轮刀。吴用知他写得蔡京笔迹,不若央及戴院长就到他家赚道:'泰安州岳庙里要写道碑文,先送五十两银子在此,作安家之资。'便要他来。随后却使人赚了他老小上山,就教本人入伙,如何?"晁盖道:"书有他写,便好了,也须要使个图书印记。"吴学究又道:"小生再有个相识,亦思量在肚里了。这人也是中原一绝,现在济州城里居住。本身姓金,双名大坚,开得好石碑文,剔得好图书、玉石、印记,亦会枪棒厮打。因为他雕得好玉石,人都称他做玉臂匠。也把五十两银去,就赚他来镌碑文。到半路上,却也如此行便了。这两个人,山寨里亦有用他处。"晁盖道:"妙哉!"当日且安排筵席,管待戴宗,就晚歇了。

——《水浒传》第三十九回

且说及时雨宋江因在浔阳楼上题诗,遭到了小人黄文丙的诬陷而落入了江州蔡九知府的牢中。梁山好汉为了营救宋江,意欲派人传递蔡太师的假书信,使宋江免遭杀头之罪。可是,却苦于无人擅长蔡太师的书法,也没有蔡太师的印章。为此,吴用献策:令神行太保戴宗前往济州城里"搬取"会诸家字体的圣手书生萧让和长于雕刻碑文的玉臂匠金大坚上山,双人合璧地"打造"一封蔡太师的家信以营救宋江。

其实,这也是人才互补、用其所长的韬略。在现实生活中,每个人都会有他的长处也有他的弱点。如果能够避其短而用其长,或是进行优势互补,双剑合璧,就一定能够产生良好的效果。

在上面的故事里,宋江的生死全取决于萧让和金大坚他们所掌握的模仿笔迹雕虫小技,真让人感慨偏才、小才有时也能够派大用场。

自古以来,高明的管理者在管理人才时,总是根据人才的潜能,特长和品德合理的使用它们,分配给人才使用的权力必须足够使其发挥作用,如果出现错误,在结合其优势教育人才合理改进,人才自然会愉快地接受。如果分配给人才的职位,根本不能发挥他们的才能,在这种情况下,人才连适应都来不及呢,哪里还能发挥什么天才呢?而事实上,在我们的周围确实有许多人具有一些特别的本领,例如:

辩论道理的人,资本在于一张嘴;

隐居的人,资本在于志向;

勇士的资本在于胆略;

有技术的人,资本在于一双巧手;

商人们的资本在于往来于流通界,了解行情。

所以,作为领导人需根据以上各种偏才的条件进行安排,假如古代著名的神箭手羿和他的徒弟拿繁弱这样的良弓在这里,但是却没有弓弦,就不可能将箭射中目标。人才发挥作用建功立业也同样需要有客观条件,条件不具备时,人才即使有商汤和周武王的能力,也会徒劳而无功,发挥不了作用。另一方面,人才各有不同,有的人善于按最高管理者意志做事,能做到这点时,他就很容易满足。有的人志在管理好全局,全局管理好了,他就会高兴。有的人懂得管理社会的道理,懂得什么事现在可以做,什么事将来可做,善于适可而止,长远安排。更有一种人,能够按人本质地由己及人的管理好事物。如果能辨别以上各种情况,那么这个领导人才能真正称为伯乐。

从用人的实践来看,有时用人的智慧和艺术,特别表现在偏才运用方面,三国时期的诸葛亮他手下的人才主要有两个来路:一是早先跟随刘备走南闯北的旧部,如张飞、关羽等人;二是跟随刘备入川的荆楚人士,如庞统、蒋琬等。对于这两路人才,他都一视同仁,只要谁有真本事,符合"贤材"标准,都给录用。在用人上,他不求全责备,只要是有一方专长的人才,哪怕有一些特点,还是用其所长。他的手下有两个性情古怪的将领,一个叫杨仪,一个叫魏延。杨仪有智谋,会出点子;魏延勇敢,很会打仗,但他们也有太多的短处。就个性说,杨仪十分固执,魏延非常霸道。对于这样有明显特点的人,诸葛亮还是大胆地使用,用其所长,避其所短。在用人上,他还不讲资历,不论出身,只要有功绩、有本事,都予以提拔。以上实事充分证明,当我们使用人才时,只有把握其个性,因势利导,才能使人才发挥出最大的能力。

春秋时,季康子问孔子:"仲由这个人,可以用他做管理工作吗?"孔子说:"仲由果敢决断,做管理工作不会有困难。"

季康子又问:"端木赐可以做管理工作吗?"孔子说:"端木赐通达情理,做管理工作不会有困难的。"

季康子再问:"冉求可以做管理工作吗?"孔子说:"冉求多才多艺,做管理工作不会有困难。"

舜管理天下时,让禹做管理工作的司空,让契做管理官员和民政的司徒,让自陶做管理刑狱的司理,让稷做管理生产的司田。这四个人,是天下的贤人,尚且只精通一个行业的管理工作。

在上面的这个故事中,孔子对于人才的个性有正确的认识,而且使用的恰到好处,而舜则对于四个贤人的特长都由相应安排,这就是把握人才个性的本领。

我们应该看到,没有一个人才是十全十美的,以清代名臣曾国藩而言也是如此,我们知道,曾国藩个性中的智力方面算不得聪秀,甚至略显钝拙。曾国藩自己在日记中也经

水浒传

常说自己天性鲁钝，观其做学问的方法：为文则百经史百家以为之基，学持则抄十八家诗以立基本，即可知道他绝非天才之辈。

以曾国藩个中的性情而言，他为人忠厚，诚恳，富于同情心，但也缺乏敛财的能力，自己标榜"一生不爱钱"，做官做到高兴时或看到别人处境可怜时都命得拿出自己的积蓄来安抚或解人之危，但这种不爱钱的个性使他对湘军的经费筹措不利，所以，后期湘军因缺乏饷金而军纪不整，威风大大降低。

以曾国藩的通达应变能力来讲，他崇尚忠诚，为人诚实，持躬处世，但过于拘泥古制，他奉孔子、孟子、程子等人为至圣，所有的行动都遵守古制，不肯越城池一步，对于祖文星同分的话，他视若珍宝，经常言涌，并以之束身律己，他看到僧格林沁使用围堵之法剿捻有成功之利后，自己也毫不改样地搞起了开游疏交，据河固守的战术，以至两年未收功效，急坏了皇上和慈禧太后。

以曾国藩个性中的态度来讲，他主张以整齐严肃而树立威信，却又喜爱于肃穆中具"幽默"之风趣。李鸿章曾回忆说："老师总是饭后同大家围坐谈话，他经常讲笑话，逗得大家肚子都笑疼了，但自己不笑，只坐在那里手持长须，若无其事。"

曾国藩

平心而论，根据曾国藩的这些表现打分的话，充其量只能得着中等成绩。但是为什么皇上在众多的大臣中，就选中曾国藩出面去组织湘军呢？我们说除了有"丁忧"返籍这一契机外，皇帝更多的是看中了他的个性——资质平凡但意志坚强，为人拘谨但忠诚仁爱，一旦以汉臣之身份拥兵，也绝不会有谋反之心，尽管朝廷上下也有过怀疑猜忌，但无论是咸丰而是慈禧都明白，那不过是小人的心思而已。所以，慈禧不但对曾国藩赏爱有加，而且敢把调到京畿附近，任直隶总督呢。

从现代企业管理来看，所谓使用偏才，就是要善于从"不能用者"之中找出人才，来加以运用。

在200年的历史长河中，杜邦家族能取得如此丰盈的成果，获得全方位的发展，确实令人惊叹。人们不禁要问：杜邦公司有什么秘密武器没有？翻开杜邦公司的发展史，就会发现：这里荟萃了科技人才、管理人才、金融人才、公关人才……各式各样的人才。人才就是杜邦公司的秘密武器。人才成为推进杜邦公司无止境地向前发展的最强有力的动力。

杜邦家族,不断注重提高自身的素质,因而后劲十足。

杜邦家族,作为杜邦公司的所有者和管理者,家族许多人具有他们所从事的产业的专门知识,家族本身就是一个人才的聚合体。公司创始人艾乐·杜邦从师于"近代化学之父"拉瓦锡;亨利·杜邦毕业于美国西点军校,对公司的管理形成了一套独特的适应军火生产企业的、半军事化的管理方式。拉蒙·杜邦和犹仁·杜邦,均毕业于宾州大学化学系,酷爱化学实验并颇有成果。他们叔侄三人组成的班子,可以说是管理型人才与技术型人才的合理的组合。第三代接班人艾尔弗雷德第二和科尔曼·杜邦同年同班毕业于麻省理工学院,另一位主要管理者皮埃尔·S·杜邦第二也毕业于麻省理工学院;皮埃尔的两位弟弟,即从20世纪20年代开始进入公司挑大梁的艾乐·杜邦第三和拉蒙第三,均具有麻省理工学院博士学位。这是杜邦家族的第一批博士生。杜邦家族出了3500位博士。

杜邦公司既是一个大财团、大企业,也是一个高级研究院、实验站。

在杜邦公司的实验室里,有许多才华横溢的科学家们在有条不紊地进行多学科的科学研究工作。

杜邦公司非常重视人才,且任人唯贤。

皮埃尔·S·杜邦第二以上乘的科学条件和丰厚的薪金待遇,吸引了一大批来自哈佛大学、耶鲁大学、宾夕法尼亚大学、麻省理工学院的优秀大学毕业生。杜邦不搞论资排辈,对优秀的、有成果的,立即重奖提拔。

科学研究上的重大突破,是杜邦产业长盛不衰的重要源泉。杜邦实验室推出了一系列崭新的具有革命意义的产品:

人造橡胶——杜邦公司的研究成果。

硝酸纤维素亮漆——杜邦亮漆。

塑胶——杜邦公司首先推出。

尼龙——杜邦的骄傲。

四乙铅汽油——杜邦公司的奇迹。

目前杜邦公司有4000多位杰出的科学家。

杜邦公司十分重视科研投入。1982年,公司在研究上花了近10亿美元。1981年,公司又在威明顿投资8500万美元建造一座生物工程大厦。可见,杜邦公司不仅重视高级科研人才,而且十分注重培训有文化有技术的工人,它的发展正是重视人才这一公司策略的充分体现。

★厚赏忠心耿耿的下属

武松坐到日中,那个人又将一个提盒子入来,手里提着一注子酒。将到房中,打开看时，摆下四般果子，一只熟鸡，又有许多蒸卷儿。那人便把熟鸡来撕了，将注子里好酒筛下，请都头吃。武松心里忖道："毕竟是何如？"到晚又是许多下饭；又请武松洗浴了，乘凉歇息。武松自思道："众囚徒也是这般说，我也这般想，却是怎地这般请我？"到第三日，依前又是如此送饭送酒。

——《水浒传》第二十八回

武松杀死西门庆和嫂嫂潘金莲后，被阳谷县知县发配至孟州城服役。奇怪的是武松作为新来的配军不但没遭受一百杀威棒，反而受到了莫名其妙的好处。日日有人以好酒好菜伺候，还从牢里转到干净、舒适的房间里歇息。这令武松好生奇怪，便问服侍他的人，谁让他这么干的。那人说是管营的儿子施恩。于是，武松便强烈要求要见此人。在狱卒的引领下，武松见到了这个布惠于他的人——施恩。由此，施恩便向武松透露了自己被蒋门神夺去了快活林，遭其压抑的原因。他之所以如此款待武松，是慕其武功高强，想借用武松的外力打败蒋门神，夺回快活林。武松是个极讲义气的汉子。听了施恩的这番话后，豪气干云地醉打蒋门神，帮施恩重霸了快活林这块天地。可见，巧借外力，施惠于人，对建立自己的事业有很大的帮助。

武松

这是一个施之以恩，用之于忠的用人故事。古人指出，"求将之道，在有良心，有血性，有勇气，有智略"。对于那些本性忠良的人才，一定要大胆施恩，以鼓励他的忠心。这样的话，有良心者能够忠一不二，为知遇者舍生忘死，有血性者，能够有一腔忠心的报国的义气和情怀，有勇气者，面对强敌而毫无畏惧之。而忠良的下属，如果兼有智略者，更能用运筹于帷幄之中，决胜于千里之外，这样的忠良人才当然人见人爱，人见人用。因此选拔人才的人，对于忠良之才只求有一方面的长处可取，不可因为有一点缺陷而抛弃了忠良之才。如果对于忠良之才的人过分苛求，则奸猾无能之辈反而会侥幸得以保全，并被重用。

古人指出，对于突然得到了好处，不能看作是幸事。所以过分得到宠爱是人生一大不幸，古人认为"冬华之木，春不必实，早慧之子，年不必寿"，所以，天下没有无缘无故的晚餐，无功受禄虽是好事，但毕竟不能长久，所以无论对于何种宠人，都要帮他建立功劳，

354

才可以使他有所作为。

所以，被宠爱的人才应以自立为本，通过自己的努力而得到上司的赏识。

春秋时期，赵国太后最喜欢小儿子长安君。当时，赵国正遭受秦国的进攻，就向齐国求援。齐国要赵国以长安君为人质，才肯出兵相救。赵太后舍不得小儿子，硬是不答应。

左师触詟面见太后说："父母疼爱儿女，就要为他们的将来着想。您看咱们赵国自肃侯开国以来，当时封了侯的人还有继承人在吗？其他国家王侯的子孙还有接着当继承人的吗？"太后说："没有。"

触詟说："可见权势这东西，很难保得住。弄得不好，近害自己，远害子孙。不是国君们的子孙不好，继承不了，而是位尊无功，禄厚乏劳。如果您让长安君占了很高的地位，封赐给他很多土地。一旦您归了天，长安君无功无劳，他在赵国能保得住这些吗？"

太后终于被说服，送长安君出齐国作人质。这就好像春天种树到秋天收获一样足让长安君有了立功建业的资本，后来齐国便出兵击秦，救了赵国。

当然，对人才的恩宠也是有限度的，特别是当人才出现错误时，领导者也要因错而责之，示宠以改之。

对于有错者，毁灭性的带有人身攻击的批评时无效的、严厉的批评是危险的，因为可能伤人的自尊心，并引发人的愤恨，受过攻击性批评的人多半会自我防卫，找借口来逃避。

因此对于有错的人才而言，批评是有必要的，可以帮助修正错误，步调一致完成目标，所需要的是在掌握批评技巧的同时，要及时示宠，以帮助他改之：

一、批评要私下面对面传达。

批评的目的是为了达到良好的效果，并不是使对方自我退缩，即使批评的动机完全正确，而且也只是希望对方能够改正，也不能忽略他的接受方式。因为不论指责如何正确无误，只要有第三者在场，便容易招致对方的怨恨，因为被批评者会觉得自尊心受损，颜面尽失。而且书面或其他远距方式的批评，不但不够直接，而且会让对方没有回应与澄清的机会。

二、在进行批评前，先肯定对方的成绩。

因为肯定、赞扬对方，能够制造友好的气氛，可以使对方情绪安稳、平静下来，知道自己并没有受到攻击；反之，若把下属召唤来，一开头便劈头盖脸地训斥，便会很自然地产生一种反射性地防卫以保卫自己。一旦产生了这种防卫心理，即便批评再正确，也很难听进去了。

三、体谅他人，不做人身攻击。

在对他人进行批评时，要先考虑一下对方在听到这样的话后会有什么感受，这便是前面所说的同感。具有深切同感的领导是不会做出贬低、攻击他人的批评的。

四、批评要具体、有针对性、就事论事。

如果只告诉对方你做得不好，而不说明白错在哪儿的话，往往收效甚微。因为这种结论式的批评无法使他服气,使一个人承认自己错了绝不是件容易的事。

五、提出解决方案。

在指出对方错误的同时,应该指出正确的解决方法,因为批评所要做到的,并不只是指出对方的错误,而是要对方改正错误,避免再犯。

六、不能用命令的方式要求对方怎么做。

用命令的口吻对对方提出指示,容易使对方产生不平等的压迫感,会失去人心。运用请求、拜托的方式,可以使对方自觉为团体的一员。

七、只批评一次。

对于对方所犯的某个错误只要提醒一次就够了,第二次批评是不必要的,第三次便是哆嗦的。因为批评的目的不是为了战胜对方的自我,而是更好地完成目标。在批评别人,总倾向于把以前的旧账翻出来再评论一遍,如此喋喋不休,不仅愚蠢,而且于事无补。

八、批评最后要鼓励。

"好了,你可以走了",这往往是一顿训斥的结语,是否真的是好了呢?如果改为"我想你一定已经明白了我的意思,好好干吧!"就可以为这修正错误画上句号。

从现代企业角度来讲,所谓对人才的感情投资,无外乎从人性角度尊重人才和充分发挥他们的主观能动性两个角度来看,世界著名企业默克药厂以人性用语描述员工职责就可称为是一个典型案例。

总公司设于新泽西州的拉威城,由默克家族创立的默克药厂,目前已是全美最大的制药公司,同时与西德的拜耳药厂、赫司特药厂鼎足而立,成为举世闻名的大药厂。

默克在美国拥有近两万名员工,约有四分之一在拉威工作。该公司于 1933 年设立实验室,招聘杰出科学家,从事药品研究。研究经费高达公司盈利的百分之十,但成果却是举世皆知的。以沙雷特博士为例,他于 1944 年为默克研究出可的松,为当时最复杂的有机化学品,更是治疗风湿性关节炎与发炎症状的先驱。他服务四十年,已累积了两百多项专利药品。另外,诸如治疗高血压、青光眼、抗生素、肺炎疫苗及 B 型肝炎疫苗,皆是默克实验室历年的成果。

首先将科学与经商相结合的,是乔治默克。他毕业自哈佛化学系,对实验室的工作人员,他经常说:"医药是用来治病,不是为了营利,但利润会自然随之而来。记得这一点,就会赚取利润,记得愈清楚,利润就愈高。"

尽管实验拥有五百多名博士员工,但药厂的其他部门则不需如此高的学位。该公司除了研究人员,还聘有化学、电器、环境、电脑、会计、市场研究各方面的专才,以推展公司业务。

默克公司的资薪福利措施在美国工业中,算是最优厚的一家,这足以显示它非常尊重员工。除了为员工支付医疗保险,还安排退休金与人寿保险。更鼓励员工储蓄。譬如,每储蓄两元,公司就提供一元的相对基金。这些钱如何投资,均由员工决定,如投资股票、债券、共同资金、储蓄工具等。

默克公司的管理相当杰出。它有优良的训练与教育计划,其高水准的人力资源部门,定期广纳员工意见,然后与其他公司比较。结果显示,默克员工大都以厂为荣。事实上,在默克公司,员工皆有济世救人的心胸,对自己的工作均有强烈的责任感。有时,该公司的刊物即显示劳资双方十分融洽。该公司公开与员工讨论业务,以人性用语描述员工,每个员工莫不认为:"这家公司很珍视人,所以直接用睿智的方式称呼员工,既不虚假也不卑亢。"

与此可以相提并论的是玛丽·凯公司与众不同的"期限管理",他们提出的口号是作为企业的领导者应该热爱他的员工,而不是高高在上。玛丽·凯·阿什是美国的一个大器晚成的女企业家。她不但热爱自己的员工,而且十分重视妥善地管理人才,她认为,人才是一个企业中最宝贵的财产,企业管理的关键是人才管理。

她要求作为一名经理应尽量公正待人,论功行赏。有时,一名经理必须采取解雇人员的行动时,首先必须表现出极大的克制和同情,同时也还有一个采取正确的方式方法问题。玛丽·凯·阿什在阐述她的做法时说:

"我每次遇到员工不称职时,采取一种与众不同的做法。我的第一个行动,是同这个员工商量,她采取哪些具体办法可改进工作。我提出建议并规定一个合情合理的期限,这样,她也许会马上获得成功。不过,如果这种努力仍不能奏效,那我必须考虑采取对员工和公司可能都是最好的办法。我常常发现,一个员工不能胜任工作时,最不好受的是这个员工本人。

"例如;要是我部下的一个负责公共关系的员工在大庭广众之下不敢发表讲话,也就是说,此人身上缺乏号召其他人所必须具有的那种能力,我就会用'我们愿意别人怎样对待你们,你们也应该那样去对待别人'这条金科玉律来解决这个问题。我会问一问自己,假如我是这个员工,我会怎样想?"

"于是,我会对她说:'简,我们在一起工作了两年,每当我看见你在大庭广众之下,我就知道你浑身不自然。我看到,你在这种场合如同活受罪一样。我衷心希望这不是真的。不过,简,我认为让你干这种工作确实不太合适。我们喜欢你,希望你能成功。请问,你想不想试别的工作?'如果在我们公司内实在为她找不到一个合适的工作,我不会像扔废报纸那样抛弃一名员工。"

"有些经理肯定不同意我的这种见解,他们认为,一旦你解雇某人,某人就必须'收拾东西滚蛋'。但是,每遇到这种不常见的事,我宁愿失之于'宽厚待人',不愿失之于过分,公司需要的是中坚分子。"

★雪中送炭最得人缘

戴宗道："兄长休借这银与他便好。却才小弟正欲要阻，兄长已把在他手里了。"宋江道："却是为何？"戴宗道："这厮虽是耿直，只是贪酒好赌。他却几时有一锭大银解了，兄长吃他赚漏了这个银去。他慌忙出门，必是去赌。若还赢得时，便有的送来还哥哥；若是输了时，那里讨这十两银来还兄长？戴宗面上须不好看。"宋江笑道："院长尊兄何必见外，量这些银两，何足挂齿，由他去赌输了罢。我看这人倒是个忠直汉子。"戴宗道："这厮本事自有，只是心粗胆大不好。在江州牢里，但吃醉了时，却不奈何罪人，只要打一般强的牢子。我也被他连累得苦。专一路见不平，好打强汉，以此江州满城人都怕他。"

——《水浒传》第三十八回

善与人交，是及时雨宋江团结他人的拿手好戏。即使性烈如火，贪酒好赌的李逵，宋江也乐意结交。上文中，当神行太保戴宗向宋江介绍了李逵这人的品行时，宋江明知李逵借去的银两是肉骨子打狗——有去无回，可他还是含笑说道："……量这些银两，何足挂齿，由他去赌输了罢。"

《水浒传》从后面的故事中不难看出：宋江的慷慨施舍为他赢得了良好的人缘与口碑。如此文中的黑旋风李逵，天不怕地不怕，但在宋江的面前却是服服帖帖，唯命是从，就连自己的首级也愿为宋大哥随时取去。

由此可见，施以恩惠，善于人交在使用人才的过程中是非常重要的。

"良禽择木而栖，贤士择主而事。"这是一句古时的俗话。"择主而事"其实是很有政治上的自由度的，换言之，也即政治上的选择权利很大、很自由。春秋战国时期，国家有很多个，出境也很自由，在这个国家过不下去了，马上可以移民到别国去；这个国家的君主太专制、太昏庸，就可以到君主贤明的国家去。孔子一拨人周游列国就是这样么。后来秦始皇统一了六国，天下归了一个无道的皇帝，逃到哪里也逃不出一个暴政，"择贤主而事"也就成了一句空话。

在刘邦与项羽的争霸过程中，"择贤主而事"还是可以得到充分的体现。这一时期，需要介绍的有两个重要的人物，这两个人物在刘邦争霸期间起了很大的作用。

在刘邦参加起义之初，有一支由彭越领导的反秦武装，不愿离开家乡远征，他们始终在家乡附近的巨野泽活动——刘邦西征时，彭越曾帮助攻打昌邑，但未能攻下。后来刘邦放弃了攻打昌邑城的计划继续西进，而彭越因留恋他的根据地，也没有跟随刘邦一起西征。

正是这个彭越,在反秦胜利时,其武装已发展到了一万多人。因为他没有随项羽入关,所以项羽也没有给他任何封赏。彭越因此不满,对项羽持反对态度。

田荣起兵反对项羽以及刘邦进攻关中地区后,他注意到了彭越的这支武装,想争取他站在自己一边,共同反对项羽。他曾派人授给彭越将军印信,要他进攻项羽。而项羽却满不在乎这支并不算小的武装,始终没有争取这支武装站在自己一边。结果彭越被田荣所争取,配合田荣用兵攻打济阴(今山东省菏泽市)项羽的部队,使得项羽不得不派大将萧公角率军抵抗彭越,结果却被彭越打得大败。彭越的军事实力得到了进一步的发展,但彭越仍然没有离开他的根据地巨野泽。

刘邦

南阳郡一带也有一支反秦武装,为首者是刘邦的同乡王陵,刘邦在参加起义前,曾与王陵相识,并把王陵当作兄长,希望得到王陵的帮助和提携。王陵家庭比较富有,在地方上有相当的影响。大概是由于瞧不起刘邦,刘邦在沛县起义时,王陵没有参加起义军,而是自己别树一帜,在南阳一带活动。后来形势的发展,刘邦被楚怀王任命为西征军的主帅,曾转战南阳一带,而王陵仍然没有参加刘邦的西征军。而可能是由于王陵的军事势力不大,他既没有跟随刘邦,又没有跟随项羽入关,因此分封诸侯时,项羽的名册上也并没有王陵的名分。

彭越已经为田荣所收纳,王陵的武装此时则像一支无根无节的漂萍。在反秦斗争中出过力、立过功的这些零散武装,在新的一轮军事纷争中,究竟何去何从。这是新形势下的一个不大不小的新问题。

如何对待这些武装,是否也要像项羽那样化友为敌,现实为刘邦出了一个难题。实事求是地说,刘邦对于王陵应该是不无怨艾的,过去巴结王陵,对方却对他没有兴趣,不愿结交,这倒在其次;而当刘邦西征时经由南阳,仍然没有得到王陵的配合。按理说,王陵之于刘邦,应该是有嫌弃的。胜利的刘邦完全可以不再理睬王陵,甚至给他一个颜色看。但刘邦并没有这样做。

新的一轮军事纷争的铁幕拉开后,刘邦从汉中地区进攻关中,王陵这支独立的武装力量,因所处的地理位置正当通往关中的南大门武关之前,无论对东进的刘邦,还是对西战的项羽,其重要性都不言而喻。

刘邦并没有忘记王陵。王陵尽管怠慢过刘邦,但刘邦也没有因此而报以颜色,而是主动联络,继续结交。他曾派将军薛欧、王吸,东出武关,主动和王陵联合,但没有成功。

项羽的做法恰恰相反。为拉拢王陵,竟然使出了扣留王陵母亲以要挟王陵的愚蠢办法。项羽把王陵的母亲劫持到军中,迫使王陵派人来谈判。当王陵的使者来到项羽军中

时，项羽让王陵的母亲劝说儿子王陵投向自己而反对刘邦，但王陵的母亲在送别王陵的使者时，哭着叮嘱说："希望你转告王陵要忠于汉王。汉王是个忠厚之人，不要因我而三心二意。让我以死来为你送别吧！"说完竟拔剑自刎而死。项羽见状勃然大怒，命令手下将王母尸体扔进锅中烹煮。这样一来，反而坚定了王陵归顺刘邦的意志，从此以后，王陵一心一意为刘邦攻打项羽了。

项羽为自己的愤怒付出了代价，这个代价便是王陵的复仇。由此可见，为人处事一定要三思而后行。办事只图一时痛快，而对产生的后果考虑得不仔细，则悔之晚矣。聪明人恰好相反，当需要对一件事做出决策时，他们总是左思右想，瞻前顾后，直到对行为的利弊得失形成清楚认识，再做决策。也正因此，他们后悔的事情比较少。这里的聪明人就是刘邦。

项羽

对待王陵，从刘邦、项羽二人对待王陵的两种截然相反的态度不难看出，刘邦善于隐忍并从隐忍中最终得到了善报；项羽绝不能忍并从残忍中尝到了恶果，生活中的善恶报应就是这样构成的。

★把有勇无谋之人派往第一线

何观察并众人听了，尽吃一惊。只见远远地一个人，独棹一只小船儿唱将来。有认得的指道："这个便是阮小五。"何涛把手一招，众人并力向前，各执器械挺着迎将去。只见阮小五大笑骂道："你这等虐害百姓的贼官，直如此大胆！敢来引老爷做甚么！却不是来撩虎须！"何涛背后有会射弓箭的，搭上箭，曳满弓，一齐放箭。阮小五见放箭来，拿着桦楸，翻筋斗钻下水里去。众人赶到跟前，拿个空。

——《水浒传》第十九回

晁盖、吴用等人在梁山水泊初试锋芒后，立即引起了朝廷和当地"政府"的惶恐和关注，为了应对这场战争。吴用和晁盖密谋，利用阮小五、阮小七兄弟们的水中优势，采取

神出鬼没的方法将何涛等人先弄得昏头昏脑后,再各个击破地将何涛的兵卒消灭于水中。阮小五、阮小七等人自动在水中长大生存,对梁山泊的港尾泊汊了如指掌。在戏耍何观察的过程中,阮氏兄弟中的阮小五更是发挥得淋漓尽致。

在用人时,特别讲究用其长处,试想,如若用其短处,那不会坏大事?

我们可以想象,一个工程师在开发新产品上也许会卓有成就,但他并不一定适合当一名推销员;反之,一个成功的推销员在产品促销上可能会很有一套,但他对于如何开发新产品却会一筹莫展。有这样一个例子:一家大的化学公司花费重金雇用了一位著名的化学教授从事某一重要产品的开发,然而几年过去了,老板终于不得不痛苦地承认雇用这名教授是个天大的错误。原因是这位老先生在宁静的大学校园里搞研究可能很有成就,但置身于商业竞争极为激烈的市场,则无法适应巨大的压力,因而无法推出适销对路的产品。聘请这样的人对公司无疑是一种损害。如果老板在决定雇用一个人之前,能详细地了解此人的专长,并确认这一专长确实是公司所需的话,这类用错人的悲剧就可以避免了。

用人所长,还表现在用人的智慧和艺术上,特别表现在偏才运用方面。三国时期的诸葛亮手下的人才主要有两个来路:一是早先跟随刘备走南闯北的旧部,如张飞、关羽等人;二是跟随刘备入川的荆楚人士,如庞统、蒋琬等。对于这两路人才,他都一视同仁,只要谁有真本事,符合贤材标准,都给录用。在用人上,他不求全责备,只要有一方面专长的人才,哪怕有一些特点,就用其所长。他的手下有两个性情古怪的将领,一个叫杨仪,一个叫魏延。杨仪有智谋,会出点子;魏延勇敢,很会打仗,但他们也有太多的短处。就个性说,杨仪十分固执,魏延非常霸道。对于这样有明显特点的人,诸葛亮还是大胆地使用,用其所长,避其所短。在用人上,他还不讲资历,不论出身,只要有功绩、有本事,都予以提拔。

人们常说,做事要讲求具体问题具体分析,根据事实情况,根据对方的特点,来采用针对性的措施。但是,不少人无论在大到国家、民族这样的大事上,还是在小到为人处事上,甚至教育孩子这样的小事上,都不会因地制宜,而是一味蛮干,正面冲突,只会用教条来指导自己的行为,不会变通。看起来,这好像也是在解决问题,其实,并没有抓住事物的本质。

在商业活动中,不少老板的决策都没有依据具体市场特点,没有依据手下员工个人的特性,所以,往往是事倍功半,吃力不讨好。

刘备三顾茅庐,请孔明辅佐自己,争得三分天下有其一,表现了这位明君尊重知识、尊重人才的高风亮节,谱写了一曲君主礼贤下士、知人善任和军师鞠躬尽瘁、死而后已的君臣亲密无间的佳话,实为古代用人的绝唱。不仅如此,刘备还是一位对部下相知甚深、善于扬长避短的宽厚君主,从另一方面表现了刘备作为统帅的英明和富有谋略。在用法正等人的问题上,刘备不求全责备,尽量做到因人设职、扬长避短。为了发挥他们的长处,对他们的种种不足,也暂时采取了宽容的态度。这种策略保证了他事业的成功,同时也为人尽其才创造了条件。

法正是刘备新政权中仅次于诸葛亮的智囊人物，他曾奉命将刘备接进西蜀，因而备受刘备青睐。刘备战胜刘璋，他出的主意最多。刘备攻下成都以他为"蜀郡太守，扬武将军，外统都，内为谋主"。这都充分显示了法正其人的地位远在一般人之上，是刘备不可多得的人才。然而法正这个人也有许多令刘备十分头痛的缺点，他自恃功劳很大，因而打击报复他人也无所顾忌。"一之德，睚眦之怨，无不报复，擅杀毁伤己者数人。"

对于这样一个缺点和优点十分突出的人，需要十分慎重地处理。刘备反复思考：如果撤了法正的职，就失掉了这样一个人才；如果断然干预法正工作，又无法发挥他的作用。经过深思熟虑后，刘备暂时容忍了法正的所作所为。为此，刘备睁一只眼，闭一只眼。

告状者无奈只好找到诸葛亮，让诸葛亮转告刘备制裁法正。对刘备知之甚深的诸葛亮赞同刘备对法正的处理办法，诸葛亮说：现在曹操在北，孙权在东，孙夫人（即孙权妹）又在身边为难，刘备考虑的是应付这些大事。京都一带的难事，还靠法正处理，那能制裁他呢？诸葛亮真诚劝告告状者以天下大业为重，对法正不要求全责备，要看到他对刘备事业的不可替代性，告状者只好暂时放弃制裁法正的念头。但刘备深知让他长期这样下去是不行的，弄得不好，为了一个法正，刘备会失掉大批追随者。于是，待大局一稳定即将法正调到身边，安排"尚书令"这一不易使法正犯错误、又能使其更好地工作的职务。这是令人称奇的妙棋，它妙就妙在既巧妙地抑制了法正的错误，又不使他有冷落之感，从而调动了他的积极性，更好发挥他的特长。刘备忍法正之短，换来的是法正创造性工作；而让法正一道与诸葛亮做参谋工作，正好把钢用在刀刃上。

刘备不愧为明君和仁君。他待人以诚，就像宽厚仁慈的长者。同时他又以容天下英才的博大胸怀，赢得了诸葛亮、法正这样足智多谋的人才辅佐自己的事业。刘备的政治韬略，最集中的就是用人的谋略，是领导者必须具备的基本的政治才能。因为，这是施展其他才能的前提。

汉高祖刘邦是一位善于用人的统帅。在楚汉相争中，他明显居于劣势，然而他却以明显的劣势最终打败了不可一世的西楚霸王项羽，不能不引起史学家们的兴趣。刘邦战胜项羽原因固然很多，有天时、地利、人和诸多因素，然而最重要的恐怕还是刘邦善用人才。在胜利后的一次宴会上，众将领问到刘邦之所以取胜的原因，刘邦回答说：运筹于帷幄之中，决胜于千里之外，我不如张良；管理国家，安抚百姓，保障供给，我不如萧何；统帅三军，战必胜，攻必取，我不如韩信。但这三个人能为我所用，这就是我之所以取胜的原因。众将领听罢，无不为刘邦的知人善任和人尽其才而心悦诚服。

刘邦要与项羽争天下，他首先依靠谋臣张良。在一些重大战略决策上，张良审时度势，分析形势，运筹帷幄，对刘邦战略决策的形成有重大影响。明修栈道、暗度陈仓的谋略就出于张良。对这样一个智谋过人的军师，刘邦十分尊重。在争天下的日子里真正做到了君臣无猜。

萧何是刘邦的后勤部长。语云：兵马未动，粮草先行，在战争中后勤保障的重要由此可见一斑。萧何以自己的突出才干，保证了刘邦大军的粮草供应，并且在安抚百姓中为刘邦赢得人心。

韩信出身寒微，曾受胯下之辱。被介绍到刘邦军中之后，先任下级军官，并未引起重视。但刘邦在听取了萧何等人的建议后毅然对韩信委以重任。韩信果然不负刘邦厚望，他统帅三军，攻必克，战必胜，为刘邦夺天下立下赫赫战功。刘邦对韩信这样的将才能够破格使用，使英雄有了用武之地。韩信得益于刘邦的看中，刘邦对他有知遇之恩。

相比之下，项羽就差矣。他自视甚高，看不起别人，曾多次因为使用人才不当，导致人才弃他而去。因此，虽然项羽武艺高强，力大无比，也曾经兵强马壮，对刘邦具有压倒的军事优势，他从未把刘邦放在眼里，结果，最后却落得众叛亲离，自刎乌江，无颜见江东父老。

刘邦取胜靠人才。刘邦不仅知人善任，做到人尽其才，而且他用人的智谋也高人一筹，善于把众多人才汇集到一起。张良、萧何、韩信三杰，各有所长，形成合理的人才结构，分别为刘邦担当了一个方面的重任。而刘邦本人则善于调动人才积极性，能够以自己的宽容大度和博大胸襟团结人才，这就是所谓"能者降将"。所以刘邦是使用人才的人才。

楚汉相争，不仅争的是军事实力和军事谋略，而且争的是政治智慧和用人的谋略。从这个意义上说，刘邦善于用人也是一种高明的政治谋略。政治家不仅要审时度势，因势利导，更要争取人心，为自己的事业赢得一批又一批的追随者。仅仅善于审时度势而不善于用人，绝不是一个高明的政治家。刘邦赢是这样一位高明的政治家。

令人遗憾的是，刘邦与历代封建统治者一样，在坐天下的时候也开始猜忌人才。以至于有"鸟尽弓藏，兽尽狗烹，敌国灭，功臣亡"的说法。所以，封建政治家对人才远不是真正的重视，不过是为我所用罢了。一旦不为自己所需，人才的命运就岌岌可危了。特别是一些功高震主的功臣，在天下大定之后，往往被君王视为威胁，都难以善终。所以聪明的功臣，在天下大定之后就告老返乡，落得个清静和安全。

第三章　驭人：驾驭人先要笼络人心

★精诚所至人心服

　　且只说朱仝随吴用、雷横来梁山泊入伙。行了一程，出离沧州地界，庄客自骑了马回去。三个取路投梁山泊来。于路无话。早到朱贵酒店里，先使人上山寨报知。晁盖、宋江引了大小头目，打鼓吹笛，直到金沙滩迎接。一行人都相见了，各人乘马回到山上大寨前下了马，都到聚义厅上，叙说旧话。朱仝道："小弟今蒙呼唤到心，尊嫂并令郎已取到这里多日了。"朱仝又问道："见在何处？"宋江道："奉养在家父宋太公歇处，兄长请自己去问慰便了。"朱仝大喜。宋江着人引朱仝直到宋太公歇所，见了一家老小并一应细软行李。妻子说道："近日有人赍书来说，你已在山寨入伙了，因此收拾，星夜到此。"朱仝出来拜谢了众人。宋江便请朱仝、雷横山顶下寨。一面且做筵席，连日庆贺新头领，不在话下。

——《水浒传》第五十二回

　　俗话说"精诚所至，金石为开"，晁盖、宋江带领梁山大小头目，打鼓吹笛，迎接朱仝和雷横，朱仝、雷横能不感动？能不心悦诚服？日后能不效劳？这也是一种珍惜人才、爱惜人才的表现。

　　现实生活中，好多领导者往往都高高在上，错误地遵循"礼不下庶人"，致使人才难留、人才难用现象老是发生。当今的，尤其要学会宽以待人、礼贤下士的领导作风和领导方法，把有能之人，有识之士团结在自己身边，为集体、为人民、为国家办实事。

　　一般来说，上司笼络下属的手段，不外乎官职、钱财两种。但有时上级对下属不必付出实质性的东西，而只要通过某种表示、某种态度，便能给下属最大的满足，甚至会使他们产生受宠若惊的感觉，因而感恩戴德，更加忠心耿耿地为其效劳。有些人只是一味地向欲拉拢的一方施以恩惠，特别是对那些自己以为将要用到的人，更是如此。其实，收拢人心，最重要的是要针对对方的心理。给地位卑贱者以尊重，给贫穷者以财物，给落难者以援力，给求职者以机会等等，这才是收拢人心最有效的方式。

为官者不仅要对部下示以宠信,同时还要向他们显示自己的大度,尽可能原谅下属的过失,这也是一种重要的笼络手段。俗话说:"大人不计小人过""宰相肚里能撑船"。对那些无关大局之事,不可同部下锱铢必较,当忍则忍,当让则让。要知道,对部下宽容大度,是制造向心效应的一种手段。

从领导学角度来看,上司对待下属的态度往往标志着一个领导人的水平高低,一个精通领导艺术的上司有如下几件处世法宝:

一、永远为下属着想

在领导的过程中,关怀和激励是训练下属的主要动力,除了必要的赏罚制度之外,为了打动下属,必须动员一切可行的手段。

1.感情是打动人心的最大武器,因此,要关心下属,不只是用嘴巴讲,也不仅要有心意,必须关心他们,使每一个都有所感受。

2.还有其他许多打动人心的做法,比如,及时让下属知道有关公司的一切人事变动,新产品,新计划,使他们有受重视的感觉,此外,尽量和他伙伴商量,集思广益,征求意见,也会使他们有受信任的感觉。

3.充分授权给下属,当一个人能主动发挥能力时,便会认真去做,在交往范围外工作时,便会认真去做,在交往范围内工作时,便会像机器似的,丧失工作的干劲,当下线受到上线在某种范围内授权工作时,才会在此范围内动脑筋,有热忱,从而把工作做好。

4.保持公司的外观宏伟,以使员工为你骄傲,从而更能振奋精神。

二、该糊涂时且糊涂

《宋名臣言行录》说:"水清则无鱼,人察则无朋"。做人如果过于苛刻,就像水过于清澈而藏不了鱼一样,容易失去人缘。这句话特别适合于各级领导人。

宋太宗时,有人私运官货到其他地方去卖。这是一种违法的行为。太宗说:"对此,不可以过于认真,只需将有些做得过分,影响极坏的首恶分子惩办,如有些官船偶有挟私行为,只要他没有妨碍正常公务,就不必过分追究了。"

"水若过清则鱼不留,人若过严则人心背。不若宽容之,使之知禁,这样才能使管理工作顺利开展。"

某机关上任的新官把三把火烧成燎原之势,大刀阔斧,撤换班底,推行改革。但因年轻气盛,不肯听人意见,遭到抵制,整个蓝图成了他的独角戏。别人非但没有发挥的余地,反而被他视为障碍。最终越唱越难,只好挂印走人。由此可见,做领导者有时也应注意管理的策略。

三、宁为蛇头,不为虎尾

大凡要做领导就必须有独立的自主权和充分施展的余地,同样是做领导,在大机关做副职和在基层做正职,职位不同自主权不同,对人的锻炼程度也不同,因此,与其做徒有虚名的领导,不如做一个有决策能力的领头人。

战国策说:苏秦说韩王曰"臣闻鄙谚曰'宁为鸡口,无为牛后',今大王西面交臂而臣事业,何以异于牛后乎?"韩王愤然作色,攘臂按剑,仰天大怒曰:"寡人虽死,必不能事秦"。三国志载:孔明说孙权,叫他按兵束甲,北面降曹,孙权勃然曰:"吾不能举全吴之地,十万之众,受制于人。"由此可见,古今有作为的领导人都愿意选择能够施展自己才能的岗位。

四、杀鸡儆猴,警告下属

1.告诉下属,已在上级面前替他挡过不少过失,使他心存感激而接受工作要求。

2.将组织内的工作权责划分清楚,并且充分授权,使大家觉得公平而愿意做事。

3.故意放出风声说:若是这次工作绩效不佳,公司可能有人会被开除,使下属因害怕而服从。

4.先讲一番道理给下属听(如年轻人眼光要放远一点,应好好做事),然后再派工作给他。

5.不断地检查他的工作进度,使他在压力下,只好全力以赴。

五、胡萝卜加大棒

1.威胁利诱:包括给予下属威胁、利益,甚至歪曲理由,以得到他们的合作。

2.理性说服:包括陈述事实、原因,给予下属工作所需的资源,指派下属擅长的工作。

3.培养竞争:包括主管在公司内举办工作竞赛,公布销售冠军,或以报表标示每个员工的个业绩等。

4.制造压力:包括设定工作完成日期,不断检查他们的工作进度,以及援用公司制度压迫下属接受要求。

5.援用上级权威:包括主管告诉下属,他的上级很欣赏或不满意他等方法。

6.攀拉交情:包括主管以昵称拉近彼此距离,或经常和下属一起聊天、吃饭等。

7.建立道义感:包括给予下属恩惠,如替他们争取福利,以得到他们的感激心理等。

8.得寸进尺:包括将工作瓜分,再慢慢丢给下属等方法。

9.透过第三者:包括主管透过下属的朋友、亲人,或组织中的非正式群体影响他。

10.友善赞美:包括主管告诉下属只有他才具备任务所需的能力与经验,或委派下属担任重要工作,以引发他们的荣誉心。

11.激将法:包括主管告诉下属,以他的能力怎会办不来某件工作;或上级对本部门不满意,以激发大家同仇敌忾的心理。

12.哀兵求助:包括主管在下属面前摆低姿态,以博取他们的同情心。

这里再讲两个古代领导者笼络人心的故事。汉文帝时,袁盎曾经做过吴王刘濞的丞相,他有一个从史与他的侍妾私通。袁盎知道后,并没有将此事泄露出去。有人却以此吓唬从史。那个从史就畏罪逃跑了。袁盎知道消息后亲自带人将他追回来,将侍妾赐给了他,对他仍像过去那样倚重。

汉景帝时,袁盎入朝担任太常,奉命出使吴国。吴王当时正在谋划反叛朝廷,想将袁盎杀掉。他派五百人包围了袁盎的住所,袁盎对此事却毫无察觉。恰好那个从史在围守

国学智慧全书——名著智慧

袁盎的军队中担任校尉司马，就买来二百石好酒，请五百个兵卒开怀畅饮。围兵们一个个喝得酩酊大醉，瘫倒在地。当晚，从史悄悄溜进了袁盎的卧室，将他唤醒，对他说："你赶快逃走吧，天一亮吴王就会将你斩首。"袁盎问起："你为什么要救我呢？"校尉司马对他说："我就是以前那个偷了你的侍妾的从史呀！"袁盎大惊，赶快逃离吴国，脱了险。

汉景帝

战国时，楚庄王赏赐群臣饮酒，日暮时正当酒喝得酣畅之际，灯烛灭了。这时有一个人因垂涎于庄王美姬的美貌，加之饮酒过多，难于自控，便乘黑暗混乱之机，抓住了美姬的衣袖。

美姬一惊，左手奋力挣脱，右手趁势抓住了那人帽子上的系缨，并告诉庄王说："刚才烛灭，有人牵拉我的衣襟，我扯断了他头上的系缨，现在还拿着，赶快拿火来看看这个断缨的人。"

庄王说："赏赐大家喝酒，让他们喝酒而失礼，这是我的过错，怎么能为要显示女人的贞节而辱没人呢？"于是命令左右的人说："今天大家和我一起喝酒，如果不扯断系缨，说明他没有尽欢。"群臣一百多人都扯断了帽子上的系缨而热情高昂地饮酒，一直饮到尽欢而散。

过了三年，楚国与晋国打仗，有一个臣子常常冲在前边，最后打退了敌人，取得了胜利。庄王感到惊奇，忍不住问他："我平时对你并没有特别的恩惠，你打仗时为何这样卖力呢？"他回答说："我就是那天夜里被扯断了帽子上系缨的人。"

从这里,我们不仅看到了袁盎和楚王的宽宏大度、远见卓识,也可以洞悉他们驾驭部下的高超艺术。

无独有偶。公元199年,曹操与实力最为强大的北方军阀袁绍相拒于官渡,袁绍拥众十万,兵精粮足,而曹操兵力只及袁绍的十分之一,又缺粮,明显处于劣势。当时很多人都以为曹操这一次必败无疑了。曹操的部将以及留守在后方根据地许都的好多大臣,都纷纷暗中给袁绍写信,准备一旦曹操失败便归顺袁绍。

相拒半年多以后,曹操采纳了谋士许攸的奇计,袭击袁绍的粮仓,一举扭转了战局,打败了袁绍。曹操在清理从袁绍军营中收缴来的文书材料时,发现了自己部下的那些信件。他连看也不看,命令立即全部烧掉,并说:"战事初起之时,袁绍兵精粮足,我自己都担心能不能自保,何况其他的人!"

这么一来,那些动过二心的人便全部都放了心,对稳定大局起了很好的作用。

这一手的确十分高明,它将已经开始离心的势力收拢回来。不过,没有一点气度的人是不会这么干的。

唐朝的时候,有个人叫斐行俭,他在唐高宗时任吏部尚书。在他家的马棚里面,有一匹皇帝赐的好马和很珍贵的鞍子。有一次,手下人私自骑马出去,马摔了一跤,把马鞍摔坏了。手下人很害怕,心想:这是皇帝赐给尚书的东西,我把它摔坏了,尚书或许会杀我的头吧。于是他就逃跑了。斐行俭听说了这件事,就把手下人招了回来,并没有责怪他。

斐行俭又曾经带兵平都支李遮匐,得到了许多价值连城的宝物,于是就在家里大宴宾客,把珍宝拿出来给客人看。其中有一个玛瑙盘,直径有两尺大,上面刻着美丽的花纹,光彩灿烂,非常珍贵。手下有一名军士跑过来,不小心摔了一跤,把盘子给打碎了。那名军士惊惶得不得了,连忙磕头请罪,把额头都撞破了。斐行俭却笑着说:"你不是故意的。"然后就把那位兵士放走了,脸上并没有可惜的表情。

通过斐行俭的这两个小故事,我们可以看出他是位善待下属的官员。作为上级,他拥有更大的权力,因此,他可以奖罚下级。但是,上级与下级,他们应该是一个共生的整体。上级如果是一座英雄的雕像,那么下属们就是支持雕像的底座。如果没有一个坚实的底座,上级的地位就会岌岌可危。因此,上级与下级应该有一种和谐的关系。下属应该尊重上级,但更重要的是:上级要善待下属。一个英明的领导,他不是板着面孔去命令人,依靠权力让人屈从,而是以宽容的心去与下属相处。必要的时候,上级甚至应该设身处地地体验一下下属们的生活,与他们同甘共苦,这样,上下级才能互相理解,他们结成的整体才有战斗力,而如果上级把自己孤立起来,做个孤家寡人,那么他就离失败不远了。下面的田单攻狄的故事就很好地说明了这个道理。

田单将要攻打狄国,他去拜见鲁仲连。鲁仲连说:"将军攻打狄国,是攻不下来的。"

田单说:"从前,我只依靠五里大的内城和七里大的外城,再加上一些残兵败将,就击败了具有一万辆兵车的燕国,收复了齐国的失地。现在你竟然说我攻不下狄国,这是什么话!"说完就跳上车,不辞而别了。

接着，田单就带兵攻打狄国，可是攻了三个月还是攻不下来。齐国的孩子唱儿歌道："大大的帽檐像簸箕，长长的宝剑支下颏，攻不下狄国，枯国堆成山。"田单听了这才害怕起来，他又去问鲁仲连道："你说我不能攻克狄国，请你给我讲讲攻不下的道理。"

鲁仲

鲁仲连说："当初，将军被围困在即墨时，坐下就编织草鞋，起来就拿铁锹干活，做士兵的带头人。当时你说：'我们无路可走了！宗庙被焚毁了，败亡的日子已经很久了，我们要回到哪儿去呢？'那时，你有拼死的决心，士兵没有偷生的想法。士兵听了你的这些话，无不挥泪振臂要求决一死战。这是你能打败燕国的缘故。如今将军东有夜邑的俸禄，西有菑上娱乐的场所，黄金装饰的宝剑横跨腰间，驾车驰骋在淄水、渑池之间。这时只有生活的乐趣，并没有赴死的心情，这是不能取胜的原因。"

田单这时才恍然大悟，说："我是有雄心的，请先生相信我的话。"

第二天，他就振作精神来巡查城防，站在弓箭和石子都能射到的地方，并且操起鼓槌用力地击鼓，结果，终于攻破了狄国。

有比较才有鉴别。当田单与士兵同甘苦共患难的时候，他的军队战无不胜。然而，当田单端起架子，脱离兵士的时候，他却连遭败仗。如今的那些大腹便便、官样十足的"官"们，看到田单的故事应该幡然醒悟了！

★助人于困窘之时

　　宋江和两个公人立住了脚,看他使了一回枪棒。那教头放下了手中枪棒,又使了一回拳。宋江喝彩道:"好枪棒拳脚!"那人却拿起一个盘子来,口里开呵道:"小人远方来的人,投贵地特来就事。虽无惊人的本事,全靠恩官作成,远处夸称,近方卖弄。如要筋重膏,当下取赎;如不用膏药,可烦赐些银两铜钱,赍发咱家,休教空过了盘子。"那教头盘子掠了一遭,没一个出钱与他。那汉又道:"看官高抬贵手"。又掠了一遭,众人都白着眼看,又没一个出钱赏他。宋江见他惶恐,掠了两遭没人出钱,便叫公人取出五两银子来。宋江叫道:"教头,我是个犯罪的人,没甚与你。这五两白银权表薄意,休嫌轻微。"那汉子得了这五两白银,托在手里,便收呵道:"怎地一个有名的揭阳镇上,没一个晓事的好汉抬举咱家! 难得这位恩官,本身见自为事在官,又是过往此间,颠倒赍发五两白银! 正是:'当年却笑郑元和,只向青楼买笑歌。惯使不论家豪富,风流不在着衣多。'这五两银子强似别的五十两,自家拜揖,愿求恩官高姓大名,使小人天下传扬。"宋江答道:"教师,量这些东西直得几多! 不须致谢。"

——《水浒传》第三十六回

　　俗话说"患难朋友才是真朋友"。恭永靠使枪棒卖药度日,在揭阳镇上,使了一回枪棒,无人出钱相助,宋江见看官们只是喝彩,而不施舍,便出手五两白银以作赏钱。可以看出,宋江不只是侠义相助,更主要的是他人爱惜这个不得时,不得志,靠卖艺为生的武艺高人。恭永在这万分难堪当头,得宋江这样一个充军相重赏这就是一种患难见真情,日后岂有不忠心相报的道理?

　　现实生活中,往往遇到这样的下属,总是提出一些不合身份的条件,遇到此种下属,你不妨先答应他,让他潜心的为集体效劳。可以说,这是及时雨宋公明的舍利相救兄弟的灵活培养和使用人才的方法。但要真正做到这一点,必须有两个前提,其一是能够用好感情伎俩,笼络人才;其二是能够大胆使用人才,使其人尽其用,留住人才。

　　我们先说说对人才的感情投资。我们看到许多人常常会无缘无故发火,即进行言语攻击。通常这也可能是一种不自觉的行为。在这种情况下,最好的办法是等他发作完,然后再谢谢他如此明确而有力地表达了他的观点。如果我们懂得使用这种感情方面的小花招,通常总是会使发火者感到后悔,于是他也会变得更加温和。

　　其二是对于重要的人才要不惜一切代价留住他。我们知道,刘邦起义时,由于身份的关系,刘邦的将领大多出自普通家庭。刘邦本人是农民出身,萧何、曹参等则是下层小

吏,其他的又都是些屠夫、小贩之类,总体来看汉王刘邦的队伍,可以说有远见者太少。到达南郑后,不少人一见到刘邦的现状,不满的情绪便滋生出来,甚至有些将领在路上便开始盘算逃跑。

率领人马来到自己的都城南郑,刘邦拜萧何为丞相,曹参、樊哙、周勃、蒲婴等为将军,养精蓄锐,准备再跟项羽比个上下高低。这种思路固然是对的,但此时的军心不稳是个很突出的问题。

我们已经知道,追随刘邦的人中有不少是原楚地的人,他们出生入死,一路征战,现在跟随刘邦来到了汉中,却发现这里是个交通闭塞的穷乡僻壤,生活习惯也大不相同,从政治上看也很难有美好的前景。联想到一场经年的厮杀奋斗换来的生活现实,渐渐地大家开始思念家乡和亲人,军心、人心自然地受了影响。军中时有人说:"我们的故乡不是这里,树高千丈,叶落归根,腿长在我的身上,要走,谁也拦不住。"

此种情绪一时间像是传染病到处滋生蔓延,及至后来,几乎天天都有人逃走。刘邦急得连饭都吃不下。不久又有人来报告说:"萧丞相也跑了。"刘邦顿时如遭棍击,又气又急,立即派人去追。其实萧何并不是要逃离刘邦,而是去为刘邦追回一个逃亡的人才——韩信。

韩信是淮阴(今江苏省清江市)人,小的时候读过书,拜过老师,有文有武,后来家人死了,家道便开始走下坡路。读过书,练过武的韩信似乎并不开窍,因没有学到挣钱本领,只好到别人家里去混饭吃,时间长了,人们都很讨厌他。因与下乡县南昌的一个亭长有点交情,韩信就住在亭长的家里,但住了几个月,亭长的妻子不满意了。韩信知道人家不乐意自己在这里白吃白住,一赌气就跑到外乡淮阴城下淮水去钓鱼卖钱。那时候有个老太太,老带着饭筐子整天给人漂洗丝絮,她看到韩信饥饿得可怜,就把自己的饭分出一点来给韩信吃,一连几天,天天如此。韩信非常高兴,他对这位妇人说:"您老人家这么照顾我,我今后一定好好报答你。"想不到老太太却生了气,对韩信说:"男子汉大丈夫连饭都吃不上,我是看你可怜,才多少分给你吃一些,我可不是稀罕你的报答!"韩信非常无趣地走开了。

韩信经常衣衫不整,但他的身上却挂着一把宝剑。淮阴城里的一班少年看着很不顺眼,经常取笑他,他也不跟他们计较。这些人看韩信挺好欺负的,就对他说:"韩信,你文不像文,武不像武,富不像富,穷不像穷,像个什么呀?我看你还是把那把宝剑摘下来吧。"这拨儿人中有一个屠夫的儿子,特别刻薄,当众对韩信说:"你老带着剑,好像有两下子,可是我知道你是个胆小鬼。你敢跟我拼一拼吗?你要是敢,就拿起剑来刺我,如果不敢,就从我的胯下钻过去。"

饿着肚子的韩信听了这话非常气愤,众目睽睽,他又走不脱,动刀子就要伤人。考虑再三,他只好忍气吞声地趴下来,从屠夫儿子的裤裆下面爬过去。大伙儿见状全都乐了,觉得韩信实在是个胆小鬼,因此送给他一个"胯夫"的绰号。

人们哪里知道,韩信是个胸怀大志的人,他甘心忍受常人不能忍受的耻辱。后来他率领千军万马逐鹿中原,所向披靡,战功赫赫,成为一代名将。他与部下谈起这件事时说:"难道那时我没胆量杀他吗？只是杀了他,我的一生就完了。因为那时我能够忍耐,所以才有今天的地位和成就。"这一番话正反映了他具有常人不具的才能与志向。

韩信结识刘邦,也有着一种英雄相惜的情缘——韩信参加起义稍晚,直到项梁的军队渡过淮河后,他才带着宝剑参加了项梁的起义军,但是只是万马千军中的一个小兵。项梁失败之后,他又跟随项羽,可是由于他是一个小兵,谁也不怎么注意他。然而韩信的机遇在于:项羽见他比一般的小兵强,就封他做了个持戟郎中,跟随着将军,站在帐幕之外。好几回他向项羽献计,但因为人微言轻,项羽都没有采用。在鸿门宴上,韩信看到刘邦低声下气地向项羽求情,便开始同情起刘邦来,觉得刘邦当时的情境与自己钻裤裆的情景非常相似,由此对刘邦有了几分同情,而且看准了刘邦是个能屈能伸之人,准能成大事。后来刘邦做了汉王,像充军一样被项羽逼着去了汉中,韩信认为投奔一个失势的主人准能得到重用,便决心投靠刘邦。并且在此途中还得到陈仓有一条秘密的消息,从而为刘邦以后暗度陈仓提供了重要帮助。

韩信一路追随着刘邦军队的踪迹,找到南郑,进了汉营,可是天大的希望只捞到了一个芝麻大的官,并没受到足够的重视和使用。韩信满腹学问,自然少不了发些牢骚。这天,他跟十几个伙伴喝了点酒,说了许多不该说的话,被怀疑谋反,定了死罪,叫夏侯婴监斩。韩信仰着头问夏侯婴:"汉王不是准备争夺天下的吗,为什么连有志之士也要杀?"

夏侯婴闻言吃了一惊,正眼打量,只见韩信身材高大,相貌堂堂,一表人才,加上那不同凡响的呼喊,立即察觉此人与众不同。及至问了几句话,便觉得此人不同凡响,便把他留下,后来又把这件事报告给了刘邦,刘邦免除了韩信的死刑,还给他加奖一级,让他做治粟郎中。但是胸有大志的韩信还是不得满足。

后来韩信认识了萧何,交谈了几次之后,萧何认为韩信是个不可多得的人才,十分器重。就在刘邦面前多次推荐他,并把韩信的身世讲给刘邦听,刘邦仍不感兴趣。韩信见夏侯婴、萧何对自己已很器重和赏识,并向刘邦郑重地推荐了自己,依然得不到刘邦的重用,于是打算乘大家都纷纷逃亡之际,离开刘邦而去。也就是在这种情况下,萧何得知了韩信逃亡的消息,意识到韩信的才能对刘邦的确很有价值,便顾不得报告刘邦,白天没有追上,连夜也要追赶,恳切地劝韩信回去。夏侯婴也随后赶了上来,许诺如果刘邦再不重用韩信,就三人结伙一起出逃,韩信这才答应回来。

此时刘邦正因萧何的离去而顿感懊丧,心生怨愤:正是你萧何当初竭力劝说我要忍耐,不要逞一时气愤和项羽硬拼,建议韬光养晦,先到汉中称王,再选择时机和项羽一争天下。我才为此打消了立即进攻项羽的念头,同意到汉中就封。现在听你萧何的话到了地偏一域、生活困苦的汉中,弄得大家人心思散,纷纷逃亡,连你萧何也要弃我而去,怎不叫人懊恼十分?!

正在刘邦气急败坏之时,萧何回来了。刘邦见到萧何,又是高兴又是生气,张口就问:"丞相为什么要逃亡?"

國學智慧全書

名著智慧

萧何回答说："臣不敢逃亡。臣下是去追逃亡的人？"

刘邦问："你所追的逃亡者是何人？"

萧何说："是韩信。"

听说萧何竟亲自去追赶一个无名的韩信，刘邦不禁又动了气："逃亡将领有好几十个，你一个也没去追回来，现在你说是去追韩信，怎能让我相信？"

萧何说："千军易得，一将难求，那些将领逃跑了还可以再得到，但像韩信这样的人才，天下却不会再找到第二个了。你如只想在这里做大王，韩信自然用不着；但如要向东拓展而争天下，则必用韩信，这要看大王究竟作何打算。"

刘邦闻言说："我当然要向东争天下，怎么能长久地待在这里呢？"

萧何对刘邦说："大王如果决心东争天下，唯有重用韩信，使其真心实意地留下来效忠大王才行。假如不能重用韩信，他迟早还会逃亡的。"

刘邦见萧何向自己力荐韩信，毋庸置疑，只得应承下来，说："听你的，任命韩信为将军。"

萧何又说："还小了点，任命他为将军，韩信还是不会留下来。"

刘邦说："那就任命他为大将军吧！"

萧何闻言，十分高兴，连声说："如此才是英明的决定。太好了！"

二人既成一致，刘邦当即就要召见韩信，宣布自己的任命。萧何却加以阻止说："大王对人向来傲慢，如今任命一个大将，如同召唤一个小儿，显得有失尊重、随便了。这正是韩信逃亡的原因。大王如果诚心任命韩信。必须选择一个良辰吉日，沐浴斋戒，设立坛场，举行隆重仪式，正式郑重地任命才是。"经萧何这么一说，刘邦深觉有理，于是当下表示同意。

萧何

此时刘邦虽然已答应任命韩信为大将军，但从内心来说并没有真正认识到韩信的价值，他只是因为相信萧何才这样做的，而且他也知道，萧何对于自己的帮助是真心的，所以对萧何推荐的人，尽管自己不了解，但是相信不会差太远。

这从一个方面说明了他选才之慎、之严。

对于韩信来说，则是另外一种感觉，从他能够忍受胯下之辱，到连接跟了几个主子，竟然一直都没有受到重用，还差点因为说了几句牢骚话而掉脑袋。如果不是夏侯婴慧眼识英，韩信只怕已经再没有机会为任何人效力了。但他有内秀之质，确实具有非凡的军事指挥才能，而且不易为人所发现。

韩信能遇到萧何和刘邦，得到他们的赏识和任用，完全是一种历史的偶然性——由

于史书中没有提供足够的必然性，让我们姑且这样看吧。幸运的是，这一历史的偶然性却对今后的军事形势和政治形势产生了重大影响，无论是对韩信还是对刘邦或是项羽，都具有决定其前途和命运的意义。

然而无论怎样说，刘邦此时对韩信毕竟是不了解的。为了稳定军心，同时为了不伤自己的宠臣萧何、夏侯婴的面子，在当时萧、夏二人以辞职相挟的情况下，他同意接受萧、夏的推荐，不仅答应任命韩信为将军，而且极其爽快任命韩信以"托国"之职——大将军。这样做自然有从善如流的真诚，也有稳定军心的权宜之计，同时也有因求才若渴的实际需要而产生的爱才惜才之心。

★有福同享，有难同当

宋江和兄弟宋清两个送武松，待他辞了柴大官人，宋江也道："大官人，暂别了便来。"三个离了柴进东庄，行了五七里路，武松作别道："尊兄，远了，请回。柴大官人必然专望。"宋江道："何妨再送几步。"路上说些闲话，不觉又过了三二里。武松挽住宋江说道："尊兄不必远送，常言道：送君千里，终须一别。"宋江指着道："容我再行几步。兀那官道上有个小酒店，我们吃三钟了作别。"三个来到酒店里，宋江上首坐了，武松倚了哨棒，下席坐了，宋清横头坐定。便叫酒保打酒来，且买些盘馔果品菜蔬之类，都搬来摆在桌上。三人饮了几杯，看看红日半西，武松便道："天色将晚，哥哥不弃武二时，就此受武二四拜，拜为义兄。"宋江大喜。武松纳头拜了四拜。宋江叫宋清身边取出一锭十两银子，送与武松。武松那里肯受，说道："哥哥客中自用盘费。"宋江道："贤弟不必多虑。你若推却，我便不认你做兄弟。"武松只得拜受了，收放缠袋里。

——则《水浒传》第二十三回

中国人很讲究哥们义气，素有结拜异性兄弟的传统。只要情投意合便要义结金兰结拜换帖，有了八拜之交即可为朋友两肋插刀，"有福同享，有难同当"。当初，宋江认准武松是个不可多得的将才，所以在武松离别柴进时，宋江一送再送，最后到一小酒店再喝饯行酒时，结为异性兄弟。但求同生死，共患难。

虽然，在法制化时代的今天，哥们义气是不可取的，"义"可体现在共同的志向和利益上，我们可以在这志向和利益中去做文章，让下属也好、同事也好，携手合作，共图大业。

成功者，常常把其下属施之以兄弟之礼节，所谓结义便是他们获得成功的有效手段。所以要善待下属，视下属为兄弟。

春秋时的晋国是周室姬姓一系，到了晋悼公姬周手里，他想重整文公当年的雄风，所

以常常对拥立他的大臣们说："承蒙各位不忘文公、襄公的美意,立我为君,同时仰赖祖宗的灵佑,使我得为晋主,我怎能不谨慎从政呢? 也请诸位尽心竭力辅佐寡人!"

姬周即位当年秋(公元前572年),兴兵伐郑,弟弟姬杨干一向骄横惯了,不受军纪约束,驱战车横冲直撞,扰乱了晋军的行列,主管军法的中军司马魏绛便依法杀掉了给杨干驾车的人。悼公听讯后,气呼呼地对中军尉佐羊舌赤说:"魏绛不顾杨干的面子,杀掉他的驾车人,这不等于给我脸上抹黑吗? 还有什么耻辱可以与此相比! 你一定要杀魏绛,给我出这口气!"

羊舌赤劝道:"魏绛这个人忠心不二,侍奉君主有难不避,有罪不逃,恐怕用不着我去,他就会主动来向你解释的。"

羊舌赤话刚说完,魏绛就已来到姬周帐前。他把奏章交给有关官员后,便要拔剑自杀,幸亏众将士从旁止住了他。姬周打开奏章,只见上面写道:

君不以臣不肖,使承中军司马之职。臣闻:"三军之命,系于元帅,元帅之权,在乎命令。"有令不遵,有命不用,此河曲之所以无功,邲城之所以致败也。臣戮不用命者,以尽司马之职。臣自知上触介弟,罪当万死! 请伏剑于君侧,以明君侯亲亲之谊。

悼公看后,才知道当时的实际情况,连鞋都来不及穿,光着脚跑出帐外,唯恐魏绛已自杀殒命。待见到魏绛时,连忙道歉道:"我向羊舌赤说那番话,是出自手足之情;你诛杀杨干的手下,是依军法行事。杨干是我的兄弟,我却不能教育他,使他触犯军法,这是我的过错。这事不能怪罪你,请你快回军营继续履行自己的职责吧!"魏绛叩谢不杀之恩。众将士无不称颂姬周知过即改的胸襟。

魏绛

晋悼公姬周回到行营,大骂他那个不争气的弟弟:"你这个混虫! 不知军法,险些让我背上错杀爱将的恶名!"骂完后仍不解气,又让人把杨干押往宗族教师那里学礼三月之后,方许相见。

被誉为人才大师的曾国藩把举荐英才作为合格的政治家必备的两个条件之一来看待。他三番五次说道:"居高位者,以知人晓事二者为职",并谓"今日能知人能晓事,则为君子;明日不知人晓事即为小人。"言可适用于政治上的最高者,亦可适用于负军事上的

國學智慧全書

水滸傳

最高责任者。曾国藩之所善于选将与将将，知人晓事而已矣。蔡锷所辑之《曾胡治兵语录》，对曾国藩知人晓事之说，甚表赞同。文曰：

文正公谓居高位以知人晓事为职，且以能知人晓事与否，判别其为君子为小人，虽属有感而发，持论至为正当，并非愤激之说。用人之当否，视乎知人之明昧；办事之才不才，视乎晓事之透不透。不知人则不能用人，不晓事则何能办事？君子小人之别，以能否利人济物为断。苟所用之人，不能称职，所办之事，措置乖方，以致贻误大局，纵曰其心无他，究难为之宽恕也。

曾国藩在《应诏陈言疏》中把人才的缺乏看作是吏治腐败的重要原因，他在《复龙翰臣书》中痛切地指出：

二、三十年来，士大夫习于优容苟安，揣摩袂而养八步，倡为一种不白不黑、不痛不痒之风。见有慷慨以鸣不平者则相与议其后。目击此等风俗，盖已痛恨次骨；京官办事通病有二，曰退缩，曰琐屑。外官办事通病有二，曰敷衍，曰颟顸。退缩者，同官互推，不行怨，动辄请旨，不肯任咎是也。琐屑者，利析锱铢，不顾大体，察及秋毫，不见舆薪是也。敷衍者，装头盖面，但计目前，剜肉补疮，不问明日是也。颟顸者，外面完全，中已溃烂，奏章粉饰，而语无归宿是也。有此四者，习俗相沿，但求苟安无过，不振作有为，将来一遇艰巨，国家必有乏才之患。

曾国藩将治政、治军、治饷等等全归于用人。关于治政，他说："人存而后政举。方今纲纪紊乱，将欲维持成法，所须引用正人。"关于治军，他指出："选将之道，诚为至要"，"法待人而举。苟非其人，虽则前贤良法或易启弊端"。在办厘金问题上，曾国藩指示部下："广求人才，参错布置，庶期改观"。总之，在各方面，曾国藩都把人才问题摆到了十分重要的位置，视为维护封建统治成败的关键。

正因如此，曾国藩从进京开始，就注意网罗人才，以为将来之用。京都人物渊薮，十多年的京官生活，使他得到不少观察人才涯和使用人才的经验。

曾国藩十分注意联络志向相投的友人和同乡，在那时学术观点和思想感情方面比较接近的人，主要有刘蓉、郭嵩焘、江忠源、欧阳兆熊、罗泽南以及李鸿章等。

江忠源，字岷樵，湖南新宁举人，大挑二等。在北京时，郭嵩焘介绍他认识曾国藩。江忠源以"任侠自喜，不事绳检"著称。曾国藩初时只是和他谈些市井琐屑的事情，酣笑移时，江忠源辞出，曾国藩目送之，回头向郭嵩焘说："京师求如此人才不可得。"既而又说："是人必立功名于天下，然当以节义死。"当时承平日久，闻者都很惊疑。从此二人交谊甚好。

有一天，江忠源告诉曾国藩说："新宁有青莲教徒，天下将大乱了。"过了二年，江忠源又到北京，曾国藩问他："你说教徒要肇乱，为什么现在没有迹象动作呢？"江忠源就说："我在家的时候，曾经把邻里丁壮都组织起来了，一旦有事，可以防御。"道光二十六年（1846 年），青莲教首领雷再浩果然聚众起事，江忠源率领乡人一战就把他扑灭了，因功授知县，擢发浙江。

咸丰帝即位，曾国藩应诏保举贤才，江忠源为其中之一，上疏说他"忠义耿耿，爱民如子"。可见江忠源是怎样的一个人物了。

罗泽南，字仲岳，号罗山，与曾国藩为同县人。廪生举孝廉方正，平时假馆四方，靠教书度日。他的道德学问，有人称属屈指可数的人物。他标榜宋儒，认为"天地万物，本吾一体，量不周于六合，泽不被于匹夫，污辱莫大焉"。他家境贫寒，岁饥常不能具食，母亲、哥哥都病死了，夫人又因连哭三日而失明。他"不忧门庭多故，而忧所学不能拔俗而入圣；不耻生事之艰，而耻无术以济天下"。

曾国藩对他很尊敬，常在书信中表示敬慕之意，称其为家乡的颜渊。后来湘中书生，起兵拯难，立勋名于天下，大半都是他的学生，而且都是湘乡人。

曾国藩在北京时，曾致弟书说："罗罗山兄读书明大义，极所钦仰，惜不能会面畅谈。""陈尧农、罗罗山皆可谓名师，而六弟九弟又不善求益。"罗泽南当时还没有跟曾国藩见过面。后由于曾国华与曾国荃曾师从罗泽南，罗泽南又与曾国藩的父亲一起办团练，同曾家来往渐多，关系便越来越密切起来。这一支乡勇，就成为曾国藩最初的基本力量了。

欧阳兆熊，字晓岑，湖南湘潭人。1840年曾国藩授官翰林院检讨不久，就病倒在果子巷万顺客店中，病情严重，几至不起，多亏欧阳兆熊的精心护理才逐渐病愈。从此，二人成为至交。

道光二十五年（1845年），李鸿章入京考进士。他是曾国藩同榜进士李文安的儿子，李文安命李鸿章跟曾国藩读书学做文章，曾、李二人因此建立了师生的关系。谁都没有想到，这个二十二岁的青年，日后竟成为曾国藩最得力的助手之一，并且是他一生志业的衣钵传人。

曾国藩观察人并不以貌取人，譬如罗泽南"貌素不扬，目又短视，"骆秉章"如乡里老儒，粥粥无能"，但他都能倾心相好，许为奇才。又如塔齐布，因为他起身很早，穿草鞋，每朝认真练兵，便为曾国藩所赏识。后来一力保举他，并且说："塔齐布将来如打仗不力，臣甘同罪。"

其实，他识拔人才，主要是因为他能观人于微，并且积久而有经验，所以他能有超越的知人之明了。他对于观人的方法，"以有操守无官气，多条理而少大言为主"。他最瞧不起的，是大言不惭的人。

曾国藩能这样"冷眼识英雄"，所以在他夹袋中储藏了不少人物档案，等到一旦需用，他便能从容地按其才委以职务，而且一一胜任。后来和太平天国打仗，曾国藩幕府中人才之盛，一时无二。这是由于做京官时，观察罗致人才的好处。

★关心下属生活琐事

宋江唤王矮虎来说道:"我当初在清风山时,许下你一头亲事,悬悬挂在心中,不曾完得此愿。今日我父亲有个女儿,招你为婿。"宋江自去请出宋太公来,引着一丈青扈三娘到筵前。宋江亲自与他陪话,说道:"我这兄弟王英,虽有武艺,不及贤妹。是我当初曾许下他一头亲事,一向未曾成得。今日贤妹你认义我父亲了,众头领都是媒人,今朝是个良辰吉日,贤妹与王英结为夫妇。"一丈青见宋江义气深重,推却不得,两口儿只得拜谢了。晁盖等众人皆喜,都称贺宋公明真乃有德有义之士。当日尽皆筵宴,饮酒庆贺。

——《水浒传》第五十一回

王英虽为勇敢,但却贪恋女色,几次俘获有姿色的女子,都欲强占为妻,均被宋江破坏。宋江每每破坏王英"好事"之后,都说日后给他挑个好的良家女子。就当宋江俘获扈家庄小姐扈三娘,打下祝家庄,收兵回梁山后,宋江和众头领做媒,把扈三娘(宋江之义妹、宋太公之义女)指与王英为妻,从而兑现了自己许下的诺言,王英和众头领也因此而甘愿跟着宋江打天下。

宋江给兄弟娶妻,有无收买王英之心,不足研讨,他那关怀兄弟,为兄弟着想的行为,值得大家潜心学习。

在用人的问题上,常常涉及到一个如何对待人才的问题,我们是把人才当作机器来使用,还是把他当作朋友或者家人来看待,这就涉及用人者的人才观问题。对宋江来说,他就是把人才当作朋友或家人来待的,对他来说,人才的事就是自己的事,只有这样,才能够留住人才。

王英

三国时,刘备待关羽、张飞,用的是结义兄弟办法,食则同席,寝则同榻,使得关羽、张飞一直把刘备的事业作为自己的事业。赵云在长坂坡血战,刘备是把赵云救来的阿斗扔在地上,说:"为汝这孺子,几损我一员大将。"意思是赵云比自己的儿子更重要。使得赵云说:"云肝脑涂地,不能报也。"

同样,曹操对关羽也是一片真心,不但满足他的"降汉不降曹"的条件,而且尽力厚待,超过所有老部下,以关羽斩颜良、文丑之功而放他过五关,斩六将,千里单骑回归刘玄德。有了这一着,后来关羽在关键时刻放曹操一马,以德报德也就不难理解了。

自古以来成功的领导人在"人际关系"中,都十分重视尊重人才、使用人才。古人云:"人乃万事之灵,无人无以成事。无贤人无以成大事。"人无完人,人各有所长,只有最大限度地把各样有识之士,团结在自己的周围,善于发挥其长处,才能集思广益,所向无敌,领导人具有善于用人的本领,注意放手用人,提倡使用比主管更精明的人。企业是以尽可能少的投入,产生尽可能多的市场需要的产品和服务,从中达到盈利的目标,在投入中,关键在人,人的聪明才智发挥得越充分,产出大于投入的可能性越大,企业就越有活力、生意就越有效益。领导人对待职员,总是努力使他们感到自己在公司的位置,对公司很重要,让他们自己思考如何解决问题。只有管理者的目标同职员的意愿相符合,才能激发和调动职员们的积极性。

西汉时,刘邦战胜群雄夺得了天下,他在总结自己的经验时说:在大营之中谋划策略,决胜于千里之处,我不如张良。镇守国家,安抚百姓,供给军粮,并畅通无阻地运送到前方,我不如萧何。统帅百万大军,战必胜,攻必取,我不如韩信。这三个人都是人中豪杰,我能任用他们这就是我所以取得天下的原因。与此相对照的是,齐桓公任用管仲辅佐自己,国家就治理得很好;用易牙辅助自己,国家就产生混乱。这说明明主用人得当,则多多益善,昏君用人不当,则一人可乱天下。

楚国的王孙圉奉命出使晋国,晋定公设宴款待他。席间,晋大臣赵简子在一旁故意把玉器弄得叮当叮当

关羽

响。同时并向王孙圉说:"你们楚国视为国宝的玉器白珩还在吗?"王孙圉回答说:"在。"简子又问:"这件名闻天下的宝玉,在楚国保存多久了,究竟它的价值怎样?"王孙圉说:"敝国从来没有把白珩看作无价之宝,楚国所宝贵的是人才。像观象甫这位先生,学问渊博,擅长外交,常常出使各国,为楚国赢得荣誉。又如左史倚相,善读三坟五典、八索九丘,简直无所不知。他常常在楚王面前献计献策。此外,楚国拥有云梦泽,物产非常丰富,金属、皮革、竹木、鸟兽,无所不有。既满足了国家需要,又使人民生活有了保障。因

此,云梦泽也算是楚国之宝。楚国上下,莫不认为:凡是足以强国富民的东西,才算是宝物。至于白珩,不过是供楚王玩弄之物罢了,算不得什么宝贝。"王孙圉这种将人才当作无价之宝的远见卓识确实值得人们深思。

三国之主,刘备论出身,虽为皇族后裔,但世数悠远,"少时曾与母贩履织席为业",不甚乐读书。又起兵下层,白手创业,举兵涿郡时,毫无政治势力和军事地盘可资凭藉。但是,尽管刘备得人条件远不如孙曹,最后还是建立了蜀汉政权,拉开了天下三分的历史序幕,刘备自己也成了孙曹并争天下的一方政治领袖。其中一个极为重要的因素,就是他善于物色人才,使用人才,并有一套别具特色的用人思想和政策。

从现代人才学的角度来讲,使用人才的前提就是要尊重人才,培养人才。在企业家中,存在两种倾向。一种十分看重财务的管理,人称"钱老板";另一种则将人才的培养和使用放在第一位,人称"人老板"。然而在松下的身上,这两者都有体现。不过对钱财看得很重的松下却把人才的培养放在了金钱的前面。

关于人才的培养,松下先生强调在实践中培训人才,他认为企业培训的不是"学者",而是"临床家"。光有学识不能经营事业,必须兼有"临床经验"才行。所以,他对本公司的员工都要进行培训,任何新到公司工作的人都要进行岗前培训,合格后才能上岗。

松下电器公司对培养人才的重视,使其每年支出的人员培训费和科研开发费,约占其营业额的8%左右。人们说,在国际市场的电器竞争中,松下赢就赢在其对人才的培育上。这说法正如我国司马光在《资治通鉴》中所论述的"为治之要,莫先于用人"的道理。纵观古今中外的历史,开创江山,成就事业,治国平天下,哪一项都离不开人才。人才开创事业,事业造就人才,这是通过历史实践反复验证过的一条定律。

关于松下电器公司的第二件为人熟知的事,就是勤俭的经营作风。凡参观过该公司的人都会感到惊讶:办公室坐落在森口的外街道,室内拥挤不堪,过道上不铺地毯,公司用的草稿纸是使用过的纸张背面装订成的。员工因公用小车大多是租"的士"(这可节省专职司机和停车场)。公司要求每位员工在生产中要勤奋和精打细算,大手大脚的耗用原料和开支是不能容忍的。

很多人不理解,一个公司手中有这么多财产还那么小气。其实,松下电器公司就是靠这种勤俭作风使公司不断发展的。它把节省的各项开支,用于发展新技术,开发新产品,培育人才。对科研和培养人才的资金他们是从不吝惜的。

第四章 运权：能做表率，当仁不让

★自我批评最能动人

只见宋江先跪在地上，众头领慌忙都跪下，齐道："哥哥有甚事，但说不妨。兄弟们敢不听？"宋江便道："小可不才，自小学吏，初世为人，便要结织天下好汉。奈缘是力薄才疏，家贫不能接待，以遂平生之愿。自从刺配江州，经过之时，多感晁头领并众豪杰苦苦相留。宋江因见父命严训，不曾肯住。正是天赐机会，于路直至浔阳江上，又遭际许多豪杰。不想小可不才，一时间酒后狂言，险累了戴院长性命。感谢众位豪杰，不避凶险，来虎穴龙潭，力救残生。又蒙协助报了冤仇，累同天地。今日如此犯下大罪，闹了两座州城，必然申奏去了。今日不由宋江不上梁山泊，投托哥哥去，未知众位意下若何？如是相从者，只今收拾便行。如不愿去的，一听尊命。只恐事发，反遭负累。烦可寻思。"说言未绝，李逵跳将起来便叫道："都去，都去！但有不去的，吃我一鸟斧，砍做两截便罢！"宋江道："你这般粗卤说话！全在各人弟兄们心肯意肯，方可同去。"众人议论道："如今杀死了许多官军人马，闹了两处州郡，他如何不申奏朝廷？必然起军马来擒获。今若不随哥哥去，同死同生，却投那里去？"宋江大喜，谢了众人。

——《水浒传》第四十一回

宋江知道，自己犯下弥天大罪，不上梁山落草，断无生望。落草队伍小了，又干不成大事，于是他自跪在部下面前，痛诉劣行，让大家自做选择，愿跟随上梁山的跟随，不愿地发放银两，自去为生。他这样做，目的是在保全名节——忠义的前提下，让大伙儿跟自己拉大旗帜做大事，这就是世人常道的欲擒故纵的灵活运用。

现实生活中，用此招几乎没有不奏效的。

在用人的问题上，领导者的个人情感色彩有时往往影响到人才的施展，这其中既有正面的也有负面的。宋江就是一个善于利用个人感情色彩对人才施加影响的人。他对于梁山兄弟都施之以恩，使他们甘心情愿的为自己卖命。

我们知道，一粒小豆那么大的地方，也许人人就会不以为然，但如果处理不当，从中却能发生国家存亡这样的大事。在人才的使用问题上，许多重大的事件都是从极小的疏漏开始的。千里之堤毁于蚁穴，星星之火可以燎原，只有从细微处入手才可能做到万无一失。所以，作为管理者，要经常注意人才的情绪变化，识人以恩不在大小，感人之效却可以惊动天地。

《战国策·中山》中记载了这么一个故事：

中山君宴请都士大夫，司马子期也是其中一个。羊羹是一道美味的菜肴，可惜准备得不足，司马子期没有尝到。司马子期因此感到羞愤难忍，他跑到楚国劝说楚昭王攻打中山。

中山国亡，中山君狼狈出逃，只有两个人还持戈跟随在后面。中山君问他们："事到如今，你们为什么还跟随我呢？"两人答道："我们的父亲在快要饿死的时候，是您施予了一盒饭给他，后来，父亲临终时对我们兄弟说：'中山国将来有祸事，你们一定要为之赴汤蹈火！'所以我们今日不惜以死来报答您。"

中山君听到这儿，仰天长叹一声，极为感慨地说："看来，给予别人，不在乎多少，却在于其适逢危难。和别人结怨，也不在于事情大小，而在于伤害人的自尊。一道菜可使一个国家灭亡，一盒饭都使人赴汤蹈火，可见小事不可大意。"

应该指出，作为管理者，身边没有一两个忠诚的人才是不行的，所以，领导人都习惯采用收买人心的方法来获得他人的忠诚。

秦穆公就很注意施恩布惠，收买民心。一次，他的一匹千里良驹跑掉了，结果被不知情的穷百姓逮住后美餐了一顿。官吏得知后，大惊失色，把吃了马肉的三百人都抓起来，准备处以极刑。秦穆公听到禀报后却说："君子不能为了牲畜而害人，算了，不要惩罚他们了，放他们走吧。而且，我听说过这么回事，吃过好马的肉却不喝点酒，是暴殄天物而不加补偿，对身体大有坏处。这样吧，再赐他们些酒，让他们走。"过了些年，晋国大举入侵，秦穆公率军抵抗，这时有三百勇士主动请缨，原来正是那群被秦穆公放掉的百姓。这三百人为了报恩，奋勇杀敌，不但救了秦穆公，而且还帮助秦穆公捉住了晋惠公，结果大获全胜而归。

秦穆公

在古代，"借义结人"是统治者借助下层社会团结人才的重要原则。例如，刘备通过"义"来集合，收揽人才。他通过桃园结义找到了关羽、张飞，又逐步发展了赵云、黄忠、马

超、魏延等勇将，还有诸葛亮、庞统等谋士。几乎一无所有的刘备能够搜罗到这样多的第一流人才，他使用的"义"的办法，起了重要的作用。曹操因刺杀董卓失败而被迫回家向父亲求助。那时曹氏家庭只有"散家资，招募义兵"这一条路可走了，还是曹操自己想出了办法："此间有孝廉卫弘，疏财仗义，其家巨富；若得相助，事可图矣。"在见到卫弘后，曹操拿出他深思熟虑地说辞："今汉室无主，董卓专权，欺君害民，天下切齿。操欲力扶社稷，恨力不足。公乃忠义之士，敢求相助！"卫弘听从曹操的话，拿出钱来让曹操做事。

由于统治者采用了对人才的感情投资，那么人才也往往能够受人点滴，报之涌泉。

三国东吴的周泰是位武将，因勇敢善战战功卓著而很得孙权喜爱。建安二十三年，孙权留平虏将军周泰为镇守重镇主将。孙权借到前线视察的名义，来到前线，置酒宴款待众将。席间，孙权乘众人酒酣耳热之际，让周泰脱去上衣，露出身上的累累伤痕。孙权指着周泰身上的伤痕——询问是哪次战斗中留下的，周泰逐一作答。最后，孙权拉着周泰的手流着眼泪说："将军临战勇如猛虎，从不计安危，以至数十次负伤，我怎么能不像亲兄弟一样对待你，把重任托付给你呢？孙权的一番表演，使周泰感动得一塌糊涂。"

古代时，孟尝君为了其政治抱负，广罗天下才士供养起来，叫作门客。冯谖初到时被视为门客中的最低层一类。手下人只拿粗茶淡饭招待他。冯谖倚靠着柱子用手指弹着剑唱道："剑呀，我们回去吧，这里吃饭没有鱼！"有人将此报告了孟尝君，孟尝君吩咐说："将他的饮食水准提高到门下档次。"又过了一段时间，冯谖又弹剑作歌道："长剑呀，我们回去吧，出入没有车可供乘坐！"其他门客都取笑他，把这事又告知孟尝君，孟尝君说："为他配备马车，档次提高到门下车客。"于是冯谖得以乘车弄剑。可是不久，他又故态复萌弹着剑又唱开了："长剑呀，我们回去吧，这里没有什么可养家的！"其他门客都厌恶他，认为冯谖贪婪不知足。孟尝君得知他家有老母，就派人不断供奉食物。这样，冯谖就不再唱歌了。冯谖试出孟尝君是个大度之人，有容人之量，才决定留下来为他卖命。正因为深知了孟尝君的为人，冯谖才能在后来斗胆私自做主借孟尝君之名烧掉大量借据，为主买义，从而收买了人心，为日后孟尝君落魄取得一块容身之地和得以东山再起的基地。

从现代企业的用人实践来看，要使人才人尽其用，首先要让下属喜欢你。例如，对如何识别和使用人才，李嘉诚自有一套管理之道。"管理一家大公司，你不可以样样事情都自己亲力亲为，首先要让员工有归属感，使得他们安心工作，那么，你就首先要让他们喜欢你。"

他指出，业务发展愈是庞大，就更要懂得用人之道，独具慧眼。而李嘉诚那份"慧"是出于一份"心"。一位长江实业的司机跟采访李嘉诚的记者说："我们真是很喜欢我们老板，他对我们非常好。他知道公司的公积金投资在外面遇金融风暴损失很多，老板填了那笔数，不让员工的公积金受损。"

白手起家的李嘉诚，在其长江实业集团发展到一定规模时，敏锐地意识到，企业要发展，人才是关键。一个企业的发展在不同的阶段需要有不同的管理和专业人才，而他当时的企业所面临的"人才困境"较为严重。由于当时社会的综合因素，工人文化水平低，多数人只有小学文化程度,技术管理方面的人员更是奇缺,那些曾和他一起出生入死打天下的元老重臣的知识结构和专业水平达不到企业发展的要求,面对越来激烈的商业竞争,要靠这样一支队伍创出佳绩显然是不可能的。李嘉诚克服重重阻力,劝退了一批创业之初帮助他一起打江山的忠心苦干的"难兄难弟",果断起用了一批年轻有为的专业人员,为集团的发展注入了新鲜血液。与此同时,他制订了若干用人措施,诸如:开办夜校培训在职工人、选送有培养前途的年轻人出国深造。这些措施深得员工们的欢迎,使他们更加喜欢自己的企业。而他自己,也专门请了家庭教师传授知识,并自学英语。

在李嘉诚新组建的高层领导班子里,既具有杰出金融头脑和非凡分析本领的财务专家,也有经营房地产的"老手";既有生气勃勃、年轻有为的港人,也有作风严谨善于谋断的洋人。可以这么说,李嘉诚今日能取得如此巨大的成就,他的集团能成为纵横东西的跨国集团,是和他回避了东方式家族化管理模式,大胆起用洋人分不开的。他起用的那些洋专家,在集团内部管理上把西方先进的企业管理经验带入长江集团,使之在经济的、科学的、高效益的条件下运作,而在外,尤其是在西方,是他集团进军西方市场的向导。其中杰出的代表为长江实业集团董事局现任副主席英国人 George C Magnus,他是一名现代企业管理大师,70 年代加入长江实业后一直追随李嘉诚左右,为"长江实业"的发展立下了卓越的功劳。另一名为李嘉诚十分器重的英人是 Simon Murry,他是李嘉诚远征西方的代表。

1986 年李嘉诚与 Simon Murry 策划,买下了英国一家控股公司的部分股份,全部出售,获利 2400 万美元。此外他们还相继收购了加拿大赫斯基石油公司等多家公司的股份,使李嘉诚的势力逐渐向国外大集团渗透。

精于用人之道的李嘉诚深知,不仅要在企业发展的不同阶段大胆起用不同才能的人,而且要在企业发展的同一阶段注重发挥人才特长,恰当、合理运用不同才能的人,因此,他的"智囊团"里既有朝气蓬勃、精明强干的年轻人,又有一批老谋深算的"客卿"。香港商界盛传李嘉诚左右手与"客卿"并重,其中最令人注目的是精明过人,集律师与会计师于一身的李业广和叱咤股坛的杜辉廉。由于李嘉诚对他们十分信任和尊重,也换来了他们对李嘉诚的敬重和对公司尽心尽力的奉献。如杜辉廉为李嘉诚在股票发行、二级市场上的收购立下了汗马功劳,特别是在 1987 年香港股灾之前,为李嘉诚的集团成功集资 100 亿港元。

在总结用人心得时,李嘉诚曾形象地说:"大部分的人都会有长处部分短处,好像大象食量以斗计,蚂蚁一小勺便足够。各尽所能、各得所需,以量材而用为原则;又像一部机器,假如主要的机件需要用五百匹马力去发动,虽然半匹马力与五百匹相比是小得多,但也能发挥其一部分作用。"

★危急时刻，敢作领头羊

却说宋江又赢了高太尉这一阵。烧了的船，令小校搬运做柴，不曾烧的，拘收入水寨。但是活捉的军将，尽数陆续放回济州。当日宋江与大小头领正在忠义堂上商议，小校报道："济州府差人上山来报道：'朝廷特遣天使，颁降诏书，赦罪招安，加官赐爵，特来报喜。'"宋江听罢，喜从天降，笑逐颜开，便叫请那报事人到堂上问时，那人说道："朝廷降诏，特来招安。高太尉差小人前来，报请大小头领，都要到济州城下行礼，开读诏书。并无异议，勿请疑惑。"宋江叫请军师商议定了，且取银两缎疋，赏赐来人，先发付回济州去了。

宋江传下号令，大小头领，尽教收拾去听开读诏书。卢俊义道："兄长且未可性急，诚恐这是高太尉的见识，兄长不宜便去。"宋江道："你们若如此疑心时，如何能够归正？还是好歹去走一遭。"吴用笑道："高俅那厮，被我们杀得胆寒心碎，便有十分的计策，也施展不得。放著众兄弟一班好汉，不要疑心，只顾跟随宋公明哥哥下山。我这里先差'黑旋风'李逵，引著樊瑞、鲍旭、项充、李衮，将带步军一千，埋伏在济州东路；再差'一丈青'扈三娘，引著顾大嫂、孙二娘、王矮虎、孙新、张青，将带步军一千，埋伏在济州西路。若听得连珠炮响，杀奔北门来取齐。分调已定，众头领都下山，只留水军头领看守寨栅。只因高太尉要用诈术，诱引这夥英雄下山，不听闻参谋谏劝，谁想只就济州城下，翻为九里山前。正是只因一纸君王诏，惹起全班壮士心。

——《水浒传》第六十五回

宋江相信真诚是做人的基本素养，所以，面对高太尉的诈求，他依然以一颗真诚的心去对待。

真诚也是为官者必备的美德。元褒先生是原州的最高长官，那天，他正端坐在大堂之上，突然有一商人前来报案。原来商人在旅馆被盗，他怀疑是和他同住一室的人干的，于是把那人扭送到官府来。

元褒先生听取了双方的陈词，觉得原告缺少充分的证据，讼词中有不少是虚妄的猜测；再听被告的辩护，更觉得被告理直气壮，不像做贼心虚的样子，察言观色，又发现他的神色像受了冤屈，于是把被告放走了。

商人气愤不过，越级上告，把案子捅到了隋文帝那儿。商人控告元褒受了盗贼贿赂，放走了盗贼。为了端正风气，隋文帝命令纪律检查和监察部门官员去调查此事，携着材料带着尚方宝剑的调查团很快开到原州。

原州上下风波顿起，大家猜想，元褒是个清廉的好官，绝不会受贿释盗；但案件明摆着没有了结，不知道谁会遭殃了。

团长找到元褒，希望他能讲实话，以便把事情的真相弄清楚，而且暗示即便他犯了错误，只要能找一个替罪羊，也可以不予追究。元褒告诉调查团，盗贼确曾贿赂过自己，所以把他放走了。自己犯了受贿罪和渎职罪，理应二罪并罚，判个三年五载的。

既然这样，调查团只好把他带到京城。很快，他被免除了官职。朝廷上下都讨论元褒的错误，案情通报一直发到了最下边。一时间，朝野哗然，元褒形象一落千丈。

过了不久，抢劫商人的真正罪犯在其他地方被抓获。一件悬案水落石出，元褒的冤案也很快得以平反，元褒的名誉得到恢复。其自诬的风范、清廉的美德流布四海之内。

文帝很是感动，又颇疑惑。他问元褒："爱卿，你是朝廷重臣，德隆望尊，当初何必为一件小事而损害自己的名誉和地位呢？如果不是老天有眼，你岂不是要一辈子背着黑锅？"

元褒坦然地说："我也不愿平白无故地受冤屈，因为我是原州的父母官，盗贼在原州为非作歹，这是我的第一条罪状；本州的百姓受诬告，不把他交给司法部门，却把他放了，说明我法制观念太差，是我第二罪状；第三，尽管我对这案子判断正确，但找不到真实凭据，是我办事无能。我有这么多错误，怎么能够不引咎自责呢！再说，如果我不说自己受贿，调查团一定会穷追不舍，那么更多无罪的人会受到干扰，这就更加重了我的罪责。所以我承认我有罪了。"

隋文帝

受贿而释放盗贼，不仅关涉名誉，而且必受法律制裁。元褒之所以敢于承担恶名和后果，大概是以为，自己纵使受了天大的冤枉，总会给世人带来更大的利益。以己之所失，换取百姓的太平安定的生活，对于一个封建官僚来说，心胸不可谓不宽广了。为自己利益而屈，隐姓埋名地修炼，或者受人胯下之辱，只是忍小而谋大，这样的人诚然值得佩服；为他人集体而屈，牺牲个人利益，实在是心胸宽广，品德高尚，更让人钦佩。为官一个单位，一个部门，一个地方，一个国家的人们该学学元褒，倒不是叫他们自诬自谤，而是像元褒一样，以一种长者风范，不计较个人得失，为民造福，代民受过。只有这样，才能为官一处，造福一方。

老子说：知道自己还有所不了解的，那就是很高尚的。不知道却自以为有所了解，这就是很差劲的。圣人没有过错，因为他能将过错当作过错看待，所以他没有过错。

"金无足赤,人无完人","人非圣贤,孰能无过"。当犯了过错之后,自己马上发现,就要在心中进行自我批评,立即纠正,这样就能增进德行。知错而不改,只会使自己变成一个恶人。

谁人无过,能改就好。对待别人要仁慈宽厚,当他人犯错误时,像他没犯错误一样原谅他,这样才会心平气和;严格要求自己,在无错时也应该常查找自己的差距,检省自己,这样才能使自己的品德进步,胸怀更加宽大。

一个人尤其是领导者,在待人方法上有两条原则,对于功劳和过失,不可有一点模糊不清。功过不明就会使人心灰意懒不肯上进;对于恩惠和仇恨,不可表现得太鲜明,如果对恩仇太鲜明,容易使人产生疑心而发生背叛。

人与人之间,贵在以诚相见,唯有如此,才能激发部属善与诚的心意,从而充分贡献出自己的聪明才智,你也才能赢得部属的真心拥戴。不过,用人之道也不仅仅在于一味向诚实处用心,而不同方法。必要的机巧是不可少的。好名之人,以名导之;好利之人,享以实利;重德之人,以德感其心;重义之人,用义而其行。机变灵活,因人而异,因事而异,方法的机变与诚信的专一互为表里是驭将之至道。抽却诚信,只讲机变,则是阴谋家惯用的权术,而这一点是不可取的。

因此,经商要获得成功,也离不开顾客的信任和支持。所以,一个企业与公众之间,决不能运用诡诈之术、弄虚作假,而应该"一诺千金",把"信"和"真诚"作为立身之本。

楚汉相争时,楚人季布,行侠仗义,在楚很有名气。有个名叫曹邱的人,常借重权重获取钱财,季布很看不起他。曹邱拜访季布,季布不理他。曹邱便说:"楚人常言得黄金百两,不如季布一诺。你在梁、楚一带名声如此之大,这都是我替你到处宣扬的结果啊!而你为何却要拒绝我呢?"季布听了,非常高兴,便把他当作上宾来招待。临走时,季布还送了一份厚礼。后来曹邱继续替季布宣扬,季布的名声也就越来越大。

"一诺千金"就是由此而来的。作为一种赢得被统御者信任的艺术,它有统御谋略中应有重要位置。

古今中外的杰出领导者,无不强调信誉第一,忠诚为上。把"信"作为立身之本。只要答应过的事情,就要"言必信,行必果",所谓"季布一诺",赢得信任,对施展各种谋略具有奠基的作用。

"以诚取信",首先要取得广大购买者的信任。在买方市场形势下,一个企业要生存和发展,就要争取广大购买者,同公众保持良好的关系,赢得他们的信赖。这就必须做到诚实不欺,讲究信誉。

台湾声宝董事长陈茂榜,他的创业成功,凭的不是充足的金钱,而是靠两个字——诚与信。

在50多年前,也即是他24岁时,他以100元开了家电器行,由于资金不足,他只好以50元为一单位,分别分给两家电器中盘商做保证金,然后向他们提货来买。

由于陈茂榜做人诚实,做生意时特别讲究信誉,因此,这两家中盘商,都很信任陈茂

榜,所以 50 元的保证金只不过是一种形式,其实陈茂榜向他们所提的货高达 500 元,也即是保证金的十倍,由此可见,"诚与信"有时比之金钱要更有价值。

做生意第一要诀就是要诚实,只有真诚待人,才能做成大生意。弄虚作假,只能是一锤子买卖,终究是要弄巧成拙,惨遭失败的。在当今,作为一个企业家,更应以诚信为本,那种开空头支票、许愿轻诺,最终只能失去信任。

一代名臣刘伯温就曾犯过一次不知而妄言的错误。一年,天大旱。太祖朱元璋找曾经为他卜过卦的刘伯温询问该怎么办,刘伯温对此事并无把握,但还是匆忙奏上一本:"士卒物故者,其妻悉处别营,总共有数万人,阴气郁结。工匠死,尸骨暴露,吴将吏降者皆编军户,足干和气。"太祖看完奏表,马上着手革除这些弊端。但过了数日,旱情依旧,天公依旧没有下雨。太祖就非常生气,认为刘伯温欺骗了他,甚至对他的占卜观象的能力也产生了怀疑,尽管以前曾屡有灵验。

刘伯温一时逞强,畏言"不知道",就招来了朱元璋的另眼相待,可说是在朱元璋那里为自己的形象抹了一把黑。由此可见,以诚取信靠的是长期言而有信的好名声,而毁坏它只是轻而易举的事,人们能够不警惕吗?

★领导用人要做表率

宋江开话道:"俺是郓城小吏出身,又犯大罪,托赖你众弟兄扶持,尊我为头,今日得为臣子。自古道:'成人不自在,自在不成人。'虽然朝廷出榜禁治,理合如此。"

——《水浒传》第一百零五回

这是《水浒传》中宋江对梁山弟兄说的一席话,意思是说,做领导与做下属是有不同的,做下属自由度大,而做领导却要自我约束,这就是所谓的成人不自在,自在不成人。

毫无疑问,领导是下属的旗帜,他的行为和品德是下属学习的榜样,有着很强的影响力。而下面三大美德则是成功领导者所应具备的:

一、领导就应该顶天立地

项羽年轻时候,曾和他的叔父项梁结伴同游各地。某一次大旅游,赶上了秦始皇出游的车队,非常雄伟壮观。看得年轻的项羽心花怒放,为之神往,不禁冲口而出说:"他是人,你也是人,为什么你不取而代之呢?"这句大胆的话,吓得项染连忙缩头而走。在观众之中,又有另一位年轻人,叹息道:"大丈夫该当如此。"这位心存大志的人,便是刘邦。

汉朝以前的时代,一切权力帝位和爵位,都是以世袭方式来承继。普通百姓,对于权力,根本不能染指。刘邦和项羽,自小便有一种突出当时礼教和制度框框的思想,可见他

们究竟不是池中之物。

二、领导不要食言而肥

说到做到是一项无价的礼物,食言而肥的人则是道德的侏儒。若想结交可靠的朋友,要先让自己变得可靠。一个满足于现状的人,他的精神总是空虚的,其道德人格不会太高。一个虽勤奋而不思进取的人,他的精神上也许自觉尚好,但在明眼人看来,却是坐着转椅当飞机,虽然累得满头大汗,不过在自己跟自己绕圈子。一个永不知足的勤奋者,才能在不断地追求当中,感觉到开拓者的幸福和新生活的乐趣。

京剧武丑张春华,60多岁还能演"杨香武三盗九龙杯",可以从两张桌一张椅叠起的高台上翻身而下,棉花团似的,轻如飞羽。其妙诀何在?其实就是一个练功终年不辍,妙在一个"练"字。

日军指挥官冈村宁茨曾指名道姓叫汪精卫请德高望重的韩紫石任江苏省省长,但去信如黄鹤,被韩紫石置之不理。冈村令侍卫官找来一把匕首让汪精卫给他寄去。半个月后,汪精卫接到了紫石老人从海安寄出的一个包裹,里面却是一顶半新不旧的帽子,帽舌中夹一纸条,上有紫石先生七个大字:老夫砍头若抛帽。

三、领导应谦虚谨慎

王导是东晋初期杰出的政治家,他官居宰辅,能够功成不居,尊君服众。西晋灭吴后,司马睿为安东将军初到建康,南方士族都不理他。王导为了要在吴境建立以北方士族为骨干的东晋朝,先树立司马睿的威信,于是他精心安排,搞的朝见司马睿的仪式非常威严,望族都敬服拜于道左,于是司马睿威信大增,王导也因此倍受宠信。318年,司马睿登上皇帝宝座,为感激王导辅佐,多次请王导与他一起接受群臣们的朝贺,王导固辞不就,因而更得司马睿的倚重。322年,王导堂兄王敦以司马睿远贤近佞,欲起兵讨伐,另立新主,王导不从,王敦只得作罢。323年,晋明帝司马绍继位,王敦派其兄王含进攻建康,欲推翻司马氏自立,王导言辞讨伐,又用计打败王含,保住了司马氏政权,从而进位太保。他功成不居,不坐御床,深得各朝皇帝的信任和大臣的拥戴。

四、领导律己才能律人

作为领导要想获得别人的尊重,你就必须具有他人所没有的优秀品质。如果你不具有此种独特的风格,你就很难获得下属的尊敬,而在这种条件下,最重要的就是领导本人的自我要求。

俗话说:待己才能待人,要求自己的原则与方法不是一朝可成的。你必须有"三军可以夺帅,匹夫不可夺志"的决心和毅力,在不断地尝试与努力中锻炼自己,促使自己一步一步地走向优秀领导的境界。

那么试问,你对自己的要求远甚于下属吗?偶尔你也会站在客观的立场为你的下属设身处地地想一番吗?要知道这种态度和涵养是你身为领导所必需的。一天到晚为自己打算的人,绝非一个优秀的领导,要知道在你作这些努力的过程中,你的一举一动都逃不过下属的观察,你的一切努力都不会白费,他们内心会如此想:

"这位领导看来是可以信任的"。

"依此看来，他是值得尊敬的"。

让人遗憾的是，多数领导总是忽视或没有能力做到这个"自我要求"，遇事总是喜欢归咎于他人。一些荒谬透顶的事，他们做起来会感到特别安心。譬如一个公司应该开发新产品了，赶紧召开员工大会，一个无能的领导常为自己大脑空空而坦然，却在抱怨别人："这些家伙尽是窝囊废，竟然拿不出一个新构想！"其实，新构想不能全靠下属去构思，身为领导应该先动动脑筋，先制定个框架，或先指明个方向，然后再要求下属全力筹划，这样靠着双方的努力把目标顺利达成多好啊！如果只是把责任全部推给下属，即使事情成功了，你也恰好失去了一个在下属心中赢得信任的绝好机会。如果这样的话，下属们会怎样看你呢，你在别人眼中的形象将会产生一个大的落差，别人把你给看低了。要知道，如果你的下属在心里对你没有个好感觉，你就别想让他们很好服从你。公司里有能力的下属可能表面在为你拼搏，暗地里却在想方设法取代你的位置呢。在一个企业里，下属之所以服从你，其理由往往不外乎以下两种：

因为领导地位既高，权力又大，不服从则会遭到制裁。

因为领导对事情的想法、看法、知识和经验较自己高一筹。跟着他做事，不担心出错。在这两个条件中任缺一项，下属都可能离你而去，或者与你分庭抗礼，势不两立。

有一句话叫作"善为人者能自为，善治人者能自治"。一个公司的业务能否在激烈竞争的潮流中得到发展，关键之处还在于领导者是否有正确的自律意识。领导者只有身体力行，以身作则，才能建立起人人遵守的工作制度。比如说要求公司的职员遵守时间，领导首先要做出榜样；要求下属对自己的行为负责，领导也必须明白自己的职责，并对自己的行为负责。只有以身作则的领导，才能调动其下属的自觉性，并影响他们朝着良性的方向发展。属于领导自己做不到的事，就不要要求下属去做；要求下属改掉坏毛病，就要首先自己改掉坏习惯。

培养良好的自律性、成为下属的表率，最好能参照以下几点建议身体力行：

首先乐于接受监督。据说，日本"最佳"电器株式会社社长北田先生，为了培养自己下属的自我约束能力，自己创立了一套"金鱼缸"式的管理方法。他解释说，员工的眼睛，是雪亮的，领导的一举一动，员工们都看在眼里，如果谁以权谋私，员工们知道了就会瞧不起你。"金鱼缸"式管理就是明确提出要提高管理工作的透明度，管理的透明度一大，把每个下属置于众人监督之下，每个人自然就会加强自我约束。麦当劳公司曾一度出现严重亏损，公司总裁亲自到各公司、各部门检查工作，发现了各公司部门的领导都习惯于坐在高靠背椅上指手画脚。于是他向麦当劳快餐店发出指示，必须把所有领导坐的椅背锯掉，以此促使领导深入现场发现问题，这一招竟使麦当劳公司经营状况获得了极大的转机。因为老板和员工们同乘着公司这一条船，只有平时同甘共苦，情况紧急时才会同舟共济。

要保持清廉俭朴。作为一个公司领导，应该清楚你的节俭行为，不管大小，都具有很

强的导向作用。领导者的言行举止是下属关注的中心和模仿的样板。台湾塑胶集团董事长王永庆曾说:"勤俭是我们最大的优势,放荡无度是最大的错误。"他是这样说的也是这样做的。在台塑内部,一个装文件的信封他可以连续使用 30 次,肥皂剩一小块,还要粘在整块肥皂上继续使用。王永庆认为:"虽是一分钱的东西,也要捡起来加以利用。这不是小气,而是一种精神,一种良好的习惯。"由此可见,想成为一个卓越的领导者是相当不容易的,清廉俭朴这一点,你应该努力做到。

要戒掉你的不良嗜好。不少领导者总有抽烟、喝酒的不良嗜好,这些东西给我们身心健康带来的害处就不必说了。单从对领导者个人素质和表率作用所产生的不良影响上说,就应该戒掉烟酒,譬如现在大中城市都在普及戒烟,国家特别规定了戒烟日,如果自己还整天泡在烟雾中,将怎样对下属下达"戒烟令"呢?

★ 事关领导权不能推让

晁盖道:"不可。自古'强后不压主'。晁盖强杀,只是个远来新到的人,安敢便来占上?"林冲把手向前,将晁盖推在交椅上,叫道:"今日事已到头,请勿推却。若有不从者,将王伦为例。"再三再四,扶晁盖坐了。

——《水浒传》第二十回

这是《水浒传》中关于晁盖被推举为梁山泊头把交椅时晁盖所说的话。晁盖所说的"强后不压主",其实就是后来者不能居上的意思,但林冲却不管这一套,他硬是让晁盖后来者居上坐了头把交椅。

在一个企业中,最重要的就是要选择好带头人。在选择领导人的问题上,后来者居上,能人居上,这应该成为企业公认的制度。在日本,企业继承人的挑选就是等着这样一个后来者居上的原则进行的。一代一代的企业家,就是在这样的环境中成长起来的。

虽然许多日本知名大企业都已走出家族束缚,但日本企业中九成属于中小企业,大多数仍以家族企业方式经营。如果第二代有创新想法、勇于改革,这些中小型的家族企业也有麻雀变凤凰的机会。

"松本清"药妆店以及获选为去年日本十大热门商品的"UNIQLO"休闲服饰,都是第二代打破家业包袱,把父亲手中的小公司成功转型为家喻户晓的连锁店的例子。

"松本清"药妆店的前身"松本药铺",创立于 1932 年,创办人名字就叫松本清。松本清首开日本先例,创办市公所里的"马上办中心",名噪一时。

松本清勇于挑战传统的个性遗传在他的长子松本和那身上。松本和那在药妆店工作 14 年后才接下社长一职,展开大胆革新。

过去日本的药妆店经营,一向选在租金便宜的小巷弄里,但是松本和那却逆势操作。1987 年,一家药妆店年营业额平均只有 1 亿日元的情况下,他在东京上野闹市区,敲定光是保证金就要 4 亿日元的黄金店面。不过,店里设计明亮,商品种类繁多,得到年轻女性的青睐,创下单月营收 1 亿日元的成绩。很快地,池袋、银座、涉谷等高价地段都出现"松本清"药妆店的鲜黄招牌。原本只有三家分店的"松本清"药妆店,在第二代发扬光大下,成为在日本全国拥有 500 家分店的连锁店。如今,日本高中女生皆可随口唱出"松本清"的广告歌,恐怕创办人松本清都没想过,自己的名字能如此上口。

又如,"UNI—QLO"的现任社长柳井正,则是把父亲经营的男装服饰店转变成日本最知名的休闲服饰品牌,甚至被誉为"已经改变了日本人迷信'贵才最好'的消费习惯"。

1971 年大学毕业后,柳井正曾在一家连锁超市工作,但因为无法忍受职场的缓慢步调,柳井正辞职回家协助父亲经营服饰店。不过他发现家业的经营效率更差。亟欲改革之际,店里 7 名员工有 6 人愤而辞职,柳井正只好从头学起,一切自己来。

1984 年,柳井正将父亲的服饰店改名为"UNI—QLO",锁定休闲服为主要产品,不过启发他颠覆传统的是两年后的一次香港之旅。柳井正在"佐丹奴""bossini"等品牌上找到灵感。

柳井正发现,华人经营者善于跨国采购,能取得低廉的生产成本并维持品质,这种弹性正是日本业者所欠缺的。柳井正回到日本,调整布局,将休闲服的设计中心设在纽约,生产放在中国等亚洲国家,至于位于日本山中县的小总部,则负责研究商品资讯及销售趋势。1994 年,这家公司已经有 100 家分店,而且在广岛证券交易所挂牌上市。

1998 年,UNI—QLO 在东京原宿开设分店,正式从"乡下品牌"晋升为媒体竞逐的热门品牌,一向被认为标杆的美国服饰"GAP",反过来被 UNI—QLO 逼得节节败退。UNI—QLO 每季推出的流行单品,价格都在 2000 日元上下,单一产品甚至创下热卖 800 万件的佳绩,带动股价连翻 20 倍。从日本山口县的乡下小服饰店,发展为"国民品牌",甚至跃上国际,在英国开设分店,柳井正说,"我就是想做和父亲完全相反的事"。

松本清药妆店和 UNI—QLO 的例子显示,第二代也可以开创新局,但前提是第二代本身有强烈的开创精神和毅力。

总之,不论是家族企业释出权力,或是家族企业转型另创新局,日本新一代的企业家,都已经感受外在的竞争压力,企业必须励精图治。"最重要的就是人才",亲手打造 UNI—QLO 的柳井正,正积极由外引进不同领域的专业人才,因为他已经深刻认识到,企业要由小变大甚至跃上国际舞台,光靠第二代独自发动改革已然不足,只有不断地吸引各方英才加入,才是企业真正的出路。

國學智慧全書

名著智慧

第四篇 《三国演义》智慧通解

导读

　　《三国演义》虽然讲的是一千七百多年前的事,与我们的时空相距甚远,特别是《三国演义》的故事很多都是虚构出来的,今天既"暗淡了刀光剑影",也"远去了鼓角争鸣",但是三国时代的"一个个鲜活的面容"仍然受到人们的普遍喜爱和传颂,原因就是在于智谋。是三国故事厚重的文化沉淀、横溢的灵气、深邃的意境所凝练成的智慧,缩小了我们与三国人物的时空差距。三国人物、三国故事,深入人心,妇孺皆知,读起来总是引人思考,令人兴趣盎然,高山仰止。

　　三国时期,各路集团争斗,多少豪杰角逐,演绎了不同的命运,有的飞黄腾达,有的灰飞烟灭。称雄不可一世的袁绍竟被实力不成比例的曹操打败。吕布、袁术、刘表、马腾、韩遂、张鲁、公孙瓒、陶谦、刘璋、张绣这些所谓的豪杰,也很快淡出历史舞台,最后只剩下了曹操、孙权、刘备。历史上没有任何一个时代能像三国时代那样,把如此众多的智谋之士聚集一堂,也没有哪一个时代,能像三国时代那样,让这些人才尽情施展才能,斗智斗勇,施谋定计,使这段历史缤纷耀眼。正如鲁迅所说:"三国时的英雄,智术武勇,非常动人。"无论是成与败,无不张扬着最突出的两个字:智慧。成败决定于智慧的运用。

三国演义

第一章　识人：会识人，才会用人

★会识人，才会用人

世界上没有比识人更难的事了。因为在世界上的所有事物中，可以说，人是最复杂的：有的外似贤人而实是强盗；有的外貌谦恭而实际傲慢；有的外似谨慎而内里鲁莽；有的外似精明而内无才能；有的外似忠良而不老实；有的外好计谋而内缺主见；有的外似果敢而内实寡断；有的外似诚恳而内不可信；有的外似糊涂而内实明白；有的言行过激而做事有功效；有的外似勇敢而内实胆怯；有的外貌严厉而内实温和；有的外表严肃而平易近人……

人就是这样表里不一。尤其是表里不一而又巧于伪装的人，就更难辨别了。这类人常常隐藏起自己的真实迹象，把私心掩盖起来，以此去迷惑人。如果是迷惑自己的上司，将会造成更大的危害，历史上这样的例子很多，光武帝刘秀被庞荫蒙蔽便是典型的一例：

庞荫在刘秀面前，表现得很是恭敬、谨慎、谦虚、顺从，刘秀便认为庞荫对自己忠心耿耿。其实庞荫是个很有野心的人，他明向刘秀表忠，暗里伺机而动，当军权一到手，便勾结敌人，将与他一起奉命攻击敌人的自家兵马消灭了。

刘秀是个深谋远虑的人，他知人而善任，不少人因为他的赏识而成为一代英才。但"智者千虑，必有一失"，刘秀的失误更进一步证明了识才的艰难。

话虽如此说，然而假如领导能见微知著、察言观色，由表及里地对下属进行观察审视，其耳就不至于被堵塞，眼睛也不会被蒙蔽，就能较准确地了解到这个人的真实情况，达到对他的妥善使用。

文不能治国，武不能安邦的刘备何以得了三分天下？这不能不归功于他的慧眼识才。他不辞辛苦，三顾茅庐请出了胸怀大志更兼文韬武略、后人难望其项背的稀世奇才诸葛亮，才使他功成名就。

刘备对赵云的赏识，也成为三国佳话。当年刘备在当阳长坂坡大败，当糜芳一再肯定"赵子龙反投曹操去了"时，刘备不但不信，且由叱责到发怒，并用关羽诛杀文丑之事相

比较，认为"子龙这次去，必有重要原因。相信子龙一定不会弃我而去的"。

这些事实证明，刘备有知人之明。

刘备知人，也能从性格上把握他们，这是作为一个领导人的高超之处。刘备曾准确地指出过关、张二人的优缺点，他认为关羽能体恤士兵，但在众将面前傲气太足；张飞虽然能尊敬有才能的将领，但酒后经常鞭挞士兵，而且还让这些士兵留在自己身边，这是取祸之道。果然，关、张二人的死都因其性格而成。刘备第一次见赵云是在老朋友公孙瓒处，初次相识就有不舍之意。可见刘备慧眼识英雄的本事。

诸葛亮更是疆场老手。华容道他料定关羽会放曹操，是因为他深知关羽重信义，知恩图报；空城计吓退曹兵是他熟悉司马懿生性狡诈多疑、老谋深算。

人们向来钦佩诸葛亮的料事如神的才智和"鞠躬尽瘁，死而后已"的精神，殊不知"如神"与"尽瘁"也是要以识人为前提的。诸葛亮27岁前虽满腹

《三国演义》书影

韬略，才高八斗，但未遇到明主他宁可躬耕隆中，以农事为乐。即使耳闻刘备宽厚仁慈，志在兴汉，又眼见其三顾茅屋，求贤若渴，他仍不肯轻信，还要听听刘备的志向。他再三推辞辅佐刘备，不是故作谦虚或有意抬高身价，而是要通过一系列言行力求从本质上认识刘备，看其究竟值不值得他卧龙先生辅佐。

不过，真正做到"识人"的确不是易事。诸葛亮也为此感叹过："夫知人之性，莫难察焉。"。他也曾为马谡熟读兵书的现象所蔽，关键时刻错用他去守要津街亭，导致兵败，留下了千古遗恨。这从反面证明了识人的极端重要性。

那么。怎样识别人呢？诸葛先生的识人七法很有借鉴作用。即：

向之以是非而观其志；穷之辞辩以观其变；咨之以计谋而观其识；告之以祸难而观其勇；醉之以酒以观其性；临之以利而观其廉；期之以事而观其信。

也就是说要把人了解清楚：一是问他是非曲直看他的主张；二是用难题把他逼到窘境看他的反应；三是请他出谋划策看他的见识；四是告诉他祸难，看他的胆量；五是在他喝醉了酒、头脑不清醒的时候看他的性格；六是在他面对切身利益时看他的廉洁；七是交

國學智慧全書

三国演义

395

付他办一些事情看他的诚实。这"七观"可谓识人之良方。

然而，即使如此，作领导的也不可按图索骥。

人是不断变化的，在此一时一事上表现好，不能说明在彼一时一事上也好；反之，在此一时一事上表现失误，也不能说明其永远不能改正错误，因此，要识准人，必须要用发展的眼光，动态地去看，必须多调查，听取多方面的意见。

难哉，识人！

★千军易得，一将难求

只有站在高、低、上、下、左、右等不同的角度来识人，然后进行综合分析，既看到其长处，又看到其短处，既看到长中之短，又看到短中之长，才能客观、全面、准确地识别人和使用人。

"人才难得亦难识。"这是古往今来，许多招贤纳士者的感慨，也是人们千辛万苦积累起来的财富。

纵观历史长河，我们不难看出，不论是中国、外国，选将、用将一直都是兵家相争的焦点，是历代君主格外关注的问题。无数的军事战例雄辩地证明：将帅与战争的胜败是紧密相关的，与国家的安危存亡更为密切。因此，一定要慎重地选拔将领、使用将领。

凡识人有所思、识人有所为的有识之士，总是独具慧眼地悟出人才，之所以难识：事之至难，莫如知人；事之识人，自古为难；人不易知，知人亦不易也！有天下者，以矢为最困难。知人之难，莫难于别真伪；知人之难，良莠难分；知人之难，贤佞难辨；任贤非难，知贤为难；使能非难，知能为难；论资级难于知人，为今识人仍有难；千军易得，一将难求；经师易得，一将难求。虽然知人要未易，谁可例轻天下士；诚能知人，则天下无余事矣。

"千军易得，一将难求"，它说明在人才不易识的情况下，相对一般人才而言，千军易得，一将就更难求了。在作为社会生活的一个特殊组成部分的军事领域里，统帅的决心具有重大作用。军事领导人才是统御部队的人才。作为一支部队、一个组织，没有领导人才的控制、领导，必然是一盘散沙，缺乏战斗力，遇有困难和敌情，定将一触即溃。俗话说，蛇无头不行，讲的正是此理。因此，在识人过程中，我们不仅要识别平时能练兵，战时能打仗的一般军事人才；更重要的是能识别平时能治军，战时能指挥打仗的各类指挥人才。注意识别、发现和培养、选拔一批能担负起新世纪重任的军事高级指挥人才。

在我国历史上，历代思想家、政治家都认识到"为政之要，唯在得人"，发出了"千军易得，一将难求"的感叹，深切地感到军事人才在决定战争成败、国家兴亡中的重要地位和

作用。

在封建社会,曹操既是一位著名的政治家、军事家,又堪称三国时代人才思想的集大成者。他不仅在实践中广招贤才,形成谋士如云、战将如林的鼎盛局面,而且还对人才问题进行了较系统的研究和总结,对我国古代的人才思想有所建树。曹操崇尚周公"一沐三握发,一饭三吐哺,起以待中述志","呦呦鹿鸣,食野之苹,我有佳宾,鼓瑟吹笙",并说"山不厌高,海不厌深,周公吐哺,天下归心",表示对贤才的爱慕与思念之情,也体现了当时封建社会明君贤臣对人才的重视程度。

伟大的革命先行者孙中山先生,在四十年革命生涯中,始终把人才问题视为关系社会兴衰与事业成败的重要问题。他在 1894 年致李鸿章书中提出:"欧洲富强之本,不尽在于船坚炮利、垒固兵多,而在于人能尽其才,地能尽其利,物能尽其用,货能畅其流。此四事者,富强之大经,治国之大本也。"

纵观中国历史。大凡社会动乱、战火四起、军事斗争集中而又突出的时候,军事人才就特别受到国家和社会的重视。在中国历史上流传的"黄金台""招贤榜""求贤令""三顾茅庐"等人才佳话,都是这一思想的生动体现。

古人云:"若非行久垂三顾,谁识茅庐一卧龙。"这就是说,若不是先主刘备三顾茅庐,谁能认识隐居茅庐的龙——诸葛亮。正因为刘备慧眼识贤才,曾三次到诸葛亮隐居处请他出山辅佐自己打天下,诸葛亮才有机会显出英雄的本色。

中国台湾产业家王永庆效先人之行,"五访茅庐",方请得当今台塑集团的首席顾问丁瑞铁先生。丁瑞铁在台湾金融界颇有地位。2004 年,台化公司成立前夕,资金短缺,经企业家陈逢源介绍,王永庆认识了丁瑞铁。当时丁瑞铁任大同公司经理助理,婉言谢绝了王永庆邀他到台塑的诚意。但是王永庆没有放弃,他深深知道人才的难得,于是效刘备之法,先后五次盛情邀请丁瑞铁。感动于王永庆的真诚,丁瑞铁终于答应了王永庆,决定赴台塑效力。丁赴任后,就创下了民营企业直接向国外取得长期低息贷款的先例,台塑所需要的资金就此解决。目前,在丁瑞铁的鼎力相助下,台塑创下了台湾化纤纺织第一位、民营制造业第三位的佳绩。

求才贵心诚意挚,王永庆的成功莫不归因于他求贤若渴的执着,也反映了一个明星企业家应有的风采。

在交际识人过程中,常常会出现这样的问题:从上往下看,会把人看透了;从下往上看,会把人看高了;从今往远看,会把人看笑了;从门往外看,会把人看偏了。因为"横看成岭侧成峰,远近高低各不同",出现"偏视"在所难免。

但是问题不在于认识的片面,就怕防卫的不全。我们只有从"远近高低"各个角度去认识人,然后综合求出"平均值",才能把人看透。

古今中外识人的历史表明,看人远近高低是各不相同的。例如,孔子看人,由于站在不同的角度,对同一个人的看法就不一样。据韩非子在《显学》中记载,有一个姓澹台叫子羽的人,长着一副君子的容貌,孔子认为他是个天才;还有一个叫作宰予的人,能说会道,孔子也曾认为他是个天才。后来,与他们相处的时间久了,才发现子羽的行为与其外表很不相称,宰予的能力远不及他的口才。所以孔子感叹道:以貌取人,在子羽身上造成失误;以言取人,在宰予身上造成失误。

识人不易,识贤才更不易,只有独具慧眼的人才能识人才。在古今中外识人上,别具慧眼的人才也数不胜数。

达尔文在剑桥神学院读书时,神学成绩不佳,很多人认为达尔文治学之道飞鸡斗狗,智力远在普通人之下,是个平庸者,但是植物学教授汉罗斯却看出达尔文有着特殊的才能。他特别器重达尔文的观察力和喜欢独立思考的治学品质,并力保达尔文随贝格尔舰进行环球科学考察,从而使一个"平庸"者,成为举世瞩目的科学家。

黑格尔在读书时,也被人视为"平庸少年",有人画漫画奚落他,把他画成拄着两根拐棍的小老头,认为他是没有出息的。但是,有人却很赏识他,他的老师曾在他的毕业证书上写道:"健康状况不佳,中等身材,不擅辞令,沉默寡言,天赋高,判断力健全,记忆力强,作风正派,有时不太用功,神学有成绩,虽然尝试讲道不无热情,但看来不是一名优秀的传教士,语言知识丰富,哲学上十分努力。"应该说,黑格尔的这位老师是善于识才的。可见,同是一个黑格尔,不同的人从不同的角度看就大不一样。

在现实生活中,有很多的领导同志,使用和识别人才常常以自己的态度画线。对自己逢迎者,无才也是才;对自己不逢迎者,有才也是无才;他说你行,你就行,不行也行;他说你不行,你就不行,行也不行。这样识人是反映不了真实情况的,只有站在高、低、上、下、左、右等不同的角度来识人,然后进行综合分析,既看到其长处,又看到其短处,既看到长中之短,又看到短中之长,才能客观、全面、准确地识别人和使用人。

★ 识人之长,亦识人之短

"知人长中之短,不知人短中之长,则不可以用人,不可以教人。"事实上,人各有所长,也各有所短,只有扬长避短,天下便无不可用之人。从这个意义上讲,领导者的识人、用人之道,关键在于先看其长,后看其短。

"金无足赤,人无完人",每个人都有自己的缺点和优点,不能肯定一切也不可否定一切。天生我才必有用。一般来说,每个人都有其所长,有其所短,如能发掘人之长处,则能发现更多的人才;如不见人之所长,只寻人之所短,将认为人才缺少甚至无才。因此只视人之所短,则不知才;能发现人之所长,则人才来源不断。

"知人长中之短,不知人短中之长,则不可以用人,不可以教人。"事实上,人各有所

长,也各有所短,只有扬长避短,天下便无不可用之人。从这个意义上讲,领导者的识人、用人之道,关键在于先看其长,后看其短。

在《三国演义》中有张辽威震逍遥津的故事:张辽因失了皖城,回到合肥,心中愁闷。忽然曹操差薛悌送来木匣一个,上有书信一封,傍书云:"贼来乃发。"这一天报说孙权自引十万大军,来攻合肥。张辽便开匣观之。内书云:"若孙权至,张、李二将军出战,乐将军守城。"张辽将教帖与李典、乐进观之。乐进曰:"将军之意若何?"张辽曰:"主公远征在外,吴兵以为破我必矣。今可发兵出迎,奋力与战,折其锋锐,以安众心,然后可宁也。"李典素与张辽不睦,闻辽此言默然不答。乐进见李典不语,便道:"贼众我寡,难以迎敌,不如坚守。"张辽曰:"公等皆是私意,不顾公事。吾今自出迎敌,决一死战。"便教左右备马。李典慨然而起曰:"将军如此,典岂敢以私憾而忘公事乎?愿听指挥。"张辽大喜曰:"既曼成肯相助,来日引一军于逍遥津北埋伏,待吴兵杀过来,可先断小师桥,吾与乐文谦击之。"李典领命,自去点军埋伏……

孙权跳过桥南,徐盛、董袭驾舟相迎接。凌统、谷利抵住张辽。甘宁、吕蒙却被乐进从后面追来,李典又截住厮杀,吴兵折了大半。凌统所领三百余人,尽被杀死。统身中数枪,杀到桥边,桥已折断,绕河而逃。孙权在舟中望见,急令董袋棹舟接之,乃得渡回。吕蒙、甘宁皆死命逃过河南。这一阵杀得江南人人害怕。闻张辽大名,小儿也不敢夜啼。

从表面看,合肥之战的胜利者是张辽、李典和乐进英勇拼杀的结果;但事实上,曹操的用人技巧才是成功的关键。张辽有胆有识、深明大义,一切以大局为重,可为统帅。乐进脾气暴躁,攻城略地,身先士卒,是员猛将。李典举止儒雅,不好争功。曹操对这个三人的特点了如指掌,而且也知道他们素有矛盾,怎样让他们团结为一个整体,发挥最大的优势呢?曹操的做法是让他们扬长避短,互为补充,协调一致。结果,李典和乐进在张辽的带动下,一举击溃孙权,威震合肥。

西汉文学家东方朔在向汉武帝的奏疏中说:"水至清则无鱼,人至察则无徒。"水太清,鱼就养不活;对人过于苛求,则不可能有朋友。用人识才也是如此。其实,任何人才有其长必有其短,识别人才重要的一点就是不可以以短掩长。倘若识人,只注意某一个侧面,而这侧面又正好是人才的缺点或短处,就武断地下结论,那么这种识才的方式是非常危险的,大批人才将被抛弃和扼杀。孔雀开屏是非常漂亮的,倘若一个人不看孔雀那美丽的羽毛,而只看到孔雀开屏露出的屁股,就武断地认为孔雀是丑陋的,那就实在是有失公允了。

唐代柳宗元曾讲过这样一件事:一个木匠出身的人,连自身的床坏了都不能修,足见他锛凿锯刨的技能是很差的。可他却自称能造房,柳宗元对此将信将疑。后来,柳宗元在一个大的造屋工地上又看到了这位木匠。只见他发号施令,操持若定,众多工匠在他的指挥下各自奋力做事,有条不紊,秩序井然。柳宗元大为惊叹。对这人应当怎么看?如果先看他不是一位好的工匠就弃之不用,那无疑是埋没了一位出色的工程组织者。这一先一后,看似无所谓,其实十分重要。

从这些故事中可以悟出一个道理:若先看一个人的长处,就能使其充分施展才能,实现他的价值:若先看一个人的短处,长处和优势就容易被掩盖和忽视。因此,看人应首先看他能胜任什么工作,而不应千方百计挑毛病。《水浒》中的时迁,其短处非常突出——偷鸡摸狗成性。然而,他也有非常突出的长处——飞檐走壁的功夫。

当他上了梁山,被梁山的环境所化、改造,他的长处就被派上了用场。在一系列重大的军事行动上,军师吴用都对他委以重任,时迁成了这些军事行动成功的重要人物。由此可见,对人,即使是对毛病很多的人,首先要看到他的长处,才能把他的才干充分利用起来。

在用人所长的同时,要能容其所短。短处包括几个方面:

一是人本身素质中的不擅长之处。

二是人所犯的过失。

例如,有才干的人往往恃才自傲;有魄力的人容易不拘常规;谦和的人胆小怕事等等。另一方面,错误和过失是人所难免的。因此,如果对贤才所犯的小错也不能宽恕,就会埋没贤才,世间就几乎没有贤才可用了。

现代企业的领导者要知道应当建立高效团队的有效法则。每个人都有自己的长处和短处,长处也好,短处也罢,关键在于怎样利用。"尺有所短,寸有所长,"只要利用得当,短处可变为长处,而长处的效率会更高。用人时,领导者要善于取此之长补彼之短,让他们互为补充,扬长避短,最终精诚合作,发挥每个人最大的潜能。

故世不患无才,患有才者不能器使而适用也。以良药不适于病,梁材用于室穴,犛牛捕鼠、良马守门等比喻,批评用人不当,指出对于人才必须"器使而适用",使其特长得到充分发挥。用其所长,这正是领导者的用人艺术。

成功的领导在用人的问题上总是能够用人之长,避人之短;求人求实,不求其全。德才兼备,是领导考察人才常说的话。以此为条件,考察可用人才是应该的,但在实际用人当中如果僵化地坚持这种条件,这样的领导就是一个愚蠢的领导。当然,这并不是说人才,可以无德无行,而是应改是人才就求全责备,对人才的议论评说应该客观看待,公正处之。

俗话说:"没有无用的人才,只有不会用人的领导。"纵观古今中外,有作为的领导者无一不是用人之长者。

美国南北战争初期,林肯为了保证战争的胜利,力求选拔那些没有缺点,无可挑剔的所谓"完人"担当北军的统帅,结果事与愿违。他所选拔的这些白璧无瑕、修养甚好的"完人"统帅、在拥有较多的人力与物力的条件下,竟一个个成了南军的手下败将,输得一团糟,甚至有一次连华盛顿都几乎丢掉。如此严重的失利使林肯受到了极大震动,他开始清醒地、冷静地、逐个地分析对方将领的特点,从杰克逊起,几乎无一不有明显的缺点。同时一个个将领又都是具有个人特长的人。林肯在全面分析的基础上大胆启用了有缺点但十分能干的酒鬼格兰特为北军将领。林肯的委任状发出后,举国上下像开了锅似的,舆论大哗。人们大都预测,北军将要完蛋了,因为"昏君"林肯任命了"酒鬼"格兰特。不少好心人也纷纷晋见林肯,诉说利弊,说格兰特好酒贪杯,很难担当大任。但是,林肯

却丝毫不为所动,并哈哈大笑说:"如果我知道他喜欢喝什么酒,我将送他几桶。"历史证明,林肯的决定是十分正确的。正是对格兰特的任命,成了美国南北战争中北军转败为胜的转折点。

在南北战争中,林肯之所以能够取得最后的胜利,很重要的一方面,就是林肯能够用人之长,充分发挥了格兰特以及其他将领的长处,才使得美国从分裂走向了统一。

尼克松是个有战略头脑的政治家,尤其在用人方面,充分地表现了他的智慧。

1968年12月2日,当选为第37届美国总统的尼克松,任命基辛格为"总统国家安全事务助理"一职,基辛格万万没有想到,多年来不断追求却屡遭白眼,最后寄托于洛克菲勒的一切雄图厚望,却在洛克菲勒的劲敌尼克松的身上实现了。他决心出山受任,以其雄韬伟略来辅佐这位开明的总统。他首先提醒总统,20世纪70年代与50年代不同之处,就在于世界已由"两极"向"多极"演化。他建议美国重新调整自己的敌、我、友关系。

在对"北大西洋公约"各国伙伴问题上,要改变以前那种由美国"单独承担一切责任"和"统一指挥"的方式,就必须建立一种具有政治创造力的全新秩序,实行划分打击目标的"明智联盟"政策。这样,在对苏关系上,基辛格认为,尽管苏联是美国的一贯对手,但是时代不同了,通过谈判是可能达到一定程度的合作和规定冲突的"绝对极限"的。基辛格的上述建议,对尼克松产生了重大影响,以至于在后来的对华关系和苏美和谈上使他迈出了历史性的一步。

当初在尼克松上台时,困扰最大的问题,莫过于越南战争。而在这个问题上,基辛格很早就有研究,他的回答也十分明确:通过谈判,撤回军队,结束战争。尼克松采纳了这一建议,终于解决了棘手的越南战争问题。

基辛格作为尼克松的高级幕僚,不仅是一位足智多谋的国际战略策划者,同时也是一个精明干练的战略实践家。作为顾问、智囊,他审时度势,深谋远虑,运筹于白宫之内,施展于千里之外;作为助手、使者,他忠贞不渝,献身其职,周旋于美国朝野,活跃在世界的各地。美苏和谈,他纵横捭阖;中美建交,他牵线搭桥;巴黎谈判,他以强制胜;中东危机,他以柔克刚……在当代国际的大舞台上,为美国和尼克松政府演出了一幕幕具有时代意义的话剧。其中,最能反映基辛格深谋远虑、智勇兼备独特风格的,莫过于中美秘访的"波罗行动"和越南停战的"巴黎谈判"了。

由于尼克松大胆启用了劲敌人物基辛格,由于基辛格的"国际"级的谋略思想,使尼克松在任总统期间政绩卓著。实际细细想来,尼克松任总统时期成就的几件大事主要是其用对了人的缘故。可以说,如果没有尼克松的提携,基辛格的谋略思想就不会在国际政治舞台上如此淋漓尽致地发挥出来,起码在当时不能;同样,如果没基辛格的谋划和具体实施,尼克松在任总统期间的政绩也不会如此卓著,他们二人可以说是配合默契,相得益彰。

"一个聪明的经理审查候选人决不会首先看他的缺点,至关紧要的是要看他完成特定任务的能力。"如果曹操不运用他人之所长,是否能有威震逍遥津的故事?林肯不任用"酒鬼"能否使美国走向统一?作为成功的领导者,就要能用人之长,避人之短,求人求

实,不求其权。给他人一次机会,也给自己一次机会。

★以貌识人,有失偏颇

看人,最重要的是弄清其本质、素质,这对于了解其人是非常有意义的,也可以说是知人、用人的关键环节。

古人云:肤表不可以论中,望貌不可以核能。这就是说,不能根据外表评价人的品德,不能看相貌估量人的才能。即不能以貌取人,观察其相貌定是非,倒不如研究他的思想和他办事的能力如何来得可靠。

"人不可貌相,海水不可斗量",这是一句有益的识才辨才格言。泰戈尔说得好:"你可以从外表的美来评论一朵花或一只蝴蝶,但不能这样来评价一个人。"以相貌取人,判人,没有丝毫的科学根据。

庞统与诸葛亮并称为卧龙凤雏。鲁肃对庞统的评价非常高:"上通天文,下晓地理;谋略不减于管乐,枢机可并于孙吴。"庞统确实是当时少有的奇才。赤壁之战,庞统巧授连环计,诱使曹操用铁链将战船锁在一起,使周瑜的火攻得以成功,显露出了超人的胆识和卓越的才华。

周瑜死后,鲁肃总领东吴兵马。鲁肃极力向孙权举荐庞统。可是一见面,孙权见庞统"浓眉掀鼻,黑面短髯,形容古怪"心里就很不喜欢。孙权问:"公平生所学以何为主?"庞统答:"不必拘执,随机应变。"孙权

鲁肃

又问:"公之所学,比公瑾何如?"庞统笑着说:"某之所学与公瑾大不相同。"孙权平生最喜欢周瑜,见庞统轻视他,心中愈发不高兴,就对庞统说:"公且退。待有用公之时,却来相请。"庞统走了以后,鲁肃问:"主公何不用庞士元?"孙权说:"狂士也,用之何益?"鲁肃极力保举:"赤壁鏖战之时,此人曾献连环策成第一功。主公想必知之。"孙权说:"此时乃曹操自欲钉船,未必此人之功也。吾誓不用之。"

在庞统被鲁肃引见给孙权之前,诸葛亮曾经写下一封书信,将庞统推荐给刘备。孙权拒绝庞统之后,鲁肃害怕这一难得的人才落入曹操之手,也给刘备写了一封推荐庞统

國學智慧全書

名著智慧

的信。庞统带着两封推荐信离开东吴去投刘备,见到刘备长揖不拜。刘备见庞统相貌丑陋,心中也有些不高兴,只是问了句:"足下远来不易?"庞统并没有拿出诸葛亮和鲁肃的推荐信,只说:"闻皇叔招贤纳士,特来相投。"刘备说:"荆楚稍定,苦无闲职,此去东北一百三十里,有一县名耒阳县缺一县宰,屈公任之,如后有缺,却当重用。"庞统便到这个偏远的小县去做县令。演义第六十回,益州别驾张松求见曹操,欲献上益州地理图本并充当曹操进军益州的内应,曹操因张松"人物猥琐""语言冲撞"而将其拒之门外,也是一个以第一印象取人的事例。

用人先要识人。管理者在用人的时候,首先要对所用之人有个较为全面的了解,这样才能保证用得其所。心理学研究表明,初次接触的双方,首先观察和注意到的是对象的相貌、衣着、谈吐、举止等外在现象,然后自觉不自觉地根据这些感性材料给对方做出一个初步评价。由于初次接触的时间短,所获得的材料有限,而且都是表面的、感性的材料,因而在判断评价上往往会产生一些偏差。这就是所谓的"第一印象"。

应当指出,认知客体是复杂的。在某些人身上,外在与内在有可能得到较为和谐的统一。如心美貌亦美,心恶貌亦恶,等等。而在许多情况下,人的外在与内在是不相统一甚至是矛盾的。金玉其外很可能败絮其中,丑陋的外表之中很可能怀有一颗善良的、智慧的心。庞统丑陋的相貌与其盖世的才华;邓艾的口吃与其超人的胆识;张松的猥琐与其博闻强记,能言善辩。由于内在的东西是深深隐藏着的,外在的是容易观察到的,所以,如果不深入探究,就很容易看错一个人。孙权、刘备的鄙视庞统,曹操的厌恶张松,都是根据第一印象做出了错误的判断。

同时,认知主体在认识上的差别性和波动性,也是造成第一印象偏差的重要原因。每个认知主体对客体的认识水平是有差别的,也就是说,每个管理者对人的评价与判断能力是有差别的。由于管理者们的智力因素与非智力因素不尽一致,导致识人用人能力的差别。有的管理者善于识人用人,有的管理者则拙于此道。曹操、刘备、孙权在识人用人方面高人一筹,所以周围人才济济,灿若星辰。吕布、刘表、袁绍、袁术之流没有识人之眼,手下或者没有得力人才,或者有人才不受重用。另一方面,同是一个人,认知能力也存在着波动性,此时此地的认知能力与彼时彼地的认知能力往往也存在着差异。由于地位、环境、心境的不同,导致对人的认识与评价的程度的差异。即使是具有识人之眼的管理者,有时对人的认识也难免带有感情色彩。孙权不用庞统,是在赤壁大胜之后,"气骄而言难入";曹操拒张松,正值大破马超归来,"志满而易骄"。在这种情况下,孙、曹两人丢掉了平时礼贤下士平易近人的作风,仅凭第一印象将难得的人才拒之于门外。

今天的管理者凭第一印象取人的表现,不仅仅像孙权、刘备、曹操那样因庞统、张松的貌丑和气傲而不用;有时他们接触一个沉默寡言的下属,就断定此人窝囊;接触一个穿着讲究的人,就以为此人有纨绔之习;遇到一次下属未向他打招呼,就以为此人目中无人;遇到一个犯过错误的下属,就认定此人今后还会犯错误,等等。管理者如果凭这样的第一印象去取舍人才,那是肯定会失误的。总结历史的经验,在识人用人上需注意以下几点:

第一，识人用人切忌以偏概全

一般说来，对某一个人的初步印象好，这个好的印象就先入为主，因而对此人的判断，往往是长处多于短处，优点多于缺点；反之，假如对某人的初步印象不佳，以后也就容易忽略此人的许多优点，甚至人为地放大其缺点。心理学上称这种现象为"晕轮效应"。管理者不能成为这种效应的俘虏，而应使自己的思想方法从这种习惯定势中跳出来，力求对人的评价和判断全面深入。为此，应该缓下结论，多加接触和观察，以获得第二、第三印象，这样做既可以避免能人的流失，也可以避免庸人的混入。对于接触不多的人，管理者要经常自问：是否看到了此人的另一面，自己的所闻是部分还是全部。孙权初次见到鲁肃，刘备初次见到诸葛亮，曹操初得荀彧、郭嘉，都曾与其长时间讨论天下大势，因对方见识不凡而委以重任。而对待庞统和张松却没有这样做，结果损失或险些损失了难得的人才。

第二，识人用人不要被表面现象所迷惑

由于一些人的真实意图被外表的假象所掩盖，而形成认识上的错觉，心理学上称之为"线索偏差"。在许多情况下，线索偏差是拘泥于第一印象的，即表面现象所造成的。某些人为了达到个人的目的，对手握权力的人，投其所好，竭尽恭维之能事，抓住人们爱听赞扬话、恭维话的人性固有弱点，以假象迷惑人，以假话来取悦人。庞统为了达到让曹操自锁战船的目的，观旱寨夸曹操"虽孙吴再生，穰苴复出不过如此"；看水寨称赞曹操"丞相用兵，名不虚传"。夸得曹操忘乎所以，虽然是初次见面，不仅未因庞统貌丑而轻视，反而言听计从。一些身怀奇才绝技的人，才愈高气愈傲，短时间内一般难以发现他们的真实才能，而那掩盖高才绝技的傲气却容易感觉得到，张松就属于这类人，为了一开始就受到重视，故意以"高傲"面目出现，待价而沽，所说的多半是"大话"，逆耳之言，如果仅凭表面现象而将其拒之门外，便是"此处不留爷，自有留爷处"。还有一部分语不惊人，貌不压众，却极有内秀的人，即所谓"牛皮灯笼里边亮"，如果仅以表面现象定优劣，就会被埋没或流失。

"路遥知马力，日久见人心"，管理者对待那些被假象掩盖真相的人，不论是好人还是坏人，高人还是庸人，都应当采取多接触、多观察的做法。古人云："人固不易知，知人亦不易"。曹操、刘备、孙权都是善于识人用人的英主，但在个别人身上也犯过以第一印象取人的错误，可见识人之难。毛泽东在《实践论》中指出"要完全地反映整个的事物，反映事物的本质，反映事物的内部规律性，就必须经过思考作用，将丰富的感性材料加以去粗取精、去伪存真、由此及彼、由表及里的改造制作工夫，造成概念和理论的系统。"人们认识客观事物是这样，管理者认识和选用人才时也应该这样。

孔子说："吾以言取人，失之宰予，以貌取人，失之子羽。"

孔老夫子曾以言语来看宰予，以相貌来看子羽，后来他认为都看错了，就公开承认自己的错误。这不仅使自己，也使别人能接受"以貌取人"的教训。

宰予也是孔子的学生，他是个德才兼备的人，孔子曾经派他出使楚国，楚昭王认为楚国的官尹中没有任何人的才能可以与之相比。楚昭王要把一辆华丽的车子送给孔子，他以理拒收，受到孔子的称赞。他在孔子弟子中是个有所建树的人，唐玄宗开元八年（公元

720年）被列为"十哲"之一，配祀孔子。因宰予有一次在白天睡觉，孔子竟斥为"朽木不可雕也"，这是孔子又一次犯了以貌取人的错误。

在中国古代知人的经验教训中，以貌取人还是看人重在其行，这是两种截然相反的知人之法。前者只看人的外表，而后者看其实践如何。前者知人多误，而后者则较能揭开人的真假、善恶、美丑。

以貌取人，连圣人孔老夫子也犯这种错误，他就公开检讨说："以貌取人，失之子羽。"孔子因子羽貌丑曾看不起他，其实子羽是很有德才之士。人的外貌跟内貌没有必然的关系，因而以貌取人多误。

我们所说的外貌，不只限于人的相貌，还包括人的表面的种种表现和印记，据此而取人，历史的教训甚多。如：南宋宰相张浚认为秦桧"议论刚正，面目严冷，必不肯为非"，因而错误地肯定他是"不畏死，可共天下事"的"人才"，于是，推荐他参政，致使错用这个千古罪人。及秦桧得势，他就被排挤在外，使南宋屈膝向金求和，张浚留下了终生的遗憾；以"隆中策"促成刘备三分鼎足于西蜀的诸葛亮，也犯表面看人的错误。他因见马谡熟悉兵法，理论上说得头头是道，尽管刘备对马谡无实践经验而空论兵计认为是"言过其失"，临死前特别叮嘱"不可大用"。诸葛亮却不以为然。诸葛亮后来重用马谡为先锋，结果丧失战略要地街亭，诸葛亮进无后据，被迫退回汉中，他第一次出祁山取得的辉煌战果也就化成泡影，后悔不听刘备之言并自责无知人之明时已经晚了。还有不少人以资历、级别、门第取人，而这些也不过是人的表面印记，据此而取人也就多误。魏惠王因公孙鞅是魏相公叔痤的家臣而看不起他，尽管公叔痤死前极力推荐，要惠王"以国事听之"，惠王却认为公叔痤病得糊涂说乱话，拒绝使用公孙鞅。公孙鞅便投奔秦国，为秦孝公所重用，结果是秦国日强，魏国日弱。贾谊才华、识见超人，二十余岁就为汉文帝所重用，升擢为太中大夫，还拟任为公卿，当命大臣议定时，周勃等老臣因他年少资历浅，极力谗毁说："雒阳之人，年少初学，专欲擅权，纷乱诸事。"文帝竟听其说而疏远之，不用其议，派贾谊到外地任职，贾谊因不得志忧伤而死，一代英才就这样被埋没了。有的以门第取人就多用庸才，如五代时后唐的创建者李存勖统一北方后，招人才以辅佐，要取门第高的士族为相，结果错用了豆卢革、卢程等庸才，于国无用而有害，李存勖无有用之才辅佐，结果兵变被杀。

看人，最重要的是弄清其本质、素质，这对于了解其人是非常有意义的，也可以说是知人、用人的关键环节。孙权因庞统面目丑陋，错误地认为他只不过是一介狂士，没什么大用。可见，以貌识人，未免有失偏颇。

第二章 御人：心战为上，兵战为下

★ 做人的工作就先做人心的工作

领导者要切记，做人的工作关键是要做人心的工作，关键是在细致分析的前提下做到"攻心为上"。

"攻心"就是说做人的工作一定要先做人心的工作，使工作对象产生心理上的认同和认可，是使人"心服"的一个过程。

提起攻心术，就有人立即会联想到"阴谋"与"阴险狡诈"的字眼。其实"阴谋"在古代本身并不含有贬义。孙子言："不战而屈人之兵，善之善者也。""攻城为下，攻心为上。"这些都是典型的攻心术，试想，如果从心理上就让敌人屈服于你，你不需费一兵一卒，那不是很愉快吗！

自古中国人强调攻心为上，一些帝王也把这个概念在政治角度进一步延伸为"诛杀其心、不灭其身、为我所用"，我们喜欢的"空城计"就是一种攻心战术，七擒孟获也脱离不了攻心。

"攻心"就是说做人的工作一定要做人心的工作，使工作对象产生心理上的认同。例如，领导都有着一定权力，但有权力并不一定有权威。而在谈到树立威信的方法时，有"以德树威""以才树威""以识树威""以信树威""以情树威"等，如此树立威信的方法，如果我们加以分析，实际上都是使人在心里产生认同感，是使人"心服"的一个过程，即"攻心"的过程。

清朝中兴之臣曾国藩在治军上就很好地体现了这种"攻心"之道。

曾国藩所统领的湘军在与太平军作战中曾"屡败屡战"，其湘军队伍经常是"败而溃散，散而复聚"，但即使是溃败和溃散之时，其手下湘军将领也鲜有叛变而投降太平军的。为什么呢？曾国藩深得中国文化传统之真谛，"攻心为上"之法用得烂熟。他统领的湘军，其军卒的饷银略高于八旗和绿营，但饷银"月发一半，年底补足"。这样一来的结果，是湘军士兵在和太平军作战时，若被打散，那么在逃亡过后，难免会想到自己还有一笔不

國學智慧全書

名著智慧

406

菲的饷银,从而归队达到"散而复聚"。而对其下属将领,激励以金钱的效果是不大的,于是就动之以情,晓之以理,灌输以忠君爱国、青史留名、气节为重的思想,并许诺提携之意。曾国藩曾有一幅楹联展示给属下,上联是:虽圣贤难免过差愿诸君说论忠言常攻吾短;下联是:凡堂属略同师弟使僚友行修名立放尽我心。

从这幅联里,可以看到曾国藩的谦逊和气度,以及对下属的关怀。

但"攻心"必须以正确的分析为前提。别人那样想你却这样攻,没有"攻"到心上谈不上"攻心"。在中国的历史上有许多攻心的成功范例,如成语"千金市股""破釜沉舟""背水一战""七擒七纵""四面楚歌"等都是。

《三国演义》中吕蒙击溃关羽那一战便是"攻心战"的一个典范。这个智谋故事见于《三国演义》第七十六回"徐公明大战两水关云长败走麦城"。

关羽水淹七军,生擒于禁、庞德,这些战绩使他愈发骄傲轻敌。东吴的年轻将领陆逊利用了这一点。他各礼呈书给关羽,口气极为谦恭,这使得原就轻视陆逊的关羽放松了警惕,不复有江东之忧,他撤走了荆州(今湖北荆门)的大半兵马去攻打樊城。结果吕蒙乘虚而入,偷袭成功,兵不血刃就占领了荆州。

关羽闻讯大怒,回师要夺荆州。东吴虽已占领荆州,但形势是很严峻的,因为关羽现在力量尚强,荆州是其老巢,他的复夺之志正盛,双方一旦交手,结果实难预料。这时东吴大将吕蒙显示了他杰出的战略才能,他运用瓦解军心的战术,成功地击溃了关羽之军,并最终俘虏了关羽,从而使东吴在荆州之战中取得了决定性的胜利。

吕蒙

吕蒙占领荆州后,立刻传令军中:"如有妄杀一人,妄取民间一物者,定按军法。"并且城中各级官吏,原封不动留任。他又将关羽家属专门保护起来,优厚供养。吕蒙的军令的确是严格无情的。他的一位同乡士卒因为拿了百姓的箬笠盖铠甲,被抓获,吕蒙说:"你虽是我同乡,但我号令已出,你既违反,当按军法。"当即推下斩首,自此三军震动,东吴兵士再也不敢骚扰百姓。过了几天,吕蒙又传下号令:凡随关羽出征的将士之家,按月供给粮米,有患病者,派医治疗。结果"军属"们对东吴感激涕零,个个安居不动。

再说关羽,一路上气急败坏,他先派了一个使者前去质问吕蒙的背信弃义。关羽使者到后,吕蒙亲自出城迎接,待以宾礼,并解释说奉上差遣,不得自主。设宴款待后,送使

者回馆驿休息。这时随征将士的家属纷纷来使者处打探,并让使者传书传信,都说家门无恙,衣食不缺。使者回军中后,将士们一听说家中安好,吕蒙照顾周到,个个都很欣喜,全无战心。

在行军的路上,关羽军中就有不少将士逃回荆州。急于与东吴之军交战,吕蒙除了派几路兵马夹攻之外,又将城中将士的亲属都叫了出来,在山上喊话。四山之上,都是荆州士兵,呼兄唤弟,觅子寻爷,喊声不住。这样一来,关羽军心涣散,将士们都寻声而去,无心作战。关羽喝止不住,军队不战自溃。关羽遂奔麦城。

小小麦城被围,无有外援,关羽突围不出,父子最终双双被擒。

从兵力上看,吕蒙并不比关羽占优势,他的攻心战起到了四两拨千斤的效果。吕蒙这一攻心战,与楚汉相争时的"四面楚歌"之计颇为类似。

三国中的另一名猛将张飞,他给我们的印象往往是性如烈火、多勇少谋,但他却曾多次用计,而且计策使用得都很到位。尤其是刘备取西川的重要战役中,他通过攻心战术以最小的代价换来了巨大的胜利。而这次战役胜利的关键就是攻心战术的合理使用。

庞统死后,张飞取西川至巴郡遭遇老将严颜。张飞离城十里下寨,屡次三番地挑战,严颜却抓住了张飞性急的心理坚守不出,起初确实起到了作用,张飞被气得够呛。然而张飞并没有令其部下强攻巴郡,而是多次使用诱敌之计,并最终获得成功,活捉了老将严颜。

张飞把攻心战术施展得淋漓尽致。首先,进城后未动百姓毫发,显示出自己率领的是仁义之师,取得民心。其次,当刀斧手把严颜押上来的时候,先是大声呵斥,试图在气势上压倒敌人,未果。再以杀头相威胁逼其投降,依旧未果。张飞根据情况的变化做出准确判断,迅速调整战术,利用严颜的义气成功招降了他,并且还是心服口服。通过这三步走招降严颜可以看出,张飞对于攻心战术理解得很透彻,并能够随机应变。而后来张飞利用严颜未费吹灰之力便先于孔明到达雒城。

通过张飞招降严颜可以看出,攻心战术在应用过程中对指挥者要求极高,他必须在最短的时间内,通过各种手段,试探敌人的心理、爱好、性格等,并根据这些因素,采取相应的措施,对症下药,才能最终取得最佳效果。

如今的攻心战略也越来越生动地体现在企业竞争、经济竞争上,以及企业在产品开发、产品质量、外观设计、销售数量、售后服务等方面的差异上。那么,相近的产品在相同的市场上如何制胜?就必须以智取胜。正如钱学森所说:"21世纪是智力战。"费孝通也说:"没有智力资源,我们的自然资源就没有用处,就要给人家用,不一定要挂殖民地招牌,可以在各种名义下成为殖民地。"

在现今社会的商战中,随处都会有攻心的实例。

所以领导者要切记,做人的工作关键是要做人心的工作,关键是在细致分析的前提下做到"攻心为上"。我们的老祖宗曾就此有过精辟的概括。成都武侯祠里的一幅饱含哲理且寓意深刻的楹联可以作为其最好的注脚,上联是:能攻心则反侧自消从古知兵非好战；下联是：不审势即宽严皆误后来治蜀要深思。

★从心灵上制服别人，才是真正的制服

孙子兵法中说"不战而屈人之兵"才为上策，所以对领导者用人来说，从心灵上制服别人，才是真正的制服。

在刘备病死白帝城的时候，南方地区一个很有威信的少数民族首领孟获，发动西南一些部族起来反抗蜀国。

为防止蜀国遭到内外夹攻，诸葛亮派人去向东吴孙权讲和。同时，他兴修水利，发展生产，积蓄粮草，训练兵马。经过两年的艰苦努力，蜀中形势走向稳定，诸葛亮决定率领大军，兵分三路，亲自率军征讨孟获。

出发时，参军马谡对诸葛亮说："孟获叛将依仗那里地势险要，离成都距离遥远，很久以来就不服从朝廷的管束。你今天用武力打败他，你一回师，他明天又可能叛变。所以，对付他攻城为下，攻心为上。这次出征我认为不应该以消灭他的人员为目的，而应该从心理上征服他，这样才能收到好效果。"

马谡的话，也正是诸葛亮心里所想的。诸葛亮赞许地点点头，说："你的建议很好，我一定照这样去做。"

获得到诸葛亮率军出征的消息，连忙组织人马进行抵抗。

诸葛亮了解到孟获作战勇猛，力大无穷，性格耿直豪爽，说一不二，但缺少计谋。于是，一个降伏孟获的作战计划便在诸葛亮的头脑里逐步形成。

首先，他向全军发出命令：对敌人首领孟获，只能活捉，不要伤害。接着，他把大将王平叫到跟前，低声对王平讲了几句。王平会意，便带领一支人马，冲进孟获的营寨。孟获连忙迎战，交战没有多久，王平猛然掉转马头，向荒野奔去。

马谡

孟获见王平败逃，心头有说不出的高兴，他马上喝令手下的人快速向前追赶。

王平来到一个谷地，两岸是陡峭的绝壁，脚下是狭窄崎岖的小路。没走多远，王平猛

地一下转过身来，眼睛望着紧随而来的孟获，仿佛要同他在这里决战。

孟获不知是计，握紧战刀，催马前赶，还没接近王平，忽听后面喊杀声震天。转头一看，孟获才发觉自己已被蜀军包围。

孟获任凭自己如何勇猛无敌、力大无穷，终究敌不过蜀军大队人马的轮番进攻。渐渐地，他感到体力不支、气喘吁吁了。又有一队蜀军从四面包围过来，孟获心里一惊，马儿突然向上一跃，孟获从马上跌落在地，被冲上来的蜀军捆了个结结实实。孟获被押到诸葛亮面前，以为自己必死无疑。不料诸葛亮走下帅台，亲自给他松了绑，并好言好语劝他归顺。

孟获大声说："这次是我不小心从马上跌下来，被你们捉住，我心里不服！"

诸葛亮也不斥责他，把他带到蜀军营地四处走走看看，然后问他："孟将军，你认为我蜀军人马怎样？"

孟获高傲地说："以前我不知道你们的阵势，所以败了。今天看了你们的营地，我觉得也没有什么了不起！下次我一定能打败你们！"

诸葛亮坦然一笑，说："那好哇，你现在就回去，好好准备准备，我们再打一仗。"

孟获回到部落，重新召集人马，积极筹备同蜀军的第二次交战。

有勇无谋的孟获，哪里是蜀国丞相诸葛亮的对手！没出一天工夫，孟获再次被蜀军将士生擒了。

诸葛亮对孟获好言好语劝慰一番，又将他放了。这样捉了放，放了捉，反反复复进行了七次。

孟获第七次被捉，终于被诸葛亮的诚意感动了。他流着眼泪说："丞相对我孟获七擒七纵，真可称得上是自古以来都没有的仁至义尽的事啊！我从心里佩服丞相。从今以后，我决不再反叛了。"

孟获被释放以后，立刻会见各部族的首领，万分感慨地对大家说："蜀国丞相真是谋略过人。他训练的兵马，一个个机智善战，我们再也不要与他为敌、兴兵作乱了！"

由于孟获在各部族首领中威信很高，大伙听了他的话，不再提什么反叛的事了。

为了节省军事开支，避免官府和少数民族再发生冲突，诸葛亮决定不在这里设一官一府，也不留一兵一卒，仍然请孟获及各部族首领各自管好自己的属地，友好相处。

古往今来，心的征服才是真正的征服。同理，领导者在驭人时，只有从对方的心灵入手，并运用合适的方法，才能轻松将其收归己用。

國學智慧全書——名著智慧

★ 多进行情感投资

在企业管理中,领导要关心、爱护员工,如同家人,这样,员工也会热爱领导,把企业当成自己的家,在企业中奋力工作以回报领导的关爱。员工具有如此的积极性,必然会出主意、想办法,生产出高质量的产品,企业也会因此而兴旺发达起来。

海尔集团首席执行官张瑞敏说过这样一句话:"要让员工心里有企业,企业就必须时时惦记着员工;要让员工爱企业,企业首先要爱员工。"可见,管理员工,也是要讲感情的。对员工的工作,生活进行全方位的体贴,使员工深深感觉到企业对自己的爱护与关怀,是搞好企业管理的重要手段。

三国时期,当阳长坂之战是曹操、刘备两军的一次遭遇战,骁将赵云担当保护刘备家小重任。由于曹军来势凶猛,刘备虽冲出包围,家小却陷入曹军围困之中,赵云拼死刺杀,七进七出终于寻得刘备之子阿斗,赵云冲破曹军围堵,追上刘备,交还其子。刘备接子,掷之于地,愠而骂之:"为汝这孺子,几损我一员大将!"

刘备的话让在场的所有文武随从十分感动。赵云抱起阿斗,连连泣拜:"云虽肝脑涂地,不能报也。"从此,他便忠心耿耿地为刘备效力。

带兵的将帅要爱护士卒,把士卒当作自己的亲生儿子,这样,士卒也会尊敬将帅,把将帅当作自己的父母。形成了如此亲密的关系,作战时士卒就会奋勇当先,与将帅一起,同生死、共患难。这样的军队就具有坚强的战斗力,能够创造战争中的奇迹。

在企业管理中,领导也要关心、爱护员工,如同家人,这样,员工也会热爱领导,把企业当成自己的家,在企业中奋力工作以回报领导的关爱。员工具有如此的积极性,必然会出主意、想办法,生产出高质量的产品,企业也会因此而兴旺发达起来。

许多有远见的企业家从劳资矛盾中悟出了"爱员工,企业才会被员工所爱"的道理,因而采取软管理办法,对员工进行感情投资。法国企业界有句名言:"爱你的员工吧,他会百倍地爱你的企业。"

这一管理学的新观念,已经越来越深入人心,而且被越来越多的企业管理者所接受。实践使他们懂得,没有什么比关心员工、热爱员工更能调动他们的积极性、提高工作效率了。

日本桑得利公司总裁岛井信治郎听到员工抱怨:"房间里有臭虫,害得我们睡不好。"他便在晚上点着蜡烛在屋里抓臭虫。一天,新员工佐田的父亲去世了,岛井信治郎听了这个消息,立即率领全体员工来到殡仪馆,帮助料理丧事。丧礼结束后,岛井信治郎又叫

了辆出租车,亲自送佐田和他的母亲回家,佐田因此深受感动。那段时间,佐田想得最多的是:怎样做才不辜负总裁的一片爱心呢? 最后他决定:只要公司不辞退我,我就尽最大的努力做好自己的工作,即使是牺牲生命也在所不惜。在以后的工作中,佐田努力奋斗,全力以赴,后来他被提升为公司主管,为公司的发展起了重要作用。

类似情况在中国企业也屡见不鲜。山东(滨州)活塞厂厂长杨本贞平时关心职工生活,他提出要"视老年职工如父母,视青年职工如子女,视人才为厂宝";要求干部们"时时把职工的冷暖放在心上"。

一次,厂里有个职工下班时带走一塑料桶柴油,被传达室执勤人员发现,有关部门要按厂规处以罚款。当杨本贞知道这名职工因家中做饭有困难而偷拿柴油时,便亲自出马多方奔走,争取来 200 个液化气罐指标,以相当优惠的价格卖给了急需的职工。一位女检验员因患血癌而住院治疗,厂里为她付出了几万元的治疗费,使她的病大有好转。一件件动人的事震撼着职工的心灵,大家只有好好工作来报答厂领导的关怀。从 1986 年到 1990 年,该厂在产值、利税、产品质量诸方面,连续五年保持全国同行业的最高水平,夺得了"五连冠"。

热爱自己的员工是管理者之本。一个被管理者热爱的员工,他才会被管理者的真诚所感动,而以实际行动去热爱企业。

管理者对员工的关爱,可以极大地满足员工被关注的需求,这种感觉能激励员工关心他们所做的事,持续表现超标准的工作效率。也因此,善于进行"爱"的投资,日益成为每一位成功管理者的必备条件。

★雪中送炭暖人心

"雪中送炭"暖人心,关键时刻必须帮助员工渡难关,看似额外的付出却往往能得到更多的回报。雪中送炭的帮助,员工往往会牢记在心,这种感恩就自然转化成工作效率。

"雪中送炭"与"锦上添花",这是人们在日常生活中时常说起的两个成语。"送炭"和"添花",单从字面上来看,都含有"给予"的意思。但由于施助者的动机和被施助对象不同,效果也就有了明显的差异。"雪中送炭"是指在冰天雪地的隆冬时节,送上取暖的火炭,比喻在别人困难和急需时给予帮助,扶危济困;"送炭",实质上送去的是关心和关怀,因而也就成了"送温暖"的代名词。

"君子救急不济富"是一条让人受益的古训,现代社会不缺少锦上添花,缺少的是雪中送炭。人生在世,没有一帆风顺的,总会有许许多多的艰难与困苦。当你遇到断崖险阻时,你需要的是帮助你架桥搭梯,雪中送炭的人。一个人在急需的时候得到别人的帮助,则内心感激不尽,甚至终生不忘。

三国争霸之前,周瑜并不得意。他曾在军阀袁术部下为官,被袁术任命当过一个小小的居巢长,一个小县的县令罢了。

这时候地方上发生了饥荒,年成既坏,兵乱间又损失不少,粮食问题日渐严峻起来。居巢的百姓没有粮食吃,就吃树皮、草根,活活饿死了不少人,军队也饿得失去了战斗力。周瑜作为父母官,看到这悲惨情形急得心慌意乱,不知如何是好。

有人献计,说附近有个乐善好施的财主鲁肃,他家素来富裕,想必囤积了不少粮食,不如去问他借。

周瑜带上人马登门拜访鲁肃,刚刚寒暄完,周瑜就直接说:"不瞒老兄,小弟此次造访,是想借点粮食。"

周瑜

國學智慧全書　三国演义

鲁肃一看周瑜丰神俊朗,显而易见是个才子,日后必成大器,他根本不在乎周瑜现在只是个小小的居巢长,哈哈大笑说:"此乃区区小事,我答应就是。"

鲁肃亲自带周瑜去查看粮仓,这时鲁家存有两仓粮食,各三千石,鲁肃痛快地说:"也别提什么借不借的,我把其中一仓送与你好了。"周瑜及其手下一听他如此慷慨大方,都愣住了,要知道,在饥馑之年,粮食就是生命啊!周瑜被鲁肃的言行深深感动了,两人当下就交上了朋友。

后来周瑜发达了,当上了将军,他牢记鲁肃的恩德,将他推荐给孙权,鲁肃终于得到了干事业的机会。

雪中送炭的意义,在于送温暖于在最需要关怀的时候,是会让人一生铭记的。

2007年04月26日,《番禺日报》有一篇《员工身陷绝境,公司雪中送炭》的报道:

2006年,尹明芳遭遇了人生的低谷。这一年,34岁的她被查出患有严重的糖尿病,短短几个月,糖尿病导致她双目失明和肾功能衰竭。疾病并没有让老天怜惜她和家人,一次她和丈夫在就医回家的途中遭遇车祸,夫妻双双受重伤,她的公公在此时偏偏又查出患了肺癌。

一连串的不幸彻底打碎了这个家庭的平静。为了支付医疗费,家里已经花光了所有的积蓄并借遍了所有的亲戚,还欠了6万多元的外债。这一切,让这个本不富裕的家不堪重负,尹明芳不能工作,生活也需要别人照顾,尹明芳失去了活下去的勇气。

榄核镇镇泰工业有限公司获悉尹明芳的情况后,伸出了援助之手。尹明芳的丈夫在2005年因胃穿孔做完手术后,不能干重活被原工厂辞退,只能开摩托车搭客为生。镇泰工业有限公司首先替尹明芳的丈夫解决了工作问题,让他们有基本的生活保障。随后公司又拨出5000元救助金帮助他们解决困难。在尹明芳患病期间,公司负责人曾经多次前去探望,鼓励她坚强起来与病魔做斗争,同时告诉她,公司会一直为她保留工作岗位,一旦痊愈便可上班。公司还承诺会一直替她交纳医疗保险和社会养老保险。最近,公司还打算帮她解决部分生活费用,公司的员工也自发为尹明芳捐款2000多元。

尹明芳的心中充满了感激。她说,是公司给了她第二次生命,如果公司没替她购买医疗保险,她只能等死。而自己不能干活,公司仍然替她继续购买医疗保险,这份恩情她无以为报,只希望自己能尽快康复,继续为公司工作!

企业对员工的关爱不仅要做到"锦上添花",更体现在"雪中送炭",在员工最需要帮助的时候及时伸出援助之手,使员工强烈地感受到企业和谐的氛围和大家庭的温暖,使企业成为员工之家,使管理者成为员工的知心人、贴心人,从而增强集体的凝聚力。

"雪中送炭"暖人心,关键时刻必须帮助员工渡难关,看似额外的付出却往往能得到更多的回报。雪中送炭的帮助,员工往往会牢记在心,这种感恩就自然转化成工作效率。

★顺应人性,柔性管理

在知识经济时代的今天,管理点已由"物"转向"人",人情、人性为当代管理者不得不考虑的问题。顺应人性、尊重人格、理解人心,柔性管理显然比刚性管理更具效力。

魏国在灭掉蜀国以后,又派了羊祜去镇守襄阳,以防止东吴的镇东将军陆抗的进犯。羊祜接到圣旨以后,立即整顿兵马,预备迎击敌人。羊祜镇守襄阳以后,很受当地驻军百姓的欢迎。吴国有投降过来的人又想回国的,羊祜都听其自便。他又减少了在边境巡逻的士兵,用来垦田种地。

有一天,部将来到军帐之中向他禀告:"侦察的人报告说,吴国的士兵防守十分懈怠,可以乘他们没有准备去袭击他们,一定能够取得大胜。"

羊祜笑着说:"你们这些人小看陆抗了,这个人足智多谋,前些日子,吴国的国君命令

他去攻打西陵,他斩了步阐及其将士好几十人,我去救援都没赶上。这个人做将军,我们就只好守住边境,等到他国内情况发生了变化,才能攻取,如果不考虑时势而轻率进攻,这可是自己往失败的道上去走!"

一天,羊祜带领众位将领出外打猎,正巧赶上陆抗也出来打猎。羊祜命令道:"我方的军队不许超过边界。"众位将领接到命令,便只在晋国的地界内围猎,不侵犯吴国边境。陆抗见到此情此景,赞叹道:"羊将军有纪律,不能够冒犯他呀!"当天晚上,各自退回自己的驻防地。羊祜回到军营,查问所猎到的禽兽,如果有被吴方先射伤的,全都送还对方,陆抗深受感动,为了感谢羊祜送还吴军猎物,陆抗特地送给羊祜一壶"亲酿自饮"的好酒,晋军部将恐其中"有奸诈",极力劝阻羊祜"且宜慢饮",但羊祜毫不怀疑,当着众人竟一饮而尽。

从此,双方使者往来,彼此互通问候。后来,羊祜从吴军使者口中得知"主帅卧病数日未出",便将亲自调制的"熟药",托来者带给陆抗。陆抗服后,果然"次日病愈"。他感慨地对众将说道:"他是施行恩德,我们总是施行强暴,这样他就会不战而胜我。"

羊祜施德于吴民,而吴主孙皓对吴民暴虐日甚,其后来被晋所灭是意料中的事。羊祜虽因病逝不及伐吴,但其施德于吴人的战略思想,为其推荐的杜预所继承,因而使吴人纷纷不战而降。

水,是天下最柔弱的,但可冲决一切坚强之物。柔软能胜刚强,这对今天的管理者有着非凡的启示意义,柔性管理比刚性管理往往更有效。

"柔性管理"是相对于"刚性管理"提出来的。"刚性管理"以"规章制度为中心",凭借制度约束、纪律监督、奖惩规则等手段对企业员工进行管理,而"柔性管理"则是"以人为中心",依据企业的共同价值观和文化、精神氛围进行的人格化管理,它是在研究人的心理和行为规律的基础上,采用非强制性方式,在员工心目中产生一种潜在的说服力,从而把组织意志变为个人的自觉行动。

"柔性管理"的最大特点,在于它主要不是依靠外力(如上级的发号施令),而是依靠人性解放、权力平等、民主管理,从内心深处来激发每个员工的内在潜力、主动性和创造精神,使他们能真正做到心情舒畅、不遗余力地为企业不断开拓新的优良业绩,成为企业在全球性激烈的市场竞争中取得竞争优势的力量源泉。

斯特松公司是美国最老的制帽厂之一,有一段时间公司的情况非常糟糕:产量低、品质差、劳资关系极度紧张。

此时,当地的一位管理顾问薛尔曼应聘进厂调查。他的调查结果显示:员工们对管理层、工会缺乏信任,员工彼此间也如此。公司内的沟通渠道全然堵塞,员工们对基层领导更是极度不满,其中包含了偏激作风、言语辱骂、不关心员工的情绪等问题。

通过倾听员工的心声,认清问题所在,薛尔曼开始实施一套全面的沟通措施,加上有所觉悟的管理层的支持,竟在4个月内,不但员工憎恨责难的心态瓦解,同时他们也开始展现出团队精神,生产能力也有提高。

感恩节前夕,薛尔曼和公司的最高主管亲手赠送火鸡给全体员工,隔天收到员工回赠的像一张报纸那么大的签名谢卡,上面写着:谢谢把我们当人看。

人非草木,孰能无情。作为领导者,仅仅依靠一些物质手段激励员工,而不着眼于员工的感情生活,那是不够的,与下属进行思想沟通与情感交流是非常必要的。现代情绪心理学的研究表明,情绪、情感在人的心理生活中起着组织作用,它支配和组织着个体的思想和行为。因此,感情管理应该是管理的一项重要内容,这一点对技术创新型企业尤其重要。

在知识经济时代的今天,管理点已由"物"转向"人",人情、人性为当代管理者不得不考虑的问题。顺应人性、尊重人格、理解人心,柔性管理显然比刚性管理更具效力。

★人的"软肋"是珍惜名誉

领导者在驭人过程中,对好利的人,就以利诱之;对有弱点的人,就抓其把柄,逼其就范。那对不好利而好名的人怎么办呢?自有办法。珍视名誉其实就是他的"软肋"。

西汉时期的司马相如和卓文君,是一对郎才女貌的有情人。司马相如是当时的大才子,卓文君是富豪卓王孙的女儿。可是卓王孙不同意他们在一起,他们干脆私奔了。他们从临邛逃到成都,司马相如家境贫寒,什么产业都没有。卓王孙得知此事后,非常愤怒,一分钱也不给他们。司马相如和卓文君商量后,两人一起又回到临邛,卖掉了仅有的车马,开了一个小酒馆。每天卓文君坐在酒店前亲自给顾客打酒,司马相如则系着围裙,和小工们一起在街上洗涤杯盘碗碟。卓王孙听到这件事后觉得很丢脸面,不得已,分给卓文君一百个仆人、一百万贯钱。于是卓文君和司马相如高高兴兴地回到成都当富人去了。

卓文君和司马相如的爱情故事传为千古佳话。从这个故事中,我们现代领导者能得到什么启示呢?司马相如和卓文君违背父命私奔了,卓王孙大怒,不给他们资助,好像是要等着看他们过不下去日子。但是他们二人抓住卓王孙性格的特点——要面子,又大老远从成都跑回了临邛,开了个小酒店,夫妻二人当街叫卖,这自然让卓王孙很难堪,于是不得已资助他们。卓文君和司马相如拿捏住了卓王孙,计谋就这样得逞了。当然,卓王孙出于天然的父爱,不可能真的对女儿不管不问,这可能也是他被女儿拿捏的一个原因吧。

诸葛亮用激将法,说服孙权联刘抗曹,这也是抓住了孙权自命不凡、不肯屈居人下的特点。

当时,刘备进驻夏口,曹操已率百万大军南征,孙权在一旁观望。诸葛亮来到孙权那里,对他说:"天下大乱,将军起兵江东,刘备也在汉水以南招集兵马,与曹操一同争夺天下。现在曹操已基本上平定了北方,接着又南下攻取了荆州,军威震动天下,致使英雄无用武之地,所以刘备才逃到这里。请将军认清局势而制定对策,如果用江东的军队与中原的曹军抗衡,就应早早地与曹操断绝关系,如无力抵抗,何不放下武器而束手就擒,向曹操称臣呢?"

孙权反问:"刘备为何不投降曹操呢?"诸葛亮故意说:"刘豫州是汉朝宗室之后,雄才大略,超过世人,人们仰慕拥戴他,如同河流奔向大海。如果功业不能成功,那是天意,但怎么能再做曹操的下属,听一个奸臣的指挥呢?"

这话可伤了孙权的自尊——刘备不愿投降,难道我孙权就甘为人奴吗?他勃然大怒:"我不能拿整个东吴土地和十万军队去受别人的摆布控制,我的决心已定,与曹贼势不两立!"

这话正是诸葛亮需要的,他在心里笑了。于是孙刘达成了联盟。联军集中兵力,利用曹军长途跋涉,又不习南方水战的特点,败曹军于赤壁,奠定了三足鼎立的局面。

美国励志大师卡耐基说过这样的话:"送人一个好名声。"意思是说,你先赞扬对方,使他得到一个好名声,此后他便格外珍惜自己的好名声,不愿做有损自己名声的事,从而不断激励自己做得更好。卡耐基说的是如何激发人性美好的一面,和我们所说的驾驭对方虽不完全相同,但确实有相通之处,同样值得领导者借鉴。

★以育代御,立足长远

有远见的领导者,不仅仅会使用现有人才,而且还会适时地培养人才,尤其是具有潜在能力的人才,以此来保证企业的可持续发展。

当今世界,新技术日新月异,这就对人的素质要求越来越高,对人才的培养也变得越来越急迫。

有远见的企业领导者,不仅仅会使用现有人才,而且还会适时地培养人才,尤其是具有潜在能力的人才,以此来保证企业的可持续发展。

吴国大将吕蒙,少时家境贫寒,识字不多,没有读过多少书。他带兵镇守一方,向孙权"每陈大事,常口占为笺疏",连一般文告、奏疏也不会写。由于文化低,知识少,打起仗来,常常勇敢有余,谋略不足。孙权评价他是"有勇无谋,果敢有胆而已"。其他将领,如鲁肃、蔡遗等人,也因为这个原因而对他多有鄙视。

有一次,孙权对吕蒙和另一位将领蒋钦说:"你们现在身负重任,得好好读书,增长自己的见识和才干才是。"

吕蒙不以为然地说:"军中事务繁忙,恐怕没有时间读书了。"

孙权开导说:"我的军务比你们要繁忙多了。我年轻时读过许多书,就是没有读过《赐》(即《周易》)。掌管军政以来,读了许多史书和兵书,感到大有益处。当年汉光武帝以军务紧急时仍然手不释卷,如今曹操也老而好学。希望你们不要借故推托,不愿读书。"

孙权的开导使吕蒙很受教育。从此他抓紧时间大量读书,很快大大超过一般儒生读过的书。

一次,士族出身的名将鲁肃和吕蒙谈论政事。交谈中鲁肃常常理屈词穷,被吕蒙难倒。鲁肃不由轻轻地拍拍吕蒙的背说:"以前我以为老弟不过有些军事方面的谋略罢了。现在才知道你学问渊博,见解高明,再也不是以前吴下的那个阿蒙了!"

吕蒙笑笑说:"士别三天,就要用新的眼光看待。今天老兄的反应为什么如此迟钝呢?"

刘秀

接着,吕蒙透彻地分析了当前的军事形势,还秘密地为鲁肃提供了三条对策。鲁肃非常重视这些对策,从不泄露出去。

后来,孙权赞扬吕蒙等人说:"人到了老年还能像吕蒙那样自强不息,一般人是做不到的。一个人有了富贵荣华之后,更要放下架子,认真学习,轻视财富,看重节义。这种行为可以成为别人的榜样。"

孙权劝将领读兵书和史籍,对于将领增长学识,完善用兵指挥艺术有着不可低估的意义。古人尚且知道对人才培养的重要性,那又何况今人呢?办好企业必须依靠人,依靠员工,调动员工的积极性。

春兰集团为全面提高员工素质,十分注重对员工的培养。春兰集团的领导者深知,一个企业不但要用好人才,更要培养好人才。

春兰集团主要从三个方面做好专业技术人员的继续教育工作。

一是创造良好的学习环境。1998年,春兰投资6000万元建成国内第一所企业大学——春兰学院,院内设置了一整套的语音室、微机室、实验室等,并配备了健全的教师队伍。

二是建立完善的培训制度。春兰有完善的全员培训计划,所有员工每年必须参加相应的继续教育,对专业技术人员的要求更为严格。《春兰科技工作条例》规定所有专业技术人员每年必须参加 100 课时以上的专业培训。

三是与著名高校合作,共同培养人才。为有效提高专业技术人员的业务水平,提高企业开拓国际市场的能力,春兰与国内外一些著名高校建立了长期合作的关系,如美国的麻省理工学院、南京大学、上海交大、上海理工大学等,充分利用高校的理论优势和最新技术成果为技术人员充电。数年来,各高校为春兰培养了 MBA、国际贸易、制冷、计算机、电子、广告策划、人力资源管理等 10 余个专业的数百名各类人才,大大提高了企业核心竞争力。

春兰人才培养的经验证明,企业发展的动力来自企业内部,特别是加入 WTO 后的中国企业,紧贴时代需求,培养好现有人才,充分挖掘他们的潜力,是保证企业持续发展、有效参与国际竞争的一条快捷、高效的途径。

第三章　激励：赏罚分明，激励得当

★以身作则，身先士卒

在治理军队时，作为将帅，要想让士卒做什么，自己必须首先去做；要想让士卒不做什么，自己必须首先不做。

名著智慧

《史记·淮南衡山列传》载："当敌勇敢，常为士卒先。"《三国志·吴书·孙辅传》："策西袭庐江太守刘勋，辅随从，身先士卒，有功。"身先士卒是指在战场上，要赢得战争的胜利，将帅必须临危不惧，带头冲锋陷阵，士卒才会随之与敌决死拼杀。在治理军队时是指，作为将帅，要想让士卒做什么，自己必须首先去做；要想让士卒不做什么，自己必须首先不做。

在《三国演义》中，千古称颂的将军，无不都是临危不惧、一马当先、奋勇杀敌的英雄。最精彩的就是三英战吕布，三位英雄勇敢地奋战吕布，极大地鼓舞了联军的士气。

吕布雕像

在治军方面，曹操可谓是以身作则的典型代表。建安三年夏四月，曹操率大军讨伐张绣，行军路上，见麦已熟，民因兵至，逃避在外，不敢收麦。曹操使人遍谕村人父老及各处守境官吏曰："吾奉天子明诏，出兵讨逆，与民除害。方今麦熟之时，不得已而起兵，大小将校，凡过麦田，但有践踏者，并皆斩首。军法甚严，尔民勿得惊疑。"百姓闻谕，无不欢喜称颂，望尘遮道而拜。官军经过麦田，皆下马以手扶麦，递相传送而过，并不敢践踏。操乘马而行，忽田中惊起一鸠，那马眼生,窜入麦中,践坏了一大块麦田,操随呼行军主簿,拟议自己践麦之罪。主簿曰:"丞相岂可议罪?"曹操曰:"吾自制法,吾自儿犯之,何以服众?"即掣所佩剑欲自刎,众急救住。郭嘉曰:"古者春秋之义:法不加于尊。丞相总统大军,岂可自戕?"操沉吟良久,乃曰:"既'春秋有法不加于尊'之义,吾姑免死。"乃以剑割自己之发,掷于地上曰:"割发权代首。"使人以发传示三军曰:"丞相践麦,本当斩首号令,今割发以代。"于是三军悚然,无不遵军令者。

孔明也深知身先士卒的道理。马谡失街亭,致使蜀军功亏一篑,为明正军法,孔明挥泪斩马谡。孔明认为这一失败是自己用人不当造成的,应负一定责任,于是孔明作表文,令蒋琬申奏后主,请自贬丞相之职。后主阅毕孔明的表文后曰:"胜负兵家常事,丞相何出此言?"侍中费玮奏曰:"臣闻治国者,必以奉法为重。法若不行,何以服人? 丞相败绩,自行贬降,正其宜也。"后主从之,乃诏贬孔明为右将军。

在经济竞争中,企业领导者也应做到身先士卒,因为榜样的力量是无穷的,身教重于言教,道理就在这里。

王廷江也非常注重身先士卒。1987 年 8 月,白瓷厂建成试产,发生了一个意外的事故。由于设计时忽视了热胀冷缩问题,当20 辆自动传递的窑车进入隧道窑时,随着隧道窑内温度的不断升高,车轮受热膨胀卡在了轨道上。如果等七天以后窑内自然冷却后再拉出窑车,那么隧道窑就要报废,几十万件瓷胚将成为一堆垃圾,就得损失几十万元。唯一的办法就是人冲进去拉出窑车,保护窑体。在场的工人皆不知所措,王廷江什么也没说,他拼命跑回家,抱来了被子放在水里浸湿,裹着湿被钻进了几百度的隧道窑,拼死拽出了第一辆窑车,接着又钻进去拽出了第二辆。他的头发眉毛烧焦了,身上烧伤了……在场的工人迅速反应过来,一个个争先恐后地学着王廷江的样子,冲进了隧道窑,就这样,20 辆窑车迅速全部拉出来了……如果在国营企业,王廷江这一赴汤蹈火的壮举,不啻于董存瑞炸碉堡般伟大。当时有人却私下说他这是为了钱连命都不要了,他这是舍命不舍财。但是他后来却把这用生命换来的厂子无偿捐献给了集体。

青岛电冰箱厂的张瑞敏也是身先士卒的代表。他强调在管理制度面前人人平等,任何人违反了制度、出了问题、给厂里带来损失,都要按规定处罚。事实上他说到做到了。一次,一青年工人在下夜班时,忘记了把第二天生产用料准备好,从而造成第二天未能按时开工。第二天那个工人就将 436.2 元的罚款主动交给了分管领导,那领导对他说:"罚你这么多钱冤枉吗?"那工人说:"连张瑞敏厂长都不例外,我认罚,我今后决不会再出现失职问题……"原来,厂里无人不知,张瑞敏曾两次自罚并榜上点名:一次是厂里出了 76 台次品,他重罚了自己;一次是在强化质量管理活动中,厂部出了点漏子,他又扣发了自己的全月奖金。"厂长罚的那才冤枉呢! ……"那工人叹了一口气,似乎为自己的被罚找到了解脱。1988 年,该厂摘取了全国电冰箱行业唯一的"质量管理"奖章,这并非是偶然的。

國學智慧全書

三国演义

421

★ 请将不如激将

智者就在于善于将小手笔转化为大动作。

在中国历史上,最善于用激将法的恐怕要数诸葛亮了。他的激将之法因人因事不同而采取不同的策略。他最常用的,是从对方最疼的地方激之。如诸葛亮明知大乔是孙策之妇,二乔是周瑜之妻,便巧改曹植《铜雀台赋》,以证明曹操占领江东是要取二乔以乐晚年,激得周瑜火气冲天,誓与"曹贼势不两立",求诸葛亮助己共同破操。

对有的人,他就针对其弱点激之。如诸葛亮南征首次派兵遣将,唯独不用赵云、魏延,说虽想使之深入敌后,只因他俩不明地形故不用;赵、魏二人不服,乃亲往探明地形,终于深入敌后建功。而有的就专对其不服气之处激之。比如,诸葛亮两次用老黄忠就两次激之。老黄忠不服老便出老谋奋神威,夺天荡山,斩夏侯渊。

建安十三年(208年)曹操率军南下,直逼荆州而来。前锋刚至新野,刘表的小儿子刘琮便吓得赶紧遣使投降。他怕刘备阻挠,一再隐瞒。曹军已到宛,才迫不得已,通知移驻樊城的刘备。

刘备大惊,率军匆匆南撤,至襄阳。诸葛亮劝他袭击刘琮,夺取荆州兵马,抵抗曹操。但刘备不忍心下手,于是带领士兵和逃难的百姓继续向江陵方向撤退。到当阳东北的长坂,被急速追赶上来的曹操冲散,刘备只得改道汉津,与关羽的水军会合。

这时曹操已占领江陵,将顺江而下。诸葛亮向刘备建议:"形势十分危急,让我求救于孙将军吧!"

鲁肃引诸葛亮见周瑜,谈及战和之事,周瑜佯讲其主张投降的道理,鲁肃则陈述其主张抗战的理由,二人争得耳红脸赤,诸葛亮却在一旁袖手冷笑。

周瑜问诸葛亮高见,诸葛亮冷冷地说:"将军降曹,可以保妻子,全富贵。"话是赞成周瑜的意见,实是对他的讽刺。

鲁肃不知底细反大怒说:"汝教吾主屈膝受降于国贼乎!"

诸葛亮献计说:"不劳牵羊担酒,纳土献印,亦不需亲自渡江,只需遣一介之使,扁舟送两个人到江上。曹操若得此两人,百万之众,皆卸甲卷旗而退矣。"

周瑜问哪二人,诸葛亮说乃江南二乔。

周瑜说:"曹操欲得二乔,有何证验?"

诸葛亮说:"曹操幼子曹植,字子建,下笔成文。曹操曾命作一赋,名曰《铜雀台赋》。赋中之意,单道他家合为天子,誓取二乔。"并诵《铜雀台赋》,把原赋"连二桥于东西兮,

国学智慧全书

名著智慧

若长空之辍蛛"二句改为"揽'二乔'于东南兮,乐朝夕之与共"。诸葛亮易此二名,便轻易地套在二乔身上。

周瑜听罢勃然大怒,离座指北而骂说:"老贼欺吾太甚!"

诸葛亮急起止之说:"昔单于屡侵疆界,汉天子许以公主和亲,今何惜民间二女乎?"

周瑜说:"公有所不知:大乔是孙伯符将军主妇,小乔乃周瑜之妻也。"

诸葛亮佯作惶恐之状,说:"亮实不知,失口乱言,死罪死罪!"

周瑜说:"吾与老贼势不两立!"并承认刚才主降是用以试诸葛亮,他要求诸葛亮助一臂之力,共破曹操。本来是诸葛亮来求助于周瑜,现在反是周瑜求助于诸葛亮了,可见诸葛亮激词之妙。仅凭一番花言巧语,就在周瑜和曹操之间添了一个"夺妻之恨",使周瑜更加铁了心地要抗曹操。

诸葛亮激周瑜的特点,是从其最痛切之处着手,大乔是孙权之嫂,二乔是周瑜之妻,这是众所周知。而智如诸葛亮,出使东吴哪能不了解其国情况,且其长期隐居的隆中与东吴相邻,哪有不知之理。他巧改赋意,将"二桥"改为"二乔",显然是有意激之。这么一激,周瑜与曹操更势不两立,并说出了他决心抗曹的真实意图,诸葛亮激将的目的算是达到了。

至于曹操取二乔,虽说是诸葛亮改"桥"为"乔"用以附会之辞,但说之假则假,说之真亦真。曹操是个好色之徒,为满足自己的私欲是不管其后果的,如他曾因取降将张绣叔父之妻淫乐,致有清水之难,倘如他能平江东,二乔岂能幸免。

激将,是智慧的产物,具有多种用途,既可用来激励亲友奋发向上,又可用于外交以达到自己的目的,也可用于遣将调兵,使之勇猛向前。用得好,可事半功倍,用得不好,则适得其反。激将,诸葛亮用得最妙,可说是出神入化,是他的智谋的重要部分。

诸葛亮的激将也好,改赋也好,初看小手笔,实为大动作——在这些小手笔中,决定了未来的战争发展趋势。智者就在于善于将小手笔转化为大动作,所以,我们称他们为智者。

激将周瑜成功之后,诸葛亮又激将孙权。

他和鲁肃一起到柴桑见到孙权,这时孙权正按兵不动,观望成败。

诸葛亮知道孙权心理:想战,又怕打不过;想和,又怕人耻笑。便对他说:"曹操已平定北方,攻破荆州,威震天下。我主刘将军被迫退到夏口,将军量力而行。若能以吴越之众与之抗衡,就应与曹操绝交;如若不能抵挡,就应按兵束甲,早早投降。现在将军表面服从,而内怀犹豫,事急而不决断,大祸即将临头。"

孙权反唇相讥说:"照先生所说,刘将军为何不降曹操?"

诸葛亮以激将法回答说:"古代的田横不过一名壮士,尚且守义不甘受辱,何况刘将军是皇室后代,英才盖世,众士仰慕,如水归大海,怎能屈从曹操?"

孙权被这字字千钧的话激怒了,勃然变色,道:"我不能以整个吴国和十万将士屈从曹操而甘受其挟制。我亦决心抗曹!"但又担心地问:"刘将军新败之后怎能抵抗曹操?"

诸葛亮分析说："刘将军虽新败于长坂，但失散归来的战士和关羽水军，尚有万人。刘琦的战士也不下万人。曹操军远来疲敝，已是强弩之末。再说，北兵不习水战。降曹的荆州战士，是被迫投降，并非心服。孙将军若能派遣猛将，统军数万，与刘将军同心协力，一定能打败曹操。曹军兵败北撤，则荆、吴势力发展，天下鼎足三分的局面就会形成。成败在此一举，取决于将军的抉择。"

孙权听了诸葛亮令人折服的精妙分析，坚定了战胜曹操的信心。鲁肃和周瑜也极力主战，孙权遂不顾曹操所下战书的威胁，不听老臣张昭的投降煽动，决心抗曹。他拔刀砍去案几一角，说："谁敢再提投降，就跟这案几一样。"于是派周瑜、程普、鲁肃等率水军3万，随诸葛亮前往樊口，与刘备会师，共同抵抗曹操。

诸葛亮的一番妙语，激起了江东孙权与曹操决战的勇气。通过两次激将，诸葛亮的智慧得到了充分的体现。

★分享也是一种激励

领导者永远不要忘记：你的成功来源于下属的支持和努力。成功的领导者不但要学会与下属"共苦"，分享失败和挫折，共担风险，共渡难关，还应当学会与下属分享成功和荣誉，让员工感受成功的喜悦和事业的成就感。

作为一名领导者，应设法让你的员工分享你现有的成果，别忘了，分享是对员工的最大激励。谁都喜欢晋级，谁都喜欢加薪。领导者这样，员工也如此。当领导者晋级加薪之时，别忘了为你打下江山的员工们，设法让他们也有所晋升，或得到一些奖励，保荐他们到更好的职位，这才是对员工最大的关心。

曹操死后，曹丕代汉立魏，避于西蜀的刘备的下属官员于此时也劝刘备称帝，以重整旗鼓恢复汉室。但刘备觉得不妥，坚持不从其说。于是诸葛亮来劝说，刘备则欣然同意。诸葛亮的说辞，主要的内容，就是许多将士跟从刘备转战南北，不辞辛苦，目的就在于建功之后能立业，有尺寸之封。"天下英雄喁喁，冀有所望。如果你不就帝位，这些士大夫就会重寻明主，没有一个人敢于追随你了。"于是刘备听从诸葛亮之言，称帝而封功臣，赏志士，人心安定。

刘备称汉中王时，拜关羽为前将军、加迁张飞为右将军，刘备称帝时，又高升张飞为车骑将军。纵使是文臣武将，刘备仍不吝皆封以将军，就以汉中称王时的诸位将军为例：荡寇将军关羽、征虏将军张飞、镇军将军许靖、军师将军诸葛亮、安汉将军糜竺、镇远将军赖恭、扬武将军法正、兴业将军李严、翊军将军赵云、秉忠将军孙乾、昭德将军简雍、建信

将军申仪、副军将军刘封及镇远将军魏延、平西将军马超、征西将军黄忠及征北将军申耽。凡是跟随刘备的人，几乎全部委以重任。

刘备的这种做法，用现在的话说，就是"分享成功"与"宽厚待人"。这也是他众望所归、人们愿意为之卖命的真正原因。只要投入刘备门下的人，均可充分享有出人头地的机会，而且不论出身贵贱、派系门阀，刘备用人能真正做到"英雄不问出处"。

能否很公正地封功臣，济贤士，在于用人者的眼光和心胸。吝啬的主子心胸狭窄，以为是自己开创了事业，天下是他一人或一家的天下，生怕别人沾了他的光，仿佛别人给他干活是在吃他的闲饭，那他就只会让人卖命，而没有尺寸之封，无一两之赐。最后众散士离，落下他一

刘备

个孤家寡人。而心胸开阔、气度非凡的人会认为：天下是天下人的天下，事业是所有参与这项事业的人的事业，有这样心胸的人，才能与贤士能人共度患难，共享欢乐，分领胜利成果。

某公司公关部主管陈先生，由于近日在与日商谈判中，大挫了日本人的威风，压低了所要价格，使公司节省了几十万元，可谓立下汗马功劳，也为本公司扬眉吐气，大长了志气。因此，总经理决定为陈先生加薪一级，同时将给他提成 10%。陈先生获得加薪，自然没忘和自己一起奋战几昼夜商讨谈判方案的员工们，于是陈先生慷慨解囊，宴请部下，随后又请他们周末一起去度假。这样一来，陈先生不仅得到上司赏识，又倍得员工爱戴。其实宴请费用不多，却得到了员工一片忠心，今后他们必须会更加卖力气干活，那么下次再加薪晋级还会远吗？这就说明，让手下的员工分享你的成果，是对他们最大的激励，也是自己再创佳绩的基础。

领导者永远不要忘记：你的成功来源于下属的支持和努力。成功的领导者不但要学会与下属"共苦"，分享失败和挫折，共担风险，共渡难关，还应当学会与下属分享成功和荣誉，让员工感受成功的喜悦和事业的成就感。无论以什么方式让员工分享成功和荣誉，目的就是激励员工勇于采取有益于公司的行动，使员工感受到公司和上司对自己的关注，对自己所付出的努力的关注，从而增强员工的荣誉感和成就感，激励他们在自己的岗位上继续积极工作。

425

★对人信任就是最好的激励

作为领导者,能成为追随者的知己是管理成功的根本。何谓知己? 知己就是知其志、知其趣、知其德、知其性、知其识、知其能、知其智者。只有知己才能充分信任。对人信任就是最好的激励。

古人曾经说过:"士为知己者亡。"又说:"人生得一知己足矣。"可见,自古以来知己者难得。其实无论是什么样的人,能得到知己都是极可欣慰的事。作为领导者,能成为追随者的知己是管理成功的根本。何谓知己? 知己就是知其志、知其趣、知其德、知其性、知其识、知其能、知其智者。只有知己才能充分信任。对人信任就是最好的激励。赤壁之战后,曹操曾派蒋干去游说周瑜。周瑜的一席话说得蒋干"但笑,终无所言"。是什么话有这么大的感人之力呢? 周瑜是这么说的:"丈夫处世,遇知己之主,外托君臣之义,内结骨肉之恩,言行计从,祸福共之,假使苏、张更生,郦叟复出,犹抚其背而折其辞,岂足下幼生所能移乎?"(《三国志·卷五十四》注引《江表传》)周瑜的话表达了自己不可动摇的意志,同时说出了自己能够不可动摇地为孙吴的事业而奋斗的根本原因:周瑜感受到孙权是自己的知己之主。孙权对周瑜"言行计从,祸福共之",这是一种无限信任的表现。管理者成为追随者的知己而高度信任之是对追随者的最好的激励。这种激励具有无比巨大的精神力量。

一、刘备的绝招

"信任"是刘备用以激励人的一大特色。刘备对诸葛亮的信任是人所共知的,此不赘述。这里再举刘备信任人的两个例子。一个是刘备对赵云的信任,另一个是刘备对法正的信任。

建安十三年,曹操追刘备到当阳长坂。"备弃妻子,与诸葛亮、张飞、赵云等数十骑走。"后来走散了,有人对刘备说:"赵云已北走。"意思就是赵云投降曹操了。但刘备"以手戟摘之曰:'子龙不弃我走也。'"(《资治通鉴·卷第六十五》)可见刘备对赵云非常信任。果然如此,赵云抱着刘备的儿子刘禅,乘上关羽的船一同到了夏口。《三国演义》第四十一回详细地描写了这个情节。当有人传言赵云反叛时,刘备不相信。他说:"子龙与我故交,安肯反乎?"但张飞却信了,他说:"他今见我等势穷力竭,或者反投曹操,以图富贵。"而刘备始终相信赵云,他又说:"子龙从我于患难,心如铁石,非富贵所能动摇也。"当糜芳一口咬定"亲见他投西北去了"时,刘备仍然不信。他说:"子龙此去必有事故。吾料子龙必不弃我也。"可见,刘备是很相信赵云的。事实证明,刘备是对的。正因为刘备非

常信任赵云,所以赵云对刘备的事业也不遗余力。

刘备也很信任法正。法正原是刘璋的军议校尉,但"璋不能用",所以法正"邑邑不得志"。后来,他奉命出使荆州,向刘备献计——乘机取益州。在庞统的支持下,刘备接受了法正的建议,"将步卒数万人入益州"。当时的成都守将许靖"谋逾城降备",却被刘备所鄙视,刘璋降服以后,刘备没有用他。这时,法正对刘备说:"天下有获虚誉而无其实者,许靖是也。然今主公始创大业,天下之人不可户说,靖之浮称,播流四海,若其不礼,天下之人以是谓主公为贱贤也。宜加敬重,以眩远近,追昔燕王之待郭隗。"于是刘备"乃厚待靖"。(《三国志·卷三十七》)此时,刘备"以正为蜀郡太守,扬武将军,外统都畿,内为谋主"。当曹操一举而降张鲁定汉中后,法正建议刘备乘势取汉中,"先主善其策,乃率诸将进兵汉中,正亦从行"。可以说刘备对法正是言听计从信任至极的。法正也尽忠竭虑为刘备建立蜀汉政权立下了不可磨灭的功勋。

二、用人不疑。潘浚平五溪

魏明帝太和五年(231年),"五溪蛮夷叛乱盘结,权假浚节,督诸军讨之。信赏必行,法不可干,斩首获生,盖以万数,自是群蛮衰弱,一方宁静"。(《三国志·卷六十一》)这个记述告诉我们,潘浚平五溪功绩巨大。在这个记述中,我们看到了潘浚的成功,而看不出其中曾经有过的波澜。其实潘浚之所以能有机会取得平五溪的成功,使一方宁静,乃是因为孙权能够做到用人不疑的结果。"时浚姨兄零陵蒋琬为蜀大将军,或有间浚于武陵太守卫旌者,云浚密遣使与琬相闻,欲有自托之计。旌以启权,权曰:'承明不为此也。'即封旌表以示于浚,而召旌还,免官。"(《三国志·卷六十一》注引《江表传》)孙权这样做,使潘浚感受到孙权对自己的充分信任,从而促使潘浚竭尽全力完成使命。作为管理者,对干事的人必须充分信任,对那些无端说东道西无所事事的人要有充分的警觉,不能让他们干扰正常的工作。可以想见,如果孙权在那时对潘浚不信任,要调查要换人,那么这场平叛之役能不能成功就很难说了,起码平叛的时机是会被贻误的。

★ 赏罚分明使人心服口服

"赏罚不明,百事不成;赏罚若明,四方可行。"赏罚分明是历代贤明领导者用人的共同准则。

曹操历来奖赏分明。曹操赏赐有功者不惜大手笔一掷千金,但无功者即使和曹操很要好,也休想得到他的分文施舍。而且,绝不因人情而徇私,只要有犯法者一定依法严惩。即使此人和曹操有故旧交情,但犯法须判死刑,曹操也只会当面流泪表示不舍,最后仍会依法处死。

公元207年，曹操消灭了北方最大的割据势力袁绍集团后，为了激励将士继续为统一战争贡献力量，下令封赏功臣。随后又颁布了《败军抵罪令》。他说："自从我派遣将士出征以来，只赏有功的而不惩办有罪的，这是不符合国家大法的。众将带兵出征，打了败仗要按法律治罪，造成损失的要免去官职和封爵。这样，使将士们存在着一定的心理紧张，强化了将士们的责任感。"

曹操不仅明确提出了"赏罚分明"的管理原则，而且贯彻执行过程中十分严格。他在《诸儿令》中曾说道："吾非有二言也，不但不私臣吏，儿子亦不欲有所私。"

公元197年，曹操南征张绣兵败，仓皇率残兵败将奔青州，而张绣率大军紧迫。这时于禁协夏侯惇镇守青州，夏侯惇依仗自己同曹操是同姓兄弟，所领之兵系曹操嫡系部队青州兵，因此纵兵借袁军之名，掠劫民家。

于禁看到青州兵撤退途中抢掠民众财物，便当众斩杀带头违反军纪的三名将领，并责令其他将领严格约束所部。几个青州兵将领伺机报复，一到营地就向曹操告状，诬告"于禁图谋不轨，乘战乱撤退之机，斩杀统帅亲兵"。

曹操大惊，命夏侯惇、李典、许褚等，整兵迎击于禁。

于禁见曹操及诸将整兵俱到，如临大敌。有人劝说于禁："青州军在曹丞相面前诽谤，说将军造反，今丞相领大军已到，显然是听信了谎言，将军不前去向丞相分辩，为什么又安营扎寨呢？"

于禁坦然说："张绣贼兵追赶在后，立即就到，若不先准备迎敌而自己人先分辨是非，怎样拒敌？分辩事小，退敌事大。为将者应先公而后私，处政则宜先敌而后己。"

于禁的营寨刚刚安顿完毕，张绣的追兵即两路杀到。于禁率兵乘敌远道疲惫而至，大举迎头痛歼，张绣兵败而逃。左右诸将见于禁身先杀敌，各奋勇向前，追杀百余里。

于禁收军点将，安顿好士兵，只身去见曹操，详细禀明青州兵肆行乡里，掠夺财物，大失民望。以致流民占山为寇，致袁绍残余与流民汇合，破坏了魏军的根基。

曹操反问于禁："不先向我禀报，先安营下寨，怎样解释？"

于禁把前番话又申诉一遍。曹操这才下座，牵其手，绕帐一周，对众将说："于将军在匆忙之中，能整兵坚垒，任谤任劳，使反败为胜，虽古之名将，何以加兹！"曹操当众表彰严格治军的于禁，封于禁为益寿亭侯，又责夏侯惇治军不严之过。曹操赏罚分明，值得人们引以为训。

曹操这种赏罚分明的管理原则，对我们现代企业管理有很大的启示意义。

企业的管理之道，离不开赏罚分明这条极其重要的原则。因为，赏罚分明，体现了褒扬贬抑，指示了人们行动的方向，强化正义的进取，弱化错误的选择。赏罚分明，给人以精神上的满足或抑制，它通过奖赏，肯定了人的劳动价值乃至人生价值，通过惩罚否定了一些错误行为和消极因素。

中国台湾鸿海集团是一家世界500强企业，董事长郭台铭虽然严格，但是他赏罚

分明。

　　郭台铭对自己的亲人，只要是共同创业者，有功劳，则是破格提拔，工作标准严格、讲求效率，赏罚分明，如果员工出货发生闪失，则会毫不留情地当场指责。

　　"报告董事长，我出到欧洲的货出了问题，我要亲自去解决。"一名主管向郭台铭紧急通报，而郭台铭一方面点头赞许主管到第一线解决问题的决心，同时也明白告诉他："机票钱你要自己出。"

　　这也说明了郭台铭赏罚分明的一面，"我发奖金的时候，就是我裁人的时候。"这是郭台铭留下另一句用人的名言，"因为有赏也有罚，总不能等公司开始赔钱的时候，才开始裁员吧。"

　　而有些企业风气不正，有功不奖，有过不罚，"干好干坏一样，干多干少一样，能干不能干一样"。致使积极变消极，主动变被动，造成人心思走，人心向背。

　　赏罚分明是一种很有效的激励手段，赏罚分明使人口服心服。一个军队赏罚分明，可以提升军中的士气；一个公司赏罚分明，可以提升公司的业绩；如果赏罚不明，员工必定不服气，所以"功""过"一定要给予适当的奖赏处分，赏罚一分明，制度就容易建立。奖罚分明的制度才能够对员工创造出合适的激励。

第四章　制胜：胸有良策，以谋取胜

★引狼入室，关门打狗

"开门揖盗"本来是孙策死时张昭劝孙权的话,意思是说开门引强盗进来会自招外来之祸,即"引狼入室"的同义语。作为智谋,则反其意而用之,指故意打开大门引诱强盗进来,然后关门打狗。

关门打狗,不仅仅是怕敌人逃走,而且怕它逃走之后被他人所利用。如果门关不紧,让敌人脱逃,千万不可轻易追赶,以防中了敌人的诱兵之计。

所以,开门揖盗与关门打狗是一个漂亮的局中紧密衔接的两个环节。或者说,开门揖盗是手段,关门打狗是目的,开门揖盗就是为了关门打狗。

我们先来看看诸葛亮是怎么开门揖盗的。诸葛亮六出祁山伐魏,与魏大都督司马懿相持于渭水之上。几次较量后,司马懿又采用他的一贯战略,坚守不出。因为他深知蜀军劳师远征,粮草运输困难,所以深沟高垒,以此来拖垮蜀军。

殊不知这次诸葛亮是有备而来。他创制了木牛流马解决运输问题,又实行屯田政策,让军士与当地的老百姓一起种田,军队分三分之一,老百姓分三分之二,以此作久驻的打算。

这一下司马懿可稳不住了,便派兵抢了一些木牛流马,又抓到一些驱赶木牛流马的蜀兵。司马懿审问这些蜀兵,都说诸葛亮不在祁山军营大寨里,而在葫芦谷西十里下营安驻,每天在那里指挥屯粮。

司马懿听后大喜,召来众将安排,要各位将领率兵去攻打祁山大寨,自己却与两个儿子一起带兵去葫芦谷烧蜀军的粮草,活捉诸葛亮。

再说诸葛亮因司马懿深沟高垒不出战,早就在想引他出来的办法。这一天踏看地形,忽然看见一道山谷,其形状像个葫芦。谷内约可容纳一千余人,背后两山环抱,只可以通过一人一骑。诸葛亮见了不禁大喜,问随军向导官,说这叫上方谷,又叫葫芦谷。诸葛亮说,擒司马懿就在这里了。于是叫马岱领五百军士造成木栅在谷口,并挖下深堑,多

多堆积干柴等引火之物。又在周围山上用柴草搭成窝铺，内外都埋下地雷。然后布置马岱带兵把葫芦谷后路塞断，另埋伏士兵在山谷两边，若见司马懿来，敞开谷口让他进入，然后把地雷干柴一起点燃。

安排妥当后，诸葛亮一方面派高翔带一些木牛流马去山道上行走，故意让魏军抢去，另一方面派魏延去引诱司马懿入葫芦谷。司马懿果然抢了木牛流马，抓了蜀兵去问口供，还安排下声东击西的战法亲自来葫芦谷烧粮草，捉诸葛亮，却不知正好是自投罗网。

却说魏兵齐攻蜀军祁山营寨，蜀兵四下呐喊一齐奔走，虚作救应的样子。

司马懿见蜀兵都去救祁山寨，便与司马师、司马昭一起率中军杀奔葫芦谷而来。魏延正在谷口盼司马懿来，大喝一声便舞刀迎战。战了一会儿魏延便败退。司马懿见只有魏延一人带了几百个士兵，便放心追赶，魏延和士兵都退入谷中去了，司马懿先派兵入谷打探，回报说并无伏兵，山上尽是草房。司马懿说，这必然是囤积粮食的地方了，于是驱兵进入谷中。入谷后，司马懿忽然看到草房上尽是干柴，魏延也不见了，心中大惊。只听得喊声大震，山上一齐丢下火把来，烧断谷口。魏兵四散奔逃无路，山上又射下火箭，地雷也纷纷爆炸起来，火势冲天。司马懿手足无措，下马抱着两个儿子大哭说："我们父子三人都死于此处了啊！"

司马懿

正在这时，一阵狂风吹来，雷声大震，大雨倾盆，满谷的火都被浇灭了，地雷火箭也丧失了作用。司马懿父子一阵惊喜，上马奋力冲杀，总算是死里逃生了。

诸葛亮开门揖盗，司马懿父子被请进了葫芦谷。然而，谋事在人，成事在天，司马氏得以死里逃生。话说回来，真把他们父子三人烧死了，又哪里有"司马昭之心，路人皆知"的局面，哪里有三国归晋的历史呢？

诸葛亮正是在关门打狗的一环出了问题，才使司马氏得以死里逃生。天降滂沱固然是命不该绝，关门的兵力不足是否也是一个重要的原因呢？

可见，要开门揖盗得先衡量衡量自己有没有关门打狗的本事，不然的话，像吴三桂引清兵那样，盗倒是引进来了，结果却变成了王，那就弄巧成拙，成了引狼入室，与作为计谋的开门揖盗相去甚远了。

所以，这个计谋的关键在于关门打狗的门是不是能关得够紧。我们来看看太平天国的陈玉成是怎么关门打狗的。

天京事变之后，太平天国元气大伤，一时处于低潮。清军趁机发动反攻。1858年，曾国藩湘军主力李续宾部在攻占九江之后，又乘胜攻下太湖、桐城、舒城等地，其前锋直抵三河镇。三河镇是通往当时安徽省会庐州的咽喉所在，一旦失守，庐州将难以保全。因此，太平天国若想在安徽立足，就要死保三河镇。

太平天国青年将领陈玉成接到三河镇告急的文书，便率本部人马星夜赶往三河。在紧张的行军途中，他酝酿出一个关门打狗的作战计划。陈玉成率军首先包抄清军的后路，同时又命令庐州守将吴如孝会合挥军南下，切断李续宾部与舒城清军的联系。此时李秀成奉洪秀全之命率兵前来作为后援。太平军这番部署调动，形成了对湘军的包围态势，使李续宾部成为瓮中之鳖。

湘军来到三河镇后接连攻占了太平军凭河而筑的九座砖垒，气焰十分嚣张。11月14日，陈玉成、李秀成开始夹攻李续宾的大营，双方展开激战。次日李续宾组织反击，一度冲破陈玉成的营垒。不料，当时大雾漫起，咫尺难辨，李续宾部如同隐入迷魂阵之中，不多时便被太平军全歼。陈、李合兵一处，全力攻打湘军阵门，三河守将吴定规也率军从城内杀出，把湘军团团包围。整个战线绵延二三十里，硝烟弥漫，杀声震天。湘军连失七座大营，被杀得溃不成军。

在这场战斗中，太平军歼灭湘军6000余人，击毙了包括曾国藩之弟曾国华在内的文武官员400人。李续宾走投无路，自缢而亡。曾国藩接到噩耗后，大受震惊，沮丧地说："三河之败，歼我湘人殆近六千，不特大局顿坏，而吾邑士气亦为之不扬。"相反，三河大捷使走下坡路的太平军重振军威。接着，陈玉成、李秀成乘胜追击残敌，再克舒城、桐城、太湖，解除安庆之围，扭转了太平军在皖北的被动局面。

这就是陈玉成的关门打狗。关门打狗，首先得布置好围困圈，并敞开门，让敌军进来，如果敌军不进门，则设法引诱他们进来。诱敌深入，再关门痛击。

关门打狗经常与开门揖盗配套而行，但也不一定非要如此。一般说来，开门揖盗非要关门打狗不可，但是关门打狗则既可以捉"狗"进来的，也可以诱他自己闯进来或悄悄溜进来的，关键的一条是要把门关紧，不要让"狗"跑了出去。

关门打狗的核心是不与难缠的对手正面交锋，对待难缠的敌人，就要围困他们，歼灭他们。

★ 调虎离山，平阳灭敌

调虎离山，此计用在军事上，是一种调动敌人的韬晦谋略。

调虎离山的核心在一个"调"字上。虎，指敌方；山，指敌方占据的有利地势。如果敌方占据了有利地势，并且兵力众多，防范严密，此时，我方不可硬攻。正确的方法是设计相诱，把敌人引出坚固的据点，或者把敌人诱入对我军有利的地区，这样做才可以取胜。但使用此计的关键就在于要清楚地了解并掌握敌方将帅的心理状况和性格特征。三国时期，诸葛亮在祁山大战司马懿一事，可谓韬晦策略之绝作。在这次战役中，他们各自运用的都是调虎离山之计，相对于当时的局势来说，司马懿的胜权应该是高于诸葛亮一筹，但最终诸葛亮却占领胜地。诸葛亮之所以胜，关键就是他能充分地了解司马懿谨慎多疑的性格特点。说起此计，当时的激烈场面便会再现于我们眼前。

蜀后主建兴十二年(234年)，诸葛亮领兵三十四万伐魏，分五路进军，六出祁山。魏明帝曹睿闻报，命司马懿为大都督，领兵四十万至渭水之滨迎战。诸葛亮与司马懿是沙场上的老对手了，双方都知道对方兵法娴熟，足智多谋，不好对付。所以战前各自都做了周密部署，严阵以待。诸葛亮在祁山选择有利地形，分设左、右、前、后、中五个大营，并从斜谷到剑阁一线接连扎下十四个大营，分屯军马，前后接应，以防不测。司马懿则屯大军于渭水之北，同时在水上架起九座浮桥，命先锋夏侯霸、夏侯威领兵五万渡河至渭水南岸扎营，又在大营后方的东原，筑城驻军，进可攻，退可守，稳扎稳打，务必使魏军立于不败之地。司马懿受命离开魏都时，曾受曹睿手诏："卿到渭滨，宜坚壁固守，勿与交战。蜀兵不得志，必诈退诱敌，卿慎勿追。待彼粮尽，必将自走，然后乘虚攻之，则取胜不难，亦免军马疲劳之苦。"所以在经过两次规模不大的交锋，双方互有胜负之后，魏军便深沟高垒，坚守不出。由于蜀军劳师远来，粮草供应颇为困难，因而利于速战；而魏军以逸待劳，利于坚守。因而诸葛亮的主要策略目标，就是要诱敌出战，调虎离山，速战速决。然而司马懿老谋深算，素以沉着、谨慎、稳重著称，加上有魏明帝临行后诏，也不必担心那些急于进攻的部将鼓噪攻讦。在这种情况下，要调司马懿这只"老虎"离山，谈何容易！然而再狡猾的狐狸，也斗不过好猎手。司马懿这只擅长谋略、经验丰富的"深山之虎"，终究被诸葛亮调了出来，还险些丢了性命。那么，诸葛亮究竟采用了什么样的奇招，使司马懿这只老狐狸也上当了呢？

诸葛亮深知，自己的局势最根本的弱点是远离后方，粮草供应困难。他同时也深知司马懿正是看准了自己这一弱点，并利用这点做文章，期待并设法使蜀军断粮，从而将蜀

433

军困死或逼蜀军撤退，然后乘机取胜。于是诸葛亮便将计就计，也在粮草供应问题上大做文章、设诱饵，以此诱司马懿这只"虎"离山。措施之一是分兵屯田，与当地老百姓结合就地生产粮食，以供军需，摆出一副打持久战的架势。这就等于向司马懿宣示：你不急，我也不急；若是我不急，看你还急不急。果然司马懿的长子司马师沉不住气了，对其父司马懿说："现在蜀兵以屯田作持久战的打算，如此下去，如何是了？何不约孔明大战一场，以决雌雄！"司马懿口上说："我奉旨坚守，不可轻动。"但心里也开始着急起来。

诸葛亮的另一个措施，是自绘图样，令工匠造木牛流马，长途运粮，据传这东西很好使，上山下岭，力尽其职。蜀营粮草由木牛流马源源不断地从剑阁运抵祁山大寨。司马懿闻报大惊，说道："我所以坚守不出者，为彼粮草不能接济，欲待其自毙耳。今用此法，必为久远之计，不思退矣。如之奈何？"诸葛亮看出了司马懿急于破坏蜀军屯田、运粮、屯粮计划的心情，于是进一步利用这一点引他上钩。办法是：一方面在大营外造木栅栏，营内掘深坑，堆干柴，而在营外周围的山上虚搭窝铺草营造成蜀兵分散结营，与百姓共同屯田粮，而大营空虚的假象，引诱魏军前来劫营；另一方面在上方谷内两边的山坡上虚置许多屯粮草屋，内设伏兵，同时让军士驱动木牛流马，伪装往来谷口运粮。而诸葛亮自己则离开大营，引一支军马在上方谷附近安营，以引诱司马懿亲领精兵来上方谷烧粮。而司马懿呢？他虽烧粮心切，却又极为谨慎小心，深恐中了诸葛亮调虎离山的诡计。于是便也使了个声东击西、调虎离山之计来应战。他亲领魏兵去劫蜀兵祁山大营，但却一反过去每战必让主攻部队走在前面的惯例，让手下的部将冲锋在前，直扑蜀营，自己反而在后引援军接应。他这样做，一是担心蜀营有准备，怕中了埋伏；二是他指挥魏军劫蜀军大营本属佯攻，目的是调动蜀军各营主力，甚至诸葛亮本人领军前来营救，而他却自领精锐奇袭上方谷，烧掉蜀方的粮草。然而，司马懿的这个调虎离山计，却未能跳出"如来佛的手掌心"，诸葛亮早料到司马懿会用这一招。因而当魏军直扑蜀军大营时，诸葛亮只是事先安排蜀军四处奔走呐喊，虚张声势，装作各路兵马都齐来援救的态势，而诸葛亮却趁司马懿这只"虎"已离山之机，另派一支精兵去夺取了渭水南岸的魏营，自己却在上方谷等待司马懿来"烧粮"，以便"瓮中捉鳖"。司马懿果然中计。他见四处蜀军都急急忙忙奔回大营救援，便趁机急领司马师、司马昭及一支亲兵杀奔上方谷来。接着又被蜀将魏延依诸葛亮的安排，用诈败的方法诱进谷中，截断谷口。一时山谷两旁火箭齐发，地雷突起，草房内干柴全都着火，烈焰冲天。司马氏父子眼看就将葬身火海，亏得突来一场倾盆大雨，才救了司马氏父子三人及少数亲兵的性命。司马懿这只"虎"原本拿定了深沟高垒、坚守不出，绝不离山的主意，结果却仍被诸葛亮调下了山；他原想用"调虎离山"计烧掉蜀军的粮草，想不到却反而中了诸葛亮的"调虎离山"计。

俗话说"虎落平阳被犬欺"，老虎如在山中，你若想捉它可不容易，一旦调虎离山，那么，虎的本事也就使不出来了。诸葛亮紧围司马懿的性格作战，运用韬晦策略，调出了司马懿这只"虎"，真是计外有计，天外有天。

★ 商场角逐，以谋取胜

《孙子·谋攻篇》曰："故上兵伐谋，其次伐交，其次伐兵，其下攻城。攻城之法，为不得已。"

上等的军事行动是用谋略挫败敌方的战略意图或战争行为，其次就是用外交战胜敌人，再次是用武力击败敌军，最下之策是强攻城池。攻城，是不得已而为之，是没有办法的办法。也就是说，最高明的军事行动是以谋略取胜。

孔明的高明之处就是善于以智谋取胜。初出茅庐，博望坡火烧夏侯惇十万大军，就是靠智谋以少胜多的战例；接着火烧新野，再就是后来的舌战群儒、草船借箭、三气周瑜、智取三城、活捉张任、智取汉中、安居平五路、七擒七纵孟获、火烧司马懿和藤甲军、智设空城计、装神夺粮等等，都是孔明以智取胜的典型战例。

同样，在商场角逐中，谋攻之法也是商战的最高境界。

苏联在一次进购粮食贸易中，就是运用谋略以智取胜。粮食外贸公司的决策者，采用使欧洲共同市场和美国粮商彼此削价竞销的方法，从中得利，他们在美国购买粮食前，故意按兵不动一段时间，使美国粮商们焦急等待一段时间，粮商们为了做成这笔大买卖，就彼此相互压价，纷纷以低价迅速抛售。结果，苏联人仅靠智谋就赚了一个大便宜。

1992 年，牟其中拿中国的农副产品换回了苏联的图 154M 大型客机，未动用自己的一分钱的流动资金，仅仅靠智谋就获纯利润 1 亿人民币。从而摇身一变成了亿万富翁，玩出了令人叫绝的"空手道"。牟其中同时获得了两个在常人看来似乎是毫不相干的信息：一是苏联解体，国内混乱，物价飞涨；二是四川航空公司为扩大客运量，准备从国外买一架大型客机。牟其中根据这两条信息立即产生了一个用农副产品换飞机的大胆的想法，他经过认真思考，制定了一个大胆的计划，并立即组织实施。他首先在苏联古比雪飞机制造厂为四川航空公司找到了适合中国航行、价格合适的图 154M 型飞机，并委托中国进出口公司帮助代理进口手续，又找到了交通银行四川分行为其担保。经过谈判，苏方同意把飞机飞到成都机场，飞机一着陆，牟其中就以飞机作抵押，向中国银行为四川航空公司贷得了巨款。他用这批巨款从全国各地收购农副产品，又通过北京国际易货贸易公司出口苏联。就这样，这笔巨额贸易获得了近 1 亿元的利润，但却是一笔无本万利的生意，可见智谋生财的高明。

★制造假象,麻痹对手

瞒天过海是兵法中使用伪装的手段,以假示真策略,制造令人坚信不疑的假象隐瞒自己真正意图。

《三国演义》当中,应用瞒天过海的战例很多。最有名的就是吕子明白衣渡江和诸葛亮减兵增灶。

在《三国演义》第一百回中,有一个诸葛亮减兵添灶的故事。

当时,诸葛亮得胜收兵,回到祁山时,永安城李严遣都尉苟安解送粮米,至军中交割。苟安好酒,路上延误了时间,超过限期十日。

诸葛亮按照军法,对他杖责八十。苟安受刑之后心中怀恨,连夜引亲随五六骑径奔魏寨投降。司马懿吩咐他回成都布散流言,说诸葛亮有怨上之意,早晚欲称帝,好让后主刘禅召回诸葛亮。苟安按照司马懿的计策,回成都见了宦官,布散流言,说诸葛亮自倚大功,早晚必将篡国。宦官闻知后马上奏禀给后主。后主下诏宣诸葛亮班师回朝。

使者星夜召诸葛亮回师,诸葛亮当时知道这是敌军所用的离间计策,仰天长叹:"主上年幼,必有佞臣在侧! 吾正欲建功,何故取回? 我如不回,是欺主矣。若奉命而退,日后再难得此机会也。"

两军对垒,轻率退兵极有可能遭到敌对方的追击,一旦被司马懿大军随后攻击,则可能造成蜀兵的溃散,损失非常巨大。为此,诸葛亮采取了减兵添灶之计,瞒天过海,骗过了司马懿。

《三国演义》里面对诸葛亮安排撤军的计策进行了详细记述:

姜维问曰:"若大军退,司马懿乘势掩杀,当复如何?"

孔明曰:"吾今退军,可分五路而退。今日先退此营,假如营内一千兵,却掘二千灶;明日掘三千灶,后日掘四千灶;每日退军,添灶而行。"

杨仪曰:"昔孙膑擒庞涓,用添兵减灶之法而取胜;今丞相退兵,何故增灶?"

孔明曰:"司马懿善能用兵,知吾兵退,必然追赶;心中疑吾有伏兵,定于旧营内数灶;见每日增灶,兵又不知退与不退,则疑而不敢追。吾徐徐而退,自无损兵之患。"遂传令退军。

司马懿只待蜀兵退时,一齐掩杀。正踌躇间,忽报蜀寨空虚,人马皆去。司马懿因孔明多谋,不敢轻追,自引百余骑前来蜀营内踏看,教军士数灶,仍回本寨;次日,又教军士赶到那个营内,查点灶数。回报说:"这营内之灶,比前又增一分。"司马懿谓诸将曰:"吾

料孔明多谋,今果添兵增灶,吾若追之,必中其计;不如且退,再作良图。"于是回军不追。孔明不折一人,望成都而去。

次日,川口土人来报司马懿,说孔明退兵之时,未见添兵,只见增灶。司马懿仰天长叹曰:"孔明效虞诩之法,瞒过吾也!其谋略吾不如之!"遂引大军还洛阳。

诸葛亮减兵添灶之法,骗过司马懿,得以全军退回到汉中,使"蜀兵不曾折了一人"。诸葛亮所利用的,是司马懿对自己这种"添灶"行为的猜测。他知道司马懿平生十分多疑,所以就利用这一点,故布疑阵,让司马懿畏首畏尾,错失了战机,而他却能从容地调动军队顺利撤回。

管理中,精明的领导者,一方面要善于制造假象、隐蔽自己的经营意图,以麻痹竞争对手;另一方面要审时度势、周密筹划、看准时机,在对方没有发现自己的意图之前争得主动,占领市场。

例如:20 世纪 60 年代初,美国一家小公司——威尔森·哈瑞尔公司制造了一种名叫"处方 409"的喷雾清洁剂,由于他们非常讲究质量,坚持信誉至上,因而生意非常红火。

美国杂货业大王波克特甘宝公司见生产清洁剂有利可图,便投入大笔资金,研制一种名叫"新奇"的喷雾清洁剂,这种清洁剂效果好,包装也很新颖,波克特公司准备投入大量的资金做广告。在做广告之前,他派实验小姐到丹佛市做试验,看销路如何。

面对咄咄逼人的强手,威尔森·哈瑞尔公司知道要想取胜,只能智取。哈瑞尔立即传令停止给丹佛市供货,使"处方 409"清洁剂在市场上立刻消失。

此时,由于市场上没有"处方 409"清洁剂,"新奇"的销路一时不错。而当"新奇"的试验小姐刚撤出丹佛市时,威尔森·哈瑞尔马上下令把 16 盎司和半加仑装的"处方 409"包装在一起,以往常售价的 50% 出售。主妇们看到常用的清洁剂又回来了,而且如此便宜,纷纷争购贮存,这样一来,她们半年内再也不用买清洁剂了。

"新奇"产品上市后,虽然天天报刊上有名、电视上有形、电台上有声,但销路一直打不开。他们哪里知道在自己跨出第一步时,便掉入哈瑞尔巧设的陷阱之中。

8 个月后,波克特甘宝公司的决策者们认为清洁剂市场不易占领,都泄了气,把目光转移到别的目标上去了。"处方 409"清洁剂施用"瞒天过海"计,稳稳保住了自己的市场。

"瞒天过海"的策略用于经营赚钱,其技巧和方法的基本思想是用"欺骗"的手段暗中行动,将赚钱的企图隐藏在明显的事物中,以达到自己的目的。因为一般人对司空见惯的事物,往往不会怀疑,此策略就是利用人们的这一错觉,来掩盖自己的真正意图,以麻痹对手,然后趁机出击,达到其推销产品、占领市场的真实目的。